德音不忘

西索德语研究七十掠影

谢建文 陈壮鹰／主编

姜 锋／顾问

上海三联书店

编委会成员(以姓氏拼音为序)

陈壮鹰　胡　凯　梁锡江　卫茂平
王志强　谢建文　张　帆

编辑部成员

宋嘉逸　黄爱玲　李　蕾　余　娟
杨植均　张　斐　陈丽竹　张　丽

序

上海外国语大学的前身是创办于1949年11月的上海俄文学校。1950年11月,上海俄文学校更名为"华东人民革命大学附设外文专科学校",在增设英语班的同时,学校组建了东方语言文学系,设缅甸语、越南语和印尼语专业。至1952年8月,学校已设立俄、英、缅甸、越南和印尼五个语种的专业。1952年9月,学校更名为"上海俄文专科学校"。之后,东方语言文学系并入北京大学东语系,学校遂只设俄语专业。1956年,国务院批准上海俄文专科学校更名为"上海外国语学院",增设英语、德语和法语专业。1994年,国家教委批准上海外国语学院更名为"上海外国语大学"。

上海外国语大学德语专业建立于1956年,与英语和法语专业共同组建西语系。1961年,英语单独建系。德语、法语和西班牙语专业合并成立新的西语系。1964年,德语和法语专业组建德法系。1981年,德语专业单独建系。1995年6月,德语、法语和西三个专业合并为西方语学院。2005年6月,因发展需要,学校撤去了西方语学院,德语专业恢复独立系级建制,并于2007年增设瑞典语专业。上外德语专业现由德语和瑞典语两个学科组成。为适应国家与地区深刻的社会经济发展变化形势和国际间经济、文化等方面日益强劲的交流与合作需求,在德语/英语双语培养模式之外,学校不断拓宽德语专业人才培养口径。1999年,学校与德国拜罗伊特大学合作,在本科教育阶段设立"德语经济复合型专业",该项目于2000年9月正式启动。2019年,上外德语专业开始实施德语/经济学双本科人才培养方案。此外,上外德语专业于1979年建立硕士学位点,并于1998年获批博士学位授予权,其后又在外国语言文学博士后流动站框架下招收博士后研究人员。因此,上外德语专业目前具备完整的本、硕、博人才培养体系。

在过去的近七十年间,经过一代代德语专业教师和相关外国专家的努力,上外德语专业培养了大批优秀的德语专业人才与德语/经济学复合型人才。截至2019

年7月,上外德语专业毕业生为2920人。其中有专科生42人,本科生2675人(含瑞典语专业毕业生),硕士276人,博士65人,博士后1人。目前,在德语专业的在校学生中,本科生有322人(含瑞典语专业本科生15人),硕士生有49人,博士生有34人(含延期毕业博士生)。

上外德语专业系上海外国语大学"十一五"和"十二五"重点学科,教育部高等学校特色专业建设点,教育部高等学校外语专业教学指导委员会德语分委员会副主任和全国德语文学研究会副会长单位。此外,在外国语言文学学科框架下,上外德语专业列属上海市高峰高原学科(A类),并于2017年入选教育部、财政部和国家发改委确定的世界一流学科建设序列。2019年,上外德语专业入选国家一流专业建设点。同时,上海外国语大学的党建工作与学科建设和人才培养工作紧密结合,取得了良好实效,先后获得上海市多项党建工作奖励,德语专业学生党支部于2018年入选"全国党建工作样板支部",德语专业党总支于2019年入选"上海市党建标杆院系"和教育部"党建工作标杆院系"。

上外德语专业在德语文学研究、德语文学与哲学翻译、德语词典与教材编撰等方面取得突出成绩,在科研项目研究和对外人才培养与科研合作项目方面也在国内同类学科中名列前茅,乃中国德语研究之先锋,德语专门人才和复合型人才培养之重镇。

我们辑成、出版一个整体框架下的两部学术论文集——《悠悠我思——西索德语研究七十掠影》与《德音不忘——西索德语研究七十掠影》,意在精要展现前辈学者的科研成果、在岗语和瑞典语教师的学术成绩与德语学科博士生的学习心得,从而在历史、现状和未来发展之间,在德语学科不同研究方向的深化乃至跨学科研究的拓展之间,约略呈现上外德语研究的历史风貌、彰显德语学科几代学人可贵的学术追求和博士生同学的学术努力,同时展示瑞典语学科独特的学术姿态,为德语一流专业、一流学科建设和德语与瑞典语一流专业人才培养贡献绵薄之力,并以此向上海外国语大学七十华诞献礼。

两部论文集的主标题——"悠悠我思"和"德音不忘"——分别采自《诗经》中的《国风·郑风·子衿》("青青子佩,悠悠我思")与《国风·郑风·有女同车》("彼美孟姜,德音不忘")。这两句话用在此处并不表相思之苦和艳羡之情,而是在字符层面借以托义,即借指在学术探求中的上下思索和回顾与瞻望中的思想印痕。两部论集分别辑录德语学科文学、语言学、翻译学、跨文化研究、区域和国别研究等类别的学术论文,同时兼收瑞典语学科和学生管理工作的少量文章。两书中的作者包括学科在编师资、荣退师长和部分博士生,论文主体系作者自采,小部分德语系荣退老教师的论文摘选自已由上外德语专业编辑出版的四辑《日耳曼学论文集》。两卷论文集栏目相近,编辑体例整体一致,只在主题、视角与观点间求取差异性和丰富性。

"文学研究"栏目辑有论文21篇,主题选自近现代至当代作品,视角各异,以个案研究为最。

在《从遥远神秘的"塞里斯"到"儒释道"精神的初现——德语文坛"中国"形象溯源》一文中,马佳欣简述了中国如何渐为西方人所知,文章重点分析了德国作家在骑士文学和巴洛克文学作品中对中国作为他者形象之描述,揭示了中国及其文化如何"渗入"欧洲文明。在《歌德、诗画与意大利——一种侨易学与心理学分析》一文中,梁锡江主要采用"侨易学"看似新创的理论构架来考察诗歌与绘画这两种才能在歌德精神与艺术世界建构中的作用,文章同时反思了歌德的价值观和艺术观,指出歌德所追求的最高价值是"美与和谐"。在《从历史上的浮士德到歌德的〈浮士德〉》一文中,余匡复清理了浮士德形象的演变历程,重点研究了歌德笔下的浮士德形象在人生意义、自我价值追求等方面所体现的独特的人文内涵与时代特征。在《天堂的幻灭——解读席勒悲歌中的审美教育空想理论之演变》一文中,陈壮鹰基于《希腊众神》等悲歌的分析,呈现了诗人的古典主义艺术空想由激昂振奋到迷惘失落的转变过程,揭示了建基于审美教育空想的古典主义世界不过是理想天堂而已。在《阿达尔贝特·施蒂夫特中篇小说〈俄巴底亚〉中的"家庭"》一文中,孙瑜提取了家庭这一关键词,通过分析森林、花园和房屋这几个体现"家庭"的要素,揭示了施蒂夫特的家庭观念和毕德迈尔风格田园小说中的田园生活之希望与断念的象征意涵。借助《简析维也纳大众戏剧和上海滑稽戏剧》一文,钱舜德比较分析了维也纳大众戏和上海滑稽戏的产生和发展问题,从而在贬抑的历史评价背景下发掘出它们各自的艺术与社会价值。在《布莱希特和孔子》一文中,殷瑜借助布莱希特的《姜罐》等作品来研究作家与孔子思想观念等方面的影响和辩驳关系,展现了孔子以"正名"来重新评判历史的方式如何启发了布莱希特去揭露统治者的谎言和对大众的欺骗。谭余志的《德语具体诗试析》以丰富的诗例探讨了战后德语文学中非常特别的诗歌创作分支,并就具体诗的形式、意涵、渊源关系等做了细致、深入的分析。在《生死边缘的希望——伊尔莎·艾兴格长篇小说〈更大的希望〉解读》一文中,王羽桐从作家生平与小说创作的关系入手,着力分析作家在这部小说中的双重视角、情节安排、语言运用与表现手法,展示了时代的伤痛与人的自我救赎的能力。在《论〈废墟建造大师〉的怪诞叙事方式》一文中,李香在文本分析的基础上研究了小说的"套盒"式叙述结构和方式,并且讨论了与之相关的怪诞效应。在《言语剧作为反戏剧——论彼得·汉德克的〈骂观众〉和〈卡斯帕尔〉》一文中,谢建文通过分析2019年诺贝尔文学奖获奖作家汉德克早期的几部代表性言语剧来揭示作家反传统戏剧的价值和美学主张,文章特别展现了作家对语言本质的审视与反思。在《奈丽·萨克斯诗歌的创伤宣称与诗性正义》一文中,张帆研究了1966年诺贝尔文学奖获奖诗人奈丽·萨克斯诗歌创作中的"创伤叙事",揭示了"诗性正义"的力量和意义。在《论二十世纪七十年代的"新主体性"文学》一文中,夏雪以二十世纪六十年代文学政治化之后转折性的文学现象——"新主体性"文学为研究对象,探讨了其发展趋势、特征和文学史与文化建构价值。在《自我叙述与自我认同——沃夫冈·希尔比希作品〈转换〉中的身份认同问题及个体生活叙事化在构建身份认同中的作用研究》一文中,黄爱玲以身份认同问题为题,讨论了小说《转换》中的自我认同危机与语言危机,以及语言和叙述对个体身份认同的建构作用。在《学科互涉中的侨易学及其在文本阐释中的应用——关于文学侨易学的几点思考》一文中,董琳璐就文学侨易学建立的必须性和可行性、文学侨易学的特征以及这一理论作为文本解释方式的现实可能性做了探讨,并提供了相关例释。在 *Emotionalität in der Liebeskonzeption des Willehalm von Orlens am Beispiel der Elterngeschichte* 一文中,谢娟细勘了中古德语诗人鲁道夫的作品《维勒海姆》中的同名主人公的母亲"伊丽哭灵"选段,通过比较分析情感表达模式在公共领域与私人领域的差异性,文章揭示了封建宫廷文化个体的身份建构问题。在 *Männliche Identitätskrise und gestörte Geschlechterbeziehungen. Eine Analyse der Männerfigur und der Mann‑Frau‑Beziehungin Döblins Erzählung Der Ritter Blaubart* 一文中,黄艺以德布林的小说《蓝胡子骑士》为研究对象,开掘了其中的"蓝胡子的故事",揭示了男性身份认同问题和历史语境中的性别政治。在 *Studie zur Kafka‑Rezeption in China（1979‑1998）. Ein starker Aufschwung nach anfänglicher Verzögerung* 一文中,王蔚研究了中国自改革开放以来翻译与接受卡夫卡的历史脉络和特征,尤其对其中的多视角与多维度的解读方式做了详尽探讨。陈虹嫣也是以接受为题,在 *Günter Grass' Rezeption in China* 一文中,她采用描写性翻译研究方法来梳理1999年诺贝尔文学奖得主君特·格拉斯的作品近四十年来在中国的译介情况,以此分析接受过程中的特色层面与翻译过程中的困难,同时也讨论了格拉斯研究在中国的跨文化研究尝试。在 *Bachmanns Erzählung Ein Wildermuth* 一文中，郑霞分析了英格博格·巴赫曼的小说《一个维尔德穆特》，文章廓清了小说主人公"求真"的个人精神发展史，也揭示了巴赫曼式"求真"的乐观姿态。

在"翻译问题研究"栏目中，历时的线索让位于散点问题的探讨。此栏目虽只有6篇论文，但主题涵摄了著名翻译案例讨论、翻译名家述评、基层翻译理论研究、翻译批评等。

在《面对"恶"，世人何为？——〈恶——或自由的戏剧〉校译后记》一文中，卫茂平其实是借其所译的德国哲学家萨弗兰斯基的《恶——或者自由的戏剧》一书来揭示西方思想史上始自苏格拉底的一众哲人对"恶"的思考，并且文章对此略有引申。在接下来的论文《今天您"诗意地栖居"了吗？》中，卫茂平才真正讨论了翻译问题，但他又不拘泥于翻译问题，论文对将荷尔德林的诗句译为"诗意地栖居"提出明确质疑并论证了这一质疑，有正本清源的姿态和底气。在《钱春绮翻译实践研究——记一位令人肃然起敬的翻译家》一文中，吴声白评述了著名翻译家钱春绮的生平与翻译成就，并以席勒的叙事谣曲《手套》为例，在分析钱春绮的译品特色的基础上充分肯定了他的卓越成就。胡丹的《一部没有被翻译过来的史学名著》一文也颇有一点论战的架势，他这篇翻译批评以蒙森的《罗马史》中译本为研究对象，从地图、年代错误、译名不一致以及注释四个方面来剖析中译本中的错漏，进而得出结论认为"这是一个有着严重缺陷的译本"，因此这部名作严格地说还没有真正被翻译过来。在《基于语料库的〈少年维特之烦恼〉两个中译本风格比较研究——关于德语名著重译的思考》一文中，吴鹏采用了语料库方法，从宏观语言特征和微观翻译特征角度量性结合地比较了《少年维特之烦恼》的几个译本，并将其与德语源文本进行对比分析，以检视译本的风格差异和翻译得失。瑞典语专业的王梦达的论文《〈早期澳门史〉瑞典语版本读后感》虽有涉及翻译评述的内容，但其实并非一篇翻译论文，这篇论文从玛丽娅对翻译工作的肯定、文德泉对龙思泰思想的读解以及姚汉森对澳门历史的补充三方面着手分析，同时附述了龙思泰的生平，以期比较全面地读解这位瑞典学者的作品《早期澳门史》的瑞典语版本。在《论翻译矛盾——从〈德译中国成语故事〉谈起》一文中，桂乾元从《中国成语故事》的德译实践及其难点入手，集中分析了翻译过程中重要的"忠美矛盾"，并探讨了这一矛盾的内涵、成因以及解决方案，以期给人有益的启示。

"语言学问题研究"部分小辑论文3篇。这些文章虽谈语言及其应用问题，但始终紧扣语言学习这一重要命题。

在《试论德语句子的结构技巧》一文中,潘忠懿利用句法学知识和采例多个类别来讨论相关句子结构,并且在讨论中融入了句式运用的技巧与建议,很有学习针对性。在《德语谚语的修辞手段和修辞效果》一文中,徐智儿以德语谚语为研究对象,比较系统地梳理了德语谚语的修辞手段、修辞效果与运用形式,为德语谚语的学习和运用提供了很好的知识论及方法论支撑。小品词是语言的增味剂与增敏剂,但掌握起来实属不易。王炳荣便选择了这样一个有难度的题目,他的《德语小品词剖析》一文聚焦于狭义小品词,对其类别加以区分,并以例证方式逐一分析其可与哪些词类联用,以及其可被用于哪些交际场合。

"跨文化交际与国别区域研究"栏目所辑的 11 篇论文可谓理论探讨和案例分析兼备,相关论题的向外与向内探看之特征相当鲜明。

姜锋的《中德人文交流合作的现状、目标、原则和措施》一文视野宏阔,梳理全面、系统,见解独到,其加强中德人文交流的措施建议尤为精准、恳切。丁智勇的《联邦德国社会学与社会发展的联系》一文探讨了联邦德国社会学的发展、机构化建设、相关研究的特征等,对联邦德国社会学当下和未来的任务与研究重点进行了清晰的描述。在《〈昨日世界〉与茨威格的欧洲观念》一文中,胡凯基于奥地利著名作家茨威格的自传《昨日世界》来研究茨威格的欧洲联合、文化欧洲等核心性欧洲观,并结合茨威格对犹太人命运与欧洲前途关系问题的思考,揭示了茨威格的主张对当前欧洲社会融合问题的参考价值。匡洁的论题调转了方向,涉及一个正渐次深入的研究领域。在《德国人旅华游记文献的挖掘与整理——以 1949 年以来的文本为例》一文中,匡洁从"德国人旅华游记的中国主题""德国人旅华的时间阶段"和"德国旅行者的职业与性别"三个维度对收集到的 80 余部游记进行分类、归纳,以期描述 1949 年以来的德国人旅华游记之特征与发展趋势。在《浅析德国医疗卫生体制改革》一文中,蒋潞潞介绍了德国医疗卫生体制改革所面临的挑战、相关改革措施与改革前景,评价了改革得失,并指出了德国医疗卫生体制改革对我国卫生体制改革的借鉴意义。苗晓丹选择的也是一个现实问题,在《德国高校教师薪酬制度及其特征分析》一文中,她详解了德国高校教师薪酬制度的历史发展、理据基础以及相关结构与特征,而且文章例释了浮动工资所涉业绩的评估体系和运行机制,论述明了清晰。接下来的 3 篇论文构成了瑞典语专业文化研究的小小方阵。在《难以跨越的历史鸿沟——以斯特林堡剧作〈朱丽小姐〉为起点比较十九世纪中瑞两国社会状态》一文中,王馨蕾以《朱丽小姐》为引子,简要分析了十九世纪的瑞典在政治、文化、教育等方面的社会状况,同时对比讨论了同时期中国的发展状态,以此点出对当代中国社会发展的启示。在《物质的享受还是灵魂的寄托——从"瑞典鲁迅"笔下浅析中瑞节日文化差异》一文中，沈赟璐通过中国和瑞典重要传统节日来分析两国各自的历史或宗教文化背景，文章不仅比较了两国节日的文化意涵与现实意义，也反思了西方节日对中国传统节日形成冲击的现象。在《商业文化与纯文化之争——浅析奥古斯特文学奖的价值导向争议》一文中，王梦达从设立背景、获奖作品的商业化倾向问题和回归文学本身的发展趋势这三个方面简要介绍了影响瑞典图书市场的重要奖项——奥古斯特文学奖。在《在跨文化交际研究视角下理解文化：文化标准理论》一文中，常璇璇介绍和评述了德国心理学家亚历山大·托马斯提出并发展的文化标准理论，文章对托马斯所确定的中德核心文化标准进行了精到的评解。在《跨文化关系性作为跨文化性》一文中，王志强聚焦于跨文化性，就跨文化关系建构路径、跨文化关系类型和跨文化理解问题展开了深入探讨，并就如何提升跨文化理解能力和实现跨文化理解提出了自己的对策。在 *KMU in China – Quo Vadis?* 一文中，周方分析了中国中小企业的现状与存在的问题，重点讨论了德国的中小企业支持系统对我国的借鉴意义。

本论集最后一个栏目"学生管理问题研究"中的3篇论文非常贴合外语院校实际的学生工作，涉及大学生社会实践、大学生就业工作、毕业生就业跟踪调查等问题，颇具实用性。

在《外语类院校社会实践育人工作创新路径探索与研究——以上海外国语大学德语系暑期社会实践活动为例》一文中，刘健分析了外语类院校的社会实践育人工作的现状、要求、优势与不足，文章尤其对相关工作的创新路径提出了具有针对性的建议。在《"95后"大学生的职业价值观及就业指导对策——以上海外国语大学为例》一文中，田力娜同样是从自己的工作出发，采用调查分析的方式并结合理论探讨，归纳了"95后"大学生的职业价值观之变化特征，提出了针对"95后"大学生的详备的就业指导对策。田力娜的另一篇论文也涉及对策制定问题，在《大数据时代毕业生就业跟踪调查工作长效机制的构建》一文中，她以毕业生就业跟踪调查问题为题，具体分析了这项工作的现状，并从相关问题出发，探讨了如何构建毕业生就业跟踪调查工作的长效机制。

检视上述栏目中的文字，步移景换，精彩纷呈。主题、视角、方法以及特别是相关思想观念的聚合、离散，这些足以体现变化的深度与气象。

在意义的小生境，希望我们的文字及其承载也终能留下属于自己尽可能清晰的印痕。

——是为序。

谢建文　陈壮鹰
2019年10月于上海

目 录

文 学 研 究

从遥远神秘的"塞里斯"到"儒释道"精神的初现——德语文坛
　　"中国"形象溯源　　　　　　　　　　　　　　　　　　马佳欣 / 3
歌德、诗画与意大利——一种侨易学与心理学分析　　　　梁锡江 / 11
从历史上的浮士德到歌德的《浮士德》　　　　　　　　　余匡复 / 24
天堂的幻灭——解读席勒悲歌中的审美教育空想理论之演变　陈壮鹰 / 35
阿达尔贝特·施蒂夫特中篇小说《俄巴底亚》中的"家庭"　　孙　瑜 / 49
简析维也纳大众戏剧和上海滑稽戏剧　　　　　　　　　　钱顺德 / 54
布莱希特和孔子　　　　　　　　　　　　　　　　　　　殷　瑜 / 58
德语具体诗试析　　　　　　　　　　　　　　　　　　　谭余志 / 66
生死边缘的希望——伊尔莎·艾兴格长篇小说《更大的希望》解读　王羽桐 / 84
论《废墟建造大师》的怪诞叙事方式　　　　　　　　　　李　香 / 91
言语剧作为反戏剧——论彼得·汉德克的《骂观众》和《卡斯帕尔》　谢建文 / 99
奈丽·萨克斯诗歌的创伤宣称与诗性正义　　　　　　　　张　帆 / 115
论二十世纪七十年代的"新主体性"文学　　　　　　　　夏　雪 / 124
自我叙述与自我认同——沃夫冈·希尔比希作品《转换》中的身份认同
　　问题及个体生活叙事化在构建身份认同中的作用研究　黄爱玲 / 132
学科互涉中的侨易学及其在文本阐释中的应用——关于文学侨易学的
　　几点思考　　　　　　　　　　　　　　　　　　　　董琳璐 / 141
Emotionalität in der Liebeskonzeption des *Willehalm von Orlens*
　　am Beispiel der Elterngeschichte　　　　　　　　　　谢　娟 / 153

Männliche Identitätskrise und gestörte Geschlechterbeziehungen. Eine Analyse der Männerfigur und der Mann-Frau-Beziehungin Döblins Erzählung *Der Ritter Blaubart* 黄 艺 / 172

Studie zur Kafka-Rezeption in China (1979–1998). Ein starker Aufschwung nach anfänglicher Verzögerung 王 蔚 / 188

Günter Grass' Rezeption in China 陈虹嫣 / 214

In der „Dunkelhaft" der Welt nach dem Wahren sehen. Eine Interpretation zu Ingeborg Bachmanns Erzählung *Ein Wildermuth* 郑 霞 / 236

翻译问题研究

面对"恶",世人何为？——《恶——或自由的戏剧》校译后记 卫茂平 / 253
今天您"诗意地栖居"了吗？ 卫茂平 / 260
钱春绮翻译实践研究——记一位令人肃然起敬的翻译家 吴声白 / 266
一部没有被翻译过来的史学名著 胡 丹 / 274
基于语料库的《少年维特之烦恼》两个中译本风格比较研究——关于德语名著重译的思考 吴 鹏 / 283
《早期澳门史》瑞典语版本读后感 王梦达 / 295
论翻译矛盾——从《德译中国成语故事》谈起 桂乾元 / 303

语言学问题研究

试论德语句子的结构技巧 潘忠懿 / 319
德语谚语的修辞手段和修辞效果 徐智儿 / 330
德语小品词剖析 王炳荣 / 342

跨文化交际与国别区域研究

中德人文交流合作的现状、目标、原则和措施 姜 锋 / 355
联邦德国社会学与社会发展的联系 丁智勇 / 366
《昨日世界》与茨威格的欧洲观念 胡 凯 / 375

德国人旅华游记文献的挖掘与整理——以1949年以来的文本为例　　匡　洁 / 387
浅析德国医疗卫生体制改革　　蒋潞潞 / 395
德国高校教师薪酬制度及其特征分析　　苗晓丹 / 405
难以跨越的历史鸿沟——以斯特林堡剧作《朱丽小姐》为起点比较
　　十九世纪中瑞两国社会状态　　王馨蕾 / 421
物质的享受还是灵魂的寄托——从"瑞典鲁迅"笔下浅析中瑞节日文化差异
　　　　沈赟璐 / 429
商业文化与纯文化之争——浅析奥古斯特文学奖的价值导向争议　　王梦达 / 436
在跨文化交际研究视角下理解文化：文化标准理论　　常璇璇 / 439
跨文化关系性作为跨文化性　　王志强 / 448
KMU in China-Quo Vadis?　　周　方 / 460

学生管理问题研究

外语类院校社会实践育人工作创新路径探索与研究——以上海外国语
　　大学德语系暑期社会实践活动为例　　刘　健 / 473
"95后"大学生的职业价值观及就业指导对策——以上海外国语大学为例
　　　　田力娜 / 481
大数据时代毕业生就业跟踪调查工作长效机制的构建　　田力娜 / 498

文学研究

从遥远神秘的"塞里斯"到"儒释道"精神的初现
——德语文坛"中国"形象溯源

马佳欣

摘　要　本文以西方人眼中最早的"中国"形象为起点,史论结合,探讨作为异于西方的神秘"他者"的中国是如何历经千余年地从西汉时期那个欧洲人眼中神秘的"塞里斯"逐渐演变为西方人所认知和了解的国度之过程。在此基础上,文章着重分析了德国作家在骑士文学和巴洛克文学作品中对"中国"形象的描摹,即从骑士文学中遥远神秘的"塞里斯"和"契丹",到巴洛克文学中作家对"中国"和"儒释道"精神的最初描摹,以此印证中国和中国文化慢慢由表及里地渗入欧洲文明,为启蒙运动时期的文学作品中出现"中国热"埋下了伏笔。

关键词　"中国"形象　骑士文学和巴洛克文学　"塞里斯"　"儒释道"精神

在探寻西方人对中国最早的朦胧印象方面,中外学者已早有共识地将目光聚焦于两千多年前的西汉时代。那条绵延几万里、横贯中亚、经古波斯到达欧洲的"丝绸之路",不仅将中国精美的丝绸、茶叶等商品输送到了欧洲,而且借商品这一载体传递给西方人的一定还有几许遥远神秘的华夏文明之光。

历史常常记录奇妙的巧合。在东西方刚刚开始以物易物的交往之时,中国高贵的皇帝大臣们因地理知识的阙如而动辄以堂堂"中央帝国"之尊藐视天下。凡与天朝接触或经商者,必先派遣使者,纳贡称臣。在这些帝王将相的眼中,中国乃是世界文明唯一的中心,其他外族一律被视为蛮夷。

无独有偶,在古希腊,伯利克里时代的鼎盛、商业的繁荣以及遍及地中海沿岸的殖民地也不禁让古希腊人欣欣然陶醉了。那个根据希罗多德定则①圈定的文明与野蛮的界限不经意间竟决定了后来很长一段时间里中国在欧洲人心目中的位置。欧洲中心主义其时已初见端倪。

古希腊人称中国人为"许佩博雷人"(Hyperboraneaner),即"极北人",意指那些神秘地"居住在比北风地更遥远地区的人"②。这一称谓可谓与"中国"二字的原始本意大相径庭。不知道当初"中央帝国"的圣上如果得知了这一称谓的真正含义后会有何感想。

到了古罗马时期,中国同罗马帝国以丝绸为中介建立了联系。人们对中国有了略为清晰的认识。从公元前一世纪起,中国的丝绸便传到了罗马。丝绸的质地令罗马人赞不绝口,中国也因此得名"塞里斯"(Sères),其本意从汉语的"丝"字派生而来,意指丝绸。"塞里斯人"又被称为"丝国人"③。据《后汉书·西域传》记载,汉永乐九年(即公元97年),班超曾派遣属吏甘英前去探寻通往"大秦国"(即当时的"罗马帝国")的路径,但甘英在途中因为受到靠贩运丝绸牟利的那些民族的刁难而最终不得不无功而返。④ 中西方文化于是就与这一次直接接触的良好契机失之交臂。

从汉代到十三世纪这段漫长的历史时期中,据可考史料记载,中国同欧洲直接接触的成果微乎其微。尽管"塞里斯人"的丝绸风靡罗马帝国,甚至导致帝国的金银大量外流,致使帝国皇帝不得不一度颁布法律限制奢侈之风和禁止男子穿丝绸服装⑤,但欧洲人对中国的印象始终还仅有一个模糊、含混的概念。作为当时中西方交往的中介,那些穿梭于欧亚两大洲的阿拉伯丝绸商人们似乎并无兴趣充当东学西渐或是西学东渐的友好使者,他们更关心的是在哪里可以找到驿站,以及商品和钱币如何安全地被运抵目的地。

一直到元代,成吉思汗及其后世一路金戈铁马打到多瑙河畔并建立起横跨欧亚的世界帝国,处于中世纪晚期的欧洲人才终于把雄武的蒙古人同他们脑海中那

---

① 希罗多德,古希腊历史学家,被称为西方的"历史之父",著有《历史》(亦称《希腊波斯战争史》)。所谓"希罗多德定则",即认为希腊人是世界上最优秀的民族,其他地区的人种优劣程度以其距离希腊的远近来判定。
② 参见安田朴:《中国文化西传欧洲史》,北京:商务印书馆,2000年,第40页。
③ 同上。
④ 参见《后汉书·西域传》:"甘英'抵条支,临大海欲渡',而安息西界船人故作危言,威吓甘英,曰'海水广大,往来者逢善风,三月乃得度,若遇迟风,亦有二岁者,故入海人皆赍三岁粮。海中善使人思土恋慕,数有死亡者'甘英于是踌躇不进。"载[德]夏瑞春编:《德国思想家论中国》,陈爱政等译,南京:江苏人民出版社,1989年,第260页。
⑤ 参见安田朴:《中国文化西传欧洲史》,北京:商务印书馆,2000年,第49页。

个遥远神秘的中国联系起来。两种文化终于得以拥有重新碰撞的机会。

对遥远异域的好奇和渴望使欧洲人开始了充满探险意味的东方旅行,其中意大利的大旅行家马可·波罗在这方面堪称典范。马可·波罗于公元1275年来到中国,他在元朝任职十七载,并在游遍东方各国后写下《马可·波罗游记》,此书为西方人了解中国提供了客观的第一手资料。在游记中,马可·波罗按照当时中亚和西亚各民族的习惯称中国为"契丹"(Cathay,或译为"震旦")。因疏于联系,当时的欧洲人还无法清楚地认识到契丹和中国其实就是同一个国家。

从十五世纪开始,欧洲各国的探险家和使者们(其中包括许多耶稣会会士)纷纷到访中国,他们通过著书立说来介绍中国。其中,最有影响力的著作当推公元1585年西班牙探险家门多萨应罗马教皇要求所撰写的《大中华帝国史》。门多萨向欧洲人描绘出一个强盛、富裕、大一统的中央帝国形象。《大中华帝国史》一经问世便引起轰动,十五年间竟以七种文字发行了四十六个版本。其后的另一部重要著作《中国文化史》出自那位极负盛名的意大利耶稣会会士利玛窦的手笔。利玛窦从公元1583年起在中国生活了长达二十七年之久,为西方文化在中国的传播做出了相当的贡献。因此,利玛窦也当仁不让地成为西方世界里中国形象的塑造者。同门多萨不同的是,利玛窦在书中不仅向西方人展现了中国繁荣强大的盛世景象,而且坦率地揭露了明代朝廷贪婪和官场腐败的现象。

随着中西方交往的日益频繁,作为异于西方的神秘"他者"的中国终于得到了欧洲人越来越多的"重视",并成为一部分向往异域、寻求新鲜刺激的欧洲人竞相追逐探求的目标,同时中国也成为一些对自己的社会和文化立志改良的欧洲人反观自身以寻求出路的参照系。那些富于创见的作家和思想家们则从此真正开始了描摹"中国形象"的心路历程。

《诗经·小雅·鹤鸣》篇中有"它山之石,可以攻玉"。翻开德语国家文学史的长卷,人们发现最早将"中国"作为"它山之石"加以利用的是骑士文学和巴洛克文学时期的作品。尽管在公元1000年左右,"塞里斯"作为当时中国的代名词就已经在德国文献中首次亮相[①],但是这一称谓最早被引进文学作品还是时隔两个世纪以后的事。

著名的骑士文学的代表人物埃申巴赫(Wolfram von Eschenbach,约1170—

---

① 德国神学家诺特克尔·托伊托尼克尔(Notker Teutonikus)于公元1000年左右在其关于波伊提乌的评注("Boethius-Kommentar")中首次提到塞里斯人。

1220年)在他的长篇诗体小说《帕尔齐法尔》(*Parzival*)中首次提到了那个遥远、神奇、梦幻般的丝之国度"塞里斯"。

《帕尔齐法尔》可以被认为是德国中古时期骑士文学中的经典之作,文学史家们称这部作品开德国"教育小说"之先河。[①]《帕尔齐法尔》的母题得自于古老的神话故事"正直的笨伯",故事讲述了一位自小丧父并在森林里孤单长大的懵懂少年帕尔齐法尔独自出门探险的故事。帕尔齐法尔天性钝,但因始终不失赤子之心而最后达到了聪明人无法达到的境界,成为了光荣的圣杯骑士。作家埃申巴赫在主人公帕尔齐法尔的探险之路上设计了一个名叫"塞里斯"的地方,但并未对这一地名多加着墨,其意显然只在为小说增添几分神秘、刺激的异域情调而已。在埃申巴赫的另一部史诗《威廉》(*Willehalm*)中,"塞里斯"之名再度出现,不过它也只是被用来充当点缀而已。应该说,埃申巴赫在中西方交往尚处在萌芽阶段的中世纪就已将"塞里斯"写进作品实属难能可贵,亦足见其渊博学识和远大眼光。

中古时期的另一位对中国情有独钟的作家是十五世纪的诗人汉斯·罗森普吕特(Hans Rosensplüt,约1400—1460年)。在《葡萄酒赞歌》中,汉斯·罗森普吕特将契丹国伟大的可汗、教皇约翰和君士坦丁堡的皇帝并称为三大巨富:

> 上帝赐福于你,名贵的酒药!
> 你使我健康强壮,
> 因为你是一个健康的 Syropel。
> 君士坦丁堡的皇帝,
> 契丹国伟大的可汗和
> 教皇约翰,这三位巨富,
> 连他们用钱都买不来你的价值,
> 难道我还会指责你吗?[②]

文学作品往往是某一时代的剪影。细读此诗,我们不难发现,昔日蒙古大军铁骑所到之处的确令欧洲人震惊,而且横跨欧亚的大帝国也终于让欧洲人清楚地知道了其时中国的另一称谓——"契丹"。诗中的"契丹国伟大的可汗"俨然是欧洲

[①] 参见 W. Grabert, *Geschichte der Deutschen Literatur*, München 1953, S. 46.
[②] 引自[德]夏瑞春编:《德国思想家论中国》,陈爱政等译,南京:江苏人民出版社,1989年,第262页。

从遥远神秘的"塞里斯"到"儒释道"精神的初现——德语文坛"中国"形象溯源

人心目中可与东罗马帝国皇帝及教皇分庭抗礼的强势人物,而且诗歌也从另一个侧面证明了当时中国在欧洲人的认知中乃是一个"殷实、富裕、强大"的国家。

随着十五世纪和十六世纪欧洲探险家的地理大发现,中西方地域上的屏障终于被打破,西方世界对"中央帝国"的观念也越来越清晰。丝绸、陶瓷、漆器、壁纸等贵重商品的输入,使欧洲人对中国的关注、欣赏和好奇与日俱增,这一倾向也一览无余地被反映在当时的文学作品之中。在德国巴洛克文学中享有"诗歌之父"美誉的马丁·奥皮茨(Martin Opitz,1597-1639年)曾作长诗《歌颂上帝的战争》,此诗旨在为文艺复兴时期欧洲轰轰烈烈的海外殖民主义运动歌功颂德。《歌颂上帝的战争》提到,战神马尔斯在远征途中竟然也来到过中国:

> 再继续向前来到,
> 支那富饶的海岸,
> 它出产瓷器,
> 拥有火炮和印刷书籍。[①]

我们从上面的诗行中可以看出,当时欧洲对中国的称谓已经逐渐从"塞里斯"演变为"支那"(Sina)。欧洲人不但开始了解中国确切的地理位置和风物特产,甚至对中国的四大发明也略知一二。中国形象已逐渐由模糊朦胧变得清晰具体。

到了十七世纪,中国形象在另一位巴洛克文学大师格里美豪森(Hans Jakob Christoffel von Grimmelshausen,约1620—1676年)的笔下则更显清晰和与众不同。格里美豪森创作的诗体长篇小说《痴儿西木传》(*Der abenteuerliche Simplizissimus*)被誉为德国的第一部流浪汉小说。同埃申巴赫的《帕尔齐法尔》一样,《痴儿西木传》描写的也是一位天真的痴童西木冒险走天涯的流浪故事。《痴儿西木传》充满宗教色彩,西木浪迹天涯的过程似乎也正是他求索人生真谛和认识上帝的过程。格里美豪森在小说情节的发展过程中时不时穿插进"中国"这样一个地理概念,以代表对于主人公西木来说神秘、陌生、遥不可及的国度。同时,格里美豪森还让西木自述他在一个古代文物和艺术陈列室中见到中国画的感受:

[①] 引自 Horst von Tscharner, *China in der deutschen Dichtung bis zur Klassik*, München 1939, S. 17。译文引自卫茂平:《中国对德国文学影响史述》,上海:上海外语教育出版社,1996年,第3—4页。

> 在所有的油画中，我最喜欢的是一幅头戴荆冠的基督受难像。旁边挂着一幅中国纸图，画上端坐着几个中国人的偶像，有的画得像魔鬼。艺术陈列室主人问我，在他的陈列室里我最喜欢哪一件作品。我指着那幅头戴荆冠的基督像，他却说我错了，这幅中国画才是稀罕之作，因此更加珍贵，就是用十幅头戴荆冠的基督像他也不愿换下这幅中国画。①

以上这段描写十分耐人寻味。首先，艺术陈列室里竟收藏有"中国纸图"；其次，西木觉得那纸图上端坐的"中国人的偶像"画得像"魔鬼"；最后，西木选中的最爱是"那幅头戴荆冠的基督像"。

针对这组画面，我们似乎有必要将它放到十六世纪和十七世纪的欧洲社会大背景下去对其进行探讨和解析，即那时的地理大发现使欧洲的商船驶抵中国，欧洲的传教士也于公元1583年被获准进入中国内地传教（这似乎可以算是当时明王朝敞开国门以实施对外开放的重大举措了），欧洲与中国之间的贸易往来日益频繁。中国的国粹也逐渐在欧洲大行其道，并且受到王宫贵族们的喜爱和珍藏。因此，《痴儿西木传》中的艺术陈列室收藏"中国纸图"似乎可以被视为是当时的风气所趋。

中西方商业贸易的交往必然导致两种文化的最终碰撞。思维方式、审美取向、宗教信仰等诸多方面的差异无疑是中西方文化交往过程中对"异己文化"产生误解和误读的根源所在。就像当初利玛窦担心耶稣被钉死在十字架上的形象会导致中国儒生的困惑，因而只将圣母玛利亚怀抱圣婴的形象介绍到中国，以期让一向注重"忠孝仁义"的中国人接受基督教，但其结果却是导致当时很多中国人误以为基督教的上帝是位女性。中国明代的郑和也曾七下西洋，航程十余万里，历时二十八年。郑和兢兢业业地努力开展中外往来和传扬中华文化，他足迹所到之处遍及东南亚、印度洋、红海、东非等三十多个国家。然而，遗憾的是，郑和的船队始终没能踏上欧洲大陆，东学由中国人自己直接西渐的脚步始终姗姗来迟。不然，中国的"儒释道"精神也许会更早为西方人所接受。那么，格里美豪森笔下的西木也许就不会如此漠然地认为"中国人的偶像"像"魔鬼"了。至于西木选定"头戴荆冠的耶稣像"作为最爱似乎可以为文化交往过程中常常出现的"本土文化"拒斥"外来文化"提供最好的佐证。

---

① 引自[德]格里美豪森：《痴儿西木传》，李淑、潘再平译，北京：外国文学出版社，1984年，第85页。

随着欧洲传教士大批来华,他们撰写的有关中国的报道一时之间成为欧洲的学者和贵族们争相阅读的畅销品。其中,意大利传教士卫匡国(Martin Martini,1614-1661年)所著的《鞑靼战纪》是继门多萨的《大中华帝国史》和利玛窦的《中国文化史》之后最有影响力的书籍。在《鞑靼战纪》的影响下,几部中国题材的巴洛克小说应运而生。

哈格多恩(Christ. Wilh. Hagdorn,生卒年不详)的《埃关——或伟大的蒙古人》(Aeyguan oder der große Mogol)讲述一个以明末清初李自成起义,吴三桂引清兵入关,明王朝覆灭为背景的多角爱情故事。初看起来,人们会认为《埃关——或伟大的蒙古人》是一部纯粹的中国题材小说,但细读之下会发现小说具有巴洛克文学强烈地追求冒险艳情和异国情调的突出特点。故事虽然以中国历史事件为背景,但哈格多思却进行了艺术加工和篡改,如书中的吴三桂成了彪炳史册的英勇骑士,而李自成却是个凶狠残忍的反贼。《埃关——或伟大的蒙古人》的人物个性和情节发展几乎全部是欧洲式的,虽然书中也常常出现极具中国特色的景物和风情习俗描写,但读来总让人感觉哈格多思似乎在根据想象进行杜撰。值得肯定的是,《埃关——或伟大的蒙古人》为欧洲人了解中国提供了比之前更为细致的描摹,尽管其手法不乏夸张、雕琢和有悖真实之处。

《亚洲的俄诺干布》(Der Asiatische Onogmbo)是另一位巴洛克文学作家埃伯哈德·维尔纳·哈佩尔(Eberhard Werner Happel,1647-1690年)创作的与中国形象密切相关的作品。《亚洲的俄诺干布》有一个极其冗长的副标题,其完全可以被当成是小说的内容提要:"描述中国当今的执政皇帝顺治——一位地地道道的骑士,并简短地介绍他以及他亚洲王子的风流韵事、他们的骑士业绩、所有地处亚洲的王国和地区的特性以及它们君主的等级制度和主要功绩。"[1]《亚洲的俄诺干布》是根据卫匡国的《鞑靼战纪》中有关满族人如何推翻明朝政权的历史记载创作出来的,书中描写的"亚洲的俄诺干布"即指清朝的第一个皇帝清世祖顺治。特别引人注目的是,埃伯哈德·维尔纳·哈佩尔在这样一个历史题材的作品里加入了很多想象和虚构的成分,如书中的中国竟然是一个基督教国家,而顺治皇帝则变成了一位出生在土耳其斯坦的富有传奇色彩的骑士。同哈格多恩的《埃关——或伟大的蒙古人》一样,哈佩尔的创作受传教士有关中国的报道影响甚深,而且其作品大有为欧洲传教士在中国传教鸣锣开道、歌功颂德的架势。

---

[1] 引自[德]夏瑞春编:《德国思想家论中国》,陈爱政等译,南京:江苏人民出版社,1989年,第264页。

与哈格多恩和哈佩尔同时代的另一位巴洛克作家洛恩施泰因（Daniel Casper von Lohnstein，1635－1683年）在他创作的历史小说《宽宏的统帅阿米尼乌斯》中也同样对《鞑靼战纪》中的题材加以利用，书中有很多篇幅描写了中国的历史地理、风土人情等。比其他描摹中国的巴洛克作家棋高一着的是，洛恩施泰因在其作品中阐释了中国文化中的"儒释道"精神。在《宽宏的统帅阿米尼乌斯》中有这样的描写：

> [……]这四个是四千五百年来繁荣昌盛的哲人孔子学派的门徒；孔子学说无疑被当成是神的言论受到尊重。孔子的学说旨在一种造福于人的国家统治，不崇拜偶像，而只视一个神为世界的护卫，并认为无神的灵魂是非永生的。另四个童子来自[……]道家学派。道家的创始人老子是孔子的同时代人，曾在母腹中度过了九九八十一年。老子也授业，认为人类的本质是贪欲，而灵魂随形体而灭。最后四个童子[……]是佛教的信徒，佛教由聪明的释加牟尼建立[……]他们相信多世，灵魂从一个躯体转入另一个躯体；他们仅致力于精神的完美，他们的本质是内心的平静。由此，中国人总的来说可被分成三个部分：学者治理国家，道家治理肉体，佛教徒治理灵魂。①

综上所述，"中国"形象在经历了骑士文学作品中遥远神秘的"塞里斯"和"契丹"之后，终于从模糊渐渐变得清晰。发展到巴洛克时代，作家对"中国"的描摹已不仅仅局限于追求刺激的异国情调和哗众取宠的戏谑，而是不时融入作家本身的价值评判。上面这段引文正好说明了这一点。随着中西方交往的不断加深，中国文化的深层内涵也不断为西方人所认知和接受。富有魅力的"中国精神"最先打动的当然是那些目光敏锐、哲思深远的学者文人，洛恩施泰因应被算作这其中的一员。"儒释道"精神在洛恩施泰因作品中的初次彰显，也正说明中国文化已经开始由表及里地渗入欧洲文明，而且其似乎也为启蒙运动时期的文学作品中出现的"中国热"埋下了伏笔。

---

① 引自 *China in der deutschen Dichtung bis zur Klassik*，S.44，译文引自卫茂平：《中国对德国文学影响史述》，上海：上海外语教育出版社，1996年，第15页。

歌德、诗画与意大利
——一种侨易学与心理学分析

梁锡江

摘　要　本文尝试从侨易学与心理学的角度出发,对歌德成长过程中的"侨""易""学"三者之间的辩证关系进行梳理,着重考察在歌德的艺术成长中,诗歌与绘画这两种才能与创作之间的关系,并对歌德的价值观与艺术观进行反思,进而提出歌德所追求的最高价值就是"美与和谐"。同时,本文对歌德与"狂飙突进运动"的关系问题提出质疑,认为歌德并非真正的"狂飙突进者",他在所谓的"狂飙突进"时期的表现其实乃是诗人在寻找自己风格和探索艺术道路时的积极尝试而已。虽然歌德风格的真正形成开始于意大利之行,但事实上,歌德一直没有背离自己对最高价值的追求。

关键词　学习　诗与画　意大利情结　侨易学　心理学

"意大利之行是歌德一生的转折点"[1],歌德曾屡次在书信中提到自己的"重生"[2]。同时,很多文学史也将1786年的意大利之行看成是德国古典文学的开始。[3] 然而,从侨易学的角度来看,"不仅是人类文化命运存在着二元三维的基本结构,落实到一个个体上也同样适用。[……]青年歌德狂飙突进、浪漫飘逸,晚年

---

[1] [德]歌德:《意大利游记》,赵乾龙译,石家庄:花山文艺出版社,1995年,译本序第6页。
[2] 例如,1786年9月18日写给赫尔德夫妇的信:"在我回程的时候,我希望能够幸福地回到你们身边,希望我回来的时候,获得了重生。"1786年11月4日写给母亲的信:"我将变成一个新人回来。"1786年12月2日写给赫尔德夫妇的信:"我的第二个生日,是从我踏入罗马的那一天算起的,那是真正的重生。"12月13日写给赫尔德夫妇的信中重申:"罗马之外的人根本无法设想,在这里人们可以学到哪些东西。人们必将重生。"12月20日写给施泰因夫人的信:"这场重生,将我由内到外进行了改造。"12月29日写给赫尔德的信:"我要放弃所有的陈旧理念与固有意志,以便能够得到重生和新的教育。"参见http://www.zeno.org/Literatur/M/Goethe,+Johann+Wolfgang/Briefe/1786+%5B2%5D(访问日期:2018年11月1日)。
[3] 范大灿:《德国文学史》(卷2),南京:译林出版社,2006年,第379页。

歌德却老成持重、略显保守,这基本上是一种规律性现象,那么这个过程中的意大利之旅其实是非常关键的一页"①。因此,从侨易学和心理学的视角深入研究歌德的意大利之旅,将会有助于我们把握中间过程的第三维,从而更好地理解作为侨易现象的知识精英身上所体现的物质位移与精神质变之间的互动关系。

叶隽认为,在侨易二元之间的第三维应该是"学","对于任何一个个体,[……]他都必须以'学'为本。[……]侨易学的研究应当与知识史紧密联系起来,这样才能紧紧抓住作为那个关键之'三'的'学'字,引活侨易二元的基本规律"②。所以,当我们将歌德作为考察对象时,我们要考察的内容也就是"侨""易""学"这三者在歌德身上所体现出来的辩证关系,或者说在整个侨易过程中,"侨"是如何引发"学"的,而"学"又是如何促成"易"的,而这其中,歌德个人的"知识习得与发展史"则是我们考察的关键。

一 法兰克福:意大利与画家情结

笔者认为,一个人出生来到世界上其实也是一种"动过程",即对于个体生命而言,这个世界最初都是陌生的、异质的,而自我意识的形成、个体对于这个世界的认知以及知识体系从无到有的逐步建立,都离不开个体的学习。从这个意义上来说,歌德的家乡法兰克福就必然成为我们考察的第一站。因为歌德对意大利的认知正是肇始于此。

歌德的意大利印象首先来自于家庭教育,特别是他的父亲。在到达罗马后不久,歌德在1786年11月4日写给母亲的信中这样写道:"我无法用言语向您表达我现在的愉悦心情,我生活的诸多梦想与愿望终于得以实现,我从童年起在铜版画上所看到的一切如今就在我的眼前,那是我从小就从父亲的口中听到的耳熟能详的东西。"歌德的父亲卡斯帕尔·歌德(1710—1782年)在1738年拿到法学博士后不久就决定去做一次大的修业旅行,以此来结束自己的求学生涯。卡斯帕尔·歌德首先来到了维也纳,之后经格拉茨与卢布尔雅那来到意大利,他先在威尼斯参观了大教堂,然后又去了罗马和那不勒斯,之后又回到罗马。除了观察当地的风土人情之外,卡斯帕尔·歌德还深深地爱上了这里的音乐、绘画和建筑,并且带着极大

---

① 叶隽:《变创与渐常——侨易学的观念》,北京:北京大学出版社,2014年,第176—177页。
② 同上,第40页。

的激情搜集古代的碑铭。在罗马逗留了近半年之后,卡斯帕尔·歌德又途经佛罗伦萨、威尼斯、米兰和热那亚而去了法国。① 但是,巴黎并没有给卡斯帕尔·歌德留下太深刻的印象,因为"一从意大利出来,便是曾经沧海,再没有什么可以赏心怡情的了"②。可以说,意大利从此成为歌德父亲的挚爱,而这种情感直接深刻地影响到了歌德,他在自传《诗与真》中回忆说:

> 在房子里头,父亲用来装点前厅的一排罗马铜版风景画最经常地映入我的眼帘。这些画的刺镂出自比拉纳西的几个前辈之手。他们对于建筑术和透视画法很内行,他们的刀法是很准确和可珍惜的。在这儿,我们天天都看见罗马人民广场、圆形剧场、圣彼得广场、圣彼得教堂的内外景、圣安格罗堡以及许多其他景物。这些建筑给予我深刻的印象,而平时很少言笑的父亲有时也很高兴地向我们描述这些景物。他对意大利语言和一切与意大利有关的东西的酷爱,是很明显的。他也时常把从意大利带回来的一个大理石和动植物的小小收藏,拿出来给我们看。他把大部分时间花在他用意大利文写的游记上头,[……]因此,我尚在未了解意大利歌谣《孤寂、幽暗的森林》的内容以前,已很快就会唱和背诵它了。③

家庭的熏陶使得意大利成为歌德心中的"圣地",他的"诸多梦想与愿望"都与之有关,他的意大利之旅的几个关键词其实都已经被包含在上述的引文中了:"风景画""建筑""大理石与动植物""游记"。歌德从童年起就对意大利抱有极强烈的憧憬:

> 关于我未来青年旅游的这种神话,我很喜欢听父亲向我复述,特别是因为结尾总讲到意大利,最后继之以那不勒斯的描摹。他讲起来,他平时的严肃和干燥无味的生活作风似乎都为之消解,而平添了活气,因此在我们孩子的心中便产生一种热烈的企求,要在这个人间乐园中也占一席之地。④

---

① Wilhelm Bode, *Goethes Leben. Lehrjahre 1749–1771*, Berlin, 1920, S. 29–30.
② [德]歌德:《诗与真》(《歌德文集》卷四),刘思慕译,北京:人民文学出版社,1999年,第28页。
③ 同上,第7—8页。
④ [德]歌德:《诗与真》(《歌德文集》卷四),刘思慕译,北京:人民文学出版社,1999年,第28页。

歌德从小被父亲培养学习拉丁文、希腊文、希伯来文、意大利语等语言,并对古典文化有着极为浓厚的兴趣,他曾一度抛弃学习法律的想法,而"只专攻语言学、古典学(Altertümer)、历史和一切渊源于它们的学问",而他之所以有这样的想法,乃是为了自己的诗歌作品:"诗的描写,无论哪一个时候都给我极大的乐趣。[……]我想对上述几门学问做根本的研究,因为我认为,对古学有充分的理解,可使我自己的作品有迅速的进步。"①

但是,在歌德的内心世界里,他所喜爱的艺术并不仅仅只是诗歌,他的"一个潜在愿望就是成为一位画家"②。这一画家情结或"画家梦"同样来自父亲的熏陶和周围环境的耳濡目染,歌德的父亲非常喜欢藏画,"许多年来,他[……]请求法兰克福市所有艺术家为他绘画",歌德"对艺术的癖好因为画幅收拾整齐、地方的雅致和特别因为与一个熟练的艺人的结识而活跃起来"③。这里尤其需要注意的是"与艺人的结识",歌德童年接触的艺术家圈子里几乎没有诗人,而主要都是画家,他"从幼时起就认识这些画家,并且常去参观他们的画室"④。从九岁起,歌德开始追随铜版画家埃本(Johann Michael Eben)学习绘画,特别是法军于1759年占领法兰克福之后,寓居在歌德家的法国多伦伯爵请来了全城所有的画家在顶楼为其作画,歌德有了更多的机会接触这些艺术家,就如他自己所说:"从小时候起我已与画家们厮混,而且像他们那样惯于从艺术的观点来观察事物。"⑤歌德就这样逐渐培养起了自己对绘画乃至建筑的兴趣和爱好。同时,这一爱好又与歌德对意大利的憧憬相结合,从而使得他对古罗马以及意大利的绘画与建筑均产生了浓厚的兴趣,"对东南部(指意大利)的艺术家常怀渴慕、敬重和期待之忱"⑥,这种情感进而逐渐演变成一颗"埋藏在心底的古典文化种子"⑦。

在这里,我们要注意诗歌与绘画对少年时期的歌德所发挥的不同功用。诗歌固然是歌德才华的体现,但纵观《诗与真》这部自传,笔者发现,歌德关于自己这一时期诗歌的叙述更多地是集中于社会生活与人际交往方面:"我们的小旅行团、游

---

① [德]歌德:《诗与真》(《歌德文集》卷四),刘思慕译,北京:人民文学出版社,1999年,第240页。
② 王静、张典:《论歌德意大利时期的艺术批评原则》,载《解放军艺术学院学报》,2013年第2期,第40页。
③ [德]歌德:《诗与真》(《歌德文集》卷四),刘思慕译,北京:人民文学出版社,1999年,第22—23页。
④ 同上,第84页。
⑤ 同上,第222页。
⑥ 同上,第322页。
⑦ 陈平:《歌德与建筑艺术》,载《新美术》,2007年第6期,第57页。

乐会和由此发生的种种偶然事故,我们都作诗来点缀。"①然而,当歌德幽居独处、玩味寂寞之时,他说:"现在,我既然放任自己,又沉湎于孤寂的境界,这种才能(指绘画——笔者注)便表现出来。[……]绘画是留给自己的唯一表现自我的方法,[……]我习惯于在画上不只看见所画的东西,而且还看见自己当时的思想感情。"②绘画成了专属于歌德的私密领域,尤其当他的初恋失败之后,绘画有着让其内心恢复平静与和谐的功效:"凡是引起我的注意和欢悦的,我都想抓着它,于是我便以极不熟练的方法来描绘自然。"③可以说,绘画之中也包含了歌德强烈的自我认同。所以,哪怕日后歌德因为《少年维特之烦恼》一书成为了誉满欧洲的作家,在1777年去哈尔茨山旅行时,他仍然化名为"画家韦伯",而当他于1786年从魏玛宫廷突然出走前往意大利时,他选择的身份依然是"画家菲利普·穆勒"。

二 莱比锡与斯特拉斯堡:青年歌德的烦恼

对于法兰克福时期的歌德而言,诗与画似乎构成了其知识与精神世界的两极。诗"可以群",其象征着与外部世界的联系以及外界对自己的认同;而画则"可以兴",其意味着内心世界的和谐与自我认同。所以,当歌德写诗时,他特别关注人与人的情感,贴近人生;而当歌德作画时,画的却无一例外都是无人的风景画,靠近自然。两者的平衡共同构建起歌德的精神世界,直到歌德"侨居"到莱比锡大学,这一平衡才被打破。

德国人的大学学习具有极强的流动性,学生一般都会在两所以上的大学先后学习,它使得个体有更多的机会接触到不同的地域与知识,从而使得个体的教育(*Bildung*)得以更加完善。从侨易学的角度来看,我们可以将德国人的大学学习看成是一种"移交"和"仿交"。在《侨易二元的整体建构——以"侨"字多义为中心》中,叶隽提出了"侨易十六义"。其中,"移交"是指不同文化体之间的接触和相交,个体或主体因移动而产生变化,由移动而导致异质文化的相交关系;而"仿交"则是以"一方学习另一方为主轴的交易过程"④。在"移交"与"仿交"的过程中,个

---

① [德]歌德:《诗与真》(《歌德文集》卷四),刘思慕译,北京:人民文学出版社,1999年,第236页。
② 同上,第223页。
③ 同上,第222页。
④ 叶隽:《侨易二元的整体建构——以"侨"字多义为中心》,载叶隽主编:《侨易》(第二辑),北京:社会科学文献出版社,2015年。

体原有的知识结构与精神世界将会因受到刺激与冲击而形成相应的反应机制。

1765年至1768年的三年间,歌德来到父亲曾经就读的莱比锡大学学习法学,这一决定的做出并非出于自愿,而是由于父亲的强硬,但歌德仍然试图阴奉阳违,他佯装去莱比锡学习法律,但暗地里则想设计另外一套艺术学习计划,结果在反对文艺的博麦教授(Johann Gottlob Böhme)的否决下他才打消了这个念头。擅长自律的歌德虽然压抑住了自己的渴望,但他依然坚持经常去听格勒特教授讲授的文学史与文学习作课。① 同时,歌德对绘画的兴趣也依然不减,他跟随莱比锡艺术学院院长奥赛尔(Adam Friedrich Oeser)以及铜版画家斯托克(Johann Michael Stock)继续学习绘画及相关技艺②,而且在奥赛尔的介绍下,歌德认真研读起将古希腊罗马视为艺术典范的温克尔曼的著作。在1770年2月20日的信中,歌德将奥赛尔称为他"真正的老师",歌德说:"他教导我:美的理想是单纯与静穆。"③

但是,由于歌德在两个领域里的天赋才能本身就存在差异,所以在莱比锡阶段,歌德两方面才能的发展并不均衡。尤其重要的是,歌德从相对旧式的城市法兰克福来到当时被称为"小巴黎"的莱比锡,环境与身份的变化迫使他需要更好地适应外界环境,所以更为关注外部世界的诗歌由此得到强化。此外,还有两件事情使得歌德的兴趣重心渐渐向诗歌转移:一是歌德敬爱的博麦教授的太太对他匿名朗读出的原创作品有很多非难,这使得歌德对自己的诗歌创作产生了怀疑,他迫切地需要找寻一个艺术批评的标准,但他苦寻不到,以至于竟然陷入绝望的境地,最终他将自己当时所有的手稿付之一炬④;二是歌德在这时幸运地遇到了诗人施洛塞尔(Johann Georg Schlosser),并通过他与一个爱好诗歌的小圈子相识,尤其是宫廷顾问法伊尔(Johann Gottlob Benjamin Pfeil)给了歌德很多指导,使歌德"对一些事物做出正确的判断"⑤。于是,在这一阶段,歌德形成了一个方向,就如他所说:"我一辈子不能背离的方向,这即是说,把那些使我欢喜或懊恼或其他使我心动的事物转化为形象,转化为诗歌,从而清算自己的过去,纠正我对外界事物的观念,同时我的内心又因之得到宁帖。"⑥按照歌德传记的作者波伊尔(Nicholas Boyle)

---

① [德]歌德:《诗与真》(《歌德文集》卷四),刘思慕译,北京:人民文学出版社,1999年,第245—247页。
② 王端廷:《歌德的画家梦为何破灭》,载《东方艺术》,2013年第11期,第16页。
③ 参见http://www.zeno.org/Literatur/M/Goethe,+Johann+Wolfgang/Briefe/1770(访问日期:2018年11月1日)。
④ [德]歌德:《诗与真》(《歌德文集》卷四),刘思慕译,北京:人民文学出版社,1999年,第254—258页。
⑤ 同上,第271页。
⑥ [德]歌德:《诗与真》(《歌德文集》卷四),刘思慕译,北京:人民文学出版社,1999年,第287页。

的说法,歌德时值青春期,各种情感纠葛与人世纷扰影响了他的写作风格,所以他这一时期的诗作风格"充满了肉欲",并且"非常直接地描写一切个人意愿与感受的来源"①。相比之下,绘画虽然作为歌德个人的兴趣爱好继续存在,但只有等到他因为生理和心理的太多压力而因病退学返回法兰克福并重新回到家的怀抱,从而自纷扰的外界重新回归寂寞独处之后,他才重拾绘画旧业,正如他所说:"在寂寞中,我有那么多的事情做。我从少年时代起养成的种种嗜好,现在像幽灵似的又获有机会重新冒头了,所以更是无事忙,绘画的旧业也重新理起来。"②不过,歌德后来又因病放弃了绘画。

然而,当歌德重新回到外部世界,并在斯特拉斯堡(1770—1771年)继续法律学业时,诗歌的力量又再次抬头,尤其是当他与弗里德莉克相爱时,他说:"在这种情况之中,我久已忘了的诗兴不觉油然复生。我按着著名的曲调为弗里德莉克作很多的短歌。它们已可集成一本绮丽的短歌集了。"③同时,"最有意义的事件"④发生了,那就是歌德与赫尔德的相识。赫尔德打开了歌德的眼界,他向歌德介绍了荷马、莎士比亚和莪相的诗歌,他搜集整理民歌,同时他也研究斯宾诺莎的泛神论哲学,这些对歌德走上文学创作道路起到了决定性的推动作用。在斯特拉斯堡,歌德很快就找到了一个很有教养的朋友圈子,他闲暇时步行或骑马穿过阿尔萨斯地区的山山水水,并且惊讶于斯特拉斯堡大教堂的美丽。那是诗人歌德的一段幸福时光。"大自然与建筑审美上的经历,友谊与爱情,这一切都让歌德在斯特拉斯堡变成了一个诗人,他挣脱了惯常与传统的一切束缚,打破了诗学的规则,完全自由且自然地表达自己的情感与感受。歌德的《五月歌》中的很多用词(如 *Morgenglanz*、*Nebelkleid* 等)都来自于诗人的独特创造,在字典里是绝对查不到的。"⑤

这时的歌德达到了这样一种认识:

> 无论在什么情景下,自然和艺术只有通过生活然后互相接触。所以,我按照自己的夙愿去探索内部和外部的自然天性,热心地描述它,任其支配,这是我一切的考虑和努力的结果。[……]我决心一方面任凭我的内

---

① Nicholas Boyle, *Goethe. Der Dichter in seiner Zeit. Band I*: 1749 – 1790, Frankfurt am Main, 2004, S. 106.
② [德]歌德:《诗与真》(《歌德文集》卷四),刘思慕译,北京:人民文学出版社,1999年,第355页。
③ 同上,第483—484页。
④ 同上,第412页。
⑤ Gudrun Fischer, "*Wir heißen euch hoffen!*" *Ein Goethe-Lesebuch*, Leipzig, 1997, S. 37.

部自然的特性自由无碍地发挥出来,其他方面听任外界的自然的特质给予我影响。[……]在内心方面,我想摆脱一切陌生的倾向和思想,对外则以爱的态度来观察一切,自人类以降所有可以理解的生灵,任其用独特的方式对我施加影响。由此便发生与自然界的各个对象的不可思议的亲密关系,与自然全体形成默契和共鸣,因此外界每发生一种变动,无论是住所的迁换也好,时日季节的流转也好,或任何种的推移也好,都触动到我心的最深处。画家的眼更添上诗人的眼,美丽的乡村风景,又有宜人的小河点缀其间,加深我的独处之癖,以及使我更得以冷静地从各方面玩味和考察我周围的事物。①

我们从上面这段引文中就可以看出,当时的歌德正处于艺术事业的探索期,通过生活让艺术与自然相结合,并且与自然界形成和谐与互动,这已经是他的理想目标了,而他此时的自我定位仍然更偏向于是孤独自处的"画家","画家的眼"排在"诗人的眼"之前,正如他所说:"从美术中认识自然,这已成为我的一种热情。"②但是,这种以绘画为先导的理想艺术观却遭遇到了青春期的躁动与空虚,尤其是歌德从斯特拉斯堡毕业并于1772年在韦茨拉尔开始实习之后,生理和心理上的青春特点占据了上风,他对外界的变动不再感兴趣,"对这些可爱美丽的现象无动于衷,最大的不幸、最难治的心病便发生了,这时我们已把人生当成是可厌恶的重负"。同时,"引起这种哀愁的诸诱因之中,恋爱的热火再燃最有强烈的作用"。此外,青年人还会感觉到社会上的各种不公,"道德的随时变迁"以及自身的弱点,"自己的过失不断再现",所以"青年时代沸腾的血、因为个别事物而容易麻木的想象力以及人事的倥偬变幻",这些都使得歌德"亟欲挣扎和摆脱这样的困境",再加上受到他阅读的英国诗歌的影响,"英国诗歌的优美之处还伴有一种沉重的悲哀,凡是耽于阅读的人便受其熏染"③。正是在这种情况下,歌德才写出了《少年维特之烦恼》。按照歌德晚年的说法,他"是用自己的心血把那部作品哺育出来的。其中有大量的出自己心胸中的东西以及大量的情感和思想"。④《少年维特之烦恼》中所提到

---

① [德]歌德:《诗与真》(《歌德文集》卷四),刘思慕译,北京:人民文学出版社,1999年,第570—571页。
② 同上,第596—597页。
③ [德]歌德:《诗与真》(《歌德文集》卷五),刘思慕译,北京:人民文学出版社,1999年,第613—615页。
④ [德]爱克曼(辑录):《歌德谈话录》,朱光潜译,北京:人民文学出版社,1978年,第17页。

的"我本想压根儿不提此事,免得告诉你说,近来我很少画画"①以及"莪相已从我心中把荷马排挤出去"②都是那段时间歌德内心生活的写照,他那以绘画为导向的艺术观被淡化,"朴素、宁静、明朗"的希腊诗人荷马逐渐为"阴郁、朦胧、伤感"的英国诗人莪相所替代,歌德走上了"狂飙突进"的道路。

然而,歌德的内心最深处其实对《少年维特之烦恼》并不认同:"它简直是一堆火箭弹!一看到它,我心里就感到不自在,深怕重新感到当初产生这部作品时的那种病态心情。"③因为《少年维特之烦恼》背离了歌德的理想,即"和谐与美"。在歌德看来,与绘画不同,文学是可以描写"不美"的东西的,这一认识要归功于莱辛的《拉奥孔》。"这部著作(《拉奥孔》)把我们从贫乏直观的世界摄引到思想开阔的原野。[……]造型艺术家要保持在美的境界之内,而语言艺术家总不能缺少任何一种含义,但可以逸出美的范围以外。前者为外部的感觉而工作,而这种感觉只有靠美来得到满足;后者诉诸想象力,而想象力还可以跟丑恶合得来。"④歌德之所以选择创作《少年维特之烦恼》,主要是为了发泄和解脱:"我借着这篇作品,比起其他任何的创作来,最能把我从暴风雨似的心境中拯救出来。我因为自己和他人的过错,偶然和故意选择的生活状态,决心与急躁,执拗和让步等种种原因而陷入这种心境之中,[……]这篇东西写完了,我觉得像是在神父之前把一切忏悔了之后那样复归于愉快自由,该从头再过新的生活。[……]我这一方面因把事实化为诗而心境轻快明朗起来。"⑤所以,维特死了,而歌德活了下来。但是,歌德仍然觉得离自己的理想目标有差距,所以他说:"自从此书出版之后,我只重读过一遍,我当心以后不要再读它。"⑥从这个意义上来说,歌德投身狂飙突进运动的时间其实很短,他于1773年创作剧本《铁手骑士》,于1774年完成《少年维特之烦恼》,而1775年接受魏玛公爵之邀出任公职其实就已经"意味着歌德脱离了狂飙突进运动"⑦。所以,对于歌德而言,"狂飙突进"并不是蓄谋已久的举措,而更像是冒险船队在艺术海洋里探索时的临时偏离航向。

如前所述,从斯特拉斯堡开始,歌德心目中的最高价值就已经是"美与和谐"

---

① [德]歌德:《少年维特的烦恼》,杨武能译,北京:人民文学出版社,1983年,第40页。
② 同上,第89页。
③ [德]爱克曼(辑录):《歌德谈话录》,朱光潜译,北京:人民文学出版社,1978年,第17页。
④ [德]歌德:《诗与真》(《歌德文集》卷四),刘思慕译,北京:人民文学出版社,1999年,第323页。
⑤ 同上,第624页。
⑥ [德]爱克曼(辑录):《歌德谈话录》,朱光潜译,北京:人民文学出版社,1978年,第17页。
⑦ 余匡复:《德国文学史》,上海:上海外语教育出版社,1991年,第178页。

了,而《少年维特之烦恼》所表达出来的对僵化的贵族社会的抗议太过激烈,所以歌德才会认为自己在写《少年维特之烦恼》时是"病态心理"。歌德所追求的乃是市民的"和平崛起",这一思想从他在《诗与真》里摘录的某贵族信件中就可以发现端倪:"我有志于伟大的事业,想着更高尚的事。我绝不是只想加官进爵,地位更加显赫,而是想不借先人余荫,独立从别处寻求阶梯,进身成为一个出类拔萃的贵族,[……]因此,我朝着这个目标而钻研学问和奋发努力,[……]每个人一定要依靠自身力量而成为贵族,这是他们的信条。如果在那美好的时代,已出现一种竞争对抗的活动的话,那就是自上而下的互相较量的努力。"①在写出《少年维特之烦恼》的同一年,歌德又写出了取自古希腊神话的《普罗米修斯》,虽然很多评论都认为此部作品同样也反映了"狂飙突进"的反抗精神,但事实上,这部作品反映的却是歌德的"和平"的社会竞争观:"巨人普罗米修斯扰乱天庭的反抗精神并没有为我的诗的描写提供什么素材。我觉得,适宜我描写的,是巨人一方面承认比自己更高的威力的存在,但同时又想与之比肩,以平和的、忍耐的努力同他对抗一事。"②从这个观点出发,年轻的歌德接受魏玛公爵邀请去该公国任职是非常合乎逻辑的,他追求的就是在既定权力框架内的市民的"平和的、忍耐的"强大与发展,而不是暴力革命。

所以,类似《少年维特之烦恼》这样的作品乃是歌德创作上的非典型性瞬间,那时的歌德心中一直有他希望能够坚持下去的原则与信念,那就是对"美与和谐"的追求,而这一追求首先就以绘画为代表,正是绘画给了歌德很多思想上的启发。在写完《少年维特之烦恼》后不久,在游览科隆的时候,正是一幅画让歌德体验到了"最温柔最美的感受",正如他所说:"我的人类禀赋与诗人才能是那最深层的基底,为那无限的感动所敞开,藏在我心中一切善良与可爱的倾向都流露无遗。"③可以说,德国古典文学的"人道主义观"已经先兆于此。同时,绘画给了"诗人才能"以最强烈的刺激,这也证明歌德的艺术观是以绘画为先导的。在之后的一段时间,歌德"作诗和绘画的兴致同时勃发,不能自已",但由于绘画才能的限制,他还是向自己"可以较自由挥洒的诗文方面致力。[……]对艺术的自然和自然的艺术热烈地进行鼓吹"④。

以绘画为先导的艺术观与歌德一向的意大利情结以及画家情结相结合,从而

---

① [德]歌德:《诗与真》(《歌德文集》卷五),刘思慕译,北京:人民文学出版社,1999年,第766—767页。
② 同上,第684—685页。
③ 同上,第665—666页。
④ [德]歌德:《诗与真》(《歌德文集》卷五),刘思慕译,北京:人民文学出版社,1999年,第685页。

让歌德对意大利抱有越来越浓烈的渴望。特别是当歌德因凭借《少年维特之烦恼》一书成为德国乃至西欧最负盛名的作家和天才而被牵扯进了更为宽广和复杂的外部世界之后,他说:"我被迫尝到了门庭若市的滋味。[……]本来宁静、幽晦的境界是大有利于完美的创作的,但是我却被从这种境界中拉出来而置身于白昼的嘈杂之中,为他人而消失了自己。"①歌德因而更加向往在意大利过上纯粹的艺术家生活,正如他所说:"德国艺术家前往意大利,在那里发挥影响,繁衍艺术与家庭,这样的艺术家对于我而言,一直都具有极高的价值。"②但是,歌德当时的心情还是矛盾的:"在我心目中,伦巴第和意大利像是完全陌生的地方,而德意志却是一片熟悉、可爱、充满亲切之情、使人怀念的乡土。而且,在这里有多年包围着我和支持着我的生命的一切,如今已成为我不可缺少的氛围,超出这个范围一步,实是我受不了的事情。"③

种种原因之下,歌德最后来到了魏玛,并且开始了他的仕途生涯。歌德带着理想化的"和平社会竞争观"来到魏玛,一留就是十年。十年中,最初的乐观自信逐渐被掺杂进了更多的痛苦、悲伤与怀疑。身兼多职所造成的精力牵扯以及很多事情因为宫廷政治的掣肘而无法成功所造成的失望,这些让歌德越来越看到理想与现实的距离,他渴望把全部精力投入到科学与艺术上,而与施泰因夫人之间越来越不太自然的关系也同样折磨着他。对于歌德而言,这时的德意志已经不再像十年前那样"充满亲切之情",他愈加渴望前往意大利。因此,歌德在他来到魏玛的八年之后(1783年)创作的《迷娘曲》中高呼:"到那里!到那里!"④最终,1786年9月3日,歌德在卡尔斯巴德疗养期间突然不告而别,他没有向任何人吐露他的目的地——意大利。这次意大利之行既是一场逃亡,同时也是歌德决心抛开一切去做自己的"教育旅行",因为"内心宁静的获得有待于自己的重新学习"⑤。这又是一个"移交"与"仿交"的侨易过程。

三 意大利:梦想的终结与风格的形成

歌德抱着学习的态度来到意大利,他将此处看成是一个大学校,正如他所说:

---

① 同上,第630—631页。
② Siegfried Unseld (Hg.), *Goethe, unser Zeitgenosse*, Frankfurt am Main, 1993, S. 79.
③ [德]歌德:《诗与真》(《歌德文集》卷五),刘思慕译,北京:人民文学出版社,1999年,第805页。
④ [德]歌德:《诗歌选》(《歌德文集》卷八),刘思慕译,北京:人民文学出版社,1999年,第154页。
⑤ [德]歌德:《诗与真》(《歌德文集》卷五),刘思慕译,北京:人民文学出版社,1999年,第716页。

"在那儿培养、增长我的艺术的知识。"①与歌德的艺术观与内心情结相吻合的是，他将绘画和建筑艺术视为自己可以师法的对象。所以，歌德才会化名画家穆勒来到意大利，而他在罗马的交游圈子全部都是侨居当地的德意志画家，他在他们的指导和帮助下绘制了1000多幅素描、水彩画、版画等作品，这是继斯特拉斯堡之后，歌德艺术生涯的另一段幸福时光。不过，如果说斯特拉斯堡的经历让歌德从此走上文学创作道路的话，那么意大利之行却让歌德意识到自身的缺陷："当我四十岁在意大利时，我才有足够的聪明认识到自己没有造型艺术方面的才能，原先我在这方面的志向是错误的。"②歌德终于直面自己的兴趣爱好与才能之间的矛盾。此外，这也是因为歌德此时已经三十九岁，再来重头学习绘画已经有些太迟了。所以，意大利之行的一个相当重要之作用就是标识了歌德的画家梦想终结了，他真正彻底地认同了自己的诗人身份。

但是，造型艺术也为歌德带来了"很大的益处"，正如他所说："我获得了见识，所以我可以安心了。"③在意大利，歌德使他的所见所闻与自己内心的想法相印证，并在广泛鉴赏各种艺术形式的基础上形成了自己成熟的艺术观。歌德主要受到温克尔曼的《古代艺术史》与帕拉迪奥的《建筑四书》之影响，他认为后两者"在正确解释和教导方面很有用处"。歌德说："古罗马文化也开始使我高兴。历史、碑文、钱币，我以前对他们一无所知，现在目不暇接。正如我以前研究自然史一样，现在在这里也研究艺术史，因为世界的整个历史都和这个地方联系在一起。我说这是我第二个生日，从我踏入罗马的那天起，意味着真正的再生。"④

早年埋藏在心底的那颗古典文化种子开始萌发，歌德也重新获得了极大的创作热情。在魏玛的十年，歌德的创作较少，作品主要是一些抒情诗，当然也有一些重要作品的构思，但是宫廷生活与恋爱纷扰的牵扯使歌德一直没有足够的时间与精力去静下来写作，而在意大利的一年九个月的时间里，他厚积薄发，先后创作完成了三部古典主义名剧《陶里斯的伊菲格尼》《塔索》和《艾格蒙特》以及大量的随笔、日记、书信等。这些戏剧具有较为强烈的古典主义风格，所以很多评论者认为，意大利之行是歌德由"狂飙突进"向"古典主义"转变的标志性年份。然而，从笔者的分析来看，此类说法有将歌德的文学创作片面割裂的嫌疑。事实上，歌德对美与

---

① ［德］歌德：《诗与真》（《歌德文集》卷五），刘思慕译，北京：人民文学出版社，1999年，第846页。
② ［德］爱克曼（辑录）：《歌德谈话录》，朱光潜译，北京：人民文学出版社，1978年，第193页。
③ 同上，第195页。
④ ［德］歌德：《意大利游记》，赵乾龙译，石家庄：河北教育出版社，1999年，第133页。

和谐的追求一直没有变过,而他在"狂飙突进"中的文学表现其实是一个青年诗人在艺术探索期所做的诸多的摸索与尝试而已。"与其说意大利之行标志着歌德思想转变的开端,毋宁说是对其在此之前漫长转变过程的总结。"①此处将引文中的"转变"二字改为"摸索"似乎更为妥帖,或者套用歌德在意大利之行后撰写的一篇名文《对自然的单纯模仿、表现手法、风格》中给出的艺术的三个层次:歌德在法兰克福直到斯特拉斯堡的青少年阶段是"单纯模仿期",正如他自己所说的,"我在散文方面也好,诗的方面也好,本没有自成一家的文体,每有新的创作,视乎题材如何,必须重新着手尝试"②;而到了《少年维特之烦恼》之后,歌德算是进入了具有较为明确清晰技巧的"表现手法期",正如他自己所说的,"那时我的作品正朝向一个新时期发展——当我写《少年维特之烦恼》以及看见后来它引起的反响的时候,必然会形成这个倾向"③;经过十年在魏玛的积累、摸索与等待,加上意大利之行的豁然开朗,歌德终于开始进入他所谓的艺术最高阶段的"风格期",在"创作欲望中融入了他在造型艺术方面的素质和爱好,他强烈追求从外在客体和形态出发去探究自然事物的内在本质和自然事物形成之法则"④。这三个阶段是"密切相关、彼此贯通的"⑤,我们绝不应该割裂地看待它们。

---

① 任国强:《从狂飙突进到古典的嬗变——歌德魏玛最初十年再认识》,载《解放军外国语学院学报》,2009年第6期,第107页。
② [德]歌德:《诗与真》(《歌德文集》卷五),刘思慕译,北京:人民文学出版社,1999年,第683页。
③ 同上,第682页。
④ 威廉·洪堡语,转引自[德]歌德:《文论》(《歌德文集》第12卷),罗悌伦译,石家庄:河北教育出版社,1999年,译序第2页。
⑤ [德]歌德:《文论》(《歌德文集》第12卷),罗悌伦译,石家庄:河北教育出版社,1999年,第11页。

从历史上的浮士德到歌德的《浮士德》

余匡复

摘　要　歌德的巨著《浮士德》的原型源自十六世纪流传于德国的民间传说，从最初亦正亦邪的神秘炼金术师到后来歌德笔下的精神与道德自我完善的追求者，浮士德的形象经历了和彼时的时代精神相吻合的巨大演变。民间传说中的浮士德身上被寄寓着人们在十六世纪的文艺复兴这一新时代对了解科学知识的迫切希望。这一传说随着时间的推移不断地得到丰富和发展，老百姓特别添加了许多浮士德掌握超自然"魔术"的内容，从而表达了十六世纪新时代的德国人民要求掌握自然和驾驭自然的愿望。1587年的《约翰·浮士德博士的故事》继承并强化了先前两部浮士德故事集中的基督教的劝诫和宣传倾向，信仰新教的作者和出版人企图用反面色彩的浮士德形象来排挤人民头脑中存在着的肯定色彩的浮士德形象。如果说十六世纪的浮士德表现了人们对了解外在客观世界的渴望，从而体现了文艺复兴的时代特色，那么十八世纪的浮士德——特别是歌德的浮士德形象——则通过对人生意义和自我价值的追求来更多地体现出人们对认识自己的内在主观世界的渴望，从而体现了歌德时代的特点。在文艺复兴时代，人们更多地要求冲破禁欲主义和宗教的束缚以理解物质世界，而十八世纪和十九世纪之交是历史事件纷至沓来的转折时代，此时人们已更多地要求理解自己的精神世界和主观世界。两百多年来，人们由渴望了解外在世界到渴望了解内在世界的变化又同时体现了资产阶级由形成到壮大、由壮大到开始衰落的历史变化。

关键词　《浮士德》歌德　文学原型研究

从历史上的浮士德到歌德的《浮士德》

一

歌德的《浮士德》的创作依据是十六世纪流传于德国的有关浮士德的民间传说。在历史上,浮士德确有其人,他于1480年左右出生在符腾堡一个叫克尼特林(Knittlingen)的小镇,估计是农民家庭出身。浮士德曾在一所以拉丁文为主课的中学里就读,并在那里完成了他的基础教育。后来,浮士德做过浪游的帮工,他在各地漫游做工以挣钱糊口。在维持自己生计的过程中,浮士德掌握了各方面的知识,同时也学会了在江湖上行骗的本事。浮士德一生并没有上过大学,可是为了抬高自己的身价以骗人钱财,他在自己的名字前面加上了博士的头衔,还冒充自己是上古意大利以占卜算命术闻名的某家族的后裔。浮士德曾在德国中部以算命为生,在有关浮士德的民间故事中,还记载着他到过德国之外的一些大城市,如巴黎、维也纳、布拉格等,但并没有客观史料能对此进行证实。1520年,浮士德曾应邀在庞贝尔格城(Bamberg)的有侯爵称号的主教格奥尔克三世的宫中展示过他的以出生时辰为基础的算命天宫图。这说明浮士德的占卜术在当时已相当闻名,以至于王公贵族和主教大人也要请他入宫算命。1527年前后,浮士德为逃避萨克森的选帝侯对他的逮捕而亡命到了南德。浮士德在南德继续从事占卜活动,他曾多次被逐出南德的几个城市。据记载,浮士德在纽伦堡因犯鸡奸罪及施展妖术而被驱逐出城。1536年,浮士德浪游到了科仑、威兹堡(Würzburg)等地。在科仑,浮士德曾在大主教家做客,并展示了他的妖术本领。在威兹堡,浮士德曾预言过德皇查理五世对法国国王法朗兹一世的战争的结局。浮士德的占卜甚至引起了当时著名教授的兴趣,可见浮士德在十六世纪确因占星家身份而享有过盛名。1534年,当时著名的贵族费力普·封·胡腾(Philipp von Hutten)在进行他的美洲之行前,也曾请浮士德前来为他占卜。出于维护教会的权威立场,与浮士德同时代的马丁·路德曾多次谴责浮士德为"魔鬼的舅子"。晚年的浮士德不再抛头露面,但他渊博的医学知识使他名闻遐迩。1540年至1541年左右,浮士德死于弗赖堡附近的一个小镇。根据书面记载,浮士德临死时,其状甚惨,因此有人估计他死于炼丹,有的书面记载则说他于1540年死于强盗的谋害。由于浮士德在当时以占卜术远近闻名,再加上他突然以这样可怕的方式死去,因此在当时便流传过他被魔鬼召唤而去的传说。

根据上述资料,大体可归纳出如下数点:第一,浮士德曾追求过科学知识,并且他是一个有学问的人（懂得星象、占卜、炼丹、医学等），他的科学知识在一定程度上使他和教会有了矛盾；第二，浮士德到过宫廷，并且他在当时已经是一个有相当名气的人；第三，浮士德是一个矛盾人物，除了追求科学知识之外，他也为了赚钱糊口而招摇撞骗以骗取钱财，而且他在生活上也不够检点。

在浮士德的晚年，民间已流传着他的一些故事。这是因为人们在浮士德的身上寄托了他们在十六世纪文艺复兴这一新时代对了解科学知识的迫切希望。迷信观念和教会总与科学势不两立，因此教会总要将科学视为魔鬼的门徒。因此，中世纪的人们认为，如果他们要了解自然的奥秘，那么只能去求助于"魔鬼"和与"魔鬼"打交道。浮士德的故事在民间流传的另一个重要原因是他与人民接触密切，不像当时只出现在大学讲台上的那些道貌岸然的学者，他们说的和写的都是拉丁文，而浮士德恰恰相反，他经常出现在酒店、集市等地，或者在各地浪游。浮士德不仅与人民接近，而且还拥有科学知识。就这样，浮士德在老百姓的心目中渐渐成为一个本领高强的人物。

1548年（浮士德死后约七年），新教牧师约翰·加斯特（Johann Gast）在巴塞尔发表的著作中第一次描绘了浮士德，他将浮士德描写为披着外装的"魔鬼"，有关浮士德的书面记载的传说便从此开始形成和流传。

二

随着时间的推移，民间流传着的有关浮士德的传说不断地得到丰富和发展，这些传说与历史上真实的浮士德也日益相去甚远，老百姓特别添加了许多浮士德掌握超自然"魔术"的内容，从而表达了十六世纪新时代的德国人民要求掌握自然和驾驭自然的愿望。当时的老百姓对科学还所知甚少，所以便用"魔术"和"幻术"来表达他们渴望了解自然奥秘的迫切心情，浮士德的传说中有关他掌握魔术本领的逸事和情节就因此越增越多，这使得浮士德很快在民间传说中成了一个掌握了当时很多新科学的近乎于无所不能的神奇人物。十六世纪时，这种在真人真事身上添加许多民间百姓的想象之后再流传起来的传说，除浮士德外，还有著名的奥伦史皮格尔。后来，民间流传的这类故事经过不知名文人的取材加工而被塑造成著名的文学形象。这类经过加工后的作品在德国文学史上就成为所谓的"民间故事书"。十六世纪的教会完全理解流传于民间的浮士德传说反对宗教愚昧的实际意义，于是教会便搜集这些故事并在内容上反其意而改之，以达到宣传宗教的目的。

所以，在浮士德死后不久，一方面是浮士德的故事在百姓中盛传并日益丰富，另一方面是一位名叫约翰·斯皮斯（Johann Spies）的出版人于1587年在一家以印刷路德新教宣传品闻名的出版社（位于莱茵河畔的法兰克福）出版了《约翰·浮士德博士的故事》（Historia von Dr. Johann Fausten），此书后来就成为德国十六世纪时的三大民间故事书中最重要的一本。要说明的是，《约翰·浮士德博士的故事》并不是唯一的一部有关浮士德的民间故事书，它只不过是流传最广、材料较多的一部。虽然民间流传的浮士德形象与斯皮斯这本书中的浮士德形象在不少情节和故事上是一样的，但两者却是完全不同的人物形象。在人民的心目中，浮士德是一个能人，他体现了人民想掌握科学知识和了解自然的渴望。但是，在教会的笔下，浮士德却是一个罪人，他为了追求个人享乐和了解事物奥秘而情愿与魔鬼为伍，因此他是一个十足的"异教徒"。

《约翰·浮士德博士的故事》在意识形态上受到比它早几年出版的两部有关浮士德的故事集之影响，其中一部是1570年至1575年间产生的由一个叫克利斯多夫·罗斯希尔特（Christoph Roshirt）完成的《巫师浮士德》（Zauberer Faust）。在《巫师浮士德》这本集子中，浮士德被描绘为借魔鬼的帮助而欺骗行诈的人，他最后在乡间的客店里被魔鬼催命而去："次日清晨，人们发现浮士德已死在床上，其状甚怖。"最后，作者说这是浮士德"罪有应得"，并有基督教义劝诫读者"从善改恶"。另一部是1580年至1585年间产生的由无名作者所写的浮士德的故事集，它后来被收录在《图林根和埃尔福特市编年史》中（Chronica von Thüringen und der Stadt Erfurt）。在这本故事集中，浮士德也被描写成一个巫师，书中写到一位好心的修道士曾想拯救他的灵魂，但浮士德对他说自己在生活中已经迷了路，并已用鲜血将自己卖身于魔鬼，因此已经没有任何力量能再将他与魔鬼分离。这本故事集中有一个故事是讲浮士德用咒语为埃尔福特的大学生召唤荷马《依利亚特》中的人物形象，还讲到浮士德如何骑上一匹魔马并用一个晚上在布拉格和埃尔福特之间打了一个来回等。

1587年的《约翰·浮士德博士的故事》显然利用了上述两部故事集中的故事，并且继承并强化了这两部故事集中的基督教的劝诫和宣传倾向。

据资料考证，《约翰·浮士德博士的故事》的作者估计是一个叫安德雷阿斯·弗拉埃（Andreas Frei）的文科中学校长。从《约翰·浮士德博士的故事》的内容来看，作者是一个知识渊博的学者，他利用了许多神学、历史、地理、自然科学和人文科学方面的广泛材料，有的地方他还干脆把别人的科学著作照抄到书里（顺便提一下,这种做法在十六世纪不但不是抄袭和剽窃行为,反而还是学识渊博的标志)。这部《约翰·浮士德博士的故事》并非旨在忠实地记录历史上的浮士德的真实经历,而是更多地服务于宗教宣传的目的。

《约翰·浮士德博士的故事》分三个部分,共八十六章。第一部分共十七章,叙述了浮士德的出生、学习和他的行医经历,最后叙述了浮士德与魔鬼签约,以及他与魔鬼就许多科学问题进行争论。第二部分共十五章,这时的浮士德已成为占卜家,他周游了世界并进行了地狱之行。第二部分尤其详细地描述了浮士德与魔鬼探讨了四季形成、天堂地狱、星辰、电等问题。作者有意让魔鬼说出了具有中世纪科学水平的有关地球形成、尘世、来世等的见解,这些见解与基督教的见解当然存在矛盾,作者的目的自然在于否定魔鬼的见解,进而否定人对科学的追求。为了否定"科学",作者让魔鬼成为"科学"见解的代表。

第三部分最庞大,其体量约占全书内容的一半。在第三部分中,浮士德已成为巫师和寻欢作乐的享乐主义者。浮士德用巫术戏弄和欺骗农民、骑士与诸侯,他也遵有权有势者之命,用巫术召唤历史人物的亡灵显形。在第三部分中,浮士德与古代传说中的希腊美女海伦的亡灵结合并生了一个儿子。当浮士德死去后,海伦与儿子也随即消失。在看见浮士德的堕落后,一位修道士曾企图拯救浮士德,他劝浮士德改邪归正并皈依宗教,但浮士德说自己已用鲜血使自己与魔鬼签了约,因此无法摆脱魔鬼了。在全书的最后八章(约占全书内容的八分之一),作者详尽地描写了浮士德的惨死,以教育人们不可信邪、不可与魔鬼为伍,而是应信仰上帝,这样死后灵魂才能得救,并能升入天堂。在援引《圣经》后,作者即叙述浮士德临死前呻吟、叹息、痛苦、悲鸣和绝望的凄惨情景。在魔鬼取走浮士德的灵魂前,作者还让浮士德向他的学生现身说法,以劝诫学生不可重蹈他的覆辙。次日清晨,学生们发现浮士德的床上满是血污,剩下的只有他的一对眼睛和几颗牙齿……作者用浮士德的悲惨结局警告人们应虔诚地生活,不应该像浮士德那样追求享受,追求与教义不符的"科学"。总之,在《约翰·浮士德博士的故事》中的浮士德更多地被呈现为一个"反面"形象。在与魔鬼订约后,浮士德追求着两种满足,即生活享乐的满足和追求科学知识的满足。作者从基督教立场出发,认为这两种满足都是罪恶,但十六世纪的新思潮却认为这两种满足都是合理的和正当的。这两种追求实际上已体现出浮士德的"两个灵魂"了。

浮士德的传说在民间日益被传播后,民间流传的浮士德形象已越来越与教会及其教义相冲突,并且也已越来越带有离经叛道的性质,于是信仰新教的作者和出版人企图用《约翰·浮士德博士的故事》中的反面色彩的浮士德形象来排挤人民头脑中存在着的肯定色彩的浮士德形象。《约翰·浮士德博士的故事》的副标题叫"给所有真有好奇心的并且不信仰神的人一个可怕的、令人战栗的例子,并给他们以诚意的警告"(附带说一句,德国的中世纪文学作品往往有很长的书名和副标题),人们从这个副标题中已明显地看出作者和出版人的宣教倾向了。

但是,作者的主观愿望和客观效果却并不一致,因为书中那个与魔鬼订约后的浮士德享尽了当时基督教所不容许的人间的官能快乐,这实际上迎合了十六世纪反对禁欲主义的思潮,而浮士德与魔鬼探讨天堂、地狱、宇宙形成等自然科学的奥秘也实际上迎合了人们反对宗教蒙昧主义和反对统治者愚民政策的愿望。正因为《约翰·浮士德博士的故事》客观上符合了人们反对禁欲主义以追求生活享受,以及反对宗教蒙昧主义以追求科学知识和了解世界的要求,所以它才如此迅速地得到传播,并且立即被译成丹麦文、英文、法文、尼德兰文和捷克文。随后,又有好几个骚人墨客对《约翰·浮士德博士的故事》进行了加工。首先是1599年时有一个名叫格奥尔格·罗道夫·维特曼(Georg Rudolf Widmann)的人对1587年的《约翰·浮士德博士的故事》进行了加工。接着是1674年时有一名纽伦堡医生尼古科乌斯·泼费策尔(Nikolaus Pfitzer)又对维特曼的故事书在艺术上重新进行整理。1801年,在创作《浮士德》第一部时,歌德曾从魏玛图书馆借阅了尼古科乌斯·泼费策尔的这部著作[①]。1725年,有一位署名为"笃信基督教者"的作者对故事书再次进行整理。这位作者删去了原书的宗教说教,只保留了浮士德传说本身,并突出了浮士德爱上了一位名叫甘泪卿的美丽的穷家少女。"笃信基督教者"在书中保留了浮士德与海伦结合并生子的情节,以及浮士德与魔鬼靡非斯特(魔鬼在这本故事书中的的名字已叫靡非斯特)的签约期满后,浮士德自杀未遂,最后他的灵魂仍被魔鬼提拿而去的情节。在"笃信基督教者"的故事书中,浮士德的学生瓦格纳(瓦格纳的形象是第一次在这本故事书中出现)则与浮士德相反,他在人间享有极高的荣誉。自十八世纪上叶出版以来,"笃信基督教者"写的这本浮士德故事集一度再版直至十八世纪末,成为当时的畅销书。估计歌德很早就读到了"笃信基督教者"的这本故事集,其中的许多情节也被歌德使用到了他日后的《浮士德》之中,但这本故事集中的浮士德丝毫没有渴求知识的学者的样子。

[①] Erich Trunz, *Goethes Faust. Nachwort*, Verlag C. H. Beck, 1994, S. 473.

三

1587年,《约翰·浮士德博士的故事》被译成英文。次年,英国戏剧家、莎士比亚的先驱者马娄便根据这部德国民间故事书创作了他的著名剧本《浮士德博士的悲剧故事》。马娄的浮士德形象具有人文主义者的性格,这主要表现为浮士德要求了解世界和掌握科学,并且他以无神论否定神学及基督教提倡的彼岸追求,浮士德为此甚至不惜与魔鬼签约。马娄笔下的浮士德是一个渴求知识以了解世界的追求者,同时也是一个不顾一切后果的尘世生活的享乐者。最后,浮士德的期限到了,他的灵魂为魔鬼所攫取,至此全剧以悲剧告终。这一悲剧结局说明十六世纪的马娄还不知道在追求知识和在享受尘世生活时如何摆脱宗教的束缚,即马娄不知道追求知识和享受尘世生活如何才能成为合乎情理的自然的事情。

马娄的剧本在十七世纪时被英国的流动剧团带到了德国,德国的许多流动剧团在语言上和形象上都损坏了原作。最后,浮士德的故事在流传甚广的德国木偶戏中找到了最通俗的、人民最喜闻乐见的形式。十八世纪时,浮士德的故事继续在英国流传,但浮士德的形象在德国却因其在思想意识上与宗教教义产生越来越明显的对峙而在许多城市遭到禁止。

经过十七世纪的相对沉寂后,德国人在十八世纪下半叶时又对浮士德这一传说重新产生了浓厚的兴趣。十八世纪的启蒙主义者发现浮士德对知识与科学的渴求和启蒙运动企图通过教育及启蒙来改变社会的主张是一致的,因此十八世纪下半叶的德国进步作家都想利用这一题材进行文学创作,并且他们将浮士德的传说称为"德国的民族传说"。

十八世纪下半叶,第一个发现浮士德传说的意义并试图用这一传说创造具有民族内容的文学作品的就是德国民族文学的奠基人莱辛。莱辛一生都在为建立民族文学而斗争。在莱辛的第一部著名文学批评著作《有关当代文学的通讯》中,他反对了当时德国文坛上最有势力的两个派别,即提倡模仿英国文学的以波特玛和波莱丁格为首的所谓"瑞士人派"以及提倡模仿法国文学的德国古典主义者戈特切特派。莱辛提出要建立自己民族的文学,而不是模仿的文学。在《有关当代文学的通讯》的第17封信中,在猛烈抨击当时德国文坛的权威戈特切特后,莱辛附上了浮士德题材的戏剧场面。这说明莱辛试图用民族的题材来创作民族的文学,并以此号召德国作家用民族的题材来创作出民族内容的作品。

在莱辛的浮士德断片中,浮士德是一个文艺复兴时代渴求知识的科学家,他最后为一个天使所救。莱辛在德国文学史上第一次塑造了浮士德的形象,并且是一个积极的浮士德形象。这位天使在拯救浮士德前对魔鬼说:"你们没有胜利[……]你们没有战胜人类和科学,上帝赋予人最崇高的欲望,并不是为了使他永远不幸[……]"①从这句台词中,我们已经领悟到,莱辛已经将浮士德视为一个人类形象,并在此基础上对其进行处理。莱辛将追求真理视为人生的价值所在。莱辛认为,正因为浮士德的追求是有价值的,是为了探索真理,因此他的灵魂不应该为魔鬼所攫取,而应该为天使所拯救。这样,莱辛成为德国文学史上最先将浮士德完全理解为正面形象的人。

四

歌德在童年时代便已通过民间故事书和木偶戏这两条途径熟悉了浮士德的传说,但歌德一直到1818年才读到马娄的《浮士德》,至于莱辛的浮士德断片,估计歌德在青年时代便已熟悉。如果将歌德于1831年完成的《浮士德》与上述文学家及民间文学中的浮士德形象进行比较的话,人们会非常惊讶,因为歌德对浮士德这一题材进行挖掘的深度及希望通过浮士德这一形象表现出来的主题是前人根本没有触及过的,也是前人根本无法企及的。针对传统的浮士德形象,歌德在很大程度上是反其意而用之。歌德的《浮士德》主要表达了两个根本思想,或者说是提出了两个根本问题:一是人类的前途与未来,二是人生的价值与意义。歌德在《浮士德》中提出的这两个问题是可贵的,他在《浮士德》中对这两个问题所做出的回答是更加可贵的,因为歌德对这两个问题的回答至今还有极为积极的现实意义。可以毫不夸张地断言,只要人类没有进入大同世界,这两个问题将始终引起人们的关注与兴趣,这就确保了《浮士德》在思想上的恒久生命力与价值。

歌德的《浮士德》不仅表达了极深刻的思想,而且更让人们惊讶的是,歌德的《浮士德》中的不少细节都与原来的民间传说一一对应。这样艰巨的工作恐怕只有兼思想家与大文豪于一身的歌德才能完成。

从内容上来分析,歌德的浮士德更多的是一个精神与道德自我完善的追求者。如果说十六世纪的浮士德表现了人们对了解外在客观世界的渴望,从而体现了文

---

① Horst Hartmann, *Faustgestalt. Faustsage. Faustdichtung*, Verlag Volk und Wissen, 1985, S. 36.

艺复兴的时代特色,那么十八世纪的浮士德——特别是歌德的浮士德——则通过对人生意义和自我价值的追求来更多地体现出人们对认识自己的内在主观世界的渴望,从而体现了歌德时代的特点。在文艺复兴时代,人们更多地要求冲破禁欲主义和宗教的束缚以理解物质世界,而十八世纪和十九世纪之交是历史事件纷至沓来的转折时点,此时人们已更多地要求理解自己的精神世界和主观世界。两百多年来(自十六世纪到十八世纪末),人们由渴望了解外在世界到渴望了解内在世界的变化又同时体现了资产阶级由形成到壮大,由壮大到开始衰落的历史变化。

五

1775年秋,当魏玛公爵卡尔·奥古斯特邀请歌德去魏玛时,歌德已写好了他的《浮士德》剧本的最早的初稿,因此这份初稿是歌德狂飙突进时期的创作。歌德将这份稿子带到了魏玛,并在宫中朗诵过它。听众中有一个叫露易丝·封·葛希豪森(Luise von Göchhausen)的宫中小姐曾向歌德借去了这份手稿,并且将它抄录了下来。后来,歌德在对这份最原始的《浮士德》草稿进行改写和加工后将其焚毁,所以歌德的这份原稿已不复存在于人间。1887年,葛希豪森的这份手抄本被人发现,之后其被文学史家们命名为《原浮士德》(*Urfaust*)。《原浮士德》大体上包括了知识悲剧和爱情悲剧两个部分。在后期的民间故事书中,已有浮士德与市民少女相恋的情节,但此情节还不够突出,而在木偶戏中则完全没有这段情节。狂飙突进时期的歌德对有关爱情的情节较感兴趣,这除了受到歌德自己的经历与年龄因素之影响外,还受到别的客观因素之影响,即歌德要为平民少女常被人始乱终弃的命运鸣不平。

1775年后,歌德中断了《浮士德》的创作。1790年,歌德将未完成的在《原浮士德》基础上经过修改的《浮士德》作为断片收集进了他当时的全集,歌德将其作为最后一卷并题名为《浮士德断片》(*Faust, ein Fragment*)。《浮士德断片》是对《原浮士德》的加工,但在情节上,其比《原浮士德》还要不完整,《浮士德断片》写到"大教堂"一场便中断了。与《原浮士德》相比,歌德补充了学生来"书斋"中向浮士德求教的一场戏。此外,《浮士德断片》增加了甘泪卿悲剧中的关键性的"森林和洞窟"这场戏。这些增补和改动,部分是歌德于1786年至1788年在意大利时进行的,部分是歌德于1788年从意大利重回魏玛后进行的。民间故事书虽已有浮士德进宫及其与古代美女海伦结合的情节,但狂飙突进时期创作《原浮士德》的那个歌德还涉世不深,因此他对这两个在后来的《浮士德》中起到重要作用的情节还没有足够的兴趣。只有体验了十多年的魏玛宫廷生活及完成了意大利之行,并在后期接受了哈菲茨、卡尔德隆等非希腊罗马的优秀文化的影响之后,浮士德的进宫、浮士德与海伦结合以及海伦消逝的情节才吸引了歌德。1794年,歌德与席勒结识,在席勒的推动和鼓舞下,歌德开始了他创作《浮士德》的第三个时期,即1797年至1806年这十年。在这个时期,歌德完成了《浮士德》第一部,并于1808年将其出版。歌德写成了第一部"天上序幕"和浮士德在书斋与魔鬼签约,这说明歌德对《浮士德》全书已有了明确的构思。1825年至1831年(歌德的晚年)是歌德创作《浮士德》的最后一个时期。在此期间,歌德完成了《浮士德》第二部,但第二部中的海伦悲剧及全剧的最后几场都是歌德在1800年前后完成的。

晚年歌德在写作方法上与青年时代的歌德已大为不同。如果说青年歌德写作时因凭借着澎湃的感情而一泻千里,那么晚年的歌德则多半是依靠冷静的理智在惨淡经营。所以,晚年歌德习惯于在动笔之前先写一个有明确构思的提纲,他常常在夜间构思,并于次晨执笔。如果说《浮士德》第三阶段的创作之推动者是席勒,则《浮士德》第四阶段的创作之推动者便是歌德晚年的好友艾克曼。

1826年,歌德完成了《浮士德》第二部中的海伦悲剧(第二部的第三幕)。次年,歌德便将第二部的第三幕单独发表,命名为《海伦——古典的浪漫主义的幻想剧》。接着,歌德完成了第二部的第一幕(即浮士德进宫),1830年又完成了第二部的第二幕,然后他才写完第五幕。因此,到1831年春天,除第四幕外,《浮士德》基本上已经完成。这样,歌德最后完成的不是全剧的最后一幕(第五幕),而是第四幕。

从歌德创作《浮士德》的全过程来看,他写作《浮士德》时并未按作品的先后次序进行创作,而是在总体构思极为成熟的先决条件下,按照自己的经历和心情来写作,也就是在最适合于创作某一个部分时便创作该部分。歌德一生都将创作《浮士德》视为他的"主要事业"。因此,在完成全部的《浮士德》后,歌德感慨而又欣慰地说,他以后的岁月已可被当成是上帝对他的"纯粹的赐予",他不做什么或再做什么对于他说来都无所谓了。站在历史制高点上观察着人生和社会前进步伐的思想家歌德深切地认识到,他的《浮士德》恐不能为他的同时代人所理解和接受,所以在完成全书后,他便将全稿封存了起来,并且命人在他死后再将其发表。因此,我们可以说,《浮士德》不是歌德为他的同时代人而是为他的后代创作的。歌德相信,真正理解他的《浮士德》的时代必将到来。歌德自己曾经说过:"到那个时代,

专心的读者在这本书中所发现的也许比作者自己设想到的还要更多!"(1831 年 7 月 20 月歌德致迈耶①的信)②

丰富且复杂的内容使《浮士德》成为一部"说不尽"的著作。每个研究者和读者都可以根据自身的经历和所处的时代,从不同的角度对《浮士德》提出新的解释和得出新的研究成果!

---

① Johann Heinrich Meyer (1760-1832 年),歌德的好友,瑞士画家和艺术史家,他于 1792 年迁到魏玛。
② Horst Hartmann, *Faustgestalt. Faustsege. Faustdichtung*, Verlag Volk und Wissen, 1985, S. 179.

天堂的幻灭
——解读席勒悲歌中的审美教育空想理论之演变

陈壮鹰

摘　要　席勒的古典主义世界是一个被建立在审美教育空想基础之上的理想天堂,是一座在现实世界里无法实现的海市蜃楼。分析表明,席勒的一系列悲歌凸显了诗人的古典主义艺术空想由激昂振奋到迷惘失落的根本转变。

关键词　审美教育空想　悲歌　德国古典文学时期

十八世纪末十九世纪初,德国文学发展至顶峰,史称"魏玛古典主义时期"。在政治上,德国古典主义反对法国大革命的激进,主张通过审美教育来陶冶性情与培养完整和谐的个性;在艺术上,德国古典主义以古希腊艺术为典范,其将"高贵的单纯"和"宁静的伟大"视为最高理想,并且追求庄严肃穆与完整和谐,古希腊雕塑艺术所蕴含着的"表现的美"被升华为理想世界的典范。这一时期的代表人物之一就是席勒。

作为历史学家(席勒是耶拿大学的客座历史教授),席勒充分意识到过度欣赏和追求古典会使人们忽视自身具有的优秀品质;而作为诗人,席勒完全赞同以古希腊和古罗马为代表的美学和人道主义标准,他欣赏感性自然与理性精神的和谐统一,并且向往古典主义理想所体现出的人性道德完美,因为这一切都与席勒所面对的灰暗现实形成了鲜明而强烈的对比。

席勒的古典主义世界是艺术、自然与生活互相融合,是宗教、哲学与自然科学繁荣共存,是人与神和谐统一的天堂。因此,努力追求人性的道德完美,克服具有缺陷的尘世对人的自我发展与自我完善的束缚羁绊,以及在人世间构建永恒、完美的神性殿堂是席勒作品的基调。可惜的是,这种被建立在审美教育空想基础之上的理想天堂必然只能是现实中的海市蜃楼,其无法实现。在这一时期,席勒悲歌中凸显的古典主义艺术空想理论也发生了由激昂振奋走向迷惘失落的根本转变。

虽然席勒为德国古典主义文学之发展做出了巨大贡献，但是他本人与古希腊和古罗马艺术接触的时间并不长。1785 年，席勒在《一封丹麦旅行者的信》中初次提及位于曼海姆的古典艺术大厅，那里陈列展览着当时最著名的古典雕塑仿制品。在《一封丹麦旅行者的信》中，席勒怀着极大的热忱表述了自己对古典艺术的挚爱，他为古典雕塑中蕴藏着的沉静与完美所折服。当席勒前往魏玛后，在大诗人维兰德的鼓励下，他开始认真钻研古希腊艺术。

1788 年 8 月 20 日，席勒在给挚友兼赞助人科尔纳的信中写道："我最近只看荷马的书。我让人送来福斯翻译的《奥德赛》，如果忽略让我讨厌的六音步诗行，那么这本书的翻译非常优秀，它的语言具有一种强大的精神力量，决不亚于原文。我看的另一本书是《伊利亚特》，它是以散文体形式被翻译过来的。今后两年，我打算不再阅读任何现代作家的作品。你当初跟我讲的那些话是对的，现在的文学作品无法令我感到满足，越读就会离我本心越远，只有先人的作品能给我带来真正的享受。同时，我也需要阅读古人的作品来净化我自己的欣赏口味，因为它已受到吹毛求疵、矫揉造作、插科打诨的影响而开始脱离纯净朴素的本源。你会看到，潜心阅读古人的作品对我大有裨益，也许我会因此成为古典主义者。"[1]

1788 年 3 月，席勒创作了第一首悲歌《希腊众神》，这首诗当月就被发表在维兰德主编的文学杂志《德意志商神》上。《希腊众神》与《一封丹麦游客的来信》共同标志着席勒向以古希腊和古罗马文化为代表的古典主义思想的转变。

《希腊众神》表现的并不仅仅是古希腊神话传说，而是更多地表现出对神话中的理想世界之赞美与追求，诗中包含了席勒对基督教专制的排他性和启蒙思想过度的冷静理智之批评。在《希腊众神》的最初版本中，席勒表现出极大的信心，他认为诗人的艺术想象力能够将一个从未在现实世界中存在过的人神和谐共存的美好世界完美展现出来。古希腊雕塑艺术所蕴含着的"表现的美"被升华为理想世界的典范。席勒通过哀叹人神和谐的消失来提醒与激励人们。《希腊众神》这首哀歌体现了席勒的古典主义审美教育思想，即通过描绘和传播美好高尚来教育人们和提高人们的审美观与道德水准，从而使他们成为高尚的人。

---

[1] Schillers Werke, Nationalausgabe. 25. Bd., *Briefwechsel Schillers Briefe* 1. 1. 1788 – 28. 2. 1790, Hg. von Eberhard Haufe, Weimar, 1979, S. 94 – 98, hier S. 96 – 97.

希腊众神①

那时,你们还统治美丽的世界,
　　手中握着欢乐的襻带,
来自神话世界的美丽天神,
　　引领幸福的一代人!
啊,那时你们还受人崇敬,
　　跟现在相比,多么不同!
那时,你的祭殿还覆满鲜花,
　　维纳斯·阿玛图西亚!

那时,诗歌的神奇外衣
　　还美丽地包裹着真理,
上苍创造了万物,
　　从来没有感觉的,也有了感觉。
一切拥入爱的怀抱,
　　自然获得更高贵的含义,
身在其中放眼四望,
　　神的足迹处处可辨。

[……]

你们的神庙犹如宫殿般辉煌,
　　英雄竞技为你们增添光辉,
伊斯特姆斯的节日上摆满桂冠②,
　　赛车隆隆作响向终点飞驰。
热情奔放婀娜多姿的曼舞　围绕富丽堂皇的天神祭坛,

---

① Schillers Werke, Nationalausgabe. 1. Bd., *Gedichte* 1776 – 1799, Hg. von Julius Petersen und Friedrich Beißner, Weimar, 1943, S. 190 – 195, hier S. 194 – 195.
② 指在古希腊科林斯地峡举行的竞技大会。

你们的额头妆扮胜利的花环,
　　香发上顶着桂冠。

手持酒神杖者欢呼歌唱,
　　拉着华丽神车前来的斑豹
宣告伟大的欢乐使者来临,
　　弗奥恩和萨蒂尔为他蹒跚开道,
女祭司在周围蹦跳奔跑,
　　她们用舞蹈赞颂他的美酒,
红光满面的主人邀请
　　有兴趣者亲自来一杯。

[……]

美的世界,你在哪里?回来吧,
　　可爱自然的美好时代!
唉,可是你的神迹
　　只在诗歌仙境中存在。
悲叹天堂无处找寻,
　　我眼前看不到神仙踪影。
哎,当年生气勃勃的景象,
　　如今只留下一片幻影。

[……]

为了获得明日的新生,
　　她今天挖好自己的坟墓,
围绕永恒的轴心旋转,
　　月亮升起又落下。
倦庸的众神
　　回归诗歌仙境,
世界不再需要襻带引领,

人们长大自己保持平衡。

是的,他们回去了,世间一切美好,
　一切高尚,一切色彩,
一切生命之音,都被带走,
　只为我们留下空洞的言语。
他们获救了,越出时间的洪流,
　飘上品都斯神山。
要在诗歌中永垂不朽,
　就要在生活中灭亡。

席勒在《希腊众神》中虚构了一幅古希腊金色时代的美丽、欢乐、自由的美好景象,这也是他心中憧憬的代表人性与神性和谐统一的古典主义天堂。席勒将希腊众神称为"来自神话世界的美丽天神",他充满向往地歌颂那人神共欢、人间好似天堂的美好时代,并将之与启蒙运动以后唯基督教独尊、心灵过分理智与麻木的现实世界进行对比,进而发出"跟现在相比,多么不同!"的感叹。在那金色的古希腊,诗歌与现实以及真理与认知和谐统一,因此诗歌能够成为包裹真理的霓裳。席勒对世界的完整认识使他能够在赞颂自然和赞颂生活的同时感知神的伟大存在。

虽然古希腊已成为遥远的过去,人神同乐只是幻想,但是席勒并不在乎自己的诗歌真实与否,重要的是发挥诗歌的艺术力量以再现心中的理想王国。席勒在关于人类审美教育的论文以及其他诗歌中都曾提到艺术的基本任务是为人们指明通向真、善、美的极乐天堂之道路。"借助至纯的形式、至纯的声音,借助越来越高的山峰、越来越醉人的美丽,诗歌的鲜花之梯陡直向上"[1],人类在诗人的引领下攀上理想的巅峰,进入真、善、美的天堂。席勒创作《希腊众神》的目的正是为了履行艺术家的使命,即用艺术颂扬美的道德,以此帮助人们达到人性的完美境界。

《希腊众神》以对逝去的古希腊美好时代的悲叹为主,前十一节围绕希腊,后五节联系现实,诗歌中运用了大量神话典故。席勒在十八世纪八十年代末期潜心钻研希腊罗马神话,其成果在《希腊众神》中得到集中体现,几乎每一节诗都引用

---

[1] Schillers Werke, Nationalausgabe. 1. Bd., *Gedichte* 1776 – 1799. Hg. von Julius Petersen und Friedrich Beißner, Weimar, 1943, S. 201 – 214, hier S. 203.

了神话中的人物形象或故事情节,以至于如果手头没有一部辞海,那么现代读者几乎不能把这首诗从头看到尾。

维纳斯·阿玛图西亚指的就是爱神维纳斯,阿玛图西亚由爱神的祭殿阿玛图斯转名而来,神话传说中的维纳斯用爱将人类和天神连结在一起。古希腊人将天神视为自己的姻亲,因此除了庄重外,他们在对神的祭奠仪式中更有亲切和欢娱,他们用奥林匹克竞赛、舞蹈、鲜花和节日为神圣的祭坛增添欢乐和美丽,而满脸通红的欢乐使者——酒神以及活蹦乱跳的少女们的出现则更令席勒笔下的希腊狂欢活动达到高潮。甚至连死亡在古希腊也不意味着痛苦与恐怖,守护神低垂的双翼表达了对垂死者的同情,他用亲吻带走人最后的生命气息,这令死亡显得那么安详宁静,与基督教传说中的骷髅状死神前来索命的描述截然不同。在希腊神话中,尘世与上天以及天神与凡人之间紧密相连,神具有人类的七情六欲,而人则可凭借英雄壮举而上升进入神的行列。卡斯托耳和波吕克斯兄弟俩就因为他们的壮举而从凡人被提升为半神,他们成为向世人昭示神的伟大存在的天上永恒闪亮的双子星。

随着第十一节诗的结束,席勒对逝去的理想世界的颂扬也告一段落,他转而对现实世界进行猛烈的抨击。基督教的唯我独尊和启蒙运动带给人的过度冷静与理智成为被抨击的主要目标,因为它们把美的"花朵"从生活中驱逐了出去,美丽、生动和活泼让位于枯燥的数字与抽象的思想,欢快自然的泛神宗教被教条森严的基督教取代,失去神性的大自然犹如没有感觉、没有思维、机械僵硬转动的机器,其对艺术家的赞美无动于衷。随着人类向理智与启蒙的不断迈进,生活的温暖、想象和多彩逐渐丧失。

《希腊众神》的最后两节集中反映了席勒的古典主义思想,即虽然完美的理想世界在现实中并不存在,但是诗人能够凭借其想象力创造出一个在"诗歌仙境"中永恒存在的美好世界。古希腊的美必须在现实中消失,只有这样,诗人才能将它理想化,并赋予它改造人们心灵和提升人们美德的力量。艺术的最高使命是通过描绘理想中的臻善臻美来对人们进行道德的审美教育,以此最终实现理想与现实的完美统一。

在《希腊众神》一诗中,席勒哀叹美好易逝,它随着希腊众神的消失而消失,并且席勒由此提出一个问题,而这个问题也是他的古典主义审美教育理论的核心,即如何在这个没有众神的世界上实现人性的美好与高尚。席勒在《希腊众神》中指出,美好的往昔只能存在于诗歌中,而艺术将填补现实世界和希腊神话世界之间的沟壑,从而让人与神以及理智与信仰结合在一起。

席勒的艺术观形成于《希腊众神》的第一版和第二版之间,这一段时间也是他积极捍卫艺术的崇高使命,并与"诗歌艺术的堕落"不懈斗争的时期。席勒的著名评论文章《论哥特弗里德·奥古斯特·毕尔格尔的诗歌》(1789 年)和《评论家的辩护》是对毕尔格尔的"诗歌大众化"理论的回击,席勒在其中发展了他的古典主义艺术思想,并最终将其在他主编的《时代女神》杂志上完善成型,即现代诗歌不应为了满足平民大众的欣赏口味而屈尊俯就庸俗化,而是应该将大众的欣赏水平提升到更高的艺术层次。作为担负这一艰巨使命的诗人,其自身必须首先具备优秀的道德品质并追求人性的纯真完美,只有这样,他们才能把自己的高尚理想通过诗歌传递给大众。要达到崇高的艺术目标、打动读者的心灵并使其达到更完美的道德境界,诗人就必须克服人性中的部分缺陷,其必须与庸俗和不道德划清界限,从而让完美和高尚成为主导自己行为的唯一准则。席勒批评毕尔格尔的作品缺乏纯洁完美的理想,因而不具备艺术的高尚品质。席勒指出,作为狂飙突进运动的文学天才,毕尔格尔必须放弃其放荡不羁的品性和生活方式,如此他才能成为古典主义的理想天才。

一年之后,席勒的另一首悲歌《艺术家》问世,他在诗中明确提出艺术的任务和艺术家应扮演的角色。艺术通过描绘和传播世界的美好高尚来传递世界的本质和真理,而艺术家则在这个传递过程中扮演核心角色。艺术家通过自己的创作向人们展示美好高尚的真谛,并通过声音、画面和形体展示事物的本质。在《艺术家》的结尾处,席勒再次强调自己对艺术家的尊敬和欢呼:

[……]
人类尊严被交予你们手中,保护好她!
她将随你们而消亡! 消亡者将随你们而永生![1]
[……]

在《艺术家》这首诗中,席勒一如既往地大量使用希腊神话典故。席勒将美丽女神维娜斯绪普利亚与真理女神维纳斯乌拉尼亚合而为一。

---

[1] Schillers Werke, Nationalausgabe. 1. Bd., *Gedichte* 1776 – 1799. Hg. von Julius Petersen und Friedrich Beißner, Weimar, 1943, S. 201 – 214, hier S. 213.

> [……]
> 她自己，温柔的绪普利亚，
> 身旁站着她那成年的儿子
> 在火焰头冠的照耀下
> 化身为——乌拉尼亚。①
> [……]

席勒在诗中清楚地指出了通向真理的道路。艺术将神性的理想社会化为具体的想象和永恒的美，它将古希腊和古罗马所代表的美好与高尚呈现在人们眼前，以激励人们去努力模仿。人们在艺术的熏陶中受到审美教育并实现道德升华。按照席勒的想法，在受到审美教育并实现道德升华后，人们将在现实世界里迎来那已消失于远古的人间天堂，从而找到真理。

古希腊和古罗马的社会与神话显然是席勒构建起其古典主义艺术理论的基础，它们承担着将席勒心中的理想社会以及席勒的唯心主义美学具体化与现实化的重任。自十八世纪八十年代以来，席勒看了不少古希腊神话，这在他的一系列悲歌中都有体现，如《希腊众神》（1788年）、《艺术家》（1789年）、《理想与生活》（1795年）、《酒神颂歌》（1796年）等。

随着席勒对古典主义作品的阅读和对康德唯心主义哲学的学习，他的审美教育理论也开始逐渐成型。1795年，席勒发表《论朴素的诗和感伤的诗》一文，他在文中将自己的哲学唯心主义转向美学唯心主义，并由此达到他个人唯心主义审美教育空想的顶峰。同时，这也是席勒唯心主义审美教育空想的转折点，因为席勒渐渐意识到自己推崇的被建立在唯心主义基础之上的古典主义理论的不足和瑕疵。

席勒将诗人分为两大类：一类是所谓朴素的诗人，即现实主义者；另一类是所谓感伤诗人，即理想主义者。席勒认为，朴素的诗是以古希腊和古罗马为代表的和谐社会为基础被创作出来的，而这种远古的和谐在现今社会中已不复存在，人们追求的和谐美好仅仅是一种愿望和一种理想，而感伤诗人（这其中也包括席勒自己）的首要任务是展现这种理想。那么，怎样才能使理想化为现实呢？席勒起初指望依靠艺术的审美教育力量，因此他遁入了理想王国。在《理想与生活》一诗中，席

---

① Schillers Werke, Nationalausgabe. 1. Bd., *Gedichte* 1776 – 1799, Hg. von Julius Petersen und Friedrich Beißner, Weimar, 1943, S. 201 – 214, hier S. 213.

勒指出,艺术创造的美好高尚能够战胜死亡。然而,随着时间的推移,席勒不得不认识到,人们仅仅依靠艺术的力量仍无法对抗黑暗、腐朽、落后的社会现实。

在《希腊众神》一诗的第二版中,席勒否定了自己的艺术理论并沮丧地回答:

[……]
是的,他们回去了,世间一切美好,
一切高尚,一切色彩,
一切生命之音,都被带走,
只为我们留下空洞的言语。①
[……]

第二版丝毫没有第一版中的自信。在第一版中,席勒令真理女神让位于它的姊妹美神,用美神来具体呈现古希腊和古罗马所代表的古典美,以此指引人们走上探求真理之道路。在第二版中,席勒哀叹美的理想无法在现实中实现,哀叹人们距真理越来越远。在第二版的结尾处,席勒安排神灵们离开人间,他们同时将美好与高尚一并带走,因此人间只剩下空洞的词藻。席勒在《希腊众神》中指出,美与高尚只能存在于人生彼岸与超脱时间之外的艺术之中。席勒用自己的空想取代现实,以此营造出一个美的艺术境界。在这个虚构的、与世隔绝的世界中,席勒安置了自己追求的美好、高尚以及体现着美好高尚的希腊罗马众神。真理只存在于艺术中,这就是席勒在第二版中想要传达的信息,他已经不再是当初那个通过写剧本《强盗》来对封建专制制度和统治阶级进行猛烈抨击的毛头小伙子了,现在的席勒对腐朽落后、死气沉沉的社会现实感到无能为力,为了捍卫自己的艺术理想,他退守艺术王国的坚强堡垒。席勒不再追求在尘世间昭扬神性的光辉,而是在艺术的虚幻王国里追求自己的理想,追求美好、高尚与真理的实现,因为在那里,他的艺术理想是不受侵犯的。

1796 年,席勒创作了另一首悲歌《酒神颂歌》,《酒神颂歌》一诗是席勒模仿古希腊的酒神颂歌创作而成的。古希腊的酒神颂歌是在祭祀酒神狄奥尼索斯时由唱诗班集体咏唱的一种诗歌,其韵律不规则,结构上交替分为领唱者部分与合唱者部

---

① Schillers Werke, Nationalausgabe. 1. Bd., *Gedichte* 1776 – 1799, Hg. von Julius Petersen und Friedrich Beißner, Weimar, 1943, S. 190 – 195, hier S. 194f.

分,内容上顾名思义是以赞颂酒神为主,风格狂热、奔放。在欧洲语言中,酒神的希腊语名字狄奥尼索斯可以被解释为纵情、狂热。从结构上看,席勒的《酒神颂歌》完全继承了希腊酒神颂歌的传统,其中交替出现领唱者与合唱者的对唱,不过合唱者部分也出现了诗人自己的声音。从内容上看,席勒没有在《酒神颂歌》中煽动狂热、欢乐的情绪,因为这样做不符合古典主义诗歌思想,另外,他也没有赞美狄奥尼索斯升天进入神的行列,而是强烈地表达了诗人自己与不朽的天神为伍的愿望。所以,从严格意义上来说,席勒的《酒神颂歌》是一首假酒神颂歌。

酒神颂歌[①]

相信我,天上的群神,

从来不会,

单独降临人间。

我刚迎接快乐的巴库斯,

笑嘻嘻的小阿摩接踵而至,

同来的还有幅波斯。

他们走近,他们来了,

天上的全体众神,

人间的大厅里,

天神济济一堂。

告诉我,这个凡夫俗子,

应该怎样

将诸位天神招待?

赐予我长生不老,

诸神! 一个凡人能孝敬你们什么?

让我升上奥林匹斯山颠!

欢乐只住在

朱庇特的宫殿,

[①] Schillers Werke, Nationalausgabe. 2. Bd. , Teil 1, *Gedichte in der Reihenfolge ihres Erscheinens* 1799-1805 *der geplanten Ausgabe letzter Hand*, Hg. v. Norbert Oellers, Weimar, 1983, S. 305.

哦,给我斟满琼浆玉露,
哦,递给我酒盅!

递给他酒盅!
给诗人斟酒,
赫伯,尽管斟酒。
用天露蒙上他的双眼,
让这期冀与我们为伍的人,
看不见凄惨的斯底克斯①。
来自天上的清泉,
浪珠滚滚,水声潺潺,
内心获得平静,
双眼变得更亮。

席勒在《酒神颂歌》热情赞美希腊众神,他歌颂爱情、友谊、节日、欢乐和艺术。酒神、爱神和太阳神作为欢乐、爱情和艺术的化身,作为神的使者降临人间,他们向人们传达更美好、更高尚的生活情感。虽然酒神、爱神和艺术之神相继光临"人间的大厅",为人类带来生活欢乐,但席勒并没有痴迷陶醉,相反,感伤的诗人现实而清醒地意识到神的赐予并不能改变人世欢乐的短暂,因为作为凡夫俗子,欢乐将随生命的逝去而消失。对于席勒来说,真正的欢乐不在人间的感官世界,而在理想王国的奥林匹斯神山。席勒祈求天神赐予艺术的灵性,只有这样,诗人才能创作出与天齐高的不朽之作。艺术令人们摆脱时间的束缚,同时也令美好与高尚不再逡巡于尘世的羁绊。在《酒神颂歌》中,诗人(艺术家)是诗的中心。为了展现众神身上体现和代表着的神性美,席勒需要从古希腊神话和艺术中汲取灵感和创造力。虽然《酒神颂歌》是对神性美的热情赞颂,但其同时也代表着席勒对现实社会的悲观沮丧。席勒在诗中饮用众神赐予的琼浆并因此升天,这意味着艺术与现实的脱离,而这一切都不是偶然发生的。席勒在这《酒神颂歌》表达了他将目光从现实转向理想,以期在虚幻的艺术王国中追求个人艺术理念之愿望。

席勒对在现实社会中实现自己的理想——通过艺术的审美教育作用提升人们

---

① 希腊神话中围绕地狱的冥河。

的思想境界和道德品格——有一个从执著、坚信,到悲观、失望的渐变过程,这在他此前创作的一系列悲歌中已现端倪。席勒创作于1799年的《哭词》一诗则是他对自己具有空想性质的审美教育理念最清晰的认识和表达。在《哭词》这首悲歌中,席勒不仅在哀叹美好与高尚的彻底毁灭,而且也在叹息自己的崇高审美教育理念在现实社会中得以实现之理想的破灭。

《哭词》(1798年/1799年)是席勒生前创作的最后一首古典主义悲歌,全诗采用典型的悲歌体双行联句,一个六音步诗行后面跟一个五音步诗行。"哭词"是亲朋好友或受聘的专职哭妇在古代的葬礼上对死去之人的哭悼之词,其由笛子伴奏,没有特定的文学形式和艺术标准。"哭词"后来逐渐被庄重的"悼词"取代。虽然席勒在诗歌题目上沿用了古老的民间称呼,但《哭词》这首悲歌的高雅内容与格调显然有别于民间葬礼上的哭诉。席勒在诗中哀叹古典主义的高尚与完美无法存在于人世间,而崇高的理想只能在生命的彼岸实现。从某种意义上来说,《哭词》这首悲歌的思想之深刻以及文学表达层次之高可谓集所有悲歌之大成,其是德国古典主义悲歌的典范之作。

哭词[①]

啊,崇高的美好死去了!它令人神共泣,
　　却无法打动冥王的铁石心肠。
黑暗的统治者曾在瞬间被爱感化,
　　却在地狱的门槛严厉唤回他的礼物。
阿弗罗狄忒无法治愈美丽恋人的创伤,
　　野猪将他柔嫩的身体撕开。
永生的母亲无法救下神勇的英雄,
　　他命中注定倒在斯卡伊城门。
她率领内鲁斯的全体女儿升上海面,
　　大声哀哭死去的儿子。
看哪!天神们在哭泣,仙女们在哭泣,
　　因为美好正逝去,因为完美在死亡。

[①] Schillers Werke, Nationalausgabe. 2. Bd., *Gedichte* 1799 – 1805, Hg. v. Nobert Oellers, Weimar, 1983, S. 326.

成为爱人哭泣的对象是件天大好事，
　　只有可恶的东西才悄无声息下地狱。

《哭词》一上来便开门见山地哀诉"美好"的死亡，以此告诉读者诗人在这里哀哭的不是某个具体的人，而是代表古典主义理想的"美好"。"人神共泣"更从另一个侧面突出了"美好"的重要价值，因为不仅仅是生活在尘世的注定也要死亡的凡人会感到悲痛，就连天上永生的神灵也为之伤心。

为了进一步说明理想世界中的完美与高尚无法在人世实现，席勒举了三个希腊神话中的例子：第一个例子比较隐晦，歌手奥弗修斯得到天神的允许，从地狱领回自己被蛇咬死的妻子欧里狄克，但条件是在到达阳界之前不准回头看。可是，奥弗修斯没有控制住心中的欲望，在跨过地狱门槛之前回头看了妻子，结果他永远失去了妻子。席勒没有在《哭词》花费笔墨讲述这个故事，而是言简意赅地将故事的悲惨结局呈现在读者面前；第二个例子和第三个例子比较直接，第二个例子是说爱神阿弗洛狄忒的情人美少年阿多尼斯不幸被野猪撞死，第三个例子是说海洋女神忒狄斯的儿子——英雄阿希尔在特洛伊的西城门被帕里斯用箭射杀。三位死者都是活生生、有血有肉、有思想、有感情的，他们是"美"在生活中的具体化身，但他们最终都在一个敌视"美"的世界里过早地凋谢了，他们的死亡意味着"美"在现实世界中是那么脆弱，那么易逝。

从更深层次的意义上来说，以上三个人物的死亡还意味着实现古典主义理想的愿望在生活中的破灭。欧里狄克、阿多尼斯和阿希尔不仅是美丽的尘世生灵，而且也是神话中的一部分，他们与天神有着密切联系，是神性完美在人身上的体现。神性与人性的统一是古典主义的最高理想，但随着三人的不幸夭折，这种理想也成了一种不具现实意义的空想。

众神为死者痛哭的同时，诗人也在为死者痛哭，因为三人象征着尘世中的美好与高尚，所以他们的死亡也就意味着古典主义理想所代表的美好与高尚在人间的幻灭。在《哭词》的结尾处，席勒笔锋一转，他不无消极地表示，既然"美"在现实中实现不了，那么就应该满足于在艺术之中对其加以歌颂，毕竟人们是不会歌颂"丑"的东西的，所以"丑"的东西只能"悄无声息地下地狱"。

席勒曾一度坚信艺术的审美教育作用一定能促进古典主义理想的高尚与美德在人世间之实现，然而冷酷的现实使他不得不认识到这只是自己的一厢情愿。古典主义的美源自希腊罗马神话中的那个人神一家、和谐统一的美丽世界，而且其也只能存在于神话的艺术幻想中,因为理想与现实是格格不入的。美的理想虽然是永恒的,但它在席勒所处的那个时代是残缺的,其只存在于精神的极乐王国中。席勒的《哭词》是他为自己的古典主义理想唱的安魂曲,是他对艺术的审美教育作用的终结之坚信,是他抛弃美好幻想而面对痛苦现实之悲叹。

在《哭词》这最后一首悲歌中,席勒宣告了自己古典主义理想的破灭,他遁入艺术的王国,美好与高尚在那里是永恒的,其摆脱了人世间的丑陋和命运之羁绊。席勒本人的这种表现情有可原,他既不相信统治阶级的自我革新力量,也不相信人民群众的创造力量,他对法国大革命的拒绝态度令他看不到推动自己古典主义理想实现的力量所在,因此选择了逃避的他躲入了自己创造的一个虚幻的理想王国。在《审美教育书简》的第五封信中,席勒清楚地表达了自己对下层人民的革命热情之蔑视以及对上层阶级的软弱与愚昧之失望。在《审美教育书简》的最后一封信中,席勒更是否定了人民通过艺术的审美教育作用达到真、善、美的理想王国的可能性。席勒认为,只有极小部分被挑选出来的人才能找到他理想中的美的王国。从某种意义上来说,席勒背弃了现实并退缩回艺术的空想王国,这意味着他将艺术的表现形式视为艺术的根本,同时也意味着他对艺术的审美教育作用已彻底灰心丧气。

阿达尔贝特·施蒂夫特中篇小说《俄巴底亚》中的"家庭"

孙 瑜

摘 要 家庭是毕德迈尔作家们逃离动荡浮世与虚无主义的避难所。施蒂夫特笔下的家庭在抽象意义上是家人,在具象意义上不仅是房屋,更是与大都市对立的波西米亚森林。施蒂夫特的中篇小说《俄巴底亚》的同名主人公为了逃离野蛮的游牧民族的寻仇,带着双目失明的女儿蒂塔来到文明的欧洲。森林、连接森林与房屋的花园以及房屋是具有保护意义的"家庭"的完整体现,本文试通过对这三点的分析来印证施蒂夫特作品中的家庭观念。

关键词 阿达尔贝特·施蒂夫特 《俄巴底亚》 家庭观

世事难测,自然无常,在十九世纪中期的毕德迈尔作家的眼中,世界似乎只剩下一片灰色,如何可以不在随之而来的虚无主义面前缴械投降? 当个人就像"一个完完全全被孤立的主体站在威胁着他的世界中心",[1]作家该如何逃避这种敌对的氛围和陌生的孤立? 毕德迈尔作家们寻找的答案是家庭,家庭成了他们笔下的人类之避难所。当人们无法在这样一个疯狂浮躁甚至嗜血的社会(尤其是1848年革命之后的奥地利)找到自己的存在价值时,只有在最为亲密和令人信任的家人身边才有获得安宁的可能,这便是毕德迈尔作家赋予家庭的意义。

在施蒂夫特所处的年代,避世的田园生活同时象征着希望与断念,而对田园的追求则表现出当时的总体社会环境已经不再是政治信任的承载。[2] 在毕德迈尔风

---

[1] Wolfgang Matz, *Gewalt des Geowordenen. Adalbert Stifters Werk zwischen Idylle und Angst*, in *Deutsche Vierteljahrsschrift für Literaturwissenschaft und Geistesgeschichte*, Stuttgart, 1989, S. 716.

[2] Ebenda, S. 744.

格的田园小说中,家庭是最重要的场景。这里所指的家庭首先是空间概念上的,它表示个人最小的活动单位,它的对立面往往是人头攒动的都市,它包括作为"人类文化空间内的自然"①的森林与山谷(包括零星布于其间的村落)②、人们居住的房屋以及将私密的房屋空间与相对公开的森林连接起来的花园。可以说,田园是被建立在家庭的基础之上的。③

施蒂夫特绝少描写生活在大城市的家庭,他笔下的主人公通常居住在一个受局限的生活环境中(*der begrenzte Lebensraum*),而这种环境往往是作者所熟悉的、从小生长于其中的森林。这些森林居民可以被划分为两类人。一类是真正生活在森林中的那些世代扎根并以林业或农牧业为生的农民阶层,他们虔诚、勤劳,但他们缺乏基本的知识以及审美的情趣(如《林中人》中的木匠夫妇、后山的老亚当一家、俄巴底亚选择的奥地利山谷中的邻居等)。在这些人的理解中,他们没有选择地出生并生活在森林中,因此他们靠山吃山,靠林吃林。对于这些人而言,森林主要发挥着实用功能。此外,世代扎根的农民阶层中的绝大多数人从未走出过森林,因此他们也未受到外面世界的浸润与压迫。可以说,世代扎根的农民阶层是被森林保护得最牢的一群人,但他们同时也是无法体会到森林的保护作用的人,"这里的居民生来就看着这四处环绕的森林,他们已经无法再理解它的美好了"。④在毕德迈尔风格的田园小说中,这一类人是不可缺少的布景,但他们并非作家特意去刻画的角色。

小说《俄巴底亚》中的同名主人公则属于另一类人。这一类人曾经在这个世界的很多角落停歇过,也见识过外面世界的丑陋与威胁,在他们身上,相对缩小的生活空间更能体现毕德迈尔式的保护,森林成了他们的最终避难所。这个避难所是温柔的,是不具有攻击性的,而对于生活于其中的人们来说,森林就像母亲的温

---

① Vgl. Benno von Wiese, *Deutsche Dichter des 19. Jahrhunders. Ihr Leben und Werk*, Berlin, 1979, S. 432.
② 这里将森林视为家庭的外延,这是以森林为代表的田园风光与自然自十八世纪以来便具有的特殊的存在意义。森林是城市化和工业化进程下的所谓"文明"与"文化"的对立面,是人们试图脱离政治与逃避腐化的市民生活的最佳去处。在自然中,人们可以找到一个纯粹、自由、欢欣的自我。也就是说,田园景致是一个与人们日常生活相对的世界,这个世界反射着毕德迈尔作家对内心和外在的和平之追求,以及对安宁、幸福与和谐之渴求。从这个意义上来说,森林与狭义上的家庭(房屋)一样,它们都对抗着腐化没落的世界与充满威胁的社会。
③ Ulrich Eisenbeiss, *Das Idyllische in der Biedermeierzeit*, Stuttgart, 1973, S. 96.
④ Adalbert Stifter, *Waldgänger*, in *Adalbert Stifter. Werke und Briefe. Historisch-Kritische Ausgabe*, Bd. 3, 1. Erzählungen. Erster Band, Hrsg. von Johannes John und Sibylle von Steinsdorff, Stuttgart, 2002, S. 116.

暖怀抱,其将丑恶复杂的都市隔于臂弯之外。同时,这一类人也更懂得欣赏森林,他们在森林中感到由衷的幸福。

在《俄巴底亚》中,施蒂夫特将幽静的森林与野蛮的沙漠对立起来。对于本就不擅交往的主人公来说,森林便是外延扩大了的家庭(房屋)。俄巴底亚曾经生活在北非的沙漠中,他与虎狼为伴,还时刻受到野蛮残暴的竞争对手的威胁,这一切都是施蒂夫特一贯反对的无节制的激情与暴力之象征。在遭遇洗劫后,俄巴底亚带着女儿蒂塔迁徙到文明的奥地利山谷中,这一举动所蕴含的寻求庇护之意味不言自明。在游历了欧洲多国后,俄巴底亚选择在一处人烟稀少的山谷栖居,他在那里感到了由衷的安全:"他曾渴望欧洲,现在他来到了这儿。在欧洲,他不会被殴打,他的财产也不会被从身边抢去。"①(当然,这里的欧洲并非指巴黎、伦敦或是维也纳这般的现代都市,而很可能正是施蒂夫特从小便熟悉的、带着家乡的安全感觉的"奥博普兰的山谷"。②)《俄巴底亚》被重写于1847年,彼时古老的哈布斯堡王朝与君主制度正处于革命的门槛前,风雨飘摇的局势以及自十九世纪四十年代后半期以来日益增多的对其作品的批评声迫使施蒂夫特逃离到熟悉的波西米亚及巴伐利亚森林中,在那里,作者与他笔下同样拙于交际、惧怕人潮的主人公一样如至所归。

除了作为生活环境的森林,在毕德迈尔作家的文学中,房屋是家庭这一形式的具体体现,是人们逃避激情与威胁的庇护所。建筑艺术背负着逝去的人们的灵魂,在今世与未来不朽,它代表了一个瞬息万变的时代中的不变因素。房屋被寄寓着人们对先人的怀想,同时,它不索求、不苛刻,而是默默地以固定、永恒的姿态为人类提供着身体与心理上的双重庇护。在《俄巴底亚》中,施蒂夫特以细腻而详细的笔触为读者展示了俄巴底亚位于沙漠中的房屋:"穿过一道罗马式的凯旋门,走过两排干枯的棕榈树,人们来到一堆已看不出用途的残垣乱瓦前。人们必须爬过这些石堆,才能进到墙上的洞中,穿过这个洞,人们能来到阿隆的家。"③(之后,施蒂夫特一路向里地详细描写了洞内的居室,此处限于篇幅不再例举。)那是俄巴底亚保护家人与财产,以及抵挡虎狼、贝都因人、柏柏尔人这些野兽与野蛮人的堡垒。

---

① Adalbert Stifter, *Abdias*, in *Adalbert Stifter. Werke und Briefe. Historisch-Kritische Ausgabe*, Bd. 1,5. Studien Buchfassung. Zweiter Band, Hrsg. von Helmut Bergner und Ulrich Dittmann, Stuttgart, 1982, S. 334.
② Eric A. Blackall, *Adalbert Stifter. A Critical Study*, Cambridge, 1948, S. 173.
③ Adalbert Stifter, *Abdias*, a. a. O., S. 240.

在一堆断石残垣中，犹太人建立了舒适的——甚至可以说是奢华的——栖身之所，而人们必须爬过的那条通道则象征了外部世界的野蛮荒芜到自家居室的温馨安全之过渡。即便在地底下，即便为文明所不齿，人们仍然无法否认它对俄巴底亚一家的保护作用。"他（阿隆）在外被揍，从一个栖居之地被撵到另一个栖居之地，而回到家后，他就可以享受到他的种族中那些古老的国王——尤其是那一位所罗门王——所说的生命的喜悦的一切，这时他总会感到一阵强烈的、令人震颤的极乐。"[1]同样，当俄巴底亚来到欧洲后，他几乎与人类社会隔绝，他与女儿说着混杂着阿拉伯语与其他东方语言的只有彼此能理解的话语，并按照沙漠的习惯建造房屋。可以说，在俄巴底亚和蒂塔那几乎与世隔绝的生活中，房屋的保护意义得到了最直接的体现。在修建之初，俄巴底亚的房屋对外是严防死守的，"花园修建好后，他在周围竖起高耸坚硬的厚木板"[2]。在俄巴底亚对房屋进行内部装潢时，"他在每道门后都上了两道锁，他在窗前竖起了坚固的铁栅栏，甚至拆去了之前花园外的厚木板，砌起了更高、更密不透风的围墙"[3]。俄巴底亚为自己的家设计了如此坚固的防护，这都是出于保护蒂塔的考虑，因为失明的蒂塔丧失了一切安全感，"当人们抽出她握着的手，她便孤独地站在空气中，不朝任何方向前行，她的小脚颤抖着，她的面容诉说着恐惧与求助"[4]。这是一个典型的对外部世界没有认知、没有灵魂的人的形象。俄巴底亚自己也怀疑蒂塔没有灵魂，"他不能自已，控制不住地想，也许蒂塔是痴呆的"[5]。随着闪电赐予蒂塔视力，俄巴底亚自身对孩子的教育意识也开始觉醒。俄巴底亚帮助蒂塔学习认识世界，给她鼓励，助她成长，而当他相信蒂塔已获得基本的认知并且已能自信地生存于世时，俄巴底亚开始解除房子周围过多的枷锁，"他扩建了他的花园，让人们拆除了花园外的围墙"[6]，而且"他又开始雇佣了许多女仆与长工"。室内同样被做了改动，原先被铁栅栏层层阻隔的窗户如今被装上了"黄色的丝绸窗帘，人们可以将它往两边拉开"[7]。俄巴底亚开始慢慢卸下将女儿与世界分隔开来的障碍，房屋变得比以前明亮和开放了，或者说房屋的防护功能被渐渐弱化了。我们从这一区别中可以看出，施蒂夫特认为，越是没有理

---

[1] Adalbert Stifter, *Abdias*, a. a. O., S. 243.
[2] Ebenda, S. 303.
[3] Ebenda, S. 304.
[4] Ebenda, S. 307.
[5] Ebenda, S. 308.
[6] Ebenda, S. 332.
[7] Ebenda, S. 332 – 333.

性、软弱和缺乏认识高点与判断力的人就越是需要家庭和房屋的保护,他们需要这一最小、最紧密的形式来保护自己免受异化的社会关系与野蛮化的政治诉求之侵扰。

  同样,花园在毕德迈尔作家的文学中也有相似的功能。不同的是,花园是房屋与世界——或者说个人与自然——的中间地带,其将人们的安全生活圈进行了有限的扩大。花园中体现的毕德迈尔式的闲情逸致是"人类灵魂中阻挡魔性与野蛮的围墙。围墙之内,人类可以承受的幸福郁郁绽放;围墙之外,随处皆是任意妄为"①。在建造好房屋后,俄巴底亚开始慢慢修建屋前的花园。这片"因其荒芜与贫瘠而吓退了大多数人的山谷"②渐渐变得温馨、富饶起来。尤其是屋前的亚麻地,它是蒂塔最喜欢的地方,绽放着的蓝色亚麻花与她蓝色的眼眸相呼应,这种与人类非常亲近的植物是女孩美好灵魂的外在表征。"通过亚麻地的种植,俄巴底亚在人间与天堂之间建立了通道,他的种植使两人脱离了尘世,进入了蒂塔的梦的世界。"③我们几乎找不到更贴切的象征来表达花园对人类的庇护作用了。俄巴底亚与蒂塔脱离的是寂寞的北非沙漠,是带着敌意与嘲讽、不解与诅咒的仇人的世界,而读者在这片亚麻地中找到的,是一个远离尘嚣、远离政府监控的世外桃源。不难想象,花园的扩建正是内心安全感上升时的主人公对外部世界的小心触探。

---

① Susi Gröble, *Schuld und Sühne im Werk Adalbert Stifters*, Basel, 1965, S. 47.
② Adalbert Stifter, *Abdias*, a. a. O. , S. 302.
③ Gerhard Kaiser, *Stifter-Von Kurt Mautz dechifferiert?*, in *Antithese. Zwischenbilanz eines Germanisten* 1970–1972, Frankfurt a. M, 1973, S. 155.

简析维也纳大众戏剧和上海滑稽戏剧

钱顺德

摘 要 本文将维也纳大众戏剧和上海滑稽戏剧的产生、发展、主题和受众进行了横向对比,发掘出其表现市民生活的共同创作素材。维也纳大众戏剧和上海滑稽戏剧虽因表现内容而被归为通俗文学,但两者都因植根于民众而得以发展保留至今。

关键词 维也纳大众戏剧 上海滑稽戏剧 市民生活

如十八世纪以来的维也纳大众戏剧一样,上海滑稽戏剧在文学范畴内也没有得到文学界和喜剧界的公正客观之评估。在褒贬不一的评价中,上海滑稽戏剧不免要接受夹带着贬低色彩的眼光之审视,甚至被排斥在文学范畴之外,并被归入毫无文学价值、供人消遣娱乐的通俗文学之中。上海滑稽戏常常被斥为不登大雅之堂的马路戏,而其策划者、编导等相关人员也没有得到应有的尊重,他们呕心沥血创作出的剧目也因"低级庸俗"而从来不被刊登在正统的文学刊物之中。人们感兴趣的倒是那些参与剧目演出的演员,如当年的姚慕双、周柏春、杨华生、笑嘻嘻等人和他们的先辈,以及如今依旧活跃在喜剧舞台上的王汝刚、钱程、毛猛达等人,观众喜欢对他们的演出评头论足。

要知道,滑稽戏剧及其演员如今受到广大观众的赞许和尊重完全得益于国家正确的文艺方针、政府的大力支持、平等开放的社会以及观众的喜爱。可是,在新中国成立前的旧社会和成立之后的最初几年里,作为艺人的喜剧演员的社会地位是不高的,他们的生活是拮据的,甚至有时候是窘困的。喜剧演员们甚至没有正当的演出场所,笔者曾经亲眼见到过这样的情境。在如今的徐家汇以南的蒲汇塘路和漕溪北路交界处,上海电影制片厂大门前的那块被各种垃圾、泥土、碎石等填埋的土地上(那片土地的原名叫"土山湾"),以前每天都设有各种各样的摊子,有卖各类玩具的,有卖各式衣帽鞋袜的,有卖水果的,有耍杂技的,有卖唱的,甚至还有要饭的乞丐,因此路人就称此地为"江北大世界"。笔者因以前家住附近,故每天上学必经此地,路过时经常能见到一位后来成为上海某滑稽戏剧团著名演员的艺人,他称自己为"小热昏"。每天傍晚起,"小热昏"就将自己选定的那块小小的场地当成他演戏的"舞台",他独自一人利用手中的竹板和小锣,演唱一些自编的带有故事情节的曲艺段子,以此吸引驻足看他表演的看客来掏钱购买他的梨膏糖,可见艺人当时所处的生活困境,他们的社会地位是如此卑微,值得人们深思。

十八世纪之前,在远在奥地利的维也纳,由于地点、时间和社会状态的不同,为了区别于宫廷和新兴资产阶级的城市戏剧,市民喜爱的大众戏剧采用过许多不同的名称,如"城郊戏剧""维也纳民间戏剧""维也纳大众戏剧"等。直至十八世纪初,一些教会的学校戏剧与以即兴表演为主的流动戏剧开始和民间喜剧相结合,从而形成了维也纳大众喜剧。与此同时,这一非宫廷式的戏剧开始正式被固定下来,其确立了自己在演艺界的地位,并博得了受众的认可。

上海滑稽戏剧的形成略晚于维也纳大众戏剧,它是从上海清末民初时期的曲艺"独脚戏"发展而来的,其是在受到中外喜剧、闹剧和江南个别地方戏曲影响的基础上逐步形成的新兴戏曲剧种。滑稽戏剧最初以独脚戏、相声、说唱和曲艺表演为基础,后来又吸收了文明戏的表演形式,从而使其成为江、浙、沪地区的大众娱乐生活中不可或缺的戏剧种类。

与上海滑稽戏剧一样,维也纳大众戏剧不同于为统治阶级和上流社会服务的宫廷戏剧。换言之,上海滑稽戏剧将广大市民阶层视为其主要受众,其以市民的日常生活为剧目创作的基本素材,剧中展露了市民的理想和对世态的看法,以及各种各样的社会乱象。维也纳大众戏剧的基本特征是根据不同的演出条件、观众和官方检查制度来改变和革新原有的戏剧规律和表演方式,以求达到用诙谐滑稽的娱乐形式批判社会现实之目的。

随着时代的进步和社会的发展,上海滑稽戏剧界也创作上演了一大批优秀的喜剧剧目,其中有的剧目还被拍摄成了电影,如《三毛学生意》等,这大大提高了滑稽戏剧的声誉,产生了深远的影响,提升了喜剧在演艺界的地位。上海滑稽戏剧演员的演技形式也随着时间的推移和社会的发展而不断丰富拓展,除了原有的"说""唱"和通常的形体动作之外,还吸收了多种戏曲唱腔、民间曲调和流行歌曲,从而丰富了喜剧的表演形式。喜剧演员口齿伶俐、反应敏捷,他们不但能讲一口漂亮地道的各地方言,而且还能根据剧情的需要夹带一些不同国家的语言,尤其是英语和日语被使用得最为广泛。上海滑稽戏剧的基本特性是表演过程中的语言语意深邃、尖刻辛辣、直击时弊,并且具有强烈的幽默感和讽刺感,这不仅满足了观众的娱乐需要,并且能使观众融入剧情,油然而生一种身临其境之感。上海滑稽戏剧在无形中触动了观众对社会现实的思考,因此获得了意想不到的良好效果。

十九世纪上半叶,维也纳大众戏剧发展到了一个新的阶段,即维也纳地方戏剧和当时颇具影响力的神话喜剧融为一体,进而形成了具有自己独特风格的戏剧。同时,维也纳大众戏剧将当时的即兴表演艺术升华为正规的戏剧创作,由此生发出无穷的魅力,并在当时的几十年时间里产生了深远的影响和占据了重要的地位。维也纳大众戏剧的演员以精湛的演技,运用作品特有的语言技巧来展现维也纳大众戏剧所蕴含的"悲观主义"和"讽刺嘲弄听天由命"的主旨之艺术表现力,从而形成了富有时代气息的独特风格,并为自身的生存和发展赢得了一片天地。

然而,历史的发展并非一帆风顺。到了十九世纪下半叶,维也纳有关当局对戏剧采取了严厉的检查制度,并且粗暴无理地干预当地的戏剧生活,有关当局常以"语言粗俗""低级下流"等为借口,对戏剧和剧目演出横加指责刁难、肆意砍削,因而剧团只能被迫不断更改上演剧目并放弃广受观众喜欢的保留剧目,这一切迫使观众对戏剧的兴趣急剧减弱。渐渐显现的大众对戏剧的疏远情绪使维也纳大众戏剧坠入了低谷,自此经历了一段残酷的衰落阶段。

幸好,执着的戏剧理论家们不畏专横、顶住压力,他们在重新对一大批剧目进行了仔细认真的分析和研究之后发现,大多数剧目仍然保持着大众戏剧原有的风格,因此他们毅然将剧目再次搬上舞台。这些剧目多数刻画了当时当地的现实社会,内容大都是颂扬正义友爱和反对投机取巧及等级观念的偏见,有着严肃的基调和乐观的爱国主义情怀。终于,维也纳大众戏剧起死回生,它摆脱了层层压力和阻挠,继续延续着它的辉煌与繁荣。令人欣慰的是,自那之后,维也纳大众戏剧继续沿着十九世纪下半叶的道路顺利发展着。

与维也纳大众戏剧类似,上海滑稽戏剧也经历过相当困难的时期。与其他所有中国的文艺团体一样,上海滑稽戏剧在"文革"期间也遭到了前所未有的重创,其所经历的悲惨境遇实际上远超维也纳大众戏剧。大批演艺剧团均因未能熬过这段十分艰难的岁月而被迫解散,不少演员遭受凌辱和批斗,整个演艺界几近瘫痪,整个城市的娱乐生活降至冰点。幸好,"文革"之后,党和政府拨乱反正,彻底铲除了四人帮背离社会发展的极左思潮的恶劣影响,制订了符合历史前进方向和文艺发展潮流的新方针,指明了文艺应服务于社会、服务于大众的宗旨,由此上海滑稽戏剧界与其他文艺团体重获新生。凭借着特有的表演形式,上海滑稽戏剧重新活跃在文艺舞台上,继续绽放着它的光芒。

附注

  "小热昏"一词起源于浙江的杭州、宁波等地,最初是指艺人在人多繁杂的闹市口以一种说唱新闻的方式逗人取乐,以此吸引驻足观看演出的过路客来购买他们自制的商品——梨膏糖,艺人以此作为谋生的手段。社会地位不高的艺人深谙劳苦大众的疾痛,故而要为百姓代言,以吐露他们心中的怨恨。在进行说唱表演时,艺人以讽刺手法揭露社会的黑暗面,这深得大众喜爱,但在当时社会不公的情况下,此种表演难免要受到当局的阻挠和干预。为了避免这种尴尬的状况,艺人们借用一个病人因高烧发热而昏厥不醒和胡言乱语的状态来规避责任,并取其中的"热"和"昏"两字作为艺名,真可谓是足智多谋、用心良苦。

参考文献

《当代学生》编辑部:《中学生传统文化》,上海:上海文汇出版社,2017年,第46页。

百度百科:"上海滑稽戏""上海滑稽戏大全""小热昏""典型上海滑稽戏"和"上海滑稽戏集锦"。

钱顺德:《维也纳大众戏剧浅谈》,载上外德语系学术委员会:《日耳曼学论文集》,上海:上海外语教育出版社,1992年,第87页。

布莱希特和孔子

殷 瑜

摘 要 从布莱希特的部分著作中,人们时常能发现其潜心研究孔子学说所留下的痕迹。布莱希特赞赏了孔子的教育天才,但是他对孔子的"礼仪教化"学说则持怀疑态度。同时,孔子用"正名"重新评判历史的方法启发布莱希特找寻到了纳粹统治下的黑暗年代的真理传播途径。

关键词 孔子 礼仪学说 教育家 正名 真理

贝托尔特·布莱希特创立的"叙事戏剧"理论是二十世纪最重要的戏剧理论之一,中国戏剧界对他的研究由来已久。布莱希特对中国传统戏曲京剧的赞赏以及他的作品中对中国古代思想家的学说之借鉴与发挥,使国内学术界对其怀有一种特别的亲切感。针对布莱希特与中国古代哲学的关系,国内较早的评述文章是吕龙需于1983年发表在《读书》第8期上的《布莱希特与中国古典哲学》。在《布莱希特与中国古典哲学》这篇文章中,吕龙需将考证重点放在了墨子的诸多思想在布莱希特作品中的体现上,同时兼顾老庄学说对布莱希特文学创作的影响。之后,不时有人撰文评论布莱希特与中国古代哲学的关系,由此形成了一种比较普遍的看法,即布莱希特最推崇的中国古代哲学家是墨子,最有力的依据是布莱希特的《墨子·成语录》[1]。以上这种观点一直延续至今,但是学术界对此也不是毫无争议。卫茂平在《读书》1994年第3期上发表的《布莱希特与墨子》一文对此观点提出了质疑,文章认为"这种观点高估了墨子在布莱希特创作中的地位,因为《墨

---

[1] 参见陈良梅:《布莱希特的〈墨子·成语录〉与墨子的伦理道德观》,载《当代外国文学》,1993年第3期;陈世雄:《布莱希特与中国传统文化》,载《福建艺术》,2000年第6期等文章。

子·成语录》事实上并非人们想象的那样受到墨子思想的浸润。书中除了有老子、庄子、孔子等人的思想痕迹外,作者在很多情况下只是借墨子之名,述本人之思"①。前辈学人的研究已经论证了老庄学说和墨子学说对布莱希特的文学创作所产生的重要影响。但是,作为中国古典哲学的重要代表,孔子的学说是否也受到布莱希特的关注呢?国内学术界关注此问题的人较少,根据笔者掌握的资料,目前仅有卫茂平在其专著《中国对德国文学影响史述》(上海:上海外语教育出版社,1996年)中用一节对此问题进行过比较简练的论述。本文拟在前人研究的基础上,从布莱希特的《孔子的生平》(*Leben des Konfutse*)、《墨子·成语录》(*Me-ti/Buch der Wendungen*)、《图伊小说》(*Der Tui-Roman*)等著作中进一步挖掘布莱希特对孔子学说的真实看法和评价。

众所周知,在流亡期间,布莱希特随身一直携带的物品除了一本记录墨子学说的《社会批评家墨子及其门生的哲学著述》(由汉学家福克[Alfred Forke]翻译)外,还有一幅孔子的画像,即便画像在颠沛流离之后已严重破损,他也舍不得丢弃,而是找人对其进行修复。布莱希特最初接触到孔子思想的时间有可能是二十世纪二十年代。在研究墨子学说的过程中,布莱希特应该读到过墨子对孔子的儒家学说之评判。在福克所译的《社会批评家墨子及其门生的哲学著述》一书的第39章中,墨子有一段批评儒家弟子具有好逸恶劳、贪图吃喝、只注重繁琐礼仪的特点的表述。经过比照,笔者发现此段话译自墨子的《非儒下》中的一段:"[……]倍本弃事而安怠傲,贪于饮食,惰于作务[...]五谷既收,大丧是随,子姓皆从,得厌饮食,毕治数丧,足以至矣。因人之家以为,恃人之野以为尊[……]。"②在这一段话中,墨子讥讽孔子用繁复的礼乐迷惑百姓,甚至有儒家弟子打着重视礼仪、用礼仪教化民众的旗号来谋夺普通民众的物质利益。福克所译的墨子学说使布莱希特间接地接触到了孔子的思想。二十世纪二十年代末,布莱希特在他的笔记中记录了自己对孔子所提倡的"君子美德"的怀疑态度:"这位孔夫子是一位模范人物。如果把孔子所说的范例写在墙上,那么所有的人都要受到诅咒和痛骂。孔子的理想是让人们具有一种特定的、少见的秉性。但是,当人们按照这些伟大的美德去塑造自己的时候,具有他所说的那种秉性的人是无法完成这项任务的。可以预想到的是,人

---

① 卫茂平:《布莱希特与墨子》,载《读书》,1994年第8期,第124页。
② 墨子:《墨子》,呼和浩特:远方出版社,2004年,第140页。

们可以承认这些美德,但是同时他们也依然在继续自己的罪行。"[1]

一 将孔子与歌德进行比较

针对孔子提倡将"君子的仁义行为"定为教化普通民众的范例,布莱希特在自己的国家中找到了一个相似的例子,他将孔子与歌德进行了比较:"幸运的是,我们在不久前也有这样的范例,在自己漫长的一生终结前,歌德积累了如此多的精神财富,以至于我们的国家很快便将他视为民族的楷模。尽管如此,我们依然知道,这位了不起的歌德是通过怎样残酷的、奴颜卑膝的方式达到这样的境地的,这些行为对社会是有害的。这种自我塑造与许多东西有关,而我们是不能将这些东西称为美德的。"[2]布莱希特将孔子与歌德进行比较的做法显示出他很有可能也阅读过卫礼贤(Richard Wilhelm)翻译的《论语》(Kungfutse. Gespräche-Lun Yü)。在译本的前言中,卫礼贤数次将孔子与歌德进行比较,并谈及了二者的相似之处:孔子儿时最喜欢的游戏是用一些小的瓶罐来模仿祭祀,这让人想起了歌德的玩偶游戏;孔子和歌德都对古代抱有很大的兴趣……此外,布莱希特也曾经交替使用过"Konfutse"和"Kungfutse"来称呼孔子,而卫礼贤在前言和译文中正是使用了后一个译名[3]。

孔子认为,在他所处的时代之前的社会秩序——古代的社会秩序——是完美的。到了孔子所处的那个年代,周朝的统治日趋没落,封建统治面临着土崩瓦解的局面,因此他试图通过"道德教化"来改造民众,从而进一步改良当时混乱的社会秩序。孔子采用的主要方式就是通过礼仪教化在"君臣、父子、夫妻"之间构建起一定的等级秩序,从而最终达到统治者和百姓之间的和谐。孔子在他那个年代扮演了一个改良社会的改革者角色。布莱希特在二十世纪四十年代时曾计划以孔子的生平为题材创作一部剧本,将孔子塑造成一个改革家。但是,孔子的改革非但未能改变穷人被剥削的现状,反而在对民众进行道德教育的外衣之掩盖下加重了对普通民众的剥削。事实上,孔子的一生是充满挫折和失败的一生,他的所谓道德教

---

[1] Bertolt Brecht, *Gesammelte Werke*, Band 18, Suhrkamp Verlag, Frankfurt/M. 196, S. 75.(本文摘自德文著作的引文的中文版本均由本文作者翻译)
[2] Bertolt Brecht, *Gesammelte Werke*, Band 18, Suhrkamp Verlag, Frankfurt/M. 196, S. 75—76.
[3] Yun-Yeop Song, *Bertolt Brecht und die chinesische Philosophie*, Bouvier Verlag Herbert Grundmann, Bonn, 1978, S. 155–156.

化也是毫无意义的幻想。布莱希特感兴趣的是孔子毕生都在努力寻找一个能够实现他的社会理想的诸侯君主,而歌德也曾将魏玛大公卡尔·奥古斯特视为这样的明君。但是,在魏玛公国从政十年后,歌德发现一切并未如他所愿。布莱希特有意将孔子的经历与歌德在魏玛宫廷的经历联系起来,歌德在魏玛宫廷进行的改良与孔子的改良有着相似的历史教训。布莱希特在《工作笔记》里这样写道:"我正在读有关孔子生平的书,这个20岁的人是个征收租金和税金的人,他的唯一的最高职位与歌德在魏玛的职位相仿[……]孔子在各地流浪二三十年,只为寻找一个能让他进行改革的君主,但是人们嘲笑他。孔子死的时候觉得自己的一生是一个失败。对这一切素材必须进行幽默化的处理,还必须把至今仍能显示出孔子的智慧的学说穿插于剧本之中,这将会是多么有趣的戏剧啊[……]"[1]布莱希特欲借对孔子的一生及其事业的描写来影射歌德,并借此对德国知识分子的不坚定性和妥协性进行嘲讽和抨击。与同时期产生的儒道两家思想相比,墨家学说的"兼爱"以及"以人民为大利"的思想宗旨更具革命性,墨子对儒家学说的批判启发了布莱希特。在阅读关于孔子生平的著作时,布莱希特立刻想到了一度在魏玛宫廷里遭到排挤的歌德。对墨子"非儒"思想的接受可能促使了布莱希特去创作《孔子的生平》这出戏剧,并借助此剧来批判资产阶级改良主义。遗憾的是,《孔子的生平》的剧本并未被创作完成,留下的仅有描写孔子从少年时代便偏爱模仿古代礼仪的"姜罐"(Ingwertopf)的一场戏以及与此相关的一些笔记。

二 《姜罐》显示了孔子的教育天才

《姜罐》描写了少年孔子看到伙伴们为抢食生姜而不顾礼仪,于是他便进行了示范表演,以此教导伙伴们如何讲究礼仪。布莱希特在为《姜罐》撰写的注释中写道:"剧中角色要由孩子来表演。"至于为何要由儿童来表演,布莱希特是这样解释的:"要在舞台上表现这样的生平,我宁愿选择孩子那不完美的表演,也不愿选择成年的艺术家。"[2]尽管布莱希特在这里似乎考虑的是舞台效果,但是其中也透露出布莱希特对孔子的伦理道德学说的态度,即孔子的学说已经不符合当时社会的要

---

[1] Bertolt Brecht, *Arbeitsjounal* 1938–1942, Band 1, Hrsg. von Werner Hecht, Frankfurt/M. 1973, S. 197.

[2] Bertolt Brecht, *Gesammelte Werke*, Band 7, Suhrkamp Verlag, Frankfurt/M. 196, S. 2991–2992.

求了。根据考证①,布莱希特是根据克劳(Carl Crow)所著的《孔子》②一书的第三章创作出《姜罐》这个片断的。一开场,孔子就自报家门:

> 我姓孔,父亲姓孔,是一个士兵。我父亲死于贫困,我母亲教育我厌恶一切暴力。以我的年龄来看,我长得非常强壮,转眼间就能把我的同学撂倒在地。但是,我母亲说,重要的不是肌肉的力量,而是理性的力量。她告诉我,世界上没有神灵、妖怪和龙。这里有谁相信鬼神吗?我知道五个理由可以证明它们是不存在的。③

根据克劳在《孔子》一书中的记录,孔子的父亲是位武夫,他在年老时与一位年轻女子生下了孔子,这一点基本符合《史记·孔子世家》记录的"纥与颜氏女野合而生孔子"的说法。孔子幼年丧父,父亲未留下任何财产。孔子的母亲从不向儿子灌输当时人们普遍信仰神灵的思想,也许正是由于他母亲独特的教育方式,孔子的心智才没有受到那些愚昧的鬼神之说的迷惑。布莱希特在《姜罐》中描写了少年孔子为小伙伴们示范如何在吃生姜时保持庄重的礼仪的故事。关于孔子喜食生姜一事,克劳在《孔子》一书中也确有详细记载:

> 这个男孩开始品尝生姜辛辣的味道,母亲也经常在三餐之间给他吃生姜,尽管这些不是粮食而只是用来帮助消化的美食。孔子一生都喜欢咀嚼生姜。④

克劳也提到,孔子幼时最爱的游戏就是和伙伴们一起用一些瓶罐来模仿古代的祭祀仪式。在《姜罐》中,布莱希特将孔子个人的饮食习惯和他崇尚古代礼仪的爱好巧妙地结合了起来。

在经过开场的自报家门之后,孔子说服伙伴们一起玩一个学习礼仪的游戏。

---

① 详见 Yun-Yeop Song, tolt Brecht und die chinesische Philosophie, Bouvier Verlag Herbert Grundmann, Bonn, 1978。
② 克劳参考了霍夫曼(Richard Hoffmann)于1937年从英文翻译成德文的《孔子》。
③ Bertolt Brecht, Gesammelte Werke, Band 7, Suhrkamp Verlag, Frankfurt/M. 196, S. 2987.
④ Yun-Yeop Song, Bertolt Brecht und die chinesische Philosophie, Bouvier Verlag Herbert Grundmann, Bonn, 1978, S. 159.

布莱希特和孔子

当孔子看到小伙伴们不顾礼仪地抢食生姜时,他决定为大家示范如何接受君主赏赐的礼物——一锅生姜:

> 我先鞠躬,这样,然后用双手推辞礼物。由此,我表达出我认为礼物太贵重的想法。文王再次把锅递给我,我接受了。在此之前,我还是要先鞠躬,这是为了表示我接受这个礼物是为了顺从他。但是,我怎样接过这个锅子呢?贪婪地?像头猪一样扑过去?不是,要安详而又庄重地,似乎有些无所谓,但是还是抱着极大的尊重。我该怎样淡淡地伸出手去呢?[①]

布莱希特用这一段细致入微的描述来体现孔子对礼仪形式的重视,但是人们不难发现,孔子重视的礼仪主要是为他一直强调的严格的社会等级秩序服务的。《礼记》就记录了数千条关于礼仪的规则,孔子希望通过练习恰当的礼仪来使民众遵守秩序并具有一定的美德。但是,布莱希特对孔子的这种做法持什么态度呢?在《墨子·成语录》一书的"教师的成功"(Der Erfolg der Lehrer)这一段中,布莱希特对孔子的礼仪学说进行了评价:"孔子的历史显示,这个人类历史上最成功的教师的功绩是如此之少。孔子想通过普遍提高民众的道德来使他那个时代的国家形式成为永恒。但是,只要这种国家形式存在,民众的道德就会衰败,这种国家形式没有成为永恒,这是一种幸运。"[②]

我们从上面这段话中可以看出,布莱希特并不赞赏孔子的礼仪学说,他对孔子那种试图用道德教化来延续封建统治的做法也是持怀疑态度的。尽管如此,布莱希特对孔子的救世精神还是肯定的,布莱希特依然称孔子为"人类历史上最成功的教师"。在《姜罐》一剧结束时,孔子在示范完一整套的礼仪动作后,姜罐已经空了,此时孔子意识到,"要想在吃完一锅生姜时保持庄严礼仪,有两件事情很重要:首先是礼仪感,其次是一个满满的锅子"[③]。通过孔子的这句话,布莱希特点明了礼节和生姜——道德和物质——之间的关系。最后,孔子和伙伴们唱道:"生姜太少!/礼节太少!/尊严美好,/生姜甜蜜。"[④]《姜罐》生动地表现出孔子是个天才的教育家。上文这首歌也很容易让人想起布莱希特的《三毛钱歌剧》中尖刀麦基的

[①] Bertolt Brecht, *Gesammelte Werke*, Band 7, Suhrkamp Verlag, Frankfurt/M. 196, S. 2989.
[②] Ebenda, Band 12, S. 569.
[③] Ebenda, Band 7, S. 2991.
[④] Ebenda.

那句名言："先吃饱肚子，才能讲道德。"布莱希特在此处所表达的思想显然与墨子的学说比较一致。《墨子·七患》中有"故时年岁善，则民仁且良；时年岁凶，则民吝且恶"。墨子看到了农业的丰歉与民众道德——社会风气——有直接关系，这意味着经济状况在一定条件下决定着人们的道德意识。布莱希特显然十分认同这种带有唯物主义色彩的伦理观。在《姜罐》里，布莱希特将上述思想演化成了一种通俗的方式，即"先吃饱肚子，才能讲道德"，并以此作为讨论善恶的出发点。因此，布莱希特显然不会认同孔子那种一味讲究拘泥于礼仪形式的思想的，他更倾向于由社会现实决定道德准则的伦理观。

三 从孔子的"正名"手段获得启发

在未完成的《图伊小说》中，布莱希特借孔子之口来解释"支玛"国（Chima）①衰败的缘由："支玛国的衰败是因为词语被无序地滥用。"②"图伊们"③使用他们掌握的知识为纳粹辩护，从而巩固了他们的统治。在《图伊小说》的"难民谈话录"（Flüchtlingsgespräche）这一章节中，难民齐费尔（Zieffel）说："纳粹分子宣称，集体利益高于个人利益，这就是共产主义。"对此，布莱希特借另一位难民卡勒（Kalle）之口一语道破了其中的阴谋："这句话意味着，国家高于个人，国家就是纳粹。国家代表了普遍利益，其借此可以控制所有的人，随意对人发号施令和发动战争。"④布莱希特揭穿了法西斯用混淆概念来掩盖事实真相的伎俩。在《墨子·成语录》的"概念目录"（Katalog der Begriffe）这一段中，主人公"墨子"建议，在使用诸如"人民"（Volk）、"纪律"（Disziplin）、"土地"（Boden）、"生存空间"（Lebensraum）⑤等词语时应该格外小心。由于概念的所指和能指之间存在着差异，因此这造成了某些概念在意义上的不确定性，这种不确定性很容易被希特勒刻意地用来误导民众。因此，布莱希特要求这些概念在被使用时必须在客观上符合他们所描述的对象，从而避免这些词语被滥用。

---

① 这里，布莱希特巧妙地将"China"（中国）和"Weimar"（魏玛）结合了起来，以此影射魏玛共和国以及后来的法西斯统治下的德国。
② Bertolt Brecht, Gesammelte Werke, Band 12, Suhrkamp Verlag, Frankfurt/M. 196, S. 612.
③ "图伊"（Tui）是布莱希特自创的一个词语，他在这里玩了一个小小的文字游戏，他将"Intellektuell"（知识分子）的音节进行调换，使其变成了另一个词——"Tellet-Uell-In"，缩写就是"图伊"。
④ Bertolt Brecht, Gesammelte Werke, Band 14, Suhrkamp Verlag, Frankfurt/M. 196, S. 1464.
⑤ Ebenda, Band 12, S. 534.

布莱希特在《描写真理的五重困难》(*Fünf Schwierigkeiten beim Schreiben der Wahrheit*)①中提到:"在一切时代,为了传播被压制和被掩盖的真理,计谋都是被使用的。孔子改动了一个古老的、爱国主义的历史年表。"②布莱希特此处指的就是在撰写鲁国的史书《春秋》时,孔子用隐晦曲折的笔法书写真实的历史事件。布莱希特进一步解释孔子所使用的手段:"他只改了几个词。如果说到'统治者公因为哲学家王说了某些话就杀死了他',孔子不使用'杀死',而是用'谋杀'。如果说到某个暴君被暗杀,孔子就说是'被处决'。孔子用这种方式开辟了一条新的评判历史的道路。"③孔子用改动某些词语的方法使人们注意到历史事件之间的关联及其背后隐藏着的真相。从孔子用"正名"的方法撰写历史的行动中,布莱希特悟出了革命作家在向公众传播真理时应该采用的手段。"在我们这个时代,如果用'居民'(Bevölkerung)代替'人民'(Volk),用'地产'(Landbesitz)代替'土地'(Boden),那么许多谎言就不能成立,而笼罩在像'人民'和'土地'这些词语外部的神秘就会被祛除了[……]'人民'这个概念指代了利益的一致性[……]而'居民'的利益可能是不同的甚至是相反的,这就是被压制的真相。"④因此,布莱希特认为,"孔子使用的计谋在今天依然可行"⑤。当真理遭到统治者的歪曲和掩盖之时,革命作家应当辨别真伪,并运用机智灵活的斗争方法和不屈不挠的斗争精神与之对抗。革命作家应当学习孔子的"春秋笔法",以真话为武器,去揭露统治者欲盖弥彰的谎言和对大众的蒙蔽。在《工作笔记》中,布莱希特这样写道:"在为鲁国撰写史书时,孔子坚持描写真相,就这一点,写作该剧(指《孔子的生平》)也值得了。"⑥我们由此可以看出,布莱希特对孔子用"正名"的手段来还历史真相的行为是赞赏的,他称其为"正义的"⑦和"有用的"⑧。

孔子使用"正名"手段是为了重建封建制度下的礼仪制度,其是为统治阶级服务的。但是,布莱希特受到孔子"正名"手段的启发,用这种方法来传播被压制、被掩盖的真理,从而揭露法西斯主义和资本主义的本质,这是孔子这位生活在千年之前的东方哲人没有料想到的。

---

① 此文于 1935 年 4 月首次被刊登在巴黎的一份反法西斯的刊物《我们的时代》上。
② Bertolt Brecht, *Gesammelte Werke*, Band 18, Suhrkamp Verlag, Frankfurt/M. 196, S. 231.
③ Bertolt Brecht, *Gesammelte Werke*, Band 18, Suhrkamp Verlag, Frankfurt/M. 196, S. 231
④ Ebenda, S. 232.
⑤ Ebenda.
⑥ Bertolt Brecht, *Arbeitsjournal* 1938 – 1942, Band 1, Hrsg. von Werner Hecht, Frankfurt/M. 1973, S. 197.
⑦ Bertolt Brecht, *Gesammelte Werke*, Band 12, Suhrkamp Verlag, Frankfurt/M. 196, S. 570.
⑧ Ebenda, Band 18, S. 75.

德语具体诗试析

谭余志

摘　要　具体诗是现代派诗歌的一个分支,它出现在二十世纪五十年代初期,并于二十世纪六十年代末达到高潮,进而成为一个国际现象。具体诗打破了传统诗歌的形、声、义三位一体的统一形式,其以文字游戏为手段,从视觉或听觉出发,将语言材料拼接组配,以此让读者去联想它背后隐藏的内涵,因此它不仅仅传达了作者想要表达的信息,还最大限度地调动了读者的参与。不过,具体诗并非单纯的文字游戏或智力谜语,它还是战后时代出现的新事物,它是人们追求新的开始的愿望在诗歌领域中的反映。具体诗派以传统的语言结构为突破口,取材于历史和现实社会生活的各个领域,其通过创造一种新的形式来表达诗人对具体诗派社会现实问题的见解和疑问。作为一种诗歌流派,虽然具体诗因自身无法克服的形式与内容之矛盾而不可避免地从诗坛上被淘汰,可是其主张变革、探求新的创作形式的精神是不该完全被否定的。

关键词　具体诗　德语诗歌　德语战后文学

　　德语文学中的"konkrete Poesie",有时也被称为"konkrete Lyrik""konkrete Dichtung""das konkrete Gedicht"或"das sprachexperimentelle Gedicht",已有人在中文中将其译为"具体诗",但笔者感到这种译法不能为中国读者提供一个较明确的概念,因此拟建议将其改译为"语言实验诗",理由如下:第一,这一派诗人的创作对象和创作材料只是语言本身;第二,这一派诗人的诗也被称为"语言实验诗";第三,这一派诗人有时也被称为"实验室诗人"(Labordichter)或"语言实验诗人"(Sprachexperimentierer)。但是,本文仍沿用"具体诗"这一译法,以免将不熟悉的概念再复杂化。

具体诗是现代派诗歌的一个分支,它出现在二十世纪五十年代初期,并于二十世纪六十年代末达到高潮,进而成为一个国际现象。二十世纪七十年代,联邦德国出版的诗选中均收录有具体诗,并且具体诗被编入了中学教材。1984年,联邦德国还专门出版过具体诗选(Anspiel)并配有录音带,其被作为学习德语的材料推荐给外国人,影响可见一斑。

联邦德国具体诗派的代表人物有 H. 海森比特尔(Helmut Heißenbüttel)、F. 蒙(Franz Mon)、Ch. 伯茨尔(Chris Bezzel)、H. G. 赫尔姆斯(Hans G. Helms)、H. 巴斯蒂安(Heiner Bastian)、基魏特(Ferdinand Kiwet)、R. O. 维梅尔(Rudolf Otto Wiemer);瑞士具体诗派的代表人物有欧根·戈姆林格(Eugen Gomringer)、库尔特·马尔蒂(Kurt Marti)、克劳斯·布雷姆尔(Claus Bremer);奥地利具体诗派的代表人物有 E. 扬德尔(Ernst. Jandl)、阿尔特曼(Hans Carl Artmann)、G. 吕姆(Gerhard Rühm)、F. 迈耶吕凯尔(Friederike Mayröcker)、J. 舒廷(Jutta Schütting),奥地利的这些诗人组成了维也纳具体诗派。

德语具体诗的创始人和理论喉舌是瑞士诗人戈姆林格,他自建出版社,并用三种语言出版自己的刊物,以此宣传他的理论和发表具体诗派的诗。戈姆林格认为,写具体诗就是自觉地运用语言本身,具体诗是一种文学形式,是一种诗,但它与文学又不同,它更接近于建筑艺术、雕塑和绘画。也有人说具体诗的对象是语言,它的材料是词,因此他们说具体诗是"词的艺术"。具体诗不是将语言视为思维和交流思想的工具,而是把语言看成是客观存在的具体物质(konkretes Material),把语言本身看成是诗人的创作对象和材料,这也就是"具体诗"这一名称的由来。

具体诗打破了传统诗歌的形、声、义三位一体的统一形式,它有时突出"声",有时突出"形",前者被称为"听觉诗"(Lautgedicht),后者被称为"视觉诗"(Bildgedieht)。具体诗以文字游戏为手段,从视觉或听觉出发,将语言材料拼接组配,使之产生独特的画面,以此让读者去联想它背后隐藏的内涵。

现在让我们来看看(确实是"看"而不是读)戈姆林格的一首名诗:

```
schweigenschweigenschweigen
schweigenschweigen schweigen
schweigen          schweigen
schweigenschweigenschweigen
schweigenschweigen schweigen
```

　　　　沉默沉默沉默
　　　　沉默沉默沉默
　　　　沉默　　　沉默
　　　　沉默沉默沉默
　　　　沉默沉默沉默

　　上面这首诗是一首"视觉诗",它的主题是"沉默"。戈姆林格使用了两种手段来表达"沉默"这个主题:一是通过词语,戈姆林格让唯一的一个词反复出现,以此加强词义;二是通过视觉,特别引起读者注意的是诗中间的白色空洞,其让人感到好像有一股吸力。看到这首具体诗时,德国读者自然会想到一个谚语——"说话是银,沉默是金"(Reden ist Silber, Schweigen ist Gold),而中国读者也能看懂这首"视觉诗"。中国读者第一眼看到的是由"沉默"这个词组成的一个"口"字,我们会联想到"祸从口出"。中国读者从原文的排列形式中也能看出这个"口"字,从而产生联想。这也是具体诗派追求的目标之一,即"使诗国际化"(Internationalisierung der Dichtung)。

　　具体诗的读者要根据具体诗所提供的语言材料及其声、形去联想和猜测,因此"看"诗或"听"诗就成了一种继续创作。正如王浜浜在《游戏中的启迪——具体诗浅析》一文中所指出的,"没有读者的协同创作,具体诗就成了未完成的作品",也就是说,具体诗不仅仅传达了作者想要表达的信息,它还最大限度地调动了读者的参与。

　　下面我们再来看一首 Timm Ulrichs 的诗:

　　　　Ordnung Ordnung
　　　　Ordnung Ordnung
　　　　Ordnung Ordnung
　　　　Ordnung Ordnung
　　　　Ordnung Ordnung
　　　　Ordnung Unordn g
　　　　Ordnung Ordnung
　　　　Ordnung Ordnung
　　　　Ordnung Ordnung

Ordnung Ordnung

Ordnung Ordnung

  Timm Ulrichs 的这首诗也只使用了一个词(Ordnung,意思是"整齐、秩序"),Timm Ulrichs 将它排成整齐的行列,但是诗的中间突然调整了两个字母,从而使整齐变成了不整齐,而这两个字母在德语中恰恰具有否定的意思。这样,不仅诗歌在形式上表现出不整齐,而且新组合出的词"Unordnung"本身也意味着"不整齐"或"无秩序"。Timm Ulrichs 就是通过对一个具体词的加工来反映一种辨证的抽象概念,即整齐与不整齐是对立存在的。我们从 Timm Ulrichs 的这首诗中可以看出,具体诗是一种智力性很强的文字创作,写好具体诗并非易事。

  如果说之前的《沉默》还能勉强被译成中文,那么这首诗就无法被译成中文了,因为该诗借用了德语的构词手段,而汉语并没有这种手段。

  和其他文学形式一样,具体诗也要传达出一定的信息,以此表达作者对现实的见解,只不过具体诗使用的手段比较独特。具体诗的取材也十分广泛,它涉及社会生活的各个领域。具体诗也有取材于历史的作品,如扬德尔的《转折的标志》:

Markierung einer Wende

1944

Krieg

Krieg

Krieg

Krieg

Krieg

Krieg

Krieg

Krieg

Krieg

Krieg

Krieg

Krieg

1945
Krieg
Krieg
Krieg
Krieg
mai

扬德尔在《转折的标志》中只用了两个词——"战争"(krieg)和"五月"(mai)——以及两个年份。从表面上看,《转折的标志》记录了第二次世界大战的结束日期,即 1945 年 5 月。在《转折的标志》的第一节中,1944 年下方的"战争"一词共重复了 12 次,这表示全年 12 个月都在打仗。在《转折的标志》的第二节中,前四个"战争"表明前四个月都在打仗,到第五个月则出现了"五月"一词,其意指受诅咒的战争结束了,正常生活在五月出现了。五月象征春天,五月象征欣欣向荣,这或许是德国读者的联想。如果是苏联读者,那么他们或许会产生其他联想。这是具体诗的另一个特点。如果我们进一步挖掘《转折的标志》这首诗的内涵,我们还会发现更多引起我们深思的事,如扬德尔的这首诗创作于冷战年代,那么在当时的历史条件下,带有悲观主义情绪的读者或许将沿着另一种思路联想下去,他也许会提出包括孤零零的"五月"能否承受住那么多"战争"的压力以及"五月"(也就是和平)能持续多久在内的一系列疑问;而一个乐观主义者或许会得出截然相反的看法,如"五月"已经战胜"战争"、"五月"已为我们开拓出光辉的前景、"五月"下边的一片空白有待于我们去画出更美丽的图画等。因此,我们不难看出,具体诗所提供的语言材料和画面为读者开辟了广阔的、因人而异的联想天地。

下面是 Barekhard Garbe 的一首诗,这首诗也取材于历史:

LEHRREICH

ERSTESREICH
ZWEITESREICH
DRITTESREICH

DRITTESREICHT

富有教育意义

第一帝国
第二帝国
第三帝国

第三帝国够了

  Barekhard Garbe 的这首诗运用了同形异义的创作手段。"REICH"在做形容词时的意思是"富有",在做名词时的意思是"帝国",在做动词词根时的意思则是"足够"。Barekhard Garbe 的这首诗无法被译成中文,上述试译其实已完全抹杀了具体诗的特征。上面这个译文只能是向不懂德文的读者解释一下原词的含义。原诗标题的两个词组合在一起构成一个复合形容词,它的意思是"富有教育意义的"。接下来的三行诗是指德国历史上的三大帝国,其中的第三帝国就是法西斯德国。最后一行诗独立组成一节,其蕴含着这首诗要表达的中心思想,即法西斯统治绝不能再重演。但是,对德国应该追求什么样的社会制度这个问题,Barekhard Garbe 并没有给出解答,而是留给读者自己去探求。

  具体诗派的诗人不仅会反思历史并通过诗歌来表达他们的见解,而且他们也会就当代的重大问题(如战争与和平问题)发表他们的看法,如 Volker von Törne 的一首诗:

Frage

Mein Großvater starb
an der Westfront;
mein Vater starb
an der Ostfront,
an was
sterbe ich?

疑问

爷爷死在
西线战场；
爸爸死在
东线战场，
我将
死在何方？

在形式上，Volker von Törne 的这首诗运用了词语反复的手法，"死亡"（starb/sterbe）被使用了三次，"前线"（front）被使用了两次，介词"an"被使用了三次。Volker von Törne 的这首诗是一首典型的运用介词的具体诗，但它又像一首自由诗，其表义清楚，因此是可译的。这里借用了王浜浜的译文。全诗的关键是末尾的那个问号，也就是标题中的那个"疑问"。祖父和父辈都横尸战场，那么"我将死在何方"？这既是 Volker von Törne 向自己，也是他向读者提出的疑问。根据诗的上下文，此处可译为"死在何方"，但就原句本身的意思来说，此处该译为"死于什么"，可联想为"死于战争""死于疾病""死于原子弹"等，至于究竟是死于什么，不同的读者会有不同的答案。

再来看 Fritz Viebahn 的一首诗：

Zukunftsproblem

ich hatte nicht geschossen
ich habe nicht geschossen
ich schoß nicht
ich schieße nicht

werde ich nicht schießen
?

未来的问题

我过去没有开过枪
我最近没开过枪
我不曾开过枪
我现在没开枪

我将来不开枪吗
？

具体诗派主张打破语言的传统用法。Fritz Viebahn 的这首诗中的问号与问句相互分开，各自独占一行，这正是上述主张的典型例子。这样做一方面能引起读者的注意，另一方面使未来的问题变成了未知数，从而迫使读者去思考。从表达手段上来看，Fritz Viebahn 这首诗运用了德语动词的时态变化，即过去完成时、现在完成时、过去时和现在时，并在最后自然地引出将来时。

具体诗也取材于现实生活，请看 Burckhard Garbe 的一首诗：

fürsorge	关心
ich für mich	我为自己
du für dich	你为自己
er für sich	他为自己
wir für uns	我们为自己
ihr für euch	你们为自己
jeder für sich	人人为自己

这是一首用介词和反身代词进行创作的具体诗，诗的标题是名词"Fürsorge"，意思是"关心、照顾"。可是，Barekhard Garbe 在诗中却把这个词分开写，以此表示人们相互关心与照顾的美德已经不复存在，诗歌的最后一行用文字将这一点表达得很清楚。《关心》这首诗从文字形式到表达内容都清楚地体现了 Barekhard Garbe 对德国现实社会人际关系淡薄的抨击。

下面是 Rudolf otto Wiemer 的一首诗：

artikel

maskulin

der schlips der whisky der kontoauszug

der schrebergarten der stammtisch der fußball

der unmensch der mitmensch der massenmensch

der kafer der kapitän der mercedes

der blutfleck der weißmacher der mannvonformat

der betrieb der bungalow der infarkt

feminine

die strumpfhose die waschmaschine die pille

die boutique die modenschau die bahnhofsmisson

die oberweite die diät die zweite frisur

die hörzu die fürstenhochzeit die starparade

die knet die fabiola die jacqueline

die party die migräne die unfähigkeitzutrauern

neutrum

das gemüse das abführmittel das eigenheim

das glückimwinkel das wortzumsonntag das brotfürdiewelt

das erste programm das zweite programm das dritte programn

das kochgas das senfgas das cyclon b

das schlafen das beischlafen das wäschewechseln

das woher das wobin das wozu

冠词

阳性

领带威士忌银行存款
小果园聚餐和足球
野人周围人众人
大众车游艇奔驰车
血渍漂白剂和显贵
企业别墅心肌梗塞

阴性

连裤袜洗衣机避孕丸
时装店模特儿表演车站收容所
胸围节食假发
电视杂志侯爵婚礼明星汇聚
克奈夫①法比奥拉②杰奎林
晚会偏头病不会悲哀

中性

蔬菜泻药私人住宅
闲情星期天的说教③世界捐款
第一第二第三套节目
煤气芥子气毒气
睡觉做爱换床单
怎么来的如何发展为什么

上述译文见王浜浜的《游戏中的启迪》,本文在引用时对个别词语做了改动。

---

① 可能指 Hildegard Knef,德国影星、歌手。
② 可能指比利时女国王。
③ 一档电视节目。

这是一首针对德国现实社会的诗，Rudolf otto Wiemer 根据德语冠词表示名词的性的特点，选择具有社会性的名词，分别列在阳性、阴性和中性之下，以此组成三节诗，分别代表了男人和女人的世界。男人有威士忌、存款、名牌汽车和工厂，女人则有洗衣机、时装、假发和避孕药。男人热衷于足球，女人热衷于跑时装店和看模特儿表演。家庭中有私人住宅和别墅，生活中有电气化和煤气化。然而，结果是男人心肌梗塞，女人精神麻木。诗的最后一行点出了主题：所有这一切都是怎么发生的？今后将会怎样？这一切究竟都是为了什么？我们可以看出，Rudolf otto Wiemer 的这首诗具有明显的社会批判倾向。正如王浜浜所指出的，"此诗向我们揭示了联邦德国丰富的物质生活背后所隐藏着的问题，使我们认识到只有好的物质享受是不能给人带来幸福和快乐的。可是，这个问题是资本主义社会解决不了的"。

下面也是 Rudolf otto Wiemer 创作的诗：

Zeitsäze

Als wir sechs waren,
hatten wir Maser
Als wir vierzehn waren,
hatten wir Krieg
Als wir zwanzig waren,
hatten wir Liebeskummer
Als wir dreßig waren,
hatten wir Kinder
Als wir dreiunddreißig waren,
hatten wir Adolf
Als wir vierzig waren,
hatten wir Feindeinflüge
Als wir fünfundvierzig waren,
hatten wir Schutt
Als wir achtundvierzig waren,
hatten wir Kopfgeld

Als wir fünfzig waren,
hatten wir Oberwasser
Als wir neunundfunfzig waren,
hatten wir Wohlstand
Ais wir sechzig waren,
hatten wir Gallensteine
Als wir siebzig waren,
batten wir Gelebt

时间从句

我们六岁
出麻疹
我们十四岁
爆发战争
我们二十岁
受爱情折磨
我们三十岁
有了子女
我们三十三岁
希特勒上台
我们四十岁
遭受敌机轰炸
我们四十五岁
到处是废墟
我们四十八岁
货币改革
我们五十岁
经济上升
我们五十九岁
生活富有

我们六十岁

患胆结石

我们七十岁

走完了人生

    这是一首用时间从句创作的诗,诗歌的标题已经体现了这一点。诗中用的动词时态是过去时和过去完成时,Rudolf otto Wiemer 用已去世的老一辈的口气白描式地讲述了一生。Rudolf otto Wiemer 用"我们"代表老一代人,说明了一种普遍现象。"我们"经历了两次世界大战,度过了法西斯统治,参加了战后的恢复建设,最后患胆结石于 70 岁死去。Rudolf otto Wiemer 的用意是明显的,即用老一辈的一生去激发新一代的思考。

    由于受语言物质化的限制,因此有些具体诗成为了纯粹的文字游戏。从诗学角度看,这些具体诗是缺少足够的品位的。这是具体诗先天不足的表现,如 Rudolf Steinmetz 的一首诗:

Konjugation

动词变位

Ich gehe

我走

du gehst

你走

er geht

他走

sie geht

她走

es geht.

它走。

Geht es?

近况如何?

Danke-es geht.

谢谢——还过得去。

Rudolf Steinmetz 的这首诗无法被译成中文,因为汉语中没有词形变化,所以我们也就无法用汉语来表示原诗中的语法与话语之间的形式联系,译文因此也就产生不了原文中的文字游戏的效果。

最后,让我们来欣赏一首 Joan Brossa 的诗:

Elegie pour le Che

A B
I J K L
M
O P Q R
S T U V W X
Y Z

Joan Brossa 的这首诗以"挽歌"为标题,其点明了诗的主题。诗中的字母表中缺失了构成死者名字的三个字母(Che),以此来表示对死者的哀悼。经过解释,我们对此是可以理解的。德国文学评论家 Otto Knorrich 在进一步分析这首诗时指出,这个损失涉及到整体与全部,进而涉及到整个世界和整个人类,因为象征世界的字母表失去了三个字母,所以其就不能再被称为字母表了,也就因此不能再被称为世界了(参见 Knorrich,第 77 页)。笔者对 Otto Knorrich 的引伸感到不能理解,但这恰恰是具体诗所要表达的社会批判之内涵,也是德国文学所具有的哲理化的一种表现。

具体诗派认为,现代语言反映的都是一些偏见,其不能正确地认识客观世界。具体诗派认为,这种反映偏见的语言就是政治,而"对语言的批判就是对社会的批判"(die Sprachkritik als Gesellschaftskritik)。这是具体诗派对资本主义现实社会的基本态度,也是他们创作的出发点。具体诗派认为,打破语言的传统结构并重新进行剪接拼合,这样便能改变语言所反映出来的意识,从而产生改变现实的力量。在我们看来,这当然是形而上学的观点。

综上所述,我们不难看出,具体诗是战后时代出现的新事物,它是人们追求新的开始的愿望在诗歌领域中的反映。具体诗派既有创作实践,也有理论阐述,而且他们将这种理论拔高到哲学高度。具体诗派以传统的语言结构为突破口,取材于历史和现实社会生活的各个领域,其通过创造一种新的形式来表达诗人对社会现实问题的见解和疑问。因此,笔者认为如下观点值得商榷,即"倘若试图在具体诗中寻找诗人自我感情的抒发或社会生活的表现,无疑是徒劳的"(见《游戏中的启迪》一文)。根据本文所介绍的各种具体诗的内涵,这种结论似乎站不住脚。诗人绝不是在单纯地为文字游戏而文字游戏,他总要传达一定的信息,否则他所创作的作品将不是文学作品,至于用什么手段传达信息,那就是另一个问题了。

具体诗的渊源可被追溯至达达主义(1916—1925年)。下面,让我们看看达达主义的代表人物 Kurt Schnitter(1887-1948年)的一首诗:

Welt voll Irrsinn

Er sie es
Wir ihr sie
Ein Friedhof
Lebendige Forellensauce überlaut.
Ich über du
Überlaut
Forellenfriedhof über
Er du Forellenfisch
Lebendig still
Du!
Ein Friedhof überstill
Wir leben
Wir
Forelle lebt Friedhof
Lebendige Forelle spielt
Wir spielen Leben
Ich spiele du
Still

Spielen Wir?
Leben wir?
Wir
Ihr
Sie

世界精神错乱

我
你
他她它
我们你们他们
一座墓地
鳟鱼汁大喊大叫
我对你
大喊大叫
叫声越过鳟鱼墓地
他你鳟鱼
活着的别说话
你
墓地一片寂静
我们活着
我们
鳟鱼活在墓地
活着的鳟鱼在游戏
我们玩生活游戏
我演你
别出声
我们在游戏?
我们还活着?
我们

你们

　　他们

　　达达主义既是对第一次世界大战的反叛,也是对文艺为帝国主义战争服务这一现象的反叛。达达主义一反诗歌的传统表现手法,其用语言上的混乱来反映由帝国主义战争和资本主义社会带来的正误颠倒的现实世界。达达主义诗人写的多是"听觉诗",因此我们一般也是无法对这些诗歌进行翻译的。上述试译的译文只是提供给不懂德语的读者作参考用的,以便他们从中了解一点达达派诗歌的感性知识。我们从《世界精神错乱》这首诗中可以看出具体诗与达达主义的历史渊源。

　　具体诗的当代影响来自于著名诗人 Gottfried Benn(1886-1956 年),他在德国战后诗坛中有极大的影响,他在创作中推崇"语言魔力"(Sprachmagie),并且追求"语言组合的完美"(Vollkommenheit durch die Anordnung von Worten)。同时,Gottfried Benn 从唯心主义出发,他认为诗人的创作是先验性的活动,因此其有认识客观世界的功能。有鉴于此,人们在理解和接受诗的时候,就是在认识客观世界。

　　具体诗一出现就引起了争论,首先是文学界内部出现分歧。1960 年 11 月,在西柏林召开的国际德语作家代表会上,关于具体诗的争论达到了高峰。在争论双方中,一方是具体诗派的主要代表 Helmut Heißenbuttel 和 Franz Mon,另一方是 Günter grass、Günter Bruno Fuchs 和 Peter Rühmkorff。争论双方的焦点包括语言与客观实际、语言与诗人、诗人与客观实际之间的关系等。格拉斯认为,写诗首先要有生活,诗的源泉并非如具体诗派所认为的那样来自于语言本身,而是来自于语言之外。吕姆科尔夫则指出,具体诗派否认词义,从而使诗的语言变得贫乏、可怜。莫恩为自己辩护说,他们没有否定词义,他们做的只是将词从世俗成见中解放出来。

　　作为一种诗歌流派,具体诗因自身无法克服的形式与内容之矛盾而不可避免地从诗坛上被淘汰。具体诗于二十世纪五十年代初出现在诗坛上,并于二十世纪六十年代末达到高峰,斯图加特、纽伦堡等地当时都曾举办过具体诗的展览。之后,虽然人们在文学刊物上尚能见到零星的具体诗,但总的来说,具体诗在二十世纪八十年代时就已经成了文学史的话题了。尽管如此,具体诗派主张变革(尽管这种变革将他们引向歧路)、探求新的创作形式的精神是不该完全被否定的。

　　中国也有与具体诗相似的"文字游戏",如回文诗、藏头诗等,特别是一些对联,但它们都是以词义为基础的,与德语具体诗又有很大的不同。在偶读《人民日报(海外版)》时,笔者发现两副对联,现摘录于此:

行行行行行且止
坐坐坐坐坐何妨
为名乎为利乎休休且去
爱国者爱乡者缓缓而行

(《人民日报(海外版)》,1986 年 7 月 17 日,第七版)

  这是赤泥岭上的休休亭中的两副对联。赤泥岭位于浙江奉化县溪口镇西 5 华里处,岭上有一题额为"休休亭"的凉亭。上述两副对联被刻在该亭的方形石柱上,对仗工整、词意隽永。中国的这种文字诗源远流长,尽管其有时登不上大雅之堂,但它不会像德语具体诗那样经不起时间的考验。当然,中国的文字诗也有品位低下、只从文字游戏着眼之作,此类作品也只供人们茶余饭后助兴罢了。现摘录这类对联一副,以博本文读者一笑,以此结束枯燥的本文:

和尚上楼,梯短楼高,看和尚何上?
尼姑沽酒,价廉酒美,劝尼姑宜沽。

(《新民晚报》,1991 年 3 月 9 日,第八版)

参考文献:

Otto Knörrich, *Die deutsche Lyrik seit* 1945, Kröner Verlag, 1978.

Siegfried J. Schmidt, *Das Phänomen Konkrete Dichtung*, in *Lyrik von allen Seiten*, Fischer Verlag, 1981.

D. Krusche/R. Krechel, Hrsg., *Anspiel, Konkrete Poesie im Unterricht*, Deutsch als Fremdsprache, Inter Nationes, 1984.

K. O. Conrady, *Das große deutsche Gedichtsbuch*, Athenäum, 1985.

王浜浜:《游戏中的启迪——具体诗浅析》,载《外国文学评论》,1990 年第 4 期。

黄文华:《悲观主义与联邦德国诗歌》,载《外国文学评论》,1987 年第 3 期。

生死边缘的希望
——伊尔莎·艾兴格长篇小说《更大的希望》解读

王羽桐

摘 要 《更大的希望》以极尽诗意化的写作手法,描述了一群惨遭纳粹迫害的犹太儿童在二战中经历的一段充满恐惧与不安、希望与绝望交织的悲惨生活。艾兴格自身的创伤经历对《更大的希望》之创作产生了深刻的影响。借助独特的双重视角与带有神秘色彩和象征意义的语言,我们可以探寻《更大的希望》中深刻的思想意蕴。

关键词 更大的希望 艾兴格 犹太人 二战

伊尔莎·艾兴格是享有"女卡夫卡"美誉的奥地利当代著名女作家。1952年,年仅31岁的艾兴格以短篇小说《镜子的故事》一举摘得"四七社文学奖"(Der Preis der Gruppe 47),成为当年德语文坛一颗闪耀的新星。艾兴格也是自"四七社"创立以来,继海因里希·伯尔(Heinrich Böll)和君特·艾希(Günter Eich)之后第三位获此殊荣的德语作家。此后五十余年,艾兴格笔耕不辍,她创作了各类体裁作品数十部,并获得了一系列重要的文学奖项。《更大的希望》是艾兴格迄今为止唯一一部长篇小说,其视角独特、诗意与隐喻兼具、思想意蕴深厚,堪称艾兴格创作生涯的里程碑之作。

《更大的希望》是二战后较早以战争为创作题材的作品。相对于战后德语文学偏重纪实的趋势来说,艾兴格"诗意、形象化并略带颂歌式的"[1]写作风格显得有些格格不入。由于与当时的读者和评论家的期待视野相去甚远,自1948年被公开发表以来,《更大的希望》在相当长的一段时间内鲜有人问津。起初,文学批评界

---

① Dagmar C. G. Lorenz, *Ilse Aichinger*, Königstein, 1981, S. 52.

生死边缘的希望——伊尔莎·艾兴格长篇小说《更大的希望》解读

几乎众口一词地谴责《更大的希望》以超现实主义的描写来掩盖纳粹屠杀犹太人的罪行和削弱战争的残酷性。然而，岁月荏苒，时代变迁，艾兴格笔下那个虽饱受战争创伤，但仍笃定坚忍地追求希望的"半犹太"小女孩埃伦的悲惨经历感动了越来越多的读者，埃伦在生死边缘憧憬与追寻的未来和平世界更引起了年轻人的强烈共鸣。1988年，《更大的希望》被授予由青年学生票选产生的"魏尔海姆文学奖"（Preis der Wilheimer Schülerjury）。在问世整整四十年之后，《更大的希望》终于收获了迟到的认可。此后，评论界对《更大的希望》的兴趣和关注与日俱增，以它为选题的研究专著与博士论文相继出版，研究者从不同角度对小说的主题内容、语言风格和思想内涵进行了阐释与探讨，其中多有褒奖之词。

《更大的希望》以极尽诗意化的写作手法，描述了一群惨遭种族迫害的犹太儿童在二战中经历的一段充满恐惧与不安、希望与绝望交织的悲惨生活。艾兴格以她独特的双重视角与带有神秘色彩和象征意义的语言符号，书写了主人公埃伦在纳粹独裁统治下的一段黑暗时代里的苦难人生。同时，在突显个体所受痛苦的基础上，《更大的希望》进一步回溯了整个犹太历史，以探寻人类存在的根本意义。

一 作家自身经历对小说的影响

《更大的希望》的主人公是一个拥有"半犹太"血统的小女孩，由此读者不免产生埃伦即为童年时代的艾兴格的感觉，并进而认为作家正是将自己童年的创伤经历付诸笔端。其实，读者的猜测不无道理。最初，艾兴格并未以创作一部小说为目的，而是更想在战争结束之后，通过撰写一份关于自身经历的报告，以达到批判的内省。然而，《更大的希望》的终稿却与艾兴格之前的设想大相径庭。正如艾兴格所说："我原本只想写一篇如实反映事实真相的报道，但其最终却以一种与我的设想完全不同的方式被呈现出来。当我完成它之时，我已深深陷入写作之中。"[1] 为了进一步阐释艾兴格是如何在创作过程中偏离本来的设想的，以及艾兴格的生平因素之于小说又有多大意义，概略梳理艾兴格的生活经历显得尤为重要。

1921年11月1日，伊尔莎·艾兴格与她的双胞胎妹妹在奥地利首都维也纳降生。艾兴格的母亲是一名具有犹太血统的医生，而她的父亲则出生于基督教家庭。

---

[1] Annette Ratmann, *Spiegelungen, ein Tanz. Untersuchungen zur Prosa und Lyrik Ilse Aichingers*, Würzburg, 2001, S. 17.

1927年,父母离异后,这对双胞胎姐妹一直在外祖母身边长大。1938年,纳粹德国吞并奥地利;之后,纳粹德国对犹太人的迫害也进一步升级,其灾难性的后果给这个早已破碎的家庭带来了更大的冲击。彼时,《纽伦堡法案》将"犹太人"定义为拥有三个或四个犹太裔祖父辈的人。据此,艾兴格的母亲虽已在大学毕业后改信天主教,但其仍被归为犹太人,并失去了城市医生的职位。因为一双女儿尚未成年,所以艾兴格的母亲得以暂时逃脱被驱逐出境的命运。然而,艾兴格却亲眼目睹了外祖母以及阿姨、舅舅被驱逐,他们三人后来在明斯克灭绝营惨遭杀害。由于具有一半的犹太血统,艾兴格和妹妹被划归为"一级混血儿",艾兴格进入大学攻读医学的申请因此遭到拒绝。1939年7月,在基督教新教贵格会组织的最后一次援救犹太儿童与青少年的行动中,艾兴格的妹妹被运送至英国。然而,全家逃亡英国的计划却因战争于9月1日的全面爆发而未能实现。战争期间,来自纳粹分子的压迫与威胁日益严重,母女俩整日生活在极端恐惧之中,处境十分艰难。经历了长达六年的苦难之后,母女俩终于得以在战争中幸存下来。

《更大的希望》的主人公埃伦的身世与境遇的确与艾兴格颇为相似:同样具有源自母亲一方的犹太血统,同样遭受种族歧视与迫害,同样亲历了失去至亲的伤痛……艾兴格设计了如此多的相似,足见童年时代的悲惨经历已深深扎根在她的记忆中,并且在她心中留下了难以抚平的创伤。但是,如果我们就此认定《更大的希望》是一部反映艾兴格亲身经历的自传体小说,则不免抹杀了潜藏在苦难背后的深意。艾兴格仅以历史事实为背景,她表面上设置了数个看似无序且断裂的情节,实际上是想以此勾勒出一个比现实世界更本质、更纯真的世界,进而探寻人类存在的根本意义。

二 独特的双重视角

艾兴格选择以儿童视角展开叙述,儿童的梦想与游戏贯穿全书,从而使这种特殊的、与儿童相称的叙述成为可能。对于艾兴格来说,"儿童与游戏"是"生存的顶点"。正如艾兴格所说:"因为游戏与童年使得这个世界变得可以忍受,并能对其做出根本解释。所以,如此之多的儿童在我的作品中出现:因为没有他们,这个世界便不可忍受。"[1]儿童并不是现实地看待世界,而是将它投射在梦想与游戏中。

---

[1] Manuel Esser, *Die Vögel beginnen zu singen, wenn es noch finster ist*. Auszug aus einem Gespräch mit Ilse Aichinger im Anschluß an eine Neueinspielung des Hörspiels *Die Schwestern Jouet*, In Samuel Moser (Hg.), *Ilse Aichinger. Leben und Werk*, Frankfurt am Main, 2003, S. 55.

这种游戏与梦幻般接触世界的方式为儿童开启了成人早已丢失的认知之门。在游戏与梦境中，儿童得以战胜死亡的恐惧，感受生命的真谛。当埃伦与已逃亡到美国的母亲一起移民的希望落空之后，她毅然决定放弃逃亡，不再以这种外在的形式躲避追捕，而要直面威胁、克服恐惧，以此获得身份的认同与内心的独立。随后，只拥有一半犹太血统的埃伦选择完全加入犹太儿童的行列，同犹太儿童一起做游戏。在此过程中，埃伦出谋划策，并经常担当重要角色。对于埃伦来说，参与游戏可以拉近她与犹太儿童的距离，以使她更快融入其中，而且游戏本身也是一种摆脱时间束缚、活在当下的尝试。譬如，旋转木马游戏唤醒了孩子们心中的愿望，他们幻想着因锁链突然断裂而产生的强大推动力会将他们带到曼哈顿，从而彻底远离这个恐怖的战争之地。在通过一次次的游戏来克服害怕心理的过程中，埃伦也逐渐走向成熟。当在犹太公墓中进行捉迷藏游戏时，埃伦代表其他玩伴与幻想中的哥伦布进行了一次梦想谈话，并向他许诺自己将不受现实羁绊地重新发现与认知这个世界。

除此之外，《更大的希望》中还穿插了童话故事，这一更加契合儿童精神世界的题材的选用，足见艾兴格的匠心所在。当外祖母因不堪忍受无处不在的纳粹追捕的威胁而决定服毒结束自己的生命时，埃伦守在外祖母的床前，她轻声讲述了一个改编自童话小红帽的感人故事。埃伦将自身的处境融入到童话中，希望以此给予外祖母勇气和力量，使她能与死亡抗争，并重拾生存的希望。

艾兴格以儿童视角展开叙述，使读者在通过埃伦的眼睛来观察这个世界的同时，也能感知埃伦思想与情感的蜕变。相较于许多成年人的肤浅与短视，儿童特有的丰富想象力使得他们仅凭直觉就能抓住问题的核心。通常，儿童对这个异化的世界看似荒谬的解读，其实往往是对成年人的理性论证与盲目怀疑的最有力的驳斥。然而，埃伦和她的玩伴并非立刻就拥有了如此的远见，他们是逐渐获得的。为了实现这个目的，艾兴格有意在行文过程中安插了一个全能叙述者，通过他隐喻的语言和对事件的阐释——有时甚至是直接向人物提问——来事先向读者告知儿童们的认识。这种处理方式从一开始就为人物之间所有的相遇与讨论开辟了一个广阔的视野，而所有的参与者都能够借此更为迅速地成长。

三　语言的神秘与隐喻

艾兴格对语言有着独到而深刻的见解，她认为语言仅是人类意识的衍生品，其并不能抓住任何超越意识能力的东西。因此，艾兴格一贯秉承"只观察，不理解；只描绘，不解释"①的创作态度，《更大的希望》便充分展现了这一点。虽然《更大的希望》用词简单、句式简短，但在经过艾兴格的精心组合与编排之后，颠覆了日常用语的逻辑原则恰似一串串陌生符号，神秘而又蕴含深意。《更大的希望》中多处出现了对《圣经》的涉及和影射，这更为小说增添了神秘色彩。这也正是艾兴格的匠心所在，她以此营造出一种微妙的深奥气氛，将之留给读者去解密与释读。

《更大的希望》的首段对大海和陆地、黑暗和光明的诗意化描写，即为全书蒙上了一层神秘面纱。其实，这与《圣经·旧约》中的《创世纪》的故事紧密相关。在《创世纪》中，上帝是将造光作为其创世工作的起点的。上帝在创世首日分开光暗、日夜，次日分开天地，第三日分开海洋与陆地，造光构成了进一步区分的前提。然而，艾兴格反其道而行，她将光暗、上下以及流动与固定之间的界限全部打破，使涌进的黑暗吞噬了一切。"好望角周围的大海变得漆黑一片。[……]大海淹没了所有经度和纬度。它嘲笑世界知识，像厚重的丝绸一般向明亮的陆地靠拢，让非洲南端的岬角沉入暮色。[……]黑暗降临，缓慢向北方移动。它如同一条长长的车流迁入沙漠，宽广且不可阻挡。"②艾兴格让一切区别、矛盾和定义统统失效，让早已为人们所确信的知识变得毫无价值，从而从根本上颠覆了人类原本的认知体系。《更大的希望》也由此开始了探寻人类存在的根本意义之征程。

《更大的希望》虽取材于二战，但小说中从未提及故事发生地，也无确切的年代说明，甚至未出现任何与纳粹或犹太人有关的字眼。然而，《更大的希望》中不断重复出现的一系列极富象征意义的意象，却引领读者进入了那个残酷的战争年代。这种隐喻式的写作方式更加凸显了犹太人的悲惨命运，也更能震撼人的心灵。因此，隐喻也成为艾兴格的一大语言特色。

在艾兴格选用的众多意象（签证、桥、马车、河流等）中，星星这一意象贯穿始终，其既是犹太人遭受纳粹迫害的明证，又承载着主人公埃伦更大的希望。二战中，纳粹强迫犹太人佩戴象征其犹太身份的六角形大卫王星章，以此彻底孤立犹太群体，亦使迫害强度进一步加大。作为拥有一半犹太血统的儿童，埃伦不必佩戴此章，但埃伦却毫不犹豫地将星章别在自己的大衣上，并阔步走上街头，以此表示她完全融入了犹太儿童群体，彰显了她与犹太儿童群体共同承受被诋毁、被排斥的命

---

① Dagmar C. G. Lorenz, *Ilse Aichinger*, Königstein, 1981, S. 40.
② Ilse Aichinger, *Die größere Hoffnung*, Frankfurt am Main, 1991, S. 9.

生死边缘的希望——伊尔莎·艾兴格长篇小说《更大的希望》解读

运之决心。犹太小朋友们曾就星章进行过激烈的讨论,他们一致认为,星章终将带领他们步入死亡的深渊。然而,埃伦此时就已将这枚星章视为是未来生活的理想。此后,两个犹太小女孩——尤莉亚与安娜——对待星章截然不同的态度,让埃伦对星章有了更为深入的理解。尤莉亚极力避免佩戴星章,并设法移民美国,她希望以此避开自己的同族;而安娜却赋予了星章全新的内涵,她将星章视为自由的象征,并相当冷静与镇定地看待自己将被驱逐到波兰的最终命运。对此,尤莉亚颇为不解地问:"安娜,你在这种境况下还在期望什么?"安娜斩钉截铁地回答"一切",并随即补充道:"更大的希望的光芒将会淹没脸上的恐惧。"[①]至此,凸显《更大的希望》的主题并在最后一章多次被提及的概念首次出现,"星章"与"更大的希望"第一次被紧密联系起来,星章的内涵也在此处得到升华。在犹太文化中,大卫王之星被视为弥赛亚降临的象征。犹太人相信,弥赛亚出生于大卫家族,他终将登上大卫王座,并在新耶路撒冷建立一个永久的和平公正之国度。此种信仰在《圣经》的第23本书《以赛亚书》中也得到了体现。由此,犹太人与基督徒对弥赛亚救世主的共同渴望构成了"更大的希望"之基础,这种相似在《更大的希望》的结尾处得到了更加有力的印证。在结尾处,战争即将结束,埃伦虽已和犹太同伴们道别,但她心中追随他们的想法却一刻都没有停止过。埃伦想从破败不堪的城市中心区越过桥,直奔朋友住处,但桥却被战争毁坏。埃伦并没放弃,她想重建此桥,并将之命名为"更大的希望,我们的希望"[②]。由此可见,桥是埃伦自身意愿的体现,她希望架起连接基督教世界与犹太世界的和平之桥。然而,埃伦最终却不幸被流弹击中,生死迷离之际,她仿佛看到一颗晨星从地平线上冉冉升起,发出闪耀的光芒。这颗晨星不正是埃伦所希冀的建立和平世界的更大的希望之象征吗?至此,星星与桥这两个意象相得益彰,埃伦使星星的悲观意蕴彻底瓦解,《更大的希望》所蕴含的深刻寓意——"在黑暗中学会观察,并在其中重新认知白天的范围"[③]——也就跃然纸上了。

结语

《更大的希望》不同于其他战争题材作品,艾兴格并未对犹太人在二战中经历

[①] Ilse Aichinger, *Die größere Hoffnung*, Frankfurt am Main, 1991, S. 130.
[②] Ebenda, S. 229.
[③] Ilse Aichinger, *Die Vögel beginnen zu singen, wenn es noch finster ist*, in Samuel Moser (Hg.), *Ilse Aichinger. Leben und Werk*, Frankfurt am Main, 2003, S. 29.

的那段黑暗岁月予以谴责或诅咒,而是通过一幅幅生动形象的画面,向读者展示了时代的伤痛以及人的自我救赎之能力。在残酷的迫害甚至死亡面前,埃伦始终心怀希望地与命运进行着顽强抗争,即使徘徊在生死边缘,她所憧憬的更大的希望仍给予她无穷的力量,伴她无惧死亡,走向重生。这种对生存意义的根本探寻,正是艾兴格的创作意旨所在。同时,艾兴格独特的双重视角、匠心独运的情节铺排以及神秘隐喻的表现手法,更为《更大的希望》增添了浓墨重彩的一笔,使之成为二战后不可多得的经典小说之一。

论《废墟建造大师》的怪诞叙事方式

李 香

摘 要 《废墟建造大师》是德国当代作家赫尔伯特·罗森朵夫(1934—2012年)的代表作。《废墟建造大师》由框架故事和13个嵌入式故事组成,其打破了传统的叙事模式,采用了所谓的"套盒式结构"。在文本分析的基础上,本文从梦中梦、戏中戏的叙事方式以及该叙事方式产生的怪诞效应这两方面来对《废墟建造大师》进行具体的阐述。

关键词 怪诞 叙事 叙述

《废墟建造大师》是赫尔伯特·罗森朵夫(1934—2012年)的代表作。1969年,在被发表于瑞士苏黎世之后,《废墟建造大师》立即引起了德国文化界的轩然大波。马丁·格里哥-德林(Martin Greger-Dellin)认为《废墟建造大师》打破了单一、传统的叙事模式,采用了所谓的"套盒式结构",即故事套故事的叙事方式。严格意义上来说,《废墟建造大师》并不是一部传统意义上的小说,而是一部关于小说的小说,一篇关于说故事的故事,一件明显具有后现代特征的后设作品。

罗森朵夫是当代最有名的德语作家之一,其文学作品涵盖了所有的文学体裁,包括诗歌、散文、长篇小说、杂文、文学评论、戏剧、电视剧本、歌剧剧本等。中国大陆的《东方早报》和中国香港地区的凤凰网相继报道了罗森朵夫去世的消息,并称其去世为"一个全才的殒没"。媒体高度赞扬了罗森朵夫的作品,认为他"与历史上的文艺全能型作家 E.T.A 霍夫曼有得一拼",并认为罗森朵夫"弥补了德国小说传统中所缺乏的'幻想趣味'。德国读者——特别是巴伐利亚人——无不承认罗森朵夫可以用喜剧的笔调提炼出巴伐利亚人的灵魂。"

一 独特的叙事方式：梦中梦、戏中戏

《废墟建造大师》的主人公在火车上碰到了一位名为小爱因斯坦（Einsteinchen）的怪人。在无意间察觉到这位怪人留下的多孔的纸条之后，主人公便莫名其妙地随火车来到了一个公园。在那里，主人公先是遇到了一群神秘兮兮的人，即小说的其他几位核心人物，包括称自己为"废墟建造大师"的韦肯巴尔特（Weckenbarth）、雅克彼博士（Jacobi）和唐·埃曼努埃莱（Don Emanuele）。为了躲避一个同样神秘兮兮的灾难，这几个人逃到了一个超级大的船舱里。这个超级船舱的外形神似雪茄烟，但内部是空心的。超级船舱的顶端挂有一根细绳，其一直延伸到船舱中部。在这根细绳上，一口鼻涕状的钟摆被延伸悬置着，这是一个能包容1016层的点滴，而这1016层只占据了其很小的一部分。因为项目还没完工，所以这个点滴的底部是空的。因此，生活在这座建筑物里的人就像悬在空中一样，四周都是空的。之后，主人公越来越深入到了那个看不透的社会中，其地位也不断上升，最后进入了那个社会的统治阶层。但是，主人公却始终看不透那个统治阶层，也不明白所发生的事情，甚至都不清楚自己为什么能得到那个职位。最后，一股在《废墟建造大师》中未被明确说明的敌对势力也闯入了这个船舱。正当事情变得越来越危急之时，主人公再次来到了公园并回到了火车上，然后他从火车中醒来。

这个神秘的事件构成了《废墟建造大师》的框架故事，罗森朵夫又在其中嵌入了13个小故事。被嵌入其中的故事题材各异，包括剧本、恐怖小说、爱情故事、灵异小说等。《纳塔洛库斯》写的是苏格兰国王纳塔洛库斯（Nathalocus）因荒淫无道而最后被两位年轻贵族推翻统治的故事，其中一位年轻人也叫纳塔洛库斯，他成为了新国王。《瑞德尔先生》是韦肯巴尔特向大家讲述的关于两个机器人的制造者瑞德尔（Riedl）先生的故事，其中讲述了瑞德尔的种种怪癖，如瑞德尔制造这两个机器人就是为了在他溜冰时画八字花式的，又如由于瑞德尔对噪音敏感，所以他农场上的鸡不能发出咯咯声，并且工厂周围方圆几公里内不允许有汽车马达的声音。《失败的人口政策》讲述在人口政策处工作的海诺舅舅为了追求他心仪的小姑娘艾玛（Emma）而一改以往老老实实、勤勤俭俭、尽忠职守的小公务员形象，频繁出入酒吧，生活开销奢侈铺张。最后，海诺舅舅不惜花光他所有的积蓄，甚至多次盗窃女房客的钱财。在东窗事发后，海诺舅舅不惜将女房客杀害，并藏尸在家

中。《施特利道拉》是唐·埃曼努埃莱讲述的一段亲身经历。一个船夫莫名其妙地把唐·埃曼努埃莱带到一只刚朵拉里,里面的一位漂亮女子施特利道拉(Stellidaura)莫名其妙地把他当成了唯一一个能挽救她的人,并约定时间要与他一起逃亡。正在犹豫不决之时,唐·埃曼努埃莱被告知施特利道拉已被抓走。《登山》讲述了雅克比博士亲身经历的一次冒险,其中描写了地势的陡峭、气候的恶劣、庞大怪物的出没以及登山之旅的艰险。最后,只有少数几位登山者能幸运归来。《俄狄浦斯王》是主人公为打发无聊时间而让其贴身保镖伦茨(Lenz)朗读的一个剧本片段,该剧本讲述了暴风雨来临之前笼罩在封建王朝上空的凝重且令人窒息的氛围以及全城充斥着的各式各样的恶臭。《凯博·圣昂厄利》是阉人侄女多丽米娜(Dorimena)的一段不幸的爱情故事。之所以称《凯博·圣昂厄利》为不幸,首先是因为这只是多丽米娜对音乐天才凯博·圣昂厄利(Campo Sant'Angeli)的单向暗恋而已,其次是因为这位音乐大师只是外表光鲜亮丽,他私下却过着不为人知的痛苦生活。凯博·圣昂厄利厌食、失眠、酗酒、脾气暴躁,他的身体已经到了崩溃的边缘。最后,凯博·圣昂厄利在一次演出中从舞台上摔了下来。《奥兰蒂尼》讲述的是音乐才子奥兰蒂尼(Orlandini)和公爵夫人特蕾莎(Teresa)之间发生的爱情故事,他们生下的两个孩子被公爵追杀,其中的一个女孩就是《施特利道拉》中的那个认为自己一直被追杀的女子。《布兰科维奇》讲述了一个类似"吸血鬼"的故事。百年老妖布兰科维奇(Brankovic)以学习的名义,将一些有天赋、有才气的音乐才子囚禁在他深山中的别墅之中,以便吸取他们的思想、灵感、创作等。《唐璜》讲述了唐璜(Don Juan)风流成性,到处勾引女人,并和其仆人到处流亡,以贩卖12尊真人大小的铜像。《圣诞之歌》讲述了一个诅咒般的灵异故事,故事中的两个小男孩克洛维(Clovis)和尼古拉斯(Nicholas)如果在圣诞节以外的日子里在他们家的屋顶上唱圣诞歌,那么一个他们身边的人就会死去。这个魔咒百试不爽,最后连他们的妈妈和爸爸也走了。二十五年之后,两个小男孩也已长大成人,当他们再次唱起圣诞歌后不久,他们俩被剧院的房顶活活压死。《唐·乔瓦尼》讲述的是唐璜和芬格赫特(Vingerhut)博士身体互换,并最终合二为一的故事。《晨曦的管风琴》讲述的是一个仆人谋杀没落女公爵的侦探故事。

这13个故事之间层层相扣,而这些故事往往没有一个正式的结尾,"没有一个故事是真正结束了,正如刚刚所讲的,任何一个故事只是一个更大故事的一部分,它们由很多个已经被讲述的或者还被隐藏着的小故事组成"。① 这些故事中的人物将会出现在下一个故事中,并从另外一个角度来修正或者评价故事。或者,其中一个故事会是另一个故事的继续和补充。《唐·乔瓦尼》是《唐璜》的补充和继续,其解释了之前的故事中的谜团。在《唐璜》中,一开始就出场的唐·冈萨洛(Don Gonzalo)大公和其女儿多纳·安娜(Dona Anna)要在之后的《唐·乔瓦尼》中才与唐璜有交叉点。唐璜垂涎安娜的美貌,并强行侮辱了安娜。这一幕刚好被安娜的父亲遇见,两人发生了肢体上的冲突,最后导致安娜那年迈父亲的死去。这就是唐璜愿意与一位白发老翁芬格赫特互换身体的关键原因。此外,唐璜这位主人公的身份、地位及其在战争上的丰功伟绩也是在之后的故事中才被具体阐述。通过倒叙、插叙等写作手法,罗森朵夫使这两个故事完全地结合在了一起,而且在叙述的过程中,更具有神秘感,从而使读者在阅读的过程一直能保持着兴奋感与紧张感。

在《施特利道拉》中,有关唐·埃曼努埃莱念念不忘并一直追寻的那个神秘女子的各种疑问,要在《奥兰蒂尼》中才能被一一解开,读者至此才能恍然大悟。原来,施特利道拉是奥兰蒂尼和女公爵的私生女,她正在遭受公爵的追杀。为了避免女儿被杀害,奥兰蒂尼找到女儿,并让她去投靠远在威尼斯的叔父。在得知消息后,已搬至米兰的叔父便派儿子去接施特利道拉。因此,那个充满疑团的一幕才会出现,即施特利道拉把唐·埃曼努埃莱误认成是接她的人,并要与他一起逃走。

罗森朵夫在每个故事的编排和结构上可谓是匠心独特。各个故事既可自成一体,又可融入到整部小说中,以成为其不可分割的一部分。罗森朵夫的叙事方式如同乔万尼·薄伽丘的《十日谈》,小说或者梦境中的人物轮流讲述故事,而嵌入式故事的结构和风格与框架故事的主要情节保持一致,即其是荒诞、怪诞和虚幻的结合体,并最终出其不意地成为该小说的主色调。罗森朵夫之所以采用套盒式的叙述方式,就是因为他要引发读者去思考和创造。罗森朵夫打破了原先直线、单一的叙述模式,在关键之处与高潮之处戛然而止。这样,读者不再是被动的接受者,而是阅读的主体,他们可以根据现有的素材对小说进行加工和再创造。

小说中的一位人物是这样来描述《废墟建造大师》的这种相互交织的迷宫式的叙事方式的:"有的只是梦以及梦——梦,我们从一个梦进入到其他梦中,再从其中一个梦中醒来。你永远不会知道,你是不是在做梦。当我在告诉你这一切的时

---

① Rosendorfer Herbert, *Der Ruinenbaumeister*, Zürich, 1969, S. 175.

候,或许上面的真实世界里——也或许是更深一层的梦境中——有人在触拍我,之后我就醒了。"《废墟建造大师》多次采用这种叙述方式。此外,罗森朵夫在《废墟建造大师》中还频繁地运用音乐创造上的手法,特别是曲调衔接技术,即小说的组成结构采用了谱曲时的曲调上行和下行相衔接的手法。《废墟建造大师》具有神秘感和高度的艺术性,而小说最后那来自一世纪的神奇铅块也让小说有了象征意义,其拉丁文是:

```
S A T O R
A R E P O
T E N E T
O P E R A
R O T A S
```

回文①的运用是《废墟建造大师》增添的又一个艺术创作过程。上面这五个单词从上往下,从左往右,从下往上,从右往左,无论怎么看都是同一个意思,大致可以被翻译为"阿列波,那播种的人,把选择的轮子抓住"。

二 独特的叙事方式所产生的怪诞效应

"怪诞"一词源于西方,其是一种与优美、崇高、悲剧、滑稽等并列的美学形态。在空间维度上,怪诞囊括人类生活的各个领域;在时间维度上,怪诞上至人类的原始社会,下至我们生活的当下。因此,我们很难对怪诞下一个较为明确的定义。德语《杜登字典》认为,怪诞是借助过分地进行夸大或者扭曲而达到怪异和滑稽的效果。《德语文学实用百科全书》认为,"怪诞"是文学和绘画艺术中的一种美学标准,"作为一种普遍的艺术创作方式,怪诞追求的是将异质的元素尽可能地、创造性地混合和杂糅在一起。怪诞的最常见方式就是将大自然中的各种不同的存在方式(如植物、动物或人类)进行荒诞地、任意地拼凑"②。

结合以上两种解释,我们可以得出:产生怪诞效应——异质的结合——的一

---

① 回文,亦称回环,指正读反读都能读通的句子,它是一种修辞方式和文字游戏。在很多国家的语言里都有回文,其深受文人墨客及百姓们的喜爱。
② Weimar Klaus, *Reallexikon der deutschen Literatur*, Berlin, 2007, S. 745.

种重要方式，就是使相互不匹配的元素并存，以此得到一种陌生、异化的效果。具体到叙事方式上，相互交织在一起的断片会造成叙事过程的中断。这就是阿拉伯风格，弗里德里希·史勒格尔将其"看成是一种形式或一种结构"①，而此种风格的代表作就是他的《路清德》，沃夫尔冈·凯泽尔称其为戏中戏，即内容和形式之间相互抵触的对照以及语言层面（语域）的相互对立。漫画就属于这一类作品。戏中戏能使整体中相互对立的元素共同存在，也就是说它具有使异质融合统一的功能。

凯泽尔认为，浪漫派最擅长使用的怪诞主题就是戏中戏，这样做不仅突出强调了叙事的过程，而且还允许作者不断地转换叙述的视角，以使叙述的过程更加是有深度、多样性以及层次感。正如罗森朵夫所说："我向您讲述的故事是真实的，但其缺陷是[……]这个故事会从各个方向分支出其他不同的故事，最终这些分支出来的故事将汇入到原本的故事中[……]此外，在这一堆故事中，您很难确定界限，也就是说您很难找到一个真正能被称为"创作"的故事。"②

凯泽尔在其《美人和野兽》中抛出了一个问题，即怪诞与周围大环境之间存在着何种关系。"我们很容易进入怪诞之中，但我们需要外来的力量帮助我们走出怪诞。因为怪诞掉进了深渊，如果故事还要继续，那么它就必须创建另一个能让它继续下去的舞台。"③怪诞——其内容与所承载的动机不协调——发挥着戏中戏的作用，"这就需要诗人为不合理且荒谬的事件的发生寻求一个合乎常理的理由，这样才能使小说中的世界有逻辑性"，读者也才能不由自主地进入到小说的世界之中。克莱姆认为，霍夫曼常用的三种诗学方式是梦、疯狂以及迷恋。

《废墟建造大师》就是戏中戏的最佳代表之作。原本只有9页纸的框架故事却被罗森朵夫写成了一本长达350页的长篇小说。这让人不禁自问：是否存在着一种外来的推动力？应该说，怪诞在《废墟建造大师》的结构和风格之形成后面起到了最关键、最重要的作用。相对于大的框架故事，其他叙述层面都发挥着戏中戏的功能，《废墟建造大师》的情节发展可以被划分成四个主要层面。主人公在火车上碰到了一个叫小爱因斯坦的古怪老人（第一层）；在字谜的神奇作用下，主人公来到了一个公园，看到了一位舞者，并与他一起饮酒作乐（第二层）；受到世界末日的威胁，主人公从公园逃到了一幢巨型的、结构复杂的建筑物中（第三层）；在这个巨

---

① [德]沃夫尔冈·凯泽尔：《美人和野兽》，曾忠禄、钟翔荔译，西安：华岳文艺出版社，1987年，第44页。
② Rosendorfer, *Ruinenbaumeister*, a. a. O., S. 144.
③ [德]沃夫尔冈·凯泽尔：《美人和野兽》，曾忠禄、钟翔荔译，西安：华岳文艺出版社，1987年，第47页。

型结构中,主人公开始进入他的梦乡(第四层)。当然,上述这种划分也是相对的,因为有几个故事中的人物突破了自身的叙述框架,从而进入到了另一个叙述层面的故事中去。据唐·埃曼努埃莱在公园(第二层)小船上的讲述,他绝望地寻找着故事中的神秘女子的身份。最终,在主人公进入梦乡之后(第四层),读者从公爵的侄女蕾娜特的讲述中才找到谜底。

《废墟建造大师》中的戏中戏主要是以梦中梦或者小说人物讲述故事的方式展开的,但是小说中的怪诞结构与内容却没有合乎逻辑的解释。相反的是,尽管所有的故事——不管是在公园-雪茄船舱层面讲述的,还是在梦中梦层面讲述的——都充斥着大量的虚构成分,但这些故事的叙述者都认为自己的故事是真实的。这些故事往往涉及到叙述者本身或者他的熟人与亲戚,如果这些都是关于世界史的阿拉伯式风格的故事,那么他们都把自己的故事看成了唯一真实的版本。为了显示出雪茄船舱层面上的梦中梦之真实性,为了不让主人公忘记梦中的事情,卡罗拉——公爵的一个侄女的曾孙女——再次出现在了另一个故事中,而公爵在梦中给主人公的粉红色药丸真的发挥了功效。

三 总结

发生的一切终将随着主人公在火车上的醒来而成为泡影。《废墟建造大师》的结尾揭示了该小说的框架故事也只不过是主人公的一场梦而已:"我睁开眼睛,被眼前突然的光线照得头晕。"[1]但是,《废墟建造大师》的结尾部分仍然保留着悬念:主人公是否真的返回到了现实社会？这是一场梦境、主人公的一个幻觉还是回文的神奇魔力？《废墟建造大师》的结局及其相互之间的关系也是不确定的,小说中叙述的——或者也包括小说本身——只是一个相当庞大的整体中的一个断片,还是说这只是一部未完成的作品？

小说的标题《废墟建造大师》就已经显示了其逻辑上的复杂性以及罗森朵夫设置的隐喻,即基于小说的叙述基调,作者也只能创造出一个断简残篇或一个断片。因此,《废墟建造大师》尽管继承了浪漫主义的传统,但还是有着较大的突破。至少早期浪漫派对断片还是充满希望与信心的,他们在写作的过程中也是尽量让它趋向完美,而罗森朵夫的断片里全是失败的循环,没有任何的前进和发展。《废

---

[1] Rosendorfer, *Ruinenbaumeister*, a. a. O., S. 354.

墟建造大师》在罗森朵夫精心构思的结构中不断向前发展,但读者最后才发现,他只是借用了浪漫派的写作形式,实际上他是在进行自己独具特色的文学创作。十年之后,意大利作家伊塔罗·卡尔维诺的《如果在冬夜,一个旅人》也采用了类似的结构,并成为了后现代文学的范例。

言语剧作为反戏剧
——论彼得·汉德克的《骂观众》和《卡斯帕尔》

谢建文

摘　要　彼得·汉德克主张语言反思,并期待着有自省意识的文学与文学批评之产生,从而与社会的复杂性和时代的新要求相契合。汉德克的上述文学主张不仅停留在吁求层面,而且在文学创作中得到体现。汉德克的早期几部产生了重大影响的言语剧,如《骂观众》(1966年)和《卡斯帕尔》(1968年),正是其语言反思姿态的体现。《骂观众》一剧展现了汉德克对戏剧文学传统的颠覆性尝试,并且表达了他对相关阅读或观赏之期待视野的批判态度。在《卡斯帕尔》这部剧作中,《自我控诉》(1966年)和《骂观众》中所展开的语言游戏和借此进行的语言批判得到延续与强化。《卡斯帕尔》承接了在词语、句子结构、表达所指等层面展开的言语游戏,并将语言对人的操控更清晰地呈现出来。在揭示人与语言、个体与社会的关系之过程中,《卡斯帕尔》勾画了人在面对语言和外在力量时无力挣扎、失去自我存在的压抑处境,并且批判了语言及其中一整套规则对人的压制和剥削。

关键词　汉德克　言语剧　语言批判　艺术尝试

彼得·汉德克是当代德语文坛最重要的作家之一。在艺术上,汉德克极富个性而且风格多变;在与现实政治和意识形态相联系时,汉德克态度鲜明、立场坚定、风骨凛然。

汉德克一度系"格拉茨文学社"的一员,他也曾与"四七社"有关联。汉德克以文学叛逆者的形象登上德语文坛。在1966年4月于普林斯顿召开的"四七社"年会上,汉德克抨击"四七社""描写无能",继而又借《具体》《明镜》等期刊,更明确地指斥"四七社"所代表的"当代文学"缺乏语言批判意识①。

汉德克在文学上极为多产,他不仅写小说和剧本,也写抒情诗、随笔和广播剧,可谓成绩卓著,但他的戏剧最为出名。就像二十世纪六十年代中后期涌现出的那批新生代作家那样,汉德克主张语言反思,并期待着有自省意识的文学与文学批评之产生,因此其主张与社会的复杂性和时代的新要求相契合②。汉德克的这一文学主张不仅停留在吁求层面,而且在文学创作中得到体现。汉德克的早期几部产生了重大影响的言语剧,如《骂观众》(1966年)和《卡斯帕尔》(1968年),正是其语言反思姿态的体现。

汉德克以言语剧试验奠定了其作家地位,内里展现了他对戏剧文学传统的颠覆性尝试,并且表达了他对相关阅读或观赏之期待视野的批判态度。在汉德克看来,传统的"剧院剧以舞台的不可能性限制了现实的可能性,而且掩盖了现实"③。汉德克以言语剧来对抗剧院剧虚假的意义空间。在这种言语剧中,"戏剧情节被有意识地局限于词句之中,不再伪装现实,而是与现实进行词句游戏"④。这一艺术尝试意味着"排斥意识形态和瓦解权力的功能(诉求)向新的经验空间之渗透"⑤。但是,自二十世纪七十年代起,汉德克渐渐回归叙事,转向"新主体性文学"。自二十世纪八十年代以来,汉德克日益退入内心,以寻求在艺术世界中获得和谐与安宁。

在艺术上,汉德克风格多变,思想来源复杂。与布林克曼不同,汉德克并非从美国版的后现代主义中获得灵感,而是从同样是二十世纪六十年代发展起来的语言批判理论中获得灵感,并从语言学、语言哲学和结构主义理论中吸取养料。但是,和布林克曼一样,汉德克也强烈反感各种意识形态体系和世界解释的陈规俗套⑥。

---

① Otto Lorenz, *Pro domo-Der Schriftsteller als Kritiker. Zu Peter Handkes Anfängen*, in Wilfried Barner (Hg.), *Literaturkritik: Anspruch und Wirklichkeit. DFG-Symposion* 1989, Stuttgart: J. B. Metzlersche Verlagsbuchhandlung, 1990, S. 407.
② Roman Luckscheiter, *Der Postmoderne Impulse. Die Krise der Literatur um 1968 and ihre Überwindung*, Berlin: Duncker & Humblot, 2001, S. 17-19.
③ Walter Hinderer, *Arbeit an der Gegenwart. Zur deutschen Literatur nach 1945*, Würzburg: Verlag Königshausen & Neumann GmbH, 1994, S. 277.
④ Ebenda.
⑤ Ebenda, S. 278.
⑥ Vgl. Hans-Josef Ortheil, *Postmoderne in der deutschen Literatur*, in Hans-Josef Ortheil, *Schauprozesse*, München: R. Piper GmbH & Co. KG, 1990, S. 122.

言语剧作为反戏剧——论彼得·汉德克的《骂观众》和《卡斯帕尔》

一 《骂观众》

就像汉德克的其他几部言语剧一样,《骂观众》没有故事情节、人物个性与戏剧冲突发展,不设舞台布景,也不用道具,只有四个作为角色的说话人在说话。说就是全部的表演。同时,说话的内容和所指与戏剧的目的、观众的行为、观剧的期待与方式以及戏剧表演本身相关。

演员表演和观众观看表演的规范迥异于常规和传统。在戏剧预期和可能形成的时空上,《骂观众》充分展现了共时与扁平化的游戏:在封闭的第四堵墙被有意拆除后,角色表演者在舞台上的现实时空,所表演角色的虚构层时空,戏剧观众作为现场观众看戏的剧场时空,以及他们被纳入戏剧表演后所形成的在现实层和虚构层间穿插的时空全部交叠在一起,多重映射,互为镜像,形成一种狂欢性的表演或观赏。同时,在角色层面上,《骂观众》特别强调舞台上的时间与观众席上的时间之同一(Pu 26)[①],以此表达出对表演所蕴含的另一个时间的否定,并进而否定另一个世界的存在,再加上戏剧的虚构时空在事实上与表演和观剧的时空交叠,这样就似乎使戏剧的内外空间被压缩成一个平面,从而显示出所谓的此在性、同时性和同一空间性(Pu 19)。这种做法让同时空的表演本身成为戏剧的主体内容,使主题的呈现扁平化。

其次,在表演方式、主题呈现方式和表达方式上,《骂观众》大量采用一系列的矛盾关联,通过语言游戏和语义逻辑游戏的有意设置来创设戏剧张力,从而使《骂观众》的文本意义变得多向分叉:(1)角色们声称不以观众为对象,不与观众产生对话(Pu 12,23),但观众实际上被四个说话人明示了属于言说的主题并处于视域焦点(Pu 18,22),而且言说的目的和最终形成的事实都是将观众纳入表演与戏剧构架之中。角色们指斥观众们在看戏过程中失去了个性和自我意识,成为一个模式、一个整体,变得麻木不仁(Pu 29-30),并声称要骂观众。角色们真正实施了这一表演行动,并跳出文字和观念的游戏空间,"拆掉那堵墙"(Pu 44),从而既抵达了看戏的现实层,又完成了观众共同参与的戏剧虚构层;(2)四个说话人反复说明这出戏是个"引子"(Pu 15,42),虽然这个引子在剧情层面被赋予了一系列启引

[①] 所引文字以作品缩略语"Pu"加上相应页码的方式被标注在本文中。Peter Handke, *Publikumsbeschimpfung und andere Sprechstücke*, 9. Auflage, Frankfurt a. M.: Suhrkamp Verlag, 1970.

(Pu 42),但就剧本自身而言,这个引子实际上就是《骂观众》这场戏的全部内容,除此以外,并无其他续篇;(3)角色们否认表演,否认自己是演员,否认他们表演的指涉性。角色们认为自己只是戏剧作者的传声筒,而且自己的观点也不必和作者相合(Pu 19‐10),但演员们却又是实实在在地在表演,他们演绎着如何一步步拆解戏剧、戏剧表演和为大众所接受的传统观念与方式;(4)其中,最重要的是,汉德克自己对言语剧的定义和期待是不提供关于世界的图景,不以图像形式而是以言语形式展现世界。而且,汉德克称其言语不是将世界展现为言语之外的东西,而是展现为言语自身之内的东西。此外,相对于旧的戏剧而言,汉德克称言语剧不是要进行革命,而只是要引起关注[1],或者如他此次在上海接受访谈时所说,他并非是反戏剧、反亚里士多德,他的戏剧最终也还是亚里士多德式的,而且他在《骂观者》中看似要打破戏剧幻像,但他实际上还是创造了戏剧幻觉。但是,我们发现,汉德克的写作意图及其对写作意图和自身作品的认识,同其作品现实是有差异的,特别是同对其作品现实的解释和解释类型是不一致的。就个人而言,笔者更愿意从一定语境下的接受者的角度来面对某部作品,哪怕这部作品的作者恰巧在场,就像那天上午。但是,笔者也不是刻意要从接受者的角度强调"作者死了"。

2016 年 10 月 16 日下午 2∶30—5∶00,"思南读书会第 145 期——第三种人:对话大师彼得·汉德克"在上海市作协大厅成功举办。在访谈中,汉德克提到,他"既不是罪人,也不是伟人/英雄","而是第三种人"[2]。这个"第三种人"到底是什么人?这有待考察。但是,有一点似乎不难断定,即汉德克是个特立独行的人,是个有骨头的人,而且他性格分明且骄傲。汉德克在接受访谈时的表达风格——特别是其中的情感与逻辑线路——让人感到似曾相识。当笔者回头来看自己写的讨论其言语剧的旧稿时,蓦然发现,汉德克虽然走出了很远,但其早年的坚硬依旧鲜明地存在着。

汉德克直接、犀利、简洁,视角与表达具有强烈的主观色彩。汉德克很硬朗地坐在访谈嘉宾和现场观众面前倾听提问,但他又不太像是在有针对性地回应。汉德克不附和,也绝不侃侃而谈,他会不时表示出一些沉定式的否定,或者只选择性地、不乏睿智地给出具有辩证性的组合式结论。汉德克按照我们常读到的或被媒体赋予的那种一贯的坚硬态度来说他想说的话。即便是来到了中国,并读了一些

---

[1] Vgl. Peter Handke, *Bemerkung zu meinen Sprechstücken*, in Peter Handke, *Publikumsbeschimpfung und andere Sprechstücke*, S. 95‐96.
[2] 引述自《文景》于 2016 年 10 月 11 日所载《重磅,诺奖热门作家彼得·汉德克来中国了! 首站思南读书会》。

言语剧作为反戏剧——论彼得·汉德克的《骂观众》和《卡斯帕尔》

中国过去和当代的文字,汉德克也似乎只是如他自己所提及的,是按照他妻子的建议,为中国之行做了些准备。当主持人提及文学的高峰是否在歌德时代时,汉德克否定了文学上有所谓的高峰,他认为只有丘陵景象。汉德克继而有些主动地提起中国的诺贝尔文学奖获得者,他说那对他来说"算不上什么"(nichts für mich)。展开一点说,汉德克这么说是因为他认为对方不够精确,写作应该有生活经历才好。而且,在汉德克眼里,这位中国的诺贝尔文学奖获得者还有"暴力之好"(Freude an der Gewalt)。整体上来看,汉德克真的有些骄傲。

还是让我们回到《骂观众》这部作品本身。

在表面化的语言游戏之外,《骂观众》以剧作中的大量否定句和一种否定的基本逻辑来凸显以言行事。在清晰而强化地勾画了所否定的东西后,《骂观众》不仅使观众完成了作品在戏剧层面的转化,而且令观众反观自身地观看并思考戏剧变化的可能性,从而展示了戏剧可以有什么不同的样子,以及观众应当怀着怎样的期待来看戏;(5)在语言表达方式上,《骂观众》总是有清晰的单句层面上的肯定陈述或否定陈述,但在接下来的表达中,剧本又常常有针对性地对上述陈述加以否定或肯定,这样就在相关语境中的句群或语段层面上形成了正反两极语义并存的语义结构,如角色说观众不是主体而是客体,但其接着又说"你们也是主体"(Pu 23)。即使是在骂观众的环节,演员也基本上是先对观众大加褒奖,然后再恶语咒骂。如此大玩拆解游戏,似乎在语言游戏中展开的表达具有了多重指涉并存及彼此消解的格局。

此外,很特别的是,《骂观众》就是一部讨论戏剧本身的戏。"重复""否定"和"辩驳"(Pu 24)都是围绕着表演、观众的态度、戏剧的指涉与意义等来展开的,戏剧发展的过程根本上就是讨论和评价戏剧的过程。《骂观众》的核心就是要揭示曾经扮演过"法庭""竞技场""道德机构""梦想""宗教仪式"和自鉴之"镜子"的戏剧(Pu 38)现在应当是另外的样子,而不是在情感内容上向观众展现什么(Pu 17),以此来激发观众们的移情幻觉。此外,在另一个层面上,这一意图、讨论要点与过程又由剧中角色——点明,从而成为一种表演,以使《骂观众》中的自我指涉的逻辑结构清晰可辨。

二 《卡斯帕尔》

在《卡斯帕尔》这部剧作中,《自我控诉》(1966年)和《骂观众》中所展开的言语游戏和借此进行的语言批判得到延续与强化。《卡斯帕尔》承接了在词语、句子结构、表达所指等层面展开的言语游戏，并将语言对人的操控更清晰地呈现出来。在揭示人与语言、个体与社会的关系之过程中，《卡斯帕尔》批判了语言及其中一整套规则对人的压制和剥削，而且勾画了人在面对语言和外在力量时无力挣扎、失去自我存在的压抑处境。

《卡斯帕尔》几乎可以被视为是一部独角戏。不同于传统戏剧，《卡斯帕尔》表现的不是人物的命运遭遇或性格的建构过程，而只是场景化地演绎了主人公学习语言的过程。由于弃置了惯常的线性发展的外部情节，因而《卡斯帕尔》得以聚焦和凸显主角在语言操练之下的心理反应和思想变化，以及由此外化出的常规或异常的表情、动作与肢体行为。其中，主角对语言形成的认识尤具深意。

《卡斯帕尔》一剧也有前本故事，这个故事在欧洲文化语境中大抵属于众所周知的题材。据说这个前本故事中的卡斯帕尔·豪泽尔是一位爵爷的儿子，甚至有传说认为他具有王子身份。卡斯帕尔被弃荒林，他在棚屋中孤独生活达十七年之久。因与人类社会长期隔离，所以在被重新带入社会时，卡斯帕尔的意识犹如白纸一张，从走路到说话都得从头学起。1833年末，不知出于何种动机——有传言认为是因为遗产缘故——有人谋杀了卡斯帕尔。这个具有几分神秘感和传奇色彩的故事激发了与卡斯帕尔同时代的人及后代文人的想象力，他们为之做诗、撰文、写小说、写剧本以及拍电影。正是从上述故事或传说中，汉德克获得了向语言意义网络发起进攻的灵感来源。

《卡斯帕尔》在人物形象上虽有前本故事的借鉴，但其艺术构思与《自我控诉》一脉相承。《自我控诉》中的"我"在学会语言后的那一段发展变化，可以说是卡斯帕尔行为轨迹的示范。这里的"我"学会了描述和词语，然后自己便成了语言的对象，继而能说出自己的名字，能意识到自我并学会控制自己，能够行动和进行反思。但是，"我"最终也学会了遵从，变成了应当变成的样子，从而被各种外在的规则所掌控。卡斯帕尔在语言学习中经历的三个阶段大致是：(1)"不会说话的卡斯帕尔学习通过语言来理解世界，并建立起与世界的联系";(2)"卡斯帕尔掌握了语言、具备了语言能力，能以自信的面貌出现";(3)"卡斯帕尔认识到自己（而且实际上）为语言所决定和操纵"[1]。

---

[1] Astrid von Kotze, *Zur Struktur von „Kaspar"*, in Manfred Jurgensen (Hg.), *Handke. Ansätze-Analysen-Anmerkungen*, Bern/München: A. Francke AG Verlag, 1979, S. 65.

言语剧作为反戏剧——论彼得·汉德克的《骂观众》和《卡斯帕尔》

（一）被摧毁的句式

在模仿提词人并凭实物认读火柴、水、椅子、杯子等几个简单的物质名词后，卡斯帕尔按提词人的指令开始练习组句。卡斯帕尔此时所说的第一句话——接着又反复以多种语气、语调和句式说、唱及喊出的句子——就是"我想成为以前存在过的另一个人那样的人"（Kp 12）(Ich möchte ein solcher werden wie einmal ein anderer gewesen ist)①。其实，这个句子在操练开始前即已存在。后来，在"说"的练习行将结束时，作为语言操练的一个环节以及自我意识凝结的一种表示，主角"说出"了他曾在何种状况下说出这个句子。主角对手中抓来的刺骨的雪说出这个句子；主角在整个空间自他从黑暗中醒来时消失不见以及无法将其看到的和听到的分隔开来时说出这个句子；主角在听到了自己在说话时说出这个句子；主角在想知道自己对自己所说的这句话是什么意思时说出这个句子；主角对绿意照眼的野地说出这个句子；甚至主角在脚痛时也这么说，并且痛感在这么说过之后一度消失后他还这么说，在脚痛再次出现时他依然这么说（Kp 52–53）。在似乎具备了解释的能力时，卡斯帕尔意欲说出在前语言存在状态下使用这个句子时的意味。这个句子曾是卡斯帕尔与世界和他自己发生联系的中介，是他经历世界、做出反应、调整感觉的方式。卡斯帕尔不知道这一句式的具体含义，但他又将一切可能有的意义附着其上，从而使他所处的氛围、环境与状态被笼罩其中。所以，如果抛开了这个句式，那么主人公过去所占据的时空就将消弭。

卡斯帕尔的这个句子在过去使用的过程中产生意味，并于主人公被带入文明社会前说出，这首先可以被理解为对世界和自我所做出的一种本能反应。然而，一旦这个句子被带入语言世界，也就是说其与提词人的语言操练产生了联系之后，这个句子就好比为显影剂点醒，其不仅划定了卡斯帕尔与提词人的关系，而且显示出其本身在被说出之外的意味，即句中所蕴含的意愿关系。以比较句形式出现的这个陈述句，涉及作为拟主体的主语和作为拟主体之他者的主语。"我"向先在的那个人——那个主体——靠拢，以此表明卡斯帕尔在走向个体的自我确认。在提词人以语言强加的外力面前，这个意愿句体现为卡斯帕尔的一种意志，一种自我激励，而在机械操练展开的过程中，言语行为的一再重复又显示出拟主体向独立自我

---

① 所引文字以作品缩略语"K"加上相应页码的方式被标注在本文中。Peter Handke, *Kaspar*, Baden：Verlag Grasl, 1981.

接近而被干扰时的无望挣扎。当然,如果主角真成了以前存在的那个人的样子,那他就至少是与剧中被呈现于语言之中的社会现实分隔了开来。但是,通观全剧,那个先在于"我"的人并未表明身份,他也许仅是卡斯帕尔想象中的可以被用来刻画自我的榜样。汉德克将卡斯帕尔前本故事中的卡斯帕尔·豪泽尔渴盼成并不认识的父亲的样子,并仿结构地在表达上进行了变动,从而似乎使父亲的样板成了具有普遍意味的可促生主体的他者①。但是,这个作为主体的榜样之内涵在《卡斯帕尔》中无疑是模糊的。然而,至少卡斯帕尔的愿望句中内含着的意愿还是表现了主人公作为主体的未定态。

所以,我们看到,卡斯帕尔带着这个句子进入剧中时空,他不仅带去了一个与即将在他面前展开的文明社会相对置的另一种存在方式,而且也带去了他向可能的主体发展的一种姿态。因此,作为文明社会的语言中的种种规范和意识形态的代理,只以声音出场的提词人便千方百计地要摧毁这个句子。提词人从破坏并最终替换卡斯帕尔固有和固守的这个句子着手,以实现其操控工作。这个句式成了实施驯化和教化的操纵杆②。

提词人以一条精心设计的路线,一步步地排除了卡斯帕尔曾经的存在状态,从而将卡斯帕尔主体的未完成态引向背离其期待的,与提词人自己的目标相符之方向。提词人先告诉卡斯帕尔并使其相信,只要有了这个句子,他就能够组句或者具备说话的能力,能免于在黑暗中被人当成是动物,能使一切皆备于他,能将无序带入有序,能将任一无序比之另一无序而称之为有序和解释为有序,且能通过语言将任一无序抹去,还能躲入此语句后,以其为掩护,因为这个句子能意指一切(Kp 13 – 16)。也就是说,提词人向卡斯帕尔详告了语言的种种功能及其所具有的特性。但是,这并不是要提醒或警告卡斯帕尔注意和提防语言背后的什么,而是要使卡斯帕尔相信,他真的能通过一个说出的语句来获得语言中的一切好处。与此同时,提词人尽最大的努力以声音来"表演说",并以不同于卡斯帕尔的原句的其他句子来操练他。提词人欺骗卡斯帕尔,使他相信自己听到的是与原句相类的句子,并引诱他拿原句来与其他句子竞争,以此获得一点什么。接着,提词人使卡斯帕尔相信他

---

① Manfred Durzak, *Peter Handke und die deutsche Gegenwartsliteratur: Narziß auf Abwegen*, Stuttgart: Verlag W. Kohlhammer, 1982, S. 95 – 96.
② Theo Elm, *Peter Handke*, in Gunter E. Grimm/Frank Rainer Max (Hg.), *Deutsche Dichter: Leben und Werk deutschsprachiger Autoren vom Mittelalter bis zur Gegenwart*, Stuttgart: Philipp Reclam jun, 1993, S. 868.

自己已适应了其他句子,没有其他句子他便不能生活,而他的原句已不再是他的句子,他已不能再为自己想象出他的那个句子了。提词人用外在的机械操练和内在的心理诱导对卡斯帕尔锻而炼之。

主人公在这种锻炼中不断抵抗、步步倒退。虽然在提词人刚开始操练卡斯帕尔时,他尚能一遍遍说出自己的句子,但几个回合下来,他便只能说出句子的前半部分,而后半句所含的规定性内容——愿望和目标——已被截断了。随着操练的继续进行,对于卡斯帕尔而言,句子由记不起来到偶尔挣扎性地复现,再发展到被拆解,以至断裂、颠倒和逻辑混乱。我们看到了卡斯帕尔在此过程中的"自卫"(Kp 16)行动,但他越是激烈地反抗,越是没有成效(Kp 18)。到最后,不仅句式全毁且词与词之间的关系错位,而且单个的词也与其他词产生混同,终因全然不可辩读而不能成立。

随着这个原句被其他句子排尽,卡斯帕尔因失语而陷入沉默。

(二) 语言陷阱

不能说卡斯帕尔的原句不是来自于所谓的集体无意识。在卡斯帕尔的前历史里,作为一个长期独处的弃儿,主人公的生存方式犹如兽类。汉德克把主人公拿过来,入手处就在于其语言上几近空白的状态,而主人公并非必然拥有的一个句式表明他还未进入语言之中。这样一个句式被毁,当然首先只意味着主角对其中附着于主体结构之上的一种寄寓的崩解。但是,提词人终归是将这种寄寓也摧毁了。提词人在将其摧毁了之后,还欲在卡斯帕尔身上建立起他们一心要建立的秩序,其途径就是将卡斯帕尔引入他们的语言之中。

提词人分层次地操练卡斯帕尔。

第一阶段的目标是促使卡斯帕尔按照他们的方式开口说话。

模式 1:以自拟的答非所问的问答形式操练。问:"你坐在哪儿?"答:"你安静地坐着";问:"你说什么了?"答:"你说得很慢。"(Kp 18)诸如此类。问的是地点和对象,代拟的回答则为方式。

模式 2:以一系列意含具体动作的动词操练。先按不同顺序排列一组动词,在穷尽几组排列之后,再相继在后续的操练中替入其他动词。

模式 3:以一系列复合句操练,如原因从句。但是,此处的主从句间除意义上偶能匹配外,大多不具备因果关系。在并列复合句或比例比较从句处,提词人操练的关系却又符合逻辑,如词与物的对照关系和比例关系。

上述操练模式何尝没有暗示我们或其他任何人接近语言与学习语言之方式？汉德克只是以主人公为例，淋漓尽致地展现了这一操控过程。在为《卡斯帕尔》一剧所撰写的引言中，汉德克非常明白地说："《卡斯帕尔》表现的不是卡斯帕尔·豪泽尔的过去和当下的状况，而是某个人身上可能发生的事。《卡斯帕尔》表现了某个人会怎样通过说而被引向说。"汉德克是将卡斯帕尔当成一个符码在处理。

经过一定量的训练，卡斯帕尔又能重新组句了。但是，卡斯帕尔的第一句话像他的原句那样意味深长，它表达了主角在今昔对比之下的痛苦，也就是受语言折磨的痛苦："在那时，我还不在这里的时候，我头脑中从未装过这么多的痛苦，别人也没有像现在我到了这儿以后这样来折磨我。"（Kp 21-22）当然，卡斯帕尔同时也认识到，他是在语言的痛苦中开始认知的，语言的媒介将他和外在世界联系起来。例如，卡斯帕尔说："[……]但自从我能开口说话，摔跤才使我感到痛苦；但自从我知道我能说出这种痛苦，摔跤的痛苦就只剩一半了；但自从我知道别人说我的摔跤，摔跤的痛苦就倍增了；但自从我知道我可以忘记摔跤之痛，摔跤就根本不会产生痛苦了；但自从我知道我会为摔跤而羞愧，摔跤的痛苦就不会再停止了。"（Kp 22-23）

到了第二阶段，提词人依然通过词语与句法的手段，将一系列偏见或政治的、意识形态的和形而上学的东西掺进来，以此在说什么的问题上控制卡斯帕尔。

灌输的方式更具多样性。

其一，先摆出一些表面无害且只陈述客观事实或事态的句式或词组，而后在相似的句式或词语结构中带出真实的意图。例如，以排比句渗透社会规范与伦理观念："每个人[……]；每个人[……]；每个人都感到自己对那极细的尘粒负有责任；每个人都必须建立起自己的世界"（Kp 25）；或给出一系列词组，让卡斯帕尔玩替换动词宾语的游戏，并在游戏最后替换出要灌输的观点，如先说打破地板、打碎瓷器、砸碎桌子、打破门，接着说"打破成见"（Kp 29）；或躲入比喻句之后，以类比关系明示观点，以具象带出抽象，并大谈真实的多个侧面性（Kp 30）。

其二，直接灌输。提词人会在带情态动词的系列单句或复句中，织入种种行为准则和生活常识（Kp 26,48）；或凭借条件从句和关系从句组成的系列多重复合句，向卡斯帕尔灌输思与言的关系（Kp 37-38）；或抛开精心挑选的句式，向卡斯帕尔灌输被理性化过之后的人应具备怎样的责任意识。譬如，提词人教导道，一个被纳入了秩序的人不应躲回到自我和逃避社会，他应以自己的力量而非因受了强迫和鞭打而去指明新的路径，其具体方法在于追寻那些对所有人都有效的语句

(Kp 44)。

其三,提词人先只随卡斯帕尔的反刍而哼唱,接着又将卡斯帕尔反刍的东西唱出来。这是一种应和,也是一种肯定。因为不再教说新的内容,所以我们可以推知,提词人就卡斯帕尔对他们的接受是满意的,甚至是感到得意的。

当然,提词人的灌输既不是一气呵成的,也不是畅通无阻的,卡斯帕尔这个变量在其中起着很大的作用。面对提词人强加的秩序世界,卡斯帕尔既在尝试接受,又在表示着怀疑,进而还在反抗。语言塑造着卡斯帕尔,又将他疏离。卡斯帕尔在接受和反抗间不断游移,由此产生了诸多矛盾和混乱。

在接受的层面上,卡斯帕尔表现为模仿和至少是表面上的认同。卡斯帕尔以一系列的"是"来肯定提词人传过来的东西,又以近于顶真句法的语言游戏认可了语言对物的把握力、对确立自我的推动力,以及"我"在"我"的语言用法中如何塑造或虚构现实。也就是说,卡斯帕尔认识到了语言作用于现实的功能(另可参见 Kp 39-40 等。事实是由语言塑造的观点,这再次被提词人提起)。例如,卡斯帕尔说:"一切在秩序中的东西都是合乎秩序的[……]因为我对自己说,这是合乎秩序的。"(Kp 29)特别是在更全面地认识自己的过程中,卡斯帕尔的一系列表述基本上都指向自诩、自赞、自我认同和自我激励(Kp 40-41)。卡斯帕尔为自己划出了界限,他说:"过去,每个理性的句子对于我而言都是一种负担,每样理性的秩序都是可恨的,但将来我会是一个理性的人。"(Kp 41)卡斯帕尔从语言中接过了理性,并认为自己至少在将来是一个理性的人。所以,卡斯帕尔说他现在不再想成为"那另一个人"了(Kp 41)。

然而,就在卡斯帕尔自述学会了用词去填充一切空的东西,以句子去安抚所有叫嚣的东西,甚至连说话的声音也学得与提词人相仿了时,其自疑、抗拒和矛盾的心理却始终或隐或显地存在着,由此产生了一系列严重的后果。

卡斯帕尔的知觉发生混乱,他感到每一个空间都是扁平的;简单的二元对立对于卡斯帕尔而言成了问题,他对冷热、今昔、新旧、黑白之类已不再能区分(Kp 46);卡斯帕尔心烦意乱、无所适从,以至于他既不想变为他自己,也不想成为曾经想变成的那另一个人;卡斯帕尔对自身的认识出现了障碍,他觉得自己的手似乎也是个陌生的东西。此外,卡斯帕尔也不明白自己前面说了些什么,以及刚才讲的又到底是些什么(Kp 51-52)。更大的危机在于,卡斯帕尔对语言失去了信任,他说他不再相信描述雪的词与句子,不再相信无论是天上下的还是地上躺着的雪本身。卡斯帕尔既不将这雪看成是真实的,也不将它看成是可能的,因为他不再相信雪这个词(Kp 54)。

如果说卡斯帕尔的前语言被笼罩在一片不免有些神秘的气氛中,其确切的形态与境况尚难以被界定,那么被带入语言之后,卡斯帕尔却是明白无误地陷入了深刻的危机。正如卡斯帕尔在自己还算清醒时所认识到的,他是落入了陷阱,从学说第一句话起便落入了陷阱(Kp 56)。什么陷阱?语言的陷阱,语言中的陷阱,语言中的社会规范和意义网络所构建出的陷阱。正因为这一陷阱意识的存在,所以语言操练在最终给卡斯帕尔本人带来混乱的同时,也使提词人一心要在卡斯帕尔身上构建秩序和理性世界的全部盘算付之东流。而且,我们可以说,主人公在戏剧结尾时只能讲出单个的词或断裂的句子之事实明确地显示出,卡斯帕尔一度在语言中凝结的自我意识、价值观念和日常知识将面临进一步的崩解。

(三) 语言批判

在一次访谈中,汉德克说他很乐意导演一部像《卡斯帕尔》这样的戏剧,以此展示可以怎样缓慢而平静地表现一个角色如何被确立起来,以及其如何在成为什么之后又化为零[①]。在作为驯化过程的语言操练中,卡斯帕尔这个角色的确是成为了什么又什么也没成为,语言中的东西并没有在他身上被固化下来。在进入语言之后,卡斯帕尔一度或部分接受了提词人的灌输,但他又以自己的混乱来逃脱语言的控制。卡斯帕尔身上出现的混乱和危机至少表明他在朝着这一方向发展。然而,卡斯帕尔又的的确确受到了语言的折磨。卡斯帕尔固有的句式被摧毁,他失去了意图变为另外那一个人的动力,甚至失去了变回他自己的冲动。这些都是外在语言压迫的结果。卡斯帕尔在语言中面临三重困境,他不能退回到原初的生存状态,不愿真正接受语言所提供的现实,也不能返回他自身。

在近乎游戏的语言用法中,《卡斯帕尔》这部言语剧展示了卡斯帕尔被语言折磨和剥夺的状态,其意义首先在于揭示卡斯帕尔怎样成为语言所规定的那副样子,其次才是表现他最终没有真正成为语言所规定的那副样子。

在《骂观众》中,汉德克借助语言行动把传统戏剧的观念、技法和功能抖落开来批给观众看,并采用大量的佯谬和矛盾修饰法来达成一种明确形态的否定,从而阻隔戏剧幻觉的可能产生。《骂观众》不仅将现场观众当成是传统戏剧中的观众

[①] Ludwig Heinz Arnold, *Gespräch mit Peter Handke*, in Hein Ludwig Arnold (Hg.), *Peter Handke*, München: text+kritik GmbH, 1978, S. 28.

在骂,而且还一再将表面上指向观众的"你们"替换成彼时正骂观众的演员自己,以演员之口骂出演员观察或预料到的观众对这场演出的反应和评价。最终,通过现场化的语言用法,《骂观众》以与语言的现场化用法形成对照的封闭的文本形式来消解戏剧形式中的传统戏剧形式,并在言说中展开幻觉剧和第四堵墙破除与拆解的过程。与《骂观众》不同,《卡斯帕尔》凸显的是其意识形态批判意识,它不是通过排斥语言承载物来"最大限度地"还"语言(本身)以空间"[1],而是在展现控制论与信息时代,以及展现外在的统治结构如何在语言中被作为内化的秩序结构来经历的同时[2],经由语言的接受和反抗来否定语言的前在性和语言对人的规定性。汉德克明白地说:"这部戏并不给出社会的乌托邦,只是否定一切与它不期而遇的东西。"与《骂观众》相比,《卡斯帕尔》在语言批判主题上有一种更明确的深化。

从文本内部来看,《卡斯帕尔》中的提词人/提白者的语言意在训练卡斯帕尔,以使其学会一种"虚假的交流"。与这种交流相联系的是"理性导向的秩序原则",后者包含了"作为理性手段的暴力",其"传递着种族主义世界观",并且"维护着专制的意识形态"[3]。卢克·兰姆贝勒希茨认为,按照汉德克的设想,提词人在舞台上一直要处于一种隐身状态,这样便可强化体现提词人"机械性语言——作为模拟性社会之表达——的权力"[4]。这是一种匿名状态。在功能上,提词人及其声音代表了"隐匿在即将来临的后工业消费社会中的引诱者和'劝说者'"[5]。或许这种看不见的操控更容易让观众或读者看见,也具有更强的象征性。究其本质,在语言的学习和掌握过程中,卡斯帕尔这个人物并未作为主体被确立起来,其一度貌似明晰的自我意识也只是经历了一个被掏空、被拆解的过程。

汉德克是在现代文学反思语言的传统中[6]展开语言批判和与此相关的社会批判的,他在语言观上受到维特根斯坦的语言游戏说之影响。汉德克说:"我更愿意

---

[1] 马文韬:《〈骂观众〉译序》,载《世界文学》,2002年第1期,第187页。
[2] Rainer Näge/Renate Voris, *Peter Handke*, München: Verlag C. H. Beck, 1978, S. 84.
[3] Vgl. Luc Lamberechts, *Von der Spätmoderne zu einer resistenten Postmoderne. Über die Dynamik eines Literatur-und Kulturwandel*, in Henk Harbers (Hg.), *Postmoderne Literatur in deutscher Sprache: Eine Ästhetik des Widerstandes?*, S. 72.
[4] Ebenda.
[5] Vgl. Luc Lamberechts, *Von der Spätmoderne zu einer resistenten Postmoderne. Über die Dynamik eines Literatur-und Kulturwandel*, in Henk Harbers (Hg.), *Postmoderne Literatur in deutscher Sprache: Eine Ästhetik des Widerstandes?*, S. 72.
[6] Frank Trommler, *Auf dem Weg zu einer kleineren Literatur*, in Thomas Koebner (Hg.), *Tendenzen der deutschen Gegenwartsliteratur*, Stuttgart: Alfred Kröner Verlag, 1984, S. 99.

用既存的语言进行表达,而且,尽管他的哲学引不起我多大兴趣,但我从维特根斯坦身上所学到的一样东西就是,一个词的意义即为其用法。我以此为出发点。"[1] 阅读罗兰·巴特的著作也给汉德克颇多启示。巴特视文学为"倒退的符号系统",他认为语言的运用不为权力服务是为了反意识形态[2],巴特给予汉德克的启示是将语句视为压制的机理和媒介。

在《卡斯帕尔》被发表以后的一次访谈中,汉德克曾述及他正在或意欲怎样实际地运用语言。汉德克认为自己不像里尔克那样追求诗性语言,而是倾向于采用人人说着的而且能理解的平常语言;汉德克也认为自己不像西默尔和孔萨利克那样下意识地、厚颜无耻地使用平常语言,而是努力使这种语言呈现出新鲜的色彩与光耀[3]。也就是说,在语言的应用上,汉德克倾向于平常语言,但他同时也瞩意批判性与创造性。当然,从汉德克早期的语言实验剧中,我们更能看出那种语言操作层面的游戏性。从意识形态的层面看,汉德克在游戏式的语言应用中所表达的东西非常清楚,虽然他也将语言视为认识自我的媒介,但他主要还是将其看成是精神与社会压制性世界中的异化表征。汉德克看到,语言被人类基于种种社会和个人目的而加以操纵,语言被附加了种种价值体系、意识形态和社会统治结构,语言也塑造或虚构着现实[4]。于是,汉德克将否定的矛头指向了语言背后的一切。莱纳尔准确地勾画出了汉德克的语言意识,他说后者"差不多是在法国后结构主义出现之时"就在语言中"设想出了一种决定个人的、先行的、广博的社会符号实践的图画[5]。这一决定个人的、先行的图画,无疑就是语言的意义网络。所以,卡斯帕尔习得语言并借其社会化的过程,也正是他遭受语言暴力摧残和他的人性发生异化的过程[6]。卡斯帕尔一角堪为语言操控力的活标本。

---

[1] Heinz Ludwig Arnold, *Innovation und Irritation als Prinzip. Zu Peter Handkes „Kaspar"*, in Zitiert nach Manfred Durzak, *Peter Handke und die deutsche Gegenwartsliteratur: Narziß auf Abwegen*, Stuttgart: Verlag W. Kohlhammer, 1982, S. 94 – 95.

[2] Otto Lorenz, *Pro domo-Der Schriftsteller als Kritiker. Zu Peter Handkes Anfängen*, in Wilfried Barner (Hg.), *Literaturkritik: Anspruch und Wirklichkeit. DFG-Symposion 1989*, Stuttgart: J. B. Metzlersche Verlagsbuchhandlung, 1990, S. 413,407.

[3] Arnold, *Innovation und Irritation als Prinzip*, a. a. O., S. 41.

[4] Peter Handke, *Zur Tagung der Gruppe 47 in USA*, in Peter Handke, *Ich bin ein Bewohner des Elfenbeinturms*, Frankfurt a. M.: Suhrkamp Verlag, 1972, S. 30.

[5] [德]罗尔夫·君特·莱纳尔:《德语当代文学中的后现代状况》,宁瑛译,载柳鸣九主编:《从现代主义到后现代主义》,北京:中国社会科学出版社,1994年,第471页。

[6] Jürgen Jacobs, *Peter Handke*, In Dietrich Weber, *Deutsche Literatur der Gegenwart (in Einzeldarstellungen)*. Band II, Stuttgart: Alfred Kröner Verlag, 1977, S. 157.

言语剧作为反戏剧——论彼得·汉德克的《骂观众》和《卡斯帕尔》

《卡斯帕尔》的另一个层面,是其与维特根斯坦语言哲学之间的互文关系。

汉德克虽然并不经常性地精确引述维特根斯坦的语句,但观众在其言语剧中随处可见维特根斯坦哲学的痕迹①。例如,像维特根斯坦一样,汉德克喜欢日常语言,喜欢基础句和基本词,并且他对范畴和教条的确定性抱有根本性的怀疑②。《骂观众》中展开的语言游戏,以及《自我谴责》中的语言及其规则对人的控制——这类语言运用方式与语言批判性认识——也颇可让人清晰地联想到奥地利的这位语言哲学家。

《卡斯帕尔》对维特根斯坦语言哲学思想的取用,主要体现在语言认识化用层面。在《卡斯帕尔》中,语言(如词语的教授)不是被理解为解释,而是被视为而且的确起着驯化作用③。这一认识成为剧作本质性的语言理解,而且通过主角卡斯帕尔的变化,其被展现为剧情层面的主体结构,而维特根斯坦的其他语言认识也被汉德克接受过来,以用作角色语言练习的材料。在汉德克这里,语言规则也只是伪装成完善的秩序和意义。与维特根斯坦一样,汉德克也认为一个词的意义不在于字面,而在于其在语言中的运用④。此外,还有少数引述被汉德克纳入剧中,以作为角色的表达,只是这些引述经过了变异处理。例如,"什么还算是游戏,而什么已不再是游戏?你能给出界线吗?不能。你还是能够划出某些界线的,因为界线还没有被划定",这是维特根斯坦的观点,而此观点"[……]被汉德克缩减为这样一个句子:'即便是没有界线,你也是可以划出某些界线的'"⑤。在这里,汉德克以仿造的句式,与维特根斯坦形成了呼应。

需要解释的是,这里的互文关系就像《骂观众》中的文本自指性一样,其既体现了汉德克在语言表达上求变的意图与尝试,也体现了其在美学方案及思想观念上与传统和现实拉开的巨大距离。也就是说,虽然互文关系、语言运用的游戏方式等让我们体会到了汉德克身上的后现代要素,但它们的目的却并不是拆解意义,而是以汉德克有意设置的表达方式来实现思想观念和美学上的独特意义。这也是我们在很多与后现代文学有这样或那样联系的作家身上常常看到的,虽然他们将互文、拼贴等作为手段,甚至将这些手段运用到呈现出的特定形式已成为内容本身的

---

① Walter Hinderer, *Arbeit an der Gegenwart. Zur deutschen Literatur nach* 1945, Würzburg: Verlag Könighausen & Neumann GmbH, 1994, S. 282.
② Vgl. Ebenda, S. 281.
③ Ebenda.
④ Vgl. Ebenda, S. 282.
⑤ Ebenda.

地步,但与"垮掉派"文学等相比,他们还是从未放弃对意义的追求。因此,这些作家对后现代文学的尝试并不彻底。

汉德克以反叛姿态步入文坛,他批评"四七社"因袭语言成例、乏有文学手段的创新以及与现实合流,这与他对语言陈规和语言操控力的认识密切相关。汉德克在语言问题上找到了自己的介入方式。反过来看,汉德克的反叛姿态首先也是因其在语言批判中与德语文学的因循守旧相区分才得以确立的。与侧身其间的"格拉茨文学社"的那些同道一样①,汉德克从一开始便将语言与社会联系在一起,并注意分析和揭露语言中渗透着的思维与社会统治结构的固定模式。汉德克通过语言来完成其语言批判,并在带有语言游戏色彩的语言运用中将文学改造为批判意识形态的武器。《卡斯帕尔》一剧是汉德克贯彻其早期语言与社会批判意识的典范之作。同时,卡斯帕尔是被"汉德克当成一种普遍命运的代表来塑造的。[……]卡斯帕尔所代表的是每一个被语言训化和齐一化的人。卡斯帕尔的语言学习过程所展现的不仅是可能发生在某个人身上的事,而是可能发生在每个人身上的事"②。所以,从角色的设计意图看,《卡斯帕尔》在唤醒读者和观众身上的批评性的语言意识的同时,还可以被看成是一部寓言剧。只是如汉德克自己所表明的,"《卡斯帕尔》这部戏剧是一部纯粹的无政府主义之作,它没有提供社会的乌托邦,它只否定一切挡道的东西",而且他还进一步说道:"是否从中能产生一个积极的乌托邦,于我是无所谓的。"③

然而,笔者的疑问是,表达、逻辑以及精神姿态上的否定,这些除了体现出对社会乌托邦的一种排斥外,是否会抑制与遮蔽汉德克可能的诗意建构?笔者以为,从汉德克后来的创作来看,答案应当是否定的。

---

① 韩瑞祥、马文滔:《20世纪奥地利、瑞士德语文学史》,青岛:青岛出版社,1981年,第108—114页。
② Wolfram Buddecke etc., *Das deutschsprachige Drama seit 1945: Schweiz, Bundesrepblik, Österreich, DDR*, München: Winkler Verlag, 1981, S. 411.
③ Peter Handke, *Das Gewicht der Welt*, in Zitiert nach Manfred Durzak, *Peter Handke und die deutsche Gegenwartsliteratur: Narziß auf Abwegen*, Stuttgart: Verlag W. Kohlhammer, 1982, S. 105.

奈丽·萨克斯诗歌的创伤宣称与诗性正义

张 帆

摘　要　诺贝尔文学奖得主、女诗人奈丽·萨克斯是德国战后"创伤叙事"的代表人物,她的诗歌从主题、意象、文化、宗教等层面对犹太民族的创伤记忆和创伤文化进行叙事"宣称",从而使人们能够通过心理省思和奋力穿越来挣脱创伤的梦魇,并能借助"诗性正义"以重新获得理解生命和未来的维度。

关键词　奈丽·萨克斯　创伤　宣称　诗性正义

被誉为"荷尔德林妹妹"[①]的奈莉·萨克斯(Nelly Sachs, 1891－1970年)是德国战后最具世界影响力的犹太女诗人,她的诗歌直面死亡集中营和焚尸场的恐怖真相,以忧郁深沉的笔调再现了犹太民族的历史悲剧,用感人的力量诠释了犹太人的命运。基于其作品的上述特点,萨克斯荣膺一九六六年度诺贝尔文学奖。由此,"代言犹太命运的女诗人""唯一可与纪实报道之无言恐怖相媲美的诗的证言"[②]等标签化评价几乎成为半个世纪以来人们解读萨克斯及其诗歌的主调,这导致评论界对其诗歌产生了普遍的偏见,正如萨克斯自己所言:"他们看一眼标题就把我的稿子扔到证词和审判记录堆中去了。"[③]正因为如此,这位头顶诺奖桂冠的伟大女诗人在国内文学界至今还鲜为人知。[④] 事实上,作为劫后余生的"创伤叙

[①] Gabriele Fritsch-Vivie, *Nelly Sachs*, Reinbek, 1993, S. 67.
[②] [德]海伦·佐恩:《沙克丝及其作品》,于飞译,载刘小枫等著:《流亡与栖居》,北京:燕山出版社,1995年,第236页。
[③] [德]奈丽·萨克斯:《逃亡》,孟蔚彦译,桂林:漓江出版社,1991年,第359页。
[④] 国内仅有孟蔚彦于上世纪九十年代翻译出版的一册诗集《逃亡》(桂林:漓江出版社,1991年)和梁慧撰写的一篇专论《眼泪象征永恒——论女诗人奈丽·萨克斯》(载《杭州大学学报》,1996年第1期),其余不多的诗歌译本大多散见于网络,对萨克斯的评论也多为概述式的生平简介。

事"的代表诗人,创伤记忆的幽灵始终阴魂不散地纠缠着萨克斯,"被害妄想症"折磨了她一生,她需要长时间入住精神病院接受治疗。因此,"创伤"毋庸置疑地成为了理解萨克斯诗歌意旨的关键。本文将立足于创伤记忆和创伤文化的视角,从意象、主题、文化、宗教等层面对萨克斯的诗歌重新进行阐释,以期通过对创伤的心理省思和奋力穿越来走出冷漠的"不自觉的无动于衷"和嗜血的"被卷入的兽性"①状态,从而恢复完整而健全的心魄和良知,并且重新获得理解生命的维度。

一

通常认为,对"创伤理论"(trauma theory)的研究肇始于二十世纪九十年代初期。美国学者凯西·卡鲁斯在《创伤:记忆的探询》中首次颇有创见地将"创伤理论"定义为"一种突如其来的、灾难性的、无法回避的经历",同时,"人们对这一事件的反应往往是延宕的、无法控制的,并且通过幻觉或其他闯入方式反复出现"②。正是事件与创伤反应的"延宕性"和"失控状态"直接启发了学者杰弗里·C.亚历山大,他在《迈向文化创伤理论》中提请人们注意,那些通常认为文化创伤是客观存在、自然发生并可直观感觉的"外行(又被译为'常民')创伤理论"是一种"误识"和谬误,因为"事件本身不会创造集体创伤","唯有集体的模式化意义突然遭到驱逐,事件才会获得创伤地位。是意义,而非事件本身,才提供了震惊和恐惧的感受"。③ 事实上,事件和创伤通常并不同步发生。比如,在"文革"伊始,乃至之后很长一段时期内,人们并没有创伤感,甚至一度在失控状态中享受恶欲放纵的快感;直到附着在"文革"事件上的附加意义被剥离,人们才如梦初醒般地感知到创伤的剧痛。"事件是一回事,对事件的再现又是另一回事。"④亚历山大将客观事件与创伤再现之间的差距称为"创伤过程",而过程的建构和呈现需要具有反思能动性的"先知先觉"不断地"正确宣称",从而使"创伤事件"的真相现身,并使其意义被感知。

---

① Theodor Adorno, *Negative Dialektik. Gesammelte Schriften*, Hrsg. von Rolf Tiedemann, Frankfurt am Main, 1973, S. 246.
② Cathy Caruth, *Unclaimed Experience: Trauma, Narrative, History*, Baltimore, 1996, S. 11.
③ [美]杰弗里·C.亚历山大:《迈向文化创伤理论》,王志弘译,载《文化研究》,2011年第11辑,第18—20页。
④ 同上,第20页。

但是,"由于创伤事件超出了人的常规体验尺度,并且其因具有骤发性与毁灭性的特点而会对受害者的身心产生巨大的冲击,所以我们难以用文字来表述创伤体验"①。我们也无法用口头史范畴内的"交往记忆"②来表达创伤记忆的凝重和苦痛,我们只能将其上升为一种"文化记忆",即经由简·奥斯曼所谓的"记忆形象"的凝固和"时间岛屿"的链接,集体经验通过文化型构而"结晶"为文化记忆,并以客观的文化符号或物化形式为载体被固定下来,内化为群体认同的创伤文化。③"是某种神圣价值令人惊骇的庸俗化的感叹,是令人恐惧的破坏性社会过程的叙事,以及在情感、制度和象征上加以补偿和重建的吁求"④,从而使创伤这种尖锐的不幸感渗入集体认同感的核心。"创伤变为一种象征并将人们连结起来,最后形成集体身份认同。这就需要知识分子、艺术家、说书人和社会活动家去讲述一个可能的故事,让人们相信这是一种有力的、符号化的再现。"⑤所以,作为时代精神的求索者和追问者的诗人,尤其是战后的犹太诗人,其对创伤记忆所进行的声势浩大的"叙事宣称"无疑将创伤打造成了新的主导叙事。

奈丽·萨克斯、保罗·策兰、罗瑟·奥斯连德、希尔黛·杜敏等一大批犹太诗人写出了文学史上不可或缺的一章,奥斯维辛诗歌有力地回应了哲学家阿多诺提出的文学命题,即诗歌与大屠杀的关联及其"宣称"的可能性问题。尤其是奈丽·萨克斯的诗歌,其以"诗性正义"超越死亡事件和种族仇恨,由此谱写出了击败死亡暴力的生命之歌。面对"诗性正义"在战后的人类重建中所发挥的慰藉人心之巨大力量,倔强的阿多诺也不得不收回成命:"长期受苦更有权表达,就像被折磨者要叫喊。因此,关于奥斯维辛后不能写诗的说法或许是错误的。"⑥事实上,要求背负着灾难记忆的诗人缄口沉默显然并不人道,也非正义。正如霍克海默所言:"他们的死是我们真正的生存状态,表达他们的绝望与内心的渴望,是我们义不容辞的责任。"⑦因此,诗人对创伤过程的宣称是文学诗性正义的使命。

---

① 邵凌:《库切与创伤书写》,载《当代外国文学》,2011年第1期,第37页。
② [德]简·奥斯曼:《集体记忆与文化身份》,陶东风译,载《文化研究》,2011年第11辑,第5页。
③ 参见陶东风:《主编的话》,载《文化研究》,2011年第11辑,第7页。
④ [美]杰弗里·C.亚历山大:《迈向文化创伤理论》,王志弘译,载《文化研究》,2011年第11辑,第21页。
⑤ 肖婷:《群体的灾难意识构成文化创伤》,载《东方早报》,2011年7月13日。
⑥ Adorno, *Negative Dialektik*, a. a. O., S. 354.
⑦ Max Horkheimer, *Notizen* 1950–1969 *und Dämmerung*, Hrsg. von Werner Berde, Frankfurt am Main, 1974, S. 213.

二

（一）对创伤记忆的宣称

作为"奥斯维辛"的幸存者，奈丽·萨克斯的诗是她穿越苦难历史的语言见证。"忘记遇难者意味着再次杀害他们，我们不能避免第一次的杀害，但我们要对第二次杀害负责。"①大屠杀给萨克斯带来了永难平复的记忆创伤，而最"值得谈论，值得珍存的记忆，就是创伤记忆"②。那成千上万惨死在集中营或逃亡路上的亡灵在诸神面前悲苦无告，他们组成了萨克斯诗歌背后的悲剧合唱队。这些惨死者籍籍无名，生命卑微，如同一粒粒沙子，转瞬即逝，"我们的生死如同沙粒，因死别而黯淡"。③（17）"鞋夹进了沙子，就像死亡/充填沙漏的分秒"（18），在集中营，躯体像沙粒一样充满沙漏，而沙漏不是用来计时的，那悄无声息的读秒声是用来记录死亡的速度和清点死亡的数目。萨克斯将生命喻为沙子，以此暗示犹太人的生命处于一种流浪和流失的状态，无从把握。那些疲弱的身体化为"朽土"和"齑粉"，甚至是"缕缕黑烟"；焚尸炉不分昼夜地燃烧，滚滚黑烟飘荡在宇宙上空。

萨克斯以震撼人心的情感张力低吟着犹太民族的苦难和创伤，死亡始终是其诗歌的母题，纳粹屠犹事件成为烙刻在诗人内心世界的创伤记忆。"可怕的女看守/接替了母亲/鼓掌间玩弄着错误的死亡，/将死种在墙上种在屋梁上——"（7）无辜的孩子失去了母亲，面对着穷凶极恶的女看守的他随时面临死神的威胁；而骨肉分离的母亲，"从空中掬取孩子的躯体［……］/然后吻一吻空中出生的孩子/死去！"（11）母亲还在臆想着孩子从天而降，死而复生，从而使她可以在临死前最后亲吻自己的孩子。这是何等的悲哀！整个"地球都已经失明"（34），救赎无望，死亡接踵而至，追逐着孤苦无告的人们，"刽子手和牺牲者古老的游戏"（51），如今变成了一种有计划、有预谋的屠杀。正如亚历山大·辛顿所言："虽然灭族屠杀的行

---

① [英]塞都·弗朗兹：《伦理,宗教和记忆》《普里莫·莱维〈如果这是一个人〉中的大屠杀记忆》,李会芳译,载《文化研究》,2011年第11辑,第62页。
② Roger Luckhurst, *The Trauma Question*, London, 2008, S. 2.
③ 本文引用的诗歌译文出自奈丽·萨克斯的诗集《逃亡》（孟蔚彦译,桂林：漓江出版社,1991年）,以下只标明页码,不再一一说明。

为有其古代起源,但是这个概念[……]是彻底的现代概念。"① 此时,上帝归隐,纵使天使降临,也无力改变现状,"安宁的天使为我们搅动隐泉/泉水从疲惫/流向死亡"(54),死亡成为犹太人的宿命。萨克斯的诗歌源自于集中营的死亡记忆,其以一种阴郁悲伤的美震撼着读者的心灵。萨克斯对痛苦和创伤的挖掘,以及对死亡、黑暗和沉默的进入,都令人体会到诗歌那强烈、悲怆而持久的艺术力量。

(二) 对创伤文化的宣称

萨克斯对犹太民族创伤记忆的宣称,隐秘着世代相传的民族创伤文化和笃定的宗教信仰。萨克斯常把犹太人比作沙子,"那就是你——你——/我画曾是血肉的沙——/[……]/我就画这沙、沙、沙——"(28)这自然让人联想起以色列的故土和持续千年之久的民族流亡。犹太民族的策源地西奈山是一片沙漠,作为一个流散的民族,犹太人就像一粒粒背井离乡的沙子,他们在浩瀚的沙漠中颠沛流离多年,也在人性的荒漠上磨砺流浪、矢志不移。"那以色列召回去的沙,/它的浪子的沙?/燃烧着西奈的沙。"(9)无独有偶,在同为犹太诗人的保罗·策兰的诗歌中,犹太人同样被比作沙子(如《骨灰瓮之沙》《晚来深沉》等作品),甚至他在诗歌《上面,无声——》中将犹太人直呼为"沙人"。在保罗·策兰的笔下,犹太民族被深深地烙上了沙的秉性,其是沙的民族,即"沙族"(Sandvolk)。这其实无不与犹太民族千百年来被放逐之命运相关联,"在所有人的眼中/他看出思乡的愁绪"(111),是"对一个没有土地的民族的古老乡愁,对每个世纪都会更新的毫无逃离希望的悲伤"②。尽管这一次逃亡并没有任何神谕的或弥赛亚式的内容,但是"陌生人总是/抱着他的故乡"(149)不放。每一个犹太人都对宗教仪式、文化信仰和风俗传统的集体文化记忆有着坚定的信仰,他们能够克服地理空间的分散而让精神重新聚合。"我以世界的变迁/作我的故乡——"(132)从逃离故乡到"重归"故乡,尽管故乡的物理空间大相径庭,此乡非彼乡,但是精神故乡复活了,永生了。

在萨克斯的诗中,集中营的犹太人从"污名化"彻底沦为"无名化",一组组冷漠干瘪的数字和字母取代了他们的姓名。"号码突出——/烙在你们的臂上"(59),"绘着字母的躯体展开了/好比打开亚麻的布卷/裹卷着生死"。(110)整齐

---

① 转引自[美]杰弗里·C. 亚历山大:《迈向文化创伤理论》,王志弘译,载《文化研究》,2011年第11辑,第34页。
② [英]塞都·弗朗兹:《伦理,宗教和记忆》《普里莫·莱维〈如果这是一个人〉中的大屠杀记忆》,李会芳译,载《文化研究》,2011年第11辑,第78页。

划一、枯燥乏味的数码与鲜活的生命无关,随意删除它们是不伤感情、无伤大雅的事情。可是,姓名对于犹太人来说却至关重要,"因为与[……]犹太教中的有关神性姓名的复杂观念相联系,姓名因此也获得了一个神圣的维度"①,即作为民族文化和宗教表征。如果上升到这一维度来理解"无名化"行径,那么我们就会发现,编排数字和字母绝非是为了便于现代管理这么浅陋的目的,而是寓意着抹杀犹太文化乃至犹太宗教的险恶用心。萨克斯的诗歌为这些被除名的"濒死人"(Muselmann)发出了永远牢记姓名之吁请,因为这"阴影的字迹/算是遗物"(182),是被剥夺得一无所有的犹太人留给我们的唯一记忆,也是他们守持文化根性和宗教信仰的唯一火种。

萨克斯的诗歌具有浓烈的宗教情怀,并且充满着对宗教文化——特别是对犹太教神秘主义——的宣称。学者艾哈德·巴尔对萨克斯诗歌中的意象之使用频率做了详细统计:"逃亡"(25)、"告别"(34)、"避难"(4)、"出游"(38)、"逃亡者"(11)、"异国"(7)、"故乡"(17)、"回乡"(11)、"乡愁"(24)、"返回"(5)、"沙漠"(17),这些词语组成的意象群与《旧约》中的《以色列人出埃及记》的宗教仪式记载有明显的互文性。② 对于萨克斯而言,犹太人的神秘之书《索哈尔》涉及整个世界的神秘,其包含了全部精神世界的状态。例如,月亮的盈亏,即月亮总是从大变小直到完全暗灭,然后它再次发光。对于犹太神秘主义而言,这正是流亡的象征。③ 联系到犹太民族的历史,其流亡的历程对应着正在逐渐变小、飘向天边的月牙,被剥夺了完满和光亮,被驱赶到宇宙的流亡中;而其救赎的希望对应着正在一天天变大变圆的月亮,表征着温暖、光亮、完整。在此,民族历史与神秘意旨达致辩证的统一。在萨克斯的诗中,月亮确实是一个重要而频繁的意象,如"死亡的月亮""发出暗号的月亮""月在宝蓝的夜"等,由此形成一个变动不居的意象群,其诠释了绝望和希望、死亡和新生等无法相容的对立物在犹太宗教文化中相生相克的辩证存在。同样,当"地球已经失明"(34),且世界善恶难辨、灾难深重之时,作为"神祇之眼"的星星却"用尘土塑造天使——/在秘密中携带幸福"(34),它成为了拯救人类的一座"诺亚方舟"。星星散发着"天真善良的幸福之光","是想象神祇的感情基础

---

① [英]塞都·弗朗兹:《伦理,宗教和记忆〈普里莫·莱维《如果这是一个人》〉中的大屠杀记忆》,李会芳译,载《文化研究》,2011年第11辑,第77页。
② 转引自[德]奈丽·萨克斯:《逃亡》,孟蔚彦译,桂林:漓江出版社,1991年,译文前言第8页。
③ Vgl. Gisela Dischner, *Die Lyrik von Nelly Sachs und ihr Bezug zur Bibel, zur Kabbala und zum Chassidismus*, In *Text+Kritik* 1979, Jg. 23, S. 34.

[……]这无疑与我们在原古宗教书籍、犹太和基督神秘教义中所了解到的星星主题相吻合"①。事实上,萨克斯后期的诗歌摒弃了耶稣,诗中没有具体的救世者,而是隐喻性地摇摆于犹太教的流亡和拯救之间,摇摆于引人入胜的神秘世界和现实世界之间。"拐过街角/我的影子/就躺在我的怀里/倦怠的衣服/要我去支撑/虚无的色彩在对我说:/你已经在彼岸!"(213)在这里,肉身与影子、实在与虚无、此岸与彼岸已经混沌为一。正如于尔根·皮·瓦尔曼的研究所指出的,"萨克斯的诗与有着强大生命力的传统根基紧密相连,尤其是卡巴拉(《索哈尔》中的创世章节)和犹太教神秘主义运动"②。

三

奈丽·萨克斯以牺牲者的口吻,通过对创伤记忆和创伤文化的持续宣称来揭露暴行、抚慰创伤,她那"以犹太人大屠杀为题材的诗歌同时也是追思或哀叹死难者的诗歌"③。萨克斯赋予死难者再次开口说话的权利,对于死者来说,"他们还在呼吸/轻盈的死亡围着披纱的/准备出走的新娘——"(187)而对于生者来说,"在我们的肤表/死者摸索/在生的恐惧中/欢庆复活"。(161—162)这种叙事宣称消解了生死的界限,将受难者从死亡的王国救了回来,并使他们融入生者的日常生活和重获失去的世界。同时,这种叙事宣称也让每一位幸存者都无法逃脱负罪感的纠结,从而促使他们在伦理、信念和记忆的协同下驱逐邪恶,并最终打赢这场正义和良知的战争。

然而,要想赢下这场正义战争是何等艰难。六十多年过去了,尽管法律对刽子手做出了正义的审判,大屠杀事件被写进了历史教科书,各种纪念馆(碑)也鳞次栉比地被建立起来,貌似那可怕的一页已经被永远翻过,正义伸张,盖棺定论,但事实上,"时间只是在死后才计算,/久练后死亡变得那么轻"(22),那组冷漠的数字和历史书中近乎与己无关的干瘪文字已经难以烙痛人心。"德国人对纳粹和大屠杀谈论得越多,他们就越相信,这些都是外星人干的事儿。"④联邦德国总理勃兰特

---

① Wolfgang Grothe, *Astralmotive im Universum der Nelly Sachs*, In *Text+Kritik* 1979, Jg. 23, S. 13.
② Zit. n. Paul Kersten, *Analyse und Heiligsprechung. Nelly Sachs und ihre Kritiker*, in *Text+Kritik* 1979, Jg. 23, S. 47.
③ Dieter Lamping, *Gedichte nach Auschwitz, über Auschwitz*, in *Poesie der Apokalypse*, Hrsg. von Gerhard Kaiser, Frankfurt am Main, 1974, S. 241.
④ 陆晶靖:《格拉斯的困境》,载《三联生活周刊》,2011 年第 41 期。

曾在华沙犹太人纪念碑前下跪忏悔,当时只有41%的德国人认为这么做是"合适的",而48%的人觉得这是一场过火的政治秀。这个公投结果至今还挂在吕贝克大屠杀博物馆的墙上。过去,纳粹大屠杀的最终目的显然不是灭绝犹太人的肉体,而是灭绝犹太人的历史和文化,"从根本上说,这是一场针对记忆的战争[……]他们杀害犹太人是为了消灭他们的记忆";而如今,针对"犹太记忆,尤其是犹太人对大屠杀记忆"的"当代战争"就从未停止过。① (弗朗兹69—70)事实证明,战争、法律等手段对解决"革命第二天的问题"无效,因为它们不能彻底从道德、文化、哲学、历史、人性等高度反思大屠杀的创伤,因而缺乏持久的、震撼人心的正义"宣称",而这恰恰是文学的职责和使命。

尽管"大屠杀的现实超出了任何想象力",但从另一个维度讲,在大屠杀这样的残酷史实面前,作家最怕的就是失去想象力,因为"畅想的能力:它赋予感知到的事物以丰富和复杂意义;它对所见事物的宽容理解;它对想象完美方案的偏好[……]"②赋予了诗人完整审视全世界的眼力和充分感知他人生活经验的同情性想象力,从而使诗人去除那些未经反思的歧视和仇恨,并以最大限度的同情去拓展生活的边界和经验的边界。萨克斯的"作品没有一句仇恨的话",针对刽子手、知情人和帮凶,她"不咒骂,不报复,不说他们一句话"③。"我们母亲/把和平的旋律/摇入世界的心"(69),人类是到了该"化蛹的时候/宽恕的时候"了。(195)记忆在此没有成为仇恨的种子,反而成为了消除罪恶和暴力的解毒剂,其净化人心的力量使人类可以据此摆脱孤独、免于绝望,并获得救赎。"死者的声音在说:/把复仇的武器放入耕田。"(43)

萨克斯的诗歌发扬了诗性智慧,其对正义施加了"强烈的感觉力和广阔的想象力"④,促成文学与正义的结盟,以此去寻找一种更加值得追求、更能赋予慰藉的正义标准——"不让任何一个人受怠慢或被遗漏"⑤。这是一种"诗性正义的裁判",是"亲密的和公正的,她的爱没有偏见;她以一种顾全大局的方式去思考,[……]她在'畅想'中了解每一个公民的内心世界的丰富性和复杂性[……]看到所有公

---

① [英]塞都·弗朗兹:《伦理、宗教和记忆》《普里莫·莱维〈如果这是一个人〉中的大屠杀记忆》,李会芳译,载《文化研究》,2011年第11辑,第69—70页。
② [美]玛莎·努斯鲍姆:《诗性正义》,丁晓东译,北京:北京大学出版社,2010年,第69页。
③ [德]贝恩特·巴泽等:《联邦德国文学史》,范大灿等译,北京:北京大学出版社,1991年,第171页。
④ [意]维柯:《新科学》,朱光潜译,北京:人民文学出版社,1985年,第6页。
⑤ [美]惠特曼:《草叶集》,李野光译,北京:燕山出版社,2005年,第38页。

民的平等尊严"①,从而对未来做出洞见深邃的爱与美的诗意想象,因此其具有修正现实和超越现实的力量。奈丽·萨克斯的诗歌无疑树立了一个标杆,她将受害者、施害者和目击者的声音录进历史的回音壁,并且时刻不停地循环播放,"死亡用空骨削它的长笛,/死亡用怀念作它的琴弓——/我们的躯体跟着呻吟/随着残缺的音乐。/我们得救了"。(29)萨克斯将一种普遍存在的自然循环和公平正义重新唤起,她以最大的限度理解和同情世间万物。沙、风、石、肉体、皮肤、桌、灶、鱼、兽、蝴蝶、地球、海洋、生死、光与神等组成意象群,他们与人类休戚相关、共同战斗,这是诗性正义的力量,也是萨克斯诗歌的意义所在。

以"创伤"理论研究奈丽·萨克斯的诗歌可以避免仅仅将诗人视为"历史浩劫的见证人"或"犹太民族苦难的代言者",从而打破对萨克斯的标签化理解,进而直抵诗人的内心和诗歌的内核。萨克斯对痛苦和创伤的挖掘,以及对死亡和宗教的进入,使她既不想让自己对历史进行廉价的说教,也不想过分渲染苦难来博得眼泪和同情,更不想将犹太人的受难作为道德优势。"我的姓名当然同我的人民的命运相连",但"我的诗集早就在描写整个人类"②。其实,在上帝和人性的双重缺席下,谁都毫无道德优势可言,不管是杀人的纳粹,还是被迫害的犹太人。正如阿伦特在《极权主义之源》中所言,如果纳粹的集权主义是"激进的邪恶",那么我们每一个普通人就是"平庸的邪恶",而"平庸的邪恶"正是人类彻底退化的的凶兆。事实上,现代性"恶欲"的无限膨胀以及人性与神性的双重式微均告诫我们,大屠杀不是与"自己"无关的"他者"的创伤和记忆,我们谁都无法从对大屠杀与犹太人的独特经历之悲剧体验中冷漠地抽身离去并将其置之度外。"借由建构文化创伤,各种社会群体、国族社会,有时候甚至是整个文明,不仅在认知上辨认出了人类苦难的存在和根源,还会就此担负起一些重大责任。一旦辨认出创伤的缘由,并因此担负了这种道德责任,集体的成员便界定了他们的团结关系,而这种方式原则上让他们得以分担他人的苦难。[……]社会便扩大了'我们'的范围。"③因此,集体创伤记忆建构出的创伤文化就发挥了团结认同与促进和谐的作用。正如奈丽·萨克斯诗歌的最终主旨一样:向未来发出诚挚的召唤,在阵痛中建造新居,以温柔化解仇恨,以爱消融泪水,摒弃暴力式的循环复仇,将可怕的经历升华到爱与美的王国。④

---

① [美]玛莎·努斯鲍姆:《诗性正义》,丁晓东译,北京:北京大学出版社,2010 年,第 170—171 页。
② 转引自[德]奈丽·萨克斯:《逃亡》,孟蔚彦译,桂林:漓江出版社,1991 年,译文前言第 14 页。
③ [美]杰弗里·C.亚历山大:《迈向文化创伤理论》,王志弘译,载《文化研究》,2011 年第 11 辑,第 11 页。
④ 参见[德]奈丽·萨克斯:《逃亡》,孟蔚彦译,桂林:漓江出版社,1991 年,第 359 页。

论二十世纪七十年代的"新主体性"文学

夏 雪

摘 要 "新主体性"文学是盛行于二十世纪七十年代的一股文学潮流,其持续时间虽短,但却具有特殊的意义。"新主体性"文学产生于二十世纪六十年代的政治运动逐渐平息的背景下,其被视为文学在"政治化"之后发生的"倾向性转折",具有承上启下的作用。主体自身是"新主体性"文学的核心内容,对主体意识和自我内心、个体感知与日常体验的探索也有利于文学史中的"主体文化"研究。

关键词 "新主体性"文学 主体 "政治化"

"新主体性"文学是二十世纪七十年代——更准确地说是1969年至1980年之间——在联邦德国出现的一种文学现象,这种现象同时也出现在二十世纪七十年代的奥地利文学之中。不同于二十世纪六十年代的文学"政治化"特征,二十世纪七十年代的联邦德国文坛呈现出回归自我、回归生活的新趋势,其作品较为关注主体意识和自我内心,注重个体感知与日常体验,人们纷纷将这一现象概括为"'新主体性''新主观主义''新敏感性''新内转''新非理性主义''新平凡''新保守主义'"[1]等。在众多的名词术语中,"新主体性"这一说法得到了广泛的认可与好评,因为"其内涵和外延都更为宽广,涵盖了二十世纪七十年代的文学对个人经验的重新注重、重新发现和重新认识,涵盖了诗人对主体经验的位置确认,涵盖了作家对自我的内审和对个体的映照"[2]。

---

[1] 李昌珂:《德国文学史(第5卷)》,南京:译林出版社,2008年,第237页。
[2] 同上。

论二十世纪七十年代的"新主体性"文学

一 概况

"新主体性"大约产生于1974年,在1974年和1975年的日报和周报的辩论中,它经常被当成关键词使用,但是其确立的标志性事件则发生在1975年的法兰克福书展上。① 在1975年的法兰克福书展上,著名的文学评论家马赛尔·赖希-拉尼茨基提出了"回归文学"的主张:"人们赞扬的新主体性是——作为单方面的文学政治化的后果——过去经常被忽略的必要视角的回归。"②这一主张体现了从主体性视角出发的文学之重新回归,并且其成为新的发展趋势。1977年和1978年,"新主体性"这一概念被引入到文学研究中,并且其在二十世纪八十年代初期的文学史中被正式确立下来。③

以"新主体性"为核心概念的"新主体性"文学对二十世纪七十年代的联邦德国文坛之影响主要体现在叙事作品和诗歌方面,其对戏剧创作的作用则可忽略不计。叙事作品主要有以下几类:自叙性和自传性作品,既包括从主体性视角进行客观而又全方位叙述的报道资料,也包括回忆往昔生活、融入人生思考的叙事作品;从关注社会政治到抒发个人情感的转折性作品;回顾整理政治经历、剖析个人内心世界的反思类作品,等等。④ "新主体性"文学对诗歌的影响一方面是从隐喻封闭的神秘化倾向到简单易懂的口语化表达之转变,另一方面是从服务政治宣传的工具到表达自我感受的手段之转变,这些转变促成了"日常生活诗"的繁荣,其成为二十世纪七十年代诗歌文学的一道亮丽的景观。

值得注意的是,"新主体性"文学的产生与发展并不是一帆风顺的。首先,"新主体性"文学被看成是对二十世纪六十年代的"政治性"文学之反拨。其实,从为政治服务的宣传工具向回归自我和内心的手段之转变肯定不是一蹴而就的,毕竟文学与社会现实有着摆脱不了的内在联系。其次,对个体存在与主体意识的过分强调导致了人们对"新主体性"文学的误解,即认为它是对生存环境和社会现实的自我逃避,从而走上了神秘主义、虚无主义或超现实主义的道路。其实,"不少文学

---

① Vgl. Harald Fricke (Hg.), *Reallexikon der deutschen Literaturwissenschaft. Neubearbeitung des Reallexikons der deutschen Literaturgeschichte*, Berlin, New York, 2000, S. 702.
② Gerhard Wilhelm Lampe, *Subjekte ohne Subjektivität. Interpretation zur Prosa Peter Handkes und zur Lyrik Rolf Dieter Brinkmanns*, Bonn, 1983, S. 5.
③ Vgl. Fricke, *Reallexikon der deutschen Literaturwissenschaft*, a. a. O., S. 703.
④ 参见李昌珂:《德国文学史(第5卷)》,南京:译林出版社,2008年,第239—252页。

史家们已经指出,二十世纪七十年代的以表达自我、回归自我、反映主观世界为主的文学不能被肤浅地理解为是对二十世纪六十年代末的文学政治化之反动,我们也不能认为其是遁入主观世界以逃避现实"①,而是应该辩证地对其进行分析和评价。而且,除了政治维度和思想内涵之外,"新主体性"文学与后现代文学的关系也饱受争议,自由开放的写作方式和表现手法使其与后现代文学的界限变得模糊甚至被归入其中。主体意识和自我内心、个体感知与日常体验一直都是"新主体性"文学的核心内容,也是"新主体性"文学区别于其他时期文学的显著标志。同时,每一时期的文学都有其存在的意义和价值,不如将"新主体性"文学视为是具有承上启下精神的独特存在,其"既有根据生活本身的时空结构来叙述生活、反映生活的现实主义方式,也有后现代主义方式的'一切皆行'的风格和姿态"②。

二　背景

整个社会空前的政治热情对文学的最直接影响就是文学的"政治化",其集中表现为作家的"政治化"和作品的"政治化"。其实,早在二十世纪五十年代就已有一些作家开始表达他们的政治观点和诉求,与之相比,二十世纪六十年代的更为显著之标志是文学表达方式和写作技巧的变化,③这充分体现了"政治化"在文学领域产生的深度影响。作家"政治化"的代表人物主要有海因里希·伯尔、君特·格拉斯、彼得·魏斯、汉斯·马格努斯·恩岑斯贝格等,他们深感作为作家和知识分子的政治责任和社会责任,因此他们通过撰写文章、发表演说、接受访问等方式积极参与到这场声势浩大的政治运动中。这些"政治化"作家不断表达自己的政治立场和见解,他们倡导文学和艺术为政治和社会服务的可行性与必要性,从而在联邦德国的这股政治浪潮中发挥了重要作用。作家"政治化"的直接后果之一就是"四七社"的解体。虽然"四七社"本身是一个松散的作家群体,但是整个社会的政治化运动加剧了其分离和解体的过程。"四七社"的解体说明,在二十世纪六十年代的文学"政治化"热潮中,并不是所有作家都热衷于参与其中,他们对文学的认知及功能作用有其他看法,他们投入到有别于"政治化"的文学创作中,这为后来

---

① 余匡复:《德国文学史(下卷)》(修订增补版),上海:上海外语教育出版社,2013年,第147页。
② 李昌珂:《德国文学史(第5卷)》,南京:译林出版社,2008年,第239页。
③ Vgl. Hermann Schlösser, *Literaturgeschichte und Theorie in der Literatur*, in Klaus Briegleb/Sigrid Weigel (Hg.), *Gegenwartsliteratur seit* 1968, München, 1992, S. 385.

文学领域在二十世纪七十年代发生的"倾向性转折"埋下了伏笔。

相比二十世纪六十年代的文学"政治化",二十世纪七十年代的文学发生了"倾向性转折",由此开始了"新主体性"文学的时代。文学的"倾向性转折"与社会环境的"倾向性转折"不无关系。当年席卷整个联邦德国的政治化浪潮逐渐减弱直至平息,轰轰烈烈的改革运动与反对活动也不复存在,这种结果是由多种因素造成的:首先,作为改革领袖的"议院外反对派"因日益增长的内部矛盾与分歧而形成互相斗争和互相排挤的现象,这使改革运动缺乏了统一的领导核心;其次,联合政府颁布了一系列高压政策和法令,这造成当年作为大学生运动先锋分子的大学生们大多因担心自己的前途和未来而销声匿迹,而剩下的极少数大学生则变得更加激进,甚至走上了恐怖主义道路;再次,不断袭卷而来的政治热潮并未取得卓有成效的收获,这使本来积极参与政治运动的民众大失所望;最后,本国的经济危机造成通货膨胀和失业率上升,而国际的石油危机更加剧了经济动荡,从而严重影响了人民的生活水平和生活质量。[①] 以上种种原因使民众们不再热衷于政治,而是投入到自己的生活和工作中去,其中也包括当初那些慷慨激昂的作家们。当初那些作者深感作为斗争武器的文学无法改变政治和社会的现实,因此他们不再关注与政治有关的话题,也不再讨论以及从事与政治有关的文学创作,而是重新投入文学的怀抱。同时,文学本身也"不再与政治、革命、社会有涉,不再是乌托邦政治意图与观念的载体,不再直接介入社会政治活动,甚至不再为之作近距离的斗争"[②],文学开始进入"消解政治"时期,最突出的表现就是"新主体性"文学的流行。

"新主体性"文学以主体自身为研究中心,其"是在转向个人的心灵深处和倾吐个人的内心情感,是在传达个人的主观体验、叙述个人的生活以及描绘个人的内外状态"[③]。总之,在"政治化"浪潮中被忽略或压抑的个体"我"重新回归并引发了人们的探索和思考。但是,我们并不能因此就将"政治性"文学和"新主体性"文学看成是两个完全相反的对立面,因为"在二十世纪六十年代的政治化时期,'主体性'也是作为一个影响因素而存在的,其也被看成是这股政治化的一部分和反作用力"[④]。在政治运动中,大学生们追求自我解放和表达自我诉求的行为其实正是主

---

① 参见李昌珂:《德国文学史(第5卷)》,南京:译林出版社,2008年,第231—233页。
② 同上,第233页。
③ 同上。
④ Peter Beicken, „Neue Subjektivität": Zur Prosa der siebziger Jahre, in Paul Michael Lützeler/ Egon Schwarz (Hg.), Deutsche Literatur im Bundesrepublik seit 1965, Königstein/Ts, 1980, S. 164.

体意识的体现,正如彼得·施奈德提出的观点:"成千上万的人在1968年的集体混乱之中才能找到他们自己的个性。个人需求和政治需求[……]是密不可分的,这次觉醒的力量正存在于此。[……]如果没有把迄今为止所有内在的东西向外散发出来的热情,那这次运动就不会拥有它的政治冲击力。"①因此,我们应该辩证地看待"政治性"文学和"新主体性"文学的关系以及前者对后者的作用与影响。

三 特征

(一) 形式语言结构

根据前述"新主体性"文学在叙事作品方面的几大分类,自叙性和自传性的作品占有较大比重,因此"新主体性"在形式上的特征之一就是采用书信日记等自叙体形式或报道资料等文献体形式,有时其甚至会将这些形式融合在一起,如乌韦·约翰逊发表的《周年纪念日》就"采用日记、独白、谈话等形式特征来突出'我'"②。而且,为了达到纪实性的真实效果,这些文章往往从第一人称的主观性叙述视角出发,如卡琳·斯特鲁克的著名自叙性代表作《阶级爱》就是将日记体的叙事方式和第一人称"我"的叙述视角相结合,从而很好地表现自我经历背后蕴藏着的多层次含义。其他描写个人经历与抒发个人情感的小说也多使用第一人称,从而透过主人公的视角来更好地观察周围的客观世界和剖析个人的内心世界。当然,也有一些小说采用第三人称叙述,它们以全知全能的视角自由无限制地对主人公的一切行为进行描写和分析。二十世纪七十年代的许多诗歌中也出现了"我"甚至"我们",这里的"我"和"我们"有时并不单单指具体的个体,而是代表了一个群体或一代人,如卡琳·基乌斯的诗作《幸福的转折》虽抒发了诗歌主体"我们"的感伤情绪,但其实它表达的是一代人的共同情感。③

在语言层面上,因为"新主体性"文学侧重于反映个人的日常生活,所以其语言风格偏向于日常、平实、朴素,这在诗歌方面体现得尤为明显,"日常生活诗"的繁荣正说明了这一点。"日常生活诗"抛弃了二十世纪五十年代流行的隐喻和象

---

① Gerhard Wilhelm Lampe, *Subjekte ohne Subjektivität. Interpretation zur Prosa Peter Handkes und zur Lyrik Rolf Dieter Brinkmanns*, Bonn, 1983, S. 90.
② 余匡复:《德国文学史(下卷)》(修订增补版),上海:上海外语教育出版社,2013年,第148页。
③ 参见李昌珂:《德国文学史(第5卷)》,南京:译林出版社,2008年,第264页。

征,其反对语言的晦涩难懂和神秘化倾向,禁止华丽的词藻堆砌,转而主张语言的简洁明晰和口语化,使用通俗易懂的词汇,从而有利于更好地表达主体的日常情感和情绪。这种日常化的语言也在一定程度上决定了诗歌自由开放的结构,甚至有些诗人将诗歌最基本的格律和韵律都舍弃了,这引起了不少非议。

个别小说在结构上也有变化,如彼得-鲍尔·蔡尔的小说"放弃了脉络清晰的传统叙事模式,取消了贯串全书的情节主线,叙事内容剪辑、拼贴、穿插、跳跃,还夹杂着随心所欲的人物内心独白"[1],这些特点在尼科拉斯·博恩的小说《故事的背地面》里也有体现,汉特克把这部作品称为"迄今为止最彻底的'新主体性'文学或'新内向性'文学的代表"[2]。此外,"新主体性"特征还体现在悲伤忧郁的感情基调上,无论是诗歌还是小说,都呈现了一代人迷惘、痛苦甚至绝望的情绪,营造出一种将近世界末日的消极氛围,这不仅有利于塑造人物形象、凸显人物特点,也有利于更好地表现主题思想。

(二) 主题特征

自叙性和自传性的叙事作品用文字回顾作者自己的生活和人生,因此真实性成为其重要特征,也成为"新主体性"文学的主要特征之一。这类作品或者讲述自己的童年和爱情,或者回忆自身经历以及当时所处的时代背景,以此抒发自己的内心感慨和人生感悟。虽然这类作品是从主观性视角出发的,但是我们可以将其看成是在"客观"地叙述自己的所为所思,因此其真实性毋庸置疑。尤其是一些以纪实资料为题材的文献类作品,如"瑞士作家马克斯·弗里施的《六年日记》(*Tagebuch* 1966 - 1971,1972),其以主体性视角记下了这几年国际、国内的重大政治事件和科学技术发展"[3]。在一些将个人经历与文学创作相结合的作品里,虽然真实性大打折扣,但是自叙和自传的内容依然存在,并且真实与虚构、可靠与怀疑的互相融合更能呈现出想象世界与现实世界、主观世界和客观世界的强烈反差,从而表现作品主旨以引起读者共鸣。

因"新主体性"以主体(即个人)为核心,所以"新主体性"文学十分侧重于展现个人的日常生活,这也使二十世纪七十年代的文学呈现出日常化和私人化的趋势。

---

[1] 李昌珂:《德国文学史(第 5 卷)》,南京:译林出版社,2008 年,第 249 页。
[2] Ralf Schnell, *Geschichte der deutschsprachigen Literatur seit* 1945 (2., überarbeitete und erweiterte Auflage), Stuttgart, 2003, S. 372.
[3] 李昌珂:《德国文学史(第 5 卷)》,南京:译林出版社,2008 年,第 240 页。

无论是诗歌还是小说，它们对生活片断和细节的描写都细致入微，如于尔根·贝克尔的诗歌《整整一个星期五》就记录了一个在河边散步的人的所见所感，诗中出现了孩子、老人、女人、钓鱼人等人物，以及乱石、货轮、起重机、电台发射塔等景物，诗歌描绘的正是一个星期五的日常图景。① 但是，值得注意的是，《整整一个星期五》并不是对所有事物的简单罗列，而是借此表达对生存危机的感悟。由此可见，"新主体性"不仅在乎对日常生活细节的描写，而且注重平凡背后隐藏着的深层含义，而这与个体的感知是分不开的。感知强调通过眼、耳、口、鼻、手五种感官体验生活和认识世界，其不仅包括个体与周围世界的交往与关系，而且涉及个体自身的内心活动，如情感、想象、记忆等。因此，感知成为"新主体性"的主要特征之一，其不仅是作家塑造人物形象的重要手法，而且是读者解读人物形象的重要途径。

主体和主体性陷入困境与危机的表现之一是主体异化和主体性丧失，这也是"新主体性"的特征之一，其成为二十世纪七十年代的众多文学作品的主题。不得不说，这与二十世纪六十年代的政治化浪潮不无关系，满怀激情与斗志的作家们希望通过文学来实现政治抱负与改变社会现实，而后理想破灭，他们不禁对写作和文学产生怀疑，同时也对自我和社会产生怀疑。这些作家笔下的主人公不仅仅是作家自身的映照，更是一代人的缩写。首先，主人公与客观世界格格不入，这体现为他们在遭遇挫折打击以后无法很好地正常生活或者在现实世界中找不到存在感，如高度发达的工业化对自然生态的破坏，而这种工业与自然的对立让人产生一种物是人非的感觉；其次，主人公与其他人无法和谐相处，其很难融入其中或被排斥在外，有种局外人或边缘人的感受；最后，由前面两者引发的主人公的痛苦与失落，他们内心的苦闷与忧愁无法排遣，于是他们逃避自我、放弃自我，最后变成了异化的"我"。正如小说《旅程》里面的主人公，他在梦想幻灭以后"走上了一条自虐自弃的极端之路——吸毒，他将吸毒当成从社会麻醉中清醒、恢复自我意识、回归生命世界的媒介"②。异化的主人公不仅是作者伯恩瓦尔德·费斯佩的真实再现，而且其经历也代表了一代人的迷惘、痛苦和失落。

反映个体日常生活和内心情感的"新主体性"文学虽然是回归自我、表达自我的象征，但其并不完全等同于个人化，因为个人和社会无法脱离关系，个人不能独立于社会而存在，个人的异化也部分地由社会引起，因此在谈论"新主体性"时，我

---

① 李昌珂：《德国文学史（第5卷）》，南京：译林出版社，2008年，第271页。
② 李昌珂：《德国文学史（第5卷）》，南京：译林出版社，2008年，第252页。

们不能切断它与"社会性"的关系。另外,二十世纪七十年代的"新主体性"文学之产生有其特定的时代背景,虽然这个时期的作品不再是为政治服务的工具,其似乎走向了与二十世纪六十年代的"政治性"文学相反的另一极端,但"新主体性"与"政治性"的关联是不容忽视的。一方面,二十世纪六十年代的"政治性"文学中已经隐含了"新主体性"的萌芽;另一方面,二十世纪七十年代的"新主体性"文学是在特殊的政治思潮背景下产生和发展的,而且这也是这一时期的"新主体性"区别于其他时期的"主体性"之显著标志。所以,与"政治性"和"社会性"之关系也是"新主体性"的特征之一,并且这种关系隐藏于作品内部,我们需要对主体进行深入解读后才能发觉这种关系。

除了上述主要特征以外,"新主体性"还包括一些其他特征,如个人的梦想和幻想、自我的剖析和坦白、对进步与理性的怀疑等。此外,有些经常被提及的对立话题也或多或少地得到呈现,如文明与野蛮、科技与自然、理性与神话、男人与女人等,[1]这些特征或单独或交错地被呈现在作品之中。对此,我们需要在特定的文本中进行具体分析。

四 结语

虽然"新主体性"文学大约只持续了十年时间,但是作为二十世纪六十年代的政治化运动之后新诞生的文学流派,其依然具有特定的文学背景和研究价值。而且,"新主体性"文学上承"新现实主义",下启"后现代主义",对"新主体性"文学之研究不仅有利于我们把握二十世纪中后期的文学之发展,也有利于加深我们对整个文学史中的"主体文化"之理解。

---

[1] 参见 https://herrjohnen.files.wordpress.com/2015/02/merkmale-neue-subjektivitc3a4t.pdf（Stand: 26.5.2018）。

自我叙述与自我认同

——沃夫冈·希尔比希作品《转换》中的身份认同问题及个体生活叙事化在构建身份认同中的作用研究

黄爱玲

摘　要　本文研究了德国当代作家沃夫刚·希尔比希的长篇小说《转换》中的身份认同问题。在个体身份认同的构建过程中,叙述起着至关重要的作用。通过自我叙述,个体才能对人生不同阶段进行梳理、整合,从而构建一个合理、统一的自我形象。《转换》的主人公因为记忆的间接性缺失而丧失了对自我人生故事进行有序叙述的能力,不成功的自我叙述导致了自我认识的混乱,也宣告了他构建自我身份认同的努力之失败。同自我认同危机一并爆发的还有语言危机,二者相互交织并互为因果,从而使主角最终丧失了自我身份认同。在《转换》中,语言在身份认同的建构方面发挥着根本性的作用。通过将失去身份认同的主人公同时刻画成对语言产生怀疑的作家,希尔比希在《转换》中对作家身份这一主题进行了探讨并对语言的本质进行了反思。

关键词　沃夫冈·希尔比希　《转换》　身份认同构建　叙事化处理　叙事身份认同

近几十年来,围绕身份认同的讨论在学术界经久不衰,身份认同问题研究受到了许多学科的重视。一提到身份认同,我们必然会想到诸如"我是谁"以及"我应该与谁或者与什么取得共识"之类的问题。在古代,社会的进步和变化不会像现在这样急剧,人的生活相对来说变动较少,那时候的身份认同是"没有问题的,也不是反思或者讨论的对象"。[1]　然而,自人类社会迈入二十世纪以来,社会各方面的高

---

[1] Thomas Ahbe/Heiner Keupp, *Identitätskonstruktionen. Das Patchwork der Identitäten in der Spätmoderne*, Reinbek bei Hamburg: Rowohlt, 1999, S. 71.

速发展极大地影响了社会文化,传统价值观也在很大程度上遭到了挑战。环境和人都以极端快速的方式发生着变化,这就导致了个体很难"在感察自我的时候始终维持贯穿个体生活时间和横跨不同生活场景的相同性(Gleichheit)和内在的统一性(Einheitlichkeit)[……]"[1]可以说,正是由于现代人遭受着"身份危机","身份认同"才成为了社会科学研究和讨论的重点问题。

身份认同理论的研究者普遍认可的观点是,身份认同(Identität)抑或自我身份认同(Ich-Identität)包含两个层面:一方面,它涵盖了社会的认可和社会期望的达成,与之相关的个人自我体验被细化为社会身份认同;另一方面,它强调个体在时间维度中能感查到的"自我的相同性(Gleichheit)和个体的连续性(Kontinuität)"[2],这一部分被理解为个体身份认同,个体身份认同确保了"个人人生故事各个阶段紧密的相互联系"[3]。在此过程中,身份认同不再被视为一种人生命运抑或是一种天生被给予的东西。现代身份认同理论认为,身份认同是一种理念(Konstrukt),人必须去构建它,"并在新的经历和期望的影响下,通过改变其建构而使之得以维持下去"[4]。同时,就如安塞尔姆·施特劳斯(Anselm Strauß)所强调的,这种构建过程应当发生在社会交往语境当中,因为身份认同在他看来是一种"能由语言进行描述的个体自我阐释的范式与其自身社会心理发展的各个阶段之间的对应性"[5]。此外,施特劳斯还强调,语言是完成身份认同转变的媒介。

在此基础上,叙事心理学推动了身份认同理论的进一步发展,它强调叙述故事对人的行为和理解的重要性。[6] 叙事心理学的研究者将叙述视为"[……]起构建作用的首要范式[……]个体通过这个范式来组织并解读自己与自身[……]和与

---

[1] Thomas Ahbe/Heiner Keupp, *Identitätskonstruktionen. Das Patchwork der Identitäten in der Spätmoderne*, Reinbek bei Hamburg: Rowohlt, 1999, S. 27.

[2] Jürgen Straub, *Personale und kollektive Identität. Zur Analyse eines theoretischen Begriffs*, in Aleida Assmann/Heidrun Friese (Hg.), *Identitäten. Erinnerung, Geschichte, Identität*, Band 3, Frankfurt am Main: Suhrkamp, 1999, S. 74.

[3] Karlfried Gründer/Joachim Ritter (Hg.), *Historisches Wörterbuch der Philosophie*, Völlig neue bearbeitete Ausgabe des Wörterbuchs der philosophischen Begriffe von Rudolf Eisler, Band 4: I-K, Basel: Schwabe, 1976, S. 150.

[4] Straub, *Personale und kollektive Identität*, a. a. O., S. 93.

[5] Karlfried Gründer/Joachim Ritter (Hg.), *Historisches Wörterbuch der Philosophie*, a. a. O., S. 149.

[6] Vgl. Kenneth J. Gergen, *Erzählung, moralische Identität und historisches Bewusstsein*, in Jürgen Staub (Hg.), *Erzählung, Identität und historisches Bewusstsein. Die psychologische Konstruktion von Zeit und Geschichte. Erinnerung, Geschichte, Identität I*, Frankfurt am Main: Suhrkamp, 1998, S. 13.

周围自然环境的关系,并赋予其意义"①。由于这种叙述的原本形态是精神上的,所以它只能在特定条件下通过语言的媒介作用得到表达。② 作为一种"叙事性的构建过程"③,叙述使生活中的各种事件和行为"形成一个时间整体"④,因而其在身份认同构建中起着根本性的作用。在这样一种自我叙述中会诞生一个故事,根据尤根·施托布(Jürgen Straub)的观点,这个故事能够给予自我一个具有包容性的身份认同,并使其各种行为和生活经历变得有意义。⑤ "叙事身份认同"的理念由此得到发展,它将个体身份认同描述为一个"具有故事形态的构想[……]其历时性的方面被富有决定性意义地建立在自我叙述的基础之上"⑥。因此,身份认同通过个人自我叙述得到呈现。

接下来,本文将从叙事心理学的观点出发,重点研究沃夫冈·希尔比希⑦长篇小说《转换》⑧中的身份认同问题。沃夫冈·希尔比希是前东德的作家,他的这部长篇小说出版于1989年,是其第一部长篇小说。同年,希尔比希就凭借《转换》获得了英格伯格-巴赫曼奖。《转换》以柏林为主要场景,小说的主人公曾是一个在工厂里三班倒上工的锅炉工,他用业余时间秘密地进行写作。在此期间,主人公因为污蔑国家的罪名而入狱。从监狱出来以后,主人公去往柏林,他尝试继续写作却一再受挫,这使他甚至开始对语言的本质和自我的存在产生怀疑。在柏林的两年间,主人公重构自我身份认同的尝试屡遭失败。最终,身份认同与语言的双重危机侵袭了主人公,使他深陷走投无路的困境。两年后,作为一个自我身份认同缺失的

---

① Vgl. Kenneth J. Gergen, *Erzählung, moralische Identität und historisches Bewusstsein*, In Jürgen Staub (Hg.), *Erzählung, Identität und historisches Bewusstsein. Die psychologische Konstruktion von Zeit und Geschichte. Erinnerung, Geschichte, Identität I*, Frankfurt am Main: Suhrkamp, 1998, S. 15.
② Vgl. Ebenda, S. 28.
③ Ebenda, S. 16.
④ Ebenda, S. 18.
⑤ Ebenda, S. 28.
⑥ Anita Gröger, *"Erzählte Zweifel an der Erinnerung". Eine Erzählfigur im deutschsprachigen Roman der Nachkriegszeit (1954-1976)*, Würzburg: Ergon, 2016, S. 52.
⑦ 沃夫冈·希尔比希于1941年出生在前东德,2007年罹患癌症去世。除了《转换》(1989年)以外,希尔比希还著有另外两部长篇小说,分别为《我》(1993年)和《权宜之计》(2000年)。中篇小说《女人们》和以上三部长篇小说是希尔比希最重要的几部作品。希尔比希曾于1987年获得卡尼西斯坦纳文学奖(Kranichsteiner Literaturpreis),于1989年获得英格伯格-巴赫曼文学奖(Ingeborg-Bachmann-Preis),另于2002年获得格奥尔格-毕希纳文学奖(Georg-Büchner-Preis)。
⑧ 论文以德语原版为研究对象,下文原文引用均为本文作者翻译,作品名缩略为 EÜ。Wolfgang Hilbig, *Eine Übertragung*, Frankfurt am Main: Fischer, 1989.

人,主人公返回了自己的家乡。《转换》并没有明确说明主人公回到家乡以后有没有重获叙述的能力。在《转换》的最后,主人公在一片空地上为回应乌鸦的叫声而大声呼喊了三遍"Acheron"①,整部小说便在此处结束了。

尤根·施托布在他的著作中提到,人对自己生活的叙事化处理常常应当是在自己没有意识到的情况下自发进行的。② 但是,《转换》中的主人公的情况则全然不同,他完全是以一种有意的显性方式在对他的生活进行叙事化处理。虽然主人公在现实生活中只是个锅炉工,但他却对写作抱有超乎寻常的热情,写作是他感受外部世界的方式,仿佛只有通过写作,他才能获得理解自己的生活、理解世界的能力。对自己生活的叙事化处理原本应该能够帮助主人公按照自己的需要对人生过去的事件进行解释,并将它们理解为自己人生故事的一部分。通过叙事化处理,人生事件将被置于时间和因果联系之中;作为人生故事的一环,再不同寻常的事件也会被合理化,它们的原因在人生故事里有迹可循,它们也会被用作原因"去促成理想的结果"③。在此过程中,个体便能构建一个连续性的、令自己满意的自我认识,而这是自我身份认同构建过程中的决定性之一环。然而,《转换》的主人公对自己人生的叙事化处理却因酗酒所导致的记忆断层和记忆混乱而失败了。从主人公的自我叙述中产生的并不是一个统一的人生故事,而是一系列相互之间没有联系的片段。在酒精的作用下,主人公常常陷于一种不可控制的忧伤之中,他总在自我叙述中倾向于回忆一些消极的经历,这种倾向不仅没能使他理解和认可自我,反而使他糟糕的过去变得"更加令人绝望"(EÜ,161)。

失败的自我叙述并没能帮助主人公形成一个统一连贯的人生故事,也未能解释其人生中的种种事件并赋予它们合理的意义,但这并不意味着这样的自我叙述就是全然失败且毫无意义的。至少,在主人公看来,叙事化的过程如何及其是否成功并不十分重要,对生活的叙事化不再是为了自我理解,不是自我叙事服务于生活,而是生活服务于叙事化的最终成果——一系列相互之间毫无联系的故事断片。这些断片需要主人公将自己的生活奉献为素材,它们不是主人公自我生活叙事化

---

① 德语意为"冥河"。
② Kenneth J. Gergen, *Erzählung, moralische Identität und historisches Bewusstsein*, a. a. O., S. 17.
③ Donald E. Polkinghorne, *Narrative Psychologie und Geschichtsbewusstsein*, in Jürgen Straub (Hg.), *Erzählung, Identität und historisches Bewusstsein. Die psychologische Konstruktion von Zeit und Geschichte. Erinnerung, Geschichte, Identität I*, Frankfurt am Main: Suhrkamp, 1998, S. 32.

失败的产物,反而是其真正的目的所在。在此过程中,现实生活的种种退居次要地位,其存在只是为了给这些断片提供一些真实的基础,以便它们能被"多次使用"(EÜ,62)而且令人信服。然而,这些彼此毫无关联的故事在多次的叙述中不断得到发展,其被增添了越来越多可变的细节,此时一种危险悄然而生——故事开始自己发展,其越来越不受叙述者的控制:"后来我自己在这故事里也开始摸不到头脑,故事变得如此交错复杂,以至于我再也无法理出头绪,到底哪些是故事里原本就有的,哪些是我的杰作。"(EÜ,140)区分真实和虚构的东西对于主人公来说变得十分困难,他陷入困惑与混乱之中,甚至提出这样的问题:"我是不是真的坐在这里,我真的是我到昨天为止都深信不移的那个自己吗?"(EÜ,64)

自我异化和对自己人生的疏离不可避免,而主人公内心的分裂也在逐渐扩大。在自我叙述中,主人公和自己人生故事中的那个"行动的我"保持着距离。在自我叙述中,主人公本该既作为故事的行动者,又作为故事的观察者而存在,但客观的被叙述者和主观的叙述者之融合在主人公身上却失败了,他割裂了作为一个整体的自我。作为一个人生故事的观察者,主人公没办法同自己人生故事里的行动者在自我认同上达成共识。主人公自己的人生故事由此变成了别人的人生故事,而他仅仅是一个因没有过去而怀疑自我存在的他人人生故事的叙述者。

既然主人公自己对生活进行叙事化处理的尝试反复失败,甚至导致了自我的异化和对存在的怀疑,那么他便在新的构建身份认同的尝试中直接将自我置于随便一个人的人生故事中,他要在别人的人生故事中去构建新的身份认同,以此来摆脱过去那个"完全无意识的"旧的自己。在被释放后,主人公去到了柏林,他坚信自己在柏林可以生活在一个全新的故事里,而这个新故事的题材则来源于他的狱友 Z. 兄弟给他的一张纸条。在这张纸条中,狱友预测了将发生在自己未婚妻身上的一次谋杀,因此他拜托主人公帮忙:"出去后接受我在 F 大街上的公寓吧/我的未婚妻很可能会被谋杀[……]作案时间在五月七日七点,在 G 大街上的空房子里[……]你一定要阻止事情发生!!!"(EÜ,25)在主人公看来,小纸条提供了一个故事,这个故事里的所有纠葛和关联都是被预设好的,它们等待着他去发现。这张小纸条同时也为主人公提供了一个契机,从而使他最终下定决心放弃自己的故乡前往柏林,而这次的柏林之行是主人公于身份认同的危机中拯救自我的一次尝试。

主人公决定去柏林,并决定将自己放置到狱友 Z. 的故事中,以此构建新的身份认同。但是,作为身份认同核心的人生故事应该是成功的自我叙述之成果,并且故事的中心应该有且只有一个"我"。《转换》的主人公如果要想生活在别人的故事里,那么他就要承担放弃自我的风险。这样一来,主人公就只能去接手别人的角色或者是"偷"一个别人的身份,而这也为他的身份认同构建可能遭遇的失败埋下了伏笔。这样的生活对于主人公来说必然是充满困难的,如他自己所说:"Z.的小纸条对于我而言始终像某种形式的遗嘱一样[……],我只是被安排来执行它。"(EÜ,285)在别人的故事里生活的主人公既不能像人生故事的作者那样对这个故事的主人公产生认同感,也不具备作为故事作者所应有的叙述自己人生故事的自主权。故事有自己的发展,就像主人公自己所说:"Z.兄弟从某个时刻开始成为了我的'自我'的作者。"(EÜ,301)

即便如此,对故事的狂热追寻使面对诸多难题的主人公依然还是沉迷于他的这个柏林故事,以至于他让自己全部的生活都开始为这个故事服务。主人公坚信,他越是尽可能多地发掘隐藏在小纸条背后的关联,就越能借此构建一个其实是出自他幻想的真实并生活在其中。G大街上的空房子、狱友的未婚妻科拉·L的照片以及狱友提供给他的公寓,它们是小纸条上的重要元素,而主人公也都一一在柏林找到了它们。纸条上的小故事中提到的东西仿佛脱离了文本而出现在现实生活里,它们使主人公游走在虚构和真实的边缘:原本是小纸条上提到的只言片语,却在现实生活中真的有对应的东西;原本是现实生活中的事物,却和主人公根据纸条想象出来的东西一致。主人公的生活随之出现了这一系列问题:到底什么才是真实?真实是否真的是一个人所想的那样?为什么基于虚构文本的想象有真的要素,而真实却有了想象之物的影子呢?

这些问题却并没有对主人公造成困扰,他根本无意区分现实和想象。对于主人公来说,最重要的事是要在真实生活中寻找到纸条所提到的那些事物,他要借此讲述一个新的故事,搭建一个全新的"真实"。至于这种新"真实"跟《转换》中的其他人物的真实是不是一样,以及这两种真实哪个才是正确的,这些对于主人公来说都无足轻重。当主人公提到"故事"的时候,他强调的不再是其中的虚构性,而是指代那些来源于真实生活却又脱离了生活的无聊和"致命的平庸"的种种关联和联系。主人公想要找到隐藏在小纸条背后的联系,他想去"遇见"整个故事。但是,主人公在文中的这番话为他后来的失败埋下了伏笔:"这里存在着某种特定程度的真实性,如果低于这个程度,那么某个特定的真实将会突然衍生出无数个变体,将会有无数种可能性能还原出这种真实的所谓本来面貌,到这种地步,人又该如何写作呢?"(EÜ,303-304)

这种"特定程度的真实性"果然再度消失了,因为主人公借助那张小纸条找到的各种现实生活中的对应之物被狱友 Z. 的律师点明都是假的。那张小纸条很有可能只是个谎言。所有主角找到的、构建的关联与联系其实都只是狱友某个阴谋的微不足道的组成部分。主人公的柏林故事之基础崩塌了,他自以为找到了的那个隐藏在这张纸条背后的故事也随之变得毫无意义,这一切使主人公人生的"柏林篇章"走向终结,他想要借助狱友 Z. 的身份在一个全新的故事里生活并构建新身份认同的尝试也失败了。主人公再也不相信自己倾尽在柏林的所有时间构建的故事和所谓的真实,他的故事全面崩溃,所以故事的作者和主人公也没有继续存在下去的意义了,结束"柏林篇章"返回家乡的时刻不可避免地来到了。主人公自以为寻找到了的可以一用的人生故事其实只是幻想,其中的不真实性再也令人无法忽视,就如他自己所说:"每当我回忆我(在柏林)扮演的角色时,我都感到它是一个完全想象出来的、人为吹嘘出来的角色[……]"(EÜ,320)

主人公在柏林的身份构建之旅必然失败,因为个体不能抛弃自我叙述,也不能通过随随便便将别人的人生故事转换为自己的人生故事来构建自我身份认同。主人公陷入了新的困境之中,他既不能对过去的自己产生认同感,也没办法通过一个全新的人生故事来构建一个新的身份认同。在柏林故事结束的这一刻,主人公的身份认同构建也无法挽回地走向失败。

主人公的身份认同构建过程缺乏两个最重要的要素,即有序的记忆和成功的自我叙述。尤根·施托布说:"'正确的回忆'就是能构建一个故事,一个形式完备的叙述应具有的所有标志都要在这个故事里有所体现。"[1]自我叙述和回忆处于辩证关系之中。一方面,记忆是叙事化处理的对象,无序的记忆会在叙事化过程中产生消极的影响;另一方面,可以说二者是平行发展的过程,如果自我叙述失败了,那么个体也无法对过去进行正确的回忆。除此之外,主人公的自我叙述之失败也与其遭遇的语言危机有关。

作为一名作家,主人公在被释放出狱后始终无法再度提笔写作,而问题不仅仅出现在对语言的运用上,他的整个语言文字系统似乎都摇摇欲坠、面临崩溃:"我字母写到一半,笔就滑开了,笔触留下的一道弧线划到了另一页上,而我的意志完全无法阻止[……]"(EÜ,76)主人公反复提到语言的不可信,他找不到一种值得信赖的合适语言来正确地表达自己的想法,因此他无法为自己身份认同的核心——

---

[1] Kenneth J. Gergen, *Erzählung, moralische Identität und historisches Bewusstsein*, a. a. O., S. 191.

作为作家的存在——提供一点保障。作为作家,主人公依赖于语言这个符号体系,而现在他遭受着身份危机并对这个体系充满了怀疑。

主人公对语言的怀疑主要集中在语法上。当主人公尝试写作时,他总感到被一种负担所拖累,而这种感觉无疑"与他意识到一种完全掌控他大脑的已经发展成为专断的绝对力量的语法有关[……]"[1]在《转换》中,语法被视为表达的统治性秩序,而被深深刻在语法里的还有主宰个体认同或不认同某个事物的强制性要求。在传授语法的过程中,命令和言语也一并被传达。[2] 通过对这个具有主导性地位的语法的内化,主体在某种程度上被预先编程,并成为主人公所说的"像机器人一样的修辞意象"(EÜ, 78)。语言被描述为一种统治关系,而这种关系从一开始就被"印刻"[3]在主人公的脑海里。语言变成了某种"生硬的、僵化的东西"[4]。在自我叙述中,语言原本被视为最根本的要素,但在主人公眼里,语言再也无力作为一种纯粹的理解和传播手段而存在,而作为意义载体的它也正处于消解之中。

语言骤然变成了一个"充斥着虚假意义的陈词滥调的垃圾场,成为了一种由具有双重意义的错词构成的新语言"(EÜ, 330)。语言"在语言学的层面上扭曲形变"[5],这对主人公的现实理解产生了巨大的影响。因为对于主人公来说,周围的环境就是一个"语言的集合"(EÜ, 162),现实和自己的存在对于主人公来说都是以语言为基础的。语言的扭曲必然动摇自我的存在,而语言所建构的现实也失去了它的有效性。语言的不可信带来了毁灭性的影响:"因为主人公意识到自己依赖语言而存在,当他不再信任这一点时,他也就失去了对自我的信任。"[6]因此,主人公形容自己被弃于一个符号系统之中,他不再是一个有自我意识的主体,而是成为了"语言的不幸之物"(EÜ, S. 209)——一个失去语言和身份认同的"生物"。

主人公的语言危机与身份认同危机交织出现,从而使他陷入了无法摆脱的困境中。主人公尝试书写一个新的人生故事并构建全新的身份认同,然而他却无法信任作为重要媒介的语言。对语言的怀疑使主人公无法写作,因而他试图将自己的狱友 Z. 构筑的人生故事转换为自己的故事,并在其中扮演本属于狱友的那个角

---

[1] Gabriele Eckart, *Sprachtraumata in den Texten Wolfgang Hilbigs*, New York: Peter Lang, 1996, S. 107.
[2] Vgl. Ebenda, S. 107 – 108.
[3] Gabriele Eckart, *Sprachtraumata in den Texten Wolfgang Hilbigs*, a. a. O., S. 109.
[4] Ebenda.
[5] Eckart, *Sprachtraumata in den Texten Wolfgang Hilbigs*, a. a. O., S. 108.
[6] Ebenda, S. 109.

色。所以，在"柏林篇章"中，主人公从未成为自己人生故事的真正作者。即使主人公从一开始就选择遵循占主导地位的语言仪式，这种在他看来僵化、扭曲且蕴含权力话语的符号系统也必然导致他的自我放弃。因此，主人公依然会走向失去身份认同的结局。

希尔比希塑造的这种双重危机在一个遭受身份认同危机的作家身上得到体现，而作者对语言本质的思考也在此过程中得到表达。语言怀疑是近百年来被讨论得最多的哲学问题之一，在希尔比希的小说中，它已经不再仅仅局限于形而上的层面，而是以极端的、戏剧化的形式发生在某个具体的个体身上，这也体现了希尔比希在处理这类主题上的独到之处。《转换》探讨了叙事化过程在反思过去、构建自我认识、感知世界和感受自我存在中的重要作用，即有意义的自我叙述必然只能与"我"相关。如果单单只是把别人的故事转换成自己的人生故事，那个体是无法成功构建自我身份认同的，这相反只会导致自我的消解和身份危机。

希尔比希以自己独有的方式驾驭文字，从而使《转换》带有独特的希尔比希式风格。希尔比希对身份认同和语言的本质进行了反思。加布里尔·艾克亚特（Gabriele Eckart）评价道："希尔比希是东德文学家中第一批向以语言为主题的现代派文学靠拢的作家之一，也是一个——如他自己所说——来自第五阶层的作家，他使文学在沿着'小文学'方向前进的过程中获得了进一步的发展。"[1]

---

[1] "小文学"即指实验性文学。Gabriele Eckart, *Sprachtraumata in den Texten Wolfgang Hilbigs*, a. a. O., S. 5.

学科互涉中的侨易学及其在文本阐释中的应用
——关于文学侨易学的几点思考

董琳璐

摘　要　随着侨易学理论建设的逐步完善，在文学研究中使用侨易学方法论逐渐取得普适性。经过大量个案的验证，文学与侨易学的学科互涉成为可能。与现实世界相比，文学世界中的侨易现象更加多元，同时其又与现实世界关系紧密。这种复杂多变的侨易现象不但充实并扩展了侨易学理论，而且为阐释文本、批评研究文学史的传统方法开辟了新路径，穿越文学中特有的逆时空侨易现象就是其中较为独特的一类。本文以典型的穿越文本《康州美国佬在亚瑟王朝》为例，阐释了"时间迁变-物质位移-精神质变"的时空错序侨易现象及其在文学世界与现实世界关系研究上的作用。

关键词　文学侨易学　逆时空侨易穿越文学

一　文学侨易学之提出的必要性和可行性

从侨易个案的首先推出到侨易学思维的形成，再到侨易规则的建立，侨易学前期的发展主要以叶隽先生的留德学人研究[1]为基础，而侨易学也正是依靠叶隽先生的学理阐释才得以形成一个相对整体化的框架。此后，在具体的侨易方法论扩展以及侨易研究案例之引证方面，个人之力未免有所不逮，而学界对侨易学的认识逐渐深入。围绕侨易学展开的研究虽已经渐成气候，不仅各学科的学者形成了定期的跨学科侨易学研讨，而且侨易学的方法论在具体研究课题中得到了广泛的认

---

[1] 叶隽：《另一种西学》，北京：北京大学出版社，2005年。

同和应用,但在目力所及范围内,学科整体研究基本无法被纳入侨易学的视角进行考量,这显然不利于侨易学理论的自身发展。

尤其是在侨易学创立伊始,对侨易现象的定义及对象的研究重点被放置在了由地理位移引发的精神质变现象上,这也使最初的研究者和后发参与者在一定程度上忽视了精神维度存在着的位移和质变现象。一方面,有人在文学研究过程中应用了一定的侨易学知识,但在规则使用上略显生硬;另一方面,很多突出的个案实例因为缺少侨易学这个研究利器而在深度上犹显不足。侨易学与文学之间的显性联系时至今日仍未被建立,即使是在有意识地勾连文学世界与侨易学之关系的事实研究中,文学侨易学的构建也未被明确提出过。在叶隽先生关于"理论旅行"以及"观念侨易"的一篇文章[①]中,侨易学的主体由人转向了理论,而理论的旅行路径与文学类似,都大致存在于精神世界本身,其可能在一定程度上根据地理条件而发生迁变,也有可能完全与地理迁变无关。这就要求侨易学或者变更理论概念,或者扩充研究外延。但是,改弦更张势必伤筋动骨,而在原有理论的基础上不断进行扩充和向外延伸却是一种行之有效的办法,当然其前提是掌握好扩充的度,这也就是为什么我们主张侨易学要首先与文学相融合,而不是将"社会侨易学""历史侨易学"等提上日程的原因。

那么,为什么是"文学侨易学",而不是"社会侨易学"乃至"哲学侨易学"呢?

侨易学研究的是主观世界(虽然侨易学强调地理位移以及其他位置迁变的重要性,但是其研究的落脚点仍然是"精神的质性变易"[②]),而研究主观世界的方法即是"反映"——需要不断利用主观创作的各类文本来解读侨易主体的思想变化。在我们看来,能反映侨易主体思想变化的文本留存却在一定程度上是断链点续、无法形成完整思想或者精神质变路径的,其中的断点就需要我们运用侨易学以及其他理论方法予以解释和补足。侨易学的方法论意义和优势即在于其阐释能力的高明以及同文学世界规则之贴近,这是文学与侨易学融合的合理性之一。第二,侨易学的立意和研究方法与历史学有着密不可分之联系,对侨易学的建立具有启发意义的案例均来自于对历史现象之观察分析。同历史学一样,侨易学也十分关注时间和空间维度下的主体演变之过程和结果。因此,侨易学与历史学在研究对象和

[①] 叶隽:《"理论旅行"亦或"观念侨易"——以萨义德与卢卡奇为中心的讨论》,载叶隽主编:《侨易》(第一辑)北京:社会科学文献出版社,2014年,第269页;叶隽:《作为侨易个体的萨义德及其理论形成》,载《江苏师范大学学报》,2015年第1期,第15—29页。
[②] 叶隽:《变创与渐常——侨易学的观念》,北京:北京大学出版社,2014年,第31页。

学科互涉中的侨易学及其在文本阐释中的应用——关于文学侨易学的几点思考

研究范畴上——特别是在历史文化研究范畴上——有着一致性。此外,文学作品也是研究历史的重要材料,其是历史研究的重要参照物,各时代的文学作品既代表了观察当时历史的别样视角,同时又是挖掘严肃史述之外的感性故事之源泉。因此,文学是反映和研究历史的重要依据。历史、文学和侨易学便由此产生了更密切的联系。

从使用侨易学的理论方法之研究者主体的角度考虑,对侨易学这一文化内涵丰富的理论之了解、学习和运用都需要研究者自身具备丰富的想象空间和诗化思维,因此侨易学也天然地同文学研究者之间存在着比其他社会学科更加亲近的关系。在善于用道的人手中,侨易学无疑能发挥更大的作用,而文学侨易学的提出和其勾连两个研究领域的尝试显得尤为重要。如果说在此之前,侨易学对文学世界的关注仍属于利用文学关系关注思想生成,那么文学侨易学的研究范畴明显要细致很多,并且其聚焦于文学本身。当然,文学也以"诗"和"思"为重点,并关注"诗"与"思"之间的逻辑联系。

从侨易学的研究手段来看,其对其他学科有所借鉴,主要是对社会学的研究方法之借鉴。在《侨易学的观念》中,叶隽先生曾就侨易现象与其他学科的关系表达过如下看法:"侨易现象的主要研究对象是人,即作为个体的人、群体的人与共同体的人。所以,侨易学与社会学有着非常密切的关系。一般而言,侨易学可以表现为作为个体的人经由长期的时间维度、远距的空间维度、异质的文化维度而导致的精神变化,尤其是观念上的变化。"[1]然后,侨易学进一步在研究方法上同现象学、符号学等属于社会学领域的研究理论进行勾连,这些"不在现行学科建制之内的学科,它们更多地具有超学科的意义,侨易学的提出与之相似"[2]。在此,叶隽先生已经揭示了侨易学在概念和理论层次上的超学科意义。叶隽先生创立侨易学的首要目的在于"充分意识到借鉴各学科的知识资源",并"提供一种有利于观察大千世界万象与接近真理的思考和探知方式"[3]。在这个阶段,侨易学的内涵仍偏重于发明一种跨学科的研究方法,其重心在普适性上。在目前的理论实践和各学科应用中,侨易学也逐渐需要将重心转移到学科精准交叉上来,即借助一个与侨易学融合度最高的现有学科,对侨易学理论进行完善和发展。也就是说,侨易学与其他学科的关系不仅仅是方法论上的借鉴与互通,而且更应该被提升到学科框架的融合与

---

[1] 叶隽:《变创与渐常——侨易学的观念》,北京:北京大学出版社,2014 年,第 100—101 页。
[2] 同上,第 104 页。
[3] 同上,第 105 页。

重建之高度。从这个角度来看,侨易学与文学的关系显然要更加密切。文学侨易学是侨易学突破自身研究局限和扩大自我视域的最佳路径。最近,在一篇有关"文学侨易学"构建的文章中,叶隽先生明确了侨易学同文学在学科层面实现互涉的可能。那么,文学侨易学的研究对象是否与侨易学有所不同?其构建特征与文学符号学和文学社会学有无共通之处?文学侨易学的建立应从何处着手?其又面临着哪些切实问题呢?叶隽先生在《文学侨易学与"观念侨易"——"文学与思想史"研究的方法论思考》中进行了相关论述,而针对文学侨易学的特点,笔者有如下几点进一步的思考。

二 文学侨易学的拟特征[①]

首先,文学是符号学、思想史和侨易学这三个研究方向的交叉领域。借用周辅成的说法,"一等的文学表达思想,二等的文学表达社会,三等的文学局限于个人情感",而文学侨易学显然是要借助"一等天才"的"一等文学"才能被成功建立。从这一点来说,文学侨易学的研究前提更加严谨,其适用范围也更加精确。在以上三个研究领域中,前两者(符号学和思想史)是文学的源出身份和联系对象,而只有侨易学是文学走向"更加立体和完整的构成"的工具和方法。唯有借助侨易学,符号学、思想史和文学才能被结合在一起,这也就是文学侨易学与文学符号学或者文学思想的区别所在。同时,借助艾布拉姆斯的"镜与灯"理论,文学侨易学也是一种"作家-读者-作品"三角互动关系的衍生理论。文学侨易学强调观念侨易,尤其是思想和观念在经过不同的接受体的历次参与之后的侨变,这种变化既是主观的,又是遵照事物自身发展规律而无法为人力所操控的。面对历史中业已存在的这些侨变现象,如何使其在文学侨易学的框架下被梳理成令人信服的线索,并将其架构成牢固的文学侨易世界,这是个艰难的任务。

在运用文学侨易学的理论或者概念时,研究者也面临着因"穿别人的鞋走自己的路"而引起的不适应感,或者说因"穿自己的鞋走侨易学的路"而产生的迷惘感和生疏感。这就涉及到了第二点,跨学科、跨文化和跨领域的侨易学在文学中的表现。叶隽先生将文学本身所包含的交融性概括为"文学和科学知识的关系",其不

[①] 文学侨易学、文学世界的侨易现象等概念及由"文学世界的侨易现象"为切入点构建文学侨易学的思路均由叶隽先生提出,特此说明。

但在内容上包罗万象,而且能克服时代局限。比如,现在网络流行小说的写作手法就是"重生"和"穿越"。或者是郁结而死的老人重生到他年少时,从而能够借着"走过一遍人生"的经验去规避风险和改变命运;或者是了解历史走向的现代人穿越到古代,凭借对人、事、时代的预测以谋求自己的理想。除了"向后("back",不是"further")看"的文学之外,还有"向前看"的文学,以科幻作品为主要代表,即预告未来和引领未来。文学文本内容上的复杂关系由此具有了交融性,而在这种交融性的客观存在和跨学科的主观研究方法选择的共同基础上,多种文学分支学科得以形成。如果说文学社会学、文学符号学等是将文学资源纳入到原本的社会学、符号学等学科领域,那么文学侨易学就是让文学资源自己构建出新的世界(参见叶隽先生对"文学侨易学"的核心三意之解读,对文学侨易学的研究覆盖面以及具体方法仍在初步的构思阶段,虽然侨易学研究已经有了不少个案研究,但是在文学研究范畴内还没有成体系的个案研究成果,因此文学侨易学成为可能的前提就是先以"文学世界里的侨易现象"为研究先导,在事实依据上夯实基础之后,再进行具体的理论建设)。从这个层面上来看,侨易学的方法论特征比理论特征更加得到了凸显,在文学与侨易的互动中或可形成新的侨易阐释方法。

第三,文学侨易学中的侨易学之理论特征。侨易学的方法论特征在文学侨易学中的凸显依赖于文学世界本身的万象糅杂和丰富性,而侨易学的理论特征则需要通过主体性的确立来得到凸显。文学侨易学不同于传统的文学研究分支(如文学史、文学理论和文学批评等)之处就在于侨易学理论的应用,而理论的主体性和自觉性是其中的必然组成部分,其中的一个重要表现就是"观念侨易"的提出,观念侨易"勾连起了文学侨易空间与实践侨易空间,并且将其提升到了观念侨易的层次"。更深层次地讲就是"二元三维",其不同于传统的思想观念的线性研究,而是希望恢复思想观念在历史中变迁的总体有序、短期多变混沌的特性。从"二"到"三"是形成质变的重要一步,从"三"到更复杂、更宏大的思想世界是一种趋势,而对文学世界中的侨易现象和观念侨易的研究则是一次重要的尝试。文学侨易学的合理性需要在实践中得到证明,如果其证明了自身的规律性和学术使命,那么它就不必担心"曲高和寡"。然而,文学侨易学的理论深度和跨学科难度及其同实践融合的融洽度对于研究者来说可谓"甜蜜的负担"。就好比一本珍奇的武学秘笈,人人固想得之而修炼,但是没有正确的法门引导也会导致奥义失传,甚至引发走火入魔的危险。所以,如何在文学侨易学的初步设定过程中进行"教材编纂"和"方法传授"这一问题仍需我们进行谨慎的思量。

三 文学侨易学的可行蓝本：文学世界的侨易现象[①]

在业已成型的文学学科范畴内，学者一般以国别和时代为标准对文学研究进行区分，或者从文学批评、文学史等角度对文学研究进行分类，而文学侨易学则多了一种"主题性"的视角来观察文学世界，并力图在另一个维度对文学世界进行整合。

侨易学的研究范畴最初是物质位移，而如果我们想将研究范围扩大到精神世界的漫游——特别是事实研究已经逐渐在往这个方向发展——那么文学世界是最好的精神漫游场域。尤其是在解读一些并未有过地理位移迁变，但却在精神世界发生巨大质变的个体时，文学世界的变量是尤其需要被考虑的，如歌德对中国文化的接受就与他未踏足中国无关。一般而言，虽然文字属于精神世界的产物，但是文学世界是另一个维度的物质世界，其一方面有着自身的运作规则，另一方面又是真实物质世界的镜像反映，从而受现实物质规则和社会影响之制约(科幻文本和玄幻文本虽有着不同于现实的逻辑基础，但是作者的创作立场也与历史以及现实密不可分)。因此，文学世界中也是存在侨易现象的，这也从侧面证明了文学侨易学的合理性。同时，对文学世界的侨易现象的归纳和研究也体现了文学与历史的天然联系：文学反映历史，文学也有自己的历史；文学家既是历史的书写者，也有可能成为历史研究的对象(典型的如文学史研究)。从这一点上看，文学和历史的交集有两个，一个是文本，另一个是作者，而文学文本反映的是最主要的侨易主体——人的精神变化最值得依仗的证据和研究资料。文学世界的构建将文本和社会、作者与历史各自勾连起来，而揭示该层次的精神质变必须借助文学世界的整体构建方能实现。因此，我们第一步要做的就是拣选文学世界的侨易现象。在近年的侨易学研究中，经典作品、经典作家和经典案例已然参与到了"搭积木，盖高楼"的过程中，也许目前这一步仍停留在文学小时空的展示，但文学大世界的面貌必将借助侨易学的工具而被一一描绘出来。

四 侨易学作为文本阐释方法

如果我们承认文学世界的侨易现象是理解整体文学世界的重要一步，那么诸

[①] 文学侨易学、文学世界的侨易现象等概念及由"文学世界的侨易现象"为切入点构建文学侨易学的思路均由叶隽先生提出，特此说明。

种比较典型的与侨易学理论相关之文学类型应该属于第一梯队。除了下文提到的穿越题材文本自身带有的变化特征之外，还有文本在异语境译介过程中焕发的新变，而异文化背景的文本创作（如赛珍珠的《大地》）、异文化印象的文本创作等——尤其是原有"后殖民文学"标签印记的文本类型——也都属题中应有之义。随着网络时代的来临，全球化也扩展到了文学领域，不但这些旧类型会焕发新的生命力，生于网络的网络文学也将借助网络完成跨文化传播（如翻译中国网络小说并创建译介网站的美国人 RWX①）。网络文学不难成为文化现象甚至登堂入室，因此其获得学者青睐②。当然，作为尚未加入严肃文学研究之列的穿越小说，其文本中的时空之变所导致的情节和人物之变十分适合侨易学的阐释方法，而其中的时空错序之变又不同于现实历史的时空同序变化，这可算得上是文学世界中非常独特的一种侨易现象。

马克·吐温于 1889 年完成的《康州美国佬在亚瑟王朝》（*A Connecticut Yankee in King Arthur's Court*）（或被译成《康州美国佬大闹亚瑟王朝》，下文简称《康州美国佬》）正是这样一部于时间和空间上闪转腾挪的作品。虽然当年《康州美国佬》被众人归为荒诞故事，其得到重视也仅仅是因为其深重的现实意义和马克·吐温本人幽默的叙事风格，但时至今日，当年所谓荒诞不经的穿越奇思在今日已成为网络文学主流，这部作品也在网络小说穿越文的拥趸中被奉为开山鼻祖之作。从通俗文学的角度来看，《康州美国佬》也确实是穿越文学中一个独特流派的代表，即时空彻底错序，不但穿越时间，而且于空间地理元素方面也发生彻底变化。这比中国当代穿越小说中单纯的"今人返古"元素要更多一重趣味（如《寻秦记》《回到明朝当王爷》等）。虽然侨易学看重地理位置的变化所带来的思想变异，但其仍尊重时间的物理属性，断不可打乱历史时空，而文学世界里的侨易现象则能无视时间的正序流淌，这就增添了侨易学的阐释范畴，也同时革新了对侨易现象之解释。侨易现象不仅对文学侨易学理论及其阐释方法有所推动，其对文学批评和文本分析的方法论也有所拓展。

全知全能的视角是穿越文（特指向过去穿越而不是向未来）的一大特色，也是"逆时空侨易"的一个重要元素。所谓"逆时空侨易"，也就是侨易学在真实历史研

---

① 人物采访参见 http：//www.nfpeople.com/story_view.php? id=7141，https：//www.jiemian.com/article/1250614.html，他创建的网站是 www.wuxiaworld.com（访问日期：2018 年 1 月 5 日）。
② 目前，对网络文学中的穿越文学这一重要的文学类型之研究和分析的论文数量不少，但是主要限于对穿越文本的叙事特点以及大众审美的研究，鲜见其他视角。

究和文学史研究中总结出来的"由于(若干时长的)地理位移而产生的精神质变"的研究原则之拓展。

	现实世界中的时空同序侨易现象	文学世界中的"逆时空侨易"现象	时空错序的穿越小说文本
时间变化	符合物理规则的真实时间流变。	打破物理规则的时间规则,从某一时间点回溯到此前历史中的某个时代,然后恢复正常时间流速,展开思想碰撞变异(穿越到未来以及描写未来的科幻小说的文学侨易属性有所不同,此处不述)。	《康州美国佬》的主人公从十九世纪回到中世纪,然后在公元六世纪开始生活。
空间位移	以时间轴为导向的位置变化,以旅行、旅居等跨地域的移动为主。	分为两种,一种是异时间同空间(相对的地理位移),一种是异时间异空间(绝对的地理位移)。	如《康州美国佬》属于异时空,其同时跨越了时间和空间;而中国多数当代穿越文学属于同空间异时间类,即只穿越朝代,不变化地理位置。
精神质变	以主体的精神变化为研究对象,如人或者理论的迁变。	一种是以背景环境的变化为研究对象,尤其是经时空错序迁变的穿越主体之刺激而使历史事实发生质的变动,由此成为另一种客观存在;另一种是穿越主体经过时空错序迁变之后产生思想质变。	《康州美国佬》重在展示现代民主制度同中世纪君主制度、现代文化同教会文化的冲突及其后续影响。

通常,文学作品中的陌生化元素对主体的刺激往往是展开故事情节和推动主角心理变化的重要步骤,这本就符合侨易现象之精髓,而穿越类文本中最不缺乏的就是陌生化元素。在面对穿越文本时,传统的文学分析方法往往无从下手,其多止于隔靴搔痒,而侨易学方法或可助其发出新声。尤其是"逆时空侨易"这种阐释方法的运用能够对穿越文这种独特的文学作品形成深入的分析,而不仅仅是简单地进行古今对比就直接得出"借古讽今"或者"喟叹古不如今"之结论。同时,打破时空架构的叙事手法以及这种丰富的想象力更是文学世界不同于现实世界的最大魅力之一,这也是文学世界里的一种重要的侨易现象。

对历史事实进行想象的穿越小说书写也是符合读者与作品进行正向互动之要求的。这在马克·吐温的年代就备受推崇,而这当下这个全民发声的年代就显得更加重要,其不仅提供了一种新的创作思路,而且也对文学批评提出了新的挑战。比如,在《康州美国佬》中,《亚瑟王之死》①就时而穿插其中,书中先以一篇"兰斯洛特力杀二巨人,湖上骑士搭救众女眷"详细展示了兰斯洛特的风采、兰斯洛特高超的骑术和剑术以及兰斯洛特与总管凯爵士的相遇,而后才展开男主人公的自述和穿越之旅。除了小说叙事本身和历史史料的交错外,还有两个视角的交错,即马克·吐温代表的作者视角和汉克日记代表的主人公视角之交错。显然,马克·吐温不希望读者完全沉浸在汉克的所见所闻中,因为这样的话,《康州美国佬》便和普通历史小说没有任何区别了。作者视角的观察和时不时穿插其中的评论则保证读者能够跳出"日记中的亚瑟王朝",并总是保持一种时空交错跳脱的状态,这种感受也来源于"侨和易"的魅力。如果不以穿越小说的认识框架来审视这部小说,马克·吐温的《康州美国佬》一书也可算是系列历史事件和历史人物的大百科。史书中的陈旧人物在穿越而来的男主角眼里呈现出新鲜的面孔,历史事件在主角的重新演绎下走向另一种结局,种种变化让人眼花缭乱,也大大增加了文本的吸引力。若想明白其中机关,我们还是要倚借"逆时空侨易"的分析方法。

"灵魂转世、时代以及肉体的对换错置"是马克·吐温的这个奇幻故事的"逻辑基础",只有认定这一点,我们才能接受接下来的情节设定(这也是穿越小说同科幻小说的区别,前者重在穿越之后发生的故事,后者重在穿越形成的因果——强调逻辑、伦理、科技等因素)。1879 年,汉克在充斥着机械文明的美国康涅狄格州哈特福德镇(桥港镇)柯尔特工厂内因在工人斗殴中被机械所伤而失去了意识。当汉克醒来时,他发现自己来到了一座古堡中。随着对当地人的观察和试探,汉克得知自己已经来到了六世纪。时空错序造成了种种反差,其中既有一个现代人落入中世纪后的体验反差,也有思想观念的反差。甫一落定,汉克就已经由衷感受到这种反差:"观念继承是一件奇怪的事,也很有趣,值得观察和研究。我有我继承而来的观念,国王及他的人民也有他们的。两种情况中,它们(这些观念)都是沿着时间和习惯冲刷而成的沟槽顺流而下,要是有人想用理智和辩论转移它们的流向,那他的手中一定得持有一份长期合同才行。"此种思想观念上的格格不入对汉克的折磨,远远强烈于穿衣镜、咖啡、牙刷等器物层面的匮乏所带来的麻烦。汉克难以忍受这一切反差所带来的折磨,他想要以一己之力改变这个时代。在利用日全食

---

① 《亚瑟王之死》(*Le Morted' Arthur*)由托马斯·马洛里爵士(Sir Thomas Malory,1415 - 1471 年)在服刑期间写成,并于 1485 年出版。《亚瑟王之死》是英国小说史上最早的散文体作品,也是第一批用英语写成并印刷出版的书,其传播广泛、影响巨大,很多作家都将此书作为研究亚瑟传奇故事的重要参考文献。

这个天文现象展示"神迹"并获得自由后，汉克先用先进的工业和电气手段建立起小规模的工厂，然后再招募底层农民中的那些尚未变得麻木不仁的少年人入厂工作。最终，汉克说服了国王，并成为首相。汉克步步为营、思虑周全，但是他的民主治国计划尚未实施就因教会神权的反扑而全盘失败。

在《康州美国佬》的结尾，汉克的中世纪游历以回到现代为句点，而此时的他早已不是之前那个秉持着"人定胜天"之理念的那个"认为自己能制造一切"的工厂工头了。在弥留之际，汉克想起的是中世纪的妻子和小名叫作"喂，总机"①的孩子。汉克在言辞之间将工业文明称为"未来的时代"，而将中世纪称为"我们的时代"。可见，汉克的主体认知和归属感发生了转变，他带着现代民主思想和工业技术到中世纪去，在那里他萌生了改天换地的志向并实践了现代精神。汉克在中世纪一直以现代人自居，并进行思想上的"自我陌生化"。但是，在回到现代之后，汉克从身心到行为言谈却都无一例外地被深深烙刻了中世纪的种种痕迹。虽然汉克的身体回归了现代，但他的思想和立场都留在了中世纪的那段历史之中。

时空错序必然对主体形成渗透和冲击，但最终结果如何？是融合和化归，还是矛盾和灭亡？这是马克·吐温在书中提出的一个命题。针对这个问题，马克·吐温以汉克的命运和历史的命运作为答案。汉克曾经把中世纪的英格兰变得在各个方面和现代社会一模一样，如电灯电话、广告报纸等，这些都是颇具现代性特征的器物层面的变化。同时，汉克也尝试对少数青年人进行思想层面的改造，但是更多人只接受了物质和器物的变革，而他们的思想仍然守旧，这也是为何汉克最终还是失败了。教会的一纸教令就让英格兰大众倒戈而向，这只能说明思想和制度层面的改变何其难也。从短期来看，不但汉克的计划失败了，最后他亲手将工厂、发电厂等现代文明之表征炸上了天，而且读者也会为中世纪重新陷入农奴制和教权统治的深渊而扼腕叹惜。但是，从长期来看，历史的车轮照着既定轨迹行进到了现代，汉克苏醒时已经恢复了平等自由的公民身份。但是，汉克仍怀念着自己在中世纪的妻儿，朴素的情感是唯一没有在时空错序中丢失的，其反而得到了加强。一千三百多年的历史变更也无法迫使汉克遗忘掉他与中世纪的人物之间产生的情感，

---

① 这个名字的由来是汉克在睡梦中回到现代，并在打电话的时候不停呼唤"喂！总机"，而他枕旁的中世纪妻子误以为汉克口中呼唤的是他之前挚爱的姑娘，于是以此为孩子命名。汉克的中世纪妻子这么做的目的原是尊重汉克的感情，以展示自己的忠贞。汉克在得知此事之后哭笑不得，但是他还是接受了妻子的好意。所以，"喂，总机"这个名字既象征了汉克对现代生活的思念，也象征着现代汉克同中世纪妻子的结合以及他逐渐归属于中世纪的情感倾向。参见［美］马克·吐温：《康州美国佬在亚瑟王朝》，何安琪、张煤译，南京：译林出版社，2002年。

他对这些情感的珍视也正应是我们观察逆时空侨易现象所能得到的收获之一。

　　除出于研究目的的文本阐释之外,读者视角的文学欣赏也与侨易相关。从读者和作品的互动角度看,时空错序的侨易思维也许已潜移默化地存在于读者的欣赏和评论中,相信每个读者在阅读经典名著时都曾有过"若我为其,就不会……"或者"若是我,就一定要……"等置身其中的想法。汉克所为不正是读者所想吗?"改变"是一种现象,"求变"是一种欲望。正是这样的欲望,在一定程度上催生了更加纷繁多样的文本。文本引人思"变"的能耐和意义也同样在于这个"变"字,其与"借侨生易"的侨易现象在本质上是一致的,而其顺序却是从思想之变迁延至制度之变与器物之变。经典文本使人情感起伏,让社会风向转变,甚至触动新思想之产生与成型。文学的"变"力蔚为可观,此力经由文本而横亘时空,进而抵达我们眼前,其展示着侨易之妙。正如学者所言,"文学史建立的不仅是历时性的秩序和结构,而且还是文学自身艺术水准高低起伏的秩序和结构"[①]。侨易视角能够为文学批评和文学史研究提供新的维度,即去除不变量,分析自变量。侨易学对分析作者创作初衷、创作背景和文本成型以及历史关系等均有所助益,尤其是能解读某一种文学类型的兴衰流变以及某一类文本的起生兴成。比如,中世纪这一题材在不同时代获得了不同的书写角度,即便同样是中世纪题材加穿越叙事,不同年代的文本也大相径庭,早期文本如《康州美国佬》仍维持着历史结果,而现当代文本如《重返中世纪》(*timeline*)则以改写历史为叙事重点。如以时间为坐标的话,我们会发现,历史的主体性正随着时代演变而逐渐在文本中消解。时至今日,未来发生倒退的题材比穿越历史的题材更加吸引人,这与当下的全球化问题所带来的民众反思和担忧密不可分,如《人猿星球》(*La Planète des singes*)、《使女的故事》(*handmaid's tale*)等反乌托邦小说给民众带来的现实警醒使其得以流行,乃至被改编成影视作品,这证明了读者在文本批评以及文学史中的地位。当前,全球化进程中的文学走向变幻莫测,其发展趋势极为迅猛,令人无法预料,这说明构建立体文学世界和完整知悉影响文学世界中的侨易现象之因素的必要性。借助别出机杼的文学侨易学以及侨易学的文本阐释方法,研究者或可多一种观测视角来厘清文学世界与现实世界的复杂关系。除却文学世界本身所包含着的万千景象,文本之可能世界与现实之实在世界[②]的联系、文本之过去世界与实在之未来世界的联系

[①] 顾祖钊:《文学原理新释》,北京:人民文学出版社,2000年,第1页。
[②] 关于文学世界与现实世界的关系分析问题,参见赵毅衡:《三界通达:用可能世界理论解释虚构与现实的关系》,载《兰州大学学报(社会科学版)》,第41卷第2期,2013年3月,第1—7页。

等又当作何解释？

在现实世界中，侨易学为我们提供了从物质位移（时间维度和空间维度在现实世界的物质位移是合二为一的）到精神质变的分析思路；而在文学世界中，我们可以将时间维度单独剥离出来，以此形成"时间迁变-物质位移（空间迁变）-精神质变"的时空错序侨易现象。那么，从文学世界到现实世界，两个时空的牵连、互动、影响以及侨易主体在其中的多元与消解又该如何被解读呢？随着学科互涉的加深，侨易学的理论外延必然会得到拓展，其面临的种种问题将不一而足，或许化解之法还是需要我们到文学侨易学的构建中去求取。

Emotionalität in der Liebeskonzeption des Willehalm von Orlens am Beispiel der Elterngeschichte

谢 娟

摘 要 本文通过详细分析中古德语诗人鲁道夫的《维勒海姆》同名主人公的母亲"伊丽哭灵"选段,对封建宫廷文化具有代表性的公共领域与私人领域出现的情感表达模式的差别进行对比,考察情感表达所具有的社会性别属性,以及社会角色的转化与实践空间转换存在的特定关系,从而深入探讨封建宫廷文化个体的身份建构。

关键词 公共领域 情感表达模式 社会特别属性 身份建构

1 Forschungspositionen

Die Liebestod-Episode in der Elterngeschichte ist, zusammen mit dem Dichterkatalog, das meist diskutierte und in der Forschung beliebteste Textstück des *Willehalm von Orlens*[①]. Im Vergleich zur erst relativ spät einsetzenden Forschung über jenen Dichterkatalog hat diese schon am Anfang der *Willehalm*-Forschung große Aufmerksamkeit auf sich gezogen, was nicht auf die verkomplizierte Konstruktion und die figürliche Idealisierung zurückzuführen ist, sondern auf ihre Zugehörigkeit zum Liebestod-

---

[①] Zitiert nach der Online-Ausgabe von Victor Junk: Rudolfs von Ems Willehalm von Orlens herausgegeben aus dem Wasserburger Codex der fürstlich Fürstenbergischen Hofbibliothek in Donaueschingen. Dublin [u. a.] 21967 (Deutsche Texte des Mittelalters, 2); verfügbar unter http://digi.ub.uni-heidelberg.de/diglit/Junk1905 (gelesen am 19. Januar 2017).

Motiv-Ensemble der literarischen Tradition. Die Motivgebundenheit wurde früher allerdings wegen der Widersprüchlichkeit der Verhaltensweise der Frauenfigur als ungeschickte Nachahmung von Blanscheflurs Tod bezeichnet und als Beweis für Rudolfs Epigonentum angeführt.[1] Die Unwahrscheinlichkeit der Emotionsausdruckweisen und die erreichte Gefühlsintensität seien nach Wachinger „psychologisch" plausibler, wenn dadurch die Spannung zur Gesellschaft in Rudolfs Verarbeitung der verschiedenen vorhandenen Motive insbesondere von Gottfried mit einbezogen werde.[2] Brackert versuchte die Epigonen-Kritik dadurch zu rechtfertigen, dass Rudolf mit der Ausdrucksvielfalt durch Kombination von drei Todesszenen aus drei klassischen Epen die Gefühlsintensität zu steigern vermöge. Seiner Meinung nach sei Ilîe „ eine Herzeloyde, die nicht weint; eine Blanscheflur, die einen Klagemonolog hält; eine Isolde, die *vroeliche* an die Bahre tritt, um zu sterben. " Die dadurch entstandene Gefühlsmischung entspreche zwar nicht der Lebenswirklichkeit, aber der Kunstwirklichkeit und ziele auf einen Überraschungseffekt ab. Grund dafür sei Rudolfs veränderte Auffassung der epischen Gestalt, dass die Figur als „ Demonstrationsobjekt" „ fürstlicher Selbstrepräsentation" fungiere.[3] Franziska Wenzel analysierte die Figurengestaltung nach Perspektiven und Bewegungen der Protagonistin detailliert und stellte eine Verbindung der Verhaltensweise mit verschiedener Räumlichkeit fest.[4] An Wenzels Raumanalyse knüpft die folgende Untersuchung an, allerdings

---

[1] „Sie [Ilîe] hört von dem Tode ihres Mannes mit großer Gefaßtheit, sie geht ohne Weinen und Schmerz zu verrathen, im Gegentheil fröhlich, zu seiner Leiche, erhebt eine Klage und stirbt. Das versteinerte Herz der Blanscheflur bleibt hier unglücklicherweise bis zum Tode beredt und geschwätzig [...]" Georg Gottfried Gervinus, *Geschichte der deutschen Dichtung*, Leipzig 41853, S. 466.

[2] Burghart Wachinger, *Zur Rezeption Gottfrieds von Strassburg im 13. Jahrhundert*, in *Deutsche Literatur des späten Mittelalters. Hamburger Colloquium* 1973, Hrsg. von Wolfgang Harms/L. Peter Johnson, Berlin, 1973, S. 56 – 82, hier S. 70.

[3] Helmut Brackert, *Elye an der Bahre des toten Geliebten. Szenentypus und Frauenbild in Rudolfs von Ems 'Willehalm von Orlens'*, in *Philologische Untersuchungen. Festschrift für Elfriede Stutz zum 65. Geburtstag*, Hrsg. von Alfred Ebenbauer, Wien, 1984, S. 90 – 101.

[4] Franziska Wenzel, *Situationen höfischer Kommunikation. Studien zu Rudolfs von Ems 'Willehalm von Orlens'*, Frankfurt a. M. u. a, 2000, K II. 4 (Mikrokosmos 57).

Emotionalität in der Liebeskonzeption des *Willehalm von Orlens* am Beispiel der Elterngeschichte

unter den Aspekten der Emotionsforschung. Meine These lautet vorerst: die scheinbare Widersprüchlichkeit der Emotion der Hauptfigur ist auf ihre verschiedenen Identitäten zurückzuführen, die wiederum durch die verschiedenen Räume bzw. den Wechsel der Räumlichkeit zur Geltung kommen. Um die Allgemeingültigkeit der Raumbedingtheit und der Identitätsabhängigkeit der Emotionalität in der Vorgeschichte zu überprüfen, wird außer dem Liebestod noch ein in der Forschung kaum beachtetes Textstück-die Abschiedsszene-einer genauen Analyse unterzogen, weil die Szene den einzigen Auftritt der beiden Protagonisten bietet und deren Emotionsdarstellung daher von enormer Bedeutung ist.

2 Geschlechterbedingte Emotionalität in der Abschiedsszene

Willehalms I. Abschied von seiner Frau Ilîe ist wie andere Abschiedsszenen der Liebenden in höfischen Epen von der schmerzhaften Trauer geprägt, die auf unterschiedlichste Weise-körperlich, sprachlich oder mimischzur Geltung kommt. Willehalms I. Verhalten setzt sich aus der Körpersprache wie Umarmung (583, 597) und Küssen (596, 598 – 599) sowie wortsprachlich aus der Berufung auf Gott (585, 594, 608 – 610) zusammen und hat daher eine maßvolle Dimension. Im Kontrast dazu zeichnet sich Ilîes Reaktion durch anklagende Fragen (590, 607) und Klagen (605, 623) aus. Sie stellt sich dadurch als maßlose emotionale Figur heraus. Erst nach der wiederholten Warnung Willehalms I. (611, 625) beherrscht Ilîe die Traurigkeit, gibt dem Ehemann am Ende zahlreiche süße Küsse (626), wodurch nicht nur Willehalm I. als dem Lehrenden Überlegenheit in der Selbstbeherrschung bzw. angemessener Verhaltensweise der Fürstin gegenüber zugewiesen wird, sondern auch eine Bevorzugung der Körpersprache in höfischer Emotionskommunikation zum Vorschein gebracht wird, die in der Hauptgeschichte noch mehr an Gewicht gewinnt.

Ilîes unkontrollierte Trauer wird in der Wechselrede der Figuren reflektiert: Willehalm I. weist auf ihre außergewöhnliche Traurigkeit hin (*Dun wurde nie so reht unvro,/Swie dike ich ie geschiet von dir* (612 – 613), und Ilîe verteidigt ihre Verhaltensweise mit der Privatsphäre der Situation (*Das sol nieman wissen mir/ ‚Das ich so sere waine*! (614 – 615) und mit der ihrem Bewusstsein enthobenen Vorahnung für diesen Abschied (616 – 621), was auf den tragischen Ausgang der Vorgeschichte vorausdeutet. Die Unterscheidung der Privatheit der Situation von der Öffentlichkeit legitimiert daher ihren Affekt der Traurigkeit. Somit scheint die Emotionsdarstellung der Frau durch der Raumsituierung bedingt zu sein. Dem sich ebenso in der Heimlichkeit befindenden Willehalm I. wird zwar zum Teil das Raumprinzip, aber vor allem das identitätsbedingte Verhaltensmuster des Minnenden und des Herrschers übergeordnet, wobei eine größere Signifikanz der Herrscheridentität zugemessen wird, die ihren Schwertpunkt auf *mâze* legt und Repräsentationsfunktion hat. Als Minnender umarmt Willehalm I. [s] *ines herzen trut amien* (582), küsst sie und überantwortet sie Gott.

Während die Intimität des Ehepaars durch eine Reihe körperlicher Aktionen Willehalms I. veranschaulicht und dadurch seine Identität als Minnender in Szene gesetzt wird, tendiert seine Wortsprache dazu, sich davon zu distanzieren: in der formalistischen Gottesberufung und der Kritik an Ilîes übermäßiger Trauer (611 – 613, 624 – 625). Willehalms I. Herrscheridentität wird daher bei der Erfüllung des *mâze*-Prinzips und der repräsentativen Funktion nach dem Herrscherverhaltensmuster hervorgehoben. Das Oszillieren der beiden Zeichenebenen (Körper und Sprache) korrespondiert mit dem Verweben der Doppelidentität Willehalms I. Die divergente Funktionalisierung der Medialitäten in der identitätskonstituierenden Emotionsdarstellung der männlichen Figur findet allerdings keine Entsprechung in der Gestaltung der weiblichen Figur. So kann man von einer geschlechterbedingten Emotionalität sprechen.

Die geschlechterbedingte Emotionsdarstellung lässt sich andererseits durch die Distribution der Emotionen aufladenden Attribute festlegen. Dem Helden wird in der Abschiedsszene lediglich einmal, zusammen mit der Frauenfigur, das Herzeleid (*herze rûwen* [600]) zugeschrieben, und sein

Emotionalität in der Liebeskonzeption des *Willehalm von Orlens* am Beispiel der Elterngeschichte

Fortgang am Ende der Abschiedsszene wird als *senelich* bezeichnet. Währenddessen sind sowohl in der indirekten Darstellung als auch in der Figurenrede der Frau emotionshaltige Adjektive, Adverbien, Nomen und Verben existent: Sie fragt traurig (587) nach dem Rückkehrtermin und weint heftig (604), als Willehalm I. ihr keinen genauen versprechen kann; sie reflektiert sogar über ihre unerklärbare Trauer (614 – 623), die nach außen als Weinen (615) und innerlich als *herzecliche* [*s*] *we* (618) dargestellt wird. Nach der detail-lierten Schilderung der weiblichen Traurigkeit ist ihr sehnsuchtsvoller Blick, fokussiert auf den abreisenden Willehalm I, besonders mitleiderregend, damit wird ihre Minneidentität schließlich glaubhaft gemacht.

Nach der oben analysierten Konstatierung der verschiedenen Verhaltensweisen und Darstellungsweisen der Emotionalität ist nach der Grundlage dieses emotionalen Ausbruchs zu fragen: Die Trauer entsteht, weil sich die Geliebten voneinander verabschieden müssen. So ist hier die Traurigkeit untrennbar von der Liebe. Die Verbindung der beiden in der Regel gegenüberstehenden Emotionen wird narrativ von innen nach außen motiviert: *Da wart vil herze rúwen kunt/Den gelieben baiden,/Do si sich mastent schaiden./Die vrowe ir trúwe erschainde/Vil sere si erwainde* (600 – 604). Anlässlich des Abschieds wird von den beiden viel Herzeleid wahrgenommen. Die Schaltstelle zwischen dem innerlichen Leiden und dem emotionalen Ausdruck der weiblichen Figur ist durch die *trúwe* markiert, nachdem [*d*] *ie vrowe ir trúwe erschainde*, wird ihr innerliches Herzeleid durch die Geste des Weinens veräußerlicht und ferner durch Klage versprachlicht. Allerdings ist dem *trúwe*-Prinzip nur die weibliche Figur unterworfen, und es fehlt ein solcher Knotenpunkt in der Emotions-kommunikation bei Willehalm I. So wird zwar mit dem Liebkosen seine Identität als Minnender präsent gehalten, aber die kalkulierte Herrscherbilddarstellung dämpft die Emotionalitätsdimension dieser Figur.

Zusammenfassend lässt sich feststellen, dass der knappen Abschiedsszene (574 – 635) nicht nur Retardierungs — und Vorausdeutungs —

sowie Figurenprofilierungsfunktion auf der Handlungsebene zuteilwerden, sondern es wird hier auch die Konzeptualisierung der Liebesthematik durch Emotionsdarstellung geltend gemacht. Das anfänglich vorgestellte Liebesideal des Paars wird erst hier charakterisiert, insbesondere die weibliche Figur Ilîe, die abgesehen von den seltenen Erwähnungen in der Schilderung Willehalms I. erst hier ihren Auftritt erhält, wobei sogleich ihre Identität als Geliebte und Ehefrau mit emotionaler Intensität etabliert wird. Die für Ilîe identitätsstiftende Emotionalisierung der Szene ist zugleich konstitutiv für die Identitätsbildung der männlichen Figur, die sich dadurch zunächst als der rationale und handlungsfähige Herrscher herausstellt. Ilîes Minneidentität wird mit Hilfe der Medialitäten (Geste, Sprache und Körper) und mit der dadurch erreichten Emotionalität (Trauerdarstellung) kenntlich gemacht. Im Vergleich zu Ilîes Monoidentität ist Willehalm I. mit einer Doppelidentität versehen: als Minnender und Regierender, deren Aufsplitterung durch die ausgewählt differenzierende Zeichenebene (Körper und Sprache) und deren Vernetzung durch das Oszillieren der Medialitäten sprachlich vorgeführt wird, wobei eine Hierarchisierung der Identitäten zum Ausdruck kommt.

3 (Dis)-Kontinuität der Emotionalität in der Liebestod-Episode

Der Schluss der Elterngeschichte im *Willehalm von Orlens* hat seit langem die Alt-Germanisten irritiert, nicht wegen des Liebestodes der treuen Frau, sondern wegen ihrer Handlungsfähigkeit und Nüchternheit in der Nachfolgeregelung vor ihrem Tod. Eine Klagende wie Enite oder eine sofort in Ohnmacht fallende Dame wie Herzeloyde erwartet man, wenn eine Frau die Todesnachricht ihres Ritters im Kampf erfahren hat oder ihren Mann tot vor Augen sieht, so dass der Mann mit seiner Tapferkeit und die Frau mit ihrer Treue symmetrisch dargestellt werden und das Liebesideal feierlich gerühmt werden kann. Das Darstellungsmuster ist maßstabgebend für den Erwartungshorizont von Rudolfs Publikum und nicht zuletzt des *ingesindes* Willehalms I., so dass sie der Wöchnerin die Hiobsbotschaft zu verschweigen versuchen, obgleich sie über den Tod ihres Herren klagen (1660 – 1667). Der Verheimlichungsversuch der Hofleute widerspricht allerdings der Demonstration ihrer Wehklage, die Visualisierung der Trauer im Form der *grosse [n] clage* (1666) veranlasst nämlich die Fürstin zur Aufdeckung der Wahrheit: Sie zweifelt zuerst innerlich in Hinblick auf die Klage, und ihr Verdacht wird anschließend durch die Übermittlung der Tatsache durch einen *juncherre* (1675) bestätigt.

3.1 Ilîes erste Reaktion auf Willehalms Tod: Ratsversammlung und Herrs-chaftsrede

Ilîes erste Reaktion auf den Tod Willehalms I. ist durch Ratsversammlung und Herrschaftsrede bestimmt. Sie klagt nicht, noch fällt sie in Ohnmacht. Stattdessen beruft die *tugenriche* Fürstin die Lehnsleute zusammen und hält als Landesherrscherin in der Öffentlichkeit eine klageartige Rede. Behandelt wird in der Rede zunächst die offizielle Mitteilung vom Tod des Landesherren, die Warnung vor übermäßiger Trauer und eine mögliche Begründung des Todes. Im Zentrum der Rede stehen der Tod (des Vaters) und die Geburt (des Sohns), der Verlust und die Kompensation. Das Motiv erinnert zwar leicht an die Vorgeschichte in Gottfrieds *Tristan*[1], die Gestaltungsweise ähnelt aber Wolfram. Das Motiv-Tod und Geburt des Helden-wird hier durch ihre Gleichzeitigkeit stilisiert, durch die Vertextlichung der sich kreuzenden Boten[2] (1645 – 1662) veranschaulicht und durch die chiastische Rhetorisierung in Ilîes Rede zugespitzt:

Han ich anen man verlorn,
Da wider ist mir ain sun geborn,

---

[1] Walter Haug: Rudolfs, *Willehalm'* und Gottfrieds '*Tristan*'. *Kontrafaktur als Kritik*, in Harms/Johnson, *Deutsche Literatur*, a. a. O., S. 83 – 98.

[2] Ausführlicher bei Wenzel (*Situationen höfischer Kommunikation*, a. a. O.), S. 60 – 61; Christine Thumm, *Aus Liebe sterben. Inszenierung und Perspektivierung von Elyes Liebestod in Rudolfs von Ems „Willehalm von Orleans"*, In Henrike Lähnemann (Hrsg.), *Dichtung und Didaxe. Lehrhaftes Sprechen in der deutschen Literatur des Mittelalters*, Berlin [u. a.], 2009, S. 173 – 188, hier S. 177 – 178.

> An dem ich ergezzet bin;
> Nach verlust han ich gewin. (1699 – 1702)

Für das *vroedelos* [s] *wip* Ilîe, die wegen des Todes ihres Mannes [d] *en groesten jamer* haben sollte, bedeutet es eine Teilkompensation des Verlustes, eine Teilung des Schadens (1698). Es folgt eine Übertragung der Argumentationsweise und der Kompensationslogik auf die Lehnsleute:

> Habit ir och ainen herren
> An minem herren nu verlorn,
> So ist an andre ú geborn,
> Min vil liebes kindelin,
> An dem sont ir ergezzet sin (1704 – 1708),

wodurch Ilîes Appell an das *ingesinde*, nicht *ze unmazecliher wis* zu klagen, begründet und die Weiterführung der herrschaftlichen Genealogie sprachlich vollzogen wird. Am Ende der Rede fordert die Herrscherin die Lehnsleute auf, ihre Treue dem Neugeborenen und ihr gegenüber zu behalten und diese erneut mit Eid zu beschwören (1713 – 1717). Der Aufforderung wird unverzüglich nachgekommen (1718 – 1720). Die raffiniert aufgebaute Rede kann zwar als „Fürsorgetat der Mutter"[1] betrachtet werden, fungiert aber viel mehr als „ein Akt der Repräsentation, der die Kontinuität der Landesherrschaft demonstriert"[2], sie stiftet „Ordnung in die Unordnung der Affekte und der offenen Herrschaftssituation"[3], indem die gemeinschaftliche Trauer durch die höchste Autorität am Hof reguliert und der Verlust des Herren durch die Bekräftigung des Generationswechsels ü-

---

[1] Wachinger, *Zur Rezeption Gottfrieds von Strassburg im 13. Jahrhundert*, a. a. O., S. 71.
[2] Klaus Ridder, *Liebestod und Selbstmord. zur Sinnkonstitution im 'Tristan', im 'Wilhelm vom Orlens' und in 'Partonopier und Meliur'*, in Xenja von Ertzdorff-Kupffer (Hrsg.), *Tristan und Isolt im Spätmittelalter. Vorträge eines interdisziplinären Symposiums vom 3. bis 8. Juni 1996 an der Justus-Liebig-Universität Gießen*, Amsterdam [u. a.], 1999, S. 303 – 329, hier S. 315.
[3] Thumm, *Aus Liebe sterben*, a. a. O., S. 178 – 179.

berwunden, die hierarchisierte Machtordnung durch ritualisierten Eid und Schwur der Hofgemeinschaft wieder hergestellt wird.

Mit der dadurch gekennzeichneten Handlungs — und Durchsetzungsfähigkeit wird Ilîe als eine Herrscherin von „überlegener Bedachtheit" und „klarer Rationalität"[1] charakterisiert, die sich nicht nur erheblich von der emotionalen Intensität der Ehefrau in der Abschiedsszene unterscheidet, die dort gerade aufgrund ihrer übermäßigen Traurigkeit der Kritik ausgesetzt wird, sondern sie tritt auch in Diskrepanz mit der Frau, die später an der Bahre eine Min-neklage hält und schließlich den Liebestod stirbt. Eine plausible Erklärung für die „Diskontinuität" der Ausgestaltung der Figur liefert wohl die raum-situative Identitäts — und Emotionalitätsdarstellung. Im Gegensatz zu der Privatsphäre der Abschiedsszene handelt es sich hier um die Öffentlichkeit, in der Ilîes Identität als Herrscherin nicht nur aktiviert wird, sie wird wegen des Verlustes des Herrschers und der Unmündigkeit des Nachfolgers auch ins Machtzentrum-den Hof-gerückt: die Fürstin vertritt folglich die höchste Machtautorität am Hof. Die kennzeichnende *mâze*-Stiftungsaufgabe und Rep-räsentationsfunktion Willehalms I. hat nun Ilîe zu erfüllen. Gleich Willehalm I. wird ihre Emotion nur begrenzt zur Schau gestellt, und gleich ihm fällt auch ihre Identität als Minnende vorläufig der als Herrscherin zum Opfer. Demzufolge ist eine Verdrängung der Identitätsbildung der Weiblichkeit durch die den patriarchalen Diskursen vorbehaltene Konstitution des Herrscha-ftsideals zu beobachten. Beschrieben wird ausschließlich die *dike grosse clage* der *unvro [en]* Hofgemeinschaft, die Ilîe zu Reflexion und Anzweifel veran-lasst, während Ilîe und ihre Reaktion mit dem ethischen Attribut *tugenriche* statt mit einem emotionalen versehen werden. Die in ihrer Rede vorkom-menden emotionshaltigen Schilderungen beziehen sich entweder auf einen ver-allgemeinernden Affekt, der negativ bewertet und nach der *mâze* korrigiert wird, oder auf einen durch den Verlust ausgelösten, aber zugleich überwun-denen Affekt: der Verlust

---

[1] Brackert, *Elye an der Bahre*, a. a. O., S. 91.

wird nämlich mit Hilfe der Gottesgnade (durch die Geburt des Kindes) kompensiert und der entstandene Affekt daher auch überwunden. Allerdings wird die Weiblichkeitsidentität nur vorübergehend zugunsten einer reibungslosen Fortführung der herrschaftlichen Genealogie unterdrückt. Anhand der These der raumsituativen Emotionalität bzw. Identität setzt die Entfaltung anderer Identität einen Raumwechsel voraus, was durch die detaillierte Ausführung von Ilîes langem Übergang vom Hof (Herrschaftsraum) zum Kloster (Raum der Trauerriten) und letztlich zur Bahre (Raum der „Intimsphäre") ins Bild gesetzt wird.

3.2 Widersprüchlichkeit der Emotionalität im Übergangsraum

Trotz des Abratens der Gefolgschaft besteht Ilîe darauf, zum Begräbnis zu gehen (1744,1747). [*I*] *r herschafte mat* wird vom *ingesinde* als *billich unde gut* wahrgenommen, bevor sie auf *aine* [*r*] *rossebare* (1752) zum Kloster getragen wird. Der Raumwechsel wird durch die Hervorhebung der Funktion des neuen Raums als Ort der Trauerriten (*Do messe halb gesungen was* (1757)) und der veränderten Raumbesitzer-Verwandtschaft (*mage* [1760])-mit deren Vertreter, dem König von Frankreich, markiert. Mit der Anwesenheit einer höheren Herrschaftsinstanz wird das Machtverhältnis verändert und das Gewicht der Macht von der Landesfürstin auf den König verlagert, wodurch ihre zurückgehaltene Identität als Minnende entlastet werden kann: bezeichnet wird sie *Ilye die getrúwe/Mit jamerlicher rúwe* (1771–1772), die von allen anderen (*Der kúnic, die fúrsten und ir man* [1773]) abgehalten wird, sich dem Gestorbenen anzunähern. Anzumerken ist, dass es sich hier wahrscheinlich um eine Darstellung der innerlichen Gemütsbewegung der Figur handelt, die durch das *trúwe*-Prinzip stimuliert wird und eine Veränderung der Verhaltensweise in Gang setzt. Die Widersprüchlichkeit der Emotionalität der Hauptfigur wird an folgender Stelle durch Nennung der beiden gegensätzlichen Emotionen-*vrolich* und *jamersrich*-veranschaulicht, obwohl sich die zweite als ein allge-mein vorausgesetztes und durch die Erzählerperspektive angeführtes inneres großes Leid heraustellt. [1]

> Der vürstinne gebaren
> Was vroelich, niendert dem gelich
> Das si waeri jamers rich,
> Ir ovgen wurden nie durch das
> Dester roeter noch nas
> Das ir dis grosse lait gischah. (1779 – 1783)

Die Symbiose der Freudegebärde und der Emotion der Traurigkeit der Figur lässt sich mit der Beschaffenheit des vom Herrschaftsraum zum Raum der Trauerriten führenden Übergangs — oder Schwellenraums begründen, wo sich die Figur in einer Zwischenstellung befindet und ihre Identität dem „schon und noch-nicht"-Prinzip der Räumlichkeit-des schon überwundenen alten Raums und des noch nicht eroberten neuen Raums-unterworfen ist. Ilîe wird in diesem Moment umgekehrt vom machtübergeordneten König (1785 – 1787) getröstet, während sie ein Paar Verse davor noch diejenige ist, die der Hofgemeinschaft vor *unmazecliher* Trauer warnte. Im Dialog mit dem König wird ihr Wunsch nach dem Opfer im Kirchenraum offenbart[2] (1801 – 1806) und auch gewährleistet. Der stete Abhaltungsversuch der jetzigen Trauergemeinde korreliert mit dem anfänglichen Verheimlichungsversuch der dortigen Hofgemeinschaft und scheitert ebenso wie jener.

Ilîe wird dorthin, wo sie ihr Opfer darbringen kann, geführt durch den

---

[1] Thumm, *Aus Liebe sterben*, a. a. O. , S. 179.
[2] [⋯] Herre, nu ist ú wol kunt/Das ich nu an dirre stunt/Sol und mos vor kilchen stan/Und niht aen urlup sol gan;/Des helfent umbe den bischof mir,/Unz ich geophir, das ist min gir! (1801 – 1806) Gerhardt deutet diese Stelle als Reflex auf streng geregelte Trauerriten: die Wöchnerin darf den Kirchenraum nicht betreten, bevor sie in einem kirchlichen Reinigungsakt ein Opfer darbringt, siehe Christoph Gerhardt: Willehalm von Orlens. Studien zum Eingang und zum Schluß der strophischen Bearbeitung aus dem Jahr 1522, in Wirkendes Wort 35, S. 1985, S. 196 – 230, hier S. 207 f; Wachinger erkennt dies auch als Anspielung auf die derzeitigen kirchlichen Regeln, Wachinger, Zur Rezeption Gottfrieds von Strassburg im 13. Jahrhundert, a. a. O. , S. 69.

Bischof-das Oberhaupt der Trauerriten, dessen Auftritt mit den verdichteten Ortsangaben (*Der bischof fúr des múnsters túr/Von dem altare hin, /Und fuorte da die vrowen in,/Biz si getate ir opher hie* [1808 – 1811]) ausgestattet ist. Die auffallende örtliche Markierung kündigt Ilîes Eintritt in den Kirchenraum an. Mit diesem Vollzug des Raumwechsels wird Ilîes Trauer zum ersten Mal für die anderen sichtbar und ihr neue Identität als trauernde Klagefrau in Szene gesetzt: [d] *ie vrowe trureclichen gie/Under des kúnges armens* (1812 – 1813). Die Aufmerksamkeit der Trauergemeinde, aber auch des Publikums wird unter der Lenkung der erzählerischen Perspektive auf die Protagonistin konzentriert, und ihr Opfer und ihre Bewegung zur Bahre werden gleicherweise verfolgt, wobei Ilîes Identitätswechsel zu einer trauernden Ehefrau überdies als ein innerlicher Wahrnehmungsprozess vorgeführt wird: [···] *zaigete wipliche gar/Den kumber der ir herzen war,/Und ir clagendes ungemach* (1819 – 1821). Ihr Wunsch danach, sich vom Geliebten (*minneclichen man* [1836]) von Angesicht zu Angesicht zu verabschieden, wird ihr zunächst vom König-Vertreter der Trauergemeinde-wiederum abgeschlagen, weil es den Anwesenden *den grosten jamer* (1826) und *dirre not* (1830) zufügen würde, aber schließlich erfüllt, da Ilîe ihr Sterben als die Folge der Ablehnung ihrer Bitte bekräftigt. Nachdem der Sarg auf den Befehl des Königs geöffnet und der Leiche nach *ir gelust* (1842) bis auf die Brust entblößt wurde, wird die Intimität letztendlich dadurch abge-bildet, dass die Fokussierung auf die Protagonisten eine Raumverengung zu Folge hat und zur allmählichen Ausblendung aller Anderen (zunächst der Trauergemeinschaft, danach des Bischofs und schließlich des Königs) führt.

3.3 Ilîes zweite Reaktion auf Willehalms Tod: Minneklage und Liebestod

Das Erreichen der Bahre und die Mimesis der Intimsphäre durch die Fokussierung auf die Protagonisten stellen ein Signum für den Vollzug des Identitätswechsels der weiblichen Figur dar, der ihren Emotionsausbruch sowohl voraussetzt als auch legitimiert. Die Emotionalität wird danach sprac-hlich in einer Minneklage und körperlich im Liebestod ausgestellt, wobei die Identität der Frauenfigur wesentlich als Minnende konstruiert wird, während die Identitäten der männlichen Figur als Minnepartner, Ritter/Herrscher und nicht zuletzt als Vater eine Vereinheitlichung und Idealisierung vollziehen. Diese Vervollständigung wird durch die Hinzufügung der Anreden vorerst markiert. Anstatt allein mit dem offiziellen *her* in der dritten Person Singular (1683, 1704, 1705, 1709) in der Herrschaftsrede spricht Ilîe Willehalm I. in der langen Trauerarie mit der emotionalen/ intimen Anrede *min amis* (1851), *trut geselle* (1896) und *min her* (1907, 1922) in der zweiten Person Singular an.

In Anlehnung an die Tradition wird die Klage um den Gestorbenen vor der Trauergemeinschaft als Klage an den Beklagten inszeniert.[1] Mit dem Ausruf des Namens des Beklagten beginnt die Klage: *A ў Wilhelm, min amis,/Wie hat din hohgelobter pris/So laides ende genomen,/Wie bistu nu mir wider komen!* (1851 – 1855) Der erzeugte Kontrasteffekt offenbart einerseits die enorme Verlusttrauer, bereitet andererseits die Kritik an der Ruhmbegierde schon vor. Die Anspielung auf das Abschiedsgespräch wird vereindeutigt, indem Ilîe geradezu das unbestimmbare Rückkehr-Motiv[2] aufgreift. In dem folgenden „Owe"-Parallelismus (*Owe dines lip,/Owe mins armes wibes!*) wird die Gegenseitigkeit bzw. Gebundenheit der Liebe durch die dreifachen Binnenreime (owe, -in-, -i-) ins Bild gezogen, wobei indes der Fokus der Verlustklage vom Beklagten auf die Klagende gelenkt wird, deren „Seelenarmut"[3] (*armes wibes!*) direkt auf den Verlust des Beklagten zurückzuführen ist. Die Verlusttrauer wird dadurch intensiviert,

---

[1] Ähnliche Beispiele findet man reichlich in der mittelalterlichen Literatur: *Didos Klage vor dem Selbstmord*, *Enites Klage um den vermeintlichen Tod von Erec*, *Herzeloydes Klage um Gachmurets Tod* etc.

[2] Als sie nach Willehalms I. Rückkehrtermin fragt, antwortet der er: Wie oder wenne das geschiht/ Das ich wider keren mac./Got fuege mir soelichen tac/Das ich dich finde noch gesunt! (592 – 595).

[3] Urban Küsters, *Klagefiguren. Vom höfischen Umgang mit der Trauer*, In Gert Kaiser (Hrsg.), *An den Grenzen höfischer Kultur. Anfechtungen der Lebensordnung in der deutschen Erzähldichtung des hohen Mittelalters*, München, 1991, S. 9 – 75, hier S. 38 – 41 (Forschungen zur Geschichte der älteren deutschen Literatur 12).

dass das jetzige Entbehren des Geliebten auch die gemeinsame Vergangenheit in Frage stellt und die Erinnerung daran in Zweifel zieht. (*Nu ist mir reht und dunket mich/Als ich nie gesahi dich/Und ich dir gewesen bi/Niht wan in ainem trome si* [1858 – 1860]) Die Infragestellung des Gedächtnisses durch *trome* wirkt zugleich rückbindend auf die Unannehmbarkeit der Verlusttrauer. Ilîes folgendes Lob (1861 – 1878) stellt die Unersetzbarkeit des Geliebten[1]und Einzigartigkeit[2]des Ritters zur Schau, wobei die *trúwe* (*getrúwern* [1863]; *Stater trúwe* [1875]) eine signifikante Konstituente der Idealität darstellt. Das in der Abschiedsszene als Knotenpunkt zwischen dem *herz rúwen* und der veräußerlichten Trauergeste bezeichnete *trúwe*-Prinzip in der weiblichen Emotionsdarstellung wird jetzt in der Konstituierung der Männlichkeit eingesetzt und positiv bewertet. Die Unentbehrlichkeit des Beklagten[3]wird noch bekräftigt, indem das Entbehren des Minnepartners die Minnedame in die existentielle Gefahr der Identitätslosigkeit bringt, die durch ihre Orientierungs — und Trostlosigkeit zum Ausdruck gebracht wird (*Owe, wie sol es mir nu ergan*, 1870; *Owe, wie sol ich nu genesen?*, 1872).

Dem Ritterlob folgt Ilîes Kritik: *Das ich diz gesprochen han,/Da mit wil si alle lan/Unbescholten die nu lebent/Und nach der welte prise strebent* (1879 – 1882). Die Zuordnung von Willehalms I. Ruhmbegierde zum zeitlichen Phänomen verbirgt die Entlastung des Beklagten von der Selbstschuld an seinem Tod; die ausgesprochene Weltkritik bereitet auch Ilîes Hinwendung zur metaphysischen Instanz vor. Ilîes Hinwendung zu Gott dient wesentlich dem Gebet um das Seelenheil für den Gestorbenen. Die *trúwe*, die im Lobpreis Willehalms I. diesen als unersetzbaren Minnepartner

---

[1] Ich mac wol clagen dinen lip,/Won ich wais wol das nie wip/Liebern noch getrúwern man/Bi disen ziten nie gewan/Danne ich gehabet han an dir,/Da von ich din ungern enbir (1861 – 1866).

[2] Got wais wol das nie ritter mer/Staeter trúwe her gewan/Danne du vil salic man/Hast ane missewende/Braht unz an din ende. (1874 – 1878)

[3] Trut geselle, saelic lip,/Wem hastu mich armes wip/In wernden sorgen sus gelan?/Owe, wie sol es mir nu ergan/Das ich laider din mos entwesen,/Owe, wie sol ich nu genesen?/Das ist min hoehste herzeser. (1867 – 1873)

und tugendhaften Ritter charakterisiert und die Idealität der Liebes — und Ehebeziehung der Liebenden durch die Gegenseitigkeit unterstreicht, wird als eine Qualität einbezogen, die positiv auf seinen Gewinn des Seelenheils einwirken könnte, wenn sie von dem durch die Gottesmutter *minneclichen* geborenen Gott wahrgenommen wird. Die *trúwe* wird daher als Voraussetzung für den Erhalt der Gottesgnade nach dem Sterben funktionalisiert und stilisiert. Gebetet wird obendrein zu Gott, um den Gestorbenen (und auch die Sterbende) durch seine Gnade für die ganze Menschheit und seinen Erlösungstod von *der iemer werender [n] not/Und von der laiden helle* (1894 – 1895) zu erlösen. Durch die Situierung in der Mitte der Minneklage wird auch die Wichtigkeit des Fürbittgebets in der ganzen Klage verdeutlicht.

Die enge Anknüpfung der Klageszene an die Abschiedsszene wird nochmals unter Beweis gestellt, indem Ilîe offenkundig auf ihre vorausgehenden *ungemate* (1897) und *vorhtliche [n] site* (1902) hinweist. So wird ein Wechselverhältnis zwischen der Abschiedsklage und der Todesklage hergestellt, die sich beide als Minneklagen herausstellen dergestalt, dass die erste als Vorstufe mit Vorausdeutung auf die zweite und die zweite als Erfüllung bzw. Entfaltung der ersten betrachtet werden kann. Dadurch, dass die Abschiedsszene der Geliebten unmittelbar in Erinnerung gerufen wird, kommt die Kontinuität der Identität der klagenden Frau als Minnende zur Geltung. Die zugrundeliegende Gefühlsintensität wird in ihrer Minneidentität durch eine mimetische Intimsphäre dargestellt. Der Trost — und Orientierungslosigkeit der Situation wird Nachdruck durch die Einbeziehung des Neugeborenen[1] verliehen, da sich die Verlusttrauer auf diese Weise verdoppelt: zum Einen um den Minnepartner und Ritter bzw. Herrscher, zum Anderen um den Vater des Sohns, wodurch Willehalms I. Identität als Vater nochmals bestätigt wird. Ilîes Identitätslosigkeit wird hingegen dadurch

---

[1] Owe, herre, wem hast du/Mich rúwic wip gelassen nu/Und din vil claines kindelin? /Wie súln wir nu verwaiset sin,/Ich witûwe, es ain waisi? (1908 – 1911)

unterstrichen, dass nach dem Sterben des Ehemanns und Vaters die Witwe und die Waise der Verlassenheit und der Ausweglosigkeit überlassen sind; die Existenz der Witwe scheint besonders bedroht zu sein, weil die Waise und deren Identität als künftiger Landesherr durch die ritualisierte Nachfolgeregelung gesellschaftlich anerkannt sind, während sich Ilîes Identität anscheinend allein durch die Anbindung an den Minnepartner verwirklicht.

Eine Steigerung der Trauer kommt durch die Emotionalisierung der Erinnerung an die (*leiden*) Reise zum Ausdruck, die der (*hohgemate*) Degen unternommen und auf der er sein (*salic*) *lip* verloren hat, der als *hoehsti vrovde* Ilîes galt und mit dem sie *Herze lieb*, *nu herze lait* hatte (1916 – 1917). Das Gottfried'sche Zitat erinnert das Publikum wohl noch an die Paradoxie der Minnekonzeption in *Tristan*.[1] Durch die Bezeichnung im Superlativ und vor allem die chiastische Kennzeichnung der Liebeseigenschaft erreicht die Verlusttrauer eine neue Gefühlsintensität. Die dadurch radikalisierte Trauerhaltung mündet in den Vorwurf gegen die *Welt*, *din valsch unstœtekait/Und din wandelbares lebin* (1918 – 1919), die hier nicht nur einer Subjektivierung, sondern auch einem ethischen Urteil unterliegt. Die Unbeständigkeit bzw. die Wandelbarkeit der Welt kann zwar als eine Entschuldigung des menschlichen Versagens angeführt werden[2], stärker noch aber wird sie als Vergänglichkeitsdenken enthüllt, das hier durch *unstœtekait* und *wandelbares* durchscheint und das mit Ilîes Vergleich des vergangenen Liebesglücks mit dem Traum und ihrer Überzeugung, dass diejenige, die *nach der welte prise strebent* (1882), die Ruhmbegier loslassen solle, übereinstimmt. Die Weltflucht bewirkt und begründet zudem

---

[1] Thumm, *Aus Liebe sterben*, a. a. O., S. 180; dass Rudolf die Liebesgeschichte Willehalms I. und Ilîes mit oder ohne Absicht nach Gottfrieds Muster gestaltet, darüber ist sich die Forschung seit langem einig. Aber ob Rudolfs Roman tatsächlich als ein Gegenkonzept zu Gottfrieds Tristan beabsichtigt war, in dem eine anfänglich verbotene Liebe als sozial verträglich dargestellt wird, ist zumindest zweifelhaft, da solche Meinungen hauptsächlich in der Diskussion der Tristan-Rezeptionsgeschichte entstanden sind und keiner gründlichen Willehalm-Untersuchung zugrundegelegt werden.

[2] Ebenda, S. 181.

die Weltentsagung und zusätzlich den Todesentschluss, um der Unbeständigkeit der Welt die Stetigkeit der Liebe entgegenzusetzen, um dem Geliebten jenseits des Lebens Gesellschaft zu leisten.

Ilîes Todesentschluss wird darüber hinaus durch die Absolutheit bzw. Unbedingtheit der Liebesgemeinschaft und durch eine moralische Interpretation des Lebens, des Todes und dessen Verhältnisses nach dem Maßstab der Liebe gerechtfertigt:

> Dú gúselleschaft mos sin,
> Das ist mir besser vil dan ich
> Iemer nach dir sene mich.
> Mir ist lieber, ich hie verderbe
> Danne ich lebe und doch ersterbe. (1924 – 1928)

Eine Wiedervereinigung im Tod scheint ihr viel besser zu sein als die Sehnsucht nach dem Minnepartner; anstatt ersterbend zu leben, ist ihr das Sterben lieber. Die Selbstrechtfertigung erfolgt schließlich durch eine Ästhetisierung des Liebestodes, ohne aber dass die Ethik zur Geltung gebracht wird. Die Zugehörigkeit der analysierten epischen Klage zum Motiv-Ensemble der klagenden Frau wird durch die Einarbeitung vieler Darstellungsmuster aus der Tradition der Minne — und Frauenklage[1]gekennzeichnet: die untilgbare Verlusttrauer, das Gebet um das Seelenheil, die Trost — und Orientierungslosigkeit, der Vorwurf gegen die Welt und der Todeswunsch. Eine Modifikation des Klagemotives erfolgt bei Rudolf durch die Universalierung des *Trúwe*-Prinzips und die Hervorhebung des Vergänglichkeitsgedankens, wodurch Ilîe den Todes entschluss Schritt für Schritt begründet und schließlich ihr Ziel erreicht.

Die Ästhetisierung des Liebestodes in der Klagerede geht durch die Ritualisierung der Wiedervereinigung im Tod in Erfüllung, wobei Ilîes Körper

---

[1] Thumm, *Aus Liebe Sterben*, a. a. O., S. 9 – 75.

als Protagonist fungiert und ihre innere und körperliche Bewegung beinahe pantomimisch vorgeführt wird. Ilîe neigt sich über die Bahre (1929), küsst [s] *im hobet dik unde dike* (1933) und drückt seinen *lip* an sich (1934). Die körperliche Inszenierung (Neigung-Kuss-Umarmung) differiert nicht von einer Liebesszene, für die der *rote* [n] *munt* (1932) kennzeichnend ist. Unterschiede weist die innerliche Trauer auf, die zuerst durch den *clageliche* [m] *muote* (1930), dann durch den *jamer* (1937) ausgestellt ist, der das *rane wip* überwältigt (1936) und durch einen lauten Schrei[①] (1937) veranschaulicht wird. In diesem Moment bricht ihr Herz und kommt das Blut aus der Nase und dem Mund (1940 – 1942). Ilîe begießt daher den Leichnam mit eigenem Blut. So wird der Liebestod nicht nur als körperliche Vereinigung (*Also lac si bi im tot/het in an irn arm gelait* (1946 – 1947), sondern als Selbstopferung inszeniert. Durch das Auseinanderfallen von Rede und Trauergebärde, von Klage und Liebestod wird ein Spannungsverhältnis zwischen der Wortsprache und der Körpersprache erzeugt. Mit der Körpersprache wird die Grenze (des äußerlichen Verhaltens und der formalisierten Klagerede) zur Innensicht der Figur gesprengt und die Emotionalität der Trauer, aber auch die der Liebe, unmittelbar zur Schau gestellt.

4 Zusammenfassung

Die Klage wird, wie oben analysiert, sehr traditionell gestaltet und bis zum Tode gesteigert, wobei eine Intensivierung der Emotionalität zuerst durch die Wortsprache (Klage) und dann durch die Körpersprache (Tod) vollgezogen wird. Es geht in der Klagerede um die Verlusttrauer, das Heilsgebet, die Weltentsagung und den Todesbeschluss: Das erste kreist um den gestorbenen Helden, schon das zweite wird zur Vorbereitung auf eigene Intention genutzt, und die letzten beiden gelten nur noch der eigenen Existenz, die nicht nur durch den Tod des Minnepartners in Frage gestellt,

---

[①] Anch mir armen und ovwe,/Das ich dich herren ie gesach! (1938 – 1939)

sondern auch durch eine Art Selbst-Depotenzierung zunichte wird. Die handlungsfähige Herrscherin ist in der Klage verschwunden-problematisiert werden hingegen nur die Klagefrau und ihr Verhältnis zum Mann. Ihre Monoidentität als Minnende wird wieder präsent und basiert einzig auf dem Minnepartner, dessen Multi-Identität allerdings durch die Klagerede eine Vereinheitlichung und Idealisierung erfährt. Je mehr Ilîe von dem Mann und seiner Treue(!) spricht, desto mehr wird die Trauer intensiviert, desto mehr wird ihre Identität als Liebende unter Beweis gestellt, und ihre Anbindung an den verstorbenen Willehalm I. wird noch fester, wobei das Paradox als Konstruktion von Ilîes Identität gekennzeichnet wird. Ihre Identität wird hier durch eine selbstgewollte Identitätslosigkeit begründet!

Die Paradoxie in der Identitätsbildung der Frauenfigur spiegelt sich in der Emotionsdarstellung wider, in der emotionalen Abschiedsszene, der beinahe emotionsfreien Herrschaftsrede, der jammervollen Minneklage und dem märtyrerhaften Liebestod, was sich durch die nacheinander dargestellten Identitäten der Figur erläutern lässt, die wiederum heuristisch durch die Räume bzw. die Veränderung der Räumlichkeit aufgezeigt werden. Die Analyse der Abschiedsszene demonstriert, dass unterschiedliche Ausdrucksweisen der Emotion für die männliche und die weibliche Identitätskonstitution funktional sind. Die scheinbar geschlechterexklusiven Ausdrucksformen werden in der Herrschaftsrede handlungsmäßig instrumentalisiert und zur Diskussion gestellt. Exemplarisch wird festgestellt, dass die Frauenklage nicht nur der Identitätsbildung des männlichen Helden dient, sondern vor allem für die Identitätsbildung der weiblichen Figur relevant ist, welcher eine paradoxe Spannung innewohnt, die von der Befürwortung des *trûwe*-Prinzips zum einen und dem Festhalten an geschlechterbedingten Verhaltensweisen zum anderen abhängig ist.

Männliche Identitätskrise und gestörte Geschlechterbeziehungen
Eine Analyse der Männerfigur und der Mann-Frau-Beziehung in Döblins Erzählung Der Ritter Blaubart

黄 艺

摘 要 "蓝胡子的故事"一直是社会两性问题探讨中的经典题材。阿尔弗雷德·德布林在其小说《蓝胡子骑士》中也延续了这个传统,其中的男主人公保罗的男性权威屡屡遭到女性力量的挑战和打击,因此他陷入了身份危机。但是,保罗仍一再试图通过两性关系中的权力建设来恢复往日的男性气概。细看之下,《蓝胡子骑士》中反映的两性主题似与当时社会主流的两性观念和两性境遇有关。本文将联系二十世纪初的德国社会中出现的"男性危机""两性斗争""厌女症"等热点现象,并结合德布林本人的两性观,对《蓝胡子骑士》中反映出的两性问题进行探讨。

关键词 两性斗争 蓝胡子 阿尔弗雷德·德布林 男性危机 女性解放 厌女症

Männer definieren ihre Identität als Mann, ihre Handlungsspielräume und ihre Lebensperspektiven hauptsächlich nach gesellschaftlichen Gender-Krite-rien, die auf den gängigen Stereotypen geschlechtsspezifischen Empfindens und Verhaltens beruhen.[1] Seit seiner Entstehung bezieht sich der Blaubart-Stoff immer auf zwischenmenschliche Probleme. Damit gehen viele Schrift-steller aus verschiedenen Zeiten und Orten, ausgehend von ihren eigenen Perspektiven, im Rahmen der gesellschaftsspezifischen Geschlechterauffas-sungen auf verschiedene Geschlechterthemen ein. Im Jahr 1911

---

[1] Vgl. Vera Lind, *Aus der Rolle gefallen. Männliche Emotionen mit (fast) tödlichem Ausgang*, in *Neue Blicke, Historische Anthropologie in der Praxis*, Hrsg. von Erhard Chvojka/Richard van Dülmen/Vera Jung, Wien, 1997, S. 183–197, hier S. 186.

adaptierte auch Alfred Döblin dies Motiv, aber er konzipierte eine männliche Figur und eine Mann-Frau-Beziehung, die nur wenig mit den allbekannten Märchenhand-lungen bei den Brüdern Grimm oder bei Charles Perrault[1]zu tun haben. In *Der Ritter Blaubart* geht es um das Erlösung des verfluchten, schwermütigen Baron Paolo di Selvi von seiner männlichen Identitätskrise durch die Selbstopferung der Miß Ilsebill. Dadurch bezieht sich die Erzählung auf Themen wie die Männerkrise, das Image der neuen Frauen, der Femme fatale ebenso wie der Femme fragile, die unglückliche und unmögliche Liebe zwischen beiden Geschlechtern usw.

Der Geschlechterproblematik in Döblins frühem Werk *Der Ritter Blaubart* wird selten Aufmerksamkeit geschenkt. Ernst Ribbat sieht die Titelfigur als einen unglücklichen und trübseligen Mann der Moderne[2], und in Monika Szczepaniaks Monographie sind die umgekehrten Geschle-chterrollen in der Erzählung im Vergleich zu den in den traditionellen Blaubart-Märchen unter dem Thema Erlösungsbedürfnis in der Mann-Frau-Beziehung kurz und bündig diskutiert.[3]In dieser Arbeit werden die Männerfigur und die zwischen-menschliche Beziehung in *Der Ritter Blaubart* in Verbindung mit Döblins Einstellung zur Geschlechterbeziehung in seiner Frühzeit sowie den gesellsch-aftlichen Geschlechterverhältnissen am Anfang des 20. Jahrhunderts erforscht.

In den älteren Blaubart-Märchen entspricht der Protagonist durch seine Stärke, Kälte, Aggressivität und Macht dem seit dem 19. Jahrhundert typischen traditionellen Männerbild. Sogar der Vollzug der Strafe an seinen Frauen symbolisiert die absolute Autorität der patriarchalischen Herrschaft. Aber bei Döblin[4]verhält sich der Baron Paolo di Selvi in der meisten Zeit

---

[1] Bei den Brüdern Grimm oder bei Charles Perrault ist Blaubart ein reicher Mann mit einem merkwürdigen und schrecklichen Bart. Er wird als Frauenmörder bezeichnet, weil er seine Frauen ermordet, sobald sie ihm nicht gehorsam sind. Er ist nämlich ein autoritärer, kaltblütiger Mann.
[2] Vgl. Ernst Ribbat, *Die Wahrheit des Lebens im frühen Werk Alfred Döblins*, Münster, 1970, S. 40–47.
[3] Vgl. Monika Szczepaniak, *Männer in Blau. Blaubart-Bilder in der deutschsprachigen Literatur*. Köln, 2005, S. 277–280.
[4] Der Ritter Blaubart, in *Alfred Döblin, Die Ermordung einer Butterblume und andere Erzählungen*, Hrsg. von Christina Alten, München, 2004, S. 78–87; im Folgenden zitiert im Text mit Angabe der Seitenzahl.

wie ein trübseliger, verschlossener Mann, der sowohl physisch als auch psychisch von dem Meeresungeheuer Medusa bedroht wird. Er wird wegen des mysteriösen frühen Todes seiner drei Ehefrauen aus der Gesellschaft ausgegrenzt, weil ihn die anderen trotz Mangels an Beweisen des Mordes verdächtigen und ihn für verflucht, böse und brutal halten. Der isolierte finstere Paolo braust seitdem in seinem schwarzen Ledermantel immer alleine durch die Heide. Deswegen wird er Ritter Blaubart genannt. Jedoch befindet sich Paolo nicht von Anfang an in einem so ohnmächtigen Zustand.

Als er zuerst erscheint, benimmt er sich wie ein stolzer, kämpferischer und kräftiger Held, der „sprühend von Laune, träumerisch, eroberungssicher" und „[b]reitschulterig" (S. 78) von Bord geht und auf einem schwarzen Hengst[①]reitet. Aussehen und Gestik lassen eine vitale und mächtige Persönlichkeit und große Selbstsicherheit erkennen. Als mächtiger und welterfahrener Kapitän besucht er mit vielen wertvollen Geschenken den kranken Vater seines verstorbenen Bootsmannes. Auf diese Weise erhält das einem Eroberer ähnliche Männerbild zusätzlich einen großzügigen Charakter. Nur eine kleine Episode wirkt in jener Zeit der begeisterten Atmosphäre verstörend: Seine Kapitänsmütze wird vom Wind ins Wasser geweht, was als unglückliches Omen gilt. Aber der Protagonist reagiert darauf nur mit einem verächtlichen Lachen. Auch diese Einzelheit verdeutlicht die Überlegenheit und Furchtlosigkeit des Barons.

Seit dem 19. Jahrhundert entwickelte sich der Kult des Militarismus[②] und erreichte in den 30er Jahren des 20. Jahrhunderts seinen Höhepunkt.[③]

[①] Die Art und Weise, wie er auf dem Hengst reitet, zeigt auch seine Kühnheit, da es normalerweise sehr schwer fällt, einen wilden Hengst zu zähmen.

[②] Eva Labouvies Untersuchung zufolge wurden im 19. Jahrhundert wieder kräftige, kämpferische, auf Unternehmungen und die Erzeugung von Nachkommen ausgerichtete Männer zur gesellschaftlichen Norm, während im 17. und 18. Jahrhundert die schlanken, zierlichen und femininen Männerexemplare beliebt gewesen waren. (Eva Labouvie, *Individueller Körper. Zur Selbstwahrnehmung mit Haut und Haar*, in *Entdeckung des Ichs. Die Geschichte der Individualisierung vom Mittelalter bis zur Gegenwart*, Hrsg. von Richard van Dülmen, Köln, 2001, S. 163-195.)

[③] Szczepaniak, Männer in Blau (wie Anm. 4), S. 27.

Die damaligen Männertugenden ähnelten den für Soldaten erforderlichen Eigens-chaften. Auch wurden viele ritterliche Verhaltensweisen und Eigenschaften zu einem festen Bestandteil der bürgerlichen Moral im 20. Jahrhundert.[1] Der Baron Paolo di Selvi ist, als er erstmals auftritt, offensichtlich mit solchen erwartbaren konventionellen männlichen Tugenden wie Tapferkeit, Freige-bigkeit, Hilfsbereitschaft usw. ausgestattet. Döblin zeichnet hier ein zeittypisches soldatisches Männlichkeitsideal in der wilhelminischen Gesellschaft.

Schon bald muss der Baron jedoch seinen leichtsinnigen Wagemut und seine Überheblichkeit teuer bezahlen. Nach einem Spaziergang in der verbotenen Heide, die als eine „verstört [e], frostig [e]" (S. 78) und böse Einöde bezeichnet wird, wird er schwer verletzt und bewusstlos aufgefunden. In der Erzählung scheint es wie zufällig, dass Paolo alleine in die Heide reitet. Aber bezüglich der männlichen Eroberungsgewissheit und der Angriffslust des Protagonisten ist es das Schicksal von Paolo, denn so eine mystische, gefährliche und herrenlose Öde übt bestimmt eine große Anzie-hungskraft auf den abenteuerlustigen Paolo aus, ganz zu schweigen von der unwiderstehlichen Magie des Meeresungeheuers Medusa.

Niemand, auch Paolo selbst weiß nicht, was ihm passiert ist. Nur an dem elenden mentalen und geistigen Zustand des Überlebenden,

> [...] das Gesicht eigentümlich geschwollen, glühend, mit Bläschen, wie verbrannt, auch an der rechten Hand und dem Vorderarm löste sich die Haut in Fetzen ab [...] Nur die Krankenschwestern berichteten, daß seine Augen gegen Abend einen leidenden entsetzten Ausdruck annähmen, daß er den rechten Arm zur Abwehr in die Höhe hebe und trostlos wimmere (S. 79),

---

[1] Christiane Schmerl/Dieter Steinbach, *Ritterlichkeit-eine indirekte Form der Misogynie?*, in *Frauenfeindlichkeit. Sozialpsychologische Aspekte der Misogynie*, Hrsg. von Hans Dieter Schmidt/ Christiane Schmerl u. a., München, 1973, S. 56–79, hier S. 61.

bemerkt man, dass Paolo eine körperliche und geistige Krise durchlebt. Das Grundprinzip der modernen Männlichkeitskonstruktion ist die Differenzierung und Hierarchisierung innerhalb der Gesamtheit der Männer. Dabei werden alle Anti-Typen aus dem gesunden männlichen Lebenszusammenhang ausgeschlossen[1], wie z. B ungepflegte Erscheinung, geistige oder körperliche Krankheit, zarte Konstitution, Sensibilität, weichliche oder nervöse Disposition usw. Durch sein grauenhaftes Erlebnis verliert Paolo seine Männertugenden und verwandelt sich später in einen ängstlichen Mann, der der modernen Geschlechtervorstellung gemäß zum unmännlichen Anti-Typus wird.

Bald lässt sich der körperlich genesende Paolo in einem neu erbauten Schloss in der schwarzen Einöde nieder und zieht sich von allen Menschen zurück. Der Beruf Kapitän ist eng mit dem Meer und der Natur verbunden. Mit Meerwasser, Welle oder Schiff assoziiert man meistens Frauen oder weibliche Prostitutierte.[2] Die Seefahrt kann man als eine Metapher für Eroberung der Natur und der Frauen verstehen. Außerdem deutet sich in Paolos einstigem Beruf noch die Überlegenheit und Autorität der Männer durch ihre Herrschaft über Natur und Frauen in der Gesellschaft an. Der Verzicht auf sein früheres Seefahrtsleben bedeutet deshalb einen Verlust seiner überlegenen männlichen Macht. Er ist nämlich gebrochen und geistig kastriert. Mosses Meinung nach blieben die maskulinen Tugenden seit der zweiten Hälfte des 18. Jahrhunderts fast unverändert: „Willenskraft, Ehre und Mut"[3]. Offensichtlich weicht der trübselige Paolo von diesem Männerbild ab. Einerseits zeigt seine Veränderung die tödliche Wirkung einer unbekannten Kraft (nämlich der Kraft der Medusa), andererseits ist sie auch eine Anspielung auf die Zerbrechlichkeit der Männlichkeit.

---

[1] Szczepaniak, *Männer in Blau* (wie Anm. 4), S. 32.
[2] Vgl. Schiff-Traumdeutung und Traumsymbole: www. deutung. com/lilith/index. php? symbol = Schiff & keyword (Stand: 2014. 09. 12); vgl. auch Seemannskultur: www. de. wikipedia. org/wiki/Seemannskultur (Stand: 2015. 01. 10).
[3] George L. Mosse, *Das Bild des Mannes*, Frankfurt a. M, 1996, S. 9.

Paolo versucht aber noch, durch Schlossbau auf der höchsten Anhöhe der Heide und durch Heirat seine Männlichkeit wiederherzustellen. Seit dem 18. Jahrhundert befürwortet die Gesellschaft den mit allen Vorrechten ausgestatteten Hausherrn als Männerideal. Als eine Merkwürdigkeit wird erwähnt, dass sich ein umgebauter Felsen in der Heide bis zum ersten Stock des Schlosses erhebt und frei in das Zimmer ragt (S. 80). Dieses Zimmer wird später das verbotene Zimmer des Blaubarts, in dem das Meeresungeheuer Medusa manchmal haust. Diese Handlung verrät die Paolos Absicht, die gefährliche Heide noch einmal zu erobern und dadurch seine männliche Herrschaft wieder zu errichten. Bemerkenswert ist auch, dass das Attribut „zierlich" den Türmen des neuen Schlosses zugeschrieben wird. Normalerweise ist ein Turm wegen seiner Form eine übliche Metapher für das männliche Organ. Und mit den zierlichen Türmen spielt der Schriftsteller auf die papiertigerähnliche Männlichkeit von Paolo an.

Er heiratet drei junge Frauen, die alle von ihm abhängig sind. Als Ehemann und Hausherr übersteht er anscheinend seine Männlichkeitskrise. Er kehrt wieder in die Gesellschaft zurück, nimmt an männlichen Spielen wie Jagen und Pferderennen teil und unternimmt sogar eine Seefahrt. Aber später sind wegen des mysteriösen Todes der drei Frauen seine Bemühungen zum Scheitern verurteilt. Er beugt sich seinem unglücklichen Schicksal und befindet sich von nun an in einem schwermütigen und frostigen Zustand, so wie die Heide, die durch einen Deich vom Meer getrennt ist und weit entfernt von der Stadt liegt. Die Heide gehört weder zum Meer (der Natur) noch zur Stadt (der Kultur) und ist so isoliert und verlassen wie Paolo, der äußerlich zwar abgestumpft, schweigsam und unzugänglich erscheint, innerlich aber verzweifelt und gebrechlich bleibt. Er steht gerade am Rand aller stabilisierenden Bindungen wie Familie und Freundschaften.

In diesem Moment tritt die selbständige Miß Ilsebill in die Geschichte ein. Unter ihrer teils verführerischen, teils zärtlichen Begleitung wird der traurige Paolo zwar ein bisschen erheitert - „seine Stimme wurde heller, sein Gang rascher" (S. 85) -, aber er fühlt sich geistig noch bedroht und verschlossen. Auf Ilsebills leidenschaftliche Liebe und ihre Annäherungsversuche reagiert er ungeschickt und reserviert. Trotzdem unterdrückt er Ilsebill gegenüber nicht mehr alle seine sentimentalen Gefühle und Ängste. Wenn sie zu zweit bleiben, betet er oft, Ilsebills Hände auf seine Stirn legend, manchmal in die starken Knie sinkend. „Sie hing an seinem Hals, während er entsetzt bebte und lauter sprach und schrie, was sie nicht verstand." (S. 85) Vor Ilsebill scheint Paolo die Kontrolle über seine Emotionen zu verlieren. Später, als er erfährt, dass Ilsebill von einem geheimnisvollen Geräusch beunruhigt wird, ist er erschrocken und rät ihr, um sie zu schützen, fünfmal, die Heide zu verlassen. Seine Schwäche und Ohnmäch-tigkeit kommen in diesem Verhalten zum Ausdruck.

Von einem heldenhaften starken Mann verwandelt er sich in einen weichen melancholischen Feigling. Er unterliegt einer großen Männlich-keitskrise, so wie viele Männer der europäischen Gesellschaft im frühen 20. Jahrhundert. Damals legte die Gesellschaft einen großen Wert auf eine Männlichkeit, die als ein absolutes Gegenteil von der Weiblichkeit abgegrenzt wurde. Dieser gesellschaftliche Gedanke ist hauptsächlich auf zwei Ursachen zurückzuführen: Einerseits wurde das Patriarchat durch die feministischen Ansprüche[1]gefährdet, die zu Beginn des 20. Jahrhunderts auf eine Änderung der herrschenden Werte zielten. Zahlreiche ins Erwerbsleben eintretende neue Frauen kämpften für die Gleichberechtigung im Alltags — und Arbeitsleben; ihren Bemühungen begegneten die meisten Männer jedoch mit Skepsis und vor allem mit resolutem Widerstand. Andererseits erfuhr die männliche Identität selbst auch eine Verunsicherung im Prozess der damals stattfindenden raschen Modernisierung. Viele Männer wurden von Depressionen betroffen und standen bei den verzweifelten Versuchen, ihre

---

[1] Zu dieser Zeit fand die erste Welle der feministischen Bewegung statt. Viele neue Frauen (das Wort „neu" steht in Gegensatz zu „alt" und „traditionell"), waren mit der konventionellen patriarchalischen Gesellschaftsordnung unzufrieden und kämpften für mehr Selbstbestimmung. Sie kritisierten die damals weit verbreitete Ansicht, dass Frauen weniger intelligent seien als Männer. Sie verlangten daher eine Verbesserung ihrer Situation sowie freie Entfaltung in Familie und Öffentlichkeit und ein Ende der Diskriminierung.

männliche Dominanz zu retten, sorgevoll, ratlos und fragend vor den ideologischen und sozialen Umwä-lzungen. Die schmerzhafte Erfahrung von Paolo veranschaulicht metaphorisch solche bitteren innerlichen Umwandlungen jener Männer: von Überlegenheit, Erschrockenheit, Widerwillen bis zu Frust und Ratlosigkeit.

An diesem kritischen Punkt①verteidigte die väterliche Autorität heftig die traditionelle Geschlechterauffassung, wonach Männerrollen durch positive Eigenschaften wie Aktivität, Energie, starken Willen und Macht als Hausherr, Ernährer oder Abenteurer bestimmt wurden, während Frauenrollen mit vielen negativen Zuschreibungen wie Gehorsamkeit, Passivität, Unschuld, Schwäche und Empfindlichkeit als Hausfrau, Ehefrau oder Mutter ausgestattet waren. Europaweit beobachtete man wachsam die allmähliche Verweiblichung der Gesellschaft. ②Alle als unmännlich geltenden Dispositionen, wie z. B. Schwäche, Sensibilität und bestimmte als feminin eingeschätzte emotionale Bedürfnisse, wurden bei Männern erbarmungslos verachtet und kritisiert. ③Eine antifeministische Haltung verbreitete sich zu dieser Zeit in ganz Europa, die sich später zur Misogynie entwickelte. Im deutschsprachigen Raum teilten viele einflussreiche Intellektuelle wie Freud, Weininger u. a. diese antifeministischen Gedanken, die Frauen als ein degeneriertes mangelhaftes Wesen betrachteten.

---

① In dieser Zeit entwickelt sich mit der feministischen Bewegung in ganz Europa noch ein sexueller Diskurs, in dessen Zentrum die Frau als zu erforschendes Wesen steht. (Vgl. Karin Jusek, *Entmystifizierung des Körpers? Feministinnen im sexuellen Diskurs der Moderne*, in *Die Frauen in der Wiener Moderne*, Hrsg. von Emil Brix/Lisa Fischer, München, 1997, S. 112.) Damit beschäftigen sich viele Wissenschaftler in Bereichen wie Medizin, Psychologie, Sexualwissenschaft usw. Sie meinen, dass Frauen sich schwer verstehen lassen, und insbesondere für Männer ein Mysterium bleiben. (Vgl. Nike Wagner, *Geist und Geschlecht. Karl Kraus und die Erotik der Wiener Moderne*, Frankfurt a. M., 1982, S. 149.) Dieser Meinung nach entwickelt sich eine Tendenz, dass die Frauen als das schlechthin Andere dämonisiert werden (Vgl. Susanne Mildner, *Konstruktionen der Femme fatale. Die Lulu-Figur bei Wedekind und Pabst*, Frankfurt a. M., 2007, S. 26).

② Szczepaniak, *Männer in Blau* (wie Anm. 4), S. 37.

③ In medizinischen, sexualwissenschaftlichen oder psychologischen Arbeiten wurden alle Gegenbilder einer gesunden, aufrichtigen und vernünftigen Maskulinität (wie z. B. emanzipierte Frauen oder frauenhafte Männer) diffamiert; vgl. ebd.

Auch Döblin blieb von diesen Auseinandersetzungen nicht unbeeinflusst[1], was in den im Ritter Blaubart gezeigten Gesellschaftsverhältnissen deutlich wird. Paolos Männlichkeit wird von zwei Figuren herausgefordert, von Miß Ilsebill und Medusa. Die lebhafte freie und offenherzige Miß Ilsebill bildet ein Gegengewicht zum bekümmerten und unfähigen Paolo. Zielbewusst und wagemutig dringt sie in sein Leben ein, um ihn zu pflegen und zu heilen, weil sie ihn als krank betrachtet. Dieser Gedanke verrät schon ein gewisses Überlegenheitsgefühl von ihr gegenüber dem Mann. Ihre selbstbewusste Teilnahme mit an einem männlichen Pferderennen-Spiel und der spätere Sieg zeigen auch ihre große Konkurrenzfähigkeit gegenüber den Männern. In der Beziehung mit Paolo benimmt sie sich stets verführerischer, sexuell aktiver und frecher. Nach kurzer Zeit wird sie von einem Dichter, den Paolo auffordert, „den Arzt zu spielen bei Miß Ilsebill und ihre Schwermut zu beheben" (S. 88), verführt, und sie entscheidet sich, Paolo zu verlassen. Vor ihrer Abreise will sie aber das verbotene Zimmer niederbrennen, da sie den Ort als Niederlage ihrer Liebeseroberung ansieht. Zugleich jedoch ist dieses Zimmer auch der Kern des Schlosses und der „Seelenkammer"[2] Paolos. Ihr Vernichtungsversuch wird ihn daher bestimmt gefährden.

In Miß Ilsebill kann man ein Abbild jener emanzipierten Frauen des frühen 20. Jahrhundert sehen, die mit dem anderen Geschlecht konkurrieren und die männliche Autorität beschädigen. Vor ihr verliert Paolo seine Überheblichkeit und scheint oft sensitiv und ungeschickt. Miß Ilsebills plötzliche

---

[1] In seinem Roman *Berge, Meere und Giganten* bringt er deutlich seine Abneigung gegen die Frauenemanzipation zum Ausdruck. Die weibliche Triebmacht wird darin als entwicklungsfeindlich, verschlingend und amorph beschrieben, die männliche dagegen als fortschrittlich und produktionsfähig. Vgl. Ulrike Scholvin, *Döblins Metropolen. Über reale und imaginäre Städte und die Travestie der Wünsche*, Weinheim/Basel, 1985, S. 161 – 162.
[2] Ruth Neubauer-Petzoldt, *Märchen und Mythen, Mörder und Märtyrer: Alfred Döblins „Der Ritter Blaubart" und seine synkretistische Montagetechnik*, In *Alfred Döblin, Paradigms of modernism*, Hrsg. von Steffan Davies/Ernest Schonfield, Berlin, 2009, S. 85.

Ankunft übers Meer[1]disponiert sie zur Rätselhaftigkeit. Sie verfügt über die Freiheit, zu kommen und zu gehen, ohne Paolo Bescheid zu sagen, und Paolo kann ihre Entscheidungen nur hinnehmen. Ilsebills Unbegreiflichkeit und Selbständigkeit bilden eine Bedrohung für Paolos Herrschaft. Wenn sie sich weiterhin so rücksichtslos verhält, wird Paolo seine Männlichkeit nicht wiederherstellen können.

In einem unbeherrschten emotionalen Ausbruch drückt Paolo seinen verborgenen Hass und Ekel sowie seine Abneigung gegenüber Frauen aus: „ er wolle sie doch nicht; er wolle kein Weib und keinen Menschen und nichts; er hasse sie alle, die höhnischen, sinnlosen Wesen" (S. 87). In der Geschlechterbeziehung fühlt er sich nämlich gestört, verunsichert und in seiner Identität gefährdet. Die Situation erinnert an einen Dialog in Döblins Einakter Lydia und Mäxchen: „ Du hast mich ganz und gar verdorben. Nichts sind alle meine Feinde, die ich traf gegen dich, die mich beglückte, den Feind der Feinde."[2]Ähnlich wie Paolo hält auch dieser Protagonist die Liebe und das Beglückende der Frau für verderblich, feindlich sowie bedrohlich und nimmt daher immer eine verteidigende und feindselige Haltung ihnen gegenüber ein. Die Geschlechterbeziehungen in beiden Werken sind durch tiefe Konflikte und große Spannungen geprägt. Außerdem ist Paolos hysterische[3]Äußerung, durch die er von der gesunden Männerrolle abweicht, auch vor dem Hintergrund der von Schopenhauer, Weininger, Freud u. a. vertretenen frauenfeindlichen Gedanken im Europa der Jahrhundertwende zu sehen. In Weiningers Geschlecht und Charakter kann man eine ähnliche Formulierung finden: „Der Sinn des Weibes ist es also, Nicht-

---

[1] In der Erzählung kennt niemand Ilsebills Herkunft. Sie erscheint plötzlich mit einer Jacht im Hafen und verfügt über eine unerklärliche Verbindung mit dem Meer.
[2] Erich Kleinschmidt, *Alfred Döblin. Drama-Hörspiel-Film*, Olten/Freiburg i. Br, 1983, S. 28.
[3] Wie bereits in der Antike galt die Hysterie noch um die Jahrhundertwende zumeist als Frauenkrankheit; davon zeugt auch der heute nicht mehr gebräuchliche Name, der auf den griechischen Begriff für die Gebärmutter zurückgeht.

Sinn zu sein. "①Die misogyne Kultur bezeichnet Frauen als rein sexuelles, unethisches Wesen oder deviantes Mangelwesen, als das „Andere", das dem allgegenwärtigen männlichen Referenzrahmen nicht entspricht. ②Döblin steht somit in unmittelbarer Nähe zu jenem für Europa typischen sexuellen Diskurs, wobei er die Aussagen prominenter Beiträger wie Weininger, Freud u. a. bildhaft präzisiert.

Einige feministische Kritiker verstehen unter Misogynie die Wahrung der patriarchalischen Herrschaft und die Begründung der seit langem festgelegten Geschlechterordnung. ③Zwar findet der passive Paolo die lebenskräftige Miß Ilsebill unterhaltsam, schätzt sie aber gering, da er sie ebenso wie seine verstorbenen Frauen nur als austauschbares Mittel betrachtet, um seine Männlichkeit wiederzuerlangen. Mit dieser Haltung nimmt er Ilsebills Begleitung und Trost ganz selbstverständlich an, ohne jedoch ihre Liebe zu erwidern. Er lehnt es ab, seine tiefsten Gedanken mit ihr zu teilen, da er nicht glaubt, dass sie ihm wirklich helfen kann und möchte. Paolos Ablehnung deutet nämlich seine Angst und Wachsamkeit gegenüber Frauen, vor allem jenen emanzipierten, in Männergebieten einbrechenden Frauen, an.

Eine weitere Figur, das Meeresuntier Medusa, die als die Herrscherin über jene gefährliche Heide gilt, ist mit eineer frauenfeindlichen Haltung zu verbinden. Erst gegen Ende lässt Medusa ihr wahres Wesen erkennen. Davor kann man es nur durch die Auswirkungen auf die Betroffenen und durch das heimliche Zimmer④, das die Vertretung des Untiers im Schloss darstellt, erahnen. Das Zimmer liegt im Damenflügel des Schlosses und ist,

---

① Otto Weininger, *Geschlecht und Charakter. Eine prinzipielle Untersuchung*, München, 1997, S. 398.
② Szczepaniak, *Männer in Blau* (wie Anm. 4), S. 37.
③ Vgl. Doris Feldmann/Sabine Schülting, *Misogynie*, in *Metzler Lexikon Literatur und Kulturtheorie. Ansätze-Personen-Grundbegriffe*, Hrsg. von Ansgar Nünning, Stuttgart, 2004, S. 373 – 374.
④ Das Zimmer stellt den Sitz der tödlichen Medusa, der Herrscherin der Heide und des Meeres, dar.

abgesehen von einem rohen zackigen Felsen, berauschend und verführerisch nach weiblichem Geschmack dekoriert, „mit zärtlichem Frauentand, [...] ruhevoll und sanft" (S. 85). Miß Ilsebill fühlt sich dort wohl, da die beiden viele Gemeinsamkeiten haben. Das Ungeheuer Medusa ist auch als weiblich charakterisiert. Neben dem Namen jener Männertöterin im griechischen Mythos assoziiert man mit Medusas äußerlichen Merkmalen, wie z. B. dem brennenden Mund (ähnlich wie rote Lippen), den zahllosen ringelnden Fängen (ähnlich wie dicke Haare) und den zitternden blauroten Flammen, eine reizvolle leidenschaftliche, aber gefährliche Frau, gerade wie die leichtsinnige, temperamentvolle Ilsebill. Beide kommen vom Meer, verfügen über direkte oder starke Verbindungen mit der Natur und wirken auf Paolo rätselhaft, verführerisch, zugleich aber auch entfesselt, bedenkenlos und zerstörerisch. Medusas Angriff kommt unerwartet und verursacht direkt Paolos Männlichkeitskrise, was als metaphorisches Abbild für die große seelische Erschütterung verstanden werden kann, welche die seit jeher die dominante Rolle in der Gesellschaft gewohnten Männer durch die Emanzipation der Frauen erfahren haben. Sie finden sich nicht mehr zurecht und werden durch Selbstzweifel und Identitätsverlust verstört.

Später versucht Paolo, diese Krise zu überwinden, Medusas schädlichen Einfluss loszuwerden und sie sogar zu erobern, indem er ein Schloss auf der Heide erbauen lässt. Das verschlossene Zimmer ist eine Metapher für den verborgenen weiblichen Teil von Paolos Persönlichkeit, den er aber mit großem Widerwillen verdrängen und verstecken will. [1]Davies meint, das von Medusa besetzte Zimmer repräsentiere den unbewussten zerstörerischen Trieb Paolos, der sich von seinem zivilisierten Selbst-Ich abspalte. Sobald dieses durch etwas Fremdes bedroht werde, reagiere das Unterbewusstsein sofort, um die fremden Elemente zu verbannen. [2]Deshalb werden in der Erzählung nur Frauen, die in das heimliche Zimmer gegangen sind, getötet.

---

[1] Neubauer-Petzoldt, *Märchen und Mythen* (wie Anm. 18), S. 85.
[2] Vgl. Mererid Puw Davies, *The Tale of Bluebeard in German Literature: From the eighteenth Century to the present*, Oxford, 2001, S. 176.

In diesem Sinn ist die verborgene Frauentöterin Medusa als eine unkontrollierbare Triebha-ftigkeit zu verstehen, die bestimmte sadistische Komponenten besitzt und eine psychopathologische Disposition aufweist. Das erinnert an den verachteten trostlosen Außenseiter Johannes in einem anderen Werk Döblins, Der Schwarze Vorhang. Auch in ihm wirkt ein innerer Antrieb, das Weibliche oder seine weiblichen Feinde zu erniedrigen und zu vernichten. Kucher zufolge entsprechen diese Figuren Döblins der zeitgenössischen naturwissenschaftlich präformierten Typologie sadistischen Verhaltens, das sich als eine männliche Eroberungs — und Erniedrigungssucht durch Schmerzzufügung bei Frauen zeigt. [1]

Der von Medusa verkörperte frauenfeindliche Aspekt diskriminiert und unterdrückt einerseits Frauen, andererseits verneint und lehnt er auch alle weiblichen Eigenschaften sowie Veranlagungen ab. Darin erinnert Döblins Erzählung auch an die Theorien von Weininger, davon ausgeht, dass beide Geschlechter sowohl männliche als auch weibliche Wesenszüge sowie einige optische Merkmale besitzen. Ihm zufolge beziehen sich die weiblichen Wesenszüge zumeist durch Negation und Defizite auf Lust, Unbewusstsein und Passivität und bilden so ein völliges Gegenteil zu den männlichen. [2]

Nicht nur Paolo, sondern auch ein alter Bauer, der als nüchtern beobachtender Weiser erscheint, vertritt diese misogyne Ansicht. „Wäre nicht bei den Frauen jetzt die Unzucht und Gottlosigkeit so groß, so wäre der arme Ritter längst befreit von dem Tier." (S. 88) In dieser Äußerung spiegelt sich eine weitverbreitete Meinung der frauenfeindlichen Kultur jener Zeit. Die Männer maßen den Frauen die Schuld am Untergang ihrer Männlichkeit bei, um sich selbst zu trösten, ihrer Wut Luft zu machen und natürlich auch, um die Frauenemanzipation zu unterdrücken. Durch Ilsebills fromme Buße und heilige Opferung entkommt Paolo zum Schluss seiner

---

[1] Vgl. Primus-Heinz Kucher, „ *Rätselhafte, unfassbare Menschen waren die Frauen* [...] ". *Anmerkungen zum Thema der Geschlechterbeziehungen in Döblins Prosa*, in *Studia Theodisca, VII*, Milano, 2001, S. 9 – 26, hier S. 19.
[2] Weininger, *Geschlecht und Charakter* (wie Anm. 22), S. 7 – 10.

Krise und gewinnt seine ehemalige Männlichkeit wieder. „Als Führer einer Freischar gegen die heidnischen Indianer fiel er [später] mit seiner ganzen Mannschaft bei einem heimtückischen Angriff." (S. 91) Dieses Ende bestätigt die Worte des alten Bauern. Sobald Paolo und Miß Ilsebill (Mann und Frau) wieder in die traditionelle Rollenaufteilung der Geschlechter zurückfallen, kommt alles in Ordnung, und der Protagonist wird von der Medusa befreit. Damit diskutiert Döblin einen möglichen Ausweg für die unter der Männlich-keitskrise leidenden Männer am Anfang des 20. Jahrhunderts.

Der Konflikt der Mann-Frau-Beziehung liegt vor allem in der Spannung zwischen den gegenüber der Tradition vertauschten Geschlechterrollen. Trotz der patriarchalischen Geschlechterhierarchie handelt Miß Ilsebill in der unterdrückten Liebesbeziehung immer energischer, wilder und sogar ein bisschen aggressiver. Sie erscheint überlegen, selbstbewusst und möchte die Herrschaft in der Liebe an sich reißen, indem sie sich um die Gewinnung von Paolos vorbehaltloser Liebe bemüht. Paolo hingegen ist deprimiert und zurückhaltend. Diese Situation führt zu Konflikten im Geschlechterverhältnis, weil der Mann sie als Bedrohung oder Verletzung seiner männlichen Identität empfindet. Paolo erleidet einerseits die dadurch hervorgerufene psychische Krise, andererseits wahrt er durch Passivität und Selbstisolierung (Ablehnung der Annäherungsversuche von Miß Ilsebill) seine männliche Würde und die dominierende Position in der Beziehung. Trotz dieser veränderten Rollenzus-chreibungen werden in Döblins Text die unterschiedlichen Erwartungen und Haltungen von Männern und Frauen in Liebesangelegenheiten deutlich. Der von Paolo vertretene einsame Mann möchte eine Frau, die alle seine Wünsche erfüllen und ihm dienen kann. Er ist jedoch nicht bereit und willig, der Frau etwas Ähnliches zu bieten und ihr sein Innerstes zu offenbaren, wonach aber die von Miß Ilsebill repräsentierte Frau gerade verlangt, weil sie es als Lohn für ihre Opferung in der Liebe ansieht. Daher kann schließlich kann keiner von ihnen eine Erfüllung in der Liebe finden.

Die dargestellte gestörte Einstellung zu zwischenmenschlicher Beziehung wird oft mit Döblins Kindheitstrauma durch die schlechte Elternbeziehung und die Flucht seines Vaters in Verbindung gebracht.[1] Die Defizite an Liebe und Wärme in der Kindheit, die Döblin in der Kindheit erfuhr, behinderten die Entwicklung einer positiven Einstellung zu Geschlechterbeziehungen. In seinem Erstlingsroman Der schwarze Vorhang hat er sich so geäußert: „Es kann nicht geschehen, dass sich zwei Menschen lieben, sie müssten denn beide sterben und zu Staub werden; aber die Menschenseelen ergreifen und küssen sich nie. Eins lebt für sich und das andere für sich, und nur darin sind sie.[2] Solche Probleme, wie z. B die Unfähigkeit, mit dem anderen Geschlecht zu kommunizieren, die Isoliertheit usw. existieren in den zwischenmenschlichen Beziehungen in vielen von Döblins frühen Werken.

Karlavaris-Bremer weist darauf hin, dass in Döblins Darstellung die Geschlechterbeziehung immer konfliktbeladen, sorgenvoll und angespannt ist, und die Mann-Frau-Beziehung (oder Magisches-Voneinander-Angezogen-Sein) mit gleichzeitigem Ekelgefühl verbunden ist.[3] Wie in vielen anderen frühen Werken Döblins[4] bildet das „Sich-Bedrängt-Fühlen durch das fremde Lebendige des anderen" den Kern der Beziehung von Paolo zu seiner Außenwelt, vor allem zur Weiblichkeit (wie Ilsebill, den drei Frauen und der Medusa). In der Beziehung zu Ilsebill leidet er wegen seiner Männlichkeitskrise, die dem Angriff der weiblichen Medusa geschuldet ist, unter einer psychologischen Isolierung. Er ist völlig unfähig, mit Ilsebill zu kommunizieren. Ilsebills Leidenschaft, Zwanglosigkeit in der Liebe sowie ihr Verlangen nach Paolos Gegenliebe verstärken sein Unsicherheitsgefühl. Daneben ruft Ilsebills Bericht von den tierischen Geräuschen seine

---

[1] Vgl. Ute Karlavaris-Bremer, *Die Frau-Mann-Beziehung in Döblins ersten Dramen und den frühen Erzählungen*, in *Internationale Alfred Döblin Kolloquien*, Basel 1980-New York 1981-Freiburg, Hrsg. von Werner Stauffacher, Bern, 1986, S. 206.
[2] Alfred Döblin, *Jagende Rosse, Der schwarze Vorhang und andere frühe Erzählungen*, Freiburg, 1981, S. 160.
[3] Karlavaris-Bremer, *Die Frau-Mann-Beziehung* (wie Anm. 30), S. 206.
[4] Dazu zählen etwa *Lydia und Mäxchen*, *Der schwarze Vorhang und Memoiren eines Blasierten*.

Erinnerung an den tödlichen Angriff Medusas herbei, was seine Frustration und seinen Hass auf das Weibliche noch vermehrt. Die Situation gipfelt in einem unbeherrschten Ausbruch Paolos, wobei er Frauen das höhnische, sinnlose Wesen nennt. (S. 87) Und Ilsebill fühlt sich auch wegen Paolos Unzugänglichkeit enttäuscht, deprimiert und verärgert. Deswegen versucht sie, an das Geheimnis seiner Existenz zu rühren und später das Geheimniszimmer zu verbrennen.

In vielen anderen literarischen Werken, die im frühen 20. Jahrhunderts entstanden sind, existieren ähnliche Darstellungen von problematischen Geschle-chterbeziehungen. Thomas Anz hat über die Gemeinsamkeiten in diesen Werken geschrieben: „Die gestörte Beziehung zur eigenen Sexualnatur als einer inneren 'fremden Macht' steht mit der analog entfremdeten Beziehung zwischen Mann und Frau in einem Verbindungszusammenhang"[1].

Das zeigt sich auch am Beispiel Paolos. Die magische Kraft der Medusa hat seine frühere vorbildhafte männliche Identität tief erschüttert, was äußerlich zu Ungeselligkeit und Ohnmächtigkeit und innerlich zu Verwirrung und Entfremdung führt, die durch Ilsebills aktive und emanzipierte Einstellung zur Liebe noch verstärkt wird. Paolo ist sich dieser Identitätskrise bewusst, aber alle Bemühungen, zu seiner früheren Männlichkeit zurückzufinden, bleiben vergebens. Das Scheitern all seiner Liebesbeziehungen ist eine unvermeidliche Folge seiner gestörten Beziehung zur eigenen Sexualität. Wie in einem Teufelskreis erschweren diese unglücklichen Liebesbeziehungen umgekehrt die geistige Unsicherheit des Protagonisten. Auf diese Weise geht auch Döblin auf die zeitgenössische Geschlechterproblematik, auf Geschlechterkampf und Frauenfeindlichkeit, ein.

---

[1] Thomas Anz, *Literatur der Existenz. Literarische Psychopathographie und ihre soziale Bedeutung im Frühexpressionismus*, Stuttgart, 1977, S. 127.

Studie zur Kafka-Rezeption in China (1979–1998)
Ein starker Aufschwung nach anfänglicher Verzögerung

王 蔚

摘 要 随着上世纪七十年代末的改革开放政策的贯彻和实施,西方现代派作家卡夫卡公开、正式地进入中国。大型文学期刊《世界文学》在1979年的第一期中率先刊登了论文《卡夫卡和他的作品》以及卡夫卡短篇小说《变形记》的译文。从此,我国学术界对卡夫卡及其作品的研究呈现出井喷式的增长态势,一百多篇研究论文和专著在随后的二十年间相继问世。"贴上标签的卡夫卡""从英译本转译"和"对荒诞和异化的过度关注"构成了前期译介的特点。卡夫卡的创作方式成为我国新一代作家研究和模仿的对象。1998年的《卡夫卡全集》出版后,我国的"卡夫卡"研究呈现出多视角、多维度的倾向,涌现出"人性""心理分析""后现代主义""法兰克福学派"等全新的研究视角。

关键词 卡夫卡 译介 荒诞 异化

Es war unter chinesischen Akademikern allgemein anerkannt, dass Überlieferung und Erforschung von Kafkas Werken erst in den 60er Jahren des letzten Jahrhunderts in China begonnen hatten. Da amerikanische, sowjetische und osteuropäische Wissenschaftler bereits in den 30er und 40er Jahren an Kafka forschten, ging man davon aus, dass die Auseinandersetzung mit Kafka in China einen Rückstand von 20 bis 30 Jahre gegenüber der Forschung in diesen Ländern hatte. Diese Annahme wurde allerdings im Januar 2004 von Professor Dr. Wei Maoping in seiner Monographie *Deguo wenxue hanyishi kaobian* (Untersuchung zur Übersetzungsgeschichte deutschsprachiger Literatur ins Chinesische) revidiert. ①Prof. Wei wies darauf hin, dass der Name „Kafka" bereits in den 30er Jahren des letzten Jahrhunderts mehrfach in den literarischen Kreisen Chinas aufgetaucht war: In seinem Artikel *Zuijin de deguo wentan* (Gegenwärtige literarische Welt in Deutschland), der am 30. Januar 1930 im *Xiaoshuo Yuebao* (Monatsheft der Erzählungen) veröffentlicht wurde, erwähnte Zhao Jinshen, dass Kafka „ein neu entdeckter deutscher Schriftsteller"②sei. Vier Jahre später war der Name Kafka wieder, diesmal in einem von Zhao übersetzten Artikel *Jindai deguo xiaoshuo zhi qushi* (Tendenzen der deutschen Erzählungen in der Neuzeit) zu lesen, der am 1. Juni 1934 in der Zeitschrift *Xiandai* (Moderne Zeit) erschien. In diesem Artikel gab es ein spezielles Kapitel mit dem Titel *Youtai zuojia kaofujia* (Der jüdische Schriftsteller Kafka), wo Zhao Kafka den chinesischen Literaturliebhabern vorstellte und ihn gleichzeitig als ein Genie rühmte. Kurz danach wurde Kafka von Zheng Boqi in seinem Artikel *Deguo de xin yimin wenxue* (Literatur der neuen Migranten in Deutschland) erwähnt. ③

Die Kenntnis von Franz Kafka gelangte somit bereits in den 30er Jahren des letzten Jahrhunderts nach China. ④

In den nachfolgenden drei Jahrzehnten geriet Kafka auf dem chinesischen Festland fast in Vergessenheit. Dass China bis zum Ende der 70er Jahre ein Vakuum der Kafka-Forschung erlebte, hatte gesellschaftliche und historische Gründe. Bis in die 60er Jahre des letzten Jahrhunderts befand sich China in einer gedanklichen und kulturellen Abgeschlossenheit. Unter dem Einfluss der radikalen, nach links tendierenden Ideologie wurden

---

① Wei Maoping, *Deguo wenxue hanyishi kaobian* (*Studie zur Übersetzungsgeschichte deutscher Literatur ins Chinesische*), Shanghai Foreign Language Education Press, Januar, 2004, S. 47–48. Alle in der vorliegenden Arbeit erwähnten Titel oder Textpassagen von der Verfasserin ins Deutsche übersetzt worden.
② Ebenda.
③ Ebenda.
④ Diese Arbeit hat die Kafka-Rezeption auf dem chinesischen Festland zum Forschungsgegenstand; Taiwan wird nicht berücksichtigt.

alle Kulturströmungen aus dem Westen abgelehnt, wobei Kafkas Werke selbstverständlich keine Ausnahme waren. „Damit eine kleine Gruppe von Literaturforschern einen Zugang zu den wichtigsten Werken der reaktionären Literatur aus dem Westen hatte"[①]und „diese Werke aus einer antiim-perialistischen und antirevisionistischen Perspektive erforschen konnte"[②], hatte das Forschungsinstitut für Literatur der Chinesischen Akademie auf Empfehlung der zuständigen Behörde im Jahr 1963 einen Sammelband mit *Xiandai wenyi lilun yicong* (Übersetzungen der modernen Literatur — und Kunsttheorien) initiiert, die lediglich als „Referenzdokumente im Innern" dienen sollten.[③]Diejenigen Literaturtheorien und -werke, die nach Meinung der Behörde nicht geeignet waren, öffentlich zu erscheinen, konnten auf diese Weise dennoch veröffentlicht werden. In diesem Band war auch der Beitrag *Kafuka zhenmao* (Der Echte Kafka) des sowjetischen Wissenschaftlers Zha Dong Si Ji (ЗаТонский；deutsch: Dmytro Satonskyi) zu finden. Im selben Jahr erschien das Buch *Shenpan ji qita zuopin* (Der Prozess und andere Werke), das vom Verlag der Neuen Kultur der Stadt Shanghai veröffentlicht wurde. Neben dem *Prozess* (*Shenpan*) enthielt der Band einige weitere bekannte Werke Kafkas, etwa *Die Verwandlung* (*Bianxingji*), *Ein Landarzt* (*Xiangcun yishen*) u. a. Das Buch hatte ausgerechnet einen gelben Umschlag erhalten, zeigte aber keinerlei Motiv auf der Vorderseite, so dass der Eindruck „gelb" im Vordergrund stand, und „gelb" hat in China die Bedeutung von dekadent und obszön. Selbstverständlich war das Buch nur gewissen privilegierten Forschern zugänglich. So war Kafka unter jenen besonderen sozialpolitischen Verhäl-tnissen mit einer Art Schleier in die Öffentlichkeit getreten und blieb daher weitgehend im Verborgenen. Von bedeutender Auswirkung der Kafka-Werke auf die dam-

---

[①] Tang Yongkuan, *Kafuka-yige yanshi de tiancai* (*Kafka-ein lebensüberdrüssiges Genie*), in *Wenyi yanjiu* (Literatur — und Kunstforschung), 1982, Heft 6, S. 108.
[②] Ye Tingfang, *Tongxiang kafuka shijie de lücheng* (*Eine Reise in die Kafka-Welt*), in *Wenxue pinglun* (Literatur-Rezensionen), 1994, Heft 3, S. 114.
[③] Ebenda.

alige chinesische Gesellschaft kann daher kaum die Rede sein.

1 Erster Kontakt nach Reform und Öffnung

Der erste Kontakt des durchschnittlichen Chinesen mit Kafkas Werken fand Ende der 70er Jahre statt, als die große Kulturrevolution zu Ende ging. Im Zuge der Reform — und Öffnungspolitik erlebte Chinas Kulturpolitik große Veränderungen. Der chinesische Kulturkreis hatte den Einfluss der radikalen, nach links tendierenden Ideologien überwunden und verlangte eine objektive Haltung bei der Bewertung bzw. Analyse der modernen europäischen Literatur. Unter diesen politischen und sozialen Rahmenbedingungen kamen Kafkas literarische Werke offiziell zu den chinesischen Lesern. Die vom chinesischen Schriftstellerverband gegründete Literaturzeitschrift *Shijie Wenxue* (Weltliteratur) stellte 1979 ihren Lesern erstmals den modernen Schriftsteller Kafka vor. Im ersten Heft des Jahrgangs 1979 wurde ein Artikel mit dem Titel *Kafuka he ta de zuopin* (Kafka und seine Werke) von Ding Fang[1] und Shi Wen veröffentlicht. Im selben Heft erschien auch Kafkas Erzählung Die Verwandlung (*Bianxing ji*), die von Li Wenjun ins Chinesische übersetzt worden war. Das war das erste Mal, dass Kafkas Name offiziell in der Öffentlichkeit genannt wurde, was somit den Anfang der Kafka-Rezeption in der Volksrepublik China kennzeichnet.

Kurz danach wurde im Januar 1980 die erste chinesische Übersetzung von Kafkas Roman *Chengbao Das Schloss* (*Chengbao*) vom Übersetzungsverlag Shanghai herausgegeben. In seinem Vorwort wies der Übersetzer Tang Yongkuan darauf hin:

> Alle meine Übersetzungsmanuskripte waren bereits Anfang der 60er Jahre fertig. Allerdings blieben sie wegen der veränderten politischen Lage für die folgenden 15 Jahre gesperrt. Wie lange

---

[1] Ding Fang ist das Pseudonym von Ye Tingfang.

reicht unser Leben? Wie konnten wir uns damit abfinden? Nun, da sich das ganze Land im Aufbau der Viermodernisierung①befindet und Tätigkeiten auf allen Gebieten gedeihen, werden meine Übersetzungen endlich der Öffentlichkeit vorgestellt. Als Übersetzer empfinde ich aus tiefstem Herzen große Freude. ②

Das Vorwort von Tang Yongkuan unterstreicht, dass die Übersetzung und Interpretation von Kafkas Werken in China durch die Kulturrevolution stark beeinträchtigt worden war. Die Forschung an Kafkas Werken war für 15 Jahre zum Stillstand gekommen. Franz Kafka, der im Westen einen großen Namen hatte, fand nur sehr langsam nach China. Chinesische Literatur-Liebhaber mussten lange warten, bis sie dieses Genie endlich kennenlernen konnten.

Wie Tang Yongkuan vorausgesehen hatte, zeigten die chinesischen Literaturforscher im Zeitraum von 1980 bis 1983 großes Interesse an Kafkas literarischen Werken. Eine Reihe von wissenschaftlichen Arbeiten wurden in den wichtigen chinesischen Fachzeitschriften veröffentlicht.

Die von der Central China Normal University in Wuhan gegründete große Fachzeitschrift *Waiguo wenxue yanjiu* (Forschung zur ausländischen Literatur) hat im Jahrgang 1980 und 1981 vier Rezensionen über Kafka veröffentlicht. Durch diese Arbeiten erhielten chinesische Leser endlich die Gelegenheit, Franz Kafka bzw. seine literarischen Werke kennenzulernen.

Die große literaturwissenschaftliche Zeitschrift *Shiyue* (Oktober) hat in der fünften Ausgabe des Jahrgangs 1980 die chinesische Übersetzung von Kafkas Erzählung *Ein Hungerkünstler* (*Ji'e yishujia*) veröffentlicht, die von Ye Tingfang angefertigt wurde. Ye war zu dieser Zeit am Forschungsinstitut

---

① Unter „Viermodernisierung" ist Modernisierung von Industrie, Landwirtschaft, Wissenschaft/ Technik und Verteidigung zu verstehen. Es war der wirtschaftliche Schwerpunkt nach der Reform — und Öffnungspolitik seit 1978 in China und somit auch das Ziel des sozialistischen Aufbaus bis zum Jahr 2000.
② Tang Yongkuan, Vorwort von *Chengbao* (*Das Schloss*), Übersetzungsverlag Shanghai, 1980, S. 6.

für ausländische Literatur der sozialwissenschaftlichen Akademie Chinas tätig und machte sich später als Kafka-Spezialist einen Namen. In derselben Ausgabe erschien seine wissenschaftliche Arbeit *Luetan kafuka jiqi ji'e yishujia* (Über Kafka und seine Erzählung „Ein Hungerkünstler").

Die der Foreign Language Teaching and Research Press angeschlossene Fachzeitschrift *Waiguo wenxue* (Ausländische Literatur) hat in ihrer zweiten Ausgabe des Jahrgangs 1981 gleich vier Übersetzungen von Kafkas Erzählungen herausgegeben: *Panjue* (Das Urteil, übersetzt von Dong Guangxi), *Xiangcun yisheng* (*Ein Landarzt*, übersetzt von Qian Wencai), *Falü menqian*, (*Vor dem Gesetz*, übersetzt von Xie Yingying) und *Liumang jituan* (*Eine Gemeinschaft von Schurken*, übersetzt von Yang Yinen). Hinter den vier Erzählungen brachte die Redaktion noch eine Forschungsarbeit von Prof. Xie Yingying mit dem Titel *Huangdan menghuan zhong de xianshizhuyi. Qiantan you zhengyi de xiandai zuojia kafuka* (Das Realistische im absurden Traumhaften. Über den umstrittenen modernen Schriftsteller Franz Kafka).

Im selben Jahr veröffentlichte die wichtige Fachzeitschrift *Yicong* (Renditions) vom Huacheng-Verlag in der südchinesischen Metropole Kangtong ebenfalls vier Übersetzungen von Kafkas Erzählungen: *Chai yu a'la 'bo'ren* (*Schakale und Araber*, übersetzt von Li Shixun), *Lie'ren gelahusi* (*Der Jäger Gracchus*, übersetzt von Wang Yinqi), *Jianzao zhongguo changcheng shi* (*Beim Bau der Chinesischen Mauer*, übersetzt von Ye Tingfang) und *wangshi yiye* (*Ein altes Blatt*, übersetzt von Wang Yinqi).

Die Übersetzung und Interpretation der Werke Kafkas hat somit im Zeitraum zwischen 1979 und 1982 einen rapiden Aufschwung erlebt. Neben den bereits erwähnten Titeln und Zeitschriften sind noch drei Beispiele zu nennen. [1]

---

[1] Sun Kunrong, *Tan kafuka de chengbao* (*Über Kafkas "Das Schloss"*), in *Waiguo wenxue jikan* (*Vierteljahrsschrift für ausländische Literatur*), 1981, Heft 1; Zhang Rongchang, *Zhi fuqin* (*An den Vater*), in *Shijie wenxue* (*Weltliteratur*), 1981, Heft 2; Sun Kunrong, *Qitungzhe* (*Der Kübelreiter*), in *Guowai wenxue* (*Literatur im Ausland*), 1981, Heft 1.

Auch Kafkas Romane fanden enorme Aufmerksamkeit in China.

Im April 1982 wurde Kafkas Roman *Der Prozess* ins Chinesische übersetzt (*Shenpan*, von Qian Mansu und Yuan Huaqing). Im selben Jahr erschien die chinesische Übersetzung vom ersten und zweiten Kapitel des Romans *Amerika* (Meiguo) in der von der Nanjing Universität gegründeten Fachzeitschrift *Dangdai waiguo wenxue* (Gegenwärtige Ausländische Literatur).① Zugleich erschien in diesem Heft die Forschungsarbeit von Hong Tianfu mit dem Titel *Jianlun Kafuka de changpian xiaoshuo meiguo* (Über Kafkas Roman „Amerika").

Während dieser Zeit erschienen Übersetzungen von Kafkas Erzählungen auch in einigen Textsammlungen, wie etwa *Waiguo xiandaipai zuopinxuan* (Ausgewählte Werke der Moderne im Ausland)②, *Xiandai waiguo wenxue yicong* (Gesammelte Übersetzungen der modernen ausländischen Literatur)③, *Deyu guojia duanpian xiaoshuo xuan* (Ausgewählte Kurzgeschichten der deutschsprachigen Länder)④ und *Waiguo zhongpian xiaoshuo xuan* (Ausgewählte ausländische Novellen)⑤. Durch diese Sammlungen wurden Kafkas Erzählungen und Novellen dank schöpferischer Arbeit vieler chinesischer Akademiker den chinesischen Literatur-Liebhabern zugänglich.

Im Jahr 1983 wurden weitere literarische Werke von Kafka ins Chinesische übersetzt. Die *Waiguo wenxue jikan* (Vierteljahrsschrift für ausländische Literatur) brachte in ihrer zweiten Ausgabe drei Kurz-geschichten von Kafka, nämlich *Blumfeld, ein älterer Junggeselle* (*Lao guanggun bulumufei'er'de*, übersetzt von Zhang Rongchang), *Ein Landarzt* (*Xiangcun yisheng*, übersetzt von Zhang Rongchang) und *Der Heizer* (*Silu*, übersetzt von Tao Sheng). Die Fachzeitschrift *Dangdai waiguo wenxue* veröffentlichte in ihrer ersten Ausgabe Kafkas Kurzgeschichte *Der Jäger*

---

① Diese Arbeit konnte von der Verfasserin nicht eingesehen werden.
② Shanghaier Verlag für Kultur und Kunst. Oktober 1980.
③ Volksverlag der Provinz Guangdong. September 1980.
④ Verlag für Volksliteratur. Februar 1981.
⑤ Volksverlag der Provinz Hunan. 1982.

Gracchus (*Lie'ren gelahusi*, übersetzt von Dong Zuqi).

Obwohl die Kafka-Forschung in China 30 Jahre hinter der Forschung des Westens zurück war, nahm die Rezeption von Kafka in den ersten vier Jahren doch deutlich Schwung auf. Dies zeigte sich nicht nur an der Menge der Forschungsarbeiten über Kafka, sondern auch an dem weiten Themenspektrum des Forschungsgegenstandes. Qualifizierte Fachkräfte konzentrierten sich bei ihrer Forschung nicht nur auf die Biographie von Kafka und die Interpretation seiner Werke, sondern auch auf die Gedankenwelt und den literarischen Stil von Kafka. Eingehende Untersuchungen und Analysen wurden auf allen Ebenen durchgeführt.

2 Kafka-Rezeption mit chinesischer Prägung

Da China 30 Jahre lang von der Außenwelt abgeschlossen war und sein eigenes politisches System hatte, weist die Kafka-Rezeption in China eine gewisse nationale Prägung auf.

2.1 Kafka-Rezeption im Wandel

Die an Umfang und Ausmaß zunehmende Beschäftigung mit Kafka wurde allerdings in der zweiten Hälfte des Jahres 1983 stark eingeschränkt. Die Kommunistische Partei Chinas setzte eine politische Kampagne gegen die bürgerliche Verderbtheit der Gesinnung in Gang. Als Vertreter der Moderne geriet dabei auch Kafka in ihr Visier. Einige radikale Parteimitglieder behaupteten:

> Die moderne Kultur und Kunst im Westen verbreiten eine bürgerlichen Ideologie, die mit der sozialistischen Zivilisation nicht übereinstimmt. [...] Der westliche Idealismus, der als Theorie der Moderne gilt, sollte von uns von Kopf bis Fuß kritisiert werden. Diese geistige Verseuchung darf sich keineswegs in unse-

rem sozialistischen Land verbreiten.①

Unter dem Einfluss dieser politischen Kampagne wurde zwischen 1983 und Anfang 1985 kein einziges Werk von Franz Kafka ins Chinesische übersetzt, auch erschien keine wissenschaftliche Arbeit über ihn. Erneut wurde die Kafka-Rezeption in China für einige Jahre ausgesetzt.

Erst nach 1985 kam die Kafka-Forschung wieder in Gang. Diesmal wurde sie allerdings mit starker Beschleunigung vorangetrieben. Innerhalb von der vier Jahre zwischen 1985 und 1988 wurden vier wichtige Sammelbände mit Kafkas Erzählungen, drei Biographien über ihn und eine Sammlung seiner Parabeln und Aphorismen herausgegeben:

— Sun Kunrong: Kafuka duanpian xiaoshuo xuan (Ausgewählte Erzählungen von Franz Kafka). Beijing, Verlag für ausländische Literatur. März 1985

— Li Wenjun/Cao Yong: Shenpan: Kafuka zhongduanpian xiaoshuo xuan (Der Prozess. Ausgewählte Erzählungen und Novellen von Franz Kafka). Shanghai. Shanghai Yiwen Verlag. August 1987

— Kafuka shuxin ji (1902–1924) (Gesammelte Briefe von Franz Kafka (1902–1924)). Verlag für Volksliteratur. 1984

— Sun Kunrong: Susong② (Der Prozess). Verlag für ausländische Literatur. 1986

— Wagenbach: Kafuka (Kafka)③. Übersetzt von Han Ruixiang. Volksverlag der Provinz Shanxi. 1986

— San Ye Da Mu: Kafuka zhuan (Biographie von Franz Kafka)④.

---

① Cheng Daixi, *Nalai zhuyi haishi quanpan zhaoban? Tan ruhe duidai xifang xiandaipai wenyi* (*Annahme oder Kopieren? Zur Behandlung der westlichen modernen Kultur und Kunst*), in *Hongqi* (*Rote Fahne*), 1984, Heft 6, S. 26–31.

② Der Übersetzer Sun ist Germanist und hat für seine Übersetzung von Kafkas *Prozess* aus dem Deutschen den Titel *Susong* gewählt. Dem auf frühere Übersetzer zurückgehenden Titel *Shenpan* dagegen lagen englischsprachige Ausgaben zugrunde.

③ Klaus Wagenbach hat zwei frühe biographische Arbeiten zu Kafka vorgelegt, *Franz Kafka. Eine Biographie seiner Jugend*. 1883–1912, Bern, 1958 und *Franz Kafka*, Reinbek, 1964.

④ Der Biographie *Kafuka zhuan* liegt eine japanische Arbeit zu Kafka zugrunde.

Übersetzt von Gen Yanping. Verlag des chinesischen Kulturverbands. 1987

— Ronald Hayman: Kafuka zhuan (Biographie von Franz Kafka)[1]. Übersetzt von Zhao Qianlong et al. Verlag der Schriftsteller. 1988

— Zhang Boquan (Taiwan): Kafuka yuyan yu geyan (Sammlung von Kafkas Parabeln und Aphorismen). Volksverlag der Provinz Helongjiang. September 1987

In diesem blühenden Zeitraum wurde im September 1986 die erste Monographie über Kafka und dessen Werke mit dem Titel *Xifang xiandai yishu de tanxianzhe* (Wegbreiter der Modernen Kunst) vom Huacheng Verlag in Guangzhou veröffentlicht, eine Arbeit des bekannten chinesischen Kafka-Forschers Ye Tingfang. Im September 1988 wurde der repräsentative Sammelband *Lun kafuka* (Zu Kafka) veröffentlicht[2], der 44 wissenschaftliche Beiträge von ausländischen Akademikern und Forschern aus den Jahren 1916 bis 1980 beinhaltet. Die meisten Artikel in diesem Band hatte Ye Tingfang ausgewählt und ins Chinesische übersetzt. Der Sammelband legte eine solide Grundlage für die Forschungsarbeit der chinesischen Kafka-Forscher.

Diese Fülle an Veröffentlichungen markiert den Beginn eines neuen Aufschwungs der Kafka-Forschung in China. Seither sind immer mehr wissenschaftliche Arbeiten über Kafkas literarische Werke in den wichtigen chinesischen Fachzeitschriften zu finden. Chinesische Sozialwissenschaftler gaben sich nicht damit zufrieden, mit ihren Artikeln die Werke Franz Kafkas in China bekannt zu machen, sie betrieben vielmehr eine werkimmanente Forschung in der Absicht, die tiefere Bedeutung von Kafkas Werken herauszuarbeiten. Am Titel einiger wissenschaftlicher Arbeiten lässt sich die grün-

---

[1] Ronald Haymans Arbeit *A Biography of Kafka* ist zuerst in London erschienen; 1983(Bern) folgte die deutsche Übersetzung: *Kafka. Sein Leben, seine Welt, sein Werk*. Diese war Grundlage für die chinesische Übersetzung.

[2] Ye Tingfang, *Lun kafuka* (*Zu Kafka*), Verlag der Chinesischen Akademie der Sozialwissenschaften, September, 1988, S. 620.

dliche Kafka-Forschung dieses Zeitraums erkennen. Lü Yuan etwa wies in seiner wissenschaftlichen Arbeit auf die Dialektik in Kafkas Dichtung hin. [1]

Nachdem die Zeitschrift *Shijie wenxue* (Weltliteratur) 1979 Kafka zum ersten Mal in China veröffentlicht hatte, wuchs die Kafka-Forschung in den folgenden zehn Jahren stark an; inzwischen sind die drei Romane, mehr als 20 Erzählungen sowie drei Biographien von Kafka ins Chinesische übersetzt worden.

2.2 Etikettierter Kafka

Sobald Kafka in China angelangt war, wurde er mit verschiedenen Etiketten versehen. Die typischen Zuschreibungen waren: „Pionier der modernen Literatur"[2], „Wegbereiter der modernen Kunst")[3], „Schriftsteller des Existentialismus", „Prophetischer Fabulist", „Teufelsgenie"[4]usw. Da die chinesischen Leser seit den 60er Jahren von der Außenwelt abgeschlossen gewesen waren, fiel es ihnen schwer, das Wesentliche von Kafkas Werken wahrzunehmen. Den meisten erschienen seine Romane und Erzählungen obskur. Die traumhafte Atmos-phäre, die rätselhaften Figuren und Handlungen in den Werken waren für chinesische Leser unfassbar. Sie waren nur durch die Vorstellung der Werke, die die Übersetzer im Vorwort lieferten, in der Lage, die Werke zu interpretieren.

Als die Zeitschrift *Shijie wenxue* (Weltliteratur) zum ersten Mal Kafkas Erzählung *Die Verwandlung* vorstellte, wurde sie als „ein wichtiges literarisches Werk des westlichen Bürgertums des 20. Jahrhunderts"[5]bezeichnet.

---

[1] Lü Yuan, *Xijie huangdan he zhengti helihua de bianzhengfa. Du kafuka suibi* (Dialektik zwischen Absurdität in Details und Rationalität im Ganzen. Über Kafkas Essays), In *Waiguo Wenxue Pinglun* (Rezensionen über die ausländische Literatur), 1982, Heft 2, S. 81.

[2] *Guowai yanjiu dongtai* (Tendenz der ausländischen Forschung): *Xi'ou wuguo juxing ouzhou zui weida zuojia xuanju huodong* (Fünf westeuropäische Staaten machen die Umfrage-Wer ist der großartigste Schriftsteller in Europa?), in *Waiguo wenxue yanjiu* (Forschungen zur ausländischen Literatur), 1984, Heft 3. S. 139.

[3] Ye Tingfang, *Xifang xiandai yishu de tanxianzhe* (Wegbreiter der modernen Kunst), in *Wenyi yanjiu* (Literatur — und Kunstforschung), 1982, Heft 6, S. 111 – 124.

[4] Tang, *Kafuka* (wie Anm. 5), S. 110.

[5] *Shijie wenxue*, 1979, Heft 1, S. 191 – 192.

Sie wurde als „kränklich, eigentümlich, scharfsinnig"①bewertet, und es war zu lesen, dass

> Die Verwandlung einige wesentliche Probleme der modernen bürgerlichen Gesellschaft thematisiert. Das Werk bringt die Entfremdung, die Einsamkeit und das katastrophale Gefühl des Menschen zum Ausdruck. Kafkas Weltanschauung ist dementsprechend pessimistisch und voller Lebensüberdruss. Seine Philosophie ist die Philosophie des Misserfolgs. Sein Werk behandelt die traurigen Motive und kann daher den Lesern keinen ästhetischen Genuss gewähren, wie man es bei der Bewunderung eines künstlerischen Werkes erwartet. ②

Im Vorwort der ersten chinesischen Übersetzung von Kafkas Roman *Das Schloss* hatte sich der Übersetzer Tang Yongkuan ähnlich geäußert. Er bezeichnet dort Kafka als „einen, der seine Zeitgenossen zum Kummer führte"③:

> Kafka war lebensüberdrüssig, verneinte sich selbst, verneinte sein eigenes Werk und alles. Er trug seinem besten Freund Max Brod auf, nach seinem Tod alle seine Werke zu verbrennen. Kafka war keine Lerche, die den Anfang einer neuen Zeit besang, er war viel mehr die Eule in der Nacht der bürgerlichen Gesellschaft. ④

Der Prozess wurde den chinesischen Lesern als das repräsentative Werk Franz Kafkas vorgestellt. Sein Übersetzer Li Wenjun betonte im Vorwort:

---

① *Shijie wenxue*, 1979, Heft 1, S. 191–192.
② Ebenda.
③ Tang Yongkuan, Vorwort von *Chengbao*, Übersetzungsverlag Shanghai, 1980, S. 3–5.
④ Ebenda.

Kafkas literarische Werke üben eine tiefgreifende Sozialkritik, führen aber auch zu philosophischen Diskussionen im Leserkreis. Es ist Kafka gelungen, mit rätselhaften Handlungen und einem unvergleichlichen literarischen Stil das Bedrücktsein und Entfremdetsein der Europäer im 20. Jahrhundert darzustellen. [...] Kafkas Schöpfungsart war einzigartig, seine Konzeption war außergewöhnlich, seine Beschreibung war detailliert und wahr, seine Methode war grotesk und übertrieben. [...] Bei der Darstellung vieler im Wesen beklagenswerter Dinge ließ Kafka meistens einen Humor der Resignation und Verzweiflung durchscheinen. Eine übermächtige Ruhe wohnte Kafka inne, während er schreckliche Szenen schilderte. [1]

In den Publikationen über Kafka und seine literarischen Werken lässt sich feststellen, dass die chinesische Literaturkritik überwiegend zu folgenden Schlussfolgerungen gekommen war:

— Kafka hat in seinen literarischen Werken die wesentlichen Probleme der modernen kapitalistischen Gesellschaft thematisiert. Autokratie und Korruption der zugrundegehenden Österreichisch-Ungarischen Mo-narchie wurden enthüllt. Deutlich wurde, dass die kapitalistische Gesellschaft schließlich zum Untergang verurteilt war.

— Die Protagonisten in Kafkas Werken sind ausnahmslos schwache Intellektuelle und Kleinbürger. Sie verkörpern den „Non-Hero"[2] der damaligen Gesellschaft. Ihren krankhaften und deformierten seelischen Zustand hat Kafka durch bestimmte Handlungen in ihrer Tagesroutine dargestellt.

— Kafka hat ein in der kapitalistischen Gesellschaft allgemein existierendes und sich zuspitzendes Phänomen beobachtet, das die Philoso-

---

[1] Li Wenjun, Vorwort von *Shenpan*, Übersetzungsverlag Shanghai, 1987, S. 5–6.
[2] Zhou Jiansheng, *Shilun shenpan* (Über „Der Prozess"), in *Waiguo wenxue yanjiu* (*Forschungen zur ausländischen Literatur*), 1981, Heft 2, S. 54.

phen als „Entfremdung" bezeichnen.
— Kafkas Weltanschauung war pessimistisch und voller Überdruss. Seine Werke haben die Katastrophe der Menschheit und die Einsamkeit des Menschen entlarvt.

Die Kommentare und die Kritik, die die Übersetzer von Kafkas Werken im jweiligen Vorwort publizierten, waren für die chinesischen Leser sehr hilfreich, da sie dadurch in Kafkas literarische Schöpfungen eingeführt wurden. Sie hatte es dadurch viel leichter, Kafkas Werke zu verstehen und zu beurteilen. Andererseits dienten solche Einführungen den Wissenschaftlern auch als Legitimation dafür, sich näher mit Kafka zu beschäftigen. Obwohl sich China bereits Ende der 70er Jahre nach außen geöffnet hatte, waren chinesische Literaturkritiker sehr vorsichtig im Umgang mit der modernen Literatur des Westens. Erst im Schutz derartiger Einführungen wagten sie es, den chinesischen Lesern Kafka und sein Werk vorzustellen.

Allerdings verfolgten die Literaturkritiker dabei nahezu gleiche Ansätze. Diese etikettierte Wahrnehmung beschränkte die Assoziationen und den Lesegenuss der chinesischen Leser. Man kann sagen, dass die chinesische Kafka-Forschung in dieser ersten Phase in einem eng begrenzten Gebiet betrieben wurde.

Doch neben den allgemein akzeptierten Ansätzen vertraten die chinesischen Wissenschaftler in einigen heiklen Fragen auch unterschiedliche Meinungen, die heftig diskutiert wurden. Die Streitpunkte waren:
— Zählt Kafka zu den dekadenten Schriftstellern?
— Vertritt Kafka in seinen Werken pessimistische Ansichten?
— Sind Kafkas literarische Schöpfungen realistisch?

Einige chinesische Literaturkritiker machten sich die Auffassung des ungarischen Literaturtheoretikers Georg Lukács zu eigen und bestanden auf der Wichtigkeit der sozialistischen Literatur und Kunst. Die moderne Literatur galt ihnen als „geistige Vergiftung" und „Produkt des kapitali-stischen Untergangs". Ihrer Meinung nach sollte die moderne europäische Literatur und Kunst mit ihrer theoretischen Grundlage idealisti-scher Philosophie durchaus kritisiert werden. In einem sozialistischen Land dürften sie nicht verbreitet werden.

Die meisten Literaturkritiker standen aber auf dem Standpunkt eines Vertreters des Existentialismus, Albert Camus, und waren der Überzeugung, je schrecklicher und grausamer Kafkas Schilderungen ausfielen, desto größer sei Kafkas Hoffnung auf eine Veränderung des Daseins.① Diese Kritiker tendierten dazu, in Kafkas Werken Hoffnung und positive Werte zu erkennen. Zi Wei entdeckte im Absurden von Kafkas Werken das Ernste.②Li Qi sah im grausamen Ende von Kafkas Werken das zwangsläufige Ergebnis einer dunklen Gesellschaft.③Prof. Xie Yingying zählte Franz Kafka zu den realistischen Schriftstellern und behauptete: „Kafkas Werke übten scharfe Kritik an der Gesellschaft und halfen den Lesern, das eigene Ich und die menschliche Gesellschaft besser zu erkennen."④

Es fiel allen Lesern auf, dass die ins Chinesische übersetzten Erzählungen und Romane immer von einer wissenschaftlichen Einführung begleitet wurden, die Kafka und sein Werk des Übersetzers bzw. Wissenschaftlers bewertete. Diese Ergebnisse der Forschung dienten in erster Linie dazu, die chinesischen Leser mit der modernen europäischen Literatur vertraut zu machen und ihnen ein möglichst objektives Bild von Kafkas Werken zu vermitteln. Doch war auch für jeden sichtbar, dass diese Einführungen sich an den politischen Richtlinien orientierten.

2.3 Erste Übersetzung aus dem Englischen

Dozenten an Universitäten und Forscher an Forschungsinstituten waren

---

① Jia Miu, *Fulanci kafuka zuopin zhong de xiwang he huangdan* (Albert Camus: Hoffnung und Absurdität in Franz Kafkas Werken), in Ye: *Lun kafuka* (wie Anm. 22), S. 110 – 113.
② Zi Wei, *Yu yansu yu huangdan zhizhong. Du kafuka de bianxingji* (Das Ernste im Absurden. Über „Die Verwandlung"), in *Waiguo wenxue yanjiu* (Forschungen zur ausländischen Literatur), 1980, Heft 1, S. 101 – 104.
③ Li Qi, *Kafuka chutan* (Erste Entdeckung bei Kafka), in *Waiguo wenxue yanjiu* (Forschungen zur ausländischen Literatur), 1980, Heft 3, S. 93.
④ Xie Yingying, *Huangdan menghuan zhong de xianshi zhuyi - Qian tan you zhenzi de xiandai zuojia kafuka* (Das Realistische in der traumhaften Absurdität. Über den umstrittenen modernen Schriftsteller Kafka), in *Waiguo wenxue* (Ausländische Literatur), 1981, Heft 2, S. 42.

die ersten professionellen Fachkräfte, die Kafkas Werke ins Chinesische übersetzten. Ihre Sprach — und Fachkenntnisse ermöglichten ihnen, den ersten Kontakt mit literarischen Werken von Schriftstellern aus dem Westen herzustellen. Sie hatten die Möglichkeit, das Original unmittelbar zu lesen und sich mit den diesbezüglichen Forschungsarbeiten auseinanderzusetzen. Für die Verbreitung von Kafkas Werken in China leisteten sie einen großen Beitrag. Und die den unterschiedlichen Universitäten und Hochschulen angeschlossenen Fachzeitschriften und Verlage boten eine unentbehrliche Bühne für die Kafka-Rezeption in China.

Ein besonderes Phänomen der chinesischen Kafka-Rezeption verdient Aufmerksamkeit: Obwohl Kafka ein bedeutender deutschsprachiger Schriftsteller war, waren seine literarischen Werke in der Anfangsphase nicht aus der deutschen Sprache ins Chinesische übersetzt worden. Die früheren Auflagen, wie etwa *Das Schloss*, *Der Prozess* und *Die Verwandlung*, wurden alle aus dem Englischen übersetzt. Während *Das Schloss* aus der 1957 erschienenen englischen Ausgabe von *Penguin Books* übersetzt wurde, war die Vorlage für die Übersetzung von *Der Prozess* die Ausgabe des Londoner Marin Secker und Warburg Verlags aus dem Jahr 1963. Dass ein deutschsprachiger Schriftsteller nicht aus dem Original, sondern auf der Basis einer englischen Übersetzung in China bekannt wurde, wird vor folgendem Hintergrund verständlich.

Obwohl Franz Kafka in Europa, vor allem in Frankreich und England, entdeckt wurde, entstand zuerst in den USA eine regelrechte Kafka-Bewegung. Europa litt seit den 30er Jahren unter dem Kriegsschatten. Schriftsteller mit starkem Verantwortungsbewusstsein hatten keine Leidenschaft mehr, sich mit Literatur und Kunst zu befassen. Sie widmeten sich eher der Veränderung der bestehenden Gesellschaft. Daher kam es in den 50er Jahren des letzten Jahrhunderts zuerst in Amerika zu einer Kafka-Welle. Der von Kafkas bestem Freund Max Brod ausgearbeitete *Sammelband von Kafka-Werken* wurde zuerst dort veröffentlicht. Eine große Menge von Intelle-ktuellen und Akademikern aus dem deutsch-österreichischen Gebiet, darunter viele Kafka-Forscher, waren in die USA emigriert. Sie lebten und arbeiteten dort und hatten im Vergleich zu Intellektuellen in Deutschland oder Öster-reich eine relativ große Forschungsfreiheit. Diese Forscher leisteten einen bedeutenden Beitrag zur weltweiten Kafka-Forschung.

Was die chinesische Forschung auf dem Gebiet ausländischer Literatur betrifft, so stand die Germanistik lange Zeit im Schatten der Anglistik. Das lag einerseits daran, dass die englische Sprache die erste und wichtigste Fremdsprache in China ist. Chinesische Anglisten hatten deshalb einen viel leichteren Zugang zu Materialien aus der ganzen Welt, während die Germanisten über relativ wenige Materialien verfügten. Englischsprachiges Material spielte daher eine unentbehrliche Rolle bei der Rezeption und Vermittlung von Kafka. Andererseits war die Zahl qualifizierter Germanisten im Vergleich zu den Anglisten viel geringer. Die chinesische Kafka-Rezeption wurde in der Anfangsphase daher überwiegend von Anglisten betrieben. Aus dieser Situation erklärt sich, dass Kafkas Werke zunächst aus dem Englischen übersetzt wurden.

2.4 Boom der Publikationen

Seit 1989 erlebt die Kafka-Rezeption in China eine Hochphase. Die Auswertung der entsprechenden Materialien durch die Verfasserin ergab, dass in den zehn Jahren zwischen 1979 und 1988 24 wissenschaftliche Forschungsarbeiten zum Thema Kafka veröffentlicht wurden; im selben Zeitraum erschienen 12 Monographien und Biographien. In den folgenden zehn Jahren, 1988 bis 1998, erfuhr die Forschung zu Kafka einen gewaltigen Aufschwung. Mit 103 wissenschaftlichen Forschungsarbeiten und 33 Monographien haben sich die Ergebnisse innerhalb von zehn Jahren vervielfacht. Dieser Boom der Publikationen hat mit der Tatsache zu tun, dass nicht nur Wissenschaftler aus den fremdsprachlichen Fachgebieten, sondern auch Forscher aus anderen Bereichen sich mit Kafka auseinandersetzten.

Die ins Chinesische übersetzten Werke von Kafka und die in der chinesischen Sprache verfassten wissenschaftlichen Forschungsarbeiten boten vielfältige Möglichkeiten, sich mit Kafka zu beschäftigen. Eine große Anzahl

Studie zur Kafka-Rezeption in China (1979-1998)

von Geisteswissenschaftlern an den chinesischen Universitäten zeigten, auch ohne ausreichende Fremdsprachenkenntnisse, großes Interesse am Werk Kafkas. Die chinesisch verfasste Sekundärliteratur bot ihnen wichtige Materialien, nicht nur um Kafka kennenzulernen, sondern auch um mit ihren Kenntnissen in ausländischer Literatur Kafkas Dichtung zu analysieren und zu kritisieren. Diese wissenschaftliche Arbeit wurde auf einer umfangreichen und multidimensionalen Ebene betrieben und leistete dadurch einen großen Beitrag zur Kafka-Rezeption in China.

Der Aufschwung der Kafka-Forschung in China kommt auch darin zum Ausdruck, dass viele komparatistische Forschungsmethoden angewendet wurden und dementsprechend viele komparatistische Arbeiten erschienen. Auch dies ist selbstverständlich den zahlreichen in chinesischer Sprache veröffentlichten Kafka-Werken und Forschungsarbeiten zu verdanken. Sozialwissenschaftler fingen an, den großartigen deutschsprachigen Schriftsteller mit Autoren aus anderen Sprachräumen zu vergleichen.[1] Bei diesem Vergleich standen fünf bekannte Schriftsteller bzw. deren Werke aus verschie-denen Sprachräumen im Vordergrund. Die komparatistischen Forschungsarbeiten betrafen:

— Franz Kafka und Luxun[2]

— Franz Kafka und Hermann Hesse[3]

— Franz Kafka und Victor Hugo[4]

---

[1] In China wird grob zwischen Naturwissenschaften und Sozialwissenschaften unterschieden. Demnach zählt Komparatistik wie auch die Germanistik oder Anglistik als Sozialwissenschaft.

[2] Zhang Cuiping, *Cong weilianshu he geligaoer kan luxun yu kafuka* (Von Wei Lianshu und Gregor zu Luxun und Kafka), in Waiguo wenxue yanjiu (*Forschungen zur ausländischen Literatur*), 1999, Heft 3, S. 114.

[3] Ji Tong, *Biaoxian zhuyi dashi he langmanzhuyi qishi-Qianlun kafuka yu heisai* (Meister des Expressionismus und Ritter der Romantik. Zu Kafka und Hesse), in Waiguo wenxue yanjiu (*Forschungen zur ausländischen Literatur*), 1992, Heft 1, S. 47.

[4] Liang Xudong, *Cong yuguo dao kafuka: Rendao zhuyi de shenhua yu bianzou* (Von Victor Hugo zu Franz Kafka. Vertiefung und Variation der humanitären Einstellung), in Ningbo daxue xuebao (*Fachzeitschrift der Universität Ningbo-Geisteswissenschaft*), 1993, Heft 2, S. 45.

— Franz Kafka und Milan Kundera[①]

— Franz Kafka und David Herbert Lawrence[②]

2.5 Fokus auf Paradox und Entfremdung

Von den 60er Jahren des letzten Jahrhunderts, als das kleine Büchlein *Shenpan ji qita* (*Der Prozess* und andere Werke) mit seinem gelben Umschlag zur Orientierung für privilegierte Fachkräfte veröffentlicht wurde, über die 70er Jahre mit der ersten chinesischen Übersetzung von Kafkas *Verwandlung* bis in die 80er Jahre, in deren Verlauf eine Vielzahl von Interpretationen und Literaturkritiken zu Kafka und seinen Werken entstand, sind große Veränderungen in Hinblick auf die Wahrnehmung des bekanntesten Vertreters der modernen Literatur festzustellen. Das Verständnis von Kafka hat sich im Kreis der mit Literatur befassten Akademikern innerhalb von nur 20 Jahren grundlegend verändert. Franz Kafka galt nicht mehr als der „reaktionäre" Schriftsteller. Durch intensive Untersuchungen und Analysen versuchte man ein möglichst objektives, vielseitiges Bild von ihm zu bekommen. Da chinesische Wissenschaftler nur einen begrenzten Zugang zu ausländischen Forschungsarbeiten hatten, konzentrierten sie ihre Aufmerksamkeit auf „Paradox" und „Entfremdung" in Kafkas literarischen Werken.

„Das charakteristische Stilmerkmal von Kafkas Werk ist das Paradox. [...] Paradox ist schon der Ausgangspunkt aller Kafka-Forschung."[③] Wie der deutsche Kafka-Spezialist Heinz Politzer es ganz richtig formuliert hat, war „Paradox" das wichtigste Untersuchungsthema der chinesischen Kafka-Forschung.

[①] Li Xiaolin, *Cong shengming zhong buneng chengshou zhi zhong dao shengming zhong buneng chengshou zhi qing-kafuka yu milan kundela* (*Vom Schweren bis zum Leichten, was das Leben nicht ertragen kann. Kafka und Milan Kundera*), in *Zaozhuang shizhuan xuebao* (*Fachzeitschrift der Pädagogischen Fachhochschule Zaozhuang*), 1995, Heft 3, S. 38.

[②] Zheng Zhiyong, *Kafuka yu laolunsi* (*Kafka und Lawrence*), in *Xi'nan mingzu xueyuan xuebao* (*Fachzeitschrift des Südwest Volksinstituts*), 1998, Heft 4, S. 78.

[③] Heinz Politzer, *Problematik und Probleme der Kafka-Forschung*, in H. Politzer (Hrsg.), *Franz Kafka*, Darmstadt, 1980, S. 214.

Im August 1992 hielt die Fachzeitschrift *Waiguo wenxue pinglun* (Rezensionen über die ausländische Literatur) das Symposium „Kritik und Paradox in der europäischen Literatur des 20. Jahrhunderts" ab und gab dadurch „Paradox" und „Literatur des Paradoxes" als Diskussionsthemen vor. Der bekannte chinesische Experte im Bereich Literaturtheorie, Liu Mingjiu, hat in der Eröffnungszeremonie zutreffend auf Folgendes hingewiesen:

> Paradox ist zwar ein bedeutendes Phänomen für die Literatur des 20. Jahrhunderts, aber es ist nicht die einzige Spezialität der Literatur des 20. Jahrhunderts: Es ist ein Bewusstsein des kritischen Gedankens, das mit einer bestimmten Ideologie verbunden ist; um es konkreter auszudrücken: dieses Paradox ist nicht nur an die gegenwärtige westliche Gesellschaftsordnung und Lebensweise gerichtet, es reflektiert vielmehr das kritische Bewusstsein in gewisser Relevanz auf dem Gebiet der Geschichte, Politik, Wirtschaft, Literatur usw. [1]

Im folgenden Jahr eröffnete die Fachzeitschrift *Shehui kexue zhanxian* (Front der Sozialwissenschaften), die der Akademie der Sozialwissenschaften der Provinz Jilin angeschlossen ist, eine spezielle Rubrik mit dem Titel „Forum für paradoxe Literatur des Westens". Viele Sozialwissenschaftler nahmen dieses Angebot zur Diskussion an und stellten mit ihren Forschun-gsarbeiten unterschiedliche Meinungen und Perspektiven zur paradoxen Literatur des Westens vor. Ihre Themen fokussierten vor allem auf die Fragen:

— Gibt es in der paradoxen Literatur Rationalität?
— Worin liegt das kritische Bewusstsein der paradoxen Literatur?

---

[1] Liu Mingjiu, *Huangdan gaishuo* (*Paradox im Grundriss*), in *Waiguo wenxue pinglun* (*Rezensionen über die ausländische Literatur*), 1993, Heft 1, S. 52.

— Gibt es Grenzen der paradoxen Literatur?

In den diesbezüglichen Diskussionen wurde kontroverse Meinungen vertreten. Einige Theoretiker betrachteten die moderne Literatur als „literarischen Sonderfall in der anormalen Gesellschaft"①:

> Die modernen Schriftsteller blieben abseits und beobachteten die Tragödien der Menschheit mit ihren kritischen Gedanken. Ihre Werke stellten die Bedeutungslosigkeit, die Verzweiflung und die Absurdität in einer übertriebenen Weise dar. Diese Werke besaßen eine graue Färbung, waren irreal und vergänglich. Sie hatten deswegen eine kurze Lebensdauer. ②

Dass die paradoxe Literatur im Vergleich zu traditioneller Literatur über ein stärkeres Bewusstsein und kompromisslosen Verneinungsgeist verfügte, wurde vom breiten Publikum anerkannt. Die meisten chinesischen Forscher kamen zu der Schlussfolgerung, dass die paradoxe Literatur das Ego des Menschen und den Wert der menschlichen Existenz verneine. Die paradoxe Literatur als Kampf des modernen Menschen anzusehen fiel den Lesern weniger leicht. In der Konfrontation mit der europäischen Zivilisation vertrat die paradoxe Literatur radikale Ansichten. Aussagen wie „Alles kann mich kaputt machen" von Franz Kafka und „Die Welt ist Willkür, das Leben ist schmerzhaft" von Jean-Paul Sartre und Albert Camus konnten wegen ihres extremen Standpunkts von chinesischen Lesern nur schwer akzeptiert werden.

Während einige Forscher die Meinung vertraten, dass paradoxe Literatur stark von einer pessimistischen Stimmung geprägt sei und junge Menschen zu einer dekadenten Einstellung verführen könne, glaubten andere Forscher:

---

① He Guorui/Li Wei, *Fei lixing beihou de shenceng lixing - Dui xiandaipai wenxue de yidian sikao* (*Tiefe Rationalität hinter der Irrationalität. Einige Gedanken zur modernen Literatur*), in *Waiguo wenxue yanjiu* (*Forschungen zur ausländischen Literatur*), 1993, Heft 1, S. 47.
② Ebenda.

Wenn einer die Absurdität der Existenz und den Fatalismus gegenüber dem Tod literarisch transzendiere, müsse er doch die tiefgreifende Bedeutung von Leben und Gesellschaft verstehen. In diesem Sinne hätte die moderne Literatur doch auch eine positive Bedeutung.

Das andere Thema der Diskussion war „Entfremdung". Bereits im September 1986 kam der chinesische Literaturwissenschaftler Zhou Jianming im Rahmen des chinesisch-deutschen Germanistentreffens in seinem Beitrag *Einiges über die Kafka-Forschung* zu der Schlussfolgerung: „Der Ausgangspunkt der chinesischen Kafka-Forschung ist die Entfremdung bzw. das von Kafka entworfene Bild des entfremdeten Menschen."[①]Seine Kritik an der chinesischen Kafka-Forschung gipfelte in der Feststellung, dass „man den chinesischen Lesern keine einzige werkimmanente Interpretation geboten hat, obwohl diese doch an anschauliche Inhaltsdarstellungen und Orientierungshilfen zum Verständnis der Texte durch die Wissenschaft gewöhnt sind."[②]

„Kafkas Romane und Erzählungen stellen die entfremdete Welt dar." Es sei dem Genie der modernen Literatur gelungen, mit minutiöser Beschreibung, perfekter Struktur und eigenartigem Gebrauch von Worten, Tempus und Personalformen ein Entfremdungsbild der Welt zu bieten. Kafkas Dichtungen legten großen Wert darauf, die Hilflosigkeit und Furcht des modernen Menschen gegenüber der leblosen Materie darzustellen. In Kafkas Werken seien die Menschen der Materie total unterworfen und befänden sich in einer unbegreiflichen Welt. So verwandelten sich die Menschen in „Unmenschen", die Welt werde als willkürlich und absurd wahrgenommen, das Dasein des Menschen als bedeutungslos.[③]

Chinesische Literaturforscher kamen zu der Schlussfolgerung, dass die

---

[①] DAAD, *Dokumentationen und Materialien. Chinesisch-deutsches Germanistentreffen*, Peking, 15.-19. September, 1986, S. 152.

[②] Ebenda. S. 153.

[③] Wu Yuetian, *Huangdan de xiaoshuo yu yihua de shijie (Absurde Erzählungen und entfremdete Welt)*, in *Waiguo wenxue yanjiu (Forschungen zur ausländischen Literatur)*, 1994, Heft 2, S. 43-47.

Entfremdung bei Kafka doch Unterschiede zu Karl Marx' Entfremdungstheorie zeige. Kafka verallgemeinere das Phänomen der Entfremdung und stelle es als unabänderlich dar. Bei ihm betreffe die Entfremdung nicht allein das Verhältnis zwischen Arbeitnehmern und Arbeitgebern in einem bestimmten historischen Zeitalter. In seinem Werk erscheine alles als entfremdet: Menschen, Politik, Religion, Rechte, Berufe, Liebe usw. Sogar Verbrechen, Schuld und Sünde würden als entfremdet dargestellt. Man habe als Leser häufig das Gefühl, Entfremdung sei überall und zu jeder Zeit in Kafkas Werken zu finden.

Chinesische Wissenschaftler hoben auch hervor, dass Kafka nach der Entdeckung des Phänomens der Entfremdung keinen Ausweg für die moderne Gesellschaft gefunden habe. In diesem Punkt sahen die chinesischen Forscher eine gewisse Begrenzung in Kafka sowie seinem literarischen Werk.

An diesen Forschungsperspektiven der chinesischen Akademiker lässt sich ablesen, dass fast alle chinesischen Literaturkritiker Kafkas politische Haltung und die ideologische Tendenz seiner Werke aus einer soziologischen Perspe-ktive analysierten. Sie betonten Kafkas Verneinung der bürgerlichen Gesellschaftsordnung und seine Sympathie mit den Kleinbürgern bzw. den niederen sozialen Schichten. Andere Themen, wie etwa das Unterbewusste, der Einfluss des chinesischen Konfuzianismus und Taoismus oder von ästhetischen und humanistischen Elementen wurden kaum erforscht. Das war die Schwäche der damaligen Kafka-Forschung.

3 Einfluss auf chinesische Schriftsteller

Bereits Anfang der 80er Jahre wurden einige chinesische Schriftsteller von Kafkas eigentümlicher Erzählweise beeindruckt. Als der Schriftsteller Wang Meng seine Erzählungen *Hudie* (Schmetterlinge) und *Ye de yan* (Das Auge der Nacht) veröffentlichte, entdeckten chinesische Leser darin gewisse

Spuren von Kafka. ①Auch bei einigen Schriftstellern der jüngeren Generation sind Einflüsse von Kafka festzustellen.

Nach intensiver Auseinandersetzung mit Kafkas Werken bekannte die Schriftstellerin Zong Pu:

> Kafkas Werke haben mir eine neue Welt der Literatur eröffnet. [...] Von Kafka erhielt ich Anregungen abstrakter bzw. prinzipieller Art. Ich war total erschrocken, dass Erzählungen auf eine solche Weise geschaffen werden können. Ich bin fest davon überzeugt, dass literarische Arbeit eine schöpferische Arbeit ist. ②

Es ist offensichtlich, dass die chinesische Schriftstellerin Zong Pu dem deutschsprachigen Schriftsteller Franz Kafka große Wertschätzung entgegenbringt. Kafkas Werke haben ihre Auffassung von Literatur verändert und ihr neue Möglichkeiten literarischen Schaffens aufgezeigt. Man ist sich darin einig, dass ihre Anfang der 80er Jahre erschienene Kurzgeschichte *Wo shi shui* (Wer ich bin) unter dem Einfluss von Kafka entstanden ist.

Der an der Literaturakademie Luxun tätige Schriftsteller Yu Hua fühlte sich nach einer zufälligen Begegnung mit der Literatur Kafkas befreit:

> Meine imaginäre Kraft bekam solche Freiheit und konnte wie der Wind in der Natur frei und unbefangen wehen. [...] Die ästhetischen Prinzipien, die ich mir innerhalb von drei Jahren erarbeitet hatte, waren über Nacht wertlos geworden. ③

Kafkas Erzählung *Der Landarzt* verdankt er die Auffassung, dass sich

---

① Ye, *Tongxiang* (wie Anm. 6), S. 119–120.
② Zong Pu, *Duchuangxing zuojia de meili* (*Charme des kreativen Schreibens*), in *Waiguo wenxue pinglun* (*Rezensionen über ausländische Literatur*), 1990, Heft 1, S. 117.
③ Yu Hua, *Chuanduankangcheng he kafuka de yichan* (*Erbe von Chuan Duan Kang Cheng und Kafka*), in *Waiguo wenxue pinglun* (*Rezensionen über ausländische Literatur*), 1990, Heft 2, S. 109–110.

Schriftsteller vor Dichtungsformen unbefangen fühlen können. „Schriftsteller sind heute nicht mehr auf traditionelle Regeln angewiesen, um eine literarische Schöpfung zu verstehen."[①]Yu bedankte sich bei den Schriftstellern, die ausländische Literatur ins Chinesische übersetzt hatten. Gleichzeitig wies er darauf hin, dass „das Vermächtnis von Lu Xun und Chuan Duan Kang Cheng von den heutigen chinesischen Schriftstellern nicht als ' Bank ' betrachtet werden solle, sondern eher wie zwei ' Museen ', die den Nachfolgern zeigten, was es in der Literatur einmal gegeben habe."[②]

Neben Zong Pu und Yu Hua ist die Schriftstellerin Jiang Zidan für die jüngere Generation repräsentativ. Jiang gestand, dass ihr die absurden Geschi-chten am meisten gefielen und dass sie bereits 1985 versucht habe, Kafka nachzuahmen und absurde Geschichten zu schreiben. „ Allerdings hatte ich bei der Dichtung zu viel auf die absurden Details geachtet, ohne der logischen Absurdität hinreichende Beachtung geschenkt zu haben."[③]Im Jahr 1994 bekannte Jiang Zidan, sie versuche, „ eine Art absurder Geschichten zu schreiben, die wahre Einzelheiten und keinen einzelnen unverständlichen Satz haben, im Kern dennoch absurd sind. Dieser absurde Kern beinhaltet eine gewisse schreckliche Realität."[④]

Jiang wurde von Kafkas Erzählstil-„ wahr im Einzelnen, absurd im Ganzen "-beeinflusst. Ihr Verständnis von absurden Geschichten zu verschiedenen Zeiten und die Veränderung ihrer Einsicht zeigen wie auch das Beispiel der anderen Autoren, dass einige chinesische Schriftsteller unter dem Einfluss von Kafka standen, deren Dichtung dadurch bereichert wurde. Diese junge Generation hatte im Vergleich zu der älteren einen schärferen Blick, sympathisierte mit modernen Schriftstellern wie Kafka und zehrte von

---

① Yu Hua, *Chuanduankangcheng he kafuka de yichan* (*Erbe von Chuan Duan Kang Cheng und Kafka*), in *Waiguo wenxue pinglun* (*Rezensionen über ausländische Literatur*), 1990, Heft 2, S. 109 – 110.

② Ebenda.

③ Jiang Zidan, *Huangdan liangzhong* (*Zweierlei Absurdität*), in *Zuojia* (*Schriftsteller*), 1994, Heft 8.

④ Ebenda.

der Entwicklung der modernen Literatur. Diese Gruppe von Schriftstellern fand große Aufmerksamkeit bei den chinesischen Lesern.

Auch der Nobelpreisträger für Literatur, Mo Yan, ließ sich in seiner Erzählweise von Kafka beeinflussen. Seine Novelle *Youmo yu quwei* (Humor und Lust), in der die Hauptfigur Wang San in einen Affen verwandelt wurde, zeigt große Ähnlichkeit mit Kafkas bekannter Novelle *Die Verwan-dlung*. Mo wollte mit der absurden Handlung den prekären Zustand des Helden in unserer hochentwickelten Gesellschaft darstellen. Dass der Protagonist Wang San auf seine Art der anormalen Zivilisation der modernen Gesellschaft entfloh, wird bis ins Detail thematisiert. Nachdem Wang San in einen Affen verwandelt worden war, fand er Freiheit und Freundschaft. Doch am Ende der Geschichte wird San Wang wieder zum Menschen und lässt sich von der menschlichen Zivilisation assimilieren. Ironischerweise passt sich Wang San der kalten, lauten und kränklichen Gesellschaft an und studiert sogar Kafkas *Verwandlung*.

Die Dichtungserfahrungen der oben vorgestellten Schriftsteller zeigen, dass Kafka als Pionier der modernen Autoren von nicht wenigen chinesischen Schriftstellern akzeptiert, anerkannt und sogar nachgeahmt wurde. Kafka nimmt einen wichtigen Platz ein im Kreis der chinesischen Literaten und ist dort von ungebrochener Aktualität.

1998 erlebte auch die chinesische Kafka-Forschung einen neuen Aufschwung. Eine neunbändige Ausgabe mit Kafkas Werken wurde in jenem Jahr von der Hebei Education Press herausgegeben, was einen Meilenstein für die chinesische Kafka-Rezeption darstellt. Chinesische Literaturwissen-schaftler zeigen seither ein zunehmendes Interesse, die Werke Franz Kafkas aus unterschiedlichen Perspektiven zu interpretieren. Eine vielseitige Kafka-Deutung und -Interpretation wird angestrebt. Man versucht nun, die bekannten und bereits analysierten Werke erneut zu betrachten. Als Stichpunkte seien hier nur genannt: Postmoderne, Frankfurter Schule, Humanität und Psychoanalyse.

Günter Grass' Rezeption in China

陈虹嫣

摘 要 格拉斯是重要的德国当代作家,他是1999年诺贝尔文学奖的获得者。自1979年第一次访华并在北京大学和上海外国语大学举办讲座以来,格拉斯逐步进入中国读者的视野,并且其作品开始得到译介与研究。特别是在摘得了诺贝尔文学奖的桂冠之后,中国国内更是掀起了一股"格拉斯热",其主要文学作品获得了译介,文学界及评论界也开始从多个视角研究格拉斯。本文从描述性译学的角度出发,按照时间轴对近四十年的格拉斯译介进行了梳理,并对其译介特色进行了分析。最后,本文从"移民"身份视角及跨文化视角审视格拉斯的译介研究,并对未来的格拉斯译介研究进行了展望。

关键词 格拉斯 译介研究 移民身份 跨文化

1 Grass in der chinesischen Übersetzung

1.1 Der verspätete Anfang

Günter Grass, der bedeutendste Vertreter der deutschen Nachkriegsliteratur und Nobelpreisträger 1999, war bis in die 70er-Jahre des letzten Jahrhunderts in China noch so gut wie unbekannt. Das 1949 gegründete neue China konzentrierte sich in der Anfangsphase fast ausschließlich auf die Literatur der sozialistischen Länder und der unterdrückten Nationen der "Dritten Welt", deren Literatur dem sozialistischen Diskurs entsprach und einen Beitrag zum Aufbau der neuen sozialistischen Kultur in China und möglicherweise zur Förderung der Auslandsbeziehungen leistete.① Mit dem Ausbruch der Kulturrevolution 1966 ruhte die Vermittlung und Übersetzung ausländischer Literatur fast ganz, nur noch marxistische Werke und wenige revolutionär gesinnte Autoren wurden noch übersetzt.②

Diese im politischen, gesellschaftlichen und kulturellen Leben maßgeblich prägende marxistisch-kommunistische Staatsideologie hatte zur Folge, dass man bis Ende der 70er-Jahre außer Heinrich Böll oder Günther Weisenborn wenig von der Literatur der Bundesrepublik Deutschland wusste und erfuhr. Wie der renommierte Germanist Prof. Zhang Yushu hat man in China bis dahin nichts von Günter Grass gehört. Erst 1979 wurde die persönliche Begegnung mit dem zu jener Zeit schon weltbekannten Schriftsteller durch den deutschen Botschafter Erwin Wickert ermöglicht. Damals machte der Schriftsteller mit dem Goethe-Institut seinen ersten, leider aber auch seinen letzten Besuch in China. Das Treffen erbrachte erfreuliche Resultate: Auf Prof. Zhangs Einladung las Günter Grass an der Beijing-Universität Ausschnitte aus seinem neu erschienenen Roman *Der Butt*, hielt einen Vortrag über die deutsche Literatur und antwortete auf Fragen der Lehrenden und Studierenden.③ Die *World Literature*, eine auf Vermittlung ausländischer Literatur spezialisierte Zeitschrift, berichtete von seinem Gastvortrag an der Beijing-Universität,④ und damit geriet sein Name zum ersten Mal in den Blick eines breiten Publikums in China.

Noch im selben Jahr wurde eine Kurzgeschichte mit dem Titel *Die Linkshänder* in derselben Zeitschrift veröffentlicht. Hu Qiding, Übersetzer

---

① Vgl. Meng Zhaoyi, Li Zaidao (Hg.), 中国翻译文学史 [*Zur Übersetzungsliteratur in China*], Beijing, 2005, S. 277.
② Vgl. Zhang Yushu, *Ein Jahrhundert Rezeption der deutschen Literatur in China*, in Zeitschrift für Literaturwissenschaft und Linguistik 127 (2002), S. 78-96, hier S. 88.
③ Vgl. Zhang Yushu, 《1999 年诺贝尔文学奖得主——〈铁皮鼓〉的作者君特·格拉斯》[*Der Literaturnobelpreisträger 1999-der Verfasser "d[er] Blechtrommel" Günter Grass*], in *Encyclopedic Knowledge*, 2000, Nr. 1, S. 52f.
④ Vgl. Ding Fang, 《西德著名作家君特·格拉斯在北京大学的一次讲演》[*Ein Gastvortrag des bekannten westdeutschen Schriftstellers Günter Grass an der Beijing-Universität*], in World Literature 148 (1980), S. 310f.

dieser Geschichte und zugleich Redakteur im Verlag People's Literature Publishing House für Auswahl und Übersetzung ausländischer Literatur, beschäftigte sich damals schon mit dem zukünftigen Nobelpreisträger, vor allem mit dem Roman *Die Blechtrommel*, dessen chinesische Version erst nach langjähriger Arbeit herauskam. Als eine andere Errungenschaft des China-Besuchs wurden Auszüge aus dem *Butt* von Pan Zaiping von der Shanghai International Studies University, an der Grass ebenfalls einen Gastvortrag hielt, übersetzt und in der Zeitschrift *Foreign Literature and Art* veröffentlicht.

Im Rahmen dieses institutionellen Kulturaustausches wurde der lange „Migrationsweg" für Günter Grass von Deutschland nach China legitimiert und geebnet. An der grenzüberschreitenden Mobilität seiner Werke arbeiteten sowohl der Autor als auch viele Schriftsteller, Wissenschaftler, Akademiker sowie diverse Institutionen in China mit, ohne deren Einsatz und Begleitung Grass nur schwer den Zugang zu einem fremden Kulturkeis im Fernen Osten hätte finden können.

1.2 Die verzögerte Übersetzungstätigkeit

Die Übersetzungstätigkeit ging nur langsam voran. 1984 wurden vier Gedichte, *Nebel*, *Diana oder die Gegenstände*, *Der Vater* und *Sitzen und Gehen*, in *Poetry Periodical* veröffentlicht. Zusammen mit Günter Grass als Vertreter der politischen Poesie wurden noch sieben andere Dichter aus der Bundesrepublik Deutschland übersetzt, womit ein Einblick in die neueste Entwicklung der dichterischen Landschaft der Bundesrepublik geboten wurde. 1986 erschien eine gekürzte Fassung von *Rückblick auf die Blechtrommel-oder der Autor als fragwürdiger Zeuge* in *World Literature*. Auch dieses Mal trat Günter Grass nicht allein auf, sondern mit zwanzig weiteren Autoren aus Amerika, England, Irland, Frankreich, Schweden, Chile, Tansania und der Sowjetunion in einer Sonderrubrik *Ausgewählte ausländische Essays*. Es liegt nahe, dass der Schriftsteller in Intellektuellenkreisen zwar geschätzt wurde, man aber vorsichtshalber einen zurückhaltenden Umgang mit ihm pflegte, mit dem man nicht falsch liegen konnte.

Mit der Sonderrubrik *Zu Günter Grass* in *World Literature* wurde 1987 ein neues Kapitel der Grass-Rezeption aufgeschlagen. Auf der Vorderseite war Günter Grass mit den vielen Tierfiguren aus seinen Büchern zu sehen. Mehr Bilder und Zeichnungen fanden sich auf der inneren Titelseite und dem inneren Rückblatt; mit ihnen wurde seine künstlerische Vielseitigkeit als Bildhauer, Maler und Grafiker aufgezeigt. Wegen ihres eher geringen Textumfangs war die Erzählung *Katz und Maus* ausgewählt, die-gekürzt-von Cai Hongjun und Shi Yanzhi übersetzt wurde. Darüber hinaus waren in dem Band einige Aufsätze zu lesen, in denen der innere Zusammenhang der Danziger Trilogie sowie die literarischen Traditionen, die die Arbeit des Autors beeinflusst haben, dargestellt waren. „Zwar müssen manche seiner Meinungen über das politische System noch einer genauen Überprüfung unterzogen werden",[1] dennoch wurde ein 1974 vom Süddeutschen Rundfunk aufgenommenes Interview ungekürzt veröffentlicht. Diese ersten Übersetzungen dienten später oft als wichtige Quellen für die chinesischen Rezensionen und wissenschaftlichen Arbeiten über Grass.

In der oben erwähnten Sonderrubrik las man an mehreren Stellen etwas über den „ersten Roman der BRD, der Weltruhm erlangt hat"[2], der Roman selbst musste allerdings wegen seiner „Absurdität und vieler detaillierter Bes-chreibungen von Liebesakten"[3] noch auf sich warten lassen. Ende der 80er-Jahre und Anfang der 90er-Jahre beschäftigte den Verlag Shanghai Translation Publishing House ein ambitioniertes Vorhaben: Eine Buchreihe von 200 ausländischen Meisterwerken des 20. Jahrhunderts sollte schrittweise den Wissensdurst des chinesischen Publikums stillen. Darunter war auch *Die Blechtrommel*. 1990 kam die erste Auflage des übersetzten Romans auf den

---

[1] Vgl. Redakteur, in *World Literature*, 1987, Nr. 6, S. 166.
[2] Vgl. Yu Kuangfu,《联邦德国第一部有世界声誉的小说——介绍君特·格拉斯的〈铁皮鼓〉》[*Der erste weltberühmte Roman der BRD -zu Günter Grass' "Die Blechtrommel"*], in *World Literature*, 1993, Nr. 4, S. 278–285, hier S. 278.
[3] Vgl. Bai Hua,《自由在我们的观念中》[*Freiheit in unseren Gedanken*], in *Theoretical Studies in Literature and Art*, 1986, Nr. 6, S. 51f., hier S. 51.

Markt.

Im gleichen Zeitraum begann ein noch ziemlich junger Verlag, Lijiang Publishing Limited, 1980 gegründet, sich für Günter Grass zu interessieren. 1991 erschien hier *Katz und Maus* als Einzelausgabe. Die darauf folgende Pause ist wohl darauf zurückzuführen, dass China dem Welturheberrechtsab-kommen beitrat: Das Copyright muss zuerst erworben werden, bevor ein ausländischer Gegenwartsautor sich ins Chinesische übersetzen lässt. Als erster Verlag in China, der das Urheberrecht für die Danziger Trilogie erworben hat, gab Lijiang Publishing Limited *Die Blechtrommel*, *Katz und Maus* sowie *Hundejahre* zwischen 1998 und 1999 heraus, kurz vor der Verleihung des Nobelpreises an den Autor.

Darüber hinaus waren Grass' Gedichte und Erzählungen ab und zu in Zeitschriften für ausländische Literatur zu lesen. Von seinen neuesten Veröffentlichungen *Ein weites Feld* und *Mein Jahrhundert* wurde in Fachzeitschriften berichtet, aber insgesamt gab es noch wenig Informationen über den Schriftsteller und seine Werke.

1.3 Neues Jahrhundert, neuer Start

Auf die Nachricht, dass dem 72-jährigen Günter Grass der Nobelpreis für Literatur zugesprochen wurde, reagierten die chinesischen Intellektuellen fast einhellig positiv, ja beinahe euphorisch. Da sich der Nobelpreisträger bis dahin nur begrenzter Popularität erfreuen konnte, galt es nun in erster Linie, das chinesische Publikum mit ihm vertrauter zu machen. Unverzüglich wurde in vielen Medien und Magazinen von der für die Weltliteratur bedeutsamen Stockholmer Entscheidung berichtet, und im darauf folgenden Jahr stand Günter Grass mit Selbstverständlichkeit im Mittelpunkt vieler Zeitschriften. In der zweiten Nummer der *World Literature* wurde ihm wieder eine Sonder-rubrik gewidmet, die diesmal zwanzig Gedichte, den *Rückblick auf die Blechtrommel*-dieses Mal ungekürzt-und *Verweigerte Klassik* aus *Vom Abenteuer der Aufklärung* umfasste. Eine andere bedeutende Fachzeitschrift, *Foreign Literature*, zeigte ebenfalls eindruck-svolles Reaktion-svermögen. Bereits in der ersten Nummer des Jahres erschienen drei übersetzte

Essays, zwei Rezensionen, ein übersetztes Gespräch zwischen Grass und Ekkehart Rudolph sowie ein Artikel über Grass als Schriftsteller und Zeichner, womit ein umfassendes Bild über den Schriftsteller geboten wurde. In der Zeitschrift *Contemporary Foreign Literature* wurden zwei weitere Interviews (übersetzt) und eine Rezension, in der es um Grass' jüngstes Buch *Ein weites Feld* ging, veröffentlicht. Neben diesen drei einflussreichen Fachzeitschriften wurde Grass in anderen Zeitsc-hriften ebenfalls ein berechtigter Platz eingeräumt, aber es waren hauptsä-chlich Rezensionen und Berichte, neue Übersetzungen gab es nur wenige.

Das Buch *Vom Abenteuer der Aufklärung. Werkstattgespräche mit Harro Zimmermann* lag 2001 in chinesischer Sprache vor. Es kann als Einführungsliteratur für die Grass-Forschung in China betrachtet werden. Von Günter Grass' Romanen und Erzählungen wurde *Der Butt*, übersetzt von Feng Yaling und Feng Weiping, im Jahr 2003 von Lijiang Publishing Limited auf den Markt gebracht. Zwei Jahre später, also 2005, war Günter Grass' Erfolgsjahr in China. Zu Jahresanfang fanden sich brandneue Übersetzungen von den folgenden fünf Büchern in großen und kleinen Buchhandlungen: *Das Treffen in Telgte*, *Die Rättin*, *Ein weites Feld*, *Unkenrufe* und *Im Krebsgang*. Von den Romanen hat man in China vorher etwas erfahren, aber die zwei Erzählungen *Das Treffen in Telgte* und *Unkenrufe* traten hier zum ersten Mal auf die Bühne. Im Mai schlossen sich die Danziger Trilogie, *Mein Jahrhundert* und ein Sammelband von ausgewählten Essays und Reden mit dem Titel *Im Wettlauf mit den Utopien* an. Diese Ausgabe vom Shanghai Translation Publishing House ist bis jetzt das größte Übersetzungsprojekt zu Günter Grass in China.

Grass' autobiografisches Buch *Beim Häuten der Zwiebel* ließ nicht lange auf sich warten. Zwei Jahre nach der deutschen Ausgabe konnte die chinesische Fassung ihre Geburtsstunde feiern, an der Wei Yuqing, renommierter Professor für deutsche Literatur, und zwei weitere Germanisten gearbeitet haben. Wie *Beim Häuten der Zwiebel* wurde *Die Box* 2012 von Yilin Press herausgegeben. Ein anderer in Nanjing ansässiger Verlag,

Nanjing University Press, erwarb das Urheberrecht für *Örtlich betäubt* und *Kopfge-burten-oder die Deutschen sterben aus* und brachte beide Bücher 2010 bzw. 2012 auf den Markt.

In Grass' Gesamtwerk ist sein Erstling *Die Blechtrommel* in vieler Hinsicht das Lieblingsbuch der Verlage und des Publikums in China. Es wurde mehrfach gedruckt, und die Gesamtzahl der Exemplare übertraf 100. 000. ① Wie erwähnt, gab es bereits vor der Jahrtausendwende zwei Ausgaben. 2001 nahm Lijiang Publishing Limited den Roman in seine Reihe der klassischen Werke der Literaturnobelpreisträger auf, und im gleichen Jahr wurde das Buch in Nordchina von Yuanfang Press herausgegeben. Der Verlag Shanghai Translation Publishing House kaufte das Copyright jedoch zurück, und seitdem hat er fünf Ausgaben mit unterschiedlichem Titelblatt und in unterschiedlichen Reihen herausgebracht: Zum Gedenken an den Sieg im antifaschistischen Krieg wurde *Die Blechtrommel* 2015 in die Reihe „Klassiker antifaschistischer Literatur" des Shanghai Translation Publishing House aufgenommen und erneut veröffentlicht.

2 Die Rezeption von Günter Grass: eine chronologische Betrachtung

In den 80er-Jahren, besonders in der ersten Hälfte, gab es überhaupt nur wenige Einzelrezensionen über Autoren und Werke. Es wurden viele einführende Texte über die westliche Literatur insgesamt und deren neueste Entwicklungen und Tendenzen verfasst, denn es herrschte auf diesem Gebiet ein großer Nachholbedarf. Auch die Literatur der BRD geriet öfter ins Blickfeld und fand Anerkennung. In diesem Zusammenhang wurde Günter Grass oft einbezogen, kurz erwähnt oder vorgestellt, wenn man auf die deutsche Gegenwartsliteratur zu sprechen kam. In einem Überblick über die deutsche Literatur nach 1945 wird kurz und bündig sein Prosawerk von der

---

① Vgl. Zhang Zhongjiang,《格拉斯与中国：〈铁皮鼓〉最早由上译出版》[Grass und China: die erste Ausgabe der *Blechtrommel* vom Shanghai Translation Publishing House veröffentlicht], in 〈http://news.oeeee.com/html/201504/13/250201.html〉 (Zugriff am 05.03.2016).

Danziger Trilogie bis zu seinem damals jüngsten Roman *Der Butt* dargestellt.①In einem Abriss der westdeutschen Gegenwarts — literatur wird Günter Grass mit Heinrich Böll und anderen Autoren als Vertreter der realistischen Literatur betrachtet; sein Roman *Die Blechtrommel* stelle einen Wendepunkt in der westdeutschen Literatur dar.② Dass Grass mit dem Etikett des Realismus versehen wurde, war damals eine gängige Perspektive in der ausländischen Literaturforschung. ③

Bis in die Mitte der 80er-Jahre gab es keine Rezensionen über einzelne Werke von Günter Grass. Die erste wissenschaftliche Arbeit über Grass wurde von dem Germanisten Ye Tingfang verfasst; in ihr werden die Bewältigung der Geschichte des Nationalsozialismus und selbstkritische Reflexionen des deutschen Volkes als Rahmenthemen der Danziger Trilogie, der Entfremdungseffekt der Romanfiguren und der absurde, ironische Erzählstil analysiert.④Die „Entfremdung der Menschen" diente eine Zeitlang nach der Kulturrevolution als Instrument zur kritischen Auseinandersetzung mit der westlichen, kapitalistischen Literatur, was aber von Hu Qiding, dem Übersetzer der *Blechtrommel*, als formelhaft und schablonenhaft betrachtet und verworfen wurde.⑤Diese Meinungsverschiedenheit, die zuvor undenkbar gewesen wäre, zeigte, dass sich die Literaturforscher und -kritiker bemühten, sich von den Fesseln der dogmatischen Lehren zu befreien und sich

---

① Vgl. Xie Yingying,《德国战后文学概况》[*Überblick über die deutsche Literatur nach dem Zweiten Weltkrieg*], in *Foreign Literature*, 1980, Nr. 3, S. 1 – 12, hier S. 6f.
② Vgl. Zhang Li,《当代西德文学述要》[*Skizze zur westdeutschen Gegenwartsliteratur*], in *Contemporary Foreign Literature*, 1981, Nr. 4, S. 150 – 157, hier S. 154f.
③ Vgl. Li Mali, Yang Wuneng,《现当代德语文学述要》[*Skizze zur modernen und gegenwärtigen Literatur in Deutschland*], in *Foreign Language and Literature*, 1982, Nr. 1, S. 1 – 8, hier S. 7; Che Chengan,《论二十世纪欧美文学思潮》[*Zu literarischen Strömungen im 20. Jahrhundert in Europa und Amerika*], in *Jilin University Journal* Social Sciences Edition, 1990, Nr. 5, S. 46 – 52, hier S. 48; Yu Kuangfu, *Der erste weltberühmte Roman der BRD* (Anm. 6), S. 280,284.
④ Vgl. Ye Tingfang,《试论君特·格拉斯的"但泽三部曲"》[*Interpretationsversuch zu Günter Grass' Danziger Trilogie*], in *World Literature*, 1987, Nr. 6, S. 140 – 154.
⑤ Vgl. Hu Qiding,《现代流浪汉小说〈铁皮鼓〉——兼评一种新公式化文论》[*Die Blechtrommel als moderner Schelmenroman-unter Berücksichtigung der neuen stereotypen Interpretation*], in *Foreign Literature Review*, 1988, Nr. 4, S. 53 – 58, hier S. 57f.

der Literatur selbst zuzuwenden.

In den 90er-Jahren gab es einschließlich der Rezensionen und Interviews nach wie vor nur eine durchaus überschaubare Anzahl von Artikeln über Grass. Sie wurden hauptsächlich in Fachzeitschriften für ausländische Literatur und Literaturforschung publiziert, die die Aufgabe haben, die chinesische Leserschaft literarisch aufzuklären. Im Mittelpunkt der Besprechungen standen die Biografie des Autors und die in den 50er — und 60er-Jahren veröffentlichte Danziger Trilogie. Besonders zu erwähnen ist das von Salman Rushdie verfasste Vorwort für den englischen Essayband von Günter Grass, das in vieler Hinsicht wegweisend für weitere Interpretationen ist und auf das noch eingegangen werden soll. Darüber hinaus erschienen Besprechungen seiner neuesten Werke wie *Novemberland* und *Ein weites Feld*, die die chinesischen Literaturinteressierten auf dem Laufenden hielten.

Diese Zurückhaltung änderte sich mit der Bekanntgabe des aktuellen Nobelpreisträgers für Literatur, des letzten des 20. Jahrhunderts, durch die Schwedische Akademie am 30. September 1999. Die Preisverleihung wurde in den chinesischen Fachzeitschriften ohne Zeitverzögerung begrüßt. Die Nachricht komme nicht überraschend, denn als ein „immer auffallender"[1]Schriftsteller habe Günter Grass diese Auszeichnung, die den Erwartungen aller entspreche,[2] durchaus verdient, und man könne mit Recht auf weitere große Romanwerke hoffen.[3] Grass' persönlicher Erfolg wird auf die deutsche Literatur als ganze übertragen: Diese international bedeutendste Preiskrönung bestätige, dass die deutsche Literatur zweifelsohne einen wichtigen Rang innerhalb der Weltliteratur einnehme.[4]

---

[1] Diao Chengjun,《君特·格拉斯：一位总是引人注目的作家》[*Günter Grass, ein immer auffallender Schriftsteller*], in *Foreign Literature Review*, 1999, Nr. 4, S. 59.

[2] Wu Yukang,《本世纪最后一届诺贝尔文学奖揭晓 格拉斯众望所归——漓江社"但泽三部曲"译本早着先鞭》[*Der letzte Nobelpreis für Literatur des 20. Jahrhunderts geht an Grass-Die Danziger Trilogie vom Lijiang Publishing bereits publiziert*], in *A Vast View on Publishing*, 1999, Nr. 11, S. 19.

[3] Diao Chengjun, *Günter Grass* (Anm. 14), S. 59.

[4] Ning Ying,《君特·格拉斯——诺贝尔文学奖当之无愧的获得者》[*Günter Grass, ein würdiger Literaturnobelpreisträger*], in *Foreign Literatures Recent Developments*, 1999, Nr. 6, S. 1 – 5, hier S. 5.

Der Romancier, der „ in munter-schwarzen Fabeln das vergessene Gesicht der Geschichte gezeichnet " habe,① wurde vielfach gewürdigt und erfreute sich einer zunehmenden Beliebtheit. Laut einer statistischen Aufzählung in der CNKI-Datenbank②nahm die Anzahl der Berichte und Rezensionen in China stark zu. Im Jahr 2000 verdreifachten sich die wissenschaftlichen Arbeiten, Reportagen und Berichte über Grass im Vergleich zum Vorjahr.

Im neuen Jahrhundert ist Grass' Rezeption durch folgende Merkmale gekennzeichnet:

Erstens: Viele Grass-Übersetzer sind gleichzeitig Grass-Forscher und haben sich dank ihrer intensiven Übersetzungstätigkeit viel mit Grass beschäftigt: Prof. Wei Yuqing,③Übersetzer von *Die Rättin* und *Beim Häuten der Zwiebel*, Prof. Lin Jia,④Übersetzer von *Im Wettlauf mit den Utopien*, Prof. Feng Yaling⑤und

---

① Die Begründung der Schwedischen Akademie für die Preisverleihung an Günter Grass wurde oft in China zitiert. Hier wird nur ein Beispiel angeführt. Vgl. Xie Yingying,《"历史，从下面看"——谈君特·格拉斯逆潮流的写作》[*Geschichte von unten gesehen-gegen den Zeitstrom schreibender Günter Grass*], in *Foreign Literature*, 2000, Nr. 1, S. 12–17, hier S. 12.

② China National Knowledge Infrastructure. Dieses Schlüsselprojekt zur Digitalisierung der wissenschaftlichen Arbeiten, gefördert von chinesischen Behörden, wurde 1996 von der Tsinghua-Universität und Tsinghua Tongfang Co. zusammen durchgeführt. Durch einen schrittweise vorgenom-menen Auf — und Ausbau zählt CNKI gegenwärtig zu den größten Online-Datenbanken in China.

③ Z. B. Wei Yuqing,《卡珊德拉的尖叫和西西弗斯的努力——论格拉斯〈母鼠〉中的启蒙观》[*Kassandras Schreien und Sisyphus' Bemühungen-zum aufklärerischen Konzept in Grass' " Rättin "*], in *Contemporary Foreign Literature*, 2004, Nr. 1, S. 114–122; Wei Yuqing,《在忧郁与乌托邦之间徘徊——论格拉斯的〈蜗牛日记〉》[*Unschlüssigkeit zwischen Wehmütigkeit und Utopie-Zu Grass' "Aus dem Tagebuch einer Schnecke"*], in *Journal of Tongji University* (Social Science Section), 2006, Nr. 6, S. 16–21.

④ Z. B. Lin Jia,《君特·格拉斯及其〈狗年月〉解读》[*Günter Grass und seine Hundejahre*], in *Journal of Sichuan International Studies University*, 2000, Nr. 3, S. 1–5; Lin Jia,《君特·格拉斯的叙事艺术——以"但泽三部曲"为例》[*Günter Grass' Erzählkunst-am Beispiel der Danziger Trilogie*], in *Journal of Guangdong University* of Education, 2001, Nr. 3, S. 19–24.

⑤ Seit 2003 befasst sich Prof. Feng Yaling intensiv mit Günter Grass; sie verfasste zahlreiche Interpretationen, die in folgendem Band gesammelt vorliegen: Feng Yaling,《君特·格拉斯小说研究》[*Studien zu Prosawerken von Günter Grass*], Shanghai, 2011.

Prof. Feng Weiping[①] als Übersetzerinnen des *Butts* sowie Cai Hongjun, der sich als den „am nächsten bei Günter Grass stehenden Chinesen"[②] bezeichnet, da er nicht nur als Agent für Grass' Autorenrecht in China auftritt, sondern auch als Übersetzer mehrere Werke ins Chinesische übertragen hat.

Zweitens: Neben Germanisten wendeten sich Studierende und Lehrende der Sinologie dank der Herausgabe der chinesischen Übersetzungen dem Autor als Forschungsthema zu. In der CNKI-Datenbank fanden sich bis heute über 200 Forschungsarbeiten, deren Verfasser ihr Hauptaugenmerk auf *Die Blechtrommel* und die Danziger Trilogie gerichtet haben. Zu Anfang des neuen Jahrhunderts enthielten die Arbeiten überwiegend eine thematische oder erzähltechnische Analyse, und im Laufe der Zeit wurden die Untersuchungsansätze breit ausgefächert: Ausgehend vom gattungstheoretischen, rezeptionsästhetischen, intertextualitätstheoretischen oder interkulturellen hermeneutischen Ansatz gewann die Grass-Forschung in China an Vitalität. Auf der Grundlage der einzelnen Forschungsarbeiten kamen allmählich auch Forschungsergebnisse in Buchform[③] zustande, deren Anzahl jedoch noch kläglich gering war.

Drittens: Seit der ersten Masterarbeit über Günter Grass[④] wurde der

---

① Feng Weiping,《〈浮士德〉与〈比目鱼〉中契约之比较》[*Eine vergleichende Betrachtung zum Motiv des Vertrags in "Faust" und "Der Butt"*], in *Foreign Languages in Fujian*, 2005, Nr. 2, S. 131 –134; Feng Weiping,《〈比目鱼〉，一部新历史主义小说?》[*Der Butt-ein neuer historischer Roman?*], in *Journal of PLA University of Foreign Languages*, 2005, Nr. 1, S. 93–97. Auch in ihrer Dissertation mit dem Titel „Das Märchen im Roman. Studien zur Verarbeitung und Funktion des Märchens *Von dem Fischer un syner Fru* in Günter Grass' Roman *Der Butt*" untersucht sie das intertextuelle Verhältnis zwischen dem überlieferten Märchen und Grass' Riesenwerk in Hinblick auf die Titelgestaltung, die Motive, die Figurenkonstellation und die narrative Sequenz.

② Cai Hongjun, *Ich bin der am nächsten bei Günter Grass stehende Chinese*, In 〈http://cul.qq.com/a/20150418/031361.htm〉 (Zugriff am 10.03.2016). Er hat *Katz und Maus*, *Mein Jahrhundert*, *Im Krebsgang* sowie *Die Box* übersetzt.

③ Ma Ya,《醒世之鼓：君特·格拉斯小说研究》[*Die Welt aufweckende Trommel. Zu Günter Grass' Prosawerken*], Kunming, 2006; Feng Yalin,《君特·格拉斯小说研究》[*Studien zu Prosawerken von Günter Grass*], Shanghai, 2011; Xie Qiong,《君特·格拉斯叙事作品中的历史书写研究》[*Das historische Schreiben in Günter Grass' Erzählliteratur*], Beijing, 2015.

④ Ma Aihua,《论格拉斯"但泽三部曲"中的"未成年人"世界》[*Zur Darstellung der Teenager-Welt in Günter Grass' Danziger Trilogie*], Jinan Universität, Masterarbeit, 2003.

Schriftsteller Gegenstand von ungefähr 30 Masterarbeiten bzw. Dissertationen von Studierenden im Aufbaustudium, deren Untersuchungen sich auf Grass' wichtige Prosatexte bezogen und ein breites Spektrum zeigten. Die jungen Akademiker befassten sich mit der Intertextualität der Texte und untersuchten die symbolische Bedeutung der Tierfiguren; sie gingen auf die literarische Tradition ein, in der Günter Grass steht, und versuchten gleichzeitig aufzudecken, was diesen Autor besonders auszeichnet; sie analysierten die Rolle und Funktion der Religion bei Grass und setzten sich mit seiner Aufklärungskritik und seinem Aufklärungskonzept auseinander. All dies bezeugte ein nachhaltiges Forschungsinteresse an Grass in China.

Viertens: Forschungsprojekte zu Günter Grass, dem das Einreisevisum für China in den 60er — und 70er-Jahren infolge der linksextremen Staatsideologie und des sozialistisch-realistischen Diskurses verweigert wurde, wurden im 21. Jahrhundert mit staatlichen Mitteln gefördert. Allein diese Unterstützungsmaßnahmen auf der Provinzial — und der nationalen Ebene, die einen unmittelbaren Beitrag zur Vertiefung der systematischen Auseinandersetzung mit Grass leisteten, konnten als Zeichen des Durchbruchs von Grass' Rezeption in China betrachtet werden. Während einige Forschungsprojekte ausschließlich auf Grass und seine Prosawerke fokussiert waren,[1] stellte der Nobelpreisträger auch im Rahmen einiger autorenübergreifender Forschungsprojekte von großer Bedeutung auf der nationalen Ebene einen wichtigen Untersuchungsgegenstand dar.[2]

---

[1] Im Jahr 2003 wurde in Guangdong Ma Yas Forschungsprojekt zu Grass' Prosawerken genehmigt. Zu erwähnen sind noch Feng Yalin, Zhang Xinyi und Hou Jingjuan, die Fördermittel für ihre Grass-Forschungen bekommen haben.
[2] Hier sind beispielsweise das vom Nationalen Planungsbüro für Philosophie und Sozialwissenschaften genehmigte Forschungsprojekt mit dem Titel „Kulturelle Erinnerung und nationale Wertvorstellungen in der deutschen Literatur" und das Forschungsprojekt des chinesischen Erziehungsministeriums „Zur grotesken Ästhetik in Klassikern der deutschen Literatur" zu nennen.

3 Einige Aspekte der Rezeption

3.1 Vergangenheitsaufarbeitung aus Sicht eines Migranten

Mit seiner Sehnsucht nach der Heimat und seinem Leiden unter ihrem Verlust gab Günter Grass in Essays, Gesprächen und Interviews[①]immer wieder zu erkennen, dass die Vergegenwärtigung der verlorenen Heimatstadt das Hauptanliegen seines Schreibens sei. Diese Selbstbekenntnisse lenkten das Forscherinteresse auf seine Herkunft und seine Beziehung zu seiner Geburtsstadt Danzig, die nach dem Zweiten Weltkrieg als Gdańsk Polen eingegliedert worden war. Die geografische Lage, die geschichtliche Entwicklung und die politische Bedeutung dieser Stadt wurden in der Forschungsliteratur meistens einführend dargestellt,[②] um einen Einblick in den Schauplatz seiner vielen Romane zu geben und eventuell Lesehilfe zu leisten.

Im Vorwort zur ersten chinesischen Ausgabe der *Blechtrommel* meinte der Übersetzer im Anschluss an eine kurze Erläuterung zu Grass' Biografie und zum Titel der Trilogie, dass Günter Grass mit dem Bewusstsein eines Migranten mit deutsch-polnischer Abstammung an seinen ersten drei Prosatexten gearbeitet habe. Diese Gefühle seien so kompliziert wie die Fragen um die polnisch-deutsche Grenze nach dem Zweiten Weltkrieg.[③] Diese

---

[①] In diesem Zusammenhang sind zwei Interviews mit chinesischen Germanisten, Xie Qiong und Cai Hongjun, zu erwähnen. Vgl. Xie Qiong,《拜会君特·格拉斯》[*Bei Günter Grass zu Besuch*], in *Foreign Literatures*, 2001, Nr. 4, S. 78 – 82; Cai Hongjun,《格拉斯谈〈蟹行〉》[*Grass über Im Krebsgang*], in Günter Grass, *Im Krebsgang*, Shanghai, 2005, S. 1 – 14.

[②] Hier seien einige Beispiele genannt: Vgl. Li Wanjun,《格拉斯的〈铁皮鼓〉与20世纪小说叙事学》[*Grass' "Die Blechtrommel" und die Erzählliteratur des 20. Jahrhunderts*], in *Journal of Fujian Normal University* (Philosophy and Social Sciences Edition), 2001, Nr. 2, S. 47 – 53, hier S. 47; Ruan Hang,《在荒诞里凸现真实——君特·格拉斯的小说〈铁皮鼓〉》[*Hervorhebung der Realität durch Absurdität. Zu Günter Grass' "Die Blechtrommel"*], in *Journal of Xinjiang University*, 2003, Nr. 2, S. 128 – 132, hier S. 129f.; Ma Ya,《故乡但泽与格拉斯的文本》[*Die Heimatstadt Danzig und Grass' Prosawerke*], in *Journal of Tianzhong*, 2006, Nr. 4, S. 105 – 107, hier S. 105; Feng Yalin, *Studien zu Prosawerken von Günter Grass* (Anm. 25), S. 1ff.

[③] Vgl. Hu Qiding,《译本序》[*Vorwort zur chinesischen Ausgabe*], in Günter Grass, *Die Blechtrommel*, Shanghai, 1991, S. 1 – 13, hier S. 2ff.

Aussage, die auf die Tatsache hinweist, dass Günter Grass' Familie aus ihrer Heimatstadt vertrieben worden ist, wurde allerdings nicht weiter verfolgt, und in der neuesten Ausgabe vom Jahr 2011 fanden sich diese Formulie-rungen nicht mehr. ①

Dass Grass als „Migrant" in China wahrgenommen wurde, verdankte sich dem indisch-britischen Schriftsteller Salman Rushdie, der ein Vorwort für die englische Ausgabe *On Writings and Politics* von Günter Grass verfasst hat. Im Rahmen der Besprechungen von Werken ausländischer Literaten war dieser Text 1998 auf Chinesisch in *World Literature* zu lesen. Günter Grass wurde hier als bedeutender Hauptvertreter der Migrations-literatur des 20. Jahrhun-derts gewürdigt. Dies begründete Rushdie mit einer „dreifachen Entwurzelung" des Autors: Er habe seine Heimatstadt Danzig verlassen müssen und er habe sich eine andere Sprache als die Nazi-Sprache anzueignen und an ein neues Gesellschaftssystem anzupassen gehabt. Damit sei er „ein Migrant in zweifacher Hinsicht, ein Reisender über die Grenzen in sich und im Zeitfluss."② Angeregt von diesem Denkanstoß, meinte der Übersetzer und Literaturforscher Lin Jia:

> Die staatlichen, gesellschaftlichen, politischen, kulturellen, sprachlichen und persönlichen Wandlungen, die Günter Grass durchleben musste wie viele Deutsche seiner Zeit, verschafften ihm einzigartige Perspektiven zur Auseinandersetzung mit der Wirkli-chkeit, schärften sein historisches Bewusstsein und stellten ihm einen unerschöpflichen Vorrat an Geschichten zur Verfügung. ③

---

① Vgl. Hu Qiding, 《译本序》 [*Vorwort zur chinesischen Ausgabe*], in Günter Grass, *Die Blechtrommel*, Shanghai, 1991, S. 1 - 13, hier S. 1 - 4.
② Die chinesische Übersetzung siehe Salman Rushdie, 《论君特·格拉斯》 [*Zu Günter Grass*], in *World Literature*, 1998, Nr. 2, S. 285 - 289, hier S. 286ff. Der originale Text siehe Salman Rushdie, Introduction, in Günter Grass, *On Writing and Politics* 1967 - 1983, London, 1985, S. 9 - 15, hier S. 10ff.
③ Lin Jia, 《认识格拉斯》 [Günter Grass kennenlernen], in *Dushu*, 2000, Nr. 8, S. 39 - 42, hier S. 40.

Man erkannte, dass Grass aus seiner tiefen Skepsis gegenüber der Nazi-Sprache dem kleinen Oskar nur Schreien und Trommeln als Ausdrucksmittel vergönne und seine Werke somit als Opfergaben des Trauerritus für seine verlorene Heimat dienten.① Es müsse Grass zwar schwerfallen, mit seinem Migrationshintergrund fertig zu werden, aber im Großen und Ganzen sei es ihm gelungen, den alten Adam abzustreifen und eine neue Identität zu konstruieren. Dieser Prozess sei mit dem Nirwana des Phönix zu vergleichen: Eine neue Geburt vollziehe sich, und Grass habe gelernt, alle sogenannten absoluten Wahrheiten zu bezweifeln.②

Als „Schriftsteller und Bürger" fand Grass mit seinem unermüdlichen politischen Engagement in China ein positives Echo. Das in China bekannte Porträt des nachdenkenden Schriftstellers mit der Pfeife zeige seine Gelassenheit, sein Durchblickvermögen und seine Unbeugsamkeit:

> Er ist kein Schriftsteller im Elfenbeinturm. [...] Er ist ein Kämpfer. [...] Seinen Ansichten zur deutschen Einheit mag man nicht zustimmen, aber das macht deutlich, dass er aktiv seine Verantwortung als Schriftsteller, nämlich in das Gesellschaftsleben einzugreifen, wahrnimmt.③

Im Zusammenhang mit dem Roman *Ein weites Feld* wurde viel von seiner vom Mainstream abweichenden Meinung über die deutsche Wiedervereinigung berichtet. Viele seiner politischen Auffassungen aber wurden bislang noch wenig oder gar nicht berührt. In Bezug auf das Thema

---

① Vgl. Qi Yuan,《倾听世纪末的鼓声——感悟君特・格拉斯的〈铁皮鼓〉》[Dem Trommeln am Ausgang des 20. Jahrhunderts zuhören. Zu Günter Grass' *Die Blechtrommel*], in *Journal of Zaozhuang University*, 2001, Nr. 6, S. 43–46, hier S. 44.

② Vgl. Lin Jia,《解读〈与乌托邦赛跑〉》[Interpretationsversuch zu *Im Wettlauf mit den Utopien*], in Günter Grass, *Im Wettlauf mit den Utopien*, Shanghai, 2005, S. 1–11, hier S. 10f.

③ Shi Jianfeng u. a. ,《君特・格拉斯的逝世令德国失去了一位斗士》[Mit Günter Grass' Tod verliert Deutschland einen Kämpfer], in 〈http://news.163.com/15/0414/10/AN5GJS5900014AED.html〉 (Zugriff am 25.03.2016).

Zwangsmigration und Vertreibung führte Grass aus, dass es selbst in Deutschland nur wenig Beachtung finde,①ganz zu schweigen von China. In seiner Laudatio zur Verleihung des Friedenspreises des Deutschen Buchhandels 1998 an Ya ar Kemal stand interessanterweise seine Kritik an der deutschen Regierung im Mittelpunkt: „Ich schäme mich meines zum bloßen Wirtschaftsstandort verkommenden Landes, dessen Regierung todbringenden Handel zuläßt und zudem den verfolgten Kurden das Recht auf Asyl verweigert."② In seinen späteren Aufsätzen forderte der Verfechter der Menschenrechte der Asylsuchenden von der deutschen Regierung eine die Ankommenden willkommen heißende Flüchtlingspolitik, was leider in China auf wenig Resonanz stieß.

3.2 Schwierigkeiten bei der Übersetzung

Günter Grass verwendete in seinen Geschichten, in denen es häufig um Identitäten wie 'deutsch', 'polnisch', 'kaschubisch', 'danzigerisch' geht, immer wieder „vorgeprägte Sprachmuster"③ wie Floskeln, Idiome, Redensarten, Sprich — und Schlagwörter, die die Aufgabe hätten, das geschilderte Milieu auch in der Sprache zu vergegenwärtigen.④ Dieser teils historisch bedingte, teils individuelle, kreative Sprachstil mit stark gefärbtem Lokalkolorit ist selbst für einen Durchschnittsdeutschen oft rätselhaft und nicht immer leicht zu verstehen, geschweige denn für Chinesen, deren Sprache sich prinzipiell von der westlichen Buchstabenschrift unterscheidet. Nach der Lektüre von Auszügen des Romans *Der Butt* glaubte ein chinesischer Schriftsteller:

---

① Cai Hongjun,《格拉斯谈〈蟹行〉》[*Grass über "Im Krebsgang"*] (Anm. 29), S. 4.
② Vgl. Yi Wen,《土耳其作家科马尔获德国书业和平奖》[*Verleihung des Friedenspreises des Deutschen Buchhandels an den türkischen Schriftsteller Kemal*], in World Literature, 1998, Nr. 1, S. 308f., hier zitiert nach Günter Grass, *Essays und Reden* 1980–2007, Göttingen, 2007, S. 514.
③ Wolfang Mieder, *Kulinarische und emanzipatorische Redensartenverwendung in Günter Grass' Roman „Der Butt"*, in Sprachspiegel 34 (1978), H. 1, S. 4, hier zitiert nach Thomas Angenendt, *„Wenn Wörter Schatten werfen", Untersuchungen zum Prosastil von Günter Grass*, Frankfurt a. M., Berlin u.a., 1995 (Kölner Studien zur Literaturwissenschaft 6), S. 50.
④ Vgl. Angenendt, *„Wenn Wörter Schatten werfen"* (Anm. 40), S. 51.

Man hätte zuerst Deutsch lernen und dann das Werk in der originalen Sprache lesen müssen, um das Sonderbare zu verstehen. Es ist zu schwierig, als dass man es ins Chinesische übersetzen und dann noch im Chinesischen lesen könnte. ①

Das klingt alles andere als kritisierend; vielmehr wird auf die Unmöglichkeit hingewiesen, die Grass'sche Sprache zu übertragen, ein Problem, das auch von den Übersetzern oft angesprochen wurde. Dem Übersetzer Cai Hongjun zufolge liege neben den sexuellen Darstellungen in den Romanen der allerwichtigste Grund für die Vermittlungsschwierigkeit im „häufigen Gebrauch von Mundarten und umgangssprachlichen Mitteln", ② der die Übertragbarkeit der Sprache in Frage stellt. Ein anderer Übersetzer nannte dazu konkrete Beispiele: Die Namen der Lebensmittel, insbe-sondere die Warenmarken, die vielen historischen Ereignisse, selbst das Kartenspiel „Scott" seien Stolpersteine, die ihn sehr in Anspruch genom-men haben. ③

Vor diesem Hintergrund wurde das Schriftsteller-Übersetzer-Treffen, bei dem Günter Grass, auf die Probleme der Übersetzer eingehend, Wörter und Textstellen erklärte, positiv bewertet: So etwas habe es in der Weltliteratur — und Übersetzungsgeschichte noch nie gegeben. ④ Gegensti-mmen ließen sich erst in den letzten Jahren vernehmen: Nach dem Konzept der Rezeptionsästhetik besitze der Autor nicht das alleinige Verfügungsrecht über

---

① Liu Xinwu,《"寻找失物"的君特·格拉斯》[Günter Grass auf der Suche nach dem „Verlust"], in Zhonghua Dushu Bao, 13.10.1999.
② Cai Hongjun,《我译格拉斯》[Ich übersetze Grass], in Zhonghua Dushu Bao, 26.07.2000.
③ Vgl. Hu Qiding,《〈铁皮鼓〉翻译随想》[Einige Gedanken zum Übersetzen "d[er] Blechtrommel"], in Zhen Lunan (Hg.), Ein Buch und eine Welt, Beijing, 2005, S. 213, hier zitiert nach Hu Dan,《获诺贝尔文学奖德语作家汉译研究》[Zu den chinesischen Übersetzungen der deutschen Literaturnobelpreisträger], Beijing, 2015, S. 114.
④ Vgl. Yang Wuneng,《与格拉斯一起翻译格拉斯》[Mit Grass „Grass" übersetzen], in Translations, 2004, Nr. 6, S. 209-211, hier S. 209. Vgl. auch Cai Hongjun, Ich bin der am nächsten bei Günter Grass stehende Chinese (Anm. 24).

das Buch, und jeder finde seinen eigenen Zugang und Interpretationsansatz. ①

Bislang gab es noch wenig Übersetzungskritik bezüglich der Übertragungen ins Chinesische. Ein gewagter Versuch war Liu Qinhuis Masterarbeit *Untersuchung zu der chinesischen Übersetzung von Günter Grass' „Im Krebsgang"*, in der die Verfasserin im Rahmen der deskriptiven Übersetzungstheorie die chinesische Ausgabe an konkreten Beispielen darauf-hin untersuchte, unter welchen Rahmenbedingungen und auf welche Weise der Übersetzer mit dem zu übersetzenden Text umging, um kulturelle und sprachliche Probleme zu überwinden. Laut ihrer Forschungsergebnisse halte der Übersetzer vor allem an der Strategie der Verfremdung, also an einer „wörtlichen" Übersetzung fest, um die fremden Elemente und die syntaktische Struktur des Originals beizubehalten. Insgesamt sei dies eine angemessene Methode, aber stellenweise würden die Leser mit der „Überwörtlichkeit" überfordert. ② Zur Lösung solcher Probleme wurde vorgeschlagen, die instrumentelle Übersetzungsmethode anzuwenden. ③

Im Zeitalter des „Internet plus" hat man wohl mehr Möglichkeiten, sich Informationen zu verschaffen und passende Wörter, Begriffe und Beschreibungen in der jeweiligen Zielsprache zu finden. Dennoch bereitet Günter Grass' eigentümlicher Sprachgebrauch, der zweifelsohne auf seine familiäre Herkunft und seinen persönlichen Werdegang zurückzuführen ist, immer neue Übersetzungsprobleme. Es wurde berichtet, dass es keine chinesische Version von seinem letzten Roman *Grimms Wörter. Eine Liebeserklärung* geben werde, weil die formale, alphabetische Struktur dieses Werkes sich

---

① Wei Yuqing,《翻译,唯一的答案不存在》[Beim Übersetzen gibt es nicht nur eine Möglichkeit], in ⟨http://www.china.com.cn/guoqing/2014-11/15/content_34056261_3.htm⟩ (Zugriff am 13.03.2016).
② Vgl. Liu Qinhui,《君特·格拉斯〈蟹行〉汉译浅析》[*Untersuchungen zu der chinesischen Übersetzung von Günter Grass' "Im Krebsgang"*], Tongji-Universität, Masterarbeit, 2006.
③ Vgl. Song Jianfei / Liu Qinhui,《译者,策略,译文:试论翻译批评应观照的对象——以君特·格拉斯〈蟹行〉汉译为例》[*Übersetzer, Strategie und Übersetzung: Subjekte der Übersetzungskritik am Beispiel von Günter Grass' "Im Krebsgang"*], in *Journal of PLA University of Foreign Languages*, 2007, Nr. 5, S 88-93, hier S. 90.

nicht übertragen lasse und in einer Übersetzung zu vieles verlorenginge.①

4　Interkulturelle Forschungsansätze

Bereits die ersten Grass-Forscher in China haben den Versuch unternommen, Günter Grass mit namhaften chinesischen Schriftstellern zu vergleichen. Eine Parallele könnte man beispielsweise zwischen der Romanfigur Ah Q in Lu Xuns *Ā Qiū zhèng zhuàn* [*Die wahre Geschichte des Ah Q*] (1922) und dem kleinen Oskar feststellen. Das Groteske des Ersteren manifestiere sich nicht im Aussehen, sondern in der als Ah-Q-Ismus bezeichneten Selbsttröstung bei eigenen Niederlagen, während Oskar nicht nur äußerlich hässlich aussehe, sondern auch innerlich verzerrt sei.②Diese Feststellung muss noch einer genaueren Analyse unterzogen werden, kann aber als erste Bemühung verstanden werden, Lesebarrikaden zu beseitigen und das chinesische Publikum von Günter Grass' Kunstfertigkeiten zu überzeugen, damit er den chinesischen Lesern leicht zugänglich wird, denn:

> Es fällt den Chinesen durchaus schwer, so eine Figur zu verstehen, da man in China den Nationalsozialismus nicht erlebt hat. [...] Aber das von Günter Grass kritisierte Kleinbürgertum ist in Deutschland so prägend und allgegenwärtig wie der Ah-Q-Ismus in China [...].③

Günter Grass und Mo Yan, dem 2012 der Literaturnobelpreis zuerkannt

---

① Vgl. Zhang Zhongjiang,《格拉斯与中国:〈铁皮鼓〉最早由上译出版》[Grass und China: *Die Blechtrommel* wird zuerst von Shanghai Translation Publishing House publiziert], in ⟨http://news.oeeee.com/html/201504/13/250201.html⟩ (Zugriff am 17.03.2016).
② Vgl. Ye Tingfang,《论怪诞之美》[*Zur Ästhetik der Groteske*], in *Literature & Art Studies*, 1993, Nr. 4, S. 68 – 80, hier S. 73.
③ Vgl. Zhou Changcai,《铁鼓声中, 赢取桂冠世纪末》[*Der Dichter wird am Ausgang des Jahrhunderts für "die Blechtrommel" mit Lorbeer gekrönt*], in *Foreign Literature*, 2000, Nr. 1, S. 3 – 11, hier S. 6.

wurde, stehen in China ebenfalls immer im Mittelpunkt der interkulturellen Diskussion. In den Blick genommen wurden Grass' *Blechtrommel* und Mo Yans Roman *Fēngrǔ féitún* [Große Brüste und breites Gesäß] (1996), der anhand einer Familiengeschichte einfacher Leute den gesellschaftlichen Wandel im letzten Jahrhundert in China widerspiegelt. Zu Anfang des neuen Jahrtausends wurde darauf hingewiesen, dass zwischen Oskar, der auf seine Blechtrommel versessen ist und dem „Ich" in Mo Yans Werk, der sich bis zu seinem sechsten Lebensjahr ausschließlich von Muttermilch und später von Ziegenmilch ernährt, eine gewisse Ähnlichkeit festzustellen sei: „ Darüber kann man etwas schreiben, aber nicht jetzt, vielleicht etwas später."① Dieses Vorhaben wurde in einer 2008 veröffentlichten Dissertation realisiert: Im Rahmen des „ kulturellen Gedächtnisses " wurde auf die Vergangenheit-saufarbeitung und Erinnerungsarbeit in der deutschen Literatur (1945–1959) und in der chinesischen Literatur (1977–1995) eingegangen. Als Fallbeispiele wurden *Die Blechtrommel* und *Fēngrǔ féitún* ausgewählt, an denen die Gemeinsamkeiten und Unterschiede in Bezug auf die Vergangenheits-konze-ption, die Zeitkonzeption und die Erinnerungsstrategien beleuchtet wurden. ②

Interessanterweise stand immer *Die Blechtrommel* im Fokus der vergleichenden Studien. Herangezogen wurden noch zwei andere chinesische Werke, die mittels der Erzähltheorie mit dem erwähnten Roman verglichen wurden. Das eine war Alais Roman *Chén'āi luòdìng* [Roter Mohn] (1998), in dem durch die Augen des idiotischen Sohns des Fürsten der Untergang der Feudalherrschaft beschrieben wird, und das andere war Jia Pingwas *Gǔlú* [Gu Lu] (2011), in dem der Leserschaft ein Stück der chinesischen Kulturrevolution in den 60er-Jahren in einer entlegenen Ortschaft namens „

---

① Xia Jifeng,《君特·格拉斯新作风波》[*Affäre um Grass' neues Werk*], in *Writer Magazin*, 2000, Nr. 1, S. 25–27, hier S. 27.
② Pan Lu, *Aus dem Schattenreich der Vergangenheit-Erinnerungsarbeit in Günter Grass' "Die Blechtrommel" und Mo Yans "Üppiger Busen, dicker Hintern"*, Frankfurt a. M., Berlin u. a., 2008.

Gu Lu" vor Augen geführt wird. Infolge der Auseinandersetzungen mit *Chén'āi luòdìng* und der *Blechtrommel* stellte man fest, dass in den beiden Werken ein Ich-Erzähler fungiere, dessen Narren — und Kinderperspektive eine unvoreingenommene Betrachtung der Umgebung ermögliche,[①] weshalb man von einem intertextuellen Verhältnis zwischen den beiden Werken sprechen könne.[②] In den Studien zu *Gǔlú* und der *Blechtrommel* wurden-neben der Analyse der narrativen Besonderheiten in Bezug auf die Kinderperspektive des Ich-Erzählers und die gespaltenen Erzählstimmen-auch die Erinnerungsarbeit und die kritischen Reflexionen der Autoren über die nationale Mentalität und Geschichte kurz einbezogen. Dabei stellte man „einen Dialog zwischen den Autoren über Zeit und Raum hinaus"[③] und „unterschiedliche kulturelle Eigenheiten zwischen Westen und Osten"[④]fest.

5 Zusammenfassung und Aussicht

Die zugespitzte Formulierung, dass Günter Grass der erste deutschsprachige Autor sei, der in China wie ein Popstar behandelt werde, nachdem ihm der Literaturnobelpreis verliehen wurde,[⑤] stimmt teilweise. Auch ohne den Preis hätte Grass angesichts seiner einzigartigen Erzählkunst und der Vielfalt ihrer Themen in China große Anerkennung gefunden, aber sicherlich

---

① Su Zhongzhao,《〈尘埃落定〉与〈铁皮鼓〉的叙事视角比较研究》[*Erzählperspektiven in Chen ai luoding und "Die Blechtrommel"*], in *Journal of Xinzhou Teachers University*, 2006, Nr. 6, S. 31 – 33.

② Fan Yuhui,《另类视角与回顾叙事——〈铁皮鼓〉与〈尘埃落定〉比较研究》[*Eine vergleichende Studie zu Die Blechtrommel und Chen ai luoding*], in *Journal of Qujing Normal University*, 2008, Nr. 1, S. 31 – 34, hier S. 34.

③ Wang Zhenjun,《比较叙事学视域下的〈铁皮鼓〉与〈古炉〉》["*Die Blechtrommel*" und "*Gu Lu*"-eine *Betrachtung aus der Perspektive der vergleichenden Erzähltheorie*], in *Journal of Henan Normal University*, 2013, Nr. 6, S. 169 – 173, hier S. 169.

④ Han Luhua,《特殊视域下特殊时代的人性叙写——〈古炉〉与〈铁皮鼓〉叙事艺术比较》[*Zur narrativen Humanität in spezieller Zeit und unter spezieller Perspektive. Eine vergleichende Betrachtung zur Erzählkunst in "Gu Lu" und "Die Blechtrommel"*], in *Journal of Xi'an University of Architecture & Technology* (Social Science Edition), 2015, Nr. 1, S. 66 – 74, hier S. 71.

⑤ Vgl. Hu Dan, *Zu den chinesischen Übersetzungen* (Anm. 44), S. 114.

erst innerhalb eines längeren Zeitraums. Allerdings muss man feststellen, dass trotz des Nobelpreisbonus bis jetzt fast nur seine wichtigsten Prosawerke ins Chinesische übersetzt worden sind. Seine zahlreichen Gedichte, Reden, Interviews und Essays liegen nur in sehr begrenztem Umfang auf Chinesisch vor. Von seinem Briefwechsel mit dem früheren Bundeskanzler Willy Brandt, der in Deutschland erschienen ist und einen Beitrag zum Verständnis seiner politischen Einsichten leistet, ist noch kaum die Rede. Wenn man aber ein Gesamtbild von der „in Deutschland so legendären, dennoch widersprüchlichen Persönlichkeit"[①] haben möchte, müsste das Gesamtwerk auf Chinesisch publiziert werden.

Auch in den chinesischen Forschungsarbeiten über Grass dreht es sich in erster Linie um seine Prosawerke. Die Danziger Trilogie, insbesondere *Die Blechtrommel*, wird nach wie vor favorisiert, während manche Werke, sogar solche, die bereits ins Chinesische übersetzt worden sind, beispielsweise *Unkenrufe*, aufs Abstellgleis geschoben wurden. Derartige Forschungslücken müssen geschlossen werden. Auch Aspekte wie Grass' Thematisierung der Zwangsmigrationen und seine Beschäftigung mit Völkervertreibung verdienen noch eine nähere und intensivere Untersuchung; Gleiches gilt für seine mit seiner Herkunft zusammenhängenden sprachlichen Besonderheiten. Da manche chinesischen Schriftsteller angegeben haben, von Günter Grass direkt beeinflusst worden zu sein, bietet auch dieser Aspekt weitere interessante Forschungsansätze.

Ein chinesisches Sprichwort lautet: Bittere Medizin hilft. Günter Grass' Werke sind genauso „bitter wie die dicke, traditionelle chinesische Medizin",[②] die auf den ersten Blick nicht appetitlich wirkt, aber einem dennoch guttut. In diesem Sinne wird Günter Grass in China weiter gelesen, besprochen und diskutiert werden.

[①] Zhang Xinyi,《告别格拉斯,留住记忆》[*Abschied von Grass nehmen und ihn in Erinnerung behalten*], in World Literature, 2015, Nr. 6, S. 253 – 264, hier S. 253.
[②] Zhai Hengjie,《狗眼看天下——读〈狗年月〉》[*Aus Hundeperspektive die Welt beobachten. Zum Roman "Hundejahre"*], in Renmin Zhengxie Bao, 10.11.2000.

In der „Dunkelhaft" der Welt nach dem Wahren sehen
Eine Interpretation zu Ingeborg Bachmanns Erzählung Ein Wildermuth

郑 霞

摘 要 英格博格·巴赫曼将"求真"视为作家的天职。同样,"求真"也是巴赫曼的小说《一个维尔德穆特》中的主人公法官安东·维尔德穆特矢志不渝的信仰,即使这一信仰一再遭到撼动,甚至有倾覆之虞。本文详细探讨了主人公的"求真"信仰,试图以此勾勒出法官维尔德穆特以建立"求真"信仰—质疑"求真"信仰—坚定"求真"信仰为大致脉络的个人精神发展路径,并指出巴赫曼式的那种在消极的沉默和昏晦的现象中坚忍地"守真"与"求真"的乐观姿态。

关键词 《一个维尔德穆特》 "真" "求真"

Der Begriff der Wahrheit unterzieht sich in Ingeborg Bachmanns Erzählung *Ein Wildermuth* aus ihrem ersten Erzählband *Das dreißigste Jahr* (1961) als Kernsujet einer sowohl nach außen als auch nach innen gerichteten, scharfsinnigen Betrachtung, die ein tief eindringender reflektierender Blick bzw. Rückblick der Hauptfigur, des Oberlandesgerichtsrats Anton Wildermuth, auf seinen persönlichen und beruflichen Werdegang begleitet. Die tiefgründige introspektive Auseinandersetzung dieses Richters mit der Wahrheit, die sich hier „in konkreter und erkennbarer Umgebung "[1]nicht auf einen rein abstrakten Begriff beschränkt, erfolgt entlang einer zeitlichen Achse, die seine einzelnen Entwicklungsphasen-Kindheit, Schul —

---

[1] Marcel Reich-Ranicki, *Ingeborg Bachmann oder Die Kehrseite des Schreckens*, in *Kein objektives Urteil-Nur ein lebendiges. Texte zum Werk von Ingeborg Bachmann*, Hrsg. von Christine Koschel und Inge von Weidenbaum, München, 1989, S. 77.

und Studienzeit, Berufs — und Eheleben-abbildet. Die Fühler des Denkens, die der Wahrheit auf die Spur kommen, strecken sich bis in die dunkelsten intimsten Ecken des äußerlichen und innerlichen Lebens der Hauptgestalt aus. Nach dieser kritischen, aufrichtigen und schmerzhaften Introspektion fasst der erfahrene etablierte Jurist, der eben in der steten Wahrheitssuche und -findung seine schicksalhafte Mission sieht, den scheinbar enttäuschenden, von einer gewissen traurigen Resignation zeugenden Entschluss, seine konsequente, auf die Kindheitserziehung im Elternhaus zurückzuführende „ hohe Meinung"[1] von der Wahrheit zu verwerfen und darüber endgültig-nachdem er beim Vernehmen eines prekären Falls vor Gericht einen lauten Schrei als Zeichen der Empörung und Frustration ausgestoßen hat-zu schweigen, womit der reife Richter sein definitives Urteil über die Wahrheit fällt, obwohl er sich damit auf keinen Fall abfinden kann.

Den äußeren Anlass zu der ganzen Geschichte bietet ein eigentlich „ unerheblicher und gewöhnlicher"[2] Mordfall, also ein „Routinefall"[3], in dem aber keine überzeugende Expertise über die Echtheit eines Knopfs, der von dem Mantel des Angeklagten abgerissen worden sein mag und schließlich eine entscheidende Rolle spielen könnte, vorgelegt werden kann. Der ganze Prozess und das ganze Gericht scheinen über einen winzigen Knopf, der die heiße Spur zur Aufklärung des ganzen Verbrechens darstellt und dessen Wahrheit sich aber dem professionellen erforschenden Blick der erfahrenen Wahrheitssuchenden entzieht, zu stolpern. Zu diesem kritischen Zeitpunkt während des Vernehmens schreit der Richter Anton Wildermuth bestürzenderweise laut auf und mit diesem schrillen Schrei lässt er in der Tat seinen Zweifel und seine Verzweiflung an der rationalen Erkennbarkeit der endgültigen Wahrheit heraus. Dem Richter, der die Grenze seines Denkvermögens erreicht zu haben scheint und von dem man doch die Wahrheit

---

[1] Ingeborg Bachmann, *Ein Wildermuth*, in *Ingeborg Bachmann, Werke*, München, 1978, S. 252.
[2] Ingeborg Bachmann (s. Anm. 2), S. 216.
[3] Ingeborg Bachmann (s. Anm. 2), S. 217.

verlangt, scheint die Wahrheit nicht mehr zumutbar zu sein.① In jenem Augenblick wird er inwendig im Kopf von einem Schlag getroffen, der eine „Delle"②in seinem Gehirn hinterlässt und einen Schmerz verursacht, wie es dem Protagonisten der titelgebenden Erzählung *Das dreißigste Jahr* in Bachmanns Erzählband einmal beim Nachdenken über „ein Problem der Erkenntnis"③geschieht, wo sich dieser immer höher fliegen fühlt und schließlich gegen eine „Decke"④stößt. Wie jener nachdenkliche, philosophisch gesinnte dreißig-jährige Mann jene „Decke" nicht durchstoßen kann, deutet nun ein Knopf schon dem versierten, rationalen Juristen die Grenze seines Strebens nach der Wahrheit an. Eine Überschreitung dieser Grenze, die selbst in einem der alltäglichsten Dinge wie einem Knopf steckt, ist unmöglich. Eine tiefe Ohnmacht gegenüber der unermesslichen Komplexität und Verdunklung der Welt und der Verhüllung der vollständigen Wahrheit befällt den Richter. „Er hat immer das Absolute geliebt und den Aufbruch dahin [...] "⑤, scheint aber von diesem inneren Antrieb überfordert zu sein. Ob er mit der Wahrheit zu weit geht? Schmerzhafte Erfahrungen können gerade deshalb sinnvoll sein, weil sie einen empfindlich machen, insbesondere empfindlich für die Erfahrung der Wahrheit.⑥ Und dass der Mensch, der den Wunsch hegt, „bis zum Äußersten zu gehen"⑦, irgendwo an die Grenze des Möglichen stößt, gehört eben zur Wahrheit bzw. Tragödie der menschlichen Existenz. Dieses Tragische, diesen großen geheimen Schmerz nimmt der Richter wahr; ihn nimmt auch die Autorin wahr und will ihn, noch einen Schritt weiter, „wahrmachen", damit die

---

① Der Titel der Rede, die Ingeborg Bachmann 1959 zur Verleihung des Hörspielpreises der Kriegsblinden hielt, lautet *Die Wahrheit ist dem Menschen zumutbar*.
② Ingeborg Bachmann (s. Anm. 2), S. 252.
③ Ingeborg Bachmann, *Das dreißigste Jahr. Ingeborg Bachmann, Werke* 2, München, 1978, S. 107.
④ Ingeborg Bachmann (s. Anm. 7), S. 107.
⑤ Ingeborg Bachmann (s. Anm. 7), S. 129.
⑥ Ingeborg Bachmann, *Die Wahrheit ist dem Menschen zumutbar. Ingeborg Bachmann, Werke* 4, München, 1978, S. 275.
⑦ Ingeborg Bachmann (s. Anm. 10), S. 276.

anderen auch mal „sehend werden" können[1]. Hierin liegt nach Ingeborg Bachmann gerade die Aufgabe des Schriftstellers, denn nicht nur von einem Richter, sondern auch von einem Schriftsteller fordert man die Wahrheit. Indem sie mit ihrer Figur mutig den Spuren und Veräste-lungen der Wahrheit nachgeht, beabsichtigt die Autorin „die anderen zur Wahrheit zu ermutigen"[2], trotz all der Schwierigkeiten, Zweifel, Skepsis, Verspottung, und trotz der Niederlage. Der Richter, der sich in seinem Selbstverständnis ironisch mit einem „Zyniker"[3] identifiziert, führt hier aber eine ernsthafte Operation mit dem ernsthaften existenziellen Thema der Wahrheit im alltäglichen, juristischen und philosophischen Sinne durch.

Dass Anton Wildermuth, der über langjährige Erfahrungen mit juristischen Angelegenheiten verfügt, diesmal aber nicht über ein einfaches Verbrechen hinwegkommen kann, liegt wohl vor allem daran, dass der mutmaßliche Täter, der Landarbeiter ist und des Mordes an seinem Vater bezichtigt wird, ebenfalls Wildermuth-Josef Wildermuth-heißt. Wegen der widersprüchlichen unsicheren Aussagen dieses angeklagten Wildermuths gerät die gerichtliche Untersuchung ins Dunkle und die Wahrheit droht eingeschläfert zu werden. Die fatale Namensgleichheit zwischen dem Richter und dem Angeklagten sorgt für eine übertriebene Aufmerksamkeit der Medien und der Öffentlichkeit für den Fall und löst bei dem Urteilenden ein gemischtes Gefühl aus „unwillkürlicher Scham und Revolte"[4] aus, weil dieser immer wieder den eigenen Namen zu lesen und zu hören hat und weil sich die Suche nach dem Motiv des Täters, d. h. nach der inneren Wahrheit eines anderen Wildermuths über die Übereinstimmung der äußerlichen materiellen Tatsachen hinweg, als äußerst heikel erweist. Der verwirrte Richter Wildermuth, der zu urteilen hat, scheint aber unter diesen Umständen keine Urteilskraft aufbringen zu können und an die Grenze der

---

[1] Ingeborg Bachmann (s. Anm. 10), S. 275.
[2] Ingeborg Bachmann (s. Anm. 10), S. 277.
[3] Ingeborg Bachmann (s. Anm. 2), S. 247.
[4] Ingeborg Bachmann (s. Anm. 2), S. 219.

Selbstbeherrschung zu gelangen. Ein Urteil über den Fall von Josef Wildermuth kann der Richter Anton Wildermuth nicht fällen. Stattdessen startet letzterer, nachdem er als schonungsbedürftiger Kranker von seinem Amt abberufen worden ist, einen inneren Abrechnungsprozess mit all seinen bisherigen Wahrheitserfahrungen und -erkenntnissen, und dementsprechend wechselt auch die Erzählperspektive der Geschichte von der auktorialen Erzählweise des ersten Teils zur Ich-Form im zweiten Teil. Die Erzählform eines inneren Monologs bringt zum Ausdruck, dass sich nun der Ich-Erzähler mit einer sogenannten Wahrheitskrise, die ausschließlich mit ihm selbst zu tun hat und aus der nur er selbst sich heraushelfen kann, beschäftigt. Aus einem in ihm tief verwu-rzelten Antrieb wendet sich der Protagonist dem eigenen Innern zu und die Innenansicht des Ich-Erzählers ermöglicht dem Leser einen sehr intimen Blick auf die Figur und vermittelt unmittelbar deren Gefühle und Gedanken, die im Innersten des Charakters verborgen und einem fremden Blick verschlossen bleiben.

In seiner Retrospektive nimmt der Protagonist seine Praxis der Wahrheitssuche, die bis in die frühen Schuljahre zurückzuverfolgen ist, unter die Lupe und überprüft seine wahrheitsbezogene Gedankenentwicklung, d. h. die Entwicklung seines Wahrheitsglaubens in all den Jahren. Von dieser in der versunkenen Vergangenheit tastenden Wahrheitserkundung hält aber mancher Kritiker nicht viel, wie Marcel Reich-Ranicki in seiner Rezension aus einer skeptischen Haltung heraus diagnostiziert, dass es dabei um „dunkle Empfindungen" und eine ins Wanken geratene psychische Struktur gehe[1]. Tatsächlich leidet der Richter Anton Wildermuth nach dem merkwürdigen Vorfall vor Gericht an starken Kopfschmerzen und schwankenden Körperte-mperaturen, was als äußerliches Symptom einen krankhaften Überspannun-gszustand signalisiert, aber der „Raub des Fiebers"[2] führt doch nicht selbstverständlich zu einer stark schwankenden Gemütsverfassung

---

[1] Marcel Reich-Ranicki (s. Anm. 1), S. 77.
[2] Ingeborg Bachmann (s. Anm. 7), S. 129.

In der „Dunkelhaft" der Welt nach dem Wahren sehen

und schon gar nicht in einen geistig-seelisch gestörten Zustand des Wahnsinns. Im Gegensatz dazu zeichnet sich der empirische, distanzierende und prüfende Rückblick des Richters durch Wachsamkeit, Empfindlichkeit, Schärfe und zynische Kälte und Vernunft aus und auch seine Worte, die er hier sozusagen in einem Selbstgespräch, also in den eigenen Gedanken sprechend-und das heißt so gut wie schweigend-zur Geltung bringt, laden zum Nachdenken ein und lassen sich nicht einfach als Gemurmel eines Nervenkranken, dessen sich der Nervenarzt annehmen müsse[1], abtun. Schaut man genauer hin, nimmt man Leuchtendes in der Dunkelheit wahr, Festhaltbares in der Vagheit, was tatsächlich gehandelt, gedacht und gefühlt, geglaubt und gezweifelt, äußerlich wie innerlich erlebt und erfahren wird; und hört man besser zu, nimmt man eine Stimme wahr, die „kühn und klagend" klingt, „eine Stimme, wahrheits-gemäß, das heißt: nach eigener Erfahrung sich äußernd, über Gewisses und Ungewisses."[2] Selbst die ungewissen Dinge, die degradierend als „dunkle Empfindungen" bezeichnet werden können, dürfen auch ihren Anteil beans-pruchen an einer großen Wahrheit, die als Ganzes aber nur schwer zu Wort kommen kann, weil dabei die Sprache an ihre Ausdruc-ksgrenze stößt und zu verstummen droht. Und wenn die Sprache bzw. die Stimme versagt, dann muss eben „wahrheitsgemäß" geschwiegen werden[3]. Und zu schweigen, nicht mehr über die Wahrheit zu reden, entschließt sich der Jurist letzten Endes in hohem Dienstalter. Und sein Schweigen basiert wie sein Sprechen auf dem Grund der Wahrheit: „Weder sprechend noch schweigend ohne Grund. Ohne auf dem Grund der Hoffnung, ohne auf dem der Verzweiflung zu stehen"[4]. Der „immer stiller werdende Beobachter"[5] hört zwar auf zu sprechen, aber

---

[1] Marcel Reich-Ranicki (s. Anm. 1), S. 78.
[2] Christa Wolf, *Die zumutbare Wahrheit. Prosa der Ingeborg Bachmann*, in *Kein objektives Urteil-Nur ein lebendiges. Texte zum Werk von Ingeborg Bachmann*, Hrsg. von Christine Koschel und Inge von Weidenbaum, München, 1989, S. 96.
[3] Christa Wolf (s. Anm. 19), S. 96.
[4] Christa Wolf (s. Anm. 19), S. 96.
[5] Ingeborg Bachmann (s. Anm. 2), S. 243.

nie zu sehen, zu fühlen und nachzudenken. Er ist ja vom Leben enttäuscht, aber was heißt schon Enttäuschung? Für den reifen Richter Anton Wildermuth bedeutet „Enttäuschung" das Vermögen, eben „ohne Täuschung" zu leben[①]. So setzt er sich, nachdem er sich zum Verzicht auf die berufliche Laufbahn, die immerhin zur Wahrheit führen soll, entschlossen hat, endlich einmal gründlich und unermüdlich-und dies versteht mancher Kritiker als „wortreich" und „chaotisch"[②]-mit dem Wahren und dem Unwahren auseinander, um das Unwahre zu entlarven und das verborgene Wahre aufzudecken, so dass das Wahre, sei es sagbar oder unsagbar, ans Licht kommen kann. In einer scheinbaren Antihaltung der Skepsis, des Aufbegehrens gegen die Wahrheit bekennt sich in der Tat der zur Wahrheit erzogene, nüchterne Jurist Anton Wildermuth das allerletzte Mal zu seiner vorbestimmten Mission, „in der Dunkelhaft der Welt" stets nach dem Wahren und somit als „Rechthaber" „nach dem Rechten zu sehen"[③], und erfüllt sie. Durch die ernsthaften Reflexionen, die wie in anderen Werken Bachmanns auch gewisse philosophis-chmetaphysische Züge aufweisen, zeichnet sich eine aufrichtige menschliche Existenz ab.

Die wahrheitsbezogene Mission ist für den jungen Anton wie eine quasi angeborene geistige Veranlagung, die sich in ihm erst wie erwünscht entfaltet. Dass die Familie Wildermuth auf die Wahrheit setzt, spiegelt sich also in ihrer Erziehungsideologie wider:

Ein Wildermuth wählt immer die Wahrheit;

Mit der Wahrheit kommt man am weitesten. Bleib immer bei der Wahrheit und fürchte niemand;

Und einen Wildermuth erziehen-das hieß, ihn zur Wahrheit erziehen. Und ein Wildermuth werden-das hieß, einer in Wahrheit

---

① Ingeborg Bachmann (s. Anm. 10), S. 277.
② Marcel Reich-Ranicki (s. Anm. 1), S. 78.
③ Ingeborg Bachmann (s. Anm. 10), S. 277.

werden.[1]

All diese gewaltigen Sätze beweisen einen unbeirrbaren Wahrheitsglauben, den der Vater, der Lehrer ist, dem Sohn als genetisch determiniertes, schicksalhaftes Gepräge der Familie vererbt hat. Und diesen Glauben an die Wahrheit praktiziert der Schüler Anton Wildermuth, der Jurastudent Anton Wildermuth und der Richter Anton Wildermuth. Zur Wahrheit bekennt sich dieser, bewusst und ja auch unwillkürlich:

> Mit der Wahrheitsfindung bin ich befaßt, und nicht nur von Berufs wegen bin ich mit ihr befaßt, sondern weil ich mich mit nichts andrem befassen kann. Wenn ich die Wahrheit auch nie finden sollte ...[2]

Trotz eines traurigen Beiklangs dieser Worte, der auf ein mögliches Scheitern der Wahrheitsfindung hinweist, kann von einem „Wahrheitsrausch"[3] die Rede sein, aber blindlings in diesem Rausch befangen ist Anton Wildermuth auf keinen Fall. Schon von klein auf beobachtet diese zentrale Gestalt parallel zur Überzeugung von der Wahrheit eine andere Welt, ein anderes Leben, das mit der Wahrheit nicht viel zu tun hat, aber nichtsdestoweniger schön, gewissermaßen sogar attraktiver aussieht. Diese einen Kontrast zur eigenen Lebenssphäre bildende Welt steht früher etwa im Zusammenhang mit der Mutter und später mit der Ehefrau Gerda.

Während der kleine Junge Anton „weniger aus Furcht vor dem Vater als aus einer düsteren Begierde heraus"[4] emsig und gar spielerisch das „Exerzitium"[5] des Wahrheit-Sagens, das die äußerste Genauigkeit anstrebt,

---

[1] Ingeborg Bachmann (s. Anm. 2), S. 214, S. 230, S. 232.
[2] Ingeborg Bachmann (s. Anm. 2), S. 237.
[3] Ingeborg Bachmann (s. Anm. 2), S. 229.
[4] Ingeborg Bachmann (s. Anm. 2), S. 228.
[5] Ingeborg Bachmann (s. Anm. 2), S. 230.

einübt, wird sich der Jugendliche Anton aber sukzessive der zehrenden „Weitläufigkeit"①dieses zum Exzess tendierenden Wahrheit-Sagens bewusst und das „tief im Grund" befindliche Verlangen, „immer alles restlos zu erzählen"②, lässt allmählich nach. Um sich von den „anstrengenden Auftritten" für „die Wahrheiten im Rampenlicht"③zu erholen, zieht sich der geistig reifer gewordene Jugendliche gern auf eine „von niemand geahnte" „dunkle Hinterbühne"④zurück, die einen freien Schauplatz und Spielraum für all die Fantastereien eines Halbwüchsigen darstellt. In dieser als „sündig, farbig und reich" bezeichneten Welt, in der „man lässig sein konnte und der Gewissensforschung entzogen war", fühlt sich der Jugendliche der Welt seiner „lässigen", „von der Wahrheit ausgeschlossenen"⑤Mutter, nahe. Nur nimmt er damals noch eine „vorsichtige und spöttische"⑥Haltung zu dieser verschleierten geheimnisvollen Welt ein, weil er sie für jenseits der Wahrheit gelegen hält und das solide Fundament seines Wahrheitsglaubens durch sie erschüttert und bedroht sieht. Gerade diese innere Welt, die anfangs von dem jungen Anton Wildermuth verleugnet wird, deren Existenz dieser zwar auf individuelle, subjektive Weise deutlich empfinden kann, der er aber keine intersubjektive Kommunikation zutraut, fordert ihn später immer mehr heraus. In dem Mordfall von Josef Wildermuth ist der spätere Richter Anton Wildermuth auch mit dem Problem der Intersubjektivität konfrontiert. Aus einem subtilen Gefühl heraus, das die Gleichnamigkeit mit dem Angeklagten bei dem Richter hervorruft, motiviert dieser sein Einfühlungsvermögen und will die innere Wahrheit eines anderen Wildermuths befreien, als wäre sie in Geiselhaft. Aber mit seiner Empathie und Sympathie gelingt dem Richter kein Durchbruch zur Wahrheitsermittlung, was ihm große Bekümmernisse

---

① Ingeborg Bachmann (s. Anm. 2), S. 230.
② Ingeborg Bachmann, *Abends frag ich meine Mutter*, In Ingeborg Bachmann, Werke 1, München, 1978, S. 10.
③ Ingeborg Bachmann (s. Anm. 2), S. 231.
④ Ingeborg Bachmann (s. Anm. 2), S. 231.
⑤ Ingeborg Bachmann (s. Anm. 2), S. 232.
⑥ Ingeborg Bachmann (s. Anm. 2), S. 231.

bereitet.

Solchen Bemühungen um die innere, im Dunkeln verborgene Wahrheit- oder eben nur Wahrscheinlichkeit? -, die sich nur schwer beweisen lässt, schenkt aber ein geschulter, pragmatischer Jurist, der sich auf die beweisbaren Tatsachen zu beschränken versteht, keine besondere Wertschätzung. Als Jurastudent diskutiert und streitet sich Anton Wildermuth mit seinen Studienkollegen über Rechtsphilosophie, über Wahrheit und Wirklichkeit, „mit der ganzen Gelenkigkeit, Rauflust und Denkbegier junger Menschen"[①], und er muss erkennen, dass extreme Standpunkte, die Absolutheit, wozu er eher neigt, relativiert und zerlegt werden können und dass die Wahrheit in der Mitte liegt. Zufrieden kann er sich aber damit nicht geben. Im beruflichen Milieu findet sich der junge Richter Wildermuth auch nicht ganz zurecht, als er merkt, „daß man in den Kanzleien und den langen langen Korridoren des Justizpalastes nicht für Wahrheitssuche Zeit hatte"[②] und dafür doch größeren Wert etwa auf die interne Hierarchie legt. Mit geheimer Kritik und gerechtfertigtem Zweifel an dieser juristischen Realität, die sich schon mit „mittleren", „brauchbaren"[③] Wahrheiten genügt, durchlebt Anton Wildermuth lange Berufsjahre, ohne sich aber wie die anderen auf den philisterhaften Utilitarismus, also auf das Nützlichkeits — und Brauchbarkeitsprinzip der Wahrheit, einzulassen. Es fällt ihm schwer, sich mit solch einer pragmatischen Einstellung und Wahrheitsauffassung zu versöhnen. Da äußert er sich zum Fall Josef Wildermuths:

> Ich empfehle mich. Ich bin es, der geschrien hat. Ich konnte plötzlich über einen Knopf nicht hinwegkommen und nicht über einen Mann, der auch ein Wildermuth ist und ein Recht darauf hätte, daß nicht nur die Wahrheit ans Licht kommt, die wir brauchen können. Er hat ja gesagt: ich habe es getan, und er geht

---

① Ingeborg Bachmann (s. Anm. 2), S. 233.
② Ingeborg Bachmann (s. Anm. 2), S. 234.
③ Ingeborg Bachmann (s. Anm. 2), S. 251.

ins Zuchthaus dafür für fünfundzwanzig Jahre. Ich kann mich nicht abfinden damit, daß die eine Wahrheit genügt, die ans Licht kommen kann, und daß die andere Wahrheit nicht daherkommt, nicht angeschossen kommt, nicht aufzuckt wie ein Blitz. Daß wir von der brauchbaren Wahrheit den brauchbarsten Zipfel benutzen, um jemand die Schlinge um den Hals zu legen [...][1]

Diese leidenschaftliche Erklärung des Richters, die sowohl rebellisch als auch resigniert klingt, bringt eine Wahrheit seines Herzens zum Ausdruck.

Eine Übereinstimmung des Äußeren mit dem Inneren, mit dem Streben des Herzens, wird bei dem Richter auch in seinem Privatleben mit der Ehefrau Gerda nicht erzielt. Merkwürdig ist aber, dass der Richter ein anscheinend friedliches Eheleben mit einer Frau, deren Art und Weise, wie sie die Welt wahrnimmt, erlebt, versteht und verarbeitet, sich stark von der eigenen Weltanschauung unterscheidet, trotz alldem führen kann. Insgeheim stößt sich Anton Wildermuth immer wieder an der gewandten Redekunst seiner Frau, die eine „Blumensprache"[2] beherrscht, „aus der geringfügigsten Begebenheit, aus dem nebensächlichsten Erlebnis eine Geschichte machen kann"[3] und sich somit- „auf Kosten der Wahrheit"[4] -einer großen Beliebtheit bei Bekannten und Freunden erfreut. Und was die Liebe zwischen den Beiden angeht, kann weder von einem Einklang des Geistes noch von einer Übereinstimmung des Fleisches gesprochen werden. In keiner Hinsicht handelt es sich hier um wahre Liebe, worüber sich Anton Wildermuth gar sehr im Klaren ist. Er fühlt sich durch die „Blumensprache" seiner Frau immer weiter entfernt von ihr. Aber er entscheidet sich doch noch für ein weiteres Zusammenleben mit Gerda, die er nicht wahrhaftig liebt, obwohl er vor der Heirat eine andere Frau namens Wanda kennen lernt und durch

---

[1] Ingeborg Bachmann (s. Anm. 2), S. 251.
[2] Ingeborg Bachmann (s. Anm. 2), S. 245.
[3] Ingeborg Bachmann (s. Anm. 2), S. 235.
[4] Ingeborg Bachmann (s. Anm. 2), S. 235.

In der „Dunkelhaft" der Welt nach dem Wahren sehen

sie ein einziges Mal in seinem Leben die Wahrheit seines eigenen Körpers erkennt. Die Figur der Kellnerin Wanda wird als Antipodin zu der Ehefrau Gerda gestaltet. Im Gegensatz zu dieser erscheint jene stumpf und stumm. Es ist Wandas „ernste und düstere"[1]„Sprachlosigkeit"[2], die zauberhaft auf den Protagonisten einwirkt und ihm ermöglicht, ungestört nach der völligen Wahrheit seines Körpers zu suchen, sie letztli ch erkennen und erfahren und eine reine Liebe vollziehen zu können. Offensichtlich übt die Autorin an dieser Stelle Sprachkritik hinsichtlich der epistemologischen Funktion der Sprache. Während die Ehefrau mit ihren „nebelhaften Sätzen"[3]den Mann nur verwirrt, macht doch Wandas Schweigen diesem eine geheime Wahrheit zugänglich und erlebbar. Dass sich die Offenbarung der inneren Wahrheit nicht der Sprache bedienen muss oder dass die Sprache unter Umständen die Wahrheit eher verhüllt als enthüllt, lässt an Ludwig Wittgensteins Worte denken: „Was sich überhaupt sagen lässt, lässt sich klar sagen; und wovon man nicht reden kann, darüber muss man schweigen."[4] Über jene Wahrheit, die im Zusammenhang mit Wanda steht, schweigt Anton Wildermuth bisher und wird weiterhin darüber schweigen, einerseits weil sie sich nicht versprachlichen lässt, andererseits weil er sie einfach „nicht brauchen kann"[5]. Der Richter, der den Pragmatismus der anderen in Sachen der Wahrheit(ssuche) in Frage stellt und damit nicht gut zurecht kommt, verfolgt nun selbst auch das Nützlichkeitsprinzip, und zwar ganz bewusst, weil er gleichzeitig eingesteht, dass er eine „Trauer"[6]in sich empfindet. So

---

[1] Ingeborg Bachmann (s. Anm. 2), S. 245.
[2] Ingeborg Bachmann (s. Anm. 2), S. 243.
[3] Ingeborg Bachmann (s. Anm. 2), S. 246.
[4] Auf nachweisbare Spuren, die Ludwig Wittgensteins Philosophie in Bachmanns Werken hinterlässt, ist in der Literaturkritik bereits ausgiebig hingewiesen worden. Wittgensteins Gedanken über Unsagbares teilen auch chinesische Denker wie zum Beispiel der antike große Dichter Tao Yuanming aus der Ost-Jin-Dynastie vor etwa 1600 Jahren mit seinen wohlbekannten Worten: „Hierin steckt Wahres, nur verliert man die Sprache, wenn man es zu erkennen versucht." Das Wahre lässt sich nicht immer aussprechen; das unsagbare Wahre lässt sich jedoch erahnen und erfahren.
[5] Ingeborg Bachmann (s. Anm. 2), S. 244.
[6] Ingeborg Bachmann (s. Anm. 2), S. 244.

wird eine traurige Selbstironie und -kritik der zentralen Figur mit vielschichtigen und gar widersprüchlichen Charakteristika geübt. Auf diese Art macht Anton Wildermuth, der sich nicht einmal zur Wahrheit des eigenen inneren Ichs bekennen kann, einen Kompromiss mit sich selbst.

Und mit der Welt geht der Richter Anton Wildermuth in der Tat auch immer wieder Kompromisse ein, wenn er etwa „höchsten Stellen und Personen des öffentlichen Lebens" zu begegnen hat, wobei er nicht immer „an Recht und Wahrheitsfindung, an Urteil und Strafausmaß"[①]glauben darf und sich eben „mit dem Gröbsten", mit einem „billigen Übereinstimmen von Tat und Wort"[②]abfinden muss. Nur gerät er als ein von der Wahrheit überzeugter Wildermuth, der sich auf „mittlere Temperaturen"[③]der Wahrheit so schlecht versteht und permanent auf der Suche nach der äußeren wie der inneren Wahrheit ist, zwangsläufig in ein Dilemma. Die Realität schmälert nach und nach und zerstört sogar seinen Glauben:

> Aber will ich denn noch weiter kommen mit der Wahrheit? Seit ich geschrien habe, nein, seither will ich's nicht mehr, wollt' es schon oft nicht mehr. [...] weil mir der Glaube längst fehlt.[④]

Ja, sein Glaube an die Ergründbarkeit der Wahrheit geht zugrunde, und an dessen Stelle tritt nun der Glaube an die Abgründigkeit der Wahrheit der menschlichen Existenz auf dieser Welt. Die anklagende Stimme des Richters Anton Wildermuth, der „über sich und die Menschheit Gericht hält"[⑤], verstummt letzten Endes zugunsten eines besseren „Abhörens, Abtastens, Abklopfens, Aufwühlens" der Welt, um endlich „unendlich lang und ganz "[⑥]mit der Welt übereinzustimmen. Abgesehen von den mystizistischen Zügen

---

① Ingeborg Bachmann (s. Anm. 2), S. 217.
② Ingeborg Bachmann (s. Anm. 2), S. 251.
③ Ingeborg Bachmann (s. Anm. 2), S. 252.
④ Ingeborg Bachmann (s. Anm. 2), S. 237.
⑤ Marcel Reich-Ranicki (s. Anm. 1), S. 78.
⑥ Ingeborg Bachmann (s. Anm. 2), S. 252.

dieses Schweigens mit einem Beiklang von Wittgensteinscher Philosophie bietet der Ausgang der Erzählung immerhin eine Alternative, eine sprachlose, zur Erfahrung der ganzen existenziellen Wahrheit. Also kann man sagen, dass sich Anton Wildermuth sein süchtiges Streben nach der Wahrheit eigentlich nicht mehr abgewöhnen kann, auch wenn er nicht mehr sprechen kann bzw. will.

So konsequent und beharrlich setzt sich auch die Autorin Ingeborg Bachmann mit dem ewigen „Spannungsverhältnis" zwischen Verzweiflung und Hoffnung, zwischen Unmöglichem und Möglichem auseinander:

> Es ist auch mir gewiß, daß wir in der Ordnung bleiben müssen, daß es den Austritt aus der Gesellschaft nicht gibt und wir uns aneinander prüfen müssen. Innerhalb der Grenzen aber haben wir den Blick gerichtet auf das Vollkommene, das Unmögliche, Unerreichbare, sei es der Liebe, der Freiheit oder jeder reinen Größe. Im Widerspiel des Unmöglichen mit dem Möglichen erweitern wir unsere Möglichkeiten. Daß wir es erzeugen, dieses Spannungsverhältnis, an dem wir wachsen, darauf, meine ich, kommt es an; daß wir uns orientieren an einem Ziel, das freilich, wenn wir uns nähern, sich noch einmal entfernt.[1]

Und wenn Ingeborg Bachmann behauptet, dass die Wahrheit dem Menschen zumutbar sei, lässt sich diese Bachmannsche Zuversicht als optimistisches Handeln des freien Willens deuten.

---

[1] Ingeborg Bachmann (s. Anm. 10), S. 276.

翻译问题研究

面对"恶",世人何为?
——《恶——或自由的戏剧》校译后记[①]

卫茂平

摘 要 本文是德国哲学家萨弗兰斯基《恶——或自由的戏剧》一书的修订版译后记。本文依据原书脉络,以苏格拉底、柏拉图、奥古斯丁、谢林、叔本华、康德、卢梭、爱因斯坦、霍布斯等众多哲人为例,论述了西方思想史中的人们对"恶"的思考,以及对如何克服"恶"所进行的尝试。本文指出,"恶"字引发的是世人对哲学、文学、伦理学、史学、政治学等不同领域的思考。

关键词 恶 善 意志 自由 国家

二十世纪八十年代,国外的社科理论在中国大陆的译介可谓盛况空前。上海译文出版社曾有"当代学术思潮译丛",其于1987年推出的第四本书是美国的杰里米·里夫金和特德·霍华德所著,由吕明和袁舟翻译的《熵:一种新的世界观》,此书作者宣称,熵是热力学第二定律。热力学第一定律即能量守恒定律,其认为能量不灭,只是从一种形式转为另一种形式。但是,热力学第二定律却认为,能量在转换过程中不可逆转地朝着一个方向演变,即从可利用的状态进入不可利用的状态,或者说是从有效的状态进入无效的状态。地球的能量终有一天会被消耗殆尽,而宇宙将重归死寂。里夫金和霍华德由此对滥用能源的行为提出警告,并给乐观向上的发展观泼上一瓢冷水。最终,里夫金和霍华德得出了人类世界将走向衰亡的悲观结论。

不知这个理论在当时有多大影响,但《熵:一种新的世界观》一书的初版印数

[①] 原载[德]吕迪格尔·萨弗兰斯基:《恶——或自由的戏剧》(修订版),卫茂平译,北京:生活·读书·新知三联书店,2018年。

已达十万,可见其具有轰动效应。

重又见"熵",是在德国哲学家萨弗兰斯基的《恶——或者自由的戏剧》一书中。作为自然科学的定律,熵与恶有何关系？在萨弗兰斯基看来,恶并非仅与道德相连,实际上它是对人类世界各种威胁的一个总称,而熵亦位列其中。也就是说,哲学意义中的恶,其含义不仅仅局限于人类道德,还包括了危害人类世界的其他现象。

但是,萨弗兰斯基的《恶——或自由的戏剧》一书主要还是追寻社会道德意义中的恶之产生与表征,以及人类为克服恶而进行的种种尝试。

《恶——或自由的戏剧》一书对"恶"的论述始于原罪神话和天堂禁令,即禁尝知识果。在萨弗兰斯基看来,伴随着这条禁令,上帝同时赋予了人类遵守或违背律令的选择自由。自由的戏剧——一种违背各种规定或习俗的恶的人类学——就此拉开序幕。人必须学习如何同恶相处。

既然"作恶"是人的自我决定,那么人此后还能以自身为标准吗？苏格拉底认为可以,因为没人自愿作恶。"每个做错事的人,其目的都是想去做他自认为的好事。"也就是说,苏格拉底——包括柏拉图——不认可"灵魂是善,肉身是恶"的二元论。苏格拉底和柏拉图考虑通过所谓的理论生活或哲学思考,以人的自我完善与内外和谐来摆脱人世之喧嚣和肉身之躁动,并最终克服恶。苏格拉底和柏拉图都是借助哲学来探讨拯救和自我拯救的可能性。

但是,以奥古斯丁为代表的基督教思想则认为,人不该以自身为标准,因为他有罪。"以自身为准"是某种"自爱",它会诱人自高自大,从而违背圣灵。只有"上帝的房子"才足够宽敞,以至于能接受人类无尽的爱,并成为人的安居处所。只有在"上帝的房子"里,在教堂的屋檐下,世人才能找到安宁。

在这场对自由的戏剧之探讨中,谢林发现,作为上帝的作品的人之所以会"作恶",是因为受到从上帝那善的、形而上的"普遍意志"中分裂出的恶的、形而下的"独立意志"之影响,而平息冲突的途径就是使"独立意志"回归"普遍意志"。但是,现实情况是,服务于自我保存的独立意志不断征服普遍意志,从而造成各种违背圣灵的罪孽。

叔本华的生命哲学的基本原则同样是意志,但其与谢林所说的意志不一样。谢林那里的"普遍意志"是理性之光,是善;而叔本华将人感知和认识的整个世界称为"不可知"的"表象"。除了是表象之外,世界只不过是人的"意志",而意志是基本的贪欲,意志的宇宙是非和谐的。整个自然"并非平息之地,而是骚乱之所",

面对"恶",世人何为?——《恶——或自由的戏剧》校译后记

而我们所谓的理性,是"穿着讲究的伙计",它"跑向意志这个店主派他去的任何地方"。叔本华以其意志理论来应对为上帝辩护的神正论。

这里所说的意志,其与人的欲望和人的动物性有关。霍布斯的"人是人的狼"是道出这一真理的名言,这句名言的意思是,个人自我保存的本能必然会引发"所有人反对所有人的可怕的战争"。对于霍布斯来说,克服人与人之间的这种紧张关系——扫除恶——有两种策略,即制定社会契约或者明确与上帝的联盟。

康德也将自由视为人类事件之因果链的开端。但是,在如何治恶方面,康德另有考虑。对于康德来说,人的身上虽然存在恶的倾向,但那仅限于当"自爱"变成最高准则的时候。然而,人如此自由,其可以听从自己良心的召唤,并根据"应当"这个良心——这个无上命令——而行事,以避免仅根据自己的得益而采取行动。这就能让人的精神本质——这个善——欢呼胜利。

卢梭对人类则无甚好感,但他似乎没有把人之恶归于人的本性,而是将其归于文明的发展。在卢梭看来,人的不幸源于其被社会化或文明化抛出了自身。"返回自然"是卢梭解决问题的方案,也是他对立于促进文明发展的理性之姿态。

爱因斯坦并非专论恶的哲人,但他对现代社会中的科学的反常之批评却间接地涉及到此事。在爱因斯坦看来,倘若现代文明继续宠爱局限于自身的人,并且仅服务于利己的和物质的目的,则其便亵渎了科学的精神,而文明必定将因自我毁灭而告终。

以上诸位哲人的观点虽然具有差异,但他们在对人之本质的认识上却惊人的一致,即人有"作恶"的倾向。但是,在如何阻止人的自我背叛和互相为敌上,诸位哲人显然各有识见。总体上来看,诸位哲人的立场基本可被划分为两种类型,而在西方思想史上,这两种立场从一开始就已泾渭分明。

第一种立场是秉持强调人的自我完善和理性力量之学说。比如,苏格拉底和柏拉图提倡以理论生活或哲学思考来除恶扬善,而柏拉图的洞穴寓言还让我们见识了实践哲学和拯救哲学之对立。见过太阳——真理——的人面临着两种选择:一是离开洞穴,告别愚昧大众,洁身自好;二是返回洞穴,启迪民众。回归洞穴就意味着让真理重返观点。上述思想在启蒙运动中达到高潮。作为德国启蒙运动哲学家,康德相信理性的普遍性。理性虽然首先存在于有着自我保存兴趣和幸福要求的单个生命中,但它又通过"应当"和那个无上命令而让"我"走向"我们",并且它能让潜在的他者的敌对世界在理性的光芒中冰释前嫌,从而使人成为世界公民。随着人类走出其"自己负有责任的不成熟",伟大的平衡时代拉开序幕。

第二种立场是秉持机构理论和国家学说。奥古斯丁就试图通过机构——教堂——这个"上帝的居所"来促成人的善意。这个传统通过格伦得到延续,他也认为人无法以自身为标准,因为人是骚动的心脏,而只有机构才能使他免除本能的折磨并获得安全的盔甲。但是,格伦口中的机构已不再是奥古斯丁所说的教会,而是现代的国家。现代机构主义的另一位代表人物无疑是霍布斯。在霍布斯看来,因为人天生"恶",所以有必要创立国家的社会契约,以促成人忍受自己和互相忍受。

机构或国家理论的集大成者应该也是康德。虽然康德认为"无上命令"可以助人趋善,但自我维护的意志以及意志的多样性依旧会在社会中造成敌对关系,因此我们必须将其置于一种国家权力之下。尽管这种国家的权利垄断限制了个人的独立性,但其却提供了安全和保障。

但是,上述两种方案自提出伊始就均受到质疑。先说对理性的信仰。谢林就怀疑世人是否能真正懂得自然的本质和理性,并认为"不存在人的思维能独立控制的拯救"。也就是说,谢林不认为人类能依靠自己的理性来制定法则、规范社会和拯救自身。联系本世纪以来的中国学界的法政热乃至当下的反腐潮(均涉惩恶扬善),此处必须指出,法治的实施和伦理的贯彻无不关涉个人的守法意志,而它时常受制于人的欲念而非法理。①

对十八世纪的理性主义迷信之独特质疑来自于"人类宇宙之黑暗区域的伟大探究者"、法国作家萨德。在《恶——或自由的戏剧》一书的作者看来,萨德和康德一样,他们关心的都是精神的自由,或者说是理性对自然的征服。但是,萨德和康德的理论路径不仅不同,而且完全相反。萨德冷静地提供了人类纵欲狂欢的各种模型,以此对理性进行极端化处理。在论及萨德时,萨弗兰斯基有一精彩论断,他说马丁·路德称理性为"娼妓",因为它为一切献身,而萨德让"娼妓"扮演"理性",并让这个"理性"面对着公众干淫乱勾当,从而显示出理性与"欲望"具有同等扩张力,并且两者都是世界无法解释的深渊。我们或能将此称为"理性的辩证法"。

再谈对国家的期待。叔本华明确反对以康德为代表的那套期待国家能改善人类并使人类道德化的理论。对于叔本华来说,国家最多只能暂时性地抑制利己主义,其途径就是将个人的利己主义和集体的利己主义结合在一起。叔本华发展了霍布斯的国家理论,他认为国家给人这个"肉食动物"戴上了一个"口套"。这样,

---

① 近读上海《新民晚报》(2014年7月5日,A2版)载文评论官员贪腐,题为《思想控制不了欲望》,亦属同理。

虽然人在道德上没什么长进,但其"像一个食草动物一样无害"。不过,即使如此,个别意志的多样性依然存在。在面对国家法律或者道德习俗时,受自我保存动机约束的个别意志依旧拥有抵抗国家或法律的自由。这是问题的一方面。问题的另一方面是,一旦国家变得十分强大,并成为一个枯槁的政治概念,那用叔本华的话讲,其就会成为一种攫取公民灵魂的"社会机器"。这种可能性的确存在。因为就如萨弗兰斯基所言,不管是民主国家还是独裁国家,其先天性(a priori)都是"我保护你,因此请你顺从"。但是,最终说来,个体那鲜活的本质力量又是国家发展的原动力,它是维系国家存活的基础。所以,国家既要驯化人,又得保护个体身上的那种超越国家的基质。国家必须强大,同时又必须限制自己的权力。基于以上思考,萨弗兰斯基精辟地指出,"倘若对存活的兴趣吞没了真实的生活,那么国家就会陷于既成的罪恶状况。对精神的背叛是对人的尊严的摧残",而"不得不在无政府主义和秩序恐怖之间进退维谷地穿行,这是国家的历史命运"。

  上文讲的是国家和个人之间的关系。在《恶——或自由的戏剧》一书中,萨弗兰斯基还详述了国与国的关系,而这种关系同样十分复杂,因为国家对内是普遍意志的实现,对外则是独立意志的完成。成为独立意志之载体的国家会互相"碰撞",在糟糕的情况下,它们之间会发生战争,而战争的结果是交战双方最终只能"在宽阔的墓穴中找到永恒的和平"。如若有人真想消除国与国之间的冲突或战争——犹如消除国家内部的无序状态——那么无数国家得融入一个唯一的世界国家。但是,经验告诉我们,单个国家会坚持自己的独立主权(包括开战权),因此它们不可能形成一个统一的、由强权统治的世界国家。在此,萨弗兰斯基引述最多的还是康德。康德认为,一个让众国家服从的世界国家的强权垄断尽管值得我们期待,但这并不现实,因为不存在一个能强迫各国遵守责任或义务的最高制裁机构。康德的结论是,无法想象一个单一的、友好的政治宇宙。基本的敌对关系无法被克服,其最多只能被调整。康德未给一个永久和平的世界政治实现以任何机会,这似乎令人沮丧。但是,在《恶——或自由的戏剧》一书中,同样占据要位的卡尔·施密特认为,正是从这种"恶"的历史中,从这种骚动不安中,产生出了生命的活力。生命需要界线和为了界线而进行的斗争,这正是所谓的"生命的严肃"。人们该停止梦幻,并且朝着"生活的严肃"醒来。

  今年是一战爆发一百周年和二战爆发七十五周年,同时还是中日甲午战争一百二十周年。各国媒体纷纷进行历史回顾和总结教训,旨在呼吁人类用智慧阻止或平抑下一场世界大战。这也是本篇短文较多地谈及国家和战争的原因。具有反讽意义的是,就在这个世人振臂呼唤和平的当口,惨绝人寰的战火在中东——也在世界其他地方——此起彼伏地燃烧着。难道人类世界真的无法抛弃战争,无法离"恶"而存?

对于以德语文学研究为业的笔者来说,初读此书时的震撼感其实并非来源于以上关于国家和战争的内容,而是萨弗兰斯基对"恶"和艺术之关系的描述,或者说是他对艺术之"恶"这一核心的发掘。艺术由于其"美"的本质而根深蒂固地被视为"善"。在现代社会中,人们借助种种艺术手段进行"美育"也是司空见惯的事实。但是,人们似乎很容易忽视艺术和"恶"的牵连。萨弗兰斯基在《恶——或自由的戏剧》一书中摘引了奥地利作家霍夫曼斯塔尔的一首诗:

许多人自然必须死亡,
在沉重的船桨摇动的地方,
另一些人居住在上面的船舱之旁,
他们知道鸟的飞翔、星的家乡。

根据萨弗兰斯基的理解,上面这首诗以奴隶的苦役为创作前提,从而隐晦地对艺术的正当性提出了质疑。问题接踵而至,即在一个充满罪恶的世界里,艺术是否是精华的奢侈?阿多诺以后的名言"奥斯维辛后写诗是野蛮的"具有相似的含义。《恶——或自由的戏剧》则这样发问:"从约伯到莱布尼茨,古典神正论的问题是:面对世上的罪恶,该如何思考上帝的生存?在古代的上帝消失后,神正论问题指向了艺术:面对世上的罪恶,怎样才能为艺术那奢侈的事业辩护?它那纯粹的生存已是世上非正义的表达?世界的悲叹和艺术的歌唱——这该如何协调?"

哲学开始的时刻往往是传统思维结束的时刻。当习以为常的事物不再是不言而喻之时,哲思正式开始。《恶——或自由的戏剧》以分析道德意义上的"恶"作为开端,接着思考现代社会中的许多"不言而喻"的事实,从而让人感到哲思的愉悦。这恰恰是经济急速发展,但知识和文明水平显然滞后的当下中国所急需的。

当然,任何问题一旦进入哲学反思,人们往往就不能期待在这个问题上得到一个终极的答案。面对无法消除、不得不承受、有时的确还被需要的"恶",世人何为?叔本华知道理性的批评或行动无法克服残酷的"恶"之现实,他认为世人能做的就是在凝神静思中,在艺术或哲学的禁欲中,去发现旁观者的乐趣,从而缓和这种"恶"的意志。思考而非行动,这是悲观主义者叔本华针对"恶"的无望的纲领。

但是,德国哲学家和作家萨弗兰斯基并不悲观,他的《恶——或自由的戏剧》一书的结语绝对蕴含着"知其不可而为之"的勇气:"不管我们愿不愿意,我们在行动,并且同时使用我们那有风险的自由。在这种情况下,人们几乎不能放弃信心。在困难的处境中,康德有一次说,有某种对信心的责任。人出自黑暗,返回黑暗,信心是黑暗中间的一根小光柱。想到人会作恶和蒙受恶,人总还是可以尝试这样行动,似乎一个上帝或我们自身的自然,对我们是一番好意。"

仅看书名,笔者以为《恶——或自由的戏剧》主要讲的是道德哲学,其实不然。"恶"字所引发的,是对哲学、文学、伦理学、史学、政治学等不同领域的思考。萨弗兰斯基兴之所至,横跨各科,纵横古今;其思维火花,比比皆是。全书译毕,笔者突发感慨:学问原可这样做!

此译本于2009年1月曾由云南人民出版社出版。当时由于封面印错,笔者曾羞于将它示人。更令人沮丧的是,之后在上课使用时,有学生发现,译本还有编辑的抹剔之痕。生活·读书·新知三联书店此次新购版权,让笔者能有机会重校旧译、刊谬补缺,笔者倍感幸运!在此谨向极力推荐此书以促成此译本的杨丽华女士表示感谢,也向欣然接受此书的刘靖编辑及生活·读书·新知三联书店深表谢意!

今天您"诗意地栖居"了吗?

卫茂平

摘　要　"诗意地栖居"是海德格尔着重引述的荷尔德林的诗句。作为超脱俗世的符码,"诗意地栖居"早已越出学界,并高频率地现身于大众媒体。本文对上述译法提出质疑,并追根寻源地分析此译的来源和变异的原因,以说明西文之间的翻译问题同样不容小觑。本文在最后指出,我国目前有不少原文为德语的文史哲类著作转译自英语,其中蕴含着的背离德语原作的情况远超人们想象。

关键词　"诗意地栖居"　海德格尔　荷尔德林　翻译

偶见归于"文化随笔系列"的《观念的水位》①一书,书中收有一篇题为〈今天您施密特了吗〉的文章,文中称施密特(亦有人将其译为"施米特")是"中国思想界的新款 LV 包"!此用语颇为犀利,令人叫绝。这个涉嫌替法西斯独裁思想作铺垫的德国法学家,近来的确走红于中国大陆学界。其实,在德国哲人中,今天在中国更风靡的本该是海德格尔。但是,本文无意替海德格尔举证争胜,只谈其《荷尔德林和诗的本质》一文中的那句在汉语地区流传甚广的荷尔德林的诗句——"诗意地栖居"。不敢掠美,就此交代本文题目的由来。

先看"刘再复作品 06 号"——《走向人生深处》,作者在书中说:"到了海外之后,荷尔德林的名字在我心中越来越响亮,他的'人类应当诗意地栖居于地球之上'的思想也越来越成为我思索的中心。也就是说,我越来越自觉地把'诗意地栖居'作为第二人生的目标。这种栖居方式意味着远离仇恨、远离贪婪、远离傲慢,也

---

① 刘瑜:《观念的水位》,杭州:浙江大学出版社,2013年。

意味着远离权力、财富、功名的追逐。"①

在改稿期间,笔者又见刘再复的《人生悟语》②一文,其中再引荷尔德林的这首诗,并总结道:"无论选择什么角色,关键是让自身的存在变成诗意的存在。"可见,荷尔德林的这首诗在刘再复心中的地位相当不凡。

大约同一时间在大陆学界复出的李泽厚也对荷尔德林的这首诗念念不忘,有《李泽厚、刘绪源2011对谈——"情本体"能取代宗教吗》③一文为证,此文主要介绍了李泽厚与康德"物自体"有千丝万缕之联系的"情本体"哲学。在对谈结尾处,李泽厚说:"所谓'诗意地栖居',有此敬畏才更完整,也更令人追求'乐天知命'。"

两位各具济世之志、忧国之怀的中国本土哲学大家在作客他乡时,异口同声地推举"诗意地栖居",这不禁让人扼腕叹息、感慨万千。此属另话,此处不赘。

作为超脱俗世的符码,"诗意地栖居"早已越出学界,并高频率地现身于大众媒体。上海的《新民晚报》(2013年1月20日,B2版)就曾刊文《诗意地栖居》,其中介绍了海德格尔如何演绎出以上"哲学命题",文中说:"主要是针对人与自然的关系而言,他期望着一种人与自然相互依存、和谐共生的理想状况。"约半年后,笔者又见《新民晚报》(2013年6月23日,B2版)刊有《圆梦环保栖居空间》一文,文章起首便是"'人,诗意地栖居'是我青睐的一句雅致美言。"

北京的《新华每日电讯》(2013年8月9日,14版)也曾载文《〈万象〉引发的'人文'思考》,其中有言:"什么是'人文'? 人文,就是我们能够'诗意地栖居在大地上'[……]在这个时代,我们必须高声呼唤'人文精神'的回归!"一旦"诗意地栖居"被等同于"人文",那么召唤"人文精神",也就是呼吁"诗意地栖居"。一句德诗,在中国悄然担起社会重责。

同样也是在改稿期间,笔者又见《新华每日电讯》(2013年9月9日,5版)刊文《一个护林员的诗意栖居》,文章亦是将荷尔德林的这句诗作为开头:"十九世纪的德国古典诗人荷尔德林说:'人,诗意地栖居';然而,世间又有多少人求之不得。"

以上仅是笔者平时翻书读报时随手所得的素材。倘若刻意搜寻,类似例子恐怕汗漫无际,不可收拾。小心起见,作罢。

---

① 刘再复、吴小攀:《走向人生深处》,北京:中信出版社,2011年,第17页。
② 刘再复:《人生悟语》,载《读书》,2013年第9期。
③ 李泽厚、刘绪源:《李泽厚、刘绪源2011对谈——"情本体"能取代宗教吗》,载《社会科学报》,2012年1月12日。

海德格尔所引荷尔德林的诗句,对于当下中国文坛或媒体而言,可谓极一时之盛。但是,在德语中,荷尔德林的这句诗果真是"一句雅致美言"吗?多年来,笔者对精妙讨巧的翻译有一种莫名的疑虑或恐惧。日前,笔者找来德语原作阅读,果真发现"诗意地栖居"这一译法颇值一谈。有关原文如下:

Voll Verdienst, doch dichterisch,
wohnet der Mensch auf dieser Erde.

较新的一个汉译版本为:

虽说忙碌不堪,却能诗意地
栖居在这大地上。①

汉语"诗意地",在德语中原来是"dichterisch"!"dichterisch"的含义为"诗的,诗人的,富有诗意的"。与"dichterisch"这个形容词相匹配的名词是"Dichtung",其本义为"诗,文学创作",转义是"虚构,杜撰"②。歌德自传的书名中就有这个词,刘思慕曾将此自传译为《诗与真》(*Dichtung und Wahrheit*),此译法流行至今。但是,之前已有魏以新将歌德的这本自传译为《我的生平——虚构与实录》,并且他说:"按此书多半被译为《诗歌与真理》《理想与事实》等相似名辞,均与原意相违,兹不避生硬,将这部'半真半假'的自传名试译如上。"③上文中的"半真半假"点到了歌德这部自传的实处。歌德足够智慧,他在书名中就让虚构与真实互相戏仿。歌德以此书名宣告,这本自传既是文学创作,又是历史纪实。其效果为自传真假互现,而作者本人则"漂浮"于上,从而赢得写作自由。由此可见,德语"dichterisch"一词的重点更是"创作"或"写诗",而非"诗意"。

其实,德语中另有一个可被译为"诗意"的词,即"poetisch"。"poetisch"与德国浪漫主义文学纲领中的重要概念"Universalpoesie"(即"万象诗",也被译为"普遍诗")密切相关。德国浪漫主义文学纲领的制作人施莱格尔以此呼吁同人,共同创作出一种冲破现有界线、囊括所有文类特点的新文学。在之后的德国现实主义

---

① [德]荷尔德林:《荷尔德林诗新编》,顾正祥译,北京:商务印书馆,2012年,第223页。
② 《新德汉大词典》,上海:上海译文出版社,2000年。
③ 魏以新:《歌德的生平及其著作》,载《新时代月刊》,2卷2/3期,1932年3月。

文学中,"Poetischer Realismus"("诗意现实主义")这样的词也曾出现过。作为杰出的浪漫主义诗人,荷尔德林未取当时流行的"poetisch",而是使用了"dichterisch",这其中应该自有他的考虑。在应付日常的生计劳作之时(以做家庭教师为生),荷尔德林始终视文学创作为其生命所依,并非在此"诗意地""期望着一种人与自然相互依存、和谐共生的理想状况"。

但是,中译为何将"dichterisch"等同于"poetisch",笔者对此心中犯疑。最近,笔者找出了较早介绍海德格尔引荷尔德林上述诗句的译本,这才洞然了悟。那是海德格尔著,彭富春译,戴晖校,文化艺术出版社于1991年出版的《诗·语言·思》。有关译文为:

充满劳绩,但人诗意地
居住在此大地上。(188页)

《诗·语言·思》的译者在一九八八年十二月的"译后记"中写道:"此书的译校工作完成于一九八七年秋季。此书主要依据阿尔伯特·霍夫斯达特所编的英文版《诗·语言·思》一书的翻译,仅略去了无关紧要的英译者前言和资料出处。"原来,此译本转道于英语,而非译自德语原文!

略通德、英两种语言者都应该知道,德语中的"dichterisch"在英语中缺少对应的词,也就是说,它不像国人想象的那样,可以被准确地译为英语。若查词典,我们可以看到,德语"Dichtung"的英译为"poetry";而德语原来就有"Poesie"一词,其英译也是"poetry"。如此而言,荷尔德林诗句中的"dichterisch"的英译只能是"poetic"(诗的,诗意的)。

其实,这个德英之间的翻译问题,在中译本的《诗·语言·思》的"导言"中已有说明,只不过被我们有意无意地忽略不计了。英译者曾如是说:"[……]思者所为乃是诗人所为('dichten')。我在英语中找不到与它相称的词。我试图用'poetize'译'dichten',但这具有错误的内涵,并且会在那些寻找语言暗示情感的人之中引起烦恼。'Dichten——'写作或创作诗歌或者其他文学;创造想象的事物,构造它,想象它。于是,不如(将'dichten')翻译成诗歌,或诗意地写作。"(第3页)(以上引文中的西文拼写均照抄中译本)

可见,原英译者已知德语"dichterisch"一词的要旨及英译的难点。遗憾的是,中译本的译者依靠了"poetic"这样的英译,同时又未注意原英译者强调的"写作或创作诗歌"这个要素,从而在中文中将其顺势译为"诗意地"。因为此译法精致,所以之后即使了解德语原文的译者也不进行细考,而是循"约定俗成"法跟进。

笔者曾见学友,手持英译(甚至法译),商榷德汉翻译。献疑者显然认定,较之汉语,一种西语能更准确地迻译另一种西语。想法大体没错,但易涉于偏,因为西文之间也有内在囿限。以上可为一例。再加上译者发挥,甚至妄改,从而导致西文之间的翻译问题也同样不容小觑。其实,我国目前有不少原文为德语的文史哲类著作均转译自英语,其中蕴含着的背离德语原作的情况——就笔者所见——远超人们想象。

日前,笔者又读《社会科学报》(2013年7月18日)纪念《君主论》出版六百周年的专版,有意大利学者维奇(Carlo Vecce)提出如下建议:"中国应该翻译出版新的《君主论》,最好直接从意大利语翻译[……]这样才能客观展现马基雅维利的《君主论》到底是什么样的著作。"维奇此处所述,实为同一问题。

荷尔德林诗句中的"栖居"也值得一议。"栖"字"本指鸟停在树上,泛指居住或停留"①。通过比较"住"或"居住","栖居"巧妙地建立了人与自然的联系。但是,荷尔德林的原文是"wohnen"。在德语中,"wohnen"是一个再普通不过的动词,其汉语直译是"住"或"居住",无关鸟兽。在上文提及的《诗·语言·思》一书中,译者老老实实地将"wohnen"译为"居住"。但是,在之后流行的译文中,"wohnen"被译成更雅驯的"栖居",这无疑是"诗意地"改造了朴素的原文。要知道,针对"住"或"居住"——此处的"wohnen"——德语中也有更具"诗意"的同义词,但荷尔德林在此弃之未用!以上该是西文汉译喜欢矫饰、好尚虚浮的又一显例。行文至此,笔者对鲁迅先生当年主张"硬译"的苦衷体悟尤深。

其实,"知人论事"地看,将沾有老庄俊逸出世之思的"诗意地栖居"归于德国诗人荷尔德林只是我们的一厢情愿。荷尔德林哪怕略此译文的其中三昧,想来也不会早年就因生活所困而精神分裂,以至于在荷尔德林疯狂时,被他轰出家门的寡母绝望地在空巷凄号:"荷尔德林疯了!"②青年荷尔德林随后在忧郁、孤独和精神错乱中,"最不诗意地"蜗居塔楼,终了余生。

笔者无意颠覆现有译文。从功能翻译理论的角度来看,与德语原文相比,"诗意地栖居"这一译法实有"胜蓝"之效。同时,面对"华化西学"的呼声、"翻译就是

---

① 《现代汉语辞典》,北京:商务印书馆,2005年。
② 参见[德]吕迪格尔·萨弗兰斯基:《席勒传》,卫茂平译,北京:人民文学出版社,2010年,第397页。

创造"的豪言、"'抠字眼'的翻译理念该更新了"这样的大报头版标题①,以及各种倡导"广义翻译"的观点,确有"抠字眼"之嫌的本文会冒"不合时宜"之险。不过,笔者的求真本性使本文依旧被撰述如上,求教于方家同好。

---

① 樊丽萍:《"抠字眼"的翻译理论该更新了》,载《文汇报》,2013年9月11日。

钱春绮翻译实践研究
——记一位令人肃然起敬的翻译家

吴声白

摘　要　自五四运动以来,钱春绮先生翻译出版的外国诗歌数量甚多。对于态度严肃的翻译出版工作者来说,钱春绮先生是光辉的榜样;对于从事翻译出版研究并有责任心的学者来说,钱春绮先生取得的业绩是值得认真研究的宝贵素材。翻译出版界将钱春绮先生的译作视为翻译出版的典范,也将他的工作之风视为翻译出版家的楷模。钱春绮先生的翻译为诸多诗歌爱好者打开了一片旷远、幽深的天地,也标示出了一个诗歌翻译者难以企及的精神高度。本文以钱春绮先生翻译出版的叙事谣曲《手套》为切入中心点,系统全面地论述了钱春绮先生的翻译出版成就及翻译出版作品之特色。

关键词　钱春绮　翻译出版　《手套》

钱春绮先生(1921—2010年)以不懈的努力和非凡的才华,凭借数十年如一日的辛劳笔耕、兢兢业业、精益求精,在文学翻译出版这块领地上筑起了一座令人惊叹的高山,取得了极其辉煌的终身成就。[1] 冯至先生曾撰文《肃然起敬》,其中说道:"我对不管外边的气候如何变化,他都几十年如一日地孜孜不息工作的这位翻译家肃然起敬。"[2] 英诗翻译家黄杲炘曾说道:"钱先生朴实谦虚,其实他的翻译非常认真,在德国文学翻译上可以说是'一手遮天',无人可比。"[3] 钱春绮先生的翻译作品,加上他未发表的诗作等,数量约有六七十种,字数总计在千万字以上。钱春绮先生的几十种作品,上千万个汉字,也都是聚沙成塔地由他一个字一个字码成

---

[1] 江枫:《送钱春绮先生大行》,载《博览群书》,2010年第4期,第109页。
[2] 冯至:《白发生黑丝:冯至散文随笔选集》,北京:中央编译出版社,2005年,第196页。
[3] 孙琴安:《星汉灿烂·走进文化名人》,上海:上海辞书出版社,2004年,第160页。

的,这需要成千上万个日日夜夜的不懈努力。在孤独寂寞的小楼中,在柴米油盐的重压下,钱春绮先生没有假日、很少休息,正是他的艰苦奋斗,才使这一本本作品得以完成。谁知本本书,字字皆辛苦!在这漫长的岁月里,钱春绮先生深居简出、呕心沥血、孜孜以求,他在文学翻译出版方面取得了骄人的成就。[①] 钱春绮先生的这种专注精神,在翻译出版界是罕见的,因此他是翻译出版界的传奇。

一 文学基本功与医学专著

钱春绮,本名钱春野(吴钧陶,2009,8:58),1921年生,江苏泰州人。1931年,钱春绮先生在江苏泰县(今泰州市)小纪镇"王少夫私塾"接受启蒙教育,师从一位旧时的秀才。那时,钱春绮先生每天都要背诵一些课本,如《大学》《中庸》《论语》《孟子》《礼记》《左传》《龙文鞭影》等,虽不明深义,但他却背得滚瓜烂熟。[②] 钱春绮先生最喜欢《左传》,在翻译时,《左传》中的那些凝练的词句就会自然而然地浮现在他的头脑里。[③] 钱春绮先生在少时就打下了扎实的中国文学基本功,为日后求学——乃至翻译与创作——奠定了坚实的基础。之后,钱春绮先生转学至江苏省泰县小纪镇小学。钱春绮先生的母亲虽为普通农妇,但却很开明,她觉得儿子天性聪颖,应该去大城市接受更好的教育,于是她就让钱春绮先生在上海做西药生意的大哥将他带到上海,并插班进了名校上海市立万竹小学(今上海市实验小学)。[④] 1936年,钱春绮先生考入江苏省立上海中学(今上海市上海中学);1937年,钱春绮先生转学至江苏省扬州中学;1938年,钱春绮先生进入江苏省泰州中学高中部。1940年9月,钱春绮先生考入上海东南医学院读医科,并于1946年6月从上海东南医学院毕业。1945年,钱春绮先生在上海东南医学院进入实习阶段。其间,承蒙恩师赵震教授介绍,钱春绮先生进入上海瞿直甫医院实习。实习结束之后,钱春绮先生应聘到上海中美医院担任皮肤科医师,并工作至1947年1月。1947年2月至1952年5月,钱春绮先生在上海市立第四医院担任耳鼻喉科医生。[⑤] 为了贴补

---

① 叶廷芳:《钱春绮先生的翻译传奇》,载《东方翻译》,2010年第1期,第43页。
② 石达平:《钱春绮:蜚声海内外的译诗名家》,载《东方明星》,1996年第10期,第16页。
③ 云也退:《专访翻译家钱春绮:冷兵器时代的博学》,载《诗歌月刊》,2009年第3期,第17页。
④ 韦泱:《病榻旁听钱春绮老人谈译事》,载《世纪》,2010年第6期,第72页。
⑤ 吴钧陶:《从〈中耳炎〉到〈恶之花〉——记译友钱春绮》,载《传记文学》,2009年第8期,第62页。

家用,经同事介绍,钱春绮先生利用业余时间编写和出版了 10 本医学书籍①,此处列举如下:《简明小儿耳鼻咽喉病学》(1951 年由交通书局出版);《苏联医学上的伟大发明——组织疗法概说》(1951 年由新亚书店出版);《小儿脑膜炎》《白喉的诊疗和预防》《睡眠疗法》《无痛分娩法》(以上四书在 1952 年由新亚书店出版);《中耳炎》《喉结核及其化学疗法》(以上两书在 1952 年由中华书局出版);《苏联长寿法》《苏联医学伟人略传》(以上两书在 1953 年由广协书局出版)。

二 弃医从文,矢志翻译出版

(一) 席勒与海涅之译作横空出世

新中国成立之初,全国仅有两家出版社可以出版翻译类文学作品,一家是位于北京的人民文学出版社,另一家是位于上海的新文艺出版社,即现今的上海译文出版社。② 钱春绮先生第一次试着将海涅的诗歌译稿邮寄到人民文学出版社,因为马克思与恩格斯的著作曾经多次引用海涅的诗歌,或是用海涅的诗来表明他们自己的立场,或是评价阐释海涅的诗歌。譬如,马克思与恩格斯将海涅视为"德国当代最杰出的诗人"。③ 在谈到海涅的诗歌语言时,马克思和恩格斯曾这样写道:"精致的文学始于海涅,它的使命是在于磨炼那十分需要磨炼的语言。在诗歌中,这已经做到了。"④ 可是,人民文学出版社并未采用钱春绮先生的这个译稿,而是来信委托钱春绮先生翻译席勒的剧本《威廉·退尔》,因为时逢 1955 年,这一年正是席勒逝世一百五十周年,而世界和平理事会也将席勒选入当年的四大文化名人之列,当时的民主德国甚至将这一年命名为"席勒年"。中国的有关政府机构也将为席勒逝世一百五十周年举行纪念活动,而出版界更是闻风而动。在北京,人民文学出版社修订出版了《华伦斯坦》(郭沫若译,1955 年)、《阴谋与爱情》(廖辅叔译,1955 年)、《威廉·退尔》(钱春绮译,1956 年)、《强盗》(杨文震和李长之译,1956 年)以及《奥里昂的姑娘》(张天麟译,1956 年)。1956 年 7 月,钱春绮先生的第一本文学

---

① 傅小平:《与诗结缘,世界美如斯——追忆已故诗歌翻译家、诗人钱春绮》,载《诗歌月刊》,2010 年 8 月,第 27 页。
② 吴钧陶:《从〈中耳炎〉到〈恶之花〉——记译友钱春绮》,载《传记文学》,2009 年第 8 期,第 66 页。
③ [德]马克思、[德]恩格斯:《马克思恩格斯论艺术(第四卷)》,曹葆华译,北京:人民文学出版社,1966 年,第 5 页。
④ 同上,第 12 页。

翻译作品《威廉·退尔》横空出世。1956年,德国大诗人海涅逝世一百周年,钱先生认为海涅归属于革命诗人,因为他与马克思具有非同寻常的友谊,而且海涅《新诗集》中的"我是剑、我是火焰"的锋芒已掩盖了《诗歌集》中的情哥情妹的内容。于是,钱春绮先生一口气翻译了海涅的三部诗集(《海涅诗歌集》《新诗集》和《罗曼采罗》),由于译文准确、质量上乘,三部诗集全部被上海新文艺出版社采用。1957年,上述这三部作品"连中三元",先后出版,创下了当时同一外国作家作品一年内出版的数量在我国翻译出版史上的纪录。此时,钱春绮先生的德国古典诗歌的翻译出版已达至井喷的地步,甚至形成垄断的局面。在连续出版了四本译著之后,钱春绮先生经济上的压力与生活上的负担确实减轻了许多。那时候的稿费比现在要高得多,《威廉·退尔》的稿费是4000元,海涅诗集稿费为8000元,而普通工人那时候每月的收入才几十元。[①]

(二) 翻译出版作品概貌

1960年,在弃医从文之后,钱春绮先生专事文学翻译工作。在"文革"之前的那个阶段,以文养家还是可行的,钱春绮先生那时候也很安心地翻译了歌德、席勒和波德莱尔的大量诗歌;但之后不行了,一直到"四人帮"垮台后,钱春绮先生的这些翻译作品才得到出版发行。"文革"期间无法出版译著,也无法从事翻译工作,钱春绮先生只能依靠之前翻译作品的积蓄来维持一个有三个子女的大家庭,而且他还要照顾关了药房的兄长一家的生计。所以,钱春绮先生在"文革"阶段的生活异常艰辛。"文革"结束之后,自1979年起,我国出版业慢慢开始走入正轨,外国文学也渐渐被解禁。一开始,出版社只出版威利·布莱德尔、安娜·西格斯等德国工人作家或进步作家的小说,直至1980年起才完全摆脱束缚。钱春绮先生的译作终于熬过严冬,迎来了春天。钱春绮先生先后出版了海涅诗集《阿塔·特罗尔》(1979年由人民文学出版社出版)、《歌德抒情诗选》(1981年由人民文学出版社出版)、《歌德诗集》(1982年由上海译文出版社出版)、歌德诗剧《浮士德》(1982年由上海译文出版社出版)、《尼采诗选》(1982年由漓江出版社出版)、《歌德叙事诗集》(1983年由人民文学出版社出版)、《席勒诗选》(1984年由人民文学出版社出版)、《歌德戏剧集》(1984年由人民文学出版社出版)、《德国浪漫主义诗人抒情诗选》(1984年由江苏人民出版社出版)、《海涅抒情诗选集》(1984年由江苏人民出

---

① 鲁刚:《一个人的翻译:钱春绮》,载《诗歌月刊》,2009年第3期,第15页。

版社出版）、《施托姆抒情诗选》(1987年由湖南人民出版社出版)、《法国名诗人抒情诗选》(1987年由江苏人民出版社出版)、《黑塞抒情诗选》(1990年由百花文艺出版社出版)、《歌德抒情诗新选》(1989年由上海译文出版社出版)、《海涅诗集》(1990年由上海译文出版社出版)、波德莱尔诗集《恶之花·巴黎的忧郁》(1991年由人民文学出版社出版)、《海涅散文选》(1994年由百花文艺出版社出版)、《尼采散文选》(1995年由百花文艺出版社出版)、《席勒戏剧诗歌选》(1996年由人民文学出版社出版)、《茨威格散文选》(2002年由百花文艺出版社出版)、《里尔克散文选》(2002年由百花文艺出版社出版)、《瓦莱里散文选》(2006年由百花文艺出版社出版)、《拉封丹寓言全集》(2007年由湖北教育出版社出版)、歌德小说《赫尔曼和多罗泰》(2003年由人民文学出版社出版)、尼采哲学著作《查拉图斯特拉如是说》(2007年由生活·读书·新知三联书店出版)等。

(三) 翻译诗歌情有独钟

钱春绮先生翻译出版的目标非常集中,即主要专注于诗歌。钱春绮先生翻译的诗歌作品的数量,大约占了他全部译作数量的四分之三。尤其是钱春绮先生在上世纪五六十年代翻译出版的早期作品全部是诗歌,如海涅的《诗歌集》《新诗集》和《罗曼采罗》(以上三书在1957年由上海新文艺出版社出版)、《德意志民主共和国诗选》(1959年由上海文艺出版社出版)、《尼伯龙根之歌》(1959年由人民文学出版社出版)、《德国诗选》(1960年由上海文艺出版社出版)等。"文革"之后,钱春绮先生又翻译出版了《歌德抒情诗选》(1981年由人民文学出版社出版)、《浮士德》(1982年由上海译文出版社出版)、《尼采诗选》(1982年由漓江出版社出版)、《歌德叙事诗集》(1983年由人民文学出版社出版)、《席勒诗选》(1984年由人民文学出版社出版)、《德国浪漫主义抒情诗选》(1984年由江苏人民出版社出版)、《恶之花·巴黎的忧郁》(1991年由人民文学出版社出版)等。钱春绮先生如此专心致志于诗歌翻译,在德语翻译界不仅是独一无二的,而且在别的语种的译者中也绝无仅有。略有些翻译经验的人都知道,在各类文学体裁中,诗歌是最难翻译的。若想把诗歌翻译好,就要摸索出一套规律,而这确实需要花费译者毕生心血去琢磨领悟。钱春绮先生的这种专注翻译诗歌的精神在翻译出版界是罕见的,因此钱春绮先生的翻译出版历程是一部以淡泊、勤奋、平实、辉煌为关键词的翻译出版传奇。

三 钱氏诗歌翻译特点——以叙事谣曲《手套》为例

在众多德国诗人的作品中,钱春绮先生对席勒的叙事谣曲情有惟牵、评价很高:"席勒的叙事谣曲是享有世界盛名的。字句简洁,情节紧张,描写逼真,寓意深远,使读者非常感动。这些叙事谣曲虽然披着神话和古代传说的外衣,但是在这外衣的里面却跳跃着诗人的反抗精神的高贵心灵。这些叙事谣曲歌颂的是爱情、忠诚、友谊、道德和英雄业绩。诗人往往用对比衬托的手法给我们刻画出暴君和压迫者的嘴脸,以反面人物的残暴、阴险、毒辣衬托出正面人物的勇敢、高贵和善良。"[①]钱春绮先生在译文方面力求明白晓畅,在意义方面力求忠实于原文,在诗体方面力求移植原诗的形式。忠于原著,传达出原著的韵味,这就是钱春绮先生追求的翻译风格。钱春绮先生对席勒的叙事谣曲的翻译基本上依照原诗。具体而言,在诗的格律、诗的体裁、音节的多少或步数、押韵等方面,钱春绮先生力求译文保持原文的本色。形式与内容是相对而言的,一首诗如果仅有充实的内容而没有优美的形式,那么其也就缺少了感染力。闻一多在《诗的格律》中说:"诗的实力不独包括音乐的美(音节),绘画的美(词藻),并且还有建筑的美(节匀称和句的均齐)。"[②]部分译者反对逐字逐句翻译,反对"对号入座",但钱春绮先生的译文有时就是这样去做的,甚至有时必须采取这样的翻译策略。例如,歌德、席勒、海涅、荷尔德林等德国诗人的诗歌常被人引用,引用时总会标明第几节第几行,或是第几幕第几场第几行。因此,为便于读者对比查询,译文一般不宜更换行数,也不可颠倒其顺序。

钱春绮先生认为,译诗难,译外国经典诗人的作品更难。钱春绮先生对席勒的叙事谣曲《手套》之翻译不仅神似,而且也做到了形似,他尽可能地将原诗的形式进行了移译。钱春绮先生的诗歌翻译不仅是两种语言之间的语义对译,同时也是它们之间的价值交换,是两种不同语言中所蕴含的文化精神密码的解构、诠释和重组。钱春绮先生的翻译不仅使异质的语言在新的语境中生根发芽,而且使其绽放出了绚烂的语言奇葩。[③]《手套》的形式与传统的叙事谣曲不同,它是按意群分节的,共八个诗节,每节行数长短不一。我们可以将《手套》视为是对传统形式的创新,其使形式服从于内容。《手套》用奋不顾身的骑士德罗塞的爱情衬托出上流社

---

① [德]席勒:《席勒诗选》,钱春绮译,北京:人民文学出版社,1984年,译本序第6页。
② 闻一多:《诗的格律》,载《晨报·诗镌》,1926年第7期,第10页。
③ 张闳:《翻译界的浮士德》,载《上海采风》,2011年第2期,第91页。

会贵族妇女库尼贡的爱情的虚伪与残忍。《手套》的韵脚以邻韵为主,辅以包韵。另外,《手套》的韵律连接手段是把邻韵分在前一节诗的最后一行与后一节诗的第一行上,这种做法一般较少见,席勒在此打破了押韵惯例。例如,第二诗节的最后一行的最后一个单词与第三诗节第一行的最后一个单词跨越诗行界限组成了一组邻韵;第六诗节的最后一行的最后一个单词与第七诗节第一行的最后一个单词也跨越诗行界限组成了另一组邻韵。钱春绮先生的《手套》译本的特色体现在音步方面,原诗中的抑扬四步格处每行有八个音节或六个音节。在译文中,钱春绮先生每行相应地使用九个汉字,比原诗的八个音节行多一个音节,比原诗的六个音节行多三个音节,但读起来作四顿读,相当于原诗的四步。每顿使用一个、两个或三个汉字。译文中的一顿,就等于一步,读时将该顿的第二个字(或第三个字)稍拖长一些,而不用停顿。

例1:原诗抑扬四步格,每行八个音节
Und rings auf hohem Balkone
在四周│高高的│看台│上①

例2:原诗抑扬四步格,每行六个音节
Drauf streckt er sich murrend
然后│呜呜地│嚷个│不休②

九言诗句在文言诗中虽不多见,但钱春绮先生将八音节与六音节诗行转译成九言句的主要原因是现代汉语中的形容词多为三个字,如《手套》中的"高高的""谨慎的""愤怒的""勇猛的""凶猛的""可怖的""嘲笑的""飞快的""勇敢的""脉脉的"等。③ 倘若每顿(即每步)限用两个字,那么形容词就很难处理了。此外,《手套》原文中的人名不构成音节的辅音(如 d、s、z 等),但译者在汉语中却要将其视为音节,并采取适当的处理方法。因此,译成九言句要比译成八言句或六言句有更大的回旋余地。

钱春绮先生认为,汉语和德语这两种语言有很大的差异,德语诗中的抑扬格、扬抑格、抑抑扬格和扬抑抑格是无法在汉语中再现的。因此,我国译诗界所采用的"以顿代步"的译法是有局限性的。这也正像中国古典诗的平仄声无法在德译中

---

① 钱春绮:《德国诗选》,上海:上海译文出版社,1982年,第144页。
② 同上,第146页。
③ 同上,第144—147页。

再现一样。同样,如果要将我国的五言诗或七言诗译为德语诗,那么每行限用五个音节或七个音节也是不可行的。

四 结论

对于不少研究德国文学的人来说,钱春绮这个名字带有相当多的传奇色彩,有时简直像个叫人猜不透的"斯芬克斯之谜"。[①] 钱春绮先生一辈子都在从事德语诗歌的翻译工作,他将自己宝贵的生命全都献给了中外诗歌的交流事业,从而使伟大的德语诗歌得以在中国广泛流传。诗歌翻译不仅要求精准、流畅、老到,而且还要讲究押韵、格律和韵味,钱春绮先生的译文完全能够达到这些要求。更重要的是,钱春绮先生的译文还十分传神,给人一种类似于音乐节奏的美感,犹如歌德在世、海涅再现。笔者相信,如果歌德和海涅也说汉语,也用汉语写作的话,那么他们用的一定是钱春绮式的语词和句子。打开钱春绮先生的诗歌译本,仿佛有一阵清风将读者从朦胧的迷醉中唤醒,那轻盈曼妙的文字、飘逸自如的语调、绮丽离奇的比喻和朗朗上口的节奏都前所未有地震撼着读者的心灵。[②] 歌德、席勒和海涅的许多脍炙人口的作品通过钱春绮先生的传神译笔而被介绍到中国,并深受几代读者的欢迎。钱春绮先生是广大读者的良师益友,他卓越的学识、精彩的译文、一丝不苟的翻译态度和锲而不舍地数十年如一日献身翻译事业的恒心与毅力,令我们几代翻译出版工作者深深敬佩。我国《诗经·小雅·车辖》中有一句诗是"高山仰止,景行行止",大致的意思是赞颂一个人品行才学像高山一样让人仰视,并让人不禁将他的举止作为自己的行为准则。对于广大的翻译出版工作者而言,钱春绮先生的确是一座高不可攀的大山,不得不使人对他产生深深的景仰、赞叹和崇敬。

[①] 杨武能:《钱春绮传奇》,载《中国翻译》,1986 年第 1 期,第 40 页。
[②] 袁莉:《钱春绮:他的灵魂是一注跳跃的清泉》,载《上海采风》,2010 年第 2 期,第 66 页。

一部没有被翻译过来的史学名著

胡 丹

摘 要 作为第一位获得诺贝尔文学奖的德语作家,蒙森的获奖作品《罗马史》直到二十世纪末才被部分地译成中文。自1994年起,商务印书馆逐步推出了《罗马史》的中译本。然而,从已经出版且历经多次印刷的前三卷来看,商务印书馆的《罗马史》是一个有着严重缺陷的译本。本文从地图、年代错误、译名不一致以及注释四个方面分析了《罗马史》中译本中所出现的问题。

关键词 《罗马史》专有名称 前后一致

在众多的诺贝尔文学奖得主中,德国人特奥多尔·蒙森(Theodor Mommsen)是唯一一位凭借历史著作而获奖的作家。首先令人觉得惊异的是,蒙森的获奖作品并非是一部有关德国历史的著作,而是一部叙述古罗马历史的作品《罗马史》(Die Römische Geschichte)。一名德国人因为研究别国的古代历史而获得文学奖,还是获得诺贝尔文学奖,这本身就是一个传奇。然而,此事还有更为奇特之处,即这部使蒙森获奖的重量级作品并未最终完成。五卷本的《罗马史》并不缺少最后的第五册,而是缺少描写帝国时期的第四册。尽管如此,瑞典科学院的授奖辞还是用了绝大篇幅来赞扬《罗马史》这部著作,并引用了另外一位伟大的德国历史学家特莱赤克(Heinrich von Treitschke)对这部作品的评价,授奖辞中说:"历史学家特莱赤克说过,《罗马史》是十九世纪最优秀的历史著作,蒙森笔下的恺撒和汉尼拔会在每个年轻男子和战士心中燃起热情之火。"[1]

虽然蒙森是第一位获得诺贝尔文学奖的德语作家(1902年获奖),但他的获奖

---

[1] [德]蒙森:《罗马风云》,王建、王炳钧等译,广西:漓江出版社,1997年,第492页。

作品却直到二十世纪末才被翻译成中文。从 1994 年起,商务印书馆依次推出了《罗马史》前三卷的中译本(1994 年,2004 年,2005 年)。我们似乎可以期待商务印书馆会在未来逐步推出《罗马史》的全译本。然而,可惜的是,从商务印书馆已出的《罗马史》前三卷来看,这是一个有着严重缺陷的译本。

首先说地图。作为一本历史著作,如果不对照地图,那么有些地方读者几乎无法读懂。可是,笔者商务印书馆的译本(以下简称"商务译本")中未看到任何一幅地图。商务译本说中译本根据"慕尼黑德意志袖珍书籍出版公司 1984 年德文版翻译,校订时参考了伦敦 J. M. 登特父子有限公司 1920 年英译本"。蒙森在《罗马史》第二版的序言中说:"附在第一卷中由基佩尔特绘制的地图将比文字叙述更形象地展示罗马军事统一的过程。"我们查阅德语本《罗马史》可以知道,德意志袖珍书籍出版公司(dtv)的版本在全书最后是附有一系列地图的。可是,由于商务译本是逐步推出的,所以其也就没有配上其中的任何一幅地图。地图的缺失使得商务译本几乎没法直接阅读。

其次说年代错误。蒙森在《罗马史》中同时使用了罗马纪年和公元纪年。罗马纪年以传说中罗马建城的公元前 753 年为元年。所以,罗马纪年与公元纪年之和一定为 754。但是,在商务译本里面,有许多地方并不遵循这个规律,此处列举如下:第一卷第 125 页的"127(587)"和"167(627)";第二卷第 39 页的"290(前493 年)",第 45 页的"359(前 400 年)",第 50 页的"417(前 339 年)",第 59 页的"367(前 241 年)"和"513(前 387 年)",第 110 页的"422 年,即前 322 年",第 124 页的"445 年,即前 299 年",第 131 页的"431(前 333 年)",第 137 页的"409 年,即 285 年",第 162 页的"433(前 311 年)年",第 181 页的"209(前 485 年)年",第 206 页的"438(前 296 年)年";第三卷第 181 页的"在 557 年,即前 177 年"。我们查阅德语本的相关之处就可以知道,这些地方全部被译错了。除此之外,德语本的《罗马史》在正文中经常有"见第 XXX 页"的字样,旨在提示读者,此人或此事在前文何处曾经出现过,或在后文何处将会出现。商务译本无疑想把这些提示全部删去,但是却没删光。第一卷第 58 页的"(I.51)"、第 66 页的"(I.78)"和"(I.62)"就是没有被删掉的漏网之鱼。这些符号和上下文毫无关系,留在译本中显得很是奇怪。事实上,对于这样一部前后贯通的历史著作来说,这些提示是非常重要的。从下文所要论述的商务译本对专有名称的翻译便可以看出,这些提示具有相当的重要性。

再次说译名不一致。对古罗马政治制度史方面的论述应该说是《罗马史》的特别优异之处,其给人以醍醐灌顶之感,而且读者从中也可以读出蒙森的法学功底。可是,这部分内容对于翻译来说又是一个巨大的挑战。每种政治制度都自成一个体系,如果译者要想了解每个词的具体含义,那么其只能依赖于正文中的叙述而不能依赖于汉语的译名。这个时候,译名的前后统一是非常重要的。然而,商务译本却并未如此处理这些词。商务译本第二卷第 27 页为"Ädilen plebis"一词的翻译附加了一个译注:

> Ädilen plebis,这种官职原属管理档案,后帮助保民官从事审判工作,有审判权,最后成为管营造的市政官员。由于职权历代有变迁,故难以用固定不变的词去译它。——译者

上面这个理由怕是很难成立。官职的职权有变迁,古今中外皆然。"丞相/宰相"这一名称在中国存在了几千年,其含义多有变迁。洪武废相以后,"丞相/宰相"其实成了一个荣誉称号,但并不妨碍中国人一直使用它,也没有人想到因为所指变了(洪武废相以后甚至是消失了),就一定得改变一下能指。所以,"Ädilen plebis"虽然发生了职权上的变化,但这不妨碍我们用一个固定不变的中文名称去译它。"Ädilen plebis"的具体含义(即所指)不是通过中文的译名获得的,而是通过蒙森在文中的叙述获得的。恰恰相反,正是由于"职权历代有变迁",所以才应该用固定不变的词去进行翻译,这样才有利于读者了解此种变迁。一旦译名被更换而节中又不以译注来说明,则读者很容易以为这是新设置的一个官职。所以,这个脚注更像是在为中译本译名的前后不一致找借口。其实,在第一卷里,译文中的政治制度方面的词汇就经常产生混乱。"Kurie"有时被译为"家族联盟"(I.46)[①],有时被译为"族区"(I.61),有时又被译为"区会"(I.85),这便与真正的"区会"(I.85,原文为"Kurienversammlung")产生了混淆。有时,"Kurie"这个词竟然直接被音译成中文:"同样,狄欧尼修谓罗慕洛曾分地为三十个库里亚区"(I.168)。"库里亚区"的原文为"Kuriendistrikte"。很明显,"库里亚"就是"Kurie"的音译。这总不能说是因职权变迁而换个译名吧。"Gemeinde"被译为"民社"(I.61),而"Gemeindeversammlung"却又未被译为"民社大会"。"Gemeindeversammlung"有时被译为"公民大会"(I.67),有时又被译为"全民大会"(I.69),这就和另外一

[①] 罗马数字表示商务译本《罗马史》的卷数,阿拉伯数字表示页码,下同。另外,这里只是举例性地给出一个出处,并不表示它们在中译本中只出现一次,下同。

个"公民大会"(I.73,原文为"Volksversammlung")发生了混淆。"Bürgergemeinde"有时被译为"公民团"(I.67),有时又被译为"民社"(I.73),这就和前面提到的"Gemeinde"混淆起来。"Bürgerschaft"有时被译为"公民"(I.67),有时却又被译为"公民团"(I.72),这就又和前面提到的"Bürgergemeinde"混淆起来。

作为一部历史著作,《罗马史》与一般文学作品的一个显著差别就是包含着难以计数的专有名词(包括名词和形容词),而对专有名词的翻译则构成了商务译本真正的灾难。与专有名词的错误相比,前文所述的年代错误和政治制度方面译名的不一致只能算是两个小插曲。限于篇幅,此处仅举几例:"Appius Claudius"被译作阿庇乌·克劳狄乌(I.42)、阿庇乌斯·克劳迪乌斯(II.25)、亚庇乌·克劳狄乌(II.117)、阿皮乌斯·克劳狄乌斯(II.129)、亚庇乌斯·克劳迪乌斯(II.146)、阿皮乌斯·克劳迪乌斯(III.115);"Akragas"被译作阿克拉加斯(I.117)、阿格拉加斯(I.130)、阿格拉斯(I.134)、阿克拉斯(II.71)、阿克剌加(III.124);"Arretium"被译作阿勒提姆(II.87)、阿雷提姆(II.119)、阿雷提(II.137)、阿雷乡(III.99)、阿莱提乌姆(III.148);"chalkidisch"被译作卡尔基斯(I.117)、卡尔基底克(I.182)、卡尔基底(I.183)、喀尔西斯(III.206)、喀尔西顿(III.224);"Euböa"被译作犹卑亚(I.117)、优卑亚(I.118)、优比亚(III.129)、尤比亚(III.184)、犹比亚(III.217);"Lucaner"被译作卢坎人(I.30)、卢坎尼亚人(II.102)、卢卡尼亚人(II.121)、卡卢尼亚人(II.148)、卢加尼亚人(III.113);"Sybaris"被译作西巴利斯(I.33)、绪巴利(I.117)、绪巴里(I.119)、绪巴里斯(I.121)、绪巴利斯(I.121);"Tarracina"被译作特腊契纳(I.126)、塔拉齐纳(II.97)、塔拉奇纳(II.99)、塔拉奇那(II.161)、塔拉齐那(II.166);"Demetrios"被译作德梅特里奥斯(II.128)、德米特里欧(II.134)、德米特里乌斯(II.153)、德摩特里乌斯(III.212);"Quintus Fabius Rullianus"被译作昆图斯·法比乌斯·鲁利阿努斯(II.59)、昆图·法比乌斯·鲁里阿努斯(II.62)、昆图·法比乌斯·鲁良努斯(II.119)、昆图斯·法比乌斯·鲁良努斯(II.126)。

针对以上(以及以下)所列的外语,笔者都查证了德语本,而没有采用商务译本中在专有名称后面所附的外语原文。这不仅是因为商务译本的原文有时给英语,有时给德语,还因为译本给出的只有名词形式,而德语本在很多地方使用的都是形容词形式。

造成专有名词翻译不一致的原因可能有二:第一,蒙森书中的专有名词有时用拉丁语,有时又用德语。例如,在德语本中,火神兼冶炼神被拼作"Vulkanus""Vulcanus"和"Volkanus"。与罗马隔台伯河相望的一座山被拼作"Ianiculum"和"Janiculum",这座山甚至还可以被从拉丁语意译成德语的"Janusberg"(雅努斯神之山,商务译本没有译出来)。在希腊神话中,完成了十二件困难任务并劈开地中海与大西洋之间的陆地阻隔以使两大海洋连接起来的大英雄被拼作"Herakles""Hercules"和"Herkules"。在翻译的时候,如果译者一会儿按照拉丁语来翻译,一会儿按照德语来音译的话,译名就必然会出现前后不一致。此外,商务译本还参考了英语本,而这恰恰成为译名前后不一致的一个重要原因。在商务译本中,随附于正文出现的外语原文不但随意性很大(有些专有名词在首次出现的时候并未被给出原文,而是过了几页才被给出原文),而且德语和英语混杂。英语在商务译本的前两卷中比较少,而在第三卷中尤其多。为节省篇幅,此处仅举一例:

> 开俄斯的提奥朋普(Theopomp Von Chios)所著史书(终于418年即前336年),仅顺便记载凯尔特人陷罗马一事;亚里士多德、克莱塔科斯(Kleitarchos)、泰奥弗拉斯托斯、本都的赫拉克莱德斯(Heraclides von pontos,卒于450年,即前300年前后),都偶然说到关于罗马的事件。卡地亚的希罗尼穆斯(Hieronymus of Cardia)写关于皮罗斯的史书,也描写到他的意大利战争;到了此人,希腊的撰史学才兼为罗马史的渊源。(Ⅱ.211)

很明显,用"von"的是德语,用"of"的是英语。

  导致专有名词的翻译前后不一致的第二个原因可能在于无条件的音译。德语和中文在专有名词方面有一个不一样的地方,即德语中表示地名、族名的名词以及它们共同的形容词形式经常在发音上略有不同。在汉译这些词的过程中,译者一般以地名的翻译为基础来翻译族名和形容词形式。例如,地名"Deutschland"被翻译成"德国",那么族名"Deutsche"就以此为基础而被翻译成"德国人",它们的形容词形式"deutsch"则根据上下文被翻译成"德国的""德语的"或"德国人的"。如果没有特殊的原因,那么对后两类词的翻译在原则上不使用音译法。但是,商务译本在后两类词的翻译上全部使用了音译,再加上同时从德语、英语和拉丁语进行音译,从而导致商务译本中的地名、族名和形容词形式经常性地对不上号。例如,"Picenter"被译作皮森特人(Ⅱ.159)、庇森替人(Ⅲ.113)、庇森农人(Ⅲ.161),而它的形容词形式"picenisch"却被译作皮森尼（II. 129）、皮森农（II. 147）、庇森农（II. 188）；"Thessalien"被译作德萨莱（III. 129）、德萨里（III. 184）、色萨利（III. 203），而它的形容词形式"thessalisch"却被译作帖萨利（I. 64）、帖萨利亚（II. 142）、帖萨里（II. 144）、色萨利（III. 202）。从上面这两个例子中，我们已经可以看出名词与形容词之间的不一致。如果这种不一致出现在译文中，那么读者会不知所云。此处举例如下：

> 两军俱奉命开赴埃托利亚，此地的危机迫在眉睫。塞诺马尼部和维内替人即系罗马的同盟，凯尔特人已不得不留兵守其本土，现在翁布利的征兵又奉命走下其所居的山岳，进入鲍埃部的平原，肆行损害敌人，于其本土。埃特鲁斯坎人和萨宾人的民兵应扼守亚平宁山，如果可能，应堵塞山路以待正规军的到来。罗马城编了一个5万人的后备队。意大利此次始见罗马城为其真正的保护主，全国无处不有能胜兵役的男子报名从军和搜集军需与战具之事。
>
> 然而，这一切需要时间。这一次，罗马竟陷于措手不及，至少要救埃托利亚，已嫌过晚。凯尔特人见亚平宁山的防务薄弱，便如入无人之境，劫掠突斯坎区那久已不见敌人的殷富平原。他们已至克鲁西乌姆，距罗马城仅三日的路程，帕普斯所率的阿利密农军适出现于他们的侧翼，同时埃特鲁斯坎民兵度过亚平宁山以后已集合于高卢人的后方，追踪敌人的进路。（III. 65）

"埃托利亚"的德语是"Etrurien"，即今天意大利的托斯卡纳（Toscana），也就是引文中的"突斯坎区"（tuskisch）。这个地区的人"Etrusker"则被译作了"埃特鲁斯坎人"，而它的形容词形式"etruskisch"被译成"民兵"一词的限定语"埃特鲁斯坎"。问题在于，希腊有一个地名在《罗马史》里面出现得实在是太多了，即"Ätolien"，其也被译为"埃托利亚"（III. 23）。这个地区的人"Aetoler"则被译为"埃托利亚人"（II. 111）和"埃托里亚人"（III. 112），而它的形容词形式"aetolisch"则被译为"埃托利亚"（I. 38）。在这部前后如此不一致的译作里面，"Ätolien"这个词的一致性保持得还算不错。"Etrurien"在第一卷和第二卷中一直被译为"埃特鲁里亚"，没有例外，但是到了第三卷中，其译名却突然被改变了，这一下就使一个意大利的地区名和一个希腊的地区名混淆了起来。如果不看德语原文去阅读上面这一段文字,读者会感觉这群士兵有如神助,他们在希腊和意大利("亚平宁山")之间来回穿梭。罗马人的战术则让人感觉莫测高深。塞诺马尼部和维内替人是波河(Po)流域的两支凯尔特(keltisch)部族,他们南下攻罗马,而罗马人却跑到希腊去作战。商务译本中又未说明希腊和这两支部族之间的关系,这比"围魏救赵"要神奇许多。此外,在商务译本的译文中还经常出现一句中译名变动的例子,这里以上一例中的突斯坎(tuskisch)为例:

现在整个托斯坎同盟在克卢西姆国王拉斯·波尔塞纳领导下,趁机发动较前更为激烈的攻势,竟不再遇到惯常遇到的抵抗。罗马投降,在和约(据说订于247年,即前507年)中不但把台伯河右岸的领土一概割给托斯卡尼各部,也放弃了它独占的制河权,而且还把它所有的兵器息数(引案:似当作"悉数")交给战胜者,并立誓以后只用铁去铸造犁头。意大利在托斯坎人主宰之下归于一统的局面,似已为期不远。(II.70)

在上面的引文中,德语"tuskisch"出现了三次,第一次和第三次出现时其都被译成"托斯坎",而第二次出现时其却被译成"托斯卡尼"。又如"[……]意欲占领迦利亚各城。在喀利亚沿海[……]"(III.196)中的形容词"karisch",两个不同的译名之间仅仅隔着四个汉字(包括标点)。笔者用这个例子作为对译名不一致之论述的结束,其他的例子也许无需再举了。

第四说注释。商务译本的译注和校注不但数量少,而且相当随意,有些地方让人读起来莫名其妙。

先说校注,此处举一例:

献糕式婚礼系古罗马最隆重的结婚仪式,由大司祭主持,向朱庇特献奉斯佩尔特小麦糕。——校者(I.80)

在已出版的商务译本《罗马史》的全部三卷中,校注仅有两个,上述引文是第一卷中的一个校注。献糕式婚礼的德语是"Konfarreation",这个词在前文中已经以拉丁语形式"Confarreatio"出现过,其分别被译作"献麦饼"(I.20)和"盐饼礼"(I.62),前者是行为,后者是礼仪,但译者在这两处都没有给出注释。更奇特的还在于,"Konfarreation"以德语形式在后文出现的时候又换了一个译名,其被译作

"婚礼用盐饼"(I. 143),全句是"但有少数例外,其中在宗教上的考虑维护了古代习俗,如婚礼用盐饼和宣战由执法团(Fetialenkollegium)进行"(I. 143),但这句话很明显不通顺。可见,"Konfarreation"在这里应该也是指一种仪式,而不是指婚礼上用的盐饼。第二个校注在第一卷结尾处:"到此处,德文版已结束,以下文字至本卷结束据英本校补。——校者"(I. 219)但是,我们查阅德意志袖珍书籍出版公司的德语本就可以发现,蒙森的叙述并没有在校注这里结束,而是一直叙述到商务译本的结束,其包括了根据英本校补完的部分。

再说译注。商务译本的译注似乎在特意提醒读者,专有名词翻译的前后不一致是全方面的,不仅出现在正文里面,也出现在译注里面。例如,"利库尔戈斯(约公元前390—约前324),雅典政治家和演说家,以理财有方和严惩贪污闻名。——译者"(I. 74)此页正文给出的原文为"Lycurgus";德语本中出现的不是名词,而是形容词"lykurgisch"。后文说"这制度一如莱科古、梭伦(solon)和查卢库(Zaleukos)的体制"(I. 87),在这三个人名中,只有后两个被给出了原文,这似乎在暗示这个"莱科古"在前文出现过。我们一查证德语本便可以发现,这个"莱科古"正是"利库尔戈斯"。又如"阿拉米人是古叙利亚闪族人,其语言是古代西亚通用语言。——译者"(I. 161),"aramäisch"在前文中已多次出现,其分别被译为"阿拉米"(I. 2)和"阿拉美"(I. 131),不知译者为何直到第161页才给出一个无关痛痒的注释。又如"以弗所系希腊爱奥尼亚城市,故址在土耳其伊兹密尔省塞尔柱村附近,位于欧亚大陆商道西端,主要阿尔忒弥斯庙著名。——译者"(I. 164),"主要"的后面漏了个"以"字。这个译注的第一个奇特之处在于,这部历史著作里面出现了那么多地名,而译本中的译注又如此之少,为什么单单给这个地名加一个译注呢? 如果译者仅仅是为了说明这个地方因阿尔忒弥斯庙而著名的话,那就构成了这个译注的第二个奇特之处。蒙森在前面的正文里已经含蓄地说明:"因此,阿文廷山上的新同盟圣殿曾模仿埃弗所(Ephesus)的阿尔特米斯神庙似乎绝非是无稽之谈。"(I. 100)德语本用的是形容词形式"ephesisch"而非名词形式。既然这座神庙能够成为罗马阿文廷山的模仿对象,那么其自然是非常著名的。然而,在第164页,不仅"埃弗所"变成了"以弗所","阿尔特米斯神庙"也变成了"阿尔忒弥斯庙"。这个译注的第三个奇特之处在于,如同"利库尔戈斯"一词,译者很快就忘记了自己这个为数不多的译注,仅仅过了50多页,译者就在第218页将这个形容词译为"厄斐索斯",并且又紧接着在第219页将它译为"厄费索斯"。两者限定的既不是"阿尔特米斯"女神,也不是"阿尔忒弥斯"女神,而是"阿尔忒米斯"女神。又如"浮努斯系罗马的森林和田野之神,畜群和牧人的庇护者。——译者"(I.203),此神在前文第 147 页和第 153 页已经两次出现,其均被译为"孚努斯"且附有原文,第 153 页正文说明其为"二月间奉祭的'吉利神'(faunus)"。第 203 页的这个画蛇添足的脚注之译法与前文不一致,因此读者容易以为这是与第 147 页和第 153 页中出现的神完全不同的另一个神。又如"赫西俄德(创作时期公元前 8 世纪),希腊最早的史诗诗人之一。著有《神谱》等著作,后来成为诗人歌手。——译者"(I.211),此人在前文第 118 页已经出现过,且附有原文"Hesiod",其被译为"赫西奥德"。

由于篇幅所限,以上的论述其实主要集中在翻译的形式上,重点论述了译名的前后不一致,完全不涉及内容上的"黑白错误"。在翻译中,即便译者很难根除此种不一致,但总不至于使这种不一致出现得如此之多,差别又如此之大。仅仅是这些年代上的差错以及官职名和专有名词的前后不一致就已经足以证明,商务印书馆出版的这部《罗马史》实在是一部拙劣的译作。在阅读商务译本的《罗马史》之前,笔者自觉已深知翻译中的错误实在难免,但还是未预料到能有如此令人瞠目结舌的翻译。商务译本《罗马史》仅有的意义就在于填补了《罗马史》译介的空白,但其却将这片空白涂抹得乌七八糟。从商务译本《罗马史》的出版情况来看,第一卷 2010 年已经第 5 次印刷,第二卷 2011 年第 4 次印刷,第三卷 2011 年第 3 次印刷。真不知是何人在阅读这部译作。

参考文献

Mommsen, Theodor, *Römische Geschichte*, 4. Aufl., München: Deutscher Taschenbuch Verlag, 1986.

[德]蒙森:《罗马风云》,王建、王炳钧等译,广西:漓江出版社,1997 年。

[德]蒙森:《罗马史》(第一卷),李稼年译,李澍泖校,北京:商务印书馆,1994 年。

[德]蒙森:《罗马史》(第二卷),李稼年译,李澍泖校,北京:商务印书馆,2004 年。

[德]蒙森:《罗马史》(第三卷),李稼年译,北京:商务印书馆,2005 年。

基于语料库的《少年维特之烦恼》两个中译本风格比较研究
——关于德语名著重译的思考

吴 鹏

摘 要 本文运用语料库方法,从宏观语言特征和微观翻译特征角度将《少年维特之烦恼》的两个译本与德语源文本进行平行和交叉比较分析,量性结合地研究了出版年代跨度较大的两个《少年维特之烦恼》中译本的译本风格。研究表明,优秀的重译本更能满足当代读者的欣赏视野和审美期待,同时其也是极具学术研究价值的重要资料。

关键词 语料库 《少年维特之烦恼》 译本风格比较 德语名著重译

《少年维特之烦恼》[①]是德国大文豪歌德二十四岁时的处女作[②]。1774年,《少年维特之烦恼》一经发表,便使当时已蜚声德国文坛的歌德更加名声大噪,此书也一跃成为"狂飙突进运动"的典型代表作品。青年歌德所处的"狂飙突进时期"不仅仅是文艺形式从古典主义向浪漫主义过渡的阶段,同样也是德意志从中世纪封建制度转变为资本主义制度的时代。当时的德国青年反对封建旧制度和旧思想,这与五四运动时期的中国社会情况多有相似之处。在郭沫若将附于《维特》前的短诗"青年男子谁个不善钟情?妙龄女人谁个不善怀春?"一同译出之后,该诗就在中国青年口中传唱开来,并在当时的中国掀起了一股"维特热",而郭译本《维特》亦风靡全国。自上海泰东图书局于1922年4月首次出版郭沫若的《维特》全译本以来,由于出版业的发展变迁和再版世界经典名著的持续性需求,也由于版权的限制,不同的出版社只得另请译者重译。时至今日,《维特》中译本已有超过十五

---

① 由于卫译版本将译本更名为《青年维特之烦恼》,故后文将《少年维特之烦恼》一书简称为《维特》。
② [德]歌德:《少年维特之烦恼》,郭沫若译,北京:人民文学出版社,1955年,第1页。

种译者版本。

抛开出版行业规定这一因素不谈,名著重译无论在国外还是在国内都已成为普遍现象。名著重译在翻译工作中占有不小的比重,而好的重译本也应更能满足当代读者的欣赏视野和审美期待。在多媒体和互联网出现之前,书籍是人们获取信息和知识的主要来源和渠道,人们通过阅读世界各国名著来了解异域文化和丰富知识储备。随着时间的推移,读者的期待视野和读者群体都在不断发生变化。在读者阅读经历普遍已十分丰富、学术研究更加跨学科和跨领域的今天,重译是否应该更加贴近原文的行文和用词,并通过存真来保留原作的原汁原味?另外,重译是否应使语言表达更具时代感?重译本是否更具学术研究价值?

为解答以上问题,本文在《维特》的众多译者版本当中选择了郭沫若译本和卫茂平译本为研究对象进行对比分析,原因如下:第一,两个译本均译自德语原文;第二,译文产出时间跨度较大,郭沫若译本出版于1922年,校正本出版于1926年,而卫茂平译本出版于1993年,间隔时间长达七十余年;第三,郭沫若一贯宣称"仿佛等于自己在创作"的翻译取向①,而卫茂平则在自己的《维特》译本的译后记中表明,译本大体原则是尽量贴近原文并少作夸饰②,这两种截然不同的翻译风格在译本中有何体现是值得研究的;第四,郭译本为白话与文言融合的"郭沫若体",卫译本使用现代白话文翻译,对比考察两者有助于从历时性角度观察汉语及翻译汉语的发展变化,从而探讨文学名著重译在语言文化传播中的意义。

一 研究方法

纵观迄今为止的德语翻译研究,无论是在何种翻译理论指导下的译本研究,其所选取的例子均有如下问题:一方面,所选例子具有研究者的个体主观性,因此评述的客观性较难被考证;另一方面,所选例子很难以点概面,我们不易知晓其是否能真正代表和说明译本的总体风格和语言特征。运用语料库描写方法对单个译本和多个译本进行对比分析之做法在英语语言文学界已较为普遍,但对于德语语言文学界来说,此做法仍十分陌生。本文尝试运用语料库方法,将定性分析与定量分析相结合,对《维特》的两个中译本进行对比分析。通过从宏观语言特征和微观翻

---

① 彭建华:《郭沫若与德语文学翻译》,载《郭沫若学刊》,2012年第1期,第61页。
② [德]歌德:《青年维特之烦恼》,卫茂平译,太原:北岳文艺出版社,2011年,第115页。

译特征两方面系统描述两个译本间在语言使用上的异同,本文将对文学名著重译进行考证。

本文的研究步骤主要为:(1)中德文语料的选择和输入;(2)语料的预处理;(3)语料的词性标注和分词;(4)语料的平行对齐;(5)语料检索。为方便语料的加工和处理,本文所采用的德语原始文本是德国数字图书馆1774年版的《维特》电子版文本,如此处理可以省去德文语料的输入工作;因郭沫若首译本较难获取,故本文采用郭沫若撰有小引的人民文学出版社1955年版的《维特》译本;本文采用的卫茂平译本是北岳文艺出版社2011年2月第3版的《青年维特之烦恼》重印本,卫茂平在译后记中对作品重译及译本更名进行了解释。经过输入、文件格式转换和预处理后,笔者对文本均进行了人工校对,以确保语料质量和研究的可靠性。然后,笔者使用分词和词性标注软件,对德语原始文本进行词性标注,并对两个中译本进行分词和词性标注。最后,笔者用 ParaConc 将德语文本和两个中译本进行句、段对齐,从而生成可检索的语料库。在语料检索中,笔者使用 WordSmith5 对文本进行宏观描述、统计和计算。

二 宏观语言特征描述

语料库研究方法的显著优势之一在于,其有助于从宏观上把握语言运用的总体特征。本文在《维特》原文及郭译本和卫译本德汉平行语料库的基础上,运用 WordSmith5 对三个语料进行检索统计和交叉比较,从基本语言特征、词频特征和主题词分析三个角度观察其异同。

(一)基本语言特征

从宏观角度看,笔者借助(标准)类/形符比、总句数、平均句长和词汇密度这些基本语言特征参数将两个译本与源语文本进行对比分析。其中,形符数指文本中出现的所有词数,类符数指文本中不计重复并忽略大小写的词数;类/形符比是文本中类符与形符的比值,比值越高,表示译者使用词汇的丰富程度和变化性越高;在文本长度不同的多个文本比较中,使用标准化的类符/形符比更可靠[1];词汇

---

[1] Mona Baker, *Towards a Methodology for Investigating the Style of a Literary Translator*, in *Target*, 2000,12(12), S. 250.

密度指文本中的实词数与总词数的比值,本文中的德语实词包括名词、动词、形容词和副词,中文实词包括名词、动词、形容词、副词、数词和量词,而词汇密度能够反映文本信息量的大小。

表1 源语文本、郭译本和卫译本的基本语言特征参数

	源语文本	郭译本	卫译本
形符数	39282	44733	40544
类符数	6678	6385	6757
类符/形符比	17%	14.27%	16.67%
标准类符/形符比	48.47%	45.98%	50.76%
总句数	2226	2280	2621
平均句长	17.65	19.62	15.47
词汇密度	51.4%	61.5%	62.3%

表1显示,在总词数方面,卫译本与源语文本更为接近,郭译本的总词数则比源语文本多出近14%,但郭译本的标准类符/形符比却比源语文本低2.49%。与源语文本相比,卫译本的标准类符/形符比高出2.29%。显然,作为重译本,卫译本较郭译本在词汇使用上变化更大,即使用词汇更丰富。经统计计算,在总句数方面,郭译本更接近源语文本,结合总词数,我们可得出郭译本平均句长最长的结论,19.62这个数据也验证了这一结论。相反,卫译本的这组数据相差最大,在总词数与源语文本接近的情况下,其总句数比源语文本多出近18%,则其平均句长必然低于源语文本的平均句长。由此可见,卫译本句子较短,因此其应更加易读。在词汇密度方面[①],卫译本(62.3%)略高于郭译本(61.5%),这说明卫译本信息量相对较大,难度相对略高。

数据表明,郭译本和卫译本在标准类/形符比、总句数、平均句长和词汇密度这些宏观语言特征方面均存在一定差异。

(二) 词频特征

词频特征是语料库研究的重要参数之一,因为以词频表为基础的文本分析在

---

① 因德语与中文在词汇密度方面计算方式不同,故此处仅对两个中译本进行比较。

很大程度上有助于我们研究译文的文体风格特征。通过 WordSmith5 的词频统计功能,我们可以分别得出源语文本和两个译本的词频表。表 2 为三个文本排在前 11 位的高频词与词频和百分比的对照表。

表 2　三个文本前 11 位高频词与词频和百分比对照表

源语文本				郭译本				卫译本		
N	Word	Freq	%	N	Word	Freq	%	N	Word	Freq	%
1	UND	1,465	3.73	1	的	3,031	6.78	1	的	2,770	6.83
2	ICH	1,193	3.04	2	我	2,264	5.06	2	我	1,930	4.76
3	DIE	911	2.32	3	一	1,201	2.68	3	他	782	1.93
4	DER	793	2.02	4	了	1,111	2.48	4	她	716	1.77
5	SIE	779	1.98	5	他	895	2.00	5	了	666	1.64
6	ZU	574	1.46	6	她	830	1.86	6	在	659	1.63
7	DAS	533	1.36	7	在	805	1.80	7	你	461	1.14
8	IN	489	1.24	8	你	658	1.47	8	这	437	1.08
9	NICHT	458	1.17	9	是	640	1.43	9	一	376	0.93
10	ER	453	1.15	10	看	372	0.83	10	是	351	0.87
11	DEN	382	0.97	11	这	365	0.82	11	着	282	0.70

从译本角度分析,之所以选择排在前 11 位的高频词,是因为排在前 11 位的词在两个译本中呈现出高度相似性,即词完全相同,仅顺序有所差别。"的"和"我"都排在前两位,且百分比差别不大;"他"和"她"在两个词表中的排位虽然不同,但百分比也相差得较小。在德语原文词表中,与中译本词表中的排位相同的词为"ICH",这个词在三个词表中均排在第二位,此外还有"SIE"和"ER"。因为 WordSmith5 在进行统计时会忽略大小写,所以"SIE"作为"您""她"和"他/她们"的总和,其频率和百分比会远高于"ER"。关于"DIE""DER""DAS"等定冠词成为高频词是否为德语语料的普遍现象,这还有待于我们通过更大量的德语语料来进行进一步的验证。

数据表明,在词频特征方面,两个译本具有较高的相似性,并且它们与源语文本也具有一定的相似度。

（三）主题词分析

通过 WordSmith5 的子功能 KeyWords，我们可以得到两个中译本的主题词表，从而能够对两个中译本进行主题性分析（Keyness），主题词研究有助于我们进一步研究文本语言特征差异。

表 3　郭译本和卫译本的主题词对比 1

词	郭译本	卫译本	Keyness
对	22	231	222.98
对于	81	5	-73.86
但	18	94	64.34
但是	118	10	-97.07
并	4	61	65.86
并且	55	12	-25.85

在作为功能词被使用时，表 3 列出的三对主题词的意思和用法相近，但音节不同。统计数据呈现出规律性，即郭译多用双音节词，而卫译偏好使用单音节词。在现代汉语中，单音节词数量虽不多，但使用频率非常高。从这个角度看，卫译以这种方式使用单音节词的做法不仅充分体现出现代汉语的特点，也显然有助于行文简练。

例 1：

德：„Sie ist schon vergeben,“ antwortete jene, „an einen sehr braven Mann, der weggereist ist, seine Sachen in Ordnung zu bringen, weil sein Vater gestorben ist, und sich um eine ansehnliche Versorgung zu bewerben.“

郭：女伴答道，她是已经许了一位很好的人，现在出门去了，因为他的父亲过了世，要去整理些事务并且寻个好的位置。

卫：“她已经许了人。”她说，“许给了一个非常可爱的男子，眼下他不在这里。他父亲去世了，他去料理后事并打算谋件体面的差事。”

在例 1 中，郭译和卫译将原文中表示并列的连词"und"分别译为"并且"和

"并"。显然,在用法和意义相同的情况下,后者因使用单音节词而更加简练。在标点的运用上,卫译符合现代汉语的标点使用规范。

例2:

德:Denn, unter uns, seit ich angefangen habe zu schreiben, war ich schon dreimal im Begriffe, die Feder niederzulegen, mein Pferd satteln zu lassen und hinauszureiten. Und doch schwur ich mir heute früh, nicht hinauszureiten, und gehe doch alle Augenblick' ans Fenster, zu sehen, wie hoch die Sonne noch steht.

郭:因为,我不说谎话,我执笔写这封信,我已经搁三次笔,想驾马出去了。但是我今晨自誓,我不骑马去,因此日子长得难耐,我时时刻刻往窗畔去看,看太阳还有好高。

卫:要知道,这只对你讲,我开始写这封信以来,已经有三次打算搁笔,让人备鞍,骑马而去。虽然我今天早上发誓不骑马外出,但仍然不时走到窗边,看看太阳还有多高。

例2显示,德语原文中使用两个"doch"表示语义的转折,卫译中的关联词"虽然……但……"不仅更加准确地表达了原文的转折语义和显化了逻辑关系,而且行文更加贴近原文,词汇上也比原文更加丰富。同时,用单音节词"但"替代郭译的双音节词"但是"能使表达更加简洁。在表3中,"但"和"但是"的两组数据差异显著,这说明卫译更具现代汉语书面语的简洁性。郭译频繁使用的第一人称代词"我"也增加了其语言表达的繁冗性。此外,就例2而言,卫译也比郭译更加准确,且更通顺易懂。

除例2中的"今晨自誓"这种偏文言式的表达外,主题词的分析结果也体现出郭译对文言式表达的偏重。

表4 郭译本和卫译本的主题词对比2

词	郭译本	卫译本	Keyness
吧	1	27	32.82
吗	79	19	-33.84

(续表)

词	郭译本	卫译本	Keyness
哦	43	4	-34.09
呀	69	11	-41.36
呢	107	4	-109.69
尔	53	5	-41.78
不曾	49	4	-40.84
之中	55	3	-51.85
之	55	29	-55.51

表4列出了郭译本与卫译本使用频率相差较大的语气词(前5个)和文言文常用词(后4个)。"吧"字在郭译本中仅出现1次,而在卫译本中出现了27次,这一结果难免使人迷惑。经过检索后,笔者发现"罢"字在郭译本中出现了105次,且皆出现在句尾,而此字在卫译本中的出现次数为0。在读作轻声"ba"时,"罢"同"吧"。主题词列表中未体现出的还有语气词"哟",其在郭译本中出现了177次,而在卫译本中出现了0次。还有"底"字,其在卫译本中仅出现了1次,即"又像一只漏底的水桶";在郭译本中,"底"字出现了241次,其用法多同现代汉语中的"的"。由此可见,郭译本中的这些词的使用频率均远高于卫译本,这也从语言方面证实了郭译中的文言与白话融合之风格,且郭译本的口语特征较明显。

以上论述显示,两个译本在宏观语言特征方面虽存在较大差异,但也有相近之处。

三 微观翻译特征分析

不同时代的名著译本不仅包含和体现了不同的语言特征,而且它们也是一个时代的社会与文化之产物。作为"狂飙突进"时期的典型代表作品,《维特》通过极富情感的措词表达了反叛精神和对个性与爱情的向往。同时,《维特》的措词具有浓厚的宗教色彩,如"Mein Gott""Guter Gott"等。下文将以《维特》源语文本中出现的"Gott"词族及其在两个译本中的译法为依据,从微观角度对译本的翻译特征进行分析,以探讨两个译本在翻译风格上的差异。

表 5 "Gott"词族及译法

源语文本		郭译本		卫译本	
Gott	41	上帝	25	上帝	49
Gottes	11	神	8	谢天谢地	1
göttlich	2	千万	7		
		天呀	1		
Halbgott	2	半神	1	半神	2
小计	56		42		52

表 5 显示,在源语文本中,以"Gott"为词根的词共有 56 处。针对这些词,卫译本中译出了 52 处,而郭译本中的译出数量相对较少,只有 42 处。同时,这些词在两个译本中均存在一定数量的未被译出的情况。"Gott"词族在源语文本中的使用较为多样化,其可被用作名词、形容词和复合词。这些用法和表达在两个译本中分别是如何得到体现的?两个译本是否体现出了原文的宗教色彩?针对这些问题,本文通过以下示例展开说明和分析[①]。

例 3:

德:Ach könntest du das wieder ausdrücken, könntest du dem Papiere das einhauchen, was so voll, so warm in dir lebt, daß es würde der Spiegel deiner Seele, wie deine Seele ist der Spiegel des unendlichen Gottes!

郭:啊!我心中这么丰满,这么温慰地生动着的,我愿能把它再现出来,吹嘘在纸上呀!我的心如像永远之神底明镜,画纸也愿能如我的心之明镜呀!

卫:但愿你能把这如此丰富,如此温暖地活在心中的形象,重新表达,诉诸文字,使其成为你灵魂的镜子,正如你的灵魂是永恒的上帝的镜子一样!

例 4:

[①] 在两个译本中,将某个词同译为"上帝"的情况有 25 处,在此不再赘述,此处仅选取译法不同的例句进行分析。

德：Guter Gott! Blieb da eine einzige Kraft meiner Seele ungenutzt?

郭：啊,天呀！我在她的面前我全副的心力可有些儿不曾用尽？

卫：仁慈的上帝,难道我心灵中尚有一丝力量未曾利用？

在例3和例4中,郭译将"Gott"一词分别译为"神"和"天呀",而卫译均将其译为"上帝"。在例4中,卫译更将前置定语"guter"译为"仁慈的",由此还原了原文的感情风格。另外,两个例句中都出现了"Seele",两译本在译文处理上的不同(郭译为"心",卫译为"灵魂")也是显而易见的。可见,卫译与原文语言上的宗教色彩更为贴近。

例5：

德：Gott verzeihe mir diese Frage!

郭：千万恕我此问！

卫：上帝宽恕我提这个问题。

例6：

德：Du fragst, ob du mir meine Bücher schicken sollst? —— lieber, ich bitte dich um Gottes willen, laß mir sie vom Halse!

郭：你问我,可不可以送我的书来吗？——好友,我千万央求你,别把枷担来枷我了罢！

卫：你问,是否需要寄书给我？——亲爱的,求你看在上帝的份上,别拿书来烦我！

例7：

德：„um Gottes willen, "sagte mir Lotte heut, „ich bitte Sie, keine Szene wie die von gestern abend! Sie sind fürchterlich, wenn Sie so lustig sind."

郭：我们谈句私话,阿伯尔有事做的时候,我是晓得的,啐！我就走去,我看见她是一个人的时候,我心里总快活。

卫："看在上帝的份儿上,"夏洛特今天对我说,"我求您别再像昨天那样吵吵嚷嚷！您情绪高涨时,模样真可怕。"

例5至例7都涉及德语"Gott"和"um Gottes willen"。在例5和例6中,郭译在原文表达不同的情况下均将其译为"千万";而在例 6 和例 7 的原文表达相同之情况下,郭译在例 7 中未将其译出,因此译文中也未能体现出"um Gottes willen"这一习语。反之,卫译沿用将"Gott"译为"上帝"的做法。郭译将习语"um Gottes willen"译为"天呀"虽完全正确,但卫译的"看在上帝的份儿上"的宗教色彩更浓,并且卫译的译文保持了统一性。

例 8:

德:Es ist nichts, das mich so mit einer stillen, wahren Empfindung ausfüllte als die Züge patriarchalischen Lebens, die ich, Gott sei Dank, ohne Affektation in meine Lebensart verweben kann.

郭:用一种静谧真实的感触充塞着我的,除太古的生活之遗风外,别无他物,我幸得无所矫饰而能织入于我的生活之中。

卫:感谢上帝,我竟能把这种古代宗法社会的特点十分自然地织入我的生活方式。这比什么都更使我心中充溢着一种宁静实在的情感。

例 8 中出现了另一个与"Gott"相关的表达"Gott sei Dank",其通俗译法为"谢天谢地"。郭译的"幸得"虽也有此意,但将其归为相应译词似乎略显牵强。卫译的"感谢上帝"沿用了"上帝"一词,宗教意味十足。此外,卫译将原文的一个长句拆为了两个短句,其行文更加简练易读,这也印证了基本语言特征参数中的研究结论。

由于郭沫若和卫茂平这两位翻译家分处完全不同的时代,他们的社会和文化背景也截然不同,因此他们的翻译风格必然会有所不同,两人的译本所体现的"文化传真"程度自然亦有高低之分。

四 结语

通过语料库方法的运用,本文从宏观语言特征(基本语言特征、词频特征和主题词分析)和微观翻译特征两个方面出发,量性结合地对比分析了《维特》两个中译本的风格,并得出以下结论:

在整体语言特征方面,卫译本较为简洁、词汇使用较为丰富,郭译本相对较长、词汇变化较小。在文本长度、(标准)类/形符比方面,卫译本与原作更加接近。郭译本虽呈现出较为明显的译语特征，但因为其采用了文言文和白话文的融合体，故其并不适合当代读者去理解与阅读。卫译本虽词汇密度较高，但其平均词长较短，因而我们可以推断，卫茂平在翻译过程中有意识地通过短句和增句方式降低了译文的难度，从而使译文有较强的可读性。卫译本与原作贴合度较高，旨在存真。

  在行文风格上，卫译本更加符合当代汉语的使用规范，其"文化传真"程度更高，也更能满足当代读者的期待视野。旧译的意义与价值不应因重译而被否定，其重译应取旧译之所长并添加一些新的心得，这样才能成就一种近于完全的定本。因此，我们需要定期对重要的文学作品进行重译，以使译本继续发挥其衔接不同的文化和时代之功能。译本的语言和风格与原文越贴近，其在学术研究方面就越具有价值。

《早期澳门史》瑞典语版本读后感

王梦达

摘　要　瑞典学者龙思泰所著的《早期澳门史》已经从英文被翻译成了瑞典语,其中包括旧版前言、正文和附录。《早期澳门史》对翻译工作、澳门历史和龙思泰学术成果的进一步阐述和补充值得被介绍和讨论。本文从玛丽娅女士对翻译工作的肯定、文德泉神父对龙思泰思想的解读,以及姚汉森(即本特·约翰松)先生对澳门历史的补充三方面进行阐述,旨在对《早期澳门史》的瑞典语版本进行全面的解读。

关键词　龙思泰　《早期澳门史》　瑞典语版本　澳门历史

瑞典学者龙思泰(Anders Ljungstedt)于1832年写成《早期澳门史》。1999年,在澳门回归之际,克里斯蒂安·霍尔姆格林(Kristian Holmgren)将《早期澳门史》从英文翻译成龙思泰的母语瑞典语,并在香港将其出版。《早期澳门史》共分为以下几个部分:

(1) 1832年版本和1836年版本的前言

(2) 正文

(3) 附录(包含翻译后记、专有名词英瑞对照、大事年表、文德泉的解读和演讲摘要、龙思泰之后的澳门史以及龙思泰的生平)

在忠实于史实和原文的基础上,《早期澳门史》还对翻译工作、澳门历史、龙思泰的学术成果以及龙思泰的生平进行了进一步的阐述和补充。这些信息非常值得被介绍、探讨和研究。

一　玛丽娅(Maria)为翻译工作所写的后记

　　玛丽娅首先肯定了译者的工作及其价值。译者本身是瑞典人，他同时掌握了英文、中文和葡萄牙语，因此在翻译上有很大优势。

　　当谈及龙思泰所著的《早期澳门史》这本书时，玛丽娅特别强调了龙思泰在当时的政治背景和文化背景下所做出的伟大贡献。

　　十六世纪中叶，葡萄牙人在中国东南海沿岸进行了一系列贸易活动后，最终来到澳门。在经历了短暂的冲突后，葡萄牙商人和广东当地政府达成了共识，并且按照规定向中国皇帝进贡地租。两百年后，面对中国政府加强对广东一带的贸易限制之做法，葡萄牙官员在备忘录中写道，经过葡萄牙商人和船员在珠江口一带的开拓性努力和持续性运作，澳门已经属于葡萄牙。

　　从文化意义上讲，由于葡萄牙人的居住，澳门成为中国第一个主教建立地，同时其也是渴望来中国传教和讲学的传教士的登陆地。澳门宗教的发展，对基督教在中国的传播起到奠定性作用。在基督教文化渗入的同时，许多宗教方面的书籍也得到广泛流传。诸多传教士用中文编写了神学、数学、天文学、地理学等方面的书籍，还有的欧洲翻译家将儒家文化介绍到欧洲各国。

　　如今，这些文献和历史资料很多已经失传，但是从现存的一些典籍来看，很多文献带有作者强烈的个人情感，并且仍坚持传统的葡萄牙殖民思维。在这样的情况下，龙思泰当时表现出了一种作为历史学者所应具备的公正性和求实性。现在，全世界的历史学者都对龙思泰的研究精神和成果予以了肯定。

　　在谈到《早期澳门史》一书的语言时，玛丽娅援引了龙思泰自己的话，他曾说这部作品是"一个外国人笔下的概述"，因此这本书保留了龙思泰的一些独特的惯用语。但是，很多历史学者认为，龙思泰自己的惯用语使《早期澳门史》增色不少。因此，在翻译《早期澳门史》时，译者很注意对龙思泰的语言特色之完整性的保留。

　　最后，玛丽娅对龙思泰的著作进行了概括性的高度评价，她认为《早期澳门史》已经非常完整和清晰，因此译者不需要对其再做任何的注释。玛丽娅说，读者完全能够以信赖的态度阅读《早期澳门史》，因为在错综复杂的多角度描写中，这本书不仅隐藏着船员和传教士远涉千山万水地来到澳门，并在这片土地上拓展生存的动人经历，还隐藏着龙思泰在描述澳门历史时所付出的严谨且带有批判性的努力。玛丽娅说："在那个年代，旅行是异常艰难的，而能做出这样的描述更是难能可贵。"

二　文德泉(Fader Texeria)解读龙思泰思想之演讲

文德泉是葡萄牙的一名历史学者,他从事中国和东南亚历史研究多年。1991年3月27日,文德泉在澳门接待瑞典历史代表团,并且发表演讲。

文德泉表示,龙思泰的伟大贡献在于,在描述当时情况的很多文献和历史资料已经失传的情况下,他的著作能在一定程度上弥补这一遗憾。龙思泰用英文写下了《早期澳门史》一书,这在澳门历史研究和文化传播方面起到了积极作用。

在1991年3月的演讲上,针对龙思泰的著作,文德泉特别归纳了以下几点:

(1) 龙思泰对澳门历史表现出浓厚兴趣,并用英文做出了真实的记录。

(2) 澳门的基督教会对天主教堂及天主教徒进行了强烈的抨击和贬损。

(3) 在澳门期间,龙思泰获得了萨拉瓦(Dm. Joaquim de Sousa Saraiva)主教的信任,后者因此将自己所有的手稿和文献毫无保留地交给龙思泰,这也极大地帮助了龙思泰完成著作。

(4) 龙思泰学习过葡萄牙文,因此他能够很自如地阅览古本文献。龙思泰曾经用葡文写信,可见其文字功底深厚。

(5) 当时很多葡萄牙历史学者都借鉴了龙思泰的研究成果,但他们却在公开场合对龙思泰的结论进行强烈抨击。尽管如此,龙思泰仍然坚持自己的观点,他认为澳门从来都是中国的领土,中国皇帝从未以任何形式将其割让给葡萄牙人。

如今,各国的历史学者都认可了龙思泰的结论,而澳门也完成了主权移交的仪式,真正地回归了中国。无论是中国人还是葡萄牙人,都不应该忘却龙思泰所做出的贡献。

三　本特·约翰松(Bengt Johansson)所述的龙思泰之后的澳门史

本特·约翰松是一名研究中国历史的学者,同时他也是现任瑞典王国驻沪总领事。本特·约翰松所著的《中国贸易的黄金时代》(*The Golden Age och China Trade*)一书也已经在香港出版。

根据自己对近代澳门史的理解,本特·约翰松将澳门的近代历史分为了以下几个重要阶段:

第一阶段:1834年

这是奠定澳门贸易地位的决定性时期。这一年,英国国会取消了英国东印度公司对华贸易的垄断。英国商人的贸易前提条件发生改变,澳门成为许多贸易活动的发源地。同时,私人贸易活动的增多也使澳门受到了自由思潮的影响。

第二阶段:鸦片战争时期

鸦片战争成为澳门历史上的重要转折点。林则徐的一系列举措惹恼了鸦片商人,也让英国商人找到了绝佳的交战理由。在一系列的短暂交锋后,中国被迫签订《南京条约》,而香港岛因此沦陷。外国的商业兴趣很快从澳门转移到香港。因此,在十九世纪四十年代,澳门一直处于香港繁荣的阴影之下。

为了获得有力辅证,本特·约翰松援引了两段当时的瑞典文献记载。文献来自于当时的瑞典挪威联合政府官员 C. W. 利利耶瓦尔克(C. W. Liljewalch),此人在 1845 年至 1847 年间研究东亚经济贸易。利利耶瓦尔克认为,澳门之所以失去了鸦片商人的信任,其中一个重要的原因是,澳门当地机构对每笔鸦片贸易都征收了 2% 的运输税。在文献中,利利耶瓦尔克如此写道:

> 就算澳门的掌控势力尚未泯灭,也只是强弩之末了。商人们不再被迫强忍着不快,而是在这样的不毛之地上大兴土木,建造工厂和仓库。商业气氛自由开放的香港成为继澳门之后的不二选择[……]1846 年,澳门也宣布开放自由港贸易(当然附带了一些微小的限制条件),但为时已晚,当时香港的维多利亚港已经建成。

利利耶瓦尔克对澳门的总体情况进行了如下总结:

> 现在澳门已经完全失去了活力和生气。人们可以将每一天都想象成节假日,在空空荡荡的街道上和教堂里缓缓前行的人群都可以显示出这一点。人们不再怀有信仰,尤其是不能信任工业和贸易。

澳门的贸易地位在鸦片战争时期为香港所取代,因此劳力运输在澳门悄然兴起。十九世纪四十年代末的苦力贸易为澳门带来了相当丰厚的利润,这一情况一直持续到十九世纪七十年代。据统计,约有 50 万中国人被运送到美洲中部和南部,其中的大多数人在加利福尼亚开采金矿。同时,澳门自由港的开放也吸引了大批运送苦力的船只在此停泊或中转。

第三阶段：鸦片战争结束至十九世纪末

这一阶段是葡萄牙殖民者和中国政府矛盾冲突不断的磨合阶段，其中特别需要被提及的是几次标志性的事件：

其一，当时的澳门总督阿马留（Amaral）在任期内对中国渔民征税，并且拒绝支付地租，这种做法引起了民众的不满。1849年，阿马留被中国人谋杀，他的头颅和左手被砍下，并被挂在边境上示众。

其二，1862年的《天津条约》确定了葡萄牙在澳门的殖民统治地位。《天津条约》于1871年生效，直至1919年才被废止。随后，在1887年《中葡友好通商条约》中，葡方认为，澳门已经"永久性地"被移交给葡萄牙。尽管《中葡友好通商条约》在1919年被废止，但其一直被认为是葡萄牙利用中国在鸦片战争后的薄弱态势而做出的反击。在二十世纪，中葡双方都在努力淡化条约所造成的影响，但是反观当时的局势，我们可以认为，中国对葡方条件之接受，实际上是一种妥协，或者说是一个无奈的决定，因为如果澳门为英国或法国所统治，则后果将更不堪设想。中国政府选择了欧洲殖民势力中最弱的那一支，尤其是在太平天国运动失败之后，中国的中央政权开始动摇，因此这一选择是迫不得已的。

其三，十九世纪末，澳门因管辖的宽松性和政治气氛的淡化而成为众多难民的避风港。澳门人口也由1899年的64000人递增到二十世纪初的75000人。1920年，澳门的人口更是达到了84000人。与当时中国大陆的保守氛围相比，澳门的文化理念也更加先进，其成为进步报纸《知新报》的出版地。

第四阶段：二战期间

1940年，日本军队占领香港。由于葡萄牙在二战期间持中立态度，因此澳门得以免于日军的侵略。澳门也因此接纳了大批的难民，其人口数量有了明显的增长。1943年，澳门人口达到350000人，1945年增长到600000人。许多香港居民同样选择前往澳门继续从事商贸活动，澳门因此在经济方面获得进步与发展。

第五阶段：二战结束至1970年

二战结束后，当中国大陆承受着朝鲜战争和联合国禁运的双重压力时，澳门走私业的蓬勃发展尤为引人瞩目。尤其是澳门的黄金走私业务，其为中国政府提供了大量资金。在"文革"期间，中国大陆的紧张局势反衬出澳门地区及香港地区的繁荣发展，而中国政府对澳门的宽容态度也在很大程度上缓和了其与葡萄牙人之间曾经的矛盾。二十世纪七十年代初，中国和葡萄牙的关系已经比较融洽了。1974年4月25日，在奉行非殖民地化政策的前提下，葡萄牙新政府组团从里斯本出发前往澳门。当时,在澳门的华商何贤受中国政府委托,前去与葡方代表团谈判。何贤表示,在当时的情况下,中国政府还没有做好收回澳门的准备。

第六阶段:二十世纪七十年代

二十世纪七十年代,在澳门历史上最重要的事情莫过于中国和葡萄牙在 1975 年建立了外交关系。在 1979 年签署的一份保密协定中,葡方已经承认,虽然澳门仍处于葡萄牙的统治管理下,但其实际上并不属于葡萄牙的领土范围。

二十世纪七十年代,除政治外,澳门同样是多方面繁荣发展。由于特殊的出入境政策,澳门吸引了大批欧美游客,而旅游业的发展同样也刺激了旅游周边产业的兴起。同时,经济特区的筹备与建立更使澳门与大陆实现了互补和相互促进。

第七阶段:二十世纪八十年代至二十世纪九十年代

在二十世纪八十年代初期,对澳门政治影响最为深远的事件是香港的回归。关于香港主权的移交谈判自 1982 年开始进行,直至 1984 年中英《联合声明》的签订。中英《联合声明》的签订意味着香港的归属尘埃落定。

1985 年,葡萄牙总统艾亚内斯(Eanes)访问北京,并和赵紫阳在"通过和平友好的谈判解决澳门问题"这一观点上达成一致。中葡之间的谈判开始于 1986 年 6 月 30 日,在同年 10 月进行的第三轮谈判之后,双方认为讨论澳门主权移交的时间问题之时机已经成熟。葡方希望将移交时间定在 2007 年,届时是葡萄牙统治 450 年纪念庆典。中方坚持要在新千年到来之前完成主权交接仪式。最后,双方将移交时间敲定在 1999 年 12 月 20 日。

在澳门的归属确定后,政治方面,澳门居民的国籍问题和政府选举问题的过渡进程加快;经济方面,澳门国际机场的建设也成为重要工程之一,并且其应在 1995 年竣工落成;文化方面,葡萄牙语在澳门学校教育中所占的比重将有所减弱,取而代之的是中国传统文化教育。

本特·约翰松最后总结认为,在经过漫长岁月的洗礼之后,澳门最终回归中国,这是一个令大家都感到满意和欣喜的结局。但是,澳门的殖民地历史已经成为澳门自身文化中的深刻烙印和历史特征,我们并不需要将其抹杀和淡化。进入新千年之后,澳门的历史篇章翻开了新的一页。

四 附:龙思泰生平(Harry Hellberg 撰写)

龙思泰(Anders Ljungstedt)于 1759 年 3 月 23 日出生于林雪平(Linköping),

父亲尤纳斯·安德松（Jonas Andersson）是教堂的敲钟人,母亲安娜（Anna）在教堂的墓园内工作。龙思泰的弟弟汉里克（Henrik）于1761年出生。1762年,在父亲早逝后,龙思泰的母亲与一名来自隆恩（Ljung）的男子结婚,因此龙思泰兄弟俩按照继父所在教区的名字而获得了姓氏隆恩斯泰德（Ljungstedt）①。由于父母亲的工作和教堂有密切关系,龙思泰兄弟俩因此能够在生活贫乏的情况下接受系统的教育。龙思泰在1781年高中毕业后前往乌普萨拉（Uppsala）继续求学。由于资金匮乏,龙思泰在半年后就不得不终止学业。之后,龙思泰前往诺雪平（Norrköping）,他在那里靠担任家庭教师谋生,同时自学德语和法语。

龙思泰在1784年动身前往俄国。起初,龙思泰希望成为一名士兵,但当他真正到达那里的时候,他改变了主意。龙思泰曾说:"如果成为士兵,那么我要么就选择偷盗,要么就等着饿死。"一个名叫费伯（Ferber）的瑞典人推荐龙思泰在莫斯科以北的雅罗斯拉夫的一户家庭中担任家庭教师,这使龙思泰得以获得食宿和薪水。龙思泰注意到自己的法语水平比自己的学生还要差上一截,因此他整夜补习法语,以避免表现出自己知识的匮乏。最终,龙思泰取得了不错的自学效果。

两年后,龙思泰前往圣彼得堡,并在那里继续从事家庭教师的工作。同时,龙思泰还在多所学校担任教师。在圣彼得堡期间,龙思泰曾有过一个名叫卡尔·安德柳维奇（Carl Andreivitch）的儿子,但孩子的母亲身世未知。在圣彼得堡的德语学校任教期间,龙思泰为孩子命名,但之后这个孩子杳无音信,其命运无人知晓。

龙思泰于1794年返回瑞典,他将大部分积蓄都投资在某个品牌的鱼子酱上,并希望能够通过盈利使自己的资产翻倍。但是,由于季节原因,贮存鱼子酱所需的冰块大量融化,从而导致鱼子酱腐烂变质,而龙思泰的资产也因此消耗殆尽。通过瑞典驻圣彼得堡大使冯·斯丁格（von Stedingk）的推荐信,龙思泰在斯德哥尔摩政府内获得了一份俄语口译和笔译的公职。工作期间,龙思泰总结了俄语语法,并且开始动笔编写俄瑞辞典。

1796年,瑞典国王古斯塔夫四世阿道夫（Gustav IV Adolf）前往圣彼得堡进行求婚之旅,龙思泰全程陪同。同年,龙思泰和一个年轻贫穷的寡妇卡洛琳娜·莫桑德（Carolina Mosander）结婚。因为从事政府工作的薪水十分微薄,所以龙思泰打算另谋他职。在奥兰德（Åland）的一位上尉军官桑德尔斯（Sandels）与龙思泰私交甚好,他为龙思泰推荐了一个东印度公司的职位。龙思泰在东印度公司内担任

---

① "stedt"在古瑞典语中有"城市"的意思。

高级助理,并且于 1798 年初随皇后号商船(Drottningholm)造访广东。

在广东期间,龙思泰被委以重任,他全权负责商品的采购、库存以及运输事宜。十九世纪初,东印度公司解体,龙思泰当时已经被瑞典政府委任为"瑞典在华贸易的政府代表"。凭借着有效的许可证,龙思泰成功地经营着自己的商贸业务。

龙思泰于 1815 年移居到澳门,并在葡萄牙人的聚居地附近定居。在那里,龙思泰继续经营自己的商业活动。当时的澳门尽管有西方人居住生活,但鲜有商船进出。龙思泰在澳门很快成为一名颇负盛名的人物,他因此还被瑞典国王授予瓦萨爵士爵位,并被尊称为"安德士爵士",尽管他本人从未使用过这一头衔。龙思泰同时还被任命为总领事。

在澳门居住期间,龙思泰对澳门的历史产生了浓厚兴趣,并开始着手研究一些古本和学术记载。龙思泰认为,中国皇帝从未将澳门土地割让给葡萄牙,而这一结论曾受到葡萄牙人的强烈反对。如今,葡萄牙人承认"我们当时错了,而龙思泰是对的——向龙思泰致敬!"龙思泰所获得的肯定还不只这些。1997 年,澳门以龙思泰的名字命名了"龙思泰大马路"(Avenida Sir Anders Ljungstedt)。林雪平也同样有一条以龙思泰的名字命名的街道。龙思泰从未忘怀自己的家乡林雪平,他尤其对自己艰难的求学经历记忆犹新。龙思泰将大部分财产捐赠给教育机构,并且建立了一所学校。龙思泰从 1824 年开始经营这一事业,如今这所学校已经发展成为瑞典国内规模最大的高中之一——龙思泰高中。

龙思泰的夫人从未跟随龙思泰前往澳门。龙思泰将夫人照顾得很好,因此她一直衣食无忧,直至去世。龙思泰在 1835 年 11 月 10 日与世长辞,他长眠于澳门的基督教坟场,他的墓碑上铭刻着"学者和慈善家"。龙思泰所有的文献档案和研究成果都体现出他超凡的高尚品格与强烈的公正性。同时,龙思泰不遗余力地为穷人创造幸福的生活。

1992 年,龙思泰关于早期澳门史的英文版著作重新再版,其中文译作于 1997 年出版,而葡萄牙文版本亦已经面世。凭借已有的版本,我们瑞典人可以更好地了解龙思泰的研究成果。龙思泰也因此在中国成为一名重要人物。在中瑞交流中,龙思泰也多次以公关名人的形象被提及。龙思泰所做出的杰出贡献和成就,同样影响着后继的瑞中交流使者。

论翻译矛盾
——从《德译中国成语故事》谈起

桂乾元

摘　要　翻译有矛盾,翻译矛盾主要是译文的"忠美矛盾"。翻译矛盾是客观存在的,译者的主要任务就是通过发现和解决翻译矛盾来实现译文的高质量,以此为人类和社会的发展做出贡献。解决翻译矛盾,就是要使译文的"忠美矛盾"达到"和谐"及"平衡",并且尽可能地缩小"翻译等值间隙"。译者必须不断地夯实翻译基本功,加深对翻译真谛的认识,虚心学习先辈和同行的经验,丰富翻译实践和创新翻译技巧,以使自己从翻译的必然王国走向翻译的自由王国。

关键词　翻译矛盾　忠美矛盾　忠而不美　美而不忠　忠美平衡

2011年底,上海外语教育出版社出版了笔者和同事合作编写与翻译的《德译中国成语故事》,该书仅编写并翻译了我国几千则成语故事中的100则,可谓沧海一粟。《德译中国成语故事》全书仅10万字,可我们却为此忙活了一年多。这段经历着实令我们感慨:汉德翻译很难!究竟难在哪里?难在这些成语故事涉及的朝代多、国名多、专名多、衔头多、成语多。"衔头"就是其中一大难译点。比如,"王"可以是指"国王",也可以是指"君主",还可以是指"诸侯",而更多地则是指一个领地的"封王",其在不同朝代、不同国家、不同场合、不同人口中多有不同的叫法和内涵。而且,一个成语故事又会带出好几个成语,像成语故事《熟能生巧》中就出现了"百发百中""自鸣得意""自命不凡""不慌不忙"等多个成语。但是,归根结底,就翻译的本质而言,翻译这些成语故事的困难主要还是在于难以处理和解决好翻译的根本矛盾,即翻译的"忠美矛盾"——"忠而不美,美而不忠"。请看一例(桂乾元,2011,274):

【原文】"老同学,你怎么了?看情况你真是有点落魄啊!"

【分析】这句话的具体语境是：在成语故事《贪得无厌》中，一个已经得道成仙之人在路上偶遇他的一个因好吃懒做而穷困潦倒的多年不见的昔日同窗。于是，这个人就非常吃惊地问出了上面那些话。原文看似简单，但要译好"落魄"却颇有难度，译者既要译出"落魄"与"穷困潦倒"的本意，又要符合此场合下的含蓄、委婉的表达习惯，以回避"穷困潦倒"的具体措辞。

【德译】（1）"Mein alter Schulkamerad, was ist mit dir passiert? Das sieht ja wirklih so aus, dass du verarmt bist."

（2）"Mein alter Schulkamerad, was ist mit dir passiert? Das sieht ja wirklih so aus, als wärst du ein wenig vom Glück verlassen worden."

【点评】（1）译"忠于"原文字面之意，但太直白，欠委婉，当面说多年不见的老同学穷困潦倒似乎不符合中国人和德国人的表达习惯。（2）译用了德语特有的表示猜测和可能的虚拟式，还用委婉的表达"有点不走运"替代"穷困"和"窘迫"，虽然此译法看似不"忠"，与原文字面之意有所出入，但如此表达符合德语表达习惯，也有内敛含蓄的效果。因此，当取（2）译。

由此例可见，一个"落魄"就显现了译文"忠而不美，美而不忠"的矛盾。

何谓"矛盾"？从哲学上说，矛盾"是辩证法的基本范畴。指对立面的对立统一，既相互排斥又互相依存的关系"。（辞海，2010，1812）用通俗的话来说，"矛盾"就是两个互相排斥而又相互依赖的事物之间的关系。具体说到翻译过程中的矛盾，根据笔者的经验和体会，翻译工作会遇到许多矛盾，包括：（1）译者汉外语水平之间的矛盾；（2）译者翻译能力与翻译任务之间的矛盾；（3）原语与译语使用习惯之间的矛盾；（4）直译与意译的矛盾；（5）原文作者与译者之间的矛盾；（6）译文读者与译者之间的矛盾；（7）原文作者与译文读者之间的矛盾；（8）译文"忠"与"美"之间的矛盾。但是，依笔者拙见，归根结底，翻译中的最大和最根本的矛盾就是最后一个，即译文的"忠美矛盾"，而其余诸多矛盾实际上是"忠美矛盾"的主要成因。国际译联于1963年9月通过的《翻译工作者宪章》规定："任何译文都应忠实于原文，都应准确表达原文的思想和形式。"这恐怕是国际公认的最简单、最原则性的翻译要求或翻译准则。因此，就翻译而论，不管是外译汉还是汉译外，都应遵循这样两个最基本的要求或准则，即"准确"（简称"忠"）和"通顺"（简称"美"），这两者既互相依赖又相互排斥。换言之，翻译矛盾主要是译文"忠"与"美"之间的矛盾——"忠实于原文的译文效果不好，效果好的译文不忠实于原文"。基于上述认识，笔者将翻译的"忠美矛盾"称作"翻译矛盾"。本文主要探讨有关翻译矛盾的五个问题。

一 "忠"与"美"的内涵是什么？

（一）"忠"的内涵

"忠"就是"忠实"，即译文要"忠实于原文"，要准确地转达原文原意。以笔者之见，"忠"应包含下述四层含义：

其一，"忠于内容"，即译文要忠实地转达原文的内容。这是由翻译工作的宗旨和根本目的所决定的，也是译文之所以成为译文的最起码之要求。

其二，"忠于字面"，即译文要"忠"于原文字面意义。这是对译文最基本、最起码的要求，也是对第一条的解读。没有这一条，再"好"再"美"的"译文"也不是真正意义上的译文。"字面之忠"是对译者的最低要求，也是一个基本合格的译者必须要遵循的标准。

其三，"忠于整体"，即译文要"忠"于原文的整体意义。这是指原文除了字面意义之外，还要有言外之意，即原文的神采，包括原文的各种风格。"整体之忠"是对译者的高要求，也是衡量一个译者是否达到优秀境界的高标准。对此，请看如下一例（桂乾元，2011，186）：

【原文】"这些龙怎么全都没有眼睛啊？"

【分析】这句话的具体语境是：在成语故事《画龙点睛》中，许多人去看画家所画的栩栩如生的龙。忽然，有个细心的年轻人发现这些龙都没有眼珠，于是他不禁这么失声叫了起来。如果我们连贯全文进行深层理解，那么我们就会知道，这里的"眼睛"应指"眼珠子"。

【德译】(1) „Wieso haben aber die Drachen keine Augen？"

(2) „Wieso haben aber die Drachen keine Pupillen in Augen？"

【点评】(1)译"忠于"原文字面之意，但没有表达出原文的整体意义或深层含义。(2)译以增词"Pupillen"（眼珠子）之方式表达了原文的整体意义或深层含义。因此，(1)译的问题是"忠而不美"，即其看似"忠"了，但其实只"忠"于表面。(2)译看似不"忠"，却"美"了，因为这样的表达传神到位。

其四，"忠至可能"，即译文要"忠"，而且要"忠至可能"。别看这个要求只有四个字，其内涵却异常丰富：首先，译文要"忠"，这是翻译的立身基础和根本原则；其次,译文不可能百分之百地"忠"于原文,即由于种种原因,译文不可能百分之百地再现原文的全部内容和意义;最后,尽管译文不能百分之百"忠"于原文,译者亦必须付出最大努力,以尽可能地接近原文,从而再现原文的内容和意义。"忠至可能"是对译者本人工作态度的严格要求,也是译者对原文作者和译文读者高度负责的态度之具体体现。

(二)"美"的内涵

"美"就是"道地",即译文本身要规范、通顺,要符合译入语的表达习惯,要有表达原文内容的形式"美"。笔者认为,译文之"美"应包含以下四层含义:

首先,"美在形式",即译者要用道地的译文转达原文的内容。译文是给译语读者阅读或欣赏的道地的文字,"译文之美"是为更好地达到译文之目的服务的。

其次,"美在对应",这是对译文的"对应"要求。译文与原文的"对应",不仅指译文与原文在内容上的对应或相似,而且也包括译文与原文在形式上的对应或相似。同时,我们也应认识到,由于汉语和德语分属不同的语系,所以在表达相同的内容时,两者的形式存在着极大的差异,而且很少有完全对应或相似的表达形式。但是,译者应该不断提高翻译水平,努力做到与做好"美在对应"。对此,请看如下一例(Schickel,1967,43):

【原文】小小环球,有几个苍蝇碰壁。/翁翁叫,几声凄厉,几声抽泣。

【分析】这是毛泽东主席的诗词《答郭沫若》中的两句。译者若要将这两句诗译得到位传神,就必须努力做到在内容上和形式上都与原文"对应"。这就要求译者不仅要懂得汉语诗词,而且还要懂得德语诗歌。请看一位德国汉学家的译文:

【德译】Klein, klein, der Erdball, gibt es ein paar Fliegen, stoßen Wände an.

Summen, summen, einige laut erbittert, einige lauthin klagend.

【点评】细细品味,笔者觉得此译相当精妙,不仅内容上译得"滴水不漏",而且格式上有德语诗歌之韵味,读来朗朗上口,真可谓是传神佳译。虽难以断言此翻译已经达到了无懈可击的至高境界,但其确实做到了内容上和形式上的尽量对应。

再次,"美至必要",这是对"译文要美"的深层要求。细细品味,这个"必要"大有讲究:第一,所谓"必要",就是在"非美不可"时——在译文表达需要之时——方可进行"美化"处理;第二,如果在没有必要进行"美化"时实施了"美化",那么这就不是翻译之"美",而属"滥译乱译";第三,"必要"是个"模糊概念",其既取决于译文表达之"需要",又取决于译者对是否"必要"的正确判断,因此"必要"更以译者的译语水平为基础。这就是说,只有当译者的翻译水平达到一定的高度时,其才能做出是否有"必要"对译文进行"美化"处理的正确判断。对于一个译者来说,"美至必要"实际上是个至高要求,也是译者抵达翻译自由王国的必经之路。

最后,"不美为美"。有人可能会问,既然"不美",还有什么"美"可言?对此,笔者的解释是,译文之"美"不是无原则的,不是完全脱离原文形式的"为美而美",译者也要考虑原文表达形式,并尽可能地用译语中的对应或相近的表达形式进行翻译。如果原文"不美",那么译文就不能"美"。这里所说的"不美",指的是原文的表达形式、措辞色彩等方面的"不美",如粗言俚语,甚至是故意文理不通。当遇到此种情况时,译者就应该用相应的译语表达形式或修辞色彩进行翻译,以达到形式上的对应或接近。如此"形式上不美"的译文亦达到了"美"——用地道的、对应或相似的译文形式再现原文表达形式上的"不美"。

二 "忠"与"美"究竟是什么关系?

如前所述,翻译矛盾就是译文的"忠美矛盾",即"忠而不美,美而不忠"。那么,"忠"与"美"之间究竟有着什么样的关系呢?哲学理论告诉我们,"矛盾双方既统一又斗争,推动事物的发展和变化"。(辞海,2010,1812)这是指"忠"与"美"具有统一性和斗争性。若用通俗的语言表达,笔者拙以为"忠"与"美"的关系也许可以被概括为四句话:互为制约又相依,你中有我我中你,不可分割为条件,尤如灵魂与躯体。具体关系如下图所示:

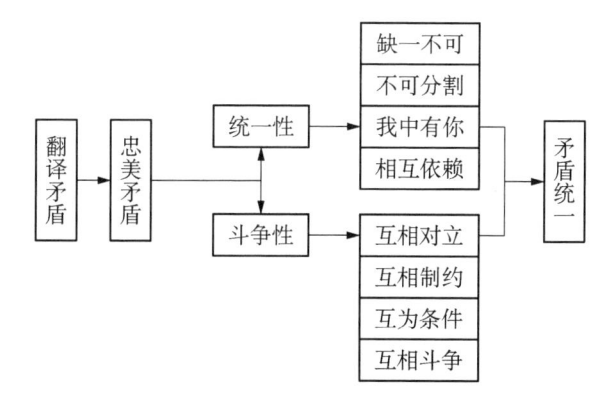

翻译矛盾 → 忠美矛盾 → 统一性 → 缺一不可 / 不可分割 / 我中有你 / 相互依赖 → 矛盾统一
斗争性 → 互相对立 / 互相制约 / 互为条件 / 互相斗争 → 矛盾统一

笔者就"忠"与"美"之间的关系进行如下简单说明:

（1）互相制约，相互依赖——翻译矛盾的双方既互相制约，又相互依赖。翻译之"忠"主要关系到内容，翻译之"美"主要关系到形式。内容要靠形式表达，形式要借内容体现；一定的内容要用一定的形式表达，一定的形式只能表达一定的内容。这就是"忠"与"美"之间的互相制约之关系。没有内容，就无所谓形式；没有形式，内容就无法表达。"忠"与"美"之间有着"皮之不存，毛将焉附"的关系。互相制约是斗争性使然，而相互依赖是统一性所致。

（2）你中有我，我中有你——这是矛盾双方的统一性问题。"忠"和"美"也存在着"你中有我，我中有你"的关系。"忠"其实也包括表达形式上的忠实，只是由于原语和译语之间往往少有形式上的完全对应，所以其被淡化了；"美"其实也包括内容上的完美转达。如果原文内容没有被转达到位，那么这样的译文即使形式上再"美"，也不算是真正的"美"。我们之所以将"忠"和"美"分开进行定义和诠释，主要是出于分析和论述的需要。

（3）不可割裂，互为条件——"忠"是翻译的基础和出发点，若没有这一条，则翻译一事无从谈起；"美"是翻译的关键与归宿，若没有这一条，则译文的质量和效果就无法得到保证。但是，在翻译实践中，"忠美矛盾"经常发生，即译文虽忠实于原文原意了，但其看起来却往往不"美"，而译文一旦"美"了，其就不"忠"于原文原意了。从翻译理论的角度来说，这样的"失美"或"失忠"就是由这对翻译矛盾所引起的"翻译等值间隙"。翻译矛盾中的"忠美"双方就像一枚硬币的两面，它们是如此的"矛盾"，以至于两者永世不能相见，但若缺了任何一面，金币也就失去了价值。

（4）灵魂躯体，不可缺———翻译矛盾之"忠与美"的关系，诚如一个人之灵魂与躯体。灵魂是内在的精神性的东西，躯体是外在的物质性的东西。灵魂若没有躯体，就无所依附，就只能漂浮游荡；躯体若没有灵魂，就只能是一具僵尸。有了灵魂的躯体才有生命，才是活生生的人。其实，这是"互相制约，相互依赖"关系的另一种更通俗、更明确的比喻。

三 翻译矛盾从何而来？

（一）理论层面

恩格斯说："运动本身就是矛盾。"（毛泽东，1952，280）这是唯物辩证法的观点。毛泽东说："没有什么事物是不包含矛盾的，没有矛盾就没有世界。"（毛泽东，

1952,280)这解读了矛盾的普遍性和矛盾存在的意义。作为社会中的一项不可或缺的工作,翻译当然无可避免地包含着矛盾,而且主要是翻译的"忠美矛盾"。所以,翻译矛盾是翻译工作本身所固有的,是由事物运动本身——译文要达到目的,翻译要克服困难,译者要进行创造——和矛盾的普遍性所决定的。

(二)实践层面

从实践层面看,造成翻译矛盾的因素很多,依笔者拙见,其中最主要的包括:

第一,译者汉语水平与外语水平的矛盾。一般而言,译者的汉语水平与外语水平之间总是有差异的。外语水平高的译者对原文原意理解得比较到位,但由于其汉语水平相对较低,所以中文译本中的表达可能就不那么如意;反过来,汉语水平高的译者表达起来得心应手,但由于其外语水平相对较低,所以其在对原文原意的理解上可能要打点折扣。在翻译实践中,这种差异是造成翻译"忠美矛盾"的首要原因。

第二,原语与译语使用习惯的矛盾。翻译要符合原语和译语双方的使用习惯,这是翻译工作的准则之一。所谓"语言的使用习惯",就是指一种语言在长期的使用实践中所形成的表达方法和惯例,其主要特点包括:(1)为该语言所独有;(2)往往不受语法的约束和限制;(3)首先和主要出现在口头表达中,然后逐渐书面化;(4)与使用该语言的人之思维特点密切相关。香港中文大学教授刘宓庆先生在一篇谈到英语表现手法的论文中说到"英国人的思维方式和风格"。刘宓庆先生用英语举例说明了"英国人是坐着思考,法国人站着思考,美国人边走边思考,爱尔兰人则是干完了才思考"。(刘宓庆,1994,71)那么,德国人呢? 由于德国人擅长哲学性逻辑思维,所以我们或许可以说德国人是"思考好了再干"。中国人的思维方式恐怕是最独特的,我们既要思前又要想后。关于中国人和德国人的思维及语言使用习惯之不同,我们也许可以通过以下这个极简单的例子(桂乾元,2004,12)来进行管中窥豹之观察:

【原文】节约用电。

【德译】Ich bin Energiesparer.

【点评】中文原文是中国人常用的表达,即要求用电的人不浪费电。德语译文(回译成汉语则是"我是节能者")则是德国人常用的有关节电的习惯表达。由此可见,德国人通过突出"我",以唤起人们节电的自觉性。将原文和译文进行比较,我们就发现"出入"很大。这样的译文行吗? 有人可能会说不行,因为译文没有

"忠"于原文。但是,笔者认为行,因为译文达到了与原文相同的效果。如果完全"忠"于原文字面意思和形式地将其译成德语命令式,那么这反而不是地道的德语表达了。此例典型地说明了语言使用习惯对翻译的影响。

第三,原文作者与译文读者要求的矛盾。已故德国翻译理论家、德国海德堡大学翻译学院前院长佩博克教授在其力作《翻译人生》中将译者比喻为"一个被绑住了手脚的杂技演员"。(Paepcke,1986,xx)这个比喻不仅生动形象,而且道出了翻译中的"忠美矛盾"的另一个根源:原文作者要求译文完全再现原文原意,其不允许译者进行任意的增删——这就是"绑住了译者的手脚";而译文读者则要求译文既能再现原文原意,又能读起来像译入语原作一样流畅通顺——这就像杂技演员的杂技表演。杂技表演本来就很难,所谓"台上一分钟,台下十年功",而他现在又被捆住了手脚,那就难上加难了。联系到翻译工作,一方面,为了让译文读起来更为流畅有味,从而"将原文引向读者",译者必须在文字上有所增减,但原文原意制约着他,使他顾虑重重,不敢贸然下手;另一方面,为了使译文"忠至可能",从而"将读者引向原文",译者必须多考虑"硬译",以使译文读起来外国味浓一点,但很多译文读者又不愿意了,他们会批评译文"文理不通""晦涩难懂"。这就好像悬在译者头上的两把达摩克利斯之剑,稍有差错或不慎,剑就会落到译者的头上。对于译者来说,这个矛盾似乎有点"性命攸关"。

第四,原文难度与译者水平的矛盾。笔者以前认识一位德语同行,他也曾是笔者的同事。这位同事就以亲身经历向笔者展现了一旦原文难度和译者翻译水平之间发生矛盾,翻译的难度就势必会增加,进而致使翻译矛盾难以得到解决。此前,上海某出版社曾向笔者的这位同事约译一本揭露德国纳粹罪行的书,全书总共200多页。这位同事先前翻译过两本德汉对照读物,但他没有翻译大部头书的经验。出版社与这位同事接洽时,他匆匆翻阅了一下原书,觉得内容还比较有趣和熟悉,所以在没有细看原文的难度究竟如何的情况下,他就一口答应了。后来,在翻译工作进行到后半段时,这位同事越来越觉得有些句子自己难以"驾驭",不是原意难以吃透,就是译文"难以摆平","忠美矛盾"很突出。这位同事说他当时真是进退两难:继续译吧,困难重重,又不能乱译一气;放弃不译吧,一言既出,岂能反悔。而且,全书已翻译过半,"前功尽弃"确实令人心有不甘。后来,这位同事终于找到了解决办法,他请教了一位翻译高手,两人合力解决了翻译中的矛盾,总算将书译完了。如果我们可以将译者的翻译基本功归纳为母语、外语、翻译经验和技巧、知识面和工作态度五个方面,那么在翻译任何一篇原文时,译者的任何一方面基本功的欠缺,都会给翻译矛盾之解决带来很大的困难。

四 翻译矛盾的实质是什么?

辨证唯物观要求我们在面对任何事物时都要"透过现象看本质"。那么,翻译矛盾的本质是什么呢?只有认清了翻译矛盾的本质,译者才能全面深刻地认识翻译矛盾,并找到正确解决翻译矛盾的方法,从而提高译文质量和做好翻译工作。翻译矛盾的实质或许可以被总结为五个词:

第一,根源——翻译困难之根源。翻译中的最大困难是什么?笔者体会到的最大困难就是正确处理翻译矛盾,即科学合理地解决翻译的"忠美矛盾",以使译文最终达到"忠美平衡"。

第二,考验——译者能力之考验。译者能不能发现翻译矛盾,以及能否正确地解决翻译矛盾,这是对译者翻译能力的最大考验。单靠书本和理论是学不到科学合理地解决翻译中的"忠美矛盾"的方法和经验的,只有在大量和长期的翻译实践中不断摸索和总结,不断在成功和失败中"摸爬滚打",译者方能慢慢体会和积累这样的实践经验。

第三,体现——翻译创造之体现。有实践经验的译者都有这样的深切体会,即翻译需要创造,不进行翻译创造就没有优秀的(甚至是合格的)译文。正确处理和科学解决翻译矛盾就是译者最大的翻译创造,它是译者创造合格及优秀译文的必经之路。

第四,所在——翻译魅力之所在。翻译的根本魅力在哪里?笔者拙以为,魅力就在于翻译需要创造,就在于翻译需要译者不断地解决翻译矛盾以达到译文的"忠美平衡"。前文已经提到,没有矛盾就没有世界。那么,我们也可以说,没有翻译矛盾就没有翻译,没有翻译的"忠美矛盾"就没有翻译的魅力。作为一个将翻译工作视为终身事业的译者,其必然会把不断努力克服翻译困难和解决翻译矛盾,并进而在翻译创造中显现自身能力和实现自身价值,当作人生的最大乐趣。

第五,追求——翻译平衡之追求。所谓正确处理翻译矛盾,就是"在永远的全局性不平衡中追求短暂的局部的平衡"。且看一个英语示例(方梦之,1994,82):

【原文】Many of these feine produckts are in stock, ready for your order.

【分析】从原文的字面意思可知,这是一句内容有关产品推销的广告语句。尽管句子不复杂,理解起来也不难,但翻译起来还是有点难度。主要是如何译好后半句,以妥善解决"忠美矛盾"。

【英译】(1)这许多优良产品有现货,准备你来订购。

(2)上述产品质量上乘,备有现货,欢迎订购。

【点评】(1)译意思无错,译文也通顺,但"准备你来订购"与原文的广告体裁"失衡",不像广告用语。(2)译删除了"准备你来",增词"欢迎",从而达到了译文的"忠美平衡",其显得与广告文体非常"匹配"。译者考虑到这是广告用语,所以其确定了"先美后忠"的原则,从而较好地解决了"忠美矛盾",使译文收获了较好的效果。

五 译者如何正确处理翻译矛盾?

译者如何正确处理翻译矛盾?请先看下图:

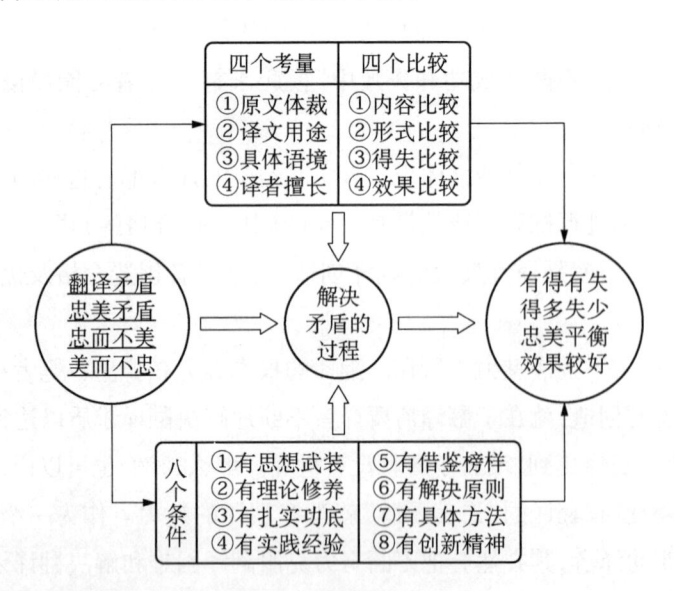

```
            ┌──────────┬──────────┐
            │ 四个考量 │ 四个比较 │
            │①原文体裁│①内容比较│
            │②译文用途│②形式比较│
            │③具体语境│③得失比较│
            │④译者擅长│④效果比较│
            └──────────┴──────────┘
                      ↓
┌──────────┐   ┌──────────┐   ┌──────────┐
│翻译矛盾  │   │解决      │   │有得有失  │
│忠美矛盾  │ ⇒ │矛盾的    │ ⇒ │得多失少  │
│忠而不美  │   │过程      │   │忠美平衡  │
│美而不忠  │   │          │   │效果较好  │
└──────────┘   └──────────┘   └──────────┘
                      ↑
            ┌──┬────────────┬────────────┐
            │八│①有思想武装│⑤有借鉴榜样│
            │个│②有理论修养│⑥有解决原则│
            │条│③有扎实功底│⑦有具体方法│
            │件│④有实践经验│⑧有创新精神│
            └──┴────────────┴────────────┘
```

根据多年从事翻译实践和翻译理论研究的心得和体会,笔者认为,如果想正确处理翻译矛盾,那么译者必须具备八个基本条件(即"八有"),并做好"四个考量"和"四个比较":

一有思想武装——译者要务虚,即要明确翻译矛盾是可以被解决的,尽管其不能百分之百地被解决。这是在战略上藐视翻译矛盾问题,也是翻译工作信心的强化剂。

二有理论修养——译者要提升翻译理论修养,及时充电,不断与时俱进。特别是在有关翻译矛盾的诸多问题上(如特性、本质、成因、解决之道等),译者要有高度理性的认识。

三有扎实功底——译者要不断地夯实翻译基本功,提高整体翻译水平,与时俱进地做好翻译工作。只有这样,译者才能在翻译事业中不断前进、有所创新和做出贡献。

四有实践经验——译者要进行大量的翻译实践,并在翻译实践中不断摸索方法技巧和总结成败的经验。要解决好翻译矛盾,译者还要有大量的翻译实践及成败经验作为支撑和后盾。

五有借鉴榜样——译者要不断地向有经验的同行学习。译者不仅要向成功的经验学习,更要向失败的教训"学习"。榜样的力量是无穷的。借鉴榜样是译者提高本领的一大捷径。

六有解决原则——解决翻译矛盾要有基本原则。有人认为,在"忠美"发生矛盾时,要"先忠后美",因为翻译的根本宗旨是"转达原文原意";有人则相反地认为,在"忠美"发生矛盾时,要"先美后忠",因为译文是"给读者看的,读者满意的译文才有好的效果"。这真是"公说公有理,婆说婆有理"。笔者认为,两者都有理,但都不够全面,它们都忽视了具体翻译语境的差异性和翻译矛盾的复杂性。笔者认为,正确解决翻译矛盾的基本原则有两条:

第一条,"四个考量定侧重"。在翻译实践中,当"忠美"发生矛盾时,译者不能死板地一概"先忠后美"或"先美后忠",而应根据四个考量(即原文体裁、译文用途、译文语境以及译者特长)的结果,结合实际情况确定侧重"先忠"还是"先美",并考虑侧重的程度。

第二条,"四个比较求平衡"。翻译实践告诉我们,"忠而不美"和"美而不忠"是永恒的,再高明的译者也不可能完全消除"翻译等值间隙"。该原则要求译者在比较不同译法的内容、形式、得失和效果的基础上,采用灵活多变的方法和手段来努力使译文保持"忠美平衡"。

七有具体方法——在翻译实践中,译者一方面要不断总结自己的经验教训,另一方面要虚心学习别人的经验,进而总结和归纳不同情况下的解决翻译矛盾的具体方法。

八有创新精神——翻译是一种制约与反制约的抗争:一方面要"忠",即受原文内容的制约;另一方面又要"美",即打破原文形式的制约,用译入语的形式表达原文的内容。因此,翻译是一种创造性劳动,译者必须有胆有识,必须有创新精神。请看如下一例(Spielmann,1980,367):

【原文】"这是共产党员说的话吗? 简直是'青红帮'!"

【德译】„Redet so ein Parteimitglied? Mafia-Sprache!"

【点评】原文摘自中国作家张洁的小说《沉重的翅膀》,德语译文由德国汉学家进行翻译。翻译此句的主要矛盾是,"青红帮"在德语中没有对应或相似的表达。译文既要表达原文的"黑帮"之意,又要让德语读者一看就懂。此外,译文还必须有原文的口语性和强力斥责的语气。此德译的成功之处主要在于,其通过创造性地使用措辞"Mafia"(黑手党),到位地表达出了原文的"黑帮"之意,并且其又有创意地根据上下文(与某人说的话有关)增词"Sprache"(话),从而巧妙地连接了前后文,使译文形式对应、简洁有力、有意有味,收获了较为理想的表达效果。若仅仅是音译"青红帮",哪会有这样的效果!

六 结语

行文至此,有人可能会问:研究翻译矛盾的意义何在? 笔者认为,对翻译矛盾之研究不仅可以帮助我们理性地"洞察"翻译矛盾的"里里外外",还能使我们更深入地认识到翻译的真谛。从"小处"言,研究翻译矛盾能够帮助译者认识翻译矛盾的本质和来龙去脉,了解和掌握解决翻译矛盾的原则和方法,从而提高翻译本领和译文质量;从"大处"看,对该翻译理论命题的研究,可以推动整个翻译理论的研究。因此,翻译矛盾研究既有提高解决翻译矛盾能力的实践意义,又有深入认识翻译和把握翻译真谛的理论意义。

翻译有矛盾,而且翻译中的最根本的和最大的矛盾就是译文的"忠美矛盾"——"忠而不美,美而不忠"。翻译矛盾是客观存在的,任何译者都会面临翻译矛盾,即使是再高明的译者,也不可能完全科学合理地解决翻译矛盾。译者的主要任务就是发现和解决翻译矛盾,从而实现译文的高质量。译者既能从发现和解决翻译矛盾的过程中获得翻译的经验和乐趣,也能借此体现自身之价值,并为人类和社会的发展做出自己的贡献。为了科学合理地解决翻译矛盾,并使译文的忠美矛盾达到尽可能"和谐"及"平衡"的地步,译者必须努力夯实自己的翻译基本功,在翻译实践中加深对翻译真谛的认识和把握,虚心学习先辈和同行的经验。只有不断地丰富翻译实践经验,以及不断地摸索和创新翻译技巧,译者方能从翻译的必然王国走向翻译的自由王国。

笔者撰写此文的目的是抛砖引玉,以期译界同仁重视对翻译矛盾——乃至对翻译理论和翻译实践——的研究,从而推动整个翻译理论的研究,并最终促进翻译实践的繁荣与发展。文中所述,乃本人粗浅之见,难免偏颇有误,欢迎译界同仁批评指正。

参考文献

桂乾元主编,虞龙发等译:《德译中国成语故事》,上海:上海外语教育出版社,2011年。

辞海编辑委员会:《辞海》(第六版缩印本),上海:上海辞书出版社,2010年。

Joachim Schickel, *Mo Tse-tung, 37 Gedichte*, Münschen: Deutscher Taschenbuch Verlag, 1967.

[德]恩格斯:《反杜林论》,载《毛泽东选集》(第一卷),北京:人民出版社,1952年。

毛泽东:《矛盾论》,载《毛泽东选集》(第一卷),北京:人民出版社,1952年。

刘宓庆:《汉英对比研究与翻译》,载《中国当代翻译百论》,重庆:重庆大学出版社,1994年。

桂乾元:《德语翻译入门》,上海:同济大学出版社,2004年。

Fritz Paepcke, *Im Übersetzen leben*, Tübingen: Gunter Narr Verlag, 1986.

方梦之:《翻译的文体观》,载《中国当代翻译百论》,重庆:重庆大学出版社,1994年。

B. Spielmann, *Schwere Flügel*, in *Moderne chinesische Erzählungen*, Frankfurt am Main: Suhrkamp Verlag, 1980.

语言学问题研究

试论德语句子的结构技巧

潘忠懿

摘　要　语言是人们的交际工具,如果我们想要熟练地运用外语来表达思想,那么就要善于根据语法规律构造完整、流畅、精确的句子。只有掌握句子的结构技巧,我们才能使口语表达和书面表达均准确无误,从而达到交际目的。正确掌握和熟练运用德语句子的结构技巧,是提高德语语言水平和语言熟练度的重要途径之一。德语句子的结构技巧既涉及到句法学中的时态、情态、主从复合句等问题,也涉及到修辞学中的简明、清晰、生动、活泼等要素。具体来说,如果要提高德语句子的结构水平,那么我们必须既要注意在恰当的语言情境中准确使用主句与副句、长句与短句,也要注意时态与语态的恰当性。在确保主次得当、表意清晰的同时,我们还应该注意句式的多变性,以避免单调乏味。只有经过日积月累的反复摹仿和实践,我们才能真正掌握和熟练运用德语句子的结构技巧。

关键词　德语语言学　德语句式结构　文体学

语言是人们的交际工具,如果我们想要熟练地运用外语来表达思想,那么我们不但要正确掌握语音语法规律以及积累丰富的词汇量,而且还要善于根据语法规律构成完整、流畅、精确的句子。只有掌握句子的结构技巧,我们才能使口语表达和书面表达均准确无误,从而达到交际的目的。本文将对德语句子的结构进行简略剖析,并从中引出一些可供大家遵循的规律。

德语中的句子种类丰富多样,有简单句、并列句、从句等,其中的简单句又可以被划分为陈述句、感叹句、命令句和疑问句。如:

Der Hund beißt.（陈述句）

（Au,）der Hund beißt!（感叹句，或称惊叹句）

Beiß, Karo!（命令句）

Beißt der Hund?（疑问句）

简单句可以根据不同情况得到扩展。如：

Der Hund biß den Briefträger.

Der Hund biß den Briefträger ins Bein.

Der Hund hat gestern den Briefträger tief ins Bein gebissen.

简单句还可以被扩展为并列句和从句，从而引出不同的结果，或补充说明原因。如：

Der Hund biß, ber ich rief ihn zurück.（并列句）

Verlassen Sie sofort mein Haus, oder ich hetze meinen Hund auf Sie!（并列句）

Der Hund biß, obwohl ich ihn zurüekgerufen hatte.（从句）

Der Hund biß zu, weil der Mann, der uns unbekannt ist, sich unserem Haus näherte.（从句）

德语从句可以说明主句中的各种句子成分，或说明主语、宾语，或说明行为发生的时间、地点、方式及结果，等等。若能正确运用各类句子的结构技巧，那么我们就能完整、确切、自由地表达思想；若我们对句子的结构技巧处理不当，则句子中的概念会变得模糊，甚至会闹出笑话。在处理句子的结构技巧时，我们必须注意以下一些基本规律：

1. 尽可能利用副句，以避免主句中的概念过多堆积。

例如：

Dieses Ton seiner Mutter ererbte gesteigerte Minderwertigkeitsgefühl machte ihn sein ganzes Leben lang unsicher.

这类内容浓缩的句子在报刊文章上出现得较多,虽然其语法正确、结构精练,但读者以及尤其是听者在理解其含义时,会产生一定的困难。如果将这句话中带有第二分词作为定语的句子进行分解,并利用副句形式说明相关的句子成分,那么整个句子就显得更为清晰、易懂。如:

Das Minderwertigkeitsgefühl, das von seiner Mutter ererbt hatte, das ihn aber noch stärker quälte, machte ihn unsicher, solange er lebte.

当然,在某种情况下,用分词或不定式短句替代副句也能使句子更为精练。如:

Ich habe keine Zeit, ihn zu besuchen. (替代"daß ich ihn besuche.")
Der Bilnde ging, von seinem Hunde begleitet, über die Straße. (替代"[……], der von seinem Hunde begleitet wurde, [……]")

2. 正确处理主句和副句的连接技巧,以避免句子内容含糊不清。如:

Müllers Chef leitete die Sitzung, die durch seine Nervosität sehr gestört wurde.

不难看出,上面这句句子的主句和副句连接不当,从而导致其概念不清,因此读者难以判断是谁影响了会议。副句中的"seine"既可以指"Chef",也可以指"Müller",显得模棱两可,这是需要避免的。如果我们将上述的句子结构进行一些调整,那么就可以使其主从关系变得非常清楚,概念变得十分明确。如:

Müller störte die Sitzung, die sein Chef leitete, sehr durch seine Nervosität.

再举一个例子:

Ehe sie die Aussage protokollieren konnte, war die Zeugin bereits verschwunden.

上面这句句子同样因主句和副句连接不当而使读者弄不清是谁记录了谁的口供。如果我们对其进行一些结构技巧上的改动,那么句子的含义就会非常清楚:

Noch ehe ihre Aussage protokolliert werden konnte, verschwand bereits die Zeugin.

由此可见,正确运用主句和副句的连接技巧,以使句子成分前后呼应,这是确切表达思想的重要手段之一。

3. 恰当处理长句,避免副句重叠。如:

Der Polizist, der an der Ecke, die abends den stärksten Verkehr aufweißt, Dienst tat, ergriff, als er den Unfall, der ihm zunächst, weil er einen falsch parkenden Wagen notierte, entgegen war, bemerkte, sofort alle nötigen Maßnahmen.

上面这句长句的主句"der Polizist ergriff Maßnahmen"带上了五句五重副句,从而使整个句子显得臃肿和难以理解,不但听者难以跟上思路,即使是读者要正确理解其内容,也必须仔细阅读、反复推敲。因此,我们应尽量避免这类副句重复现象。如果我们将这句长句分割成两句主句,并使两句主句分别各带一句副句,那么我们就可以使它变得清晰易懂。如:

Der Polizist, der an der Ecke mit dem stärksten abendlichen Verkehr Dienst tat, notierte gerade einen falsch parkenden Wagen. Als er aber den Unfall bemerkte, ergriff er sofort alle nötigen Maßnahmen.

这里应该说明的是,在文学作品中,像 Kleist 和 Thomas Mann 这样的语言大师特别善于运用长句进行表达,虽然他们有的句子甚至长达半页之多,但这些句子结构严密、层次清晰、富于诗意,对于读者来说是一种美的享受。然而,人们在日常交谈和书写中,特别是外国人在学德语时,不太可能——也没有必要——模仿这种超凡的语言风格。避免长句、套句和副句重叠,已成为现代德语的一种发展趋势。

4. 在避免长句和副句重叠的同时,也要避免短句的简单排列。如:

Es wurde still. Der Redner stand auf. Er ging ans Pult. Er schaltete die Leselampe ein. Er begann seinen Vortrag.

在以上五句短句中,每句句子只有 3—5 个单词,而且这些句子互相隔裂、互不联系。这种简单的短句排列不仅使文笔显得稚嫩,而且使内容主次不分,从而让读者或听者抓不住要领,进而影响相互间的思想沟通。如果我们将上述的句子结构根据叙述顺序进行适当的调整,那么其概念及过程就会一目了然:

Als es still geworden war, stand der Redner auf und ging ans Palt. Nachdem er die Leselampe eingeschaltet hatte, begann er seinen Vortrag.

同样,以下短句排列无法确切地表达作者的意图,读者对其可以有各种不同的理解:

Der Morgen war schön. Ich stand früh auf. Wir frühstücken gemeinsam. Hans ging zum Markt. Ich setzte mich an meinen Schreibtisch. Wir trafen uns später in der Stadt.

对原文的第一种理解:

Da der Morgen sehön war, stand ich früh auf. Nach unserem gemeinsamen Frühstück ging Hans zum Markt, während ich mich an den Schreibtisch setzte. Später trafen wir uns in der Stadt.

对原文的第二种理解：

Schon früh, als ich aufstand, war der Morgen schön. Wir frühstücken, weil Hans auf den Markt gehen wollte, noch gemeinsam und trafen uns später, nachdem ich etwas am Schreibtisch gearbeitet hatte, in der Stadt.

由此可见，如果想要确切地表达思想，并希望读者或听者能正确领会其原意，那么作者必须避免短句的简单排列。我们不能因为要注意避免长句和副句的重叠，就从一个极端走到另一个极端。

5. 重要内容必须通过主句来表达，副句的作用是对主句进行补充说明。如：

Obwohl wir unbesorgt waren, ließen wir den Arzt kommen, der jedoch zu unserer Bestürzung erklärte, dass unser Kranker Doch am selben Tag operiert werden müsse.

我们分析一下上述句子就可以猜出，作者想表达的主要是两方面内容：一是请医生，二是感到惊讶。因此，我们应当对此句话的句子结构进行调整，以使其出现两句主句：

Obwohl wir die Sache nicht ernst nahmen, holten wir aber doch einen Arzt. Wie bestürzt waren wir, als dieser die Operation noch am selben Tag verlangte!

可以看出，改写后的句子内容与原句相同，但我们将主要内容安排在主句中，并由副句对其进行进一步补充说明，这样就使句子表意确切、主次分明。从下面的简单并列句与从句的比较中，我们也可以得出同样的结论：

1) Die Frau ging über die Straße und wurde dabei überfahren.

2) Die Frau wurde überfahren, als sie über die Straße ging.

（或：Die Frau wurde beim Üerschreiten der Straße überfahren.）

第1)句句子虽然语法正确,但由于两句主句并列地表达了同等重要的内容,因而句子就显得主次不分;而第2)句句子以从句形式出现,次要内容被安排在副句中表达,以说明发生事故的原因,这样做突出了主句中"发生车祸"这一主要内容,从而使整个句子更富有逻辑性。

6. 主句和副句的时态必须吻合,应避免因时间概念混淆而影响内容的正确表达。

1) 若主句和副句的行为(或状态)发生在(处于)同一时间,则它们的时态应该一致。如:

Da ich so denke, kann ich nicht anders handeln.(现在时)
Weil sie krank war, konnte sie nicht reisen.(过去时)
Wenn ich gesund bin, fahre ich mit.(将来时,常以现在时态表达)

2) 如主句时态为现在时,而副句行为发生在此之前,则副句应为现在完成时。如:

Da du mir den Schlüssel nicht gegeben hast, kann ich die Haustür nicht öffnen.

Wir gehen heute so rüstig, weil wir uns gestern gründlich ausgeruht haben.

3) 如主句时态为过去时,而副句行为发生在此之前,则副句应为过去完成时时。如:

Als ich mein Geld ausgegben hatte, mußte ich die Reise abbrechen.
Er kam zu uns, nachdem er seine Gäste verabschiedet hatte.
Bevor du ihn gesehen hattest, sprachst du anders über ihn.

其他时态这里不再一一列举。

7. 正确使用虚拟式，避免矫揉造作的表达形式。

副句对主句的依赖性不仅反映在以上所述的时态上，而且也反映在情态上，德语一般以直陈式和虚拟式分别表达现实性和可能性，如：

1）Der Plan wurde abgelehat, weil er undurchführbar ist.
2）Der Plan wurde abglehnt, weil er undurchführbar sei.

上面这两句句子由于使用的情态不同，所以两者表达的内容也各异。第1）句句子为直陈式，其表示计划无法实现已成为肯定的事实；第2）句句子为虚拟式，其表示计划无法实现只是一种可能性，而作者对此事实持怀疑态度。

在间接引语中，我们一般应使用虚拟式，以表示未得到证实的一种可能性。如：

Sie meint, dieses Buch sei lesenswert,
Er sagte, daß er in Berlin gewesen sei.
Man nahm an, daß die Ware rechtzeitig eintreffe.

虚拟式还表示一种不现实的事物或愿望。如：

Er tat so, als ob nichts vorgefallen wäre.（事实上事故已经发生）
Wenn du fleißiger wärest, könntest du mehr leisten.（已成为一种不可实现的愿望）
Wenn du mir nicht geholfen hättest, wäre ich verloren gewesen.（胜利成为定局，失败已无可能）

此外，虚拟式还常常被用来表达一种客气的愿望或请求。如：

Ich wäre Ihnen sehr dankbar, wenn Sie mir eine baldig Antwort geben könnten.
Wir würden uns freuen, wenn Sie uns morgen besuchen könnten.

以上是常用的几种虚拟式表达形式。在现代德语中,虚拟式日趋为直陈式或不定式短句所取代,因为过多地使用虚拟式会给人一种"语言古老"或"矫揉造作"的印象。下面,让我们继续通过实例进行说明:

Sein Vater wollte nicht, daß der Wald hinter ihrem Haus verkauft würde.

Er verlangte von ihr, daß sie den Koffer trüge.

Der Firmenchef plante, einen Vertreter ins Ausland zu schicken, damit er Aufträge einhole.

上面这类句子的虚拟式纯属矫揉造作的表达方式,它既不是为了区分现实性与可能性,也不是为了表达不现实的愿望或要求。因此,上面这类句子没有必要用虚拟式,以直陈式或不定式短句替代虚拟式能更好地表达这类句子的原意,而且也符合现代德语规范。如:

Sein Vater wollte nicht, daß der Wald hinter ihrem Haus verkauft wurde.

(oder: Sein Vater wünschte den Verkauf des Waldes nicht, der hinter ihrem Hans lag.)

Er verlangte von ihr, den Koffer zu tragen.

Der Firmenchef plante, einen Vertreter ins Ausland zn schicken, um von dort Aufträge zu erhalten.

8. 句子的结构形式应尽可能多变,以避免单调乏味。

这里让我们首先欣赏一下德国的伟大诗人歌德的格言,从中我们可以看出多变的句子结构形式是多么吸引读者,以及其语言风格是多么超人:

Wie kann man sieh selbst erkennen lernen? Durch Betrachten niemals, wohl aber durch Handeln. Versuche deine Pflicht zu tun, und du weißt gleich, was an dir ist. Was aber ist deine Pflicht?

Die Forderung des Tages!

我们读到的是六句短句,虽然其中没有优雅的词藻,但它们却具有引人入胜的魅力,这是为什么呢?原因就在于句子结构形式的变化:格言以问句形式引出主题,并立即以常用的缩短句形式对此问题进行解答,随后出现一句命令句,并且其与陈述句相连,接着又一个问题被提出,歌德仍以缩短句对其进行解答。格言以对话形式被呈现为一个整体,它一问一答地引出结论,从而紧紧地吸引住读者。如果没有句子结构形式的变化,而是采取平铺直叙的方法,那么整个格言就会显得单调乏味。请看:

Selbstkenntnis ist nicht möglich, indem man sich betrachtet, sondern indem man handelt. Man muß seine Pflicht, das heißt die Forderung des Tages tun; dann weiß man, wer man ist.

综上所述,正确掌握和熟练运用德语句子的结构技巧,是提高德语语言水平和语言熟练度的重要途径之一。德语句子的结构技巧既涉及到句法学中的时态、情态、主从复合句等问题,也涉及到修辞学中的简明、清晰、生动、活泼等要素。那么,我们怎样才能正确掌握和熟练运用德语句子的结构技巧呢?笔者认为,正确的方法是多读、多写、多实践,即德语中的那句成语"Übung macht den Meister"。熟能生巧,实践出智慧,这是语言学习中的一条颠扑不破的真理。所谓多读,就是要多读报刊杂志和文艺小说原文,此外还要读点语法、修辞等方面的著作,包括中文版本和德文版本。在阅读原文书刊时,我们不能仅仅满足于了解内容和情节,更重要的是要注意搜集、摘录各种类型的句子结构和自己不熟悉的表达形式。我们最好将这些素材制作成卡片,然后对其进行归纳整理,以从中找出规律性的东西。只有经过日积月累地反复摹仿和反复实践,使这些东西成为自己牢固掌握的技能,我们才能真正掌握和熟练运用德语句子的结构技巧。以上是笔者学习中的点滴体会,与同行共勉。

参考文献

Duden-Grammatik.

Walter Jung, *Grammatik der deutschen Sprache.*

Schulz-Griesbach, *Grammatik der deutschen Sprache.*

Gerhard Helbig / Joachim Busscha, *Kurze deutsche Grammatik für Ausländer.*

Bielbig / Buscha, *Deutsche ülungs-Grammatik.*

Möller, *Praktisch Stillehre.*

德语谚语的修辞手段和修辞效果

徐智儿

摘　要　谚语是使用特定语言的人群的生活经验与人生哲理之表达。本文全面梳理了德语谚语的十种修辞手段、五种修辞效果及四种运用形式,并从中发现了德谚语言简洁准确、结构整齐、合辙押韵的特点,为学习和掌握德语谚语提供了范例。

关键词　德语谚语　修辞手段　修辞效果

谚语是人民群众的口头创作,其经过时代的冶炼而成为语言中的精华部分,并凝聚为文化宝库中的可贵财富。和一切历史悠久的语言一样,德语中也拥有丰富的谚语,它展现着德语国家人民的生活经验,蕴含着人生哲理,反映了一定的自然和社会规律。我们可以从德谚中吸取经验和增长智慧,也可以从中获得启迪和教益。如:

Stehendes Wasser stink, gebrauchter Plug blinkt.

(不流的水发臭,常用的犁不锈。)

上面这句德谚从正反两方面阐明了一条哲理:生命存在于运动之中,停滞则意味着腐朽和灭亡。

Im Munde Bibel, im Herzen übel.

(嘴里念圣经,心里想邪行。)

上面这句谚语让人们警惕那些口蜜腹剑的人,不要被假象迷惑。

德谚不仅语言简洁准确、结构整齐、合辙押韵,而且还巧妙地运用了对偶、映衬、比喻、借代、夸张、比拟等修辞手段。

一　修辞手段

（一）词语精练

德谚尽可能地用最简单的词语来说明丰富的内容。就像起草电报稿一样,德谚要精于择词和善于取舍并突出关键词语,以做到言简意赅。如:

Trau, schau, wem.

(要相信一个人,先要看他是否值得信任。)

仅仅三个词就概括了一个长句所要表达的内容:"Schau dir den Menschen an, bevor du ihm vertrauen schenkst!"

又如:

Unter jedem Dach' ist ein Ach.

(家家都有一本难念的经。)

Aus dem Auge, aus dem Sinn.

(眼不见,心不想。)

（二）句式整齐

德国语言学家卢茨勒里希(Lutz rohrich)从众多的德谚中归纳出很多通俗的模式,以便于人们背诵记忆。限于篇幅,此处仅举几例:

a) A ist B:

Würden sind Bürden.

(位高任重。)

b) A ist nicht B:

Aufgeschoben ist nicht aufgehoben.

(推迟不等于取消。)

c) Nicht A ist B:

Nicht wieder tun ist die beste Buße.

(不再重犯是最好的悔过。)

d) wie A, so B:

Wie die saat, so die Ernte.

（种瓜得瓜，种豆得豆。）

e）Wie man A, so man B：

Wie man sich bettet, so schläft man.

（种其因食其果/自作自受。）

f）Ohne A, kein B：

Ohne Fleiß, kein Preis.

（不努力则无成就。）

g）Kein A ohne B：

Keine Regel ohne Ausnahme.

（凡规则皆有例外。）

h）Lieber（besser）A als B

Lieber eigenes Brot als fremden Braten.

（自食其力胜于寄人篱下。）

i）A macht B：

Übung macht den Meister.

（熟能生巧。）

j）Je A, desto(je)…B：

Je näher der Kirche, je weiter vom Gott.

（靠教堂越近，离上帝越远。）

（三）合辙押韵

德谚通过音节的押韵以实现回环应合，其语调和谐流畅，优美动听，富有音乐感。合辙押韵增强了谚语的感染力，也更便于人们对其进行记忆。德语谚语的押韵大体有以下几种类型：

a）词首押韵

Gleich und gleich gesellt sich gern.

（物以类聚，人以群分。）

b）词尾押韵

Andere Zeiten, andere Sitten.

（时代不同，习俗亦异。）

c）停顿性押韵

Not — kennt kein Gebot.

(患难所迫,铤而走险。)

d) 词首和词尾同时押韵

Glück und Glas, wie leicht bricht das.

(玻璃易碎,幸福也如此。)

e) 元音变换押韵

Erst wäg's, dann wag's.

(三思而后行。)

f) 复句句尾押韵

Wer sich begnügen läßt, hat alle Tag ein Fest.

(知足常乐。)

(四) 功于对偶

德谚常常将字数相等、意义相关的两个句子或词组对称性地进行排列,以使谚语在形式上工整匀称、音调和谐。如:

Kommt Zeit, kommt Rat.

(假以时日,必有良计。)

从出句和对句的意义看,德谚的对偶有以下三种类型:

a) 正对——出句和对句意义相顺

Ohne Feuer nur roh, ohne Leiden nicht froh.

(没有火只能吃生食,没有痛苦就无欢乐。)

b) 反对——出句和对句意义相反

Friede ernährt, Unfriede verzehrt.

(和陆受益,争吵损。)

c) 串对——出句和对句有转折、因果、条件等关系

Scherz gesagt, ernst gemeint.

(说话俏皮,而用意认真。)

Ist der Wein im Manne, ist der Verstand in der Kanne.

(三杯入肚,则神智不清。)

(五) 相互映衬

有的德谚会将两个句子或词组组合在一起，而其中一句起铺垫烘托之作用。如：

Fische fängt man mit der Angel, Leute mit Worten.

（鱼钩能钓鱼，好话能骗人。）

德谚中的映衬有以下三种类型：

a) 正面衬托——甲句和乙句意思相顺

Dornen und Disteln stechen sehr, scharfe Zunge viel mehr.

（荆棘刺人，恶语更伤人。）

b) 正反对照——两个句子或词组意思相反，此时常用反义词

Fleiß erwirbt, Faulheit verdirbt.

（业精于勤荒于嬉。）

c) 互相比较——其中一句起烘托之作用，以使另一句的意思显得更重要

Eine verlorene Unze Gold kann gefunden werden, eine verlorene Unze Zeit nie.

（失去的钱财能找回，失去的光阴追不回。）

(六) 比喻生动

比喻生动是指用具体的、通俗浅显的道理来说明复杂抽象或深奥的道理，这是德谚常用的修辞手段，它能使语言鲜明生动，并能引发人们的遐想，给人以启发。如：

Wer den Aal nimmt beim Schwanz, hat ihn weder halb noch ganz.

（光捏住尾巴，就逮不住鱼。）

德谚中的比喻有以下三种类型：

a) 以具体事物比喻抽象的事物

Leere Schachteln klappen am meisten.

（空罐头敲起来最响——说明浅薄的人才会大言不惭。）

b) 以浅显的道理比喻深奥的道理

Es ist nicht alles Gold, was glänzt.

（发光的不一定都是金子——说明外表美不一定内在美。）

c）使直截了当的话变得婉转隐晦

Ein Zwerg bleibt immer, ein Zwerg und stünd'er auf dem höchsten Berg.

（侏儒站在最高的山上，也成不了巨人。）

（七）善于拟人

Wo Gewalt Herr ist, da ist Gerechtigkeit Knecht.

（强权当道，则公理任人摆布。）

上面这句德谚将强权比作主人，将公理比作奴仆，两相对照地说明在人吃人的社会里，公理要受强权的压制，好比奴仆只能唯主人的意志是从。

德谚中的拟人手法有以下几种类型：

a）把事物或概念直接当作人

Hunger ist der beste Koch.

（饥饿是最好的厨子。）

b）让事物和概念成为亲属邻里关系

Fleiß ist des Glücks Vater.

（勤奋是幸福之父。）

c）为事物和概念安上五官与四肢

Lügen haben kurze Beine.

（谎言腿短。）

d）让事物和概念做出人的动作和行为

Dem Feigen weist das Glück den Rücken.

（幸运对怯者是弃之不顾的。）

e）按德语的构词法将某种品性或行为变成人名

Hoffe Tod stirbt nie.

（嘴上说要死的人不会死。）

（八）巧于拟物

和拟人相似，拟物是将某一事物比作另一事物，其也为德谚增添了不少艺术光彩。如：

Dummheit und Stolz wachsen auf einem Holz.

（骄傲愚蠢同本同源。）

德谚中的拟物手法大体有以下三种类型：

a）将一种概念或品性直接比作某一事物

Ein gutes Gewissen ist ein sanftes Ruhekissen.

（为人不做亏心事，半夜敲门心不惊。）

b）使一种概念或品性具有某一事物的功能

Wo man mit Eigennutz düngt, kann die Tugend nicht gedeihen.

（苟存私心，美德沉沦。）

c）按德语的构词法将某种品性或行为变成地名

In Nehmersdorf wächst Galgenholz.

（盗贼村中树，刑场绞架材。）

（九）以零代整

德谚往往不直接说出其要叙述的人和事，而是借用与之相关的一部分来代替。这种修辞手段使德谚语言简练并具有诙谐性。如：

Voller Bauch studiert nicht gern.

（酒囊饭袋不爱学习。）

德谚中的借代有两种类型：

a）以人或事物的某一部分来代替其整体

Einem hungrigen Magen ist schlecht predigen.

（对饥饿的人不易讲道。）

b）以具体的事物代替抽象的事物

Volle Tafel macht krank.

（多食致病。）

（十）故作夸张

有的德谚会故意对某些事言过其实地进行艺术上的夸大或缩小，从而使人们产生丰富的联想，并给人们留下深刻的印象。如：

Mücke aus dem ersten Mund wird zum Elefanten aus dem fünften.

（事情越传越走样。）

上面这句谚语的原意是第一个人说的是蚊子，而到了第五人的口中却成了一头大象。蚊子与大象的差异实在太过悬殊,从而使人们联想到传来之言往往是不可信的。

德谚中的夸张大体上有三种类型:

a) 对某一物故意言过其实地进行表述

Auf Spatzen schießt man mit Kanonen.

(用大炮轰麻雀——指杀鸡用牛刀。)

b) 故意将某一件事说得有悖常理

Er spannt die Ochsen hinter den Pflug.

(把牛套在犁后——指本末倒置。)

c) 故意说废话

Den Nackten kann man nicht ausziehen.

(一丝不挂的人是剥不下衣服的。)

以上是对德谚中的修辞手段进行简略的分析。修辞是为了使语言的表达更确切、更鲜明、更生动。正因为德谚运用了大量的修辞手段,所以它比一般的语句有着更好的表达效果。如"Die Katze läßt das Mausen nicht"(猫是不放过老鼠的,意指本性难改)的表达很简明扼要,而"Was einem Menschenzur Gewohnheit geworden ist, ist ihm schwer wieder abzugewohne"虽表达了相同的意思,但其就显得冗长累赘了。

二 修辞效果

德谚的修辞作用还体现在它具有多种表达功能,如告诫、劝说、安慰、劝解、辩解、指责、归纳、结论、情景描写、人物刻画、说明情况、说明论据等。

(一) 表示告诫与劝说

Man soll den Tag nicht vor dem Abend loben.

(还没到晚上,且慢说这一天过得好——意即别过早乐观。)

(二) 表示安慰与劝解

Keine Nachricht ist gute Nachricht.

(没有消息,也是好消息——意即没有来信说明平安无事。)

（三）表示辩解与指责

Wie du mir, so ich dir.

（你怎样待我，我就怎样待你。）

（四）表示归纳与结论

Der Dumme verurteilt, der Gescheite beurteilt.

（笨蛋只会指责，智者善于判断。）

（五）描写情景和刻画性格

Wenn die Katze aus dem Haus ist, tanzen die Mäuse auf Tisch und Banken.

（猫儿不在，老鼠逞能。）

三　运用形式

德谚既被用于口头，也被用于书面，其运用形式大体有以下几种类型：

（一）整体运用

整体运用是指完全不变地运用一条谚语，这是德谚运用的基本形式。

在文学作品中，特别是在政治性文章和政治演说中，整体运用德谚的例子是很多的。德谚既能使语言表达变得生动活泼，亦能起到节省笔墨、少费唇舌的作用。如：

Wie man in den Wald hineinruft, so schall es heraus.

（冲着树林叫喊，声音有多高，回声就有多大——意即你怎么对待我，我就怎么还敬你。）

在德国作家盖尔哈特·茨威伦茨（Gerhard Zweren）的电影剧本《玛丽布朗的婚事》（*Die ehe der Maria braun*）中，工人代表威利在谈判桌上用这一谚语回敬资方代表，很有横眉冷对的意味，从而压下了对方的嚣张气焰。

（二）变体运用

变体运用是指根据行文需要而将谚语进行某些必要的变动。这种运用形式寓意深隽，能为行文增添不少风彩。如：

Gottes Müllen mahlen langsam.

上面这句德谚的原意是"上帝的磨盘在慢悠悠地转动"，意即凡人需要经过很长时间才能领悟上帝的法力。

在 1982 年第 44 期的《时代画报》上，《倒在警棍下》(*Wer einmal unter dem Knüppel kam*) 一文的作者将上面这句德谚改写成"Rolf Gössner hat es erlebt, wie langsam die Müllen der Bürokratie mahlen können."（起诉人卢尔夫·葛斯纳眼睁睁地看着官僚主义的磨盘是怎样在慢腾腾地打转的。）

这种变体形式既明示了官方办事拖拉，迟迟不解决问题的现象，又暗示了这帮人的权力犹如原来的德谚中的上帝的法力，意指芸芸众生是奈何他们不得的。

略微改动德谚，并将其作为评论或新闻报道的标题，这是常见的做法。如"Kissinger lässt die Katze aus dem Sack"就被用来讽刺基辛格终于披露了真实意图。又如"Ist gegen die Inflation kein Kraut gewachsen"（通货膨胀无药可医吗？），此标题开宗明义地提出了问题，从而可以吸引读者的注意力。

德谚的变体运用还表现为从两条德谚（或其中一个是成语）中各取一部分，并将其组合在一起，这样做可以收获特殊的效果。如：

Wenn's dem Esel zu wohl wird, lässt er die Katze aus dem Sack.

（驴子得意忘形时就让猫钻出口袋——意即蠢人得意忘形时，就口吐真言。）

又如：

Die Axt im Hause hat Gold im Munde.

（家备斧子，就像口含金子——意即自己动手修理，省去很多花费。）

（三）变意活用

德谚的变意活用是指根据行文需要，变德谚原意而用之。这种运用形式又可以被划分为两种类型：

a）谚语的结构不变，但其意义根据上下文的关系而发生改变；

b）改动或增减一两个词，以使谚语的意义发生很大变化。

以上这两种形式都能使人感受到一种特有的诙谐生动或辛辣有力的表达

效果。

Er brütet nicht im Sitzen, sondern marschiert mit langen, harten Schritten in seinem Büro hin und her und wartet auf einen schöpferischen Einfall. Was man nicht im Kopf hat, muss man in den Beinen haben. (Heinrich Spoel: Der Maulkorb)

作者在这里并未取此德谚的原意(脑袋健忘,两腿奔忙——取笑那些遗忘了东西只得跑回去拿的人),而是用其来描写检察官绞尽脑汁却仍然想不出一个破案的办法,因而只得在办公室内来回踱步的情状。

以上是德谚结构不变的变意活用,但更多的变意活用是要改变德谚结构的,如1933年6月17日的联邦德国《时代周报》登载了一则揭露弗兰堡大学附属医院的职工食堂滥用公款并克扣病人伙食费以提高医务人员伙食标准的报道。该报道的标题是"Hummer ist der beste Koch"(大海虾是最好的厨师),撰稿人用指代珍馐的"大海虾"(Hummer)来代替原谚语"Hunger ist der beste Koch"(饥饿是最好的厨师)中的"饥饿"(Hunger),这样做使得谚语显得既醒目又幽默。变意活用的例子还有:

Kleider machen (Leute) Bräute. (新娘靠衣装。)

Lügen haben (kurze) schöne Beine. (谎言动听。)

Reden ist Silber, (Schweigen) Ausreden Gold. (讲话是银,借口是金。)

Irren ist ärztlich (menschlich). (误诊是医家常事。)

(四) 仿造和创新

仿造和创新都是谐用谚语的韵律和句式,但仿造就形式而言更接近于传统的德谚。目前,德国流行的创造型和创新型的谚语大多具有嘲弄、苦涩的意味,其成为揭示资本主义社会病态的一种有力手段。如:

Spare jederzeit, dann hast du immer Not.

(天天积蓄,永远拮据。)

Wer anderen keine Grube gräbt, fällt selbst hinein.

(谁不损人,自己倒霉。)

Wohlstand kommt vor dem Fall.

(繁荣好景不长。)

Überstund hat Gold im Mund.

（加班多挣钱。）

还有一种形式也属于仿造的范畴,即在一条传统的德谚之后再加上一句意义相反的话,如：

Wer schläft, sündigt nicht — wer sündigt, schläft besser.

（睡着的人不会干坏事,而干坏事的人睡得更香。）

Geld allein macht nicht glücklich — man muß es auch haben.

（光有钱不会使人得到幸福,然而钱还是要有的。）

德谚也被大量用于商业广告,这是因为谚语语言简洁生动,并且家喻户晓。如乘飞机比坐水陆交通工具的费用要贵,于是航空公司就将"Zeit ist Geld"（时间就是金钱）作为广告用语,说明在旅途中耽误时间就是钱财的损失。又如"Kleider machen Leute"（人要衣装）被用于纺织品广告,而"Spare in der Zeit, dann hast du in der Not"（平时节约,急时不缺）被用来宣传银行储蓄。

在商业广告中,谚语不但会以整体运用的形式出现,而且也会以变体运用的形式出现,即在谚语中换上一个字,特别常见的是换成一种产品的名称,其目的也是利用谚语为人们所熟知的特点来吸引顾客,如"Morgenstund hat Ei（代替'Gold'）im Mund"（早上请吃鸡蛋）,"Krawatten（代替'Anfang'）gut — alles gut"（领带好,一切都好）,"Neue Tapeten（代替'Kleider'）machen Leute"（新墙布使你四壁生辉）,"Vorbeugen ist besser als bohren（代替'Heilen'）"（预防牙病可除免钻补之苦）等。

综上所述,德语中的新老谚语及其变体形式为人们讲话写文章提供了大量的修辞手段。我们只要善于运用这些德谚,就能少费唇舌、节省笔墨,同时也能获既生动又达意的表达效果。

参考文献

Hans Josef / Meier Pfaller, *Das große Buch der Sprichwörter*, Bechtle, 1970.

Lipperheide, *Sprichwörterbuch*, Berlin, 1907.

Lutz Rohrich, *Sprichwort*, Metzler, 1977.

Christa Frey / Annelies Herzog / Arthur Michel / Ruth Schütze, *Deutsche Sprichwörter für Ausländer*, VEB Verlag Enzyklopädie, 1974.

Wilhelm Schmidt, *Deutsche Sprachkunde*, IFB Verlag, 2008.

德语小品词剖析

王炳荣

摘 要 本文将聚焦大约四十个狭义上的德语小品词,即既不变位,又不变格,也无比较级的小品词。按照语法特点和语义情态的不同,狭义上的小品词可以被划分为两大类。针对每类小品词,本文都提供了惯常用法及例句,旨在剖析不同小品词在内容和语法上的特点,从而为德语学习者提供参考。

关键词 德语学习 小品词 举例法

德语小品词有广义与狭义之别,广义的小品词指介词、连词、感叹词、副词等,而本文所指的小品词是狭义上的小品词,即那些既不变位,又不变格,也无比较级的小品词。本文将聚焦大约四十个狭义上的小品词。

小品词的基本特性是不能在句中被单独使用,也不能构成句中的某一成分,其只能与其他词类联合起来被使用。因为小品词不能单独构成句中的一个成分,所以它与副词不一样,它不可能单独被置于句子的首位。

Wir wollen Taus also morgen treffen. (Partikel)

Er ist verreist, also konnte er niehit kommen. (Adverb)

Er hat so viel gearbeitet, daß er schwitzte. (Partikel)

So (= auf diese Art und Weise) konnte er nicht schlafen. (Adverb)

与副词不一样,我们不能单独对小品词进行提问:

Das Wetter heute ist ziemlich kalt.

— Wie ist das Wetter heute?

— Kalt, (nicht ziemlich).

从词义角度分析,只有在小品词与别的词类联合起来被使用时,我们才能从上下文的联系中对小品词的意义进行明确。如果仅仅孤立地从小品词本身来分析，那么我们就很难确定小品词的明确意义。人们在德语中经常使用小品词，而且在口语中使用得尤其多。小品词的数量也不算少。小品词可以帮助人们表达说话时的思想感情上的细微差别。在与别的词类联合的情况下，小品词经常被用来表达诸如意见、猜测、异议、告诫、愿望、要求、惊讶、反问等。使用不同的小品词能表达不同的说话方式和方法，也能反映说话人在态度、情绪、思想感情等方面的微妙差别。

现在，笔者对这四十来个狭义上的小品词进行一个分析，看看它们能与哪些词类一起被使用。

（1）与名词、动词、形容词和副词一起使用的小品词有：

aber, auch, beinehe, bereits, bloß, eben, erst, etwa, gar, gerade, geradezu, ja, nahezu, nicht einmal,

nur, schon.

Gerade dieses Buch haben wir gesucht.

Der Stein traf ihn gerade am Kopf.

So ist es gerade richtig!

Gerade heute habe ich leider schon etwas vor.

（2）可以与名词、形容词和副词一起使用的小品词有：

besonders, fast, ganz

Äpfel, Nüsse und besonders Feigen iß er gern.

Er arbeitet besonders gut.

Das Meer ist besonders im Sommer schön.

Diese Arbeit ist besonders gut.

（3）与动词、形容词和副词一起使用的小品词有：

doch, durchaus, immer, sehr, so, zu

Warum hast du so gestritten?

Er ist so groß wie ich.

Ich habe nicht gewußt, daß es ihm so schlecht geht.

（4）经常与形容词和副词一起出现的小品词有：

etwas, höchst, recht, überaus, viel, weit, weitaus, ziemlich

Dieser Plate ist ziemlich groß.

Er arbeitet ziemlich viel.

（5）与名词和副词一起使用的小品词有：

allein, beispielsweise, zumal

Unsere ganze Familie ist sehr musikalisch, zumal die Kinder meiner Schwester.

Zumal hier ist die Straße besonders eng.

（6）与动词一起出现的小品词有：

also, denn, mal, nicht überhaupt

Was ist denn eigentlich geschehen?

Schreib bald mal!

上文已经提及，如果不通过上下文的联系来进行分析，那么我们就很难确定小品词的意义。特别是有一部分小品词本身就几乎没有什么具体意义，所以我们要从词义上对小品词进行分析就十分困难。尽管如此，笔者还是进行了一番尝试。笔者对小品词的常用意义进行了分类，并且举若干例子对各类意义进行说明。但是，由于篇幅所限，所以笔者不可能对每一个小品词都举例进行说明。

（1）表示"意见"的小品词有：

ja, doch, eben, halt, nun mal, auch, einfach

小品词"ja"经常被用来表示说话人对另一方的意见的充分赞同：

Du hast ja recht.

Das ist ja selbstverständlich.

但是，"doch"与"ja"有些不同，其表示虽然说话人总体上赞成对方意见，但说话人在某些方面略持异议：

Du brauchst mich gar nicht zu bitten, das ist doch selbstverständlich, daß ich deine Blumen gieße.

"eben"与"halt"有相同的意义，"halt"常常在德国南部被使用，而"eben"则较多地出现在德国北部的用语中，它们都表达了人们因处于某一环境中而不得不如此。譬如，A与B出去看戏，但戏票全部售完了，此时A就会说：

„Weißt du was, dann gehen wir eben (halt) ins Kino."

"auch"不仅表示说话人同意对方的看法，而且还意味着其又进行了若干补充：

A: Hans kann gut mit Autos umgehen.

B：Er ist ja auch Mechaniker.

（2）表示"猜测"的小品词有：

wohl, ia wohl, doch wolal, schon

当人们想要表示自己虽无完全把握，但此事的可能性确实极大的状况时，他们往往会用"wohl"：

Ihm ist wohl der Ruhm zu Kopf gestiegen.

如果肯定性更加强，从而几乎达到了理所当然的程度时，人们往往会使用"ja wohl"：

Mutter wird ja wohl etwas zu essen gemacht haben.

与"ja wohl"相反，"doch wohl"的肯定性就没有那么强，说话的人用"doch wohl"来表达自己对心中担忧之事不要成为现实的一种期望：

Das Flugzeug wird doch wohl nicht abgestürzt sein.

Er wird doch wohl nicht durch die Prüfung gefallen sein.

（3）表示"惊讶"的小品词有：

aber, ja, vielleicht, denn

"aber"往往表示说话人对事物的大小、数量、范围等感到惊讶，而"vielleicht"则表示说话人对事物的方式、形状、外观等感到惊讶：

Du hast aber viele Bücher!

Das Kleid ist vielleicht modern!

"ja"表示说话人对事物本身感到惊讶：

Das ist ja fürchterlich!

Das ist ja ein toller Zufall!

"denn"一般被用在问句中，其表示说话人对某件事情感到惊讶，要重读：

Sind Sie denn schon wieder zurück?

Hast du denn kein Geld mehr?

（4）表示"异议"或"反对"的小品词有：

doch（重读），doch nicht, allerdings, erst doch

以上这几个词都可以被用来表示说话人不同意对方的意见，如他说今天不会下雨，然而今天下了雨，于是我说：

Es hat doch geregnet.（此处的"doch"要重读。）

Siehst du, ich habe doch recht.

"doch"在否定句子中要被写成"doch nicht":

Morgen wird es doch schneien.

Sieh, jetzt hat es doch nicht geschneit.

"allerdings"表示说话人虽基本同意对方的意见,但其对某些内容又并非完全认同,于是说话人补充说明自己的意见:

Das Buch ist wahrscheinlich gut, allerdings ist es sehr teuer.

Wir könnten ans Meer fahren, ich kann allerdings nicht schwimmen.

"erst"表示说话人对另一方的意见有异议,于是他自己用事例进一步证明另一方的意见并不完全正确:

Uwes Schwester ist sehr schön. Und Jörns Schwester erst.

Hier in Berlin gibt es viele Autobahnen. Und in Chicago erst.

(5) 表示"警告"或"威胁"的小品词有:

ja, bloß, nur, wohl, schon

"ja"和"bloß"有同样的意义,它们都可以被用在命令句中,以起到提醒或告诫某人的作用;而"nur"只能被用于带否定词的命令句中:

Sei ja (bloß) vorsichtig!

Fahr nur (ja, bloß) nicht ohne Licht!

"wirst du"与"willst du"往往被用在警告句中,而这种不太客气的句子只能在"Du"称中被使用:

Wirst du wohl den Mund halten!

Willst du wohl mein Werkzeug in Ruhe lassen!

"schon"则被用于带有威胁性质的句子:

Ich werde dir schom beibringen, wer ich bin.

Ich werde dich schon zur Vernunft bringen.

(6) 表示对某事或某种意见持保留看法的小品词有:

eigentlich, schon, immerhin

"eigentlich"表示说话人虽有保留意见,但其也愿意采纳对方的意见。这是一种婉转、客气的说法:

— Möchtest du eine Tasse Tee?

— Ich hätte eigentlich lieber Kaffee.

"schon"表示说话人肯定对方的意见,但他自己还有一点儿保留的看法。

"schon"往往与"aber"连用：

— Kinder machen viel Freude.

— Das schon, aber auch viel Arbeit mit ihnen.

Der Film war schon interessant, aber er war zu lang.

"immerhin"表示说话人原来的希望虽然没有实现,但现在的结果也并不坏,总比什么都没有要好：

Sie hat immerhin eine Arbeit gefunden.

Es hat immerhin aufgehört zu regnen.

（7）表示一种愿望的小品词有：

doch, nur, bloß

以上三个词被用在不能实现的愿望句中,句中的谓语用虚拟式,若说话人希望实现他的愿望(不是不能实现的),则谓语用直陈式。此类句子不能使用小品词"doch",而且连词"wenn"不能被省略：

Wenn ich doch mit dir den Geburtstag feiern könnte!

Hättest du doch nur rechtzeitig gebremst!

Wenn der Zug nur keine Verspätung hat!（火车尚未进站,说话人希望火车不要误点。）

（8）表示一种要求的小品词有：

mal, eben mal, gerade mal, doch endlich, doch mal, schon, ruhig, einfach

在面对一个顺手就能做到的或者比较容易就能做到的不需要花很多时间的简单要求时,人们往往会用"mal""eben mal"或"gerade mal",这些小品词给人一种客气和自然的感觉：

Gib mir mal Feuer!

Kopier gerade mal diese fünf Seiten!

Mach eben mal die Flasche auf!

在使用"endlich"或"doch immer"时,人们表达的是一种不客气的、略带忿怒的感觉：

Rauch doch endlich im Zimmer nicht!

Stell das Radio doch nicht immer so laut!

"doch mal"被用在面对一个顺手就能做的简单要求的情况下,其无"不客气"

的意思：

Besuchen Sie mich doch mal wieder!

Geben Sie doch mal das Salz rüber!

"schon"则表示说话人已经很不耐烦了：

Nun hör schon anf zu weinen!

Nun mach schon! (=beeil dich)

（9）在对事物进行简短评论时，人们往往会使用的小品词有：

immerhin, schon, allerdings, eben

在对一件虽然并不完全理想，但并非一无所得的事情进行评论时，人们可以用"immerhin"：

— Ich habe eine Arbeit gefunden, die Arbeit ist langweilig, aber der Lohn ist hoch.

— Na immerhin!

Wie kannst du ihn so behandeln, er ist immerhin dein Kamerad.

"schon"表示说话人虽然同意对方的看法，但其依然有保留。"schon"常与"aber"连用：

— Als Arzt verdient man später sehr viel Geld.

— Schon, aber man muß vorher so lange studieren.

Das wird schon stimmen, aber ich kann das nicht annehmen.

"allerdings"一般被用作对提问之回答，以表示说话人对另一方的意见之证实，而且"allerdings"还加重了语气：

— Hast du schon gezahlt?

— Allerdings.

— Wir können jetzt ruhig mal eine Pause einlegen.

— Allerdings.

"das allerdings"则往往意味着说话人持有保留意见。"das allerdings"往往是"Das ist allerdings richtig"的缩写形式，其常常与"aber"连用：

Das ist allerdings die Wahrheit, aber er glaubt das nicht.

— Der Schwarzwald ist sehr schön.

— Das allerdings, aber die Flüge nach Deutschland sind so teuer geworden.

"eben"表示说话人赞同对方的意见：

— Wir wollen ja schließlich keinen Streit!

— Eben!

— Wir können nicht wie eine Maschine pausenlos arbeiten!

— Eben!

（10）在就某一具体事件得出一般结论时，人们往往会使用的小品词有：

Überhaupt, sowieso, ohnehin, eh, schließlich, jedenfalls

"überbaupt"被用在说话人就具体的事物得出一般结论时：

Frühling ist überhaupt die schönste Jahreszeit.

Kindererziehung ist überhaupt eine schwrierige Sache

"sowieso""ohnehin"和"eh"表示不管别人说得怎么样，说话人都会自己提出看法：

— Der Braten ist angebrannt.

— Macht nichts, ich mag sowieso（ohnehin/eh）kein Fleisch.（德国南部喜欢用"ohnehin"或"eh"。）

— Das Konzert heute abend findet nicht statt.

— Das ist gar nicht so schlecht. Ich bin sowieso gerade knapp bei Kasse.

"schließlich"被用在说话人对自己或别人就某一事物发表的看法提出根据时，其表示说话人要说明理由：

Laß uns anfangen zu arbeiten. Wir sind schließlich nicht zu unserem Vergnügen hier.

— Hans spricht sehr flüßig Englisch.

— Er ist schließlich auch drei Jahre in New York gewesen.

"jedenfalls"表示不管情况怎么样，说话人的看法都是确定无疑的：

Ob sie krank ist, weiß ich nicht, jedenfalls ist sie gestern nicht zur Arbeit gekommen.

Ob ich dir beim Umzug helfen kann, weiß ich noch nicht, den Wagen kannst du jedenfalls haben.

笔者在上文中对四十来个小品词的词义进行了一个大致的归纳，下面我们来谈一谈小品词在问句中的用法，因为小品词经常在问句中出现。德语中的问句一般有三种类型,即带疑问词的问句、不带疑问词的问句以及不需要回答的反问句。

带疑问词的问句往往会使用小品词"denn"和"eigentlich",这样会使提问显得客气和自然。

德国人不喜欢这样提问:"Wieviel Uhr ist es?",而是惯常性地选择这样提问:

Wieviel Uhr ist es eigentlich?

Wieviel Uhr ist es denn?

Wieviel Uhr ist es denn eigeintlich?

此处的"denn"和"eigentlich"不重读,如果此处重读,那么其意义就不一样了,会展现出一种惊讶的感觉:

— Deutschland hat die Fußballweltmeisterschaft doch gar nicht gewonnen.

— Wer hast denn das gewonnen?

— Peter war gar nicht in Hamburg.

— Wo war er eigentlich?

"überhaupt"往往带有一些不满或责备的意思:

Wo bist du überhaupt gestern gewesen?

Warum hast du überhaupt schlechte Laune?

在不带疑问词的问句中,"denn"就有惊讶的意思:

Kennt ihr euch denn schon?

Hast du denn nicht gehört?

在不带疑问词的问句中,"etwa"表示提问的人希望他提出的问题不要实现:

Ist der Spiegel etwa schon ansverkauft?

Ist es etwa schon acht Uhr?

德语的反问句中也经常出现小品词,这种问句中的小品词往往跟在疑问词后面:

— Herr Kunze arbeitet ja gar nicht mehr.

— Warum auch?(譬如,Herr Kunze 已经公伤了。)

— Wer hat denn den tollen Salat gemacht?

— ja, wer wohl?(凉菜是提反问的人做的。)

— Wer ist denn heute mit demAbwasch an der Reihe?

— Na, wer wohl？/Na, wer schon？（提第一个问题的人今天值日，但他倒过来问别人，于是别人提了一个反问。）

以上是笔者对小品词的语法及词义所进行的一些剖析，希望对学习德语的同志有所帮助。

跨文化交际与国别区域研究

中德人文交流合作的现状、目标、原则和措施

姜 锋

摘 要 中德关系涵盖政治、经济和人文三大领域。从发展水平上看,各领域内的关系十分密切,但相互之间的发展并不平衡,表现为"政密、经热、人文散"。开展中德人文交流的目的是使我国在对德关系中获取智力资源和塑造正面形象,其是我们统筹国内国外两个大局,用好国内国际两种资源为国内发展服务的具体体现。中德人文交流合作与政治和经济一起,构成我国对德关系的三大支柱。目前,对德人文交流在获取智力资源方面成绩显著,而在塑造我国正面形象方面则尚待统筹谋划、大力推进。我们应从战略高度统筹规划中德人文交流。相关交流机制的有效运作之关键在于,政治层面要有明确的指导方针与推动力量,操作层面要有明晰的项目设计和效果预期,信息层面要有及时高效的传播渠道,过程层面要有的放矢和体现人与人交流的特质。

关键词 中德关系 中德人文交流机制 统筹谋划 大力推进

一 中德整体关系和中德人文交流现状及评价

近年来,在欧盟深陷金融危机、美国全球影响力下降、俄罗斯因乌克兰危机而步履维艰的国际形势下,德国国内局势稳定,经济保持增长,在国际上不断发声,并在处理乌克兰危机的过程中展现了一定的国际事务塑造能力,其在欧洲和国际上的地位呈上升态势。作为欧盟火车头和中欧关系的"龙头"与"领跑者"(李克强总理语),德国在我国的外交战略布局中的重要性在加强。

从整体上看,中德关系涵盖政治、经济和人文三大领域;从发展水平上看,各领

域内的关系均十分密切,但相互之间的发展并不平衡,表现为"政密、经热、人文散"。目前,对德人文交流在获取智力资源方面成绩显著,而在塑造我国正面形象方面尚待统筹谋划、大力推进。

(一) 基本情况

1. 政治上,两国虽交往频繁,但政治互信有待加强。我国国家领导人近年来每年访德,而德国总理默克尔执政近十年来也已访华七次(默克尔仅访问印度一次,访问日本三次)。自 2010 年建立政府磋商机制以来,中德两国政府已举办三次"两国内阁合作会议",这是我国与其他国家建立的唯一一个类似机制。政府磋商机制的建立充分展现了中德两国政治合作的深度和广度,也体现了双方政府高层的相互信任和密切合作关系。中德两国的政治和经济关系正处于"历史上的最好时期"(驻德大使史明德语)。尽管如此,中德两国的政治互信仍有待巩固,尤其是德国政治易受"民意"裹挟,因此中德政治关系发生波动的可能性依然存在,而意识形态和价值观领域的结构性矛盾也暂时难以被彻底克服。在访问印度和日本时,默克尔总理均强调德国与这两个国家的"民主价值观"一致,由此可见德国外交中的意识形态划线观念之根深蒂固。

2. 经济上,两国虽关系密切,但竞争性依旧存在。2013 年,中德贸易额达 1616 亿美元,占中欧贸易总额的近三分之一,相当于我国与英国、法国和意大利三国的贸易额之和,接近德国和印度贸易额的十倍。对华贸易曾被德国媒体称为德国摆脱欧债危机的"强心剂"。尽管中德两国经济关系密切,并且互补性和相互依赖性不断加强,但是随着我国技术实力和制造实力的提升,德国越来越将中国视为是竞争对手。在与中国的经济交往中,德国合作与防范并进,且防范的声音趋强,尤其是中德两国在科技领域的交流受到一定程度的限制。

3. 人文上,两国交流规模大、内容多、空间广。目前,在德的各类中国留学人员共计三万多,中国留学生是德国最大的外国留学生群体,而德国也是我国公派博士生的第二大目的国(第一是美国),德国同时也是我国优秀自费留学生获奖比例最高的国家。在华的各类德国留学人员六千多,中国是德国在欧洲以外的第二大留学目的国(美国第一)。中德双方政府领导人邀请两国中学生每年互访交流,中德两国高校和科研部门也已建立了 500 对合作伙伴关系,而且两国已结成 70 多对友好城市。中国有近百所高校开设德语本科专业,近百所中学开设德语课;德国有近 40 所高校开设汉语专业课,约 300 所中小学开设汉语课,其中约 60 所学校的汉语课成绩可被计入中学毕业成绩。中德两国近年来先后举办文化年、语言年、"中德同学"、"孔子学院日"、书展主宾国等各类大型文化活动,旨在密集展示各自的文化。中国在德国建立了中国文化中心,并与德方高校等合作,在德国的各主要城市和地区设立了15所孔子学院;德国在中国建立了歌德学院,并且德国的各主要文化学术机构均在中国设立有办事处和代表机构。

根据2014年9月至10月间的一份以上海外国语大学德国留学生为研究对象的调查,德国人对中国知识的了解是"古多今少"。在现代艺术方面,中国对德国产生的影响远不如日本和韩国。德国人普遍知道孔子,但他们对当代中国政治家或学者知之甚少。在艺术方面,德国人提到得最多的中国艺术家是艾未未、廖一伟和刘晓波,而其他艺术家都未被提及。

媒体所关注的内容和民众之间的相互好感度不对称。英国广播公司(BBC)的2014年全球民意调查显示,德国是以最负面的眼光看待中国的国家,高达76%的受访者认为"中国对世界的影响主要是消极的"。这与中国民众普遍认同德国,并视"德国制造"为高品质代名词的现状相去甚远,双方的"认知差异"较大。其中,媒体的作用很关键。以教育为例,2014年,德媒关于中国教育的新闻报道绝大多数为负面报道,其渲染我国教育是强压训练,并指责我国教育缺乏民主、泯灭创新;相反,中国媒体关于德国教育的报道绝大多数为正面报道,而个别稍带批评色彩的文章是出自"德国之声"的中文稿。另一方面,我们应该注意到,越来越多的德国民众开始与德媒的涉华负面报道形成制衡,如针对香港"占中",德国媒体一开始欲炒作,但读者的网络留言多批评其报道不公正,且读者认为西方的"民主化"政策给世界制造了麻烦。德国民众主张不应鼓励"占中",这在一定程度上阻遏了德国媒体对中国实施负面报道的冲动。

针对一些人文交流中的重大项目的效果,双方的感知仍有差异,如中国是2009年法兰克福书展的主宾国,我方派出庞大的代表团与会,并对活动效果给出积极的正面评价,我方认为此活动展示了我国的正面形象和实力,但德国媒体仍是以负面报道居多,其社会舆论鲜有积极内容。类似的现象也发生在"国家年"和"文化年"的举办过程中。

(二) 基本评价

当前,中德人文交流呈现出官民并进、多头参与、项目密集、交流频繁的局面,两国人文交流的密度正处于历史上最高的时期,从而使我国获取了改革开放所需要的丰富智力和人才资源,也增进了德国民众对中国的感知。中德双方均在对方国家设立了文化教育机构,且人文交流机制化程度逐步提升。德国是我国现代化进程中"持久的合作伙伴"(李克强总理语),中国则是德国近一步提升国际地位和发展经济所需要的战略伙伴,相互的倚重和需求为加强中德人文交流夯实了基础。中德人文交流合作目前存在的主要问题包括:第一,人文交流的整体结构仍较为松散,尤其是我国在树立形象方面的工作因没有统一规划而缺乏主线,两国各行其道,我方各参与者之间各行其是;第二,政府高层的积极推动与工作层的落实之间尚有距离;第三,双方的长效人文交流机制尚未建立,交流亟待整合,以形成合力。

中德两国的价值观和意识形态之差别仍是双方共享人文交流红利的结构性障碍,尤其是德国民众对我国所持的负面观念仍较为顽固,因此克服德国对我国的"好感赤字"之工作依旧艰巨。德方对中德人文交流有明确的价值观导向,而中方不仅缺乏相应的表述和有力的引导,而且也没有整体规划与协调。

对德人文交流项目在面对不同年龄和社会阶层时的"受众区分度"过低,并且其传统定式内容"过剩",这体现在项目内容偏重历史,而鲜有涉及我国现代生活和科技进步的可产生持久冲击力与影响力的项目内容。在中德人文交流合作中,我方有时因急功近利而缺乏持久的工作定力和机制,从而导致低水平的交流内容和形式的"帮倒忙"现象时有发生,而发挥重点机构和重点人物作用的机制尚未形成。

在对德人文交流中,我国的网络空间仍处于缺位状态,我们尚未"到达"影响极大的主要社交网络阵地,这已严重滞后于新媒体和自媒体时代的人文交流之客观需要。我国的网络劣势亟需改变。

针对如何有效开展中德人文交流这一问题,我国尚缺乏相关理论研究和实践总结,也缺乏对交流项目之效果的客观评价。

二 目标和原则

(一)目标

开展中德人文交流的目的是使我们在对德关系中获取智力资源和塑造正面形象,其是我们统筹国内国外两个大局,用好国内国际两种资源为国内发展服务的具体体现。中德人文交流合作与政治和经济一起,构成我国对德关系的三大支柱。我们应立足于此目标,从战略高度统筹规划人文交流。

我国中央领导人为中德人文交流的开展指明了方向。习近平总书记在 2014 年 3 月访德时指出,中德之间要"加大语言交流合作和中西方比较研究,希望两国年轻人加强交往,传承友谊"。李克强总理在 2014 年 10 月访德时表示,中德"有着全然不同的历史文化和政治制度,能否包容分歧将考验两国关系的成熟度","期待德国知识界能从莱布尼茨和歌德的中国研究中获得启示,多做增进相互认知和理解的工作","双方加强创新合作,可以为两国经济发展和繁荣创造更好条件,通过互学互鉴,用智慧拆解难题,开启未来"。

(二) 原则

1. 中德人文交流是我国运作软实力的表现形式,其目的是获取治理资源、培育知华友善感情、提升我公民国际视野和行为能力、全面客观地认识中国自身的发展进步和增强爱国主义精神。简言之,我国现阶段就是在继续加强获取智力资源工作的同时,更加重视形象树立,从而为中国梦的实现构建夯实的国内外社会和文化基础。

2. 顶层设计,政府推动,多方参与,繁而不乱。中德两国的人文合作表现为人与人之间的交流之促进与友谊之增进。中德人文交流合作的本质就是中德双方要赢得对方国家民众的友善感情,从而为双方在互动中获取、巩固和扩大利益奠定社会基础,而这从根本上说离不开价值观的传播。中德人文交流合作是文化传统、价值观、生活方式与发展模式的博弈互动,其具有鲜明的意识形态内涵。因此,中德人文交流合作要"官""民"密切合作,形成官内民外的格局,即"政府定方向,民间做项目"。中德人文交流的总体策划需要由中央主管部门给予顶层引领,做到"对外统一归口,对内统一协调",从而使中德人文交流方针明确、主线清晰、形式多样、兼顾互惠双赢和为我所用。我方应根据德国的特点进行合理布局,以使交流项目能有充分面向德国的学术精英、社会领袖、青年才俊和公民大众,从而实现理念、感知、娱乐消费等不同层面上的全方位交流。我方要建立长效的网络信息宣介渠道,并持续发挥交流项目的作用。我方要避免"打乱仗",更要避免交流不落地、"自娱自乐"以及甚至是把"四风"现象扩延到对外交流上。

3. 我方要防范"崇德"和"媚德"现象,避免我国公民片面、盲目地赞扬德国。我方应抵制一些人别有用心地借此机会贬低与抹黑中国。我方要改变以往交流中的那种"唯德是学"的学习定势,而是应兼顾借鉴、批判、合作等多元价值取向,更主动地设定交流日程、推介交流信息和引领热点议题。

4. 德国的教育、科技、文化资源和管理经验丰富，我们今后仍应向其学习，以获取智力资源。借助人文交流机制，我方应深入开展教育、学习和艺术交流，而加强科研合作仍是最有效的交流方式。我方应制度性地强化中德两国科学家在新能源、气候、环保等人类共同面对着挑战的领域内的科研合作，以体现我方对人类"命运共同体"的关怀与对和谐世界理念的提倡。

5. 我方应培养各国优秀青年的对华友善认知和观点，支持更多德国年轻人来华访学、进修和学习，关怀在华的德国青年留学人员，并保持与曾留学中国的人员的长期联系。我方要特别关注德国青少年受新媒体对中国做出的负面评价之影响较深的现状，设计和实施易于他们接受的交流项目。

6. 我方应弥补德国民众在当代中国方面的"知识赤字"，改变其认识误区和"厚古薄今"的现状，更多地举办体现我国科技传统、创新进步和现代生活的展览活动。

7. 德国在欧洲的文化塑造力强、人文影响大，其在理念层面上是欧洲的领跑者，因此我方与德国的人文交流之加强，对欧洲民众有正面影响。尤其要注意到，德国在二战后长期处于东西方两大敌对阵营的前线，其民众深受妖魔化社会主义制度和共产主义之言论的影响，因此德国民众对我国的社会主义制度和共产党的领导模式有本能性的排斥。我方要格外关注两国制度的异同以及加强与德国在我国现行制度的合理性、效益及其对世界文明发展所做的制度性贡献方面的交流。在中德人文交流合作中，我方应将现行的制度与苏东国家以及特别是原民主德国实行的制度切割开来，并以此说明我党改革开放的胆识和国家发展的活力。

中德人文交流合作已具备良好的规模和数量基础，下一步亟需实现的目标就是两国之间——特别是中方参与者之间——加强协调、提高质量和强化效果。

三 措施建议（2015—2017年）

（一）建立中德人文交流合作机制

当前中德双方亟需建立中德人文交流合作机制，两国可在政府蹉商机制框架下设立"中德人文交流委员会"，并争取于2016年举行第一轮正式蹉商：

1. 全面规划两国人文领域的交流原则、目标、内容、制度安排和支撑，以彰显两国促进交流的国家意志。在中德政府蹉商机制《行动计划》内联合发表两国人文交流计划,以此统筹双方在教育、文化、青年培养以及部分科技领域的合作内容。

2. 中方办事机构应设在教育部或其他政府部门内。办事机构代表中方,其职能包括与德方对接,统筹中方内部交流利益定位,协调项目内容,创建提供信息和服务的"中德人文合作网",填补中方在中德人文关系领域的网络空白,以及扩展中方在网络空间的影响。中德双方每年编辑出版《中德人文交流年报》。办事处应配置相应人员和经费。

3. 建立中德人文交流机制的障碍在德方,主要有两个原因:一是德国政府在对外人文交流方面多是部分参与,其操作协调力弱,重在政策指导,不深度介入交流内容,因此确定牵头单位有难度;二是德国政府虽然重视中德政治和经贸关系,但是其在人文交流领域对我方心存芥蒂,甚至希望借此对我方产生制度和价值观方面的影响,德国不愿"肩并肩"地合作之态度,导致建立人文交流机制的动力不足。故中德人文交流合作机制的建立需由高层推动,即借力政府蹉商机制的大平台来促成人文交流机制的构建。教育部曾就此目的与德方接触,德国外交部当时负责对外文化政策的国务部长反应较为积极,但之后因其离职等原因而导致协商中断。德国现任外交部长斯太因马尔重视对华关系和文化外交,若由我方高层牵头,并由我方的外交、教育或文化部门大力推动,则此方案应可奏效。

(二) 交流领域和内容

中德之间有各类蹉商机制60多个,其中的法律、媒体、创新政策、经济技术对话等机制多涉及人文交流,但人文交流机制要有所为,有所不为,这样才能突出重点。中德人文交流合作应以教育、学术、艺术、科技等为重点,着眼于基础性和长久性的交流领域。学术交流重在理念,教育交流和艺术交流重在感知、感受和感情,科技交流重在促进应对人类生存挑战的共同责任意识。

1. 教育领域。高等教育领域是我国获取智力资源、交流学理观念、对知识精英产生影响的最重要领域。在教育领域中,高校是对德交流的主力军。我方应重点支持有能力的高校和高校人员参与中德人文交流。中学交流重在培养未来的涉华专家以及德国民众的知华与友华感情,我方应有计划、有重点、有选择地支持中国中学与德国中学的结对交流。

(1)"中德奖学金平台":中德两国应协同双方提供奖学金项目的机构,联合设立"中德奖学金平台",以期在三年内支持两国共五万名大学生和青年学者到对方国家学习、进修、研修和访学。中德双方有上百家机构有奖学金项目,中方主要有国家留学基金委、科学院、自然科学基金委及各省市教育厅局(委)，而德方有德意志学术交流中心(DAAD)、洪堡基金会、科学基金会(DFG)、弗兰霍夫学会、马普学会、阿登纳基金会等。通过中德人文交流机制，中德两国将上述机构各自运营的项目信息整合到"中德奖学金平台"上，以形成统一的信息服务体系和共同的"品牌"，从而做到信息统一，但是在具体操作上还是两国各自负责，这样可以扩大我国的奖学金项目在德国的可见度与知名度，并提高其实施效果(尤其对执行效果普遍不理想的各省级奖学金项目有实质性帮助)。

(2)"孔子-歌德交流计划"：中德两国应协同国家留学基金委、德意志学术交流中心或德国科学基金会资源，联合设立"孔子-歌德交流计划"，以重点支持两国学者就涉及我国的对外政策和国内发展、中德异同、当今世界面临的重要问题等内容的课题进行学术研讨和交流。我方要特别注意发挥高校的作用，同时也要鼓励智库积极参与，但不应为其所利用。德国智库通常是各种利益集团的传话筒，其逐名趋利的特性明显，智库中的活跃成员常常"左右通吃"。我方要注意做好重点工作，发挥智库的"意见领袖"作用。根据我方需要和德方关切的问题，我方可重点设定以下议题：

① 讲述现代化的中国：外交政策方面可重点讨论我方的外交理论与实践、中国梦的世界意义、国际关系中的义利观和安全观、周边外交理念、全球治理和非洲政策等；内政方面的重点应放在中国特色社会主义制度和发展道路(德国人高度关注"中国模式")、中国化的马克思主义、文化传统与中国现代化等。

② 讲述传统的中国：我方要高度关注哲学层面的对话，支持双方哲学工作者就本体论、认识论、逻辑学、伦理学等德国哲学所热衷的话题开展深入讨论；我方应支持双方有关中国传统的自然观、国家观、家庭观和人的价值的讨论。

③ 讲述中国特色的"普世"意义：我方应高度重视关于宗教问题的对话。德国精神深处关怀本体论层面上的共性问题和宗教神秘主义层面的个体价值问题，就此问题进行密切交流，有助于中德双方形成"心灵的沟通"。同时，我方应促进宗教与政治、宗教与国家制度、宗教与教育、宗教与文学等关联议题的对话。

④ 讲述中国教育传统、制度和发展的特殊意义：国内外舆论倾向于片面和负面地报道中国教育发展的现状，而这样做就忽略了我国教育领域的深刻变革和高度发展所带来的成就与创新。德国媒体对我国教育的负面报道已经影响到了德国民众对我国整体政治制度的看法，所以我方应高度重视双方在教育领域开展深度对话的意义。我方应支持有能力的高校组织有关专家与德国教育界高层人士和学

者进行深入专题的交流。我方可邀请德国人士每年来华一次,与他们就教育传统、高等教育、基础教育、职业教育等专题进行合作研讨,并结合相关的参观考察活力。德国民众对我国基础教育领域的成就尤感兴趣,我方对此可重点关注。

(3) 设立"中德高校共同卓越计划"。国家留学基金委和德意志学术交流中心应联合推进中德两国高校的全面协同合作,并应高度重视人文社科领域的交流。

建立"两国高校学位、学分互认平台"。此项目应由我国教育部和德国各州文化教育部长联系会议秘书处负责落实,从而为深化和方便两国高校人才培养合作与交流奠定更好的学制基础,并进而解决两国高校合作中的基础问题。

分类指导与扶持我国高校对德开展强项合作,引导我国在高校交流中的重点项目和主题,包括:支持中德高校联合开展以科研项目为基础的博士生培养项目(特别是海洋、新材料、工程、金融、哲学等学科的项目);资助合作院校的德国大学生来华学习有关中国的人文社科课程,特别是参加"中国学"等课程的学习;支持德国大学生来华参加夏令营等短期访学活动。

设立"中德高校领导论坛",以支持两国大学领导每年就大学管理和交流合作展开对话,并向双方政府提交两国高校合作的现状、挑战和趋势咨询报告。

设立"中德大学生论坛",每年支持两国大学生就青年与全球发展的责任问题开展一次对话,以"共同的责任"这一主题增进两国大学生骨干之间的友谊,从而培养德国青年精英的友华感情,并建立持久的中德精英层的联系网络。

(4) 在三年时间里,双方支持一所由中德合作创办的"中德应用技术大学"。我方通过借鉴德国高等应用技术教育的经验来促进我国高校向应用技术教育方向的转型。

(5) 国家汉办(孔子学院总部)与德国各州教育文化部长联席会议秘书处(德国中学国际交流中心)、联邦行政局等机构联合设立"中德未来计划",以支持两国基础教育交流。可以将两国总理共同会见两国中学生的项目固定为中国政府磋商的配套内容,以此展显领导人对未来、对青年的重视和支持。

中德双方力争在三年内共支持3000名中学生到对方国家进行交流,并支持200所中学或小学的合作。

中德双方每年支持30名中学校长到对方国家进行考察交流;我方支持德国地理课、历史课和生活课(Lebenskunde)教师各15名来华考察研修,以加强德国中小学领域增加传授中国知识;我方邀请德国中学的地理、历史等教科书的编写人员来华进行考察研修。

我方每年邀请10名来自开设汉语课程较多的德国城市的地方政府负责官员来华考察访问。德国教育官员通常是保守的左派人士，他们对中国的感知少、感情弱，在对华合作时趋于保守。因此，我方应多做他们的工作，这样会有事半功倍之效。

我方支持在德国中学开展"中国周点子竞赛"活动，鼓励德国中学生以戏剧、歌曲、音乐、绘画、摄影、演讲、作文等不同的表现形式讲述中国故事。获奖者有机会访问中国或获得用于来华学习汉语的奖学金。在活动中，我方也可视情况奖励参与活动组织的学校和老师，以推动德国学校和教师的积极参与。

（6）中德双方应继续开展职业教育合作，加强制度性协作力度，扩展现有的"职业教育合作示范基地"的合作成果。我方应加强与德国的在华企业之合作，以推进"中德职教合作中心"（两国教育部的项目，此项目尚需双方大力推动，以产生实际效果）的运作，从而通过职业教育合作来促进和巩固两国经济关系的深入发展。中德双方应启动职业教育教学法和教学资料方面的研讨并实现共同开发。

2. 文化艺术领域。我方的当务之急是整合机构资源，以形成对德交流之合力。内容上，文化交流要兼顾社会文化精英和社会大众，要有意识地避免"厚古薄今"。文化交流不应迎合德国社会中根深蒂固地认为中国文化"古""异""神秘莫测"的成见，而应增加表现当代中国社会发展进步和人民生活方式的内容，从而使审美情趣和大众娱乐有机结合。

我方应争取在德国成立15所孔子学院和中国文化中心协作小组，以发挥其综合平台和对德人文交流的"主力军与常驻军"之作用，并由其全面协同与开展语言、艺术、学术等方面的项目工作，从而在德国形成文化合力和树立整体品牌形象。

中德双方应组织合作编译文化经典著作，如"汉译歌德全集""四书五经德文新译"等。

与德国各大博物馆——尤其是柏林 Martin-Gropius 博物馆（该博物馆具有先锋派特色，其影响力很大，并曾多次展示"异见人士"的艺术作品）——合作，以组织展示我国当代造型艺术家反映我国现代生活的艺术精品。

中德双方应组织青年艺术家开展交流，尤其是组织流行歌手在德国进行巡回演出，或安排中国歌手与德国歌手合作演出。我方要发挥当下的德国青年汉语歌手的作用，从而通过他们的感受来展示中国的都市生活。

我方应争取组织一次"中国古代技术发明展"，并在德国各大城市巡展，以全面系统地介绍我国古代科学技术的成就及其对当今世界科技和人类生活之影响，从而消除德国社会普遍存在的"中国人盗版"的错误印象,进而宣示我国创新发展的传统与现状。

我方应高度重视文学领域的合作,力争与德国文学之家等机构进行合作,并且通力推动中德文学互译和文学家互动。

3. 科学技术领域。我方的重点是展示科学技术的成就与进步。

根据中德两国政府磋商达成的《行动纲领》,双方应于2015年举办"未来城市"活动,该活动旨在全面展示中国的城市生活。

我方与德意志博物馆(最大的自然科学博物馆)合作仿建了宋代苏颂的"水运仪象台",以使德国民众——特别是中小学生——可以直观地了解我国的科技发展历史,从而塑造我方科技大国的形象。此项目可长期发挥作用。

中德双方应构建青年人网络交流空间,并在"中德人文交流网"框架内组织青年学生展示自己制作的与中德交流相关的视频作品。部分大学的德语系可以组织中方学生协同参与此活动,并为他们开放Facebook、Twitter、Youtube等德文网站,从而使我方学生可以进入上述在德国影响力很大的社交网络去发挥正面影响,并进而填补我国在此领域中的空白。

4. 青年、体育、档案等领域。

中德双方应扩展已有的"未来之桥"项目,我方每年邀请德国政府部门中负责对华合作的青年官员来华参加"当代中国"语言体验、进行实地考察和参加对华交流活动。我方应深层次地扮演好德国对华关系的"经理人和操盘手"之角色。我方可借鉴国家汉办为欧盟官员举办的相关项目之经验和模式。

我方应有针对性地邀请德国政治学专业的优秀学生来华进行访学交流,从而有前瞻性地做好德国未来政治精英的工作。我方可支持有能力的高校组织此类活动,并邀请我国的政治学专业师生共同合作实施此项目。

中德双方应设立青少年足球夏令营计划,每年组织一次青少年足球友谊赛或乒乓球友谊赛,双方也可安排青少年球队互访。

中德双方应联合整理出版中德关系档案资料,以加深两国关系的历史厚度。此项目可结合两国高校社科领域的合作同步开展,这样既能促进双方的科研,又能增进民众的交流。

中德人文交流机制的有效运作之关键在于,政治层面要有明确的指导方针与推动力量,操作层面要有明晰的项目设计和效果预期,信息层面要有及时高效的传播渠道,过程层面要有的放矢和体现人与人交流的特质。

联邦德国社会学与社会发展的联系

丁智勇

摘　要　本文首先对联邦德国社会学学科的建立和发展进行了溯源,梳理了社会学研究所的类型和组织形式,以及社会学研究呈现出的多元化特点,进而论述了社会科学和实践之间的关系,最后总结了德国社会学近期面临的三大任务并表明社会学目前的研究重点是德国统一后的两个地区因发展不平衡而出现的社会问题。

关键词　联邦德国社会学　社会科学与实践的关系　社会学的近期任务

自建立以来,联邦德国社会学就在整个发展过程中与社会政治密切相关,尤其是作为社会学"精髓"的经验社会研究与德国社会的发展息息相关。本文将联系当前德国社会状况,对德国社会学的发展及其近期任务进行简要的回顾和展望。

一　在大学创建社会学

在联邦德国的历史发展过程中,社会学主要是作为一门大学学科在高等院校内发展起来的。虽然有一批学者在十九世纪时就已从事社会学的研究工作,但社会学当时还不是一门自成体系的学科。二十世纪初,经过以马克斯·韦伯为代表的一批德国社会学家的努力,"德国社会学协会"于1909年正式成立。1910年,首届德国社会学研讨会在当时的法兰克福商业和社会科学研究院(即现在的法兰克福大学主楼)内举行。魏玛共和国成立后,最初的社会学教席被设立起来。1919年,法兰克福大学的弗兰茨·奥本海默成为第一个获得社会学全职教授职位的人。同时,科隆、柏林等地亦有教授开始讲授社会学课程。由于不少社会学家在纳粹统治期间被迫流亡国外,因此联邦德国社会学的发展受到阻碍,而德国社会学协会也于 1933 年在汉斯·弗赖尔接任领导后不得不宣布解散。所以,作为大学"主修专业"的社会学是第二次世界大战之后才在德国正式得到确立的,随后其迅速发展。1955 年,联邦德国的大学里总共仅有 12 个社会学教席;而至 1988 年时,联邦德国的大学里已有 390 个社会学教席。此时,作为"主修专业"或"副修专业"的社会学已贯穿于大学内的不同教学结构之中。对此,一些社会学家认为,最好将社会学列为大学的义务"副修专业",因为学习社会学有益于每一位大学生的发展,而毕业后从事的是与人打交道的职业的所有大学生(如未来的教师、牧师、医生、法学家和各种类型的领导人)则更需要学习社会学。

二 经验社会研究与基础设施的发展

如果我们将经验社会研究看成是确定同具体社会相联系的有关结构、作用过程、问题和变迁,并分析上述对象的特定影响因素、数据等的事业,那么社会学家显然仅完成了一部分经验社会研究工作。事实上,经济学家、政治学家、社会心理学家、交际理论研究者、法学家、历史学家、社会地理学家以及官方的统计人员都参与了这项社会研究工作。如果我们追溯经验社会研究的历史,那么我们就会发现,欧洲在几个世纪前就已产生了具有社会学发展方向的思想。但是,就研究方法而言,社会研究是在本世纪三十年代以来的美国社会和社会学发展之影响下而逐渐自成体系的。

在德国,社会学的经验社会研究是在第二次世界大战后从各个方面发展起来的。官方的统计工作使早期的经验社会研究日趋完善。市场研究和观点研究产生于盎格鲁-撒克逊国家,而一部分研究设施是作为信息机构由美国军管会在当时的德国西部占领区建立起来的。自二十世纪五十年代初期起,一部分有各种资金资助的研究团体开始按照有关的课题和方法在德国开展社会研究工作,研究的对象包括工作的层次、职业和社会的变动、社会团体等。不久之后,一部分研究者又开始对战后面临的社会政治问题(如技术进步、社会福利保险等)和一些特定的社会团体(如雇主和雇员)产生兴趣,并对各种观点进行了研究。

随着时间的推移,联邦德国建立了越来越多专业性的社会研究所,这些社会研究所对与社会学有关的重要问题以及基本的社会问题进行了研究。这些社会研究所主要有以下几种类型:

——私营市场和观点研究所

——大公司资助的社会研究所

——各州政府承担的各种组织形式的社会研究所

——马克斯·普朗克学院下设的社会研究所

——设立于大学附近的各种法律形式的社会研究所

——各种形式的大学社会研究所

其中,十分引人注目的是以企业形式被组织起来的社会学方向的经验社会研究。也就是说,联邦德国在大学外持续地、系统地建立了一些特定的研究场所,那儿有一批长期从事这项工作的研究者;而大学范围内的社会研究工作则仅由大量的单项研究所来承担。由于经费问题,长期的、系统的社会研究在联邦德国的大学中很少见。

在联邦德国,尤其是在联邦德国的大学范围内,面向社会学的经验社会研究状况自二十世纪七十年代中期以来就因专门的基础设施研究机构的重建和扩建而得到明显改善。

科隆建立了经验社会研究资料中心,波恩建立了社会科学信息中心,而曼海姆建立的民意调查中心自1988年起就在组织层面上同"社会科学基础设施机构协会"联合了起来,并获得了"蓝色目录"规定范围内的联邦政府和州政府的经济资助。

在大众汽车基金资助的特定项目中,德国研究团体逐步建立了专门研究小组,并确立了专门的研究范围。这种新的组织形式使经验社会研究的企业组织形式得以在联邦德国的大学内长期存在。

在资助的推动下,研究工作逐渐取得各项成果,它们为社会科学提供了重要的基础数据,为社会建立了指示器系统,为建造"宇宙巴士"积累了一系列的历史、社会和经济方面的重要数据。

在联邦政府和德国研究团体的资助项目中,经验社会研究者开始联合起来,他们建立了相应的组织形式。这样,对于联邦德国的大学而言,校内与校外的研究所实施的各种单一研究项目得到了协调,并且相同的研究工作能在几个不同的场地同时进行。

近几十年来,社会学的经验社会研究在德国获得了迅速发展,其研究范围有了明显的扩大,研究工作也得到了加强。目前,德国已拥有大量的有关历史发展、社会结构现状以及居民中的各种观点的数据。

随着数据的不断增多,信息交流的状况日益获得改善。联邦德国出现了各种类型的文献汇编和数据库,"报道业"亦有了很大的进步。现在,人们可以从《数据报道》《劳动市场和职业研究概要》和《人口统计形势报告》中获取信息,而这在二十世纪五十年代的联邦德国是无法办到的

社会学的经验社会研究的概略发展,与联邦德国社会的本质特性之发展过程紧密相连,而这又影响了大学内的社会学和其他社会科学的发展。

我们生活在一个多变的时代。在这个时代中,不仅社会结构在变化,关于社会的思考也在以各种方式发生变化。社会学从一开始就同社会变迁现象相连。目前,不仅社会变迁的形式出现了越来越大的变化,特定社会成分的具体表现形式和数量关系也发生着嬗变。如同旧的职业在消失,新的职业在产生一样,职业结构也在不断发生改变。今天,社会变迁在许多地方通过上述方式被呈现在我们面前。社会现象和社会结构的变化如此之大,以至于我们思考与陈述的社会概念无法适应社会现实。比如,社会不公平仍未消失,然而我们现在仍用等级、阶级和层次概念来描述其表现形式,这样就会使我们对社会不公平现象的研究存在局限性或者使我们完全无法解释社会不公平现象。

今天,思考社会已不再仅仅是社会科学家的事,越来越多的公众意识到社会结构(即人们互相合作和产生矛盾的社会形式)在很大程度上是类形态的产物。在多种因素的作用下,当今各国的社会结构和国际社会结构均进入了快速变迁阶段,许多问题在世界范围内产生,如环境危害、能源短缺、人口发展等。如果想要在未来保障自身的安全,那么人类就必须要有持久稳定的社会政治形态。

三 社会学研究的呈现特点

关于在联邦德国的社会发展中产生的社会学之根本要点,首先是社会学在大学里的创立,其次是具有特殊基础设施的社会学经验社会研究的快速发展,再次就是我们现在要谈的问题,即社会学在联邦德国究竟是如何被呈现的,也就是社会学是在怎样的形态中发展起来的。社会学在广泛的行为范围内研究人们相互之间的关系和社会联系,而经济学和政治学仅在特定行为范围内研究社会联系。因此,社会学是作为所有社会科学的"屋顶科学"在联邦德国出现的,它概括性地加工经济学、政治学和其他专门社会科学的知识。

在联邦德国,社会学家不仅努力使社会学成为中心社会科学,而且还努力使其

成为"屋顶科学"。社会学家解释联邦德国的社会结构或社会哲学事件,加工社会联系,并且首先采用科学的方法对家庭、青年、邻居关系、交际范围等问题进行阐述。此外,社会学家还同经济学家、政治学家、媒体科学家、法学家、地理学家和社会心理学家一起,在各自的学科中合作研究社会联系的特殊现象和观点。

社会学领域中的研究在联邦德国呈现出极度的多元化特点,这有其历史原因。在二十世纪五十年代以前,联邦德国的社会学领域中还没有独立的大学专业,因此大部分社会学家都是在各自的学科中(如经济学、哲学、历史学等)进行社会研究和教学,他们都带着特定的传统思维和研究方法在各自的领域中对社会学进行研究,这是他们思考问题的方式和研究方法多元化的主要原因。

社会学研究的多元化还表现在以下几个方面:首先是研究范围广,从对社会哲学事件进行解释,到对社会问题进行理论性的经验分析,直至对职业分布和年龄划分形式进行社会图解式的描述;其次,研究的兴趣领域宽,包括人与人相互关系的本质特征和产生方式、微观和宏观的历史社会联系以及它们的发展、社会的制约性和特定文化现象的意义、社会事件的因果联系、社会结构的一贯性和相关人群的生活状况之发展、人类行为对社会结构和社会发展的影响、社会事件和社会发展的批判性评论等;最后,社会学研究的多元化还体现在,基于不同的社会学理论研究之出发点的人们试图运用众多的研究方法,使社会学的研究领域不断地分化,从而让社会学的研究工作日益精确化。

联邦德国社会学的研究亦反映了社会学家合作多元化的特征。在研究兴趣、研究理论和研究方法方面,德国的社会学家之间存在着激烈的竞争和尖锐的争论。目前,联邦德国社会学的各种理论学派互占优势,其中比较有代表性的是五大学派:以柯尼希为首的科隆学派,其着重研究战后德国的城乡和社区建设以及两德统一后的社会问题;舍尔斯基学派,其主要研究德国工人和工业化问题;法兰克福学派,其提出了针对传统社会学的"批判的社会理论";达伦多夫学派,其重点探讨"社会冲突";以卢曼为代表的系统论学派,其主要研究"社会系统"。

四 专门科学与实践关系

联邦德国的学术界曾多次出现过有关社会科学和实践关系的争论。这种关系的可能类型和已产生的类型在文献中都有记载。在《社会科学知识的运用和联系》中,"德国研究团体"对这个主题的各种观点进行了详细的分析。

二十世纪六七十年代,一些社会科学家深信自己是杰出的政策顾问,因此他们带着相应的要求纷纷登场,并积极参与社会政治活动。科学的政策咨询在联邦德国经历了一个繁荣时期之后,一部分社会科学家开始感到自己被误解和利用,因而他们又逐渐退出政治舞台。

另外,社会科学与实践关系被视为具有意义的东西。社会科学揭示了一个客观存在的社会现实以及处于社会现实结构中的发展过程,这使得社会政治形态能够为人们所理解。

此外,社会科学知识的传播——尤其是大学内的社会学专修课程和副修课程的设立——使科学和实践之间的联系变得日益紧密。科学家面对的科学外行日益减少,而在科学和实践两方面都接受过系统教育的人日益增多,他们中的一部分人从事研究,另一部分人从事实践。这种类型的实践者掌握着科学的数据和内容,并乐于同研究者一起开展社会研究和实践工作。

通过这样或那样的过程,一个科学与实践的关系逐渐形成。社会实践在许多方面依赖于科学的帮助和经社会研究而获得的数据,它依赖于对有关社会现实的各种不同观点的科学阐述,依赖于对社会的起源关系和作用关系的科学证明,依赖于社会的发展和联系。但是,科学的帮助往往不是对那些被直接进行实践的理论做出论断,而是提供信息。当然,在使用这些信息前,我们需要通过实践来对其进行加工。

五 联邦德国社会学的近期任务

上文是对联邦德国社会学和社会发展的简要回顾。下面我们分析一下联邦德国社会学近期的三大任务。

(一) 德国统一后的社会学重要问题之清理

对于联邦德国来说,最有现实意义的近期任务就是清理在德国统一过程中产生的各种问题。当然,这项任务不仅属于社会学,也属于其他学科。但是,在承担这项任务时,社会学将有大量的工作要做。首先,在原西德社会学家的眼中,原东德的社会学被圈定在极为有限的范围中,且其受到过多的政治方面的影响。使原东德地区的社会学从此进入统一后的轨道,这本就不是一朝一夕能完成的任务。其次,原西德地区建立的数据在统一前属于联邦德国标准化数据,但是社会学家现在必须对其进行大量的修改，以适应当今联邦德国东部地区的状况。最后，联邦德国对东部地区的社会学发展采取了组织改建手段，他们在东部地区重新组织和建立了社会学研究的基础设施机构，并重新制定了东部地区大学社会学教学大纲和计划。此外，联邦德国还撤销了原东德科学委员会确定的社会研究项目，并从西部地区派出一部分社会学家到东部地区组织和开展社会学研究与教学工作。

在此过程中，许多经济、组织和人事方面的新问题将会产生，而这些问题的解决也许会在今天的联邦德国产生一股针对社会科学的巨大的反作用力。所以，联邦德国的社会学家认为，为了应对新产生的问题，他们要及时地进行思考并付出不懈的努力。

（二）不断改进出版业的工作

笔者认为，联邦德国社会学未来面临的一项重要任务是，继续改善信息业、出版业和报道业。这里特别涉及到概要介绍特定研究领域内的知识状况和研究状况的文献，涉及到加速出版研究报道和加强专业特殊性的科学新闻业。

在公布和出版社会研究的结果和信息方面，联邦德国的出版业已有了较大改善，如出版《数据报道》《联邦德国人口统计形势报道》《劳动市场研究和职业研究的要点》等。但是，这一类出版物的内容需要由学者不断地进行补充和更新，而出现在社会学的各种交叉研究领域内的大量专业文献也使专家们难以获得概要介绍。对于尚未成为专家的专业人员和有兴趣的外行来说，获取信息更是一件难事。

德国研究团体希望不断有人能就社会学的研究重点以及特殊研究范围的项目撰写总结报告。总结报告必须对重要的研究知识做出概况性的扼要介绍，而不是仅仅列出研究项目的题目。虽然越来越多的社会学研究所开始报道他们的工作，并对各个研究领域的有关知识和研究状况做出总结，但是人们需要有关研究结果的综述报告，并且这类综述报告应该使感兴趣的实习者也能看懂和理解。因此，社会学家认为，扩建报道业是一项要求十分高的科学任务，它不是对数据进行简单的统计，而是涉及到对有意义的报道范围之选择，以及对各个结果进行综述性的阐述。

在出版业中，一个必须被扭转的现象是，社会研究报告从开始撰写到正式出版的整个运作过程历时太长，因此在进入图书馆供学习者使用时，这些出版物距撰写完成的那一天已不知有多远。按照这样的方式，在有关数据被公诸于世时，它们早已经过时了。

因此,德国社会学协会认为,他们不仅要关注社会学的研究和教学问题,而且还应十分重视社会学信息业、出版业和报道业方面的问题。

(三) 保持和巩固社会学本体

联邦德国社会学未来的一项基本任务是保持和巩固社会学本体。

长期以来,社会学研究在联邦德国分化成越来越多的工作领域,有些地方的不同学派之间产生了互相攻击甚至于互相背离的状况。越来越多的其他学科在他们的研究和教学中引用了社会学的论点和论证。社会学的术语不仅成为了政治家、新闻记者和其他人文科学家语言的组成部分,也成为了大众语言的组成部分。

为了不使社会学在发展中因四处扩散而"飞开",为了使社会学的各种观点在这儿或那儿不被吸收掉,对保持和巩固社会学本体之重视显然是有必的。对此,德国社会学协会认为,他们要着力做好如下三项工作:

第一,建立社会学主修专业和副修专业的统一教程结构,此结构应围绕一个统一的核心教学准则,并确定副修专业教程范围的最基本要求。

第二,保证德国社会学协会为唯一的社会学科学专业组织,被接纳为该协会成员的人必须确实在社会学方面进行科学研究和著书立说,并且他们应如同德国社会学协会的大批积极分子一样,思考、讨论和解决那些社会学范围内的有关研究与教学的问题以及信息业中产生的问题。

第三,社会学应致力于研究出人类存在的专门观点,其应是一种在强化的社会变迁背景下的与特殊意义相匹配的观点,即研究出人类和因其而产生的问题之间的关系。考虑到各种各样的研究兴趣,社会学家必须从符合原则的研究对象出发,在各不相同的职业范围和职业地位中确保其专业性本体,以此取代仅从研究领域、职业范围或者职业地位出发进行研究。

当代德国社会学的研究领域越来越宽广,研究的课题和兴趣也越来越多样化,从出生到死亡,从人工流水线到电子计算机,从调查访问的方法论到数据库,从传统的平等课题到未来世界的社会问题,凡此种种,可谓无所不包。然而,德国社会学目前的研究重点已转向德国统一后的两个地区因发展不平衡而出现的各种社会问题上。

参考文献

Bolte, K. M., *Zur Situation soziologischerForschung und Lehre in der*

Bunde-srepublik, Bielefeld, 1976.

Bolte, K. M., *Soziologie und gesellschaftlicheEntwicklung in der Bundesrepublik Deutschland*, Düsseldorf, 1992.

福武直:《世界各国社会学概况》,北京:北京大学出版社,1982年。

王康:《社会学史》,北京:人民出版社,1992年。

刘豪兴:《国外社会学综览》,天津:天津人民出版社,1993年。

《昨日世界》与茨威格的欧洲观念

胡 凯

摘 要 《昨日世界》是奥地利著名作家茨威格的自传。在回顾1881年到1939年的欧洲历史之基础上,茨威格对欧洲的前途和犹太民族的遭遇进行了深入的思考。茨威格强调欧洲的精神团结,主张欧洲各民族在理解和友谊的基础上实现文化交融,并以此为基础建构欧洲公民的身份。茨威格的文化欧洲观念具有很强的包容性,其尊重欧洲各民族的个性与差异,着重和谐共存而不强求统一。同时,茨威格也希望犹太人能够通过参与欧洲文化建设的方式成为新欧洲文化的建构者,从而真正掌握自己的命运。本文借助《昨日世界》来解析政治维度上的茨威格,并以此分析他对欧洲联合和欧洲文化建设的主张,这将有助于我们思考与分析当前欧洲联合进程中暴露出来的如文化认同危机、小众的融入等问题,从而寻求解决方案。

关键词 《昨日世界》 茨威格 欧洲观念 文化欧洲

在世界知名作家撰写的自传里,斯蒂芬·茨威格的《昨日世界》堪称另类。作为回忆录,《昨日世界》的主角并非作者自己,而是1881年到1939年的欧洲历史。茨威格希望与读者分享的不是他个人的成就,而是他作为"欧洲公民"的经历以及对欧洲前途与命运的思索,这样做是为了"唤起人们对往日究竟如何,对欧洲文明究竟意味着什么,有一个印象"[1]。在茨威格的所有作品中,《昨日世界》最直观、最清晰地展示了他独特的政治敏锐性和洞察力,向读者呈现了难得一见的政治维度上的茨威格。茨威格在《昨日世界》里所展示的是他对欧洲、欧洲文化以及欧洲联

---

[1] 张玉书:《茨威格评传:伟大心灵的回声》,北京:高等教育出版社,2007年,第423页。

合的理解。即使是针对欧洲联盟今日所面临的种种问题，《昨日世界》依然具有参考与借鉴的意义和价值。

一 欧洲联合——茨威格的欧洲观念之核心

茨威格的欧洲观念来源于他对和平生活的向往以及对战争的厌恶。茨威格的欧洲观念是他在《昨日世界》中为欧洲的自由与和平开出的药方，即通过文化层面的沟通与交融来不断加强欧洲民众对欧洲文化的集体认知，从而形成文化向心力，并以此为基础建构欧洲公民的集体身份。作为茨威格及其欧洲各国文化界挚友的奋斗目标，他的文化欧洲理念以倡导欧洲联合为核心。茨威格的欧洲观念是一战以后兴起与发展的欧洲联合思潮的组成部分。

第一次世界大战不仅造成了巨大的人员伤亡和财产损失，而且也导致世界格局发生了重大改变。对战争的破坏、战后欧洲的衰落以及新的战争威胁的思考催生了各种和平方案，欧洲联合的思潮亦随之涌现，甚至一度被政治精英们提上议事日程。这便是茨威格笔下"人们又能写作，聚敛心神，思考精神问题。甚至又能梦想，希望有个统一的欧洲"的时代。[①] 其中，库登霍夫-卡勒吉领导的泛欧运动最具代表性和影响力。卡勒吉主张建立能确保欧洲和平与欧洲文化繁荣，并能同时提高欧洲生活水平的"泛欧洲"体系，以抵御新的世界大战、普遍的贫困化和布尔什维克对欧洲的威胁。[②] 泛欧体系的内涵在于，通过欧洲的联合自助来组建旨在实现政治和经济目标的联盟，从而达成最高的和平目标。[③] 深受泛欧思想影响的法国总理白里安进一步将欧洲联合付诸实践，他于1930年提交了《关于建立欧洲联邦同盟的备忘录》，其中正式提出建立欧洲联盟的政治构想。尽管该计划由于种种原因而搁浅，但它却是欧洲政界主导欧洲统一事业的开端。[④]

与托马斯·曼、弗洛伊德、施特劳斯、爱因斯坦等知名人士一样，茨威格是泛欧运动的坚定支持者。身为和平主义者，茨威格对争权夺力的军事化联盟嗤之以鼻。在这种情势下，"每个国家都突然感到自己强大无比，忘记了别的国家也有同感。

---

① [奥]斯蒂芬·茨威格：《昨日世界——一个欧洲人的回忆》，张玉书译，北京：人民文学出版社，2015年，第243页。
② Richard N. Coudenhove-Kalergi, *Paneuropa ABC*, Wien-Leipzig, 1931, S. 4.
③ Richard N. Coudenhove-Kalergi, *Paneuropa*, Wien-Leipzig, 1926, Vorwort, S. 8. Richard N. Coudenhove-Kalergi, *Geschichte der Paneuropabewegung 1922–1962*, Basel & Wien, 1962, S. 29.
④ 参见马胜利、邝杨主编：《欧洲认同研究》，北京：社会科学文献出版社，2008年，第26—27页。

《昨日世界》与茨威格的欧洲观念

每个国家都想要得到更多,都希望得自别国",因此这种联盟的存在势必成为新战争的诱因。① 茨威格认为,保障弱小民族的自由与独立以及实现和平的共同前提是"大大小小的国家都联合起来组成一个覆盖这些国家的统一体"。② 茨威格所追求的国家统一体,应该是一种以友谊为基础的康德文化形态下的欧洲各民族联盟,其实质是成员之间不会兵戎相见,而是以其他方式解决彼此之间的争端的多元安全共同体。③ 在这样的联盟中,"纵令是极小的成员国也不必靠自身的力量或自己的法令,而只须靠一种联合的力量以及联合意志的合法决议,就可以指望着自己的安全和权力了"④。

有学者指出,茨威格的欧洲观念充满诗人的浪漫想象,但是他在《昨日世界》中并未给出实现理想的方案。⑤ 诚然,在对欧洲问题的思考中,茨威格更多地关注思想与精神,其基本聚焦于欧洲观念的文化筑基。针对欧洲联合的制度化措施,茨威格并未提供多少具体的构想。文化人的身份和"不关心政治"的自我设定⑥使茨威格与政治精英们的思考处于两个不同的平面,这是哲学思考和结构化设想之间的差别。泛欧主义政治精英们致力于描摹瑞士绘制泛欧联盟的政治蓝图⑦,而茨威格则将注意力集中在以各民族友好共存为核心的瑞士精神上,即"通过尊重和真诚经历过的民主,把语言上和人民间的区别提升为兄弟情谊"⑧。又如,茨威格和政治精英们都认为欧洲各国的边界和壁垒之存在妨碍了欧洲政治、经济和文化事业的发展。⑨ 但是,不同的是,政治精英们思考的是如何削减其功能的政策问题,

---

① [奥]斯蒂芬·茨威格:《昨日世界——一个欧洲人的回忆》,张玉书译,北京:人民文学出版社,2015年,第152页。
② 同上,第310页。
③ 参见[美]亚历山大·温特:《国际政治的社会理论》,泰亚青译,上海:上海人民出版社,2008年,第289—291页。
④ [德]康德:《世界公民观点之下的普遍历史观念》,载[德]康德:《历史理性批判文集》,何兆武译,北京:商务印书馆,2011年,第12页。
⑤ 参见吴蓉晖:《"我们命该遇到这样的时代"——读〈昨日的世界〉》,载《博览群书》,2005年第2期,第107页。
⑥ 参见张玉书:《茨威格评传:伟大心灵的回声》,北京:高等教育出版社,2007年,序言第6页。
⑦ Martin Posselt, *Die deutsch-französischen Beziehung und der Briand-Plan im Spiegel der Zeitschrift Paneuropa* 1927 - 1930, in *Le Plan Briand d'Union fédérale européenne*, Bern etc., 1998, S. 45.
⑧ [奥]斯蒂芬·茨威格:《昨日世界——一个欧洲人的回忆》,张玉书译,北京:人民文学出版社,2015年,第202页。
⑨ WlterLipgens, *Europäische Einigungsidee 1923 - 1930 und Briands Europaplan im Urteil der deutschen Akten*, in *Historische Zeitschrift*, München, 1966, Bd. 203, S. 55.

即"通过建立欧洲国家联盟使其失去政治意义,通过建立欧洲关税同盟使其失去经济意义,通过建立欧洲安全共同体使其失去军事意义,通过确保少数民族的权益使其失去民族国家的意义"①。茨威格重视的是欧洲人在诸如"齐柏林飞艇事件"上所表现出的集体归属感和"欧洲民族"的意识,他痛斥狭隘而偏激的民族主义。比如,针对第一次世界大战爆发后的莎士比亚被逐出德国舞台、莫扎特和瓦格纳被逐出法国和英国的音乐厅、德国教授宣称但丁是日耳曼人而法国教授宣称贝多芬是比利时人的荒唐事件,茨威格对那种对前线的厮杀尚不满足而且还要彼此辱骂诽谤在坟墓里无声无息地安卧了几百年的敌对国家的伟大死者的行径大加谴责。②茨威格呼吁大家"作为欧洲人,作为我们时代的人,感觉到我们共同战胜自然的胜利和我们共同经受的考验"③。需要指出的是,茨威格构思的欧洲命运共同体是面向现实与未来的。茨威格没有片面地强调欧洲人曾经共同经历过什么,而是着眼于提醒欧洲人认识到当前的危机以及他们所肩负的共同责任与使命,并且他将这种认识视为促使欧洲各民族走向联合的动力。作为建构此种认识的前提,茨威格在《昨日世界》里多次强调理解和友谊在欧洲观念中的重要地位:"只要我们具有欧洲思维和国际之间兄弟般的友好交往,只要我们在只有通过曲折道路才对一时的事件发生作用的领域里,超越语言和疆域的界限,把相互理解和精神上的亲切交往奉为理想,我们的作为也就足矣。"④

二 茨威格的文化欧洲理念之特点和现实意义

茨威格的欧洲观念虽然源自他对历史的思考和对政治现实的关切,但其又超越政治而落脚于构建精神层面的文化认同之上。希特勒上台之后,身为文化名人

---

① Richard N. Coudenhove-Kalergi, *Paneuropa ABC*, Wien-Leipzig, 1931, S. 20 - 21.
② [奥]斯蒂芬·茨威格:《昨日世界——一个欧洲人的回忆》,张玉书译,北京:人民文学出版社,2015年,第180—181页。
③ 同上,第150—151页。在欧洲民族主义的问题上,茨威格与泛欧运动领导人卡勒吉的观点是相同的。卡勒吉的见解不如茨威格那般热情洋溢,且缺少理性:"欧洲民族主义的教条将民族解释为血缘共同体。然而,在经历了我们这片大陆史前和各个历史时期无数的民族迁徙之后,欧洲已经不存在纯粹的种族。"(Richard N. Coudenhove-Kalergi, *Paneuropa*, Wien-Leipzig, 1926, S. 123.)"只有当民族主义不被理解为对本民族的爱而是对其他民族的恨时,民族主义才会与欧洲主义起冲突。"(Richard N. Coudenhove-Kalergi, *Kampf um Paneuropa*, Wien-Leipzig, 1926 Bd. Ⅱ, S. 64.)
④ [奥]斯蒂芬·茨威格:《昨日世界——一个欧洲人的回忆》,张玉书译,北京:人民文学出版社,2015年,第153页。

的茨威格奔走于欧洲和世界各地,他通过与欧洲各国文化界的交流来增强彼此之间的理解与信任。茨威格用文字唤起欧洲人的集体意识和建构维系欧洲各民族情感的纽带,并向欧洲民众宣传他的人生理想——欧洲的精神团结。① 与同时代的(甚至后世的)"欧洲主义者"相比,茨威格对欧洲问题和文化欧洲理念有着独特的见解。

首先,尽管茨威格常常以欧洲公民自居,但他并不是执着的欧洲"统一论者",至少他不是政治维度的欧洲统一论者。致力于人文关怀和文化关怀的茨威格所追求的欧洲联合,是各具特色的欧洲文化的共存与交融,而非政治精英们孜孜以求的统一。相对于政界从制度建设层面对他者提出的趋同要求,摒弃文化专制的多元文化建设对差异性具有更高的宽容度,其自我与他者之间的边界更具流动性,也更易达成相互认同而不必过多地牺牲自我的特性。正如茨威格对瑞士的赞叹,他称赞瑞士"总是殷勤好客地接纳每一种思想,让它忠实地保留其特殊的特点"②。也正是由于茨威格对欧洲联合的预设立场是"自己活,让人活"的共存③而不是非此即彼的统一,所以他的文化欧洲理念才更具包容性,也才能更大程度地延展自我的认识界限,从而将更多的他者纳入其中,以建构欧洲公民乃至世界公民的集体身份。④

其次,在看待欧洲文化及其对塑造欧洲民众集体归属感的影响方面,茨威格并未像许多政治家和学者那样一味强调以希伯来、希腊文化和基督教传统为核心的文化源流共性,并将其作为政治和经济求同的论证基础。事实上,传统的欧洲文化认同更多地属于精英文化的范畴。对于普通民众而言,基于历史溯源的欧洲命运共同体带给他们的反而是充满对抗和战乱的创伤式集体记忆。这类记忆强化的是对本民族的认同感,而不是对欧洲的归属感。对于欧洲联合而言,传统的欧洲文化

---

① [奥]斯蒂芬·茨威格:《昨日世界——一个欧洲人的回忆》,张玉书译,北京:人民文学出版社,2015年,第251页。
② [奥]斯蒂芬·茨威格:《昨日世界——一个欧洲人的回忆》,张玉书译,北京:人民文学出版社,2015年,第202页。
③ 同上,第19页。
④ 《昨日世界》充分展示了茨威格交往与建构的"信念共同体"的宽广维度,正如他跨越政治维度的意识形态分歧。茨威格在1982年依然造访被泛欧体系排除在外的苏联,他说:"从欧洲的意义上,我也觉得世界各国的作家联合起来,为了向他们当中最伟大的作家(托尔斯泰)表示共同的敬意,也是一个极有意义的示威运动。所以我接受邀请,我对这样迅速做出决定并不感到后悔。"([奥]斯蒂芬·茨威格:《昨日世界——一个欧洲人的回忆》,张玉书译,北京:人民文学出版社,2015年,第253页)更遑论茨威格与高尔基的友谊。

析出的离心力实际上远大于其提供的向心力。① 从这层意义上讲,所谓的欧洲文化以及依附于文化认同的归属感不仅不是理所当然的存在,反而是一个需要被重新建构的对象。所以,茨威格在作品中并不局限于对希腊、罗马等彰显欧洲文化同源性的历史故旧津津乐道。相反,茨威格推崇的维也纳文化建构模式的前提是承认并重视文化差异性的存在,并在此基础上寻找异质文化和谐共存与达成共识的可能性。茨威格眼中的维也纳是欧洲文化所有洪流的汇聚之地,这座城市"真正的天才便在于使所有这些矛盾对立都和谐地融为一体,变成一种新型的、独特的东西,变成奥地利的、维也纳的东西。这座城市具有兼容并包的能力,具有接受外来影响的特殊感觉。它将极不相同的互相矛盾的各种力量吸收进来,使之情绪缓和,心情舒畅,感到宽慰"②。茨威格将维也纳的文化建构模式视为欧洲文化建设的榜样。作为文化的容器,维也纳与欧洲具有诸多相似性,两者最主要的相似之处莫过于多元化因素的交汇和精神的超民族性。在追求的目标上,维也纳和欧洲的共同点在于各民族矛盾的兼容并包以及和谐化。作为西方各种文化的综合体,维也纳可谓缩小版的欧洲。维也纳的魅力及其对欧洲文化建设的参考价值和指导意义首先在于,"这座城市的每一个市民都无意识地被教育成为一个超民族的人,一个世界主义者,一个世界公民[……]在任何地方都不像此处这样更容易成为欧洲人"③。

从表面上看,茨威格的欧洲观念过于理想化,而且与政治领域和经济领域的联合举措相比,其在文化建设上收效甚慢。的确,通过文化建设培养欧洲集体意识和归属感不是解决欧洲问题的速效药。可是,以文化认同为基础的精神团结却是欧洲联合进程持久的动力源泉。欧洲联合不是仅仅依靠政治精英的驱动就能自上而下地得到贯彻与成功实现的。欧洲各民族的文化同源性是欧洲联合思想的倡导者们宣传和论证其主张,反对民族主义、孤立主义和分裂主义的重要武器。④ 然而,

---

① 参见张旭鹏:《文化认同理论与欧洲一体化》,载《欧洲研究》,2004年第4期;严天钦、石坚:《欧洲一体化进程中的文化整合》,载《西南民族大学学报》,2012年第1期。
② [奥]斯蒂芬·茨威格:《昨日世界——一个欧洲人的回忆》,张玉书译,北京:人民文学出版社,2015年,第10页。
③ 同上,第10页和第19页。
④ 比如,卡勒吉认为,欧罗巴民族"不是血缘共同体,俄日是精神共同体。他们并非在肉体上源于共同的祖先,而是在精神上传自共同的导师。[……]如果泛欧洲的文化感受能得到贯彻,每一个善良的德国人、法国人、波兰人和意大利人也会成为善良的欧洲人"。(Richard N. Coudenhove-Kalergi, *Paneuropa*, Wien-Leipzig, 1926, pp. 125,133.)丘吉尔则称欧洲与他者的边界在于被称为西方文明的信念和思想体系,欧洲是一个精神概念。(参见[英]温斯顿·丘吉尔:《欧洲统一大会:1947年5月14日在艾伯特纪念堂的讲话》,载[英]温斯顿·丘吉尔:《欧洲联合起来(1947—1948年的演讲集)》,商务印书馆翻译组译,北京:商务印书馆,1977年,第54页。)

在欧洲联合的执行层面,作为主导者的政治精英们却每每忽略在联合进程启动阶段发挥重要作用的文化元素。以二战以后的欧洲一体化运动为例,诚如美国学者莫劳夫奇克所言:"总体上看,欧盟实现的是具体的国家利益,而并非涉及广泛的文化理想。[……]欧洲一体化是民族国家领导人为了追求经济利益,进行一系列选择的结果。"①欧共体和欧盟的工作重点是内部市场,是经济和货币联盟,是共同的外交和安全政策以及内政和法律政策领域的合作,是脱胎于地缘政治考量的利益共同体。②尤其是在东欧剧变后,欧盟的扩张更多地强调新成员国对欧盟既定标准的单向趋同。在地域版图不断扩大的同时,强制趋同所造成的不利影响和负面作用也日益明晰地显现出来。当利益和权力结构发生变化,且民众的热情被消费到一定程度时,集体身份建构过程中的文化赤字终将引发文化认同危机,并开始吞噬欧洲一体化运动的生命力,民粹主义的兴起及其对欧洲联合进程的逆推作用便是明证。当前,欧盟面临着诸多矛盾,前途并不乐观。欧洲宪法被否决、欧债危机和难民问题中暴露出来的欧盟各国的利益差异以及观念的不统一、英国的退盟等问题的发生都可被归结为欧洲文化建设相对于政治、经济一体化的滞后,以及文化多元性和追求政治、经济一致性之间的对立,而这些问题的发生最终都将被归结为欧洲文化认同与民族文化认同之间的矛盾。③"欧洲一体化始于经济领域,外溢于政治、防务和社会领域,但将终结于文化领域。欧洲各国只有在文化上紧密融合在一起,建立一个统一的文化欧洲,欧洲一体化才算最终实现。"④因此,"如果可以重新做起,我将从文化入手"的说法才会一再地被欧盟政策研究者引用。⑤ 由是观之,茨威格对欧洲文化建设以及文化认同和归属感的重视并不仅仅是诗人浪漫情怀的体现。尤其在当前欧洲一体化进程陷入困境乃至危机之际,我们似乎更有必要去品味和解读文化欧洲理念的现实意义,并思考如何更有效地将其制度化和政策化。

---

① [美]安德鲁·莫劳夫奇克:《欧洲的抉择——社会目标和政府权力:从墨西拿到马斯特里赫特》(上册),赵晨等译,北京:社会科学文献出版社2008年,第3—4页和第10页,转引自叶隽:《制度欧盟与文化欧洲的悖论》,载《欧洲研究》,2013年第4期,第141页。
② Thomas Läufer, 22 Fragen zu Europa — Die Europäische Union und ihr Parlament, Bonn, 1994, S. 9.
③ 参见朱定秀:《欧洲文化认同危机评析》,载《当代世界与社会主义》,2008年第2期。
④ 马风书、任娜:《欧洲一体化:一种文化解读》,载《现代国际关系》,2003年第9期。
⑤ 参见何蓉:《欧盟显性和隐形文化政策辨析》,载《西南民族大学学报》,2014年第5期。何蓉在文中指出,该话语体系是时任法国文化大臣的杰克·朗在二十世纪八十年代早期做出的假设。原文应为"我想如果现在询问莫内的意见,他一定会从文化开始。"此后,该话语被不少国内外学者引为欧洲一体化运动之父让·莫内的发言。

三 犹太民族的命运与欧洲文化建设

在《昨日世界》里,茨威格对犹太民族命运的反思与其对欧洲前途的思考是联系在一起的。自从犹太人的王国被毁灭、圣地耶路撒冷先后被各方势力占领、宗教圣殿被罗马人付之一炬起,犹太人便沦为没有祖国的难民,他们不仅颠沛流离,还要承受各种不公、骚扰乃至迫害。保罗所宣扬的"你们因信基督耶稣,都是上帝的儿子。你们受洗归入基督的、都是披戴基督了。并不分犹太人、希利尼人、自主的、为奴的、或男或女,因为你们在耶稣基督里,都成为一"①,至少在犹太人身上并未得到实现。②作为备遭轻侮与敌视而又被有限容忍的社会成员,生活在欧洲的犹太人多通过接受同化的方式使自己成为所在国民众的一员,甚至有人提出通过集体受洗礼的方式实现犹太教与基督教的统一以摆脱厄运。③但是,历史一再证实,基督教的欧洲从未真正扩展自己的认同边界以接纳作为他者的犹太人。犹太人始终是异类,"对于活着的人来说,犹太人已经死了;在当地人看来,犹太人是外来户和无赖;在有产者眼里,犹太人是乞丐;在穷苦人的心目中,犹太人是剥削者和富翁;与爱国者相比,他们无国可爱;对于所有的阶级来说,犹太人都是可恨的敌手"。④犹太人每每被强加他们自己遗忘已久的族群共性,被迫回归他们试图摆脱的犹太人身份并承受由此带来的迫害。

虽然茨威格对犹太复国主义的创始人赫茨尔深表敬意,但他对"犹太复国主义"的态度是疏离的。因为,在茨威格看来,犹太人与其他民族共处,"经历了各自

---

① Galatians,3:26—28,转引自杨昌栋:《基督教在中古欧洲的贡献》,北京:社会科学文献出版社,2000年,第46页。
② 如罗马帝国时代的犹太人必须承担比其他民族更高的税收。(参考[古罗马]阿庇安:《罗马史》,谢德风译,北京:商务印书馆,1979年,XI. 50)公元451年,罗马帝国的宗教会议宣布禁止基督徒与犹太人通婚和共同进餐,甚至不得向犹太籍医生求医。犹太人不准占有基督徒奴隶,不得使用基督徒的效忠誓言,或作为基督徒的领主。(参见[美]C. 沃伦·霍莱斯特:《欧洲中世纪简史》,陶松寿译,北京:商务印书馆,1988年,第154页。)托马斯·阿奎那则认为,"像法律所宣布的那样,犹太人由于他们的罪过,无论在现今或过去都注定要受奴役;因此,各国的君主可以把他们的所有物当作自己的财产;唯一的附带条件是,不要全部剥夺他们赖以维持生活的必需品"。([意]托马斯·阿奎那:《论对犹太人的统治,致布拉班女公爵》,载[意]托马斯·阿奎那:《阿奎那政治著作选》,马清槐译,北京:商务印书馆1963年,第90页。)
③ [奥]斯蒂芬·茨威格:《昨日世界——一个欧洲人的回忆》,张玉书译,北京:人民文学出版社,2015年,第77—78页。
④ [德]品斯克:《自发解放》,转引自傅有德:《赫茨尔与哈阿姆的犹太复国主义》,载《山东大学学报》,1995年第2期。

不同的命运,相互之间已经变得如此不同。这里是宗教虔信的犹太人,那里是自由思想的犹太人,这里是社会主义的犹太人,那里是资本主义的犹太人。大家以各种语言互相争吵,都不愿意听从一个统一的权威"①。通过重建犹太国家的方式将族群"彻底隔离"的做法,在文化和精神上的凝聚力和向心力已显不足。针对一部分犹太人通过积聚财富提升了社会地位的现象,茨威格更不认为这能从本质上改变犹太人的命运。茨威格不否认犹太人身上的商人习气,但他认为追求物质财富并非犹太人的人生目的,而是实现其真正志向的手段。在茨威格看来,犹太人的理想是对知识和文化的投入与追求。"在犹太人身上,有种力量会无意识地试图摆脱这种粘在一切商业之上、一切生意之上的道德上的不大可靠、令人憎恶、小里小气、否定精神的特点,把自己提高到更纯净的、与金钱无关的知识领域中去,就仿佛他像——瓦格纳说的——想把他自己和他整个种族从金钱的魔咒中解救出来。"②事实上,反犹者将对"日常犹太人"的嫉妒与对"安息日犹太人"的宗教仇恨纠结在一起,从而使犹太人的财富成为犹太人遭受新的迫害的根源。③

因此,在《昨日世界》里,茨威格用大量的篇幅介绍了他与赫茨尔、祺夫曼斯塔尔、弗洛伊德等杰出犹太人的交往。除了向读者展示犹太人的文化贡献,并还击希特勒和纳粹对犹太民族的丑化与污蔑之外,茨威格还对犹太人成功参与奥地利和维也纳的文化建设给予了充分肯定。尤其在维也纳,犹太人并非只是单纯地被同化,而是主动地维护和推动这座城市的文化发展。通过文化介入,犹太人参与了"维也纳人"这一集体身份的建构,从而使自己为这座城市所接纳,并成为城市文化不可或缺的组成部分甚至主导力量之一。所以,即使在排犹主义盛行之时,反犹者依然无法实施所谓的"民族剧院"计划,因为"全世界被誉为十九世纪维也纳文化的东西,十分之九是一种被维也纳犹太人赞助、培养,或者甚至自己创造

---

① [奥]斯蒂芬·茨威格:《昨日世界——一个欧洲人的回忆》,张玉书译,北京:人民文学出版社,2015年,第79页。
② 同上,第8—9页。
③ 汤普逊指出,"在十字军开始的时候,犹太人是欧洲唯一出名的有相当数量现款的阶层。由于这个缘故,在这以后,西欧犹太人成为经济上广受妒嫉的牺牲品。因为这种妒嫉心理,当时的宗教狂热更加厉害。反闪族主义是在十字军运动里诞生出来的。起于经济的妒嫉多于宗教的仇恨。于是犹太人到处受苦深重。群众痛打他们,屠杀他们,都成为家常便饭"。([美]J. W. 汤普逊:《中世纪经济社会史》(上册),耿淡如译,北京:商务印书馆,1961年,第488页。)甚至马克思在探讨人类解放时,也(不无反讽地)将犹太精神定义为拜金主义,并将其上升到资本主义社会的普遍法则。(参见[德]马克思:《论犹太人问题》,载[德]马克思、[德]恩格斯:《马克思恩格斯全集》(第3卷),中共中央马克思恩格斯列宁斯大林著作编译局编译,北京:人民出版社,2003年,第192—198页。)

的文化"①。这是犹太人通过文化建设在一定程度上把握自身命运的积极例证。由此,茨威格也间接地给出了解决犹太人问题的方案。茨威格既不认同旨在追求个人自由的"同化"方案——历史也一再证明这种尝试是失败的,也与选择"彻底隔离"以换取犹太民族集体自由的"犹太复国主义"保持距离。茨威格希望维也纳模式能成为欧洲文化建设的模板。如此一来,犹太人将不必单向地祈求所在国的接纳,而是有可能在更广阔的欧洲维度中,依托对欧洲文化的共同建设,成为与欧洲其他族群——如作为犹太人曾经的同化对象的德国人、法国人、意大利人等——平等的文化建构者。这是茨威格对其自称的"欧洲公民"乃至"世界公民"身份的一种诠释。茨威格对犹太人问题的解析也为小众群体融入问题的解决提供了有价值的观点。犹太人问题是欧洲小众群体问题的集中化与极端化体现。当前欧洲所面临的肇因于移民和难民的社会矛盾之根源,就是小众群体的融入困境。对此,以对欧洲标准之趋同为核心的同化过程是与小众群体被迫失去全部或部分自我的感受相联系的。茨威格的设想则以文化多元化为先导,其淡化了现有认同边界并共同构建更具包容性的新的集体认同。这一过程是以小众群体主动舍弃部分自我以实现与大众群体的安全融合为基础的,其具有双赢性和可持续性。如前文所述,既然真正体现向心力的欧洲文化依然处于不断被建构的过程中,那么小众群体对文化建设的主动参与无疑是增强其对欧洲公民身份的认同感与归属感以及其实现融入的重要前提。从这一点上讲,茨威格的主张对于当前欧洲的社会融合来说同样具有积极的参考意义。

结语:茨威格的遗憾与期望

茨威格对自己的定位是"奥地利人、犹太人、作家、人道主义者与和平主义者"。② 但是,残酷的现实剥夺了茨威格所有的身份,也摧毁了他的欧洲观念与和平理想的建构基础。奥地利被吞并,因丢失了自己的祖国而流亡在外的茨威格甚至觉得自己"吸掉了别国人民的空气"③。作为犹太人,茨威格更因本民族遭遇的

---

① [奥]斯蒂芬·茨威格:《昨日世界——一个欧洲人的回忆》,张玉书译,北京:人民文学出版社,2015年,第18页。
② [奥]斯蒂芬·茨威格:《昨日世界——一个欧洲人的回忆》,张玉书译,北京:人民文学出版社,2015年,序言第1页。
③ 同上,第319页。

灭顶之灾而备受折磨。在纳粹的阴影下,"不论贫富,不论是捷克人还是德国人,犹太人还是基督徒,尽管有时有些摩擦,都能和平地共同聚居,即便是政治运动或是社会运动也都没有那种阴毒的仇恨情绪"①的维也纳也不再是犹太人的避风港,维也纳已经沦陷,其更不可能成为欧洲文化建设的模板。纳粹的暴行和国际社会的迟疑与冷漠让茨威格认识到,至少在犹太人的问题上,当时的欧洲乃至世界尚不具备平等对待不同文化、允许不同文化存在并承认其价值的兼容性思维和多元视角。② 作为一名作家,茨威格说:"我的活动在任何一种意义上都受到阻碍——我的书几乎不可能再用德文原文出版了,然而,我的整个思想和看问题的方式却与欧洲人的,甚至拉丁族人的气质息息相关,此外,我在各处都缺乏资料。[……]此外,还有一种想法萦绕心头:我觉得,我这个人不再有家,不再有故乡和出版社,再也不能给朋友们提供哪怕是一丝一毫的帮助了,因为一切都受到限制。[……]我一直为创作状况担忧,得不到补给,必将像蜡烛缺少氧气一样,自行熄灭。"③针对人道主义与和平理想,茨威格说:"四十年来,竭尽我信念的一切力量意图实现的内心最深沉的任务——欧洲的和平统一——已被摧毁。比我自己的死亡更令我害怕的事情——大家混战一场的战争,已经爆发了第二次。我一辈子强烈地致力于使人们在人性上和精神上实现团结一致,在这一时刻感到,此刻比任何其他时刻都更要求这牢不可破的团结一致。这硬生生的人为隔离,使我感到我一生中从来没有这样的无用和孤独。"④理想与现实的巨大差距令身份意识和使命信念彻底崩溃的茨威格感到无比痛苦与绝望。

茨威格与十八世纪的圣·皮埃尔神甫⑤相似,他们都怀着注定不属于他们所

---

① [奥]斯蒂芬·茨威格:《昨日世界——一个欧洲人的回忆》,张玉书译,北京:人民文学出版社,19—20页。
② 参见[加]查尔斯·泰勒:《承认的政治》,陈燕谷译,载汪晖、陈燕谷编:《文化与公共性》,北京:生活·读书·新知三联书店,2005年,第301页,转引自张旭鹏:《文化想象与"欧洲观念的建构"》,载《云南民族大学学报》,2006年第5期。
③ [奥]斯蒂芬·茨威格:《致弗里德利克·茨威格》(1941年10月27日,彼得罗波利斯),载斯蒂芬·茨威格:《犹太人的命运:茨威格的心灵世界》,高中甫译,上海:上海三联书店,2009年,第79页。
④ [奥]斯蒂芬·茨威格:《昨日世界——一个欧洲人的回忆》,张玉书译,北京:人民文学出版社,2015年,第336页。
⑤ 圣·皮埃尔(Charles Irénéé Castel de Saint — Pierre, 1658 - 1743年),十八世纪法国思想家,在其著作《永恒和平方案》中提出建立欧洲邦联以实现和平的设想。圣·皮埃尔锲而不舍地拜访当时欧洲的当权者,希望他们采纳自己的主张。"在当时,也许没有哪个诸侯的宫廷不曾收到过(圣·皮埃尔)神甫呈递的著作,也许也没有任何一个有影响力的政治家或著名学者敢说自己从未受到那位善良的神甫毫无恶意的滋扰。"(Wilhelm Borner, *Das Weltstaatsprojekt des Abbé de Saint Pierre*, Berlin & Leipzig, 1913, S. 18.)但是,在战乱的十八世纪,圣·皮埃尔的主张无法得到当权者的支持并得以贯彻。

生存的那个时代的欧洲观念与和平理想。不同的是,圣·皮埃尔神甫不知疲倦地向欧洲的君主们推荐他的《永恒和平方案》,而茨威格却清楚地认识到自己的理念暂时没有实现的可能。正如茨威格所说:"我知道,一切过去的东西又将逝去,一切创造出来的成绩将被摧毁——欧洲,我们的故乡,我们为之而生,将要遭到破坏,远比我们的生命更为久长。另外一些东西,一个时代将要开始出现,但是要走到新的时代还要经历多少地狱的痛苦,炼狱的磨难!"[①]但是,茨威格已经无法继续等待新时代的到来,因为无法继续写作的他不能通过文字传递他的思想,并以此去影响人们,这是一种极度无力、生不如死的感受。[②] 所以,《昨日世界》成了茨威格的绝命书。完成《昨日世界》以后,茨威格平静地结束了自己的生命,与他倾注了毕生心血却又无力改变的世界诀别,而他将自己的观念、理想和期望留给了建设新时代的后人。虽然今日的欧洲与茨威格的设想有很大差距,而且遭遇到了前所未有的发展问题甚至危机,但是欧洲一体化运动一路走来所取得的成绩以及认识到文化认同危机的重要影响的欧洲联盟对其文化政策与文化治理的不断调整与加强[③],还是能够稍稍告慰这位因被自己所属的时代抛弃而抛弃了自己所属时代的"欧洲公民"。

[①] [奥]斯蒂芬·茨威格:《昨日世界——一个欧洲人的回忆》,张玉书译,北京:人民文学出版社,2015年,第336—337页。
[②] 参见张玉书:《茨威格评传:伟大心灵的回声》,北京:高等教育出版社,2007年,第424页。
[③] 参见郭灵凤:《欧盟文化政策与文化治理》,载《欧洲研究》,2007年第2期;曹德明、唐桂馨:《欧盟文化政策的核心:多样性中的统一性》,载《国际观察》,2014年第4期。

德国人旅华游记文献的挖掘与整理
——以1949年以来的文本为例

匡 洁

摘 要 以描写异国与异国人为主要内容的游记是建构和传播异国形象的重要文本。1949年以来的德国人旅华游记反映了不同时期与不同身份的德国旅行者对中华人民共和国的感知与评价,其折射出1949年以后的德国人认知中国的方式、欲望与诉求。挖掘与理清1949年以来的德国人旅华游记的作者、书名以及旅行者的旅华时间,可以为中德文化交流研究开辟新的一手资料。

关键词 游记 德国旅行者 1949年以来

1949年以来的德国人旅华游记的创作与出版取决于1949年以来的中德旅行交往之建立与发展。自中华人民共和国建立至改革开放前,德国旅行者大多基于中德友好文化合作协议来华参观访问。改革开放后,特别是二十世纪八十年代后,德国兴起了目的地为中国的大众旅行热,由此催生出大量的旅华游记。本文首先界定了"游记"的概念,然后在此基础上统计了1949年以来的德国人旅华游记的出版数量,并分别从"中国主题""德国人旅华的时间阶段"和"德国旅行者的职业与性别"三个方面对游记文本进行了统计与分类。

一 游记的界定

游记(Reisebericht)属于旅行文学(Reiseliteratur),是世界文学之林中最古老的文本类型之一。"希伯来的《圣经》和希腊-罗马古典传统中,均有着极为丰富的旅行写作典型——无论是字面意义上的还是象征意义上的——《旧约》中的《出埃及记》、荷马史诗《奥德赛》和维吉尔的史诗《伊尼阿斯记》,为后代作家提供了可供参照和参考的文献。"①在德语文学中,游记也有着很长的历史,游记的出现可以被追溯至十四世纪的朝圣者所撰写的朝圣旅行报道②。此后,欧洲出现的贵族旅行、教育旅行、殖民地时期的考察旅行以及大众旅行时代的度假旅行推动了一系列德语游记的产生,并促使游记成为一种"交杂的文类"③,表现为信件、日记、散文、回忆录、报道文学等多种形式。

尽管游记在德语文学中拥有较长的历史传统,并受到读者的广泛喜爱,但很久以来,游记只是日耳曼学研究领域内偶尔被关注的对象。日耳曼学对游记文本的研究历史很短,只有少数的一些文献之研究可以被追溯至 1970 年以前④。这是因为"在十八世纪晚期以前,游记的社会功能一般来说不在于它的文学功能,而在于通过旅行者的亲身体验使读者获得真实的信息。真实性同时意味着人们对游记文学美学价值期待的减弱"⑤。这也是长久以来,历史学家对作为信息来源的游记更感兴趣,而文学研究者却没有对游记产生足够关注的原因。二十世纪六十年代末至二十世纪七十年代早期,科学研究领域的文化转向引发了日耳曼学研究者关于文学概念和文学功能的讨论,从而导致日耳曼学出现了研究方法和研究材料的文化转向,游记自此才逐渐受到日耳曼学研究者的关注。

日耳曼学研究者彼得·J. 布伦讷(Peter J. Brenner)指出,学者们对游记研究的兴趣主要集中于游记的定义、界定和术语,其核心内容是如何界定文学性游记和非文学性游记。⑥ 在德国,第一次系统研究游记的学者是曼弗雷德·林克(Manfred Link)。1963 年,林克按照文本的"真实性程度"(Grad der Faktizität)——文本与现实的符合程度——将旅行文学划分为四种主要类型:(1) 为读者提供有关各国旅行信息的旅行指南和旅行手册;(2) 只提供客观信息的科学性和科普类旅行记录;(3) 基于真实旅行体验而创作的,且叙述方式和内容结构

---

① 张德明:《从岛国到帝国:近现代英国旅行文学研究》,北京:北京大学出版社,2014 年,第 2 页。
② Peter J. Brenner, *Der Reisebericht in der deutschen Literatur. Ein Forschungsüberblick als Vorstudie zu einer Gattungsgeschichte*, Tübingen: Max Niemeyer Verlag, 1990, S. 1.
③ Stephan Kohl, *Reiseromane/Travelogues*, in Annegret Maack / Rüdiger Imhof (Hrgs.), *Radikalität und Mässigung: Der englische Roman seit 1960*, Darmstadt: Wissenschaftliche Buchgesellschaft, 1993, S. 149.
④ Peter J. Brenner, *Der Reisebericht in der deutschen Literatur. Ein Forschungsüberblick als Vorstudie zu einer Gattungsgeschichte*, Tübingen: Max Niemeyer Verlag, 1990, S. 15 – 16.
⑤ Ebenda, S. 1.
⑥ Peter J. Brenner, *Der Reisebericht. Die Entwicklung einer Gattung in der deutschen Literatur*, Berlin: Suhrkamp, 1989.

具有一定自由性的旅行日记、旅行报道、旅行描写、旅行描述、旅行讲述等;(4)以旅行为主题的虚构小说。①

林克的分类标准受到了很多后续研究者的支持与肯定。《文学百科词典——世界文学关键词》(*Metzler LiteraturLexikon. Stichwörter zur Weltliteratur*)将游记划分为两类,一类为地理文献(geographische Schriften)和科学旅行描写(wissenschaftliche Reisebeschreibung),另一类为文学旅行描写(literarische Reisebeschreibung)②。德语文学研究者约瑟夫·施特里尔卡(Joseph Strelka)认为,文学性游记与非文学游记之间的本质区别主要在于作者的个人态度、艺术表现力和语言能力,那些只描述客观现象,且只具有纯粹信息特征的作品应被归为非文学性游记(如科学性报道),而以个人的旅行体验和主观印象为创作对象的作品应被视为文学性游记。③

然而,随着游记研究的进一步发展,以文学审美标准来界定游记的分类方法受到许多学者的批判,他们认为语言表现力最多可以被用来区分这些旅行文学的质量,而不能被用来划分文本类型,因为和其他任何一种文学种类一样,旅行文学也可以使读者找到"语言表现力"和作者的文学塑造能力上的差异。④ 因旅行而产生的文学再创作或者想象使得每一次旅行都具有美学效果,因此游记的虚构性和真实性问题不适用于对文本类型的界定。⑤ 以真实旅行为基础的游记不仅只提供客观的信息,它也可以创造信息,甚至虚构信息,而纯虚构性的游记文学也可以包含纪实报道的内容。因此,真实性与每一个历史阶段的"现实观点"和"可信性要求"紧密相关⑥,一次真实的旅行体验会在旅行描写中被重新建构,包括那些以日记形

---

① Vgl. Manfred Link, *Der Reisebericht als literarische Kunstform von Goethe bis Heine*, Köln: Univ. Diss., 1963, S. 6.

② F. D., (Art.) *Reisebericht*, in Günther Schweikle / Irmgard Schweikle (Hrsg.), *Metzler Literatur Lexikon. Stichwörter zur Weltliteratur*, Stuttgart: J. B. Metzler, 1984, S. 361 – 362.

③ Vgl. Joseph Strelka, *Der literarische Reisebericht*, in Klaus Weissenberger (Hrsg.), *Prosakunst ohne Erzählen. Die Gattungen der nicht-fiktionalen Kunstprosa*, Tübingen: Max Niemeyer Verlag, 1985, S. 169 – 184.

④ Vgl. Peter J. Brenner, *Der Reisebericht in der deutschen Literatur. Ein Forschungsüberblick als Vorstudie zu einer Gattungsgeschichte*, Tübingen: Max Niemeyer Verlag, 1990, S. 23 – 24.

⑤ Vgl. Stephanie Schäfers, *Unterwegs in der eigenen Fremde: Deutschlandreisen in der deutschsprachigen Gegenwartsliteratur*, Münster: Monsenstein und Vannerdat, 2010, S. 33.

⑥ Vgl. Wolfgang Neuber, *Zur Gattungspoetik des Reiseberichts. Skizze einer historischen Grundlegung im Horizont von Rhetorik und Topik*, in Peter J. Brenner, *Der Reisebericht in der deutschen Literatur. Ein Forschungsüberblick als Vorstudie zu einer Gattungsgeschichte*, Tübingen: Max Niemeyer Verlag, 1990, S. 51 – 52.

式或信件形式被记录下来的游记。以此观之,每一篇游记都失去了真实性。① 与文本试图描写的现实相比,游记中的文本描写总是有着某种缺失,因为游记作者既不可能感知到所有的事物,也不可能精确地描写所有的事物。作者无论如何都不能追求一种百分之一百的现实描写。②

上述批判反映出游记文本界定的文化转向与模糊性。对此,德国汉学家罗梅君在文章《跨文化视角下的旅行》(*Reisen interkultureller Perspektive*)中指出,我们在界定游记文本时首先需要注意两个问题:第一,什么是旅行以及谁是旅行者;第二,什么是"跨越边界"(Grenzüberschreitung)。③ 针对第一个问题,罗梅君认为,旅行者有真实的旅行者、个体旅行者和随团旅行者,他们常常因为职业和家庭的原因而从一个地方到另一个地方,有时他们也因为享受冒险乐趣而旅行,甚至战争军团有时也被视为旅行者;此外,旅行者同时也包括非自愿的旅行者,如流亡者和难民。有些旅行者不断旅行,也有一些旅行者长时间地停留在目的地,如上海的犹太商人或者一些常驻中国的汉学家和商人。④ 针对第二个问题,罗梅君认为用"界线/界定"(Abgrenzung)可以更清楚地表示出"边界"是有主观意识的行为,也可以更好地展现边界的灵活性。"界线/界定"在旅行中被设置、感知、反思,并且被重新设定——这就是旅行的结果。⑤

基于上述研究者的讨论,本文将因各种旅华目的而来华的德国人都视为"德国旅行者",他们可能是短期旅行者,也可能是长期旅居者。这些来华的德国人将中国视为不同的文化空间,他们在旅行中不断感知、对比、评价与界定中国文化,进而塑造中国形象。因此,本文从广义的层面将游记界定为"作者关于真实旅行的描写,其面向广大的读者群并带有一定的文学色彩"⑥,不包含不涉及旅行者主体

---

① Barbara Korte, *Der englische Reisebericht: von der Pilgerfahrt bis zur Postmoderne*, Darmstadt: Wissenschaftliche Buchgesellschaft, 1996, S. 16.

② Irmgard Scheitler, *Sind Reisebeschreibungen fiktive Texte? Bemerkungen anlässlich von Barbara Kortes Buch "Der englische Reisebericht"*. In: Literaturwissenschaftliches Jahrbuch. Neue Folge, begründet von Hermann Kunisch im Auftrage der Görres-Gesellschaft, 40. Bd./1999, Berlin: Duncker & Humblot, 1999, S. 381–399, hier S. 383.

③ Vgl. Mechthild Leutner, *Reisen in interkultureller Perspektive*, in Mechthild Leutner(Hrsg.), *Reisen in chinesischer Geschichte und Gegenwart: Erfahrungen. Bericht. Zeugnisse*, Wiesbaden: Harrassowitz, 2008, S. 1–5.

④ Vgl. Ebenda, S. 2.

⑤ Vgl. Ebenda, S. 2–3.

⑥ Magnus Mörner, *Europäische Reiseberichte als Quelle zur Geschichte Lateinamerikas von Der Zweiten Hälfte des 18. Jahrhunderts bis 1870*, in Antoni Maczaku/Hans Jürgen Teuteberg(转下页)

"我"的导游手册(Reiseführer)或与中国相关的实用书籍(China-Knigge)。

二 1949年以来的德国人旅华游记之统计与分类

基于上文对游记的界定,本文集中搜集了1949年至2017年间来华的德国人以书籍形式出版的游记作品。在资料搜集方面,本文主要从下述三条途径入手:第一,德国汉学家罗梅君和余德美于1990年编辑出版的论文集《异域与现实:17世纪至当代德语游记中的中国》(*Exotik und Wirklichkeit. China in deutschen Reisebeschreibungen vom 17. Jahrhundert bis zur Gegenwart*);第二,德语网站 http://www.das-klassische-china.de,该网站收集整理了十三世纪至二十世纪的欧美各国旅行者的旅华游记,并对游记内容及作者进行了简单介绍;第三,笔者以"中国"(China)和"游记"(Reisebeschreibung, Reisebericht, Reisetagebuch etc.)为关键词,在德国图书销售网站、中国图书销售网站以及德国多所高校图书馆搜集德国人旅华游记。通过上述三种资料收集方式,笔者共获得85本德国人旅华游记。[①] 由于游记文本种类繁杂,所以可能仍有未被笔者发掘到的游记书目。值得注意的是,作为较为特殊的文类,游记至少涉及三个时间维度,即"旅行时间、写作时间(包括最后的编辑、加工和整理)和出版时间"[②]。本文对游记的选择与排序,均以游记作者的旅华时间顺序为准。为了考察1949年以来的德国人旅华游记的总体特征与发展趋势,笔者从"德国人旅华游记的中国主题""德国人旅华的时间阶段"和"德国旅行者的职业与性别"三个维度入手,对收集到的游记文本进行统计与分类。

(一) 德国人旅华游记的中国主题

"中国主题"指游记文本表现的中国话题与内容,其是本文选择研究对象的重要参考。此维度主要考察游记是否广泛包括中国的多个城市与地区,是否论及中国的政治、经济与社会文化,等等。

(接上页)(Hrsg.), *Reiseberichte als Quellen Europäischer Kulturgeschichte. Aufgaben Und Möglichkeiten Der Historischen Reiseforschung*, Wolfenbüttel: Herzog August Bibliothek, 1982, S. 282.

① 本文统计的游记书目不包含译自其他语言的德语中国游记。由于香港、台湾和澳门三个地区的历史特殊性,统计也不包含仅以这三个地区为旅行目的地的游记。本文统计的最后时间为2018年9月10日。

② 叶向阳:《英国17、18世纪旅华游记研究》,北京:外语教学与研究出版社,2013年,第4页。

德国人旅华游记的中国主题

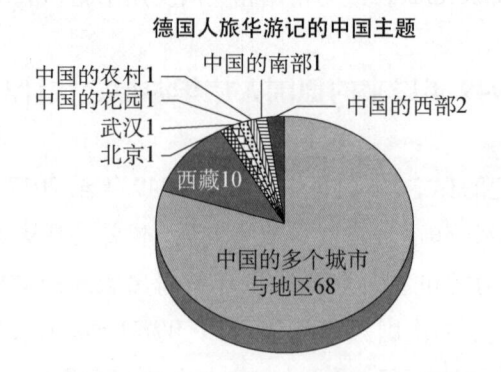

- 中国的农村 1
- 中国的花园 1
- 武汉 1
- 北京 1
- 中国的南部 1
- 中国的西部 2
- 西藏 10
- 中国的多个城市与地区 68

从上图可知,在85本德国人旅华游记中,共有68本游记以中国的多个城市与地区为报道对象,10本游记以西藏为重点,另有其他多部游记仅涉及中国的西部、南部、武汉等特定城市与地区,同时也有仅以中国花园或中国农村为主题的旅华游记。

(二) 1949年以来的德国人旅华的时间阶段

"德国人旅华的时间阶段"反映某一时期的德国人旅华活动的强度、中德旅行交往的关系以及游记出版量的趋势。在笔者搜集到的85本游记中,首位德国游记作者的旅华时间是1953年,最后一位德国旅行者的旅华时间是2015年。下图以1950年至2015年这一时间段内每5年的旅华游记作者人数为依据,统计了德国人旅华的时间阶段。

德国人旅华的时间阶段(1955-2015年)

根据上图,我们可以发现,德国人旅华游记作者数量的峰值或低值与中德关系的发展状况高度吻合。1950年至1970年间,1955年的旅华游记作者数量最多,1965年至1970年间的旅华游记作者数量直线下降,甚至没有游记出版。1970年至1975年间,旅华游记作者数量又直线上升,至1990年达到顶峰。1990年以后,旅华游记作者数量又呈现出逐渐下降的趋势。以上变化的原因在于,中华人民共和国建立初期,中国政府基于和平交流等协议陆续邀请民主德国与联邦德国的旅行者来华参观访问,但1966年的"文革"导致外国旅行者几乎不再被允许进入中国,直到"文革"后期,特别是中国与联邦德国于1972年建交后,联邦德国旅行者来华的热潮又再次被掀起。改革开放后,随着中德文化交流的增加、现代交通业的发展、旅游业的迅猛发展以及德国经济的复苏,德国人到中国旅行的热情进一步高涨。二十一世纪初,德国旅华游记作者数量轻微回落的原因可能在于游记的出版周期较长,很多旅行者未能及时出版游记,从而导致笔者无法对此类旅行者的数量进行统计,也可能在于大众媒体的传播优势导致出版社和德国读者对中国游记的兴趣较此前一个阶段有所降低。总体而言,1949年以来的德国人旅华的时间阶段随中德关系和两国的国内状况的变化而呈现出一定的阶段性特征,其大致可被划分为如下三个时期:(1)中华人民共和国建立至"文革"开始;(2)"文革"后期至改革开放前;(3)改革开放后至二十一世纪初。

(三) 德国旅行者的职业与性别

1949年以来的德国旅行者的职业或身份大致可被划分为六个群体:(1)作家;(2)记者与摄影师;(3)外交官及其家属;(4)商人、教师、医生等一般职业;(5)探险家;(6)一般游客。改革开放以前,来华的德国旅行者的职业主要是作家、记者、外交官等。其中,民主德国的旅行者以作家为主,而联邦德国的旅行者以记者为主。改革开放后,旅行者的身份逐渐变得多样化,其不再局限于那些受中国政府邀请的官方旅行者,像商人、教师、医生等因一般工作关系而来华的旅行者以及大众旅游者(如背包客、旅行团的成员等)的数量也逐渐增多。需要说明的是,自二十世纪六十年代起,苏联与中国开始产生矛盾,这导致中国与民主德国的关系也逐渐冷淡,这一境况直至两德统一后才逐渐改善。因此,民主德国旅行者的中国游记所涉及的时期主要集中于二十世纪五十年代。

从游记作者的性别来看,德国人旅华游记的作者大多为男性;尤其是在改革开放前,德国人旅华游记的作者主要是处于社会中上层的男性。据笔者统计,1949年以来的德国人旅华游记作者的性别比例以及女性游记作者的数量如下图所示:

德国旅行者的性别比例

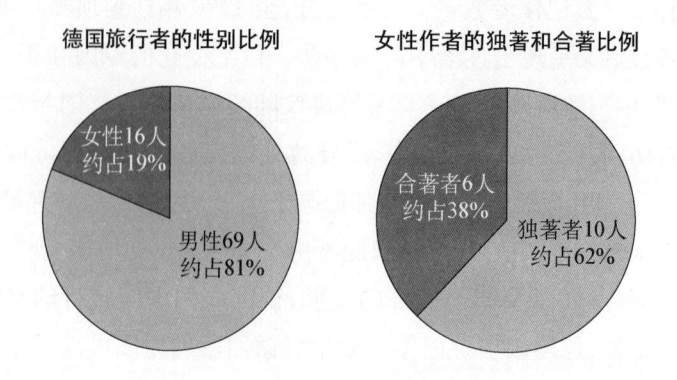

女性16人 约占19%
男性69人 约占81%

女性作者的独著和合著比例

合著者6人 约占38%
独著者10人 约占62%

由上图可知,在 85 本游记中,女性游记作者共 16 人,占比约 19%,其中仅有 10 位女性作者为独著者,约占所有女性游记作者的 62%。比如,1972 年初,在中国与联邦德国建交前,联邦德国作家珍妮·舍恩(Jenny Schon,1942-)应中国外交部的邀请来华参观,由此成为"文革"开始后来华的少数外国旅行者之一,而且她也是当时为数不多的女性旅行者。1973 年至 1976 年,联邦德国作家露易丝·费西尔-茹格(Lois Fisher-Ruge,1940-)陪同丈夫盖尔德·鲁格(Gerd Ruge,1928-)一起旅华,并独自创作出版了一本中国游记。来自柏林的高中教师希尔德加德·舒策(Hildegard Schütze,1918-)自 1973 年起多次前往西藏旅行,并创作了多部与西藏有关的游记。

综合上述三个维度的统计结果,我们可以发现:1949 年以来的德国人旅华游记数量较多且涉华内容占比较高;旅行者的旅华时间随中德关系的变化而呈现出阶段性特征;德国旅行者的身份与职业具有多样性,但其中以男性旅行者居多。

三　结语

基于上述统计,笔者认为,1949 年以来的德国人旅华游记是亟待开发的丰富资料库,它能为中德文化交流研究提供新的研究空间。通过挖掘与理清 1949 年以来的德国人旅华游记的作者、书名以及旅行者的旅华时间,我们既可以开辟新的一手资料,又可以借助对亲历者描写的中国形象之分析,在一定程度上考察 1949 年以来的中德关系、德国人认识与接受中国的方式,以及游记背后隐藏着的中国欲望与诉求。对于推动中德文化间的对话与理解来说,对德国人旅华游记的整理与分析具有重要的现实意义。

浅析德国医疗卫生体制改革

蒋潞潞

摘　要　作为一个热点话题,德国医疗卫生体制改革已引起了多方面关注。本文从卫生经济学角度入手,首先揭露了德国卫生市场参与者之间的利益关系,此种关系是市场经济发挥作用的平台;然后,本文分析了人口结构变化、医学进步等因素对传统卫生体制造成的冲击;接着,本文总结了近年来德国卫生体制改革的基本内容、缺陷与得失;最后,本文介绍了一种在参考德国私人医疗保险之后研究得出的值得推荐的保险模式设想,以期为德国及中国的卫生事业的进一步改革提供一种可能的思路。

关键词　德国　医疗卫生　体制改革

医疗卫生体系中的保障问题不仅是德国政界的重要议题,而且也是所有工业化国家共同关心的问题。德国的卫生系统生了病,需要医治,这一事实已成为老生常谈。然而,过去数年甚至是数十年的德国卫生体制改革,已变成了一项政治上的胡子工程[1]:改革条例不断颁布,有些条例的内容甚至相互矛盾,而卫生部官员也如走马灯般被换来换去。本文从卫生经济学角度分析德国卫生体制及其改革的缺陷与失败之目的并非是宣扬中国应该如何向德国学习,而是真诚地希望通过揭露问题,以使相同的错误在中国不会重复发生。

一　卫生系统的内在关系

在关于医疗卫生体制改革的纷繁复杂的讨论中,人们最常听到的是"费用爆

---

[1]　[德]彼得·欧伯恩德:《卫生经济学与卫生政策》,钟诚译,太原:山西经济出版社,2007年,第57页。

炸"这个论断,即"卫生系统太贵了"!在德国,营业额最高的行业是汽车行业,其年营业额在 1800 亿欧元左右。作为德国第四大支柱产业的化工产业的年营业额在 1400 亿欧元左右。相比之下,在德国的卫生体系中,法定医疗保险的年支出已达到 1670 亿欧元(2009 年),整个卫生事业的年支出约为 3000 亿欧元,其俨然已成为德国营业额最高的行业。

高昂的费用支出、对资源的过度占用以及上涨的社会医疗保险费,这一切迅速引发了德国的区位经济风险及劳动力市场风险。从理论上来说,医疗卫生行业内的改革应该注重三个利益群体的相互关系:投保人、医保公司和医疗单位(如图 1 所示)。

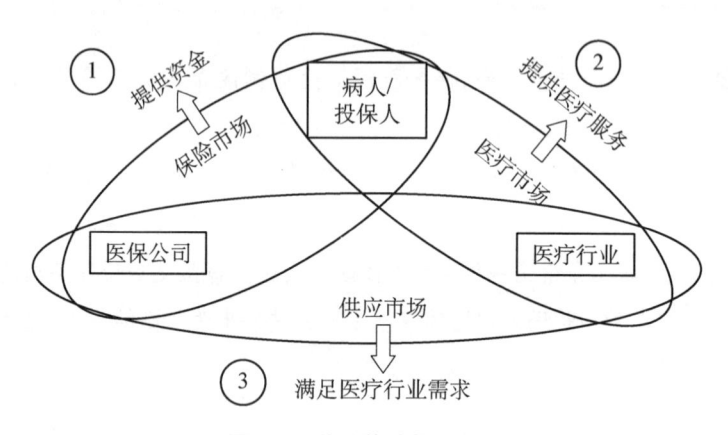

图 1 利益群体的相互关系

改革首先应该着眼于第①组关系中的资金筹集问题。同时,医疗单位与病人之间的服务关系以及医疗单位与医保公司之间的供应关系,也是一个全面完备的体制改革的关注重点。我们只有保证后两组关系的和谐稳定,才能使医疗卫生服务真正落到实处,才能真正实现社会保障体制的根本目的,即为国民提供优质的医疗服务,并保障国民的健康状况。然而,在迄今为止的德国改革政策中,后两组关系都令人遗憾地遭到忽略。大部分的改革措施都将重点放在医疗卫生事业的经费来源、资金筹集方式与规模、经费二次分配等方面。

如果我们将以上三组关系具体细化到德国医疗卫生保险体制中,那么我就可以得出如图 2 这样的关系图,从而帮助我们更好地理解德国医疗卫生事业的现状。

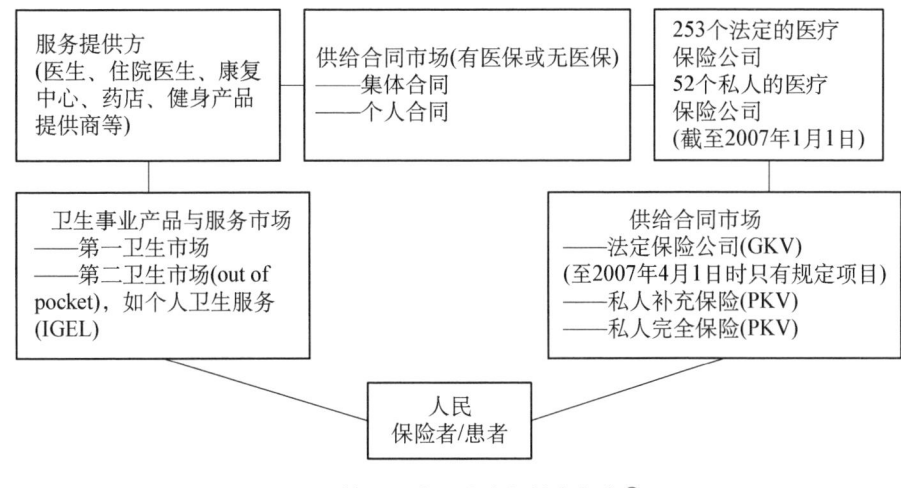

```
┌─────────────────┐  ┌─────────────────┐  ┌─────────────────┐
│ 服务提供方        │  │ 供给合同市场(有医保或无医保)│  │ 253个法定的医疗   │
│ (医生、住院医生、康复│  │ ——集体合同       │  │ 保险公司         │
│ 中心、药店、健身产品 │  │ ——个人合同       │  │ 52个私人的医疗    │
│ 提供商等)         │  │                 │  │ 保险公司         │
└─────────────────┘  └─────────────────┘  │ (截至2007年1月1日)│
                                          └─────────────────┘
┌─────────────────┐                      ┌─────────────────┐
│ 卫生事业产品与服务市场│                     │ 供给合同市场       │
│ ——第一卫生市场    │                      │ ——法定保险公司(GKV)│
│ ——第二卫生市场(out of│                   │ (至2007年4月1日时只有规定项目)│
│ pocket),如个人卫生服务│                  │ ——私人补充保险(PKV)│
│ (IGEL)          │                      │ ——私人完全保险(PKV)│
└─────────────────┘                      └─────────────────┘
                    ┌─────────────┐
                    │ 人民         │
                    │ 保险者/患者   │
                    └─────────────┘
```

图 2　德国医疗卫生市场的参与者①

二　卫生系统所面临的挑战

(一) 来自人口结构的挑战

现实中的德国卫生体系遭遇到了来自外部环境与内部因素的双重挑战,其中有决定性作用的是人口结构发展、医疗技术进步和错置的激励机制。

德国法定医疗保险机制的根本原则是"随收随付",即收来的保费马上花光,其并不会建立准本备金。这是一种隐蔽的"世代契约",即就业中的较年轻者为退休的年长者承担了很大一部分的卫生费用。然而,德国的老龄人口比例呈现不断增长的态势,整个人口结构显现出早衰的形态。1990 年,每 100 名 20 岁至 60 岁的就业者被分摊到 35.2 名 60 岁以上的老人;而到 2040 年,每 100 名 20 岁至 60 岁的就业者预计将被分摊到 65 名至 71 名 60 岁以上的老人。这种趋势意味着就业者将要承担高得离谱的医疗保险费用。在这种情况下,现行的医疗保险体制究竟是否还能存在?! 此外,老年护理需求也日益增长,因为高龄者不断增加,所以老年痴呆症患者、无生活能力者、独居老人等有护理需求的人群也随之不断扩大。

---

① 《关于国民经济与统计数据的年报》(*Jahrbücher für Nationalökonomie und Statistik*),斯图加特:Lucius & Lucius 出版社,2007 年第 4 期,总第 227 号,第 511 页。

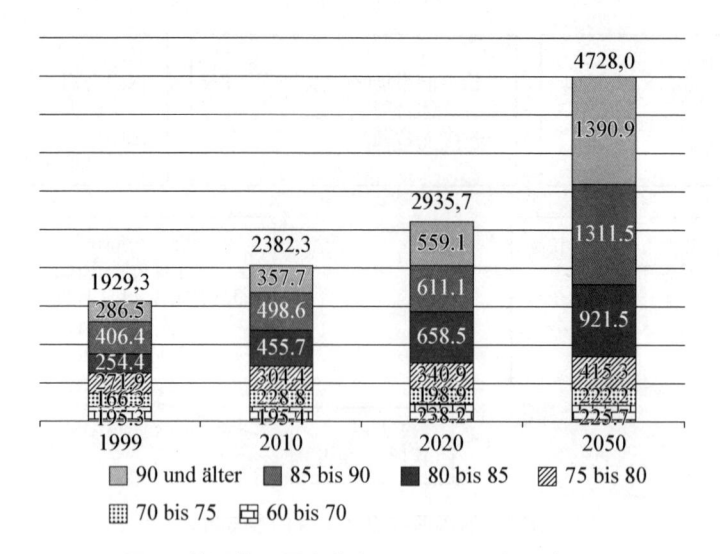

图 3　德国护理需求的发展（以 1000 人为单位）

图 3 中的各色图例分别对应不同的年龄层。随着医学的不断进步,预计到 2050 年,德国人的平均寿命将远超 80 岁,甚至 90 岁以上的需要护理的老人人数将超过 139 万。

令人遗憾的是,在今天的中国,相似的人口结构变化趋势也已日益凸显。可以说,德国现在急需解决的这一严峻问题,也是中国在不远的将来也要面对的问题。

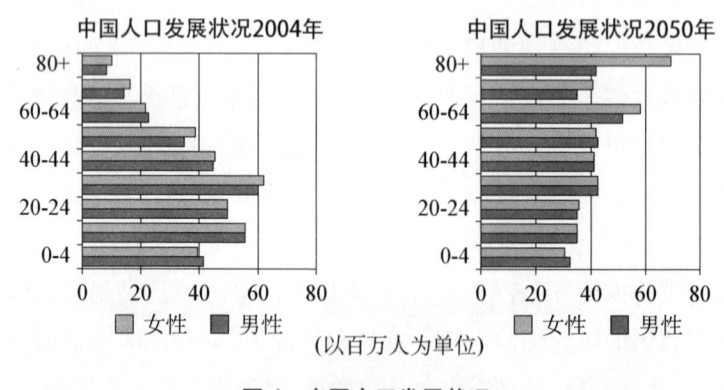

图 4　中国人口发展状况

如图 4 所预示的,随着经济的迅速发展以及城镇化进程的急剧加快,中国的人口结构也将经历与德国极为类似的发展趋势,即以较高的速度迈入老龄化社会。考虑到中国庞大的人口基数,一旦全面迈入老龄化社会,我们面临的形势将更为严峻,解决问题的难度也可想而知。

（二）来自医学进步的挑战

医疗技术的进步增加了治疗手段的多样性和有效性，这被人们称为"可行性大爆炸"。此种进步与医疗行业的内部激励机制有关：一方面，对于医疗服务提供方来说，启用新技术有很高的激励性，并且会为其带来新的收入机会；另一方面，既然大部分医疗费用都由医保公司承担，那么投保人（患者）当然也愿意近乎免费地享受新技术。然而，此种进步必然导致社会资源被卫生系统占用，从而使费用急剧增加。2010 年的德国卫生系统总支出为 3000 亿；预计到 2020 年，此数字将增长到 5200 亿欧元。在多出的这 2200 亿欧元中，有 1600 亿欧元是由医疗技术的进步带来的。一般而言，医学技术的进步集中在新的诊断和治疗手段的开发，即所谓的"附加技术"（Add-on），如移植医学、人造器官、核磁共振检查、微创手术等，以及针对糖尿病、帕金森症、老年痴呆、癌症等的新药。然而，在医疗实践中，人们观察到，那些旧有的诊疗手段并没有为新技术所取代，而是仍在被持续使用，因为它们被证明是有效的。也就是说，新技术只是作为更进一步的诊疗技术而被叠加使用，这无疑又增加了费用。

此外，在医疗产品的创新过程中，占比最多的仍是所谓的"半吊子技术"，即通过改善症状和减缓发作来延长生命与推迟死亡的技术。这种新技术的支出较高，但其并不能彻底治愈患者，患者通常必须长期经受耗费资源的治疗过程。"半吊子"技术有着毋庸置疑的优势，即它延长了患者的生命，但是它也造成了附加成本的增加。越来越多的人对卫生事业提出越来越高的要求，卫生系统似乎必须无限制地提供一切医学上的可能。

三 卫生系统的改革尝试

（一）改革措施总览

这些来自外部环境的犀利挑战一旦作用在卫生系统本就有缺陷的内部机制上，就必然会引发极其严重的后果。自 1977 年以来，针对卫生事业，德国总共进行了 6000 多次的法律法规修订改革。德国的卫生政策已陷入了"干预漩涡"，难以自拔，即一项改革措施在解决一个具体问题的同时，又诱发了其他问题，因此政府不得不用新的改革措施来解决。德国政府就这样接二连三地实施干预，进而陷入死循环。德国政府由此成为市场的参与者,而不再是市场的守望者。

上世纪九十年代以来,德国在医疗卫生方面的立法及法律法规修订活动十分频繁,如1993年的《医疗保险结构法》、1996年的《健康保险费豁免条例》、1999年的《增进法定医疗保险公司之间的团结法令》、2002年的《药品开支限制法》、2004年的《法定医疗保险现代化法》等。实际上,仅1977年至今,德国政府就对有关医疗卫生领域的法规进行了6000多次修订。

表1 德国卫生系统改革法令一览

1977年	《降低医疗保险费用法》(KVKG)
1982年	《降低费用补充法案》
1983年	《财政配套法案》
1989年	《医疗保险改革法》(GRG)
1993年	《医疗保险结构法》(GSG)
1996年	《健康保险费豁免条例》
1997年	第一号与第二号《法定医疗保险新秩序法》(NOG)
1998年	《法定医疗保险加强融资法》(GKVFG)
1999年	《增进法定医疗保险公司之间的团结法令》
2000年	《法定医疗保险-健康改革法》(GKV-RefG)
2001年	《药品预算-补偿法》(ABAG)
2002年	《药品开支限制法》(AABG)
2002年	《健康保险费保障条例》(BSSichG)
2004年	《法定医疗保险现代化法》(GMG)
2006年	《药品供应经济性法令》(AVWG)
2007年	《法定医疗保险-强化竞争法》(GKV-WSG)
2007年	《关于合同医生变动的法令》
2009年	《医院融资改革法》(KHRG)
2010年	《法定医疗保险融资法》(GKV-FIN)
2011年	《药品市场新秩序法》(AMNOG)
2012年	《法定医疗保险供应结构法》(GKV-VStG)

（二）改革措施评述

以 2007 年 4 月 1 日实施的《法定疾病保险———强化竞争法》为标志,德国开始了新一轮的医改。这次医改方案是大联合政府中的两派政治力量相互妥协的产物,其目的是通过医疗系统的结构性改革,为国家节省大量资金。改革方案主要涉及如下内容:将医疗保障覆盖到全民;改善医疗服务的提供,注重用药的经济性,通过法律限定最高药价;成立一个国家性质的法定医疗保险机构联合会,适当合并目前的 253 个法定医疗保险机构,以实行自我管理;改革融资方式,创建健康基金。然而,遗憾的是,这些难以计数的改革法令并不能从根本上医治好德国医疗卫生领域里那些根系庞杂的痼疾,它们仅仅成为了治标不治本的"降低成本法"。

不难看出,伴随着大量的改革法令之诞生,卫生系统内的个体能够自主决定与自由行动的范围越来越狭窄。卫生政策的决策者陷在市场经济与计划经济之间进退两难。德国的卫生经济政策研究者使用了一句谚语来形容这种情况,即"前有海妖,后有漩涡"。一边是像海妖的歌声一样魅惑人心、暗藏杀机的自由市场竞争,一边是如大旋涡一般无法抗拒地吞噬一切的国家强制力量。从本质上说,历项医疗卫生领域的法律条例无不是在这两种性质的改革措施中摇摆不定、改弦易辙。例如,2007 年的《关于合同医生变动的法令》实施了促进合同制医生提供服务的灵活性和竞争性、增加专科医生的供应、加强门诊复健治疗等措施,意在通过自由竞争方式来提高医疗服务质量。但是,在不少法律条款中,我们可以看到卫生体系的各个层面都表现出越来越强的国家强制性,最典型的例子是德国政府于 2009 年 1 月 1 日统一建立起来的"健康基金"(也被译为"卫生基金")。

健康基金是德国社会民主党(SPD)与基督教民主联盟(CDU)以及基督教社会联盟(CSU)相互妥协的结果。社民党倾向于开放与加强竞争,而基民盟和基社盟则倾向于加强国家管制。

健康基金的基本构想是,所有工作中的法定投保人将自己收入的 14.9% 缴纳进健康基金之中。这个费率是全国统一的,其中个人承担 7.9%,企业代付 7.0%。之后,医保公司可以从健康基金中获得资金,每拥有一个投保人,其每个月就可以获得 187.5 欧元的保费。此外,针对 80 种指定疾病,医保公司还可以从健康基金中获得补助(比如,每有一个血友病患者,医保公司每个月就可以获得 5125 欧元的风险补贴)。如果医保公司仍然入不敷出,那么政府就允许它们向投保人(患者)

征收附加保险费(每月8欧元)或提高保险费率(最多再提高1%,而且不能超过每月37.5欧元)。同时,德国政府对目前的253个法定医疗保险机构适当地进行合并,但仍保留其自我管理的职能。至今已有8家保险公司实际采用了这一条款。

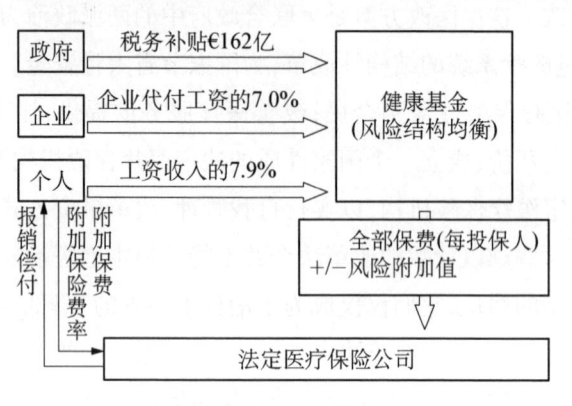

德国健康基金的新型筹资模式

图5　健康基金的基本模型

总体来说,上述政策具有如下特点:(1)追求公平,对所有居民都实施强制性医疗保险,员工的医疗保险由雇主提供,员工家人也能得到相应保险;(2)强调效率,医疗服务领域引进了更多的竞争机制,不管是私人的医疗机构还是公共的医疗机构,都对所有人公开;(3)讲究团结,建立唯一的公共医疗卫生基金,以统一全国范围内的法定医保费率,从而平衡人口不均衡地区的医疗费用风险;(4)在加强国家作用的同时,也强调个人责任。

如果从经济学的角度对上述制度进行评价,那么我们应该看到,从本质上说,这是一项强势的国家干预政策,其对保费与费率的一刀切处理完全没有应对人口结构变化、医学进步挑战等外部刺激的能力,所以该项政策没有可持续性。同时,上述政策仅仅只考虑了前文所说的三组利益集团关系中的筹资方面的问题,对于卫生体系中的个人必须对自己的行为负责这一根本原则来说,这一政策作用甚微。事实证明,健康基金很难对卫生事业中司空见惯的浪费、"搭便车"效应、道德风险效应等问题起到监控作用。

(三) 小结

经过近年来的改革与改进,德国形成了社会导向与国家调控相结合的医疗卫生体系,该体系具有以下特征:

（1）政府和相关社会组织有机协作。政府管理应以宏观管理为主，其重点在于加强监督。新医改方案极大地强化了德国政府在法定医保领域的权能，并在事实上促使德国政府履行了多元化的职责，具有服务与监管的双重特性。

（2）形成了"强制的法定保险为主，自愿的私人保险为辅"的体系。德国政府对所有国民都实施强制性医疗保险，医保费用由雇主和雇员各承担一半。德国政府在法定医保公司之间引入有限的竞争机制，从而使投保人具有了一定的自由选择空间。在投保人的病例中，法定医疗保险公司几乎支付全部的治疗费用。

（3）突出社会福利性，兼顾公平性。在德国，所有参加保险的人因患病而产生的医疗费用均由第三方（即医疗保险公司）支付。在法定医疗保险的制度架构中，无论患者投保的是哪家保险公司，也无论患者实际缴纳的保费金额是多少，其享受到的医疗水平基本一致，这一点充分体现了德国医疗保险制度的社会福利性。相比之下，在健康基金中，政府根据投保人患病风险的高低，利用财政手段向各个保险公司提供风险补助，这体现了德国医疗保险制度维护公平性之目标。

然而，2007年的德国新一轮医改因存在许多问题而备受争议。反对党不断质疑改革的公平性，医疗界人士举行大规模的示威抗议，医保公司和医疗行业协会也纷纷发表联合声明对改革进行谴责和抵制。争论的焦点集中在健康基金的建立和统一的联邦法定医保总会的组建上，研究者普遍认为这两项政策无益于改变法定医保行业已存在的结构性问题。批评意见主要提到以下几点：

（1）改革措施仅着眼于当前状况，没有考虑到人口结构的变化和医学技术的进步，因而不具备可持续性。

（2）在医疗保险体系中，单个投保人的权利与义务不等价。

（3）陈旧的随收随付制度没有得到根本改变，保费与投保人的个人工资挂钩仍然是改革的主要逻辑。

（4）全国统一的法定医疗保险费率是一种"一刀切"的决策，其不能适应不断变化的实际情况与社会经济的发展。

（5）除了在融资方面（即在投保费用上）实行"一刀切"，随着"按病种付费制度"（DRG）的推行，医疗支出方面也遭遇了"一刀切"政策，即确定对80种疾病分组执行标准化的医疗支出和费用控制。

（6）迄今为止，大大小小的改革没有体现出明确的线路目标，德国的医疗卫生改革前路堪忧。

四　关于改革方向的一点建议

本部分介绍一种在参考德国私人医疗保险之后研究得出的值得推荐的保险模式设想。在该模型中，个人从年轻时就应该开始积累那些将被用于卫生系统的资金。按照个人不同的疾病风险概率，保费会有所不同。由于年轻时的医疗费用支出相对较低，所以没有使用的保费相当于是被存起来了，这笔保费将成为投保人将来的老年医疗或照护支出的资金来源。当然，为每个人设计量身定做的费率是不可能的。在实际操作中，政策制定者可以将投保人按照相近的风险概率分成很多的组别，并通过一定的医学检查来测定该组的适用费率。这样，每个投保人都可以按照自己的风险概率来进行投保，并享受相应的医疗服务，而不必陷入"世代契约"的窘境。同时，风险相近的小组又能够在一定程度上维持福利均衡。

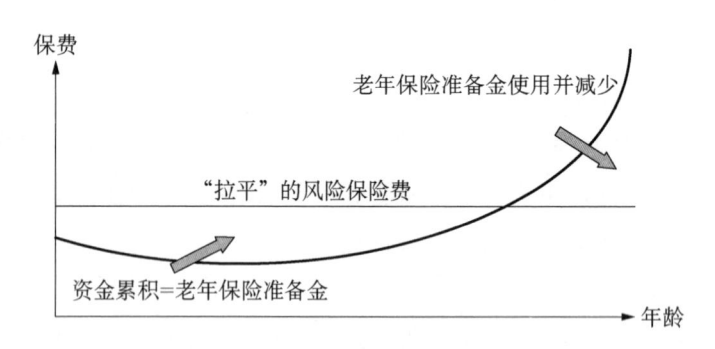

图 6　新型医疗保险模型

实施这种模型的必要条件是国家向经济弱势群体（如失业者、无工作能力者等）提供援助。此外，鉴于德国的卫生事业现状，政府可以考虑让所有 40 岁以上的投保人继续待在现有的制度框架内不变，而将 40 岁以下的人以及新出生的人逐步纳入这种可持续发展的模型之中。这是中国医疗卫生事业也可以共同参与讨论的切入点。

总之，一个面向未来的卫生系统的核心特征必须是既能保证人们自由选择的权利，又能同时引导人们反对浪费，即在保留团结互助的基本原则的基础上，建立适当的、良性的激励机制。政府应当强调个人积极性，并将强制性的国家秩序力量置于幕后，以使其更多地在保护社会弱势群体方面发挥作用。目前，德国乃至世界各国的医疗卫生系统的状况都仍与这一理想愿景相距甚远。在较长的一段时间内，医疗卫生体系的深化改革仍将是受到各国政府关注的热点问题。

德国高校教师薪酬制度及其特征分析

苗晓丹

摘　要　二十世纪九十年代末至本世纪初,为提高公立高校办学经费的使用效率,德国对高校教师薪酬制度进行了改革,此举旨在激发高校教师的业绩意识和增强德国高校的国际竞争力。德国高校管理体制的特点决定了德国高校教师薪酬制度在设计上既要兼顾高校教师公务员的身份及传统的教授治校原则,又要通过灵活的控制机制强化对高校教师的管理。为此,联邦、州、高校三个层面逐一调整了相应的法律框架。根据联邦政府颁布的《高校教师薪俸改革法》的规定,教师职务类型按工资级别被划分为三类,其工资由基本工资和浮动工资组成。为了发挥薪酬的激励作用,德国高校使浮动工资与绩效挂钩,从而形成了一套基于职务和绩效的薪酬制度。

关键词　高校教师　薪酬激励　绩效工资

本文以现行的德国高校教师薪酬制度的形成为背景,对德国高校教师薪酬制度基础、薪酬制度所包含的纵向内容(薪酬晋级制度)以及薪酬制度所包含的横向内容(薪酬结构)进行分析,尤其是对薪酬结构下的与绩效挂钩的浮动工资展开了解析,以期总结德国高校教师薪酬制度的特征,从而为我国构建与一流大学建设相配套的高校教师薪酬制度提供一定的借鉴。根据联邦政府颁布的《高等教育总法》对高校全职教师范畴的规定,本文中的"德国高校教师"是指德国高校全职教师,即"终身教授"和"青年教授"。本文中的"薪酬"是指高校教师因被高校雇佣而获得的工资,不包括基于高校以外的雇佣关系而获得的收入。

一 现行德国高校教师薪酬制度的形成

二十世纪六十年代至二十世纪八十年代,德国高等教育的扩张促使德国高等教育进入了大众化时代。学生人数持续增加,大学生在同龄人口中所占的比例由1960年的7.0%上升到1970年的13.4%,再上升到1980年的25.6%。① 进入二十世纪八十年代后,德国经济发展陷入低迷,财政收入的增长率几乎处于停滞状态,处于前所未有的财政压力之下的德国政府不断压缩对教育领域的财政预算。公共资金的紧缺状态在高等教育领域尤为严重,这就迫使大学不得不节省开支。二十世纪九十年代后期,虽然德国的经济状况有所好转,但在高等教育大众化的背景下,高等教育资金仍然不足。据统计,联邦政府和各州政府1996年的高等教育拨款比1995年减少了20亿马克。在学生人数大量增加的情况下,德国政府于1997年提供的资金反而比1992年的30亿马克消减了2.7亿马克。② 正是这种高等教育大众化带来的对公共资金的巨大需求和财政收入减少带来的资金供给短缺,导致了德国高等教育国际竞争力的不足。从1980年至2004年,高等教育培养经费减少了约15%。2003年,德国的高等教育支出占国民生产总值的比例仅为1.1%,而OECD国家在这一指标上的平均值为1.4%。③ 如何有效地利用现有的高等教育办学经费来增加人才培养效益?这是二十世纪九十年代的德国高等教育管理关注的主要问题,此问题也标志着德国开始从成本和效益的视角审视高校管理。由于教师薪酬是高校办学经费的重要组成部分,所以德国试图在不增加高等教育财政预算的基础上,重新调整高校教师薪酬体系,以形成有效的激励机制,从而提高办学质量和增强德国高校的国际竞争力。总之,高等教育大众化及其带来的资金短缺成为德国高等教育发展的瓶颈,也成为高校教师薪酬制度改革的外在动因;而此次改革的内在动因不得不被归结为德国高校系统缺少与竞争相关的控制机制④。作为有效的控制机制之一,薪酬制度并没有发挥其激励作用,这主要体现在,教师工资的高低取决于工龄的长短,工龄工资每两年自动升一级,直至15级,

---

① 国家教育发展研究中心:《中国教育绿皮书》,北京:教育科学出版社,2001年。
② 梁淑妍:《试析德国高校办学中的困惑》,载《德国研究》,1998年第2期,第47-49页。
③ [德]米歇尔·列申斯基:《德国高等教育中的财政和绩效导向预算:竞争激发效率》,刘晗译,载《北京大学教育评论》,2008年第6期,第132-138页。
④ [美]伯顿·克拉克:《研究生教育的科学研究基础》,王承绪译,杭州:浙江教育出版社,2001年。

其与实际的科研和教学业绩没有直接关系,而是被建立在"工龄越长,经验就越丰富,业绩也越显著"的假设之上。因此,德国从高校教师薪酬制度改革入手,努力在教研自由的传统理念与竞争压力之间建立均衡机制,以激发高校教师创造更大的业绩。

1996年,巴伐利亚州州长施道博(Edmund Stoiber)首次提出高校教师薪酬改革的想法,此想法得到了时任联邦教研部部长吕特格斯(Jürgen Rüttgers)的支持。1998年,作为具体的改革目标,引入绩效工资被纳入社民盟与绿党的执政联盟协议。随后,德国大学校长联席会、联邦与州工作小组、州文教部长联席会以及德国高校联合会根据各自的关注点提出了具体建议。德国高校联合会所提建议的核心内容是,提高教师工资中与业绩挂钩的浮动部分,并且减少逐年增长的固定部分。其中,浮动工资主要取决于教师的教学质量、科研成果等业绩因素。上述建议发表以后,德国社会对其产生了强烈的反响,并且该建议得到了时任联邦教研部部长布尔曼女士(Edelgard Bulmahn)的积极支持。1999年,布尔曼女士组建了"高校劳动法改革"专家委员会,该委员会负责撰写绩效工资改革建议书。[1] 在改革建议书中,布尔曼女士明确声明:"我的目标是,通过一个由与业绩无关的基本工资和与业绩相关且变化的津贴两部分所组成的工资结构,建立一个具有竞争力和灵活性的薪酬制度。"[2]以绩效工资改革建议书为蓝本,联邦政府起草了《高校教师薪俸改革法》,其于2002年正式生效。在《高校教师薪俸改革法》的指导下,各州修改了《州公务员薪俸法》并颁布了《州高校教师浮动工资条例》,各高校也相继颁布了《实施浮动工资准则》。截至2005年1月1日,整个德国都完成了高校教师薪酬制度由单一的基于职务的晋级提薪制度向侧重绩效的灵活薪酬制度的转变。

二 德国高校教师薪酬制度的基础:高校管理体制

一个国家的高等教育体制决定了这个国家的高校管理体制的模式和特点,而高校管理体制又进一步决定了高校教师薪酬制度。

在德国高校的外部管理体制上,联邦与州实行分工合作制。联邦政府具有联邦范围内的立法权,而州及地方政府是举办高等教育的主体,其具有监督教育实施

---

[1] Koch J., *Leistungsorientierte Professorenbesoldung*, Frankfurt am Main: Peter Lang Verlag, 2010.
[2] Bericht der Expertenkommission, *Reform des Hochschuldienstrechts*, https://www.bmbf.de/pub/Bericht.pdf(2010-02-01)[2016-01-15].

的职能。从国家对高等教育管理的权限上来看,高等教育体制可被分为相对集权和相对分权两种类型。德国属于相对集权的国家,其将高等教育视为公共产品,所以德国的高校就是提供公共产品的社会组织。在此前提下,德国政府对高等教育的干预程度较高,这不仅体现在国家财政拨款是高等教育经费的主要来源,而且也体现在高校教师聘用中存在着的政府行为。德国高校教师属于公务员系统。在公务员管理体制下,德国高校教师的雇主是政府,其工作和收入稳定,劳动关系方面基本采用终身聘用制,市场不直接调整教师与高校的关系。德国高校教师的工资标准由国家法律统一规定,并由州政府统一发放。联邦层面的《公务员法》《公务员薪俸法》和《高等教育总法》,以及各州的《州高等教育法》和《州公务员薪俸法》,都对高校教师的工资做了明确规定。

德国高校的内部管理体制被构建于"大学—院系(一般按学科划分)—教席(一般按专业划分)"三级组织结构之上。各级管理机构的名称及相应职责均由各州的《州高等教育法》予以规定。院系下属的教席是德国高校最基本的教学及科研单位,一个教席主管整个专业或一个专业的分领域,其类似于我国国内院系下属的教研室。主持教席的教授自行决定本教席具体工作方案的实施,其拥有本教席的人事权及经费使用权,尤其是拥有在处理教学科研问题上的决定权,这体现了德国高校在教学及科研上的教授自治原则。由此可见,相对于主要处理基本行政及教研事务的校级和院系级的行政机构而言,教席教授才是高校内部实际上的权力核心,其控制着教研的核心活动。教席教授与校级院系领导不存在上下级的关系;教席教授由州政府任命,他的工资直接来源于政府拨款,与大学及其院系没有财政上的依附关系。这种相对的独立性一方面强化了高校在教研及人事决策上的效率和效果,另一方面也使教授不易受大学的干预和控制。

综上所述,德国高校的外部管理体制及内部管理体制的特点决定了德国高校教师薪酬制度在设计上既要兼顾高校教师公务员的身份以及传统的教授治校原则,又要通过灵活的控制机制强化大学对高校教师的管理,以最大限度地调动教师的工作积极性。

三 德国高校教师薪酬晋级制度

按德国的《高等教育总法》之规定,德国高校全职教师指的是"终身教授"以及以晋升为"终身教授"为目标的"青年教授",他们均属于公务员系统。德国的《高校教师薪俸改革法》规定,德国高校全职教师按照工资级别被划分为 W1、W2 和 W3 三个等级(W 是德语单词"Wissenschaft"一词的首字母,其中文翻译是"科学"),2005 年之前使用的 C1 至 C4 四个等级的体系由此被取代。W 系列增加了绩效为导向的浮动工资,改变了 C 系列下的单一的基于职务与资历的提薪制度。W1 级针对"青年教授"职位而设;W2 级和 W3 级是在"终身教授"职位范围内设定的级别。一般而言,W2 级教授只承担教授职位工作,不主持教席工作;W3 级教授不仅承担本教职工作,还独立行使教席行政管理权。

这种按工资等级划分的职务类型是被建立在科学严格的教师甄选机制基础之上的。在通往"终身教授"职位的传统学术途径上,获取博士学位与取得大学授课资格是具备任职资格的最基本条件和必要条件。大学授课资格被视为证明教授教学及科研能力的有效方式,此资格的获得条件是提交一篇大学授课资格论文、举行一次专题学术讨论会以及通过试讲证明自己的教学能力。另外,根据学校类型和专业的不同,对"终身教授"的任职资格之取得也有不同的规定。例如,应用技术大学对 W2 级教授候选人的要求除学术水平外,还要有 5 年以上的相关工作经验,而且其中至少 3 年是就职于高校以外的工商企业。总体而言,这种资格取得条件使德国教授首次任职的平均年龄为 40 岁以上(2000 年数据),这一数字远高于美国和其他欧洲国家[①]。根据联邦统计局的数据显示,截至 2014 年 12 月,德国共有 45749 名"终身教授",其中约 42% 分布在 241 所应用技术大学,约 58% 任职于 182 所综合类及专业类高校(师范类、艺术类和神学类)。[②]

德国"终身教授"的选聘过程严格缜密,其以联邦《高等教育总法》及各州的《州高等教育法》为指导框架,但具体要求会因州及高校而异。选聘周期通常为 1 至 2 年,优胜者在接受聘任后,校长或州文化部长会对其进行任命。选聘的基本流程如下(见图 1):待聘的教授职位被公布于社会之中,通告会说明选聘教授的具体要求(如学术水平、工作经历等);随后的各阶段由临时组建的任命委员会负责,任命委员会通常由 10 名左右成员组成,除了 5 至 6 名教授外,还有学生代表和员工代表,委员会主席由一名教授担任;通过预选和面试得出前三名优胜者排名名单,

---

① *Wissenschaftsrat. Personalstruktur und Qualifizierung Empfehlung zur Foerderung des wissenschaftlichen Nachwuchses* [M], Berlin: Presse von Wissenschaftsrat, 2001.
② Bundesministerium für Bildung und Forschung. Hochschulpersonal nach Hochschularten und Personalgruppen, http://www.datenportal.bmbf.de/portal/de/K257.html#chapters 2014 [2016 - 01 - 05].

此名单被提交至所属院系,并最终由校长办公室确认;在终选阶段,任命委员会主席按排名顺序邀请优胜者与校长进行确认聘任条件的"任命谈话",院系主任通常出席;谈话过后,若第一名优胜者未在一定期限内答复是否接受聘任,则第二名优胜者被邀请谈话,以次类推;若三名优胜者都未接受聘任,则选聘程序重新开始。

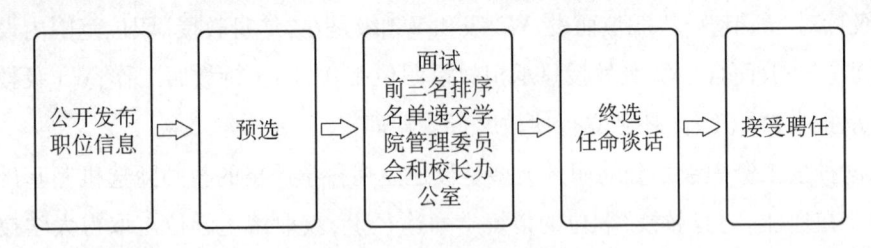

```
公开发布     预选     面试        终选       接受聘任
职位信息           前三名排序   任命谈话
                  名单递交学
                  院管理委员
                  会和校长办
                  公室
```

图 1 德国教授选聘流程图①

上述较为漫长的获取"终身教授"任职资格的过程以及德国高校教授增补制度②一方面增加了晋升的成本和风险,另一方面降低了高校对学术后备人才的吸引力。因此,以缩短获取"终身教授"任职资格的时间为指导思想,德国政府强化了高校科研教学后备人才的储备工作。2002年,德国政府投入1.8亿欧元设立"青年教授"职位③,其任职期限一般为5至6年。"青年教授"拥有独立的科研和教学权利,其每周的教学工作量为2至6课时。候选人需拥有博士学位,博士与博士后阶段总计不能超过6年,医学领域的博士与博士后阶段总计不能超过9年,但博士后研究并不是申请"青年教授"的必要条件。"青年教授"职位由专业院系按照公开程序进行招聘,聘期分为两个阶段。在第一个阶段的聘期结束后,校外专家会对受聘者进行中期评估,通过评估者的聘期会再延长三年,反之则受聘者的聘约将被解除。在第二个阶段的聘期结束之后,通过评估者可应聘外校的"终身教授"④。未获聘的"青年教授"须被解除职务,但其可以在过渡期内承担研究项目或担任代理教授,以等待其他的聘任机会。相对于传统的选拔"终身教授"的途径——"大学授课资格制度"——而言,作为新途径的"青年教授"是由聘用单位来决定其是否具有"终身教授"的资格。

---

① 资料来源:根据巴登-符腾堡州的《州高等教育法》的相关内容整理而成。Gesetz über die Hochschule in Baden-Württemberg [EB/OL], http://www.landesrecht-bw.de/jportal/? quelle = jlink&Query = HSchulG+BW&psml = bsbawueprod.psml&max = true&aiz = true (2005-01-06) [2015-12-02].
② "终身教授"职位有定额限制,只有在有人因退休或其他原因离岗时,职位才会出现空缺。
③ 汪雯:《国外高校教师薪酬管理的特色与发展趋势》,载《现代管理科学》,2008年第1期,第111—113页。
④ Biester C., *Durchschnittliches Bruttoeinkommen*, http://www.w-besoldung.net/forschung/zahlen-zur-w-besoldung/ [2015-11-01].

四 德国高校教师的薪酬结构

德国高校教师的工资由基本工资和浮动工资两部分组成。我们将 2010 年时德国 16 个州的 W1 级、W2 级和 W3 级教授的平均月工资进行比较之后可以得出,联邦范围内的三级教授的平均月工资分别为 3946 欧元、5280 欧元和 6963 欧元(见表 1)[①]。

表 1 2010 年时德国 16 个联邦州三级教授平均月工资比较结果(单位:欧元/月)

	W1	W2	W3
最高值	4115(萨尔州)	5689(黑森州)	7506(黑森州)
最低值	3585(柏林)	4799(柏林)	6291(勃兰登堡州)
联邦平均值	3946	5280	6963

(一)基本工资

2006 年的联邦制改革赋予了各州独自颁布《州公务员薪俸法》的权力,州公务员基本工资金额由各州按该法的相关规定自行设置,并根据经济发展现状有规律地进行调整。以 2012 年的数据为例,W3 级教授的基本工资在柏林为 4988 欧元,在巴登-符腾堡州为 5612 欧元,两者相差 600 多欧元[②]。联邦议会于 2013 年颁布的《高校教师薪俸新规法》要求对 W2 级和 W3 级教授的基本工资进行档次划分,并将任职年限作为确定档次的依据,即从受聘为教授之日起,任职期每满 7 年晋级一档。针对此规定,各州可根据《州公务员薪酬法》进行相应调整,表 2 显示了巴伐利亚州调整后的基本工资金额[③]。另外,在联邦范围内,W2 级和 W3 级教授的基本工资均被纳入退休金范畴。

[①] Biester C., *Durchschnittliches Bruttoeinkommen*, http://www.w-besoldung.net/forschung/zahlen-zur-w-besoldung/[2015-11-01].

[②] Biester C., *Kritik und Lob der W-Besoldung*, http://www.w-besoldung.net/fileadmin/content/forschung_docs/2015_01_05_Kritik_und_Lob_der_W-Besoldung.pdf(2005-01-05)[2015-11-01].

[③] Landesamt für Finanzen Bayern, *Grundgehaltssätze der Besoldungsordnung W*, http://www.lff.bayern.de/bezuege/besoldung/index.aspx(2016-03-01)[2016-03-15].

表2　2016年巴伐利亚州高校教授基本工资(单位：欧元/月)

级别	基本工资		
W1	4357		
	档1(入职当天至第5年)	档2(入职后第6年至第12年)	档3(入职后第13年至退休)
W2	5408	5629	5960
W3	6401	6622	6898

（二）浮动工资

浮动工资只针对W2级和W3级教授,W1级"青年教授"没有此项工资。《联邦公务员薪俸法》规定,浮动工资主要由以下三类补贴组成：

（1）招聘及挽留补贴：这是雇佣双方在聘任谈判及留岗谈判下达成一致的补贴形式,其作用是赢得优秀教师和避免人才外流。此类补贴可设定期限,亦可分批支付或一次性支付。

（2）业绩补贴：此类补贴针对教师在科研、教学、艺术、继续教育及后备人才培养上产生的业绩而设定。此类补贴是严格意义上的绩效工资,可设定期限,亦可分批支付或一次性支付。

（3）领导职务补贴：此类补贴针对相关人员在高校管理上所承担的功能及事务而设定。

目前尚无相应的法条对上述补贴金额进行明确的规定。据2006年德国内政部相关评估报告显示,上述三类补贴金额的浮动区间如下表所示(见表3)。[1] 德国高校联盟对其370名成员进行的问卷调查之结果显示,招聘及挽留补贴额度因专业和学科的不同而有所差异,W3级教授所得浮动工资的平均值为1030欧元,W2级教授所得浮动工资的平均值为840欧元(见表4)。[2]

---

[1] Bundesministerium des Inneren, *Bericht zum besoldungsrechtlichen Vergaberahmen bei der Professorenbesoldung nach § 35 Abs. 5 des Bundesbesoldungsgesetzes*, Berlin, 2007.

[2] Detmer H., *Black Box und Mythos*, in *Forschung & Lehre*, 2011(1), 38-39.

表3 2006年三种主要补贴额度(单位:欧元/月)

招聘及挽留补贴	550—1178
业绩补贴	233—3490
领导职务补贴	273—1649

表4 2011年按学科分类的招聘及挽留补贴额度(单位:欧元/月)

学科	W2	W3
文科	800	900
自然科学	900	1300
工程学	1200	1600
平均值	840	1030

除上述三种补贴形式外,《联邦公务员薪俸法》还为那些能够获取第三方资金[1]的教授设立了专项补贴,这样一方面减弱了教授在此方面的兼职活动,另一方面将获得资助的科研教学项目归入高校名下,从而加强了学校对教师、项目及资金的统筹管理。

五 浮动工资所涉业绩的评估指标体系

有效的业绩评估指标体系是实施绩效薪酬制度的保障。自2005年全德范围内实施W系列工资体系以来,德国对浮动工资所涉业绩的评估得到加强。在各州的《州高校教师浮动工资条例》的指导下,各高校颁布的《实施浮动工资准则》明确规定了招聘及挽留补贴所涉业绩评估指标、业绩补贴所涉业绩评估指标、领导职务补贴所涉职务范围及补贴金额。

(一) 招聘及挽留补贴所涉业绩评估指标

德国大学校长联席会从68所公立高校的《实施浮动工资准则》里摘录了使用频率排名前10的招聘及挽留补贴所涉业绩的评估指标(见表5)。[2]

---

[1] 此处的第三方资金指的是来自私有领域的资金。
[2] Biester C., *Leistungsorientierte Verfügung in der Wissenschaft*, Weinheim: Beltz Juventa Verlag, 2013.

表5 招聘及挽留补贴所涉业绩评估指标(参加统计的高校总数为68所)

序号	指标	使用此项指标的学校占比
1	应聘的整体情况①	55.9%
2	个人资质②	55.9%
3	不同学科及专业下的就业市场情况	51.5%
4	个人科研及教学业绩	26.5%
5	任命委员会的评估结果	26.5%
6	其他院校所提供的待遇水平	25.0%
7	个人发展规划③	7.4%
8	此教职对学校的意义	5.9%
9	应聘者的当前收入	4.4%
10	学校促进女性教师就业的政策④	1.5%

(二) 业绩补贴所涉业绩评估指标

业绩补贴所涉业绩的考核指标是针对教师在科研、教学、艺术、继续教育及后备人才培养上产生的业绩而设定的。下文主要对科研及教学业绩的考核指标进行解释说明。德国大学校长联席会对72所高校所做的统计之结果表明,被列入本校《实施浮动工资准则》且使用频率排名前20的科研业绩考核指标及教学业绩考核指标如表6与表7所示。在指标的使用频率上,平均每个《实施浮动工资准则》就规定了8.8个科研业绩考核指标和5.7个教学业绩考核指标。⑤

---

① 主要根据满足应聘条件的人数来决定此类补贴的多少,基本原则为:当满足应聘条件的人数超过预期时,可适当降低补贴额度;当满足应聘条件的人数未达到预期时,可适当增加补贴额度,以增加职位的吸引力。
② 此处的个人资质主要包括个人简历、大学授课资格证书和社会任职证明。
③ 主要考察个人发展规划是否与学校发展规划总体上相匹配。
④ 为响应德国科学理事会提出的"妇女在科学与研究领域机会平等"倡议,德国各大高校自主实施相关政策,如保证女性教师的比例和其在该学科领域中所获得的学术资格比例相当。
⑤ Biester C, *Leistungsorientierte Verfügung in der Wissenschaft*, Weinheim: Beltz Juventa Verlag, 2013.

表6 科研业绩考核指标（参加统计的高校总数为72所）

序号	指标	使用此项指标的学校占比
1	获得的称号、奖项与荣誉	95.8%
2	赢取第三方资金	93.1%
3	发表论文及出版著作	90.3%
4	拥有专利	83.3%
5	科研评估结果①	72.2%
6	组建并领导科研团队	59.7%
7	承担主编事务	59.7%
8	从事知识及技术转化领域的事务	56.9%
9	从事专家评定性事务	56.9%
10	举办学术讲座	41.7%
11	发明	30.6%
12	组织专题研讨会	16.7%
13	培养科研后备人才	15.3%
14	推动国际性科研合作	11.1%
15	领导科学学会	11.1%
16	辅导博士论文及教授资格论文	9.7%
17	指导后备群体、奖学金生和访问学者	8.3%
18	创办高校衍生公司②	8.3%
19	参加学术联盟	6.9%
20	在学术机构中发挥的作用	6.9%

上述科研业绩考核指标可被归纳为以下六类：

（1）对个人科研能力的认可：获得的称号、奖项与荣誉；科研评估结果。

（2）获取科研资助：赢取第三方资金。

（3）科研活动网络化：推动国际性科研合作、在学术机构中发挥的作用、参加学术联盟。

---

① 常规性的年度科研评估及阶段性的科研评估。
② 高校衍生企业被视为高校科研成果转化的一条途径。

（4）传统型科研活动：发表论文及出版著作、承担主编事务、从事专家评定性事务、举办学术讲座、辅导博士论文及教授资格论文。

（5）组织管理科研活动：组织专题研讨会；领导科学学会；指导后备群体、奖学金生和访问学者；组建并领导科研团队。

（6）科研成果转化：拥有专利或发明、从事知识及技术转化领域的事务、创办高校衍生公司。

从表6的指标使用频率来看，"对个人科研能力的认可""获取科研资助"和"传统型科研活动"这三类指标在考核中占主导地位。然而，随着德国对推动科研领域创新的重视，"组织管理科研活动"及"科研成果转化"这两类指标的地位也逐渐提升。

表7 教学业绩考核指标（参加统计的高校总数为72所）

序号	指标	使用此项指标的学校占比
1	教学质量评估结果①	87.5%
2	承担的额外教学量	79.2%
3	组织考试事务	76.4%
4	获得的称号、奖项与荣誉	73.6%
5	课程的更新及研发、教学资料的制作	55.6%
6	超出平均工作量的论文辅导	55.6%
7	获取第三方资金	33.3%
8	承担留学生融合工作	23.6%
9	承担教学改革工作	22.2%
10	发表论文及出版著作	22.2%
11	辅导毕业论文的范围②	22.2%
12	推动教学上的国际交流	20.8%
13	引进新的教学形式	19.4%
14	教学创新	18.1%
15	参与国际合作办学	11.1%

---

① 常规性的年度教学质量评估及阶段性的教学质量评估。
② 此处的范围包括本科生和研究生的学期论文及毕业论文。

(续表)

序号	指标	使用此项指标的学校占比
16	指导学业、组织教学、推动双学位项目	6.9%
17	辅导毕业论文的数量	6.9%
18	举办与教学相关的讲座	4.2%
19	从事教学方面的专家评定性事务	1.4%
20	听课学生人数	1.4%

从表7的指标使用频率来看，为半数以上的高校所采纳的指标都是被用来考核受到教师的内生动力之激发的教学业绩的。尽管近三分之二的高校将"称号、奖项与荣誉"列入教学业绩考核指标范围，但德国科学基金会的调查报告显示，受到内生动力之激发的教学业绩最具有显著性，教学奖项则更多地被看成是一种对教学业绩的象征性认可，其本身并非是对教学产生激励作用的因素。在参加统计的高校中，三分之一的高校将"获得第三方资金"作为指标，这表明从资助角度进行设计的指标在教学业绩的考核上也变得愈加重要。

（三）领导职务补贴所涉职务范围及补贴金额

德国大学校长联席会对72所高校所进行的统计之结果表明，共计44项行政职务被列入各高校的《实施浮动工资准则》。其中，院系主任、院系教学主任和院系副主任这三个职务出现的频率最高，占比分别为90.3%、58.3%和37.5%。表8列举了校级及院系两个层面的领导职务及相应的补贴金额[1]：

表8 领导职务补贴所涉职务范围及补贴金额（单位：欧元/月）

序号	领导职务	给予此职务补贴的学校占比	平均金额	最低金额	最高金额
1	院系主任（兼职）	90.3%	447.94	150	1140.54
2	院系教学主任（兼职）	58.3%	289.87	100	644.65
3	院系副主任（兼职）	37.5%	207.19	100	400
4	副校长（兼职）	25.0%	586.54	150	1200

---

[1] Biester C., *Leistungsorientierte Verfügung in der Wissenschaft*, Weinheim: Beltz Juventa Verlag, 2013.

（续表）

序号	领导职务	给予此职务补贴的学校占比	平均金额	最低金额	最高金额
5	女性权益负责人①（兼职）	29.5%	142.86	100	400
6	校长（兼职）	20.5%	2308	1000	3500
7	议会主席（兼职）	5.6%	384.36	200	743.83
8	常务校长（专职）	5.6%	1125	750	1500

六 浮动工资运行机制——以汉诺威大学为例

《高校薪俸改革法》《州公务员薪俸法》以及《州高校教师浮动工资条例》为德国高校教师薪酬制度改革提供了指导框架，而德国各大高校在薪酬制度的设计及运行上各有侧重，带有个性化的特征。下萨克森州的汉诺威大学主要通过期限设定、目标设置、定期申报、劳务范围界定等几种运行手段来分配浮动工资，从而形成了一套决策透明的分配运行机制。

汉诺威大学对招聘及挽留补贴和业绩补贴的分配比例进行灵活控制，控制范围以《下萨克森州高校教师浮动工资条例》的规定为标准，即业绩补贴占比最低为20%，最高为60%。另外，汉诺威大学对招聘及挽留补贴先设3年期限，并以是否完成既定目标为考核标准，以此决定期限的取消与否。汉诺威大学以阶梯分档的形式对业绩补贴进行分配，绩效档级之间的补贴差额固定在150欧元（2003年数据），但学校可随经济社会的发展有规律地对此差额进行调节。档差补贴额保持一致的做法②有益于补贴分配的透明化。汉诺威大学对现所属档级设定3年期限，期限届满后进行评估，通过评估后，学校会决定再续3年或解限。汉诺威大学规定业绩补贴需定期申报，每3年由校长办公室组织申报一次。这种定期申报的方式使申请流程被限定于一段时间内，既节约了时间成本，又能够为完善申报流程提供充足的反馈信息。持续4个月的基本申报流程如下：首先，校长办公室颁发申报相

---

① 此职务一般从属于校监视会，其主要就女性教职员工的工作与家庭的均衡发展问题给出咨询建议及相关信息。此职务不仅被设置在校级管理层面，也被设置在院系级管理层面，且均由本校教师以兼职的形式担任。
② 从第1档跃升到第2档，以及从第6档跃升到第7档，这两种情况下的工资增加额保持一致。

关信息(如可申报的绩效档级、名额等)及申报程序;然后,申报书、申报人的自评报告及申报人所属院系的主任推荐信同时被移交至评估阶段,申报书中的项目是评估指标所涉内容,申报人在自评报告中论述自己所应归属的绩效档级并附加相关材料;接下来,通过评估,学校决定是否在申报人现属绩效档级的基础上提高一档或若干档,以及是否——针对所设的3年期限——解限或续限;如果申报人没有通过评估,那么从保证制度的公平性考虑,学校可撤回其现属档级下的业绩补贴。另外,评估程序需参考校议会的意见。由校学术委员会参与制定,并经校议会批准后,评估程序才能被付诸施行,其具体实施由校长办公室及院系主任负责。领导职务补贴只针对那些兼职领导职务的教师,其通过固定月补贴的形式,对教师从事兼职工作进行补偿,而劳务合同中规定的教师劳务范围就是界定是否分配此类补贴的依据。

七 德国高校教师薪酬制度的主要特征

国家相对集权的高校外部管理体制以及以"教授治校"为原则的高校内部管理体制决定了德国高校教师薪酬制度在设计上既要兼顾高校教师公务员的身份,又要通过灵活的控制机制强化大学对高校教师的管理,以最大限度地调动其工作积极性。另外,以严格的教授资格评审制度为基础的教师聘任机制确保了所聘教师的质量,从而保障了薪酬分配的价有所值。我们基于上文对德国高校管理体制和高校教师聘任机制的特点之分析可知,德国高校教师薪酬制度整体呈现出以下主要特征:

1. 覆盖联邦、州和高校三个层面的法律框架

《联邦高等教育法》《联邦公务员法》和《高校教师薪俸改革法》从联邦层面确定了高校教师薪酬制度的基本原则以及薪酬的组成结构;《州公务员法》和《州高校教师浮动工资条例》确立了实施高校教师薪酬制度的相关职责和程序,并规定工资发放的条件和标准。各高校通过制定《实施浮动工资准则》,为德国高校教师薪酬制度提供了实施层面的法律框架。上述做法为德国高校教师薪酬制度的设计及实施提供了强有力的立法保障。

2. 专设高校教师工资体系,强调基本工资的标准化

通过薪酬制度改革,德国建立了专门的高校教师工资体系。在新工资体系中,"青年教授"的工资级别为W1,"终身教授"的工资级别为W2和W3。这种按工资

级别划分的职务类型意味着,只要教师担任同级职务,其基本工资在州范围内也将保持相同,这就统一了州内各大高校基本工资的发放标准。

3. 注重保障原则与激励原则相结合

薪酬结构由基本工资和浮动工资组成,固定的基本工资一般所占比重较大,稳定有保障的经济收入为教师提供了和谐的工作氛围和职业安全感,这不仅符合高校教师的职业特点,也体现了高校教师薪酬制度设计上的保障优先原则。在保障充分的基础上,德国政府又在薪酬结构中辅以激励性的浮动工资,高校可自主设定浮动工资的运行机制。以汉诺威大学为例,其通过设定期限、与既定目标挂钩、划分绩效档级、定期申报、劳务范围界定等多种运行手段来保证分配过程的透明性及公平性。

4. 发挥业绩评估指标体系对浮动工资的定量作用

依据就职及留岗谈判而确定的补贴、因担任领导职务而获得的职务补贴以及依据个人业绩发放的补贴共同组成了浮动工资。我们从德国大学校长联席会的统计结果中可以看出,影响浮动工资的主要变量包括:该教授职务适应市场需求的情况以及对大学和专业发展的意义;由教师担任的学校及院系的领导及管理工作;获取第三方资助;获取称号、奖项与荣誉;参与指导国际学术交流,培养后备人才;等等。由此可见,德国以强化业绩评估指标体系为基础,使浮动工资与绩效挂钩,从而发挥薪酬的激励作用。

综上所述,德国按工资体系划分教师职务类型的做法从高校教师的公务员身份出发,为教研工作提供了固定的薪酬保障;而德国政府实施的基于业绩的绩效薪酬制度改革则通过发挥基本工资和浮动工资的结构性功能,从总体上形成了合理的收入分配关系,兼顾了公平与效率相统一的分配原则。

难以跨越的历史鸿沟
——以斯特林堡剧作《朱丽小姐》为起点比较十九世纪中瑞两国社会状态

王馨蕾

摘 要 当代的瑞典王国以独特的北欧风光、神秘的王室、各种大型企业以及众多优秀的文学作品闻名于世,而奥古斯特·斯特林堡先生正是十九世纪至二十世纪瑞典文坛的璀璨巨星。本文以斯特林堡先生十九世纪后期的剧作《朱丽小姐》为起点,深度剖析了十九世纪的瑞典在政治、文化、教育、民主等方面的社会状态,并将其与同时期的中国进行直接对比,以分析十九世纪的中国国力衰弱的前因后果。通过对中瑞两国十九世纪的社会状态进行对比,本文得出了一些有益于当代中国社会发展的启示。

关键词 瑞典王国 中国 十九世纪 社会状态 对比

一 引言

提起瑞典王国,其最为世人熟知的也许是独特的地理位置、诺贝尔奖发源地的身份、健全的社会福利制度以及众多闻名于世的企业。比如,全球最大的移动电信设备供应商爱立信公司、设计出目前世界上最安全汽车的沃尔沃公司、全球最大的轴承生产商斯凯孚、全球最大的家具供应商宜家家居、全球最大的软包装供应商利乐公司等都来自瑞典。事实上,这个遥远的北欧王国在文学领域的成就同样璀璨夺目。本文以斯特林堡先生十九世纪后期的剧作《朱丽小姐》为起点,深度剖析了十九世纪的瑞典在政治、文化、教育、民主等方面的社会状态,并将其与同时期的中国进行直接对比,以分析十九世纪的中国国力衰弱的前因后果。通过对中瑞两国十九世纪的社会状态进行对比,本文得出了一些有益于当代中国社会发展的启示。

二 浩瀚的瑞典文坛与璀璨的巨星斯特林堡

瑞典文学是北欧乃至欧美文学中非常重要且不可被忽略的一支。哲学家伊曼纽尔·斯威登堡①的神秘主义哲学理论令人神往;卡尔·迈克尔·贝尔曼②以其热爱人生、调侃死神的田园诗集闻名于世;如果你在瑞典街头随便问几位瑞典人"阿斯特丽德·林格伦是谁",那么想必你会得到同一个正确回答,即她是瑞典最富盛名的女作家。的确,作为一名儿童文学家,阿斯特丽德·林格伦的作品在瑞典可谓家喻户晓,她的作品甚至被翻译成几十种语言在世界各地出版并获得了无数读者的青睐。瑞典的国宝级作家、儿童文学的代言人阿斯特丽德·林格伦③用了将近六十年的时间撰写了《长袜子皮皮》《小飞人卡尔松》《狮心兄弟》等经典名著,这些作品已被译成上百种语言,并在世界各国销售了数百万册。阿斯特丽德·林格伦的作品陪伴着一代又一代的孩子健康成长,这些作品能带领各年龄段的读者穿越时间与空间,并使他们徜徉在美妙奇特的童话世界中。

十九世纪末二十世纪初,瑞典的许多著名作家创作出了无数优秀的文学作品,但其中有一位作家的成就最令世人瞩目,那就是充满争议的瑞典小说家、剧作家奥古斯特·斯特林堡先生。瑞典作家奥古斯特·斯特林堡(1849—1912年)是瑞典现代文学的奠基人和瑞典的国宝,也是世界现代戏剧之父。斯特林堡出生于斯德哥尔摩的一个破产商人家庭,他于1867年考入乌普萨拉大学。大学期间,斯特林堡开始写作剧本,其中反映冰岛神话时期父女二人在宗教信仰上发生冲突的剧本《被放逐者》得到国王卡尔十五世的赞赏,他因此受到召见并获得赏赐。斯特林堡当过小学教师和报社记者,之后他在皇家图书馆担任管理员。

斯特林堡是继易卜生之后的又一位具有独创性的北欧戏剧大师,他对现代欧美戏剧有关广泛而深远的影响。在斯特林堡的作品中,仅剧作就有60多部。在奥古斯特·斯特林堡的创作生涯中,他的许多文学作品都令世界瞩目。斯特林堡的短篇小说《半张纸》以区区一千五百字的超简短篇幅,借助一张便签纸上写着的十多个电话号码,展示了主人公和妻子的一幅幅生活画面,表现了主人公一生中充满悲欢离合的两年。《半张纸》中的十多个电话号码记录了主人公与妻子相识、相

---

① 伊曼纽尔·斯威登堡,十八世纪瑞典神秘主义哲学家。
② 卡尔·迈克尔·贝尔曼,十八世纪瑞典著名诗人和歌词作家。
③ 阿斯特林德·林格伦,瑞典著名儿童文学作家。

恋、同居、走入婚姻殿堂、妻子怀孕到母子双亡的全过程,读来令人唏嘘、不胜感慨。《半张纸》选材别致、构思新颖,小说表明,在资本主义社会里,小人物无法掌握自己的命运。斯特林堡的另一部小说《葬仪》借两个旁观者的口,叙述了一个善良小人物的不幸一生。《葬仪》虽然使用了未经任何渲染的白描手法,但不幸者的遭遇却被刻划得细致入微,并且资本主义森严的等级观念也在小说中受到了尖锐的批判。斯特林堡的剧本《朱丽小姐》更是一副十九世纪的瑞典社会状态之画卷。1889年,斯特林堡在哥本哈根成立了一座实验剧院,而此剧院的开场之作就是他的不朽名剧《朱丽小姐》。

三 十九世纪的自然主义悲剧《朱丽小姐》概述

《朱丽小姐》讲述了一位贵族小姐的悲剧故事。主人公朱丽小姐是瑞典伯爵的掌上明珠,她从小养尊处优,而她的母亲是一位极端的女权主义者。朱丽小姐本来已经订婚了,但她的未婚夫因难以忍受她高傲、怪异的个性而取消了与她的婚约。朱丽小姐虽伤心难过,但她却毫不流露感情,为此她也遭到仆人们的纷纷议论。

仲夏节之夜,在父亲外出、美酒、鲜花、舞会、生理期等各种状况的综合影响下,朱丽小姐与家中一位名叫让的男仆跳了舞。让虽然出身卑微,但他却对年轻美貌的朱丽小姐垂涎已久。让利用自己擅长的花言巧语趁机对朱丽小姐求爱,而朱丽小姐误信了让的海誓山盟,从而顺从地委身于让。

在得到了朱丽小姐之后,让却翻脸不认人,他之前的卑躬屈膝变成了高傲与倦怠。朱丽小姐清醒之后才知道自己闯下大祸,她恳求让带自己私奔,而让那真正的丑恶嘴脸终于显露,朱丽小姐这才知道自己根本是仆人让弃之如敝履的玩物罢了。争执中的朱丽小姐和让被厨娘克里斯汀抓个正着,朱丽小姐大感颜面尽失。这时,门铃响了,伯爵大人回来了。面临着让的背叛、仆人们的嘲笑以及即将被发现的自己与男仆的堕落关系,朱丽小姐终于到达了精神崩溃的边缘,她恳求让为自己出主意,而卑鄙的让却递给了她一把剃刀并劝她一死了之。在万念俱灰之下,朱丽小姐拿着刀走出房门,她选择用死亡来洗刷自己的痛苦、羞耻和对家族的背叛,但这一幕悲剧的始作俑者——男仆让——却无耻地活了下来。

斯特林堡本人将《朱丽小姐》称为"自然主义悲剧"。在塑造剧本人物时,斯特林堡铺陈了大量关于主人公的家庭教育、宗教和广阔的社会时代背景之陈述,因此男仆让和朱丽小姐的爱情游戏的背后其实透露着十九世纪的瑞典贵族和仆人这两个阶级之间的矛盾冲突。斯特林堡在《朱丽小姐》剧本的前言里说:"在这个剧中,我并没有企图创新,因为不可能办到,我只不过按照我想象中的时代对这种艺术的要求努力使形象现代化。为此,我选择了一个可以说是位于当今争执的题目之外的主题,或者说是被这个主题吸引住了,因为社会上的升降,地位的高低,好与坏,男与女的问题,现在是、过去是,将来也永远是人们所关注的。"①因此,从一定程度上来说,《朱丽小姐》的确忠于当时瑞典甚至欧洲的社会现状。那么,十九世纪的瑞典社会到底是怎样的状态呢?

四 十九世纪的瑞典社会之状态

《朱丽小姐》诞生于十九世纪后期,而当时的瑞典社会已经发生了翻天覆地的变化,原因之一就是全人类文明的重大转折点——工业革命②正如火如荼地在这片北欧神圣的土地上全面开展。从十九世纪中期开始,工业革命的星星之火从古老的大不列颠帝国翩然而至,工业之火在瑞典熊熊燃烧。以经由大不列颠国改良的新型蒸汽机为代表的各种工业机器和产品极大地提升了瑞典的农业、工业和手工业水平,瑞典社会的工业化程度加深,人民生活水平有了巨大的飞跃。

中国古语有云:"仓廪实而知礼节",所以瑞典人在基本生活水平提高的同时,也对文化与教育产生了更高的要求。1842年,瑞典出台了一部法律,其中规定"所有瑞典儿童必须全部接受学校教育,每个城市或教区至少应该建立一所学校并招募足够量的教师以提高该地区的儿童受教育水平"③。然而,与建造学校相比,招募有质量的教师难度更大。由于当时缺乏规范的师范学校,所以教师的质量良莠不齐,许多教师甚至曾是僧侣或者退休军官。即便如此,在这一批辛勤的早期瑞典文化工作者的努力下,还是有越来越多的瑞典国民接受到了较为正式的学校教育,这逐步提升了当时瑞典全社会的文明程度,也使得瑞典的文化民主之路更加宽阔。

在这样的文化教育熏陶下,各种人民运动在瑞典全社会逐步开展。面对封建、

---

① [瑞典]奥古斯特·斯特林堡:《斯特林堡文集》(第三卷),李之义译,北京:人民文学出版社,2005年,第214页。
② 工业革命起源于十八世纪中叶的英国,以瓦特改良蒸汽机为开端。
③ *Sverige på svenska*, p. 101.

难以跨越的历史鸿沟——以斯特林堡剧作《朱丽小姐》为起点比较十九世纪中瑞两国社会状态

冰冷又顽固的欧洲宗教,瑞典人开展了当时被称为"Väckelserörelsen"①的复兴运动,他们希望以此来唤醒更多当时被欧洲宗教影响甚至控制的瑞典国民。由于文化教育和医疗意识的增强,许多瑞典人在全国发起了名为"Nykterhetsröresen"②的禁酒运动,该运动声势浩大,甚至在各大城市诞生了各个分支运动。在全国教育的普及下,女性意识也逐渐觉醒,原本男女不平等的社会现状为更多世人所认识。在此背景下,越来越多的瑞典女性站了起来,她们发起了各种女权主义运动,以号召男女平等和要求社会给予女性与男性同等的社会权利。通过多年的不懈努力和斗争,瑞典女性终于在 1845 年获得了与男性相同的继承权。

虽然当时瑞典的工业水平因受工业革命的影响而有所提高,但国民的工作条件却依然非常恶劣。当时瑞典工人们的工作时间为平均每天 12 小时,工作环境脏乱差,工作危险性大,对工人的安全防护极其低下。与此相对的是,工人们的收入却很低,一个普通的工人家庭必须经由所有成员共同努力工作才能勉强维持一家生计。妇女除了与男人一样需要艰苦地工作之外,还要照顾嗷嗷待哺的家中幼儿。由于难以维持生计,在许多家庭中,甚至连儿童都必须每天在艰苦的环境里工作 14 个小时。恶劣的工作环境、过分拥挤的厂房车间以及超长的工作时间使得许多疾病在工人中间迅速传播。为了改善工作条件、维护自身利益和提高生活水平,在 1800 年到 1890 年间,一代代的无产阶级工人们在瑞典全国范围内发起了众多工人运动,逐步建立了各种工会,并在 1898 年将所有大小工会齐集至瑞典的国家工会组织"Landsorganisationen"。由于国民们在各种工人运动中获取了经验,所以由 Hjalmar Branting③ 领导的社会民主党于 1889 年宣告成立,该党在建立之初以争取公民权利、投票权和每日 8 小时工作时间为首要目标。同时,雇主们也在 1902 年建立了雇主联盟"Svenska arbetsgivareföreningen"。至此,工人们受到了工会保护,雇主们也有了联盟保护,因而瑞典工业迅速发展,国民生活水平也再次得到提高。

十九世纪的瑞典政治制度也发生了巨大的变化。1809 年,由瑞典国王实行专制统治的政治制度彻底告终,取而代之的是国王议会合作制,即国王必须和议会共同治理国家与制定法律法规。除此之外,国王还拥有外交事务的决定权,而议会则

---

① *Sverige på svenska*, p. 102.
② *Sverige på svenska*, p. 102.
③ Hjalmar Branting,瑞典政治家,1907 年至 1925 年担任瑞典社民党领袖,他是瑞典首位担任国家首相的社民党人士。

拥有国家财政税收的决定权。国王有责任倾听议会关于国家事务的意见和建议，但他并没有义务完全听从议会。这项政治制度一直被沿用至 1975 年[1]。

如此看来，十九世纪的瑞典已经逐步摆脱落后封建的政治统治和宗教控制，而工业革命带来的先进性也使得整个瑞典社会在工农业、文化教育、医疗体制、政治制度等方面取得了全方位的进步。此时的瑞典犹如一架坚固的飞机，他在修复了自身的各种缺陷之后，正准备向着光明的未来飞去。然而，在大洋的彼岸，曾经是世界先进的经济文化中心的中国，在十九世纪时又是怎样的状态呢？

五　十九世纪的中国社会之状态

在经历了十八世纪的政治、经济、学术等方面的成功之后，中国已经成为当时世界贸易市场里最大的经济体，其生产出的大量消费品被销往世界各国。清朝国民正沉浸于"天朝上国"的美梦中，"但愿沉醉不愿醒"。虽然"康乾盛世"的确繁华，天朝也的确美不胜收，但背后的阴影已经逐步靠近。自乾隆后期开始，中国就一直由于"闭关锁国"的国策而落后于世界变革大潮。因此，十九世纪的中国在各个方面都已经渐渐在走下坡路。

首先，十九世纪的中国国民生活水平比同时期的瑞典更为低下。当时，人口过剩已经成为中国的巨大问题。乾隆时期的人口已经到达 3 亿左右，到了太平天国时期，全国人口已接近 4 亿至 5 亿。虽然俗话说"人多力量大"，但是十九世纪的中国农业生产还处于原始水平，生产力非常低下，与当时已经享受工业革命先进成果的瑞典毫无可比性。中国国民在农田里辛苦劳作一年之后，还要祈求风调雨顺才能解决温饱。

其次，十九世纪的满清政府腐败不堪，落后的封建统治导致国力衰败，与同时期生产力飞速发展并且正在稳步走向民主之路的瑞典不可同日而语。正当满清政府内部已经矛盾丛生，以至于几乎难以自持之时，因经过了工业革命的洗礼而逐步壮大的西方列强却趁机来中国搜刮利益。两次鸦片战争迫使满清政府先后签订了《南京条约》《北京条约》《天津条约》《中俄北京条约》《瑷珲条约》等一系列丧权辱国的不平等条约。在重重剥削和压迫之下，太平天国运动于十九世纪中叶爆发。连年的内外战争消耗了本就所剩无几的国家财力，百姓生活苦不堪言，中国的社会

---

[1] *Sverige på svenska*, p. 103.

矛盾进一步激化。腐败的封建统治也使得中国的民主化进程陷入泥沼,当时中国的民主程度远远落后于瑞典和其他西方国家。

第三,瑞典由于地理位置优越、政府民主性较强等优势而较早地享受到了工业革命的各项先进成果。但是,反观己身,在满清政府的压制下,中国一直到1865年才在一众思想先进人士的影响下开始逐步接受工业革命的成果,并兴起洋务运动。在1865年到1890年间,中国的很多大城市都建立了机械制造厂和枪炮制造厂,全国逐步走上了工业化道路,但工业化成效依然不及当时的瑞典等西方国家。

第四,十九世纪的中国洋务运动之兴起促进了国民教育的发展,但总体来说,当时中国的国民素质与瑞典相比可谓差距显著。虽然著名的京师大学堂的建立和各省洋学堂的开办使先进的西方思想之风终被吹入中国,然而与同时期的瑞典全民教育所不同的是,当时只有少部分经济良好、思想先进的中国家庭会将孩子送入洋学堂读书,国家教育的主体还是传统的私塾。事实上,一些经济条件过得去的中国家庭,也依然对洋学堂持怀疑甚至抵制态度。可想而知,在当时的世界潮流下,私塾传统的"四书五经"教育如何能与西方国家的先进教育相提并论?

在瑞典女性以斗争的方式取得了一系列与男性相同的权利的时候,十九世纪的中国女性的平等意识还处于浑沌状态。在当时的中国,不论是在政治、教育还是社会地位方面,女性都无法跟男性相提并论,只有极少数女子能取得政治地位,如慈禧太后。能进入学堂学习的女性更是少之又少,大多数女子还是无怨无悔地缠着小脚,并且坚守着"女子无才便是德"的封建思想,心甘情愿地在家相夫教子。一代代女性受到压迫与剥削,而她们又继续压迫与剥削下一代女性。

六 对现代中国的启示

通过对中瑞两国十九世纪的社会状态进行对比,我们可以得出一些对当代中国有益的启示:

首先,我们要向瑞典的"全民教育"学习,继续贯彻我国"教育兴国"的国策,提高国民素养、培养高素质人才。俗话说"十年树木,百年树人",虽然在新中国建立之后,我们的经济发展迅速,国民生活水平已有了巨大提高,但是这样的良好发展势头我们是否能够保持住?20年、30年甚至50年后,我国是否能够继续稳步、健康地发展?这要取决于我国是否能加大力度改善国民教育和提高国民素质。当今社会出现了人才外流、教育功利化等各种不良现象,这更要引起国人的深思。当代大学生中有一部分学生不思进取,考入大学后不再认真读书,而是崇尚在"水课"混"水分",这样的人不在少数,这样的水课也不在少数。根据教育部精神,我国将逐步取缔大学中的水课,也要劝退不合格的大学生,笔者觉得是一个非常好的举措,此举将真正有利于国民素质的发展。

其次,当代中国的工会体制尚不完善,我们应当向体制更为健全的瑞典工会组织学习。十九世纪的瑞典就已经建立起了初具规模的工会组织,以此来保护工人的利益。但是,反观当今中国,各种工会组织是否真正起到了维护工人利益的作用?是否所有工会组织都在正规运作?即使是在二十一世纪的今天,许多国民依然生活困苦,工作环境依然恶劣,劳动保护措施依然不完全,甚至许多人的工作时间也并不在合理范围内。历史告诉我们,当工作者的合理利益未得到满足时,整个工作单位的发展就会受到阻碍,严重起来还会影响社会的发展。

最后,十九世纪的瑞典非常乐于与世界潮流接轨并接受各国的新鲜事物,所以它能够在第一时间从英国享受到工业革命的先进成果,这也正是我国需要学习的地方。我国改革开放的成效是显而易见的,因此我们更要增强与国际世界的交流和联系。在面对外来事物时,我们应"取其精华,去其糟粕",并且虚心学习其他国家的先进之处。我国还需要增加对当前时代背景的研究,从而与世界发展潮流保持同步,这样才有利于我国的持续发展。

物质的享受还是灵魂的寄托
——从"瑞典鲁迅"笔下浅析中瑞节日文化差异

沈赟璐

摘　要　中国和瑞典常常分别被人比喻为两种动物,前者无可厚非是条巨龙,后者则是雄狮。巨龙与雄狮的称谓,究其历史原因来说,是源于两个国家都曾在历史的某一个时期称霸一隅。国家一旦强盛,就不可避免地会将它自己的文化习俗和意识形态传递给其他国家,中国杰出的思想家孔子开创的儒家思想就成功地被植入到了东亚其他国家的土壤中;而对于地理位置较远的西方国家来说,中国文化也曾是风靡一时的,这归功于当时海上贸易的繁荣,中国的茶叶、瓷器、丝绸等集中国文化于一身的艺术品都是通过海上贸易的方式流入西方世界的。当前,随着信息技术革命的兴起,一国的文化可以在顷刻间流传开来,网络媒体的报道或者是平民间利用即时通讯工具进行的交流都为全球文化传播创造了平台。"文化"一词几乎包罗万象,包括饮食文化、服饰文化、社交文化、节日文化等,不一而足。本文试图通过宗教信仰、历史故事、地理风情以及瑞典著名作家奥古斯特·斯特林堡和其他一批瑞典文坛名将的作品来分析瑞典节日文化与中国节日文化的差异。瑞典位于西半球,其靠近北回归线,故常被形容为"北欧一霸"。中国大众对瑞典王国的节日文化之认识,往往停留在圣诞节、复活节等在西方国家中流传甚广的节日上。但是,得益于特殊的地理位置,瑞典人的节日文化元素有诸多与众不同的地方。对阳光的渴望和对温暖的眷恋构筑起了瑞典节日文化的永恒主题,这其中不仅包含着对生命的无限追求,更充斥着对美好生活的期待,而这与中国的节日文化是异曲同工的,或者说这与基督教国家期望通过庆祝圣诞节来实现破旧迎新的家庭团圆的愿望也是基本一致的。尽管如此,节日文化受到地理、历史、宗教等诸多因素的影响,因此其在表现形式上是非常迥异的。本文从历史成因和文化价值入手,分析中瑞两国中的那些在形式和意义上皆具有举足轻重之地位的节日,以评判如今两国的节日在效用意义上是否只是提供给人们物质的享受,还是也体现了灵魂上的寄托。

关键词 节日 宗教 地理 精神享受

一 基督教文化的入侵对瑞典节日的影响

瑞典最初的信仰体系比较特别,其宗教信仰集中体现在北欧神话中。北欧神话中的众神(如雷神索尔等人)皆有一个特点,即他们都不是永生的[①],这属于现世性的世界观。在北欧神话对世界起源的描述中,我们可以看到,他们相信万事万物都是有终点的,人和神之间是非常相像的。这对瑞典人务实严谨的性格之养成有很大影响,但此种信仰并不深入人心,仅仅是一国文化的精粹,好比中国的古典神话(如女娲造人)一般。其中,值得注意的是,瑞典神话中的妖魔鬼怪与中国的《西游记》或《聊斋志异》中的人形妖心的妖怪形象不同,他们的妖魔鬼怪被分成好几类,如地精、树精、矮人、巨人等,有面目可憎的妖魔鬼怪,也有貌若天仙、蛊惑人心的妖魔鬼怪。瑞典人常想象在野外的一大片森林中居住着此类妖怪,所以他们采取仪式破除妖怪的干扰,如他们在仲夏节围着仲夏柱跳舞,此习俗就具有驱赶河精的意味。从这一点来说,瑞典人的一部分节日有驱邪的性质,这一点和中国人春节的时候在门上张贴门神的画像有异曲同工之处,只是瑞典人的行为模式更集体化,如大家围在篝火周围翩翩起舞,这既是一种对美好生活的向往和追求,也是一种直接享受生活的方式。

同时,作为西方世界的一员,在中世纪的时候,瑞典和其他欧洲国家一样,都受到了基督教思潮的影响,并渐渐建立了教皇统治的社会体系。[②] 起初还有一部分人反对基督教的入侵,他们死守着远古时代的神话不放,但基督教带来了先进的僧侣文化,提供了充足的教育机会,从而使社会思想有了很大的进步,所以新事物终究是要战胜旧事物的。到了古斯塔夫时期,为了巩固自己费尽千辛万苦才从丹麦那里取得的独立政权,国王一举赞成路德宗学者佩特里兄弟的引入新教之建议,并派人用瑞典语翻译了《新约》,从而实现了瑞典的政教分离。自此,瑞典的文字从

[①] 邵彬、李建:《从北欧神话传说到〈魔戒〉》,载《湖北成人教育学院学报》,2006年第12期,第41页。
[②] [美]尼尔·肯特:《瑞典史》,吴英译,北京:商务出版社,1972年,第48—58页。

拉丁文和法文的影子中走了出来,瑞典语也在全国范围内完成了初步的统一工作,这对于瑞典自身文化的发展来说,无疑是一剂强力催化剂。但是,基督教文化的长期传播还是让极具宗教意味的节日(如圣诞节、圣灵降临节、复活节等)被成功地保留了下来,并成为瑞典非本土节日中的一支中坚力量。

与中国的传统信仰形成剧烈反差的基督教世界相信人类的罪恶能被救赎,基督徒千方百计地以各种形式纪念或者歌颂基督。人们在圣诞节庆祝基督的降临,并期待圣诞老人叩门。在圣诞节的晚上,一家人围坐在烛光闪闪的桌旁,双手紧扣,心里默念祷告以感谢基督给他们的恩赐,然后再开始用餐。宗教得以流传至今,并仍能在物质资源极大丰富的今天对人们产生深远影响的原因很大程度上要归结于书籍的作用。《圣经》几乎是每位瑞典公民家中的必备图书,其在中世纪时期被作为启蒙教育的教材使用,而教堂除了有服务社会的作用外,更要承担起传播知识文化的重任。在中世纪时期,有较高文化修养的人士才能有机会进入教会学校学习知识,而作为神的福音传播者的神父更是只有具备高学识的公民才能担当。相比之下,中国的佛教、儒教等文化典籍从来不是人们赖以学习语言的教科书,更不是家中的必备物品,而寺庙也只是人们求神拜佛的殿堂,人们不在寺庙学习,不在寺庙听布道,其只是富家小姐来求姻缘或进京赶考的考生来求及第的一个许愿堂。

所以,从这一点上看,瑞典的节日深受宗教文化的影响,节日的时间首先就具有宗教意味,诸如圣诞节是基督诞生的日子,复活节是基督死后复活升天的日子。

二 造物主的赏赐——仲夏节的狂欢

将仲夏节作为本文介绍的首个瑞典节日的原因是,这个节日具有不同于其他西方国家的特点,其是因瑞典独特的地理位置而产生的节日。仲夏节那天是瑞典一年中白天最长的日子,极北的几处地方的太阳在仲夏节这天是永不落下的。为了纪念好不容易得来的光明与温暖,人们在这一天举行狂欢的仪式,整夜不眠不休地跳舞。仲夏节这一天是人们释放心情和拥抱大自然的日子。在瑞典大文豪斯特林堡的著名剧作《朱丽小姐》中,有一幕是男女主人公之间的地位发生戏剧性的变化,变化的时刻即在仲夏节之夜。[1] 斯特林堡剧作中的朱丽小姐是伯爵的千金小

---

[1] 周方棣:《似"非"而"是"的悲剧——试读斯特林堡的〈朱莉小姐〉》,载《剑南文学:经典阅读》,2011年第4期,第193页。

姐,而男主人公让则是马夫,两人的爱情终于在仲夏节之夜开花结果。但是,《朱丽小姐》并不是一出爱情喜剧,斯特林堡是试图使仆人们的仲夏节狂欢与朱丽小姐失身后的落魄形成一种鲜明的对比。在所有人都洋溢着欢声笑语的气氛之衬托下,朱丽小姐的失落、后悔与悲伤则更具讽刺意味。

斯特林堡将仲夏节作为故事高潮发生的背景之目的,一方面是起到对比的作用,另一方面则是利用节日的历史渊源体现剧作的内涵。古时候,瑞典人民庆祝仲夏节是需要献上祭祀品的①,此举的目的是为了讨好掌管水果丰收的神灵。朱丽小姐的失身似乎是从另一方面折射出她是那个祭祀品的含义。仲夏节的庆祝经历了被教会夺取管理权的历史,其曾一度被冠以圣约翰日的名称以纪念圣约翰②,但现代人对此节日的考量则更多地是基于他们在仲夏节左右的假期。

总的来说,仲夏节的设立主要是为了庆祝光明的来之不易。与瑞典的仲夏节类似,中国似乎也有为了某一天文现象而设立的节日,如农历八月十五是月亮最圆的时刻。但是,纵观中国的传统节日,很多是和节气相关的,这也和中国的农业大国身份息息相关。上述内容表明,地理环境不仅影响百姓的起居生活,而且影响人民的节日安排,老百姓倾向于将丰收日或者自然环境宜人的日子定为节日。

三 思亲怀古意识下的中国传统节日

包括重阳节、清明节、中秋节等在内的一系列中国传统节日皆是以怀念旧人或实现亲人团聚为主题的,这类主题体现了浓浓的中国传统意识形态之影响,即家庭的重要性是被置于首位的。从这一点上看,中国的传统节日有与西方以个人为单位的社会价值理念格格不入之嫌疑,西方人除了圣诞节是全家一起行动的重大日子外,其余节日都是用来度假或者享受饕餮美食的,如瑞典的龙虾节就是一个单纯的美食狂欢节。每年的清明时节,基本每个中国家庭都会带上花束前往故人的墓地,全家共同清理坟前的杂草和灰尘,并献上自己满满的思念,这是中国人过节的一种方式。中国的传统节日通常都有散发着浓厚节日气息的代表性食物,如清明时节人们服食青团,中秋节人们服食月饼。这些食物有特殊的意义,人们平时不会去食用,但是这并不意味着这些食物平时非常少见以至于只能在特定的节日获取,

---

① http://hogtider.info/midsommar/(Stand:12.11.2018).
② http://hogtider.info/midsommar/(Stand:12.11.2018).

这源于中国本身资源丰富的特性。从这个层面上看,瑞典人在节日食用的大多是平时常见的食物,抑或是因非常稀有或倍加珍贵而只能在节日享用的食用。

在中文中,"香火""家业"等词语都强调了家庭的延续性对一个人生活的影响。所以,当自己功成名就之时或者郁郁不得志之时,中国人总是会首先想到家人。几世几代传下来的人文精神造就了中国人喜欢缅怀古人和思念亲人的优秀传统。春节和圣诞节在行为模式上较为接近,但是中国人在春节时除了喜欢通过放鞭炮来除旧迎新外,年初一的走亲访友也体现了中国人过节的热闹性以及对亲朋好友的重视。还有一个很好的例子就是中秋节,每年农历八月十五是月亮最圆的时刻,此时此刻月圆人更圆,几乎家家户户中国人都聚在一起边吃着香甜的月饼边赏月。中秋节曾经在封贡体系时期传入了韩国,更值得一提的是,中秋节如今成了韩国社会最重要的节日,其重要性胜过春节过年。除此之外,每年的正月十五元宵节不仅有孩子们喜欢的兔子灯,还有代表一家人能团团圆圆地聚在一起的汤圆。

对家庭的重视是亚洲文化和欧洲文化的一个分水岭。中国人的节日不时地体现出家庭、家人、祖先和故人的重要地位,而对祖先故人的祭拜也体现出中国人对精神上的慰藉之追求以及对未知事物的安全感之寻求,他们希望借此达到灵魂上的超脱境界。

四 静谧与热闹——圣露西亚节和春节

过年对于中国人来说除了可以一尝美味的佳肴外,另一大标志就是彻夜响彻云霄的炮竹声和夜空里如繁星点点的烟火。过年最重要的就是人气和热闹,响亮的鞭炮声在外国人看来有点不可思议,但在中国人心中,越是吵就越是有过节的气氛。孩子们捂住耳朵蹦蹦跳跳,大人们布局点火,过年就意味着红红火火、热热闹闹。

人们通常认为,与中国的春节相对应的瑞典节日是圣诞节,但是有一个瑞典节日过得似乎比圣诞节更为隆重,那就是每年12月13日的圣露西亚节,它拉开了庆祝圣诞节的前奏。根据中世纪的古历,圣露西亚节是瑞典黑夜最漫长的一天,其标志着白天即将越变越长,但是按照现代地理学来看,瑞典黑夜最漫长的一天应该是在12月21日左右才对①。露西亚是一位女神,她象征着光明。孩子们是每年12月13日的主角,他们中有一位姑娘会被选为露西亚,她的头顶戴着插上蜡烛的皇冠,而其他的孩子们则手捧蜡烛,穿着挂有红腰带的白色大褂,嘴里哼唱着圣露西亚歌排着纵队走到人们眼前,为寒冷的冬天带来丝丝暖意。② 红色的腰带象征着露西亚的死亡,圣露西亚节虽然带有基督教的色彩,但是在瑞典的土地上,节日更和光明与黑暗、白天与黑夜有关③。就这样,静静的夜空里回荡着孩子们纯净的歌声,美妙的歌声将伴随人们度过这漫长的黑夜。圣露西亚节反映出瑞典人民也具有寻求灵魂超脱和精神解放的诉求。

中国本身地广人密,一家一户都紧挨着,平时邻里之间也有着"远亲不如近邻"的美闻。与中国相比,瑞典的人口呈现出一个极大的反差,安静是瑞典人民生活的主旋律。瑞典人的语言中就有一个代表一种慢悠悠、静悄悄的生活方式的词组(I lugnochro);而在中国,人们无论是去茶馆喝茶还是去饭馆吃饭,无不是被熙熙攘攘的人群围绕着,生活的背景音量永远居高不下。

对我国节日的反思

中国的传统节日往往都有源远流长的历史,每个节日延伸开的元素林林总总,光春节就有剪纸、贴春联、吃年糕、包春卷等习俗,到了农历初五又要迎财神。由此可见,中国的节日文化相当丰富多彩。瑞典的节日因受到西方大国的影响而同样具有多姿多彩的元素,其本土文化更是耐人寻味。中瑞两国的节日分别受到自身地理位置的影响,从而产生了迥异的风土人情,如中国受农业文化的影响,而瑞典深受中世纪神权政治的影响,因此瑞典的节日文化与宗教仪式相互交织。

对中瑞两国的节日进行比较的目的并非在于评出孰优孰劣,只是在今时今日,中国的许多传统节日正在渐渐消失,而情人节、圣诞节等西方节日却接踵而至,市场上充斥着西方节日的商品和活动,从而激起了一股西方热。西方节日不禁形成了对中国传统节日的巨大冲击,诸如劳动节、国庆节之类的节日之价值越来越多地体现在可以放假上。当然,不可否认的是,节日存在的一大价值就在于能让繁忙疲惫的人们享受片刻的轻松。随着时代的变迁,节日带给人们的物质享受渐渐取代

---

① http://hogtider.info/jul/lucia/(Stand: 12.11.2018).
② 刘沙:《在拉普兰的苍穹下:苦寒北极的瑞典童话》,上海:上海文艺出版社,2008年,第129—143页。
③ http://hogtider.info/jul/lucia/(Stand: 12.11.2018).

了节日本身所具有的精神层面的影响。

　　中国节日的精华和特色在渐渐地被人们遗忘。我们如何在全球化蔓延的今天守住这份祖先留下的文化瑰宝？我们如何应对韩国人将端午节申遗的事实？这些都是值得我们年轻一代思考的问题。

商业文化与纯文化之争
——浅析奥古斯特文学奖的价值导向争议

王梦达

摘　要　在瑞典文学界中,奥古斯特文学奖是受媒体关注程度最高的奖项,其是对图书市场影响最大的瑞典语文学奖。围绕着奥古斯特文学奖的价值导向和影响力而展开的讨论频频见诸报端,瑞典主流媒体近十年以来更是对其踊跃发声。本文从设立背景、获奖作品介绍和争议之后的发展趋势三个方面入手,对奥古斯特文学奖的历史和大致情况进行了阐述,同时对大环境下的奥古斯特文学奖之未来前景进行了展望。

关键词　奥古斯特文学奖　瑞典语　价值导向

二十世纪以来,以诺贝尔文学奖为代表,瑞典文学界涌现出大批文学类奖项,并且这类奖项的数量仍在持续增加。据官方统计,迄今为止,瑞典已经设立超过87种瑞典语和泛北欧语言范畴内的文学奖项。其中,奥古斯特文学奖(Augustpriset)是受媒体关注程度最高,同时也是对图书市场影响最大的瑞典语文学奖,围绕其价值导向和影响力而展开的讨论频频见诸报端。近十年来,瑞典主流媒体围绕奥古斯特文学奖所进行的争论更是愈演愈烈。

一　设立背景：鼓励瑞典语文学创作

奥古斯特文学奖由瑞典出版商协会发起、组织并颁发,其设立的初衷是"通过给予年度最新、最优秀的瑞典语文学作品足够的鼓励和重视,以吸引媒体和群众对文学界和出版界的关注,从而推动高质量的文学作品的发展"。1989年12月1日,第一届奥古斯特文学奖将当年最佳书籍的桂冠授予瑞典著名女汉学家塞西莉娅·林德奎斯特的《汉字王国》。自1992年起，奥古斯特文学奖下设三个独立奖项：年度最佳小说类书籍、年度最佳非小说类书籍、年度最佳儿童及青少年书籍。

瑞典境内所有的出版社都可以推荐奥古斯特文学奖提名作品。申请进入候选名单的作品必须是以瑞典语写成的初始版本，即之前从未以任何书面形式发行过的瑞典语原创文学作品。出版社负责向评审委员会递交参与评选的样书，并支付评审费用。

奥古斯特文学奖下的三个独立奖项的提名作品各由一个评审委员会通过遴选决定。每个评审委员会由5名成员组成，其中包括1名评审主席；每个评审委员会提名6部作品，并在10月中旬将名单向公众宣布。这些提名作品的样书随即会被送到一个由21人组成的选举委员会手中，选举委员会的成员由瑞典图书馆协会和瑞典出版商协会共同选出，其中包括图书馆负责人、出版商、文学评论家以及具有相关资质的人员。

选举委员会的投票在11月进行，每个独立奖项所属分类下的得票数最多的作品即成为最终获奖作品。颁奖仪式于12月初在斯德哥尔摩举行，获奖者可获10万瑞典克朗的奖金及铜质雕像奖座。

二 获奖作品：商业化倾向难以避免

但是，近年来，大多数关于奥古斯特文学奖的评论指出，商业化倾向在很大程度上渗透进了提名和获奖作品的甄选过程中，这也使得最后的结果变得具有可预见性。许多评论家认为，商业文化和纯文化不应被混为一谈。

《瑞典日报》的一篇文章曾指出，奥古斯特文学奖的提名名单和获奖名单实际上都是"可预见的，有迹可循的"。纵观21年来的获奖记录，我们不难发现，富有人文性、可读性强、读者群广泛的作品最容易获奖，而只有一本诗歌集曾获得过年度最佳非小说类书籍奖。许多关于奥古斯特文学奖的评论性文章表达了这样的观点：那些"不被看好能够获奖的"——没有满足"富有人文性、可读性强、读者群广泛"之特点的——作品并非不具有提名和获奖的资格。评审委员会的偏好为候选作品贴上了质量优劣的标签，而这显然有失公平。因为评审委员会中有出版商，而出版商会有商业利益方面的考虑，所以委员会倾向于力荐那些可能成为畅销书的作品。

自成立以来，奥古斯特文学奖几乎成为图书畅销的保证。一部文学作品在获奖后，不仅销量迅速攀升，而且海外版权销售数量也随之增多，但是这一切的直接获益者其实是出版商。在成为畅销书——成功的商业文化典范——的同时，获奖作品也被贴上了"只追求销量，不注重质量"的非纯文化之标签。在大众意识中，纯文化应该是不与任何经济利益产生瓜葛的。甚至有评论家尖锐地指出，如果奥古斯特文学奖过于商业化和追求利益最大化，那么它就"不够资格被称为一个真正意义上的文学类奖项"，而只是一个"属于出版行业自己的奖项"。

由于奥古斯特文学奖的主办方为瑞典出版商协会，因此人们有理由质疑，奥古斯特文学奖是主办方打着发展纯文学的幌子而设立的商业文化工具。曾有人指出，奥古斯特文学奖完全是出版行业自娱自乐的产物，除了刺激销售数量之外，其再无他用。这一观点未免有些偏激，但它的确反映出了奥古斯特文学奖的最大问题。

但是，与此同时，也有评论家指出，我们不应将商业文化和纯文化完全对立起来。以奥古斯特文学奖为例，获奖作品因为通俗易懂和贴近大众生活而成为畅销作品，但这并不意味着其文学价值就一定低于那些艰深冷门的文学作品。换言之，优秀的纯文化产物不必然等同于是小众和不受欢迎的，而在市场上取得巨大成功的作品也未必因低俗而不能成为经典之作。

三 争议之后：回归到文学作品本身

如果对与奥古斯特文学奖相关的媒体评论文章进行一个粗略的统计，那么我们就会发现，绝大多数评论文章是持负面立场的，它们的质疑之出发点往往是主办方的商业目的、获奖作品的通俗性以及获奖作品的畅销程度。总结起来，负面立场包括以下几点：在商业利益的驱使下，出版商左右了奥古斯特文学奖的提名和投票；在可读性和受读者欢迎程度方面，占有劣势的诗歌类文学作品明显不如小说类文学作品受重视；获奖作品大多来自有实力的大型出版社。虽然持纯粹正面立场的评论文章少之又少，但在质疑和争议中，广大评论人和媒体人还是就奥古斯特文学奖对文学起到的推广作用予以了肯定。

在跨文化交际研究视角下理解文化：
文化标准理论

常璇璇

摘　要　二十世纪九十年代，德国心理学家亚历山大·托马斯提出并发展了文化标准理论，该理论将文化定义为取向体系，而文化标准则是群体、组织和民族典型的感知、思考和行为取向标准。在文化标准的理论框架下，托马斯研究并确定了中国和德国的若干核心文化标准。尽管文化标准理论受到了一些学者的批判，但其仍被视为跨文化研究中较为成功的研究范式之一。

关键词　文化　取向体系　文化标准　中德核心文化标准比较

一　引言

理论研究是跨文化研究的重要组成部分。科学界的一个共识是，"在对社会生活中特定问题提供解答的过程中，理论起着首要作用"[1]。作为跨文化交际研究的中心议题，理论构建能够使研究者明确研究对象、建立相应的分析框架，以及在实践中指导交际者解决相应的问题和困难。跨文化交际理论是针对跨文化交际行为与价值观念的系统化、抽象化和理性化的解释。[2] 很多跨文化交际理论都试图解释文化和文化价值的含义，以及文化与交际行为间的关系。

在出版于1959年的著作《无声的语言》中，美国人类学家爱德华·霍尔首次提出了"跨文化交际"这个概念，并且探讨了不同文化对人际间距离和时间的不同感

---

[1] ［挪威］斯坦因·U.拉尔森主编：《社会科学理论与方法》，任晓等译，上海：上海人民出版社，2002年，第10页。
[2] 戴晓东：《跨文化交际理论》，上海：上海外语教育出版社，2001年，第6页。

知,此书也成为跨文化交际学的开山之作。经过几十年的发展,跨文化交际理论日渐丰满,其内容充实丰富、理论流派众多,有的流派从交际特点来研究文化差异(Hall,1976),有的流派从面子观出发来看待文化差异(Ting-Toomey,1988),也有流派从文化价值的角度来定义文化差异的各种表现形式(Hofstede,1980)。这些理论都具有跨学科的特点。

二十世纪九十年代,德国心理学家亚历山大·托马斯(Alexander Thomas)从跨文化行为心理学视角出发,通过在不同地区(中国、德国、美国、法国、韩国等)进行针对不同群体(公司管理人员、学生、教师等)的研究项目,得出了不同文化区域和国家的文化标准,从而系统阐释了文化标准理论。文化标准理论虽然受到一些学者的批判,但其仍被视为跨文化研究中较为成功的研究范式之一。文化标准理论被广泛应用于文化差异研究、跨文化管理和跨文化企业合作研究、跨文化理解和跨文化能力研究、(针对企业员工和学生的)跨文化训练、外语课堂教学等领域内。

二　文化:一种取向体系

关于文化(Kultur)之定义,二十世纪的两位美国人类学家阿尔弗雷德·克洛伊伯和克莱德·克拉克洪于1952年出版的《文化:概念和定义批判分析》在这半个世纪中不断为人引述。为了澄清文化的性质和意义,两位作者在《文化:概念和定义批判分析》中列举了历史上150多条不同的文化概念并逐一对它们进行解析,从而将各种各样的文化定义依据一些"基本主题"进行了归类。[①]

美国心理学家哈里·蔡安迪斯(Harry Triandis)这样定义文化:"我指的文化是由人所创造的那部分环境。"蔡安迪斯将文化理解为生活环境中由人所创造的那部分。荷兰文化心理学家霍夫斯塔德(Hofstede)将文化视为"集体具有的心灵程序",对于他而言,文化就是某种集体意识。所有从事文化概念理论研究的学者一致认为,文化覆盖了一个非常宽广的范围,从人们生产的物品、工具,到价值、思想、世界观、语言、哲学,还有与有生命、无生命的主体及客体打交道的方式等。[②]

文化的定义也是文化标准理论的重要基础。托马斯并未从科学或哲学层面研究文化,而是着眼于如何增进来自不同文化的人们之间的合作及如何为跨文化合

[①] 陆扬、王毅:《文化研究导论》,上海:复旦大学出版社,2015年,第3—4页。
[②] Alexander Thomas (Hrsg.), *Handbuch Interkulturelle Kommunikation und Kooperation*：Band 1：*Grundlagen und Praxisfelder*, Vanenhoeck & Ruprecht, 2003, S.21.

作做好准备。托马斯从实用的角度对文化进行了定义:"文化是一种普遍现象。所有人都生活在一种特定的文化中并继续发展这种文化。文化为人构建了一种特殊的行为领域,从创造使用的客体到制度、思想和价值。文化总是表现为一种对于一个民族、社会、组织或群体而言典型的取向体系。这种取向体系由特殊的象征符号(如语言、手势、表情、服饰、问候礼节等)构成,在各自的社会、组织或群体中传承,即传给下一代人。取向体系为所有成员定义了其社会或群体归属,并使他们能够应对自己的环境。文化影响社会所有成员的感知、思考、评价和行为。文化取向体系一方面创造了行为可能性和行为动力,另一方面也提供了行为条件和确定了行为界限。"[1]

托马斯的定义之核心是"取向体系"这个概念。人拥有大量关于社会环境及经验的可靠知识,而适当有效地利用这些知识就需要借助于取向体系。文化的取向作用体现在它能够使周围的事物、人、事件及复杂的过程和行为结果具有意义。意义构建的过程发生在感知过程中,这是一种个人特有的行为结果,其遵循具有社会约束力的集体标准和规则,而不是任意或偶然的。

每个人都生活在自己熟悉的文化圈中,自己对世界和人的看法能为周围的人所理解、接受和赞同。就正常的日常交际和交流来说,共同的文化背景知识能够确保交际双方相互理解。

个人社会化的过程,就是在与其他人的相处中,发展出自己的社会行为模式。在这个过程中,个人习惯于社会集体。"这种社会化不仅仅发生在儿童时期或特定的生活阶段,而且贯穿于整个生活过程。为了能够解决在适应社会环境过程中遇到的问题,人们必须在各个发展阶段学习各种特殊的社会行为方式。"[2]个人在文化框架中实现社会化并适应文化。

当个人行为符合现存标准和规则时,他能得到周围环境的肯定;当个人行为有所偏离时,他将受到直接或间接的惩罚。行为者在特定的行为领域内进行社会学习,以使自己的感知、思考、判断和行为模式不断发展和内化。这些模式最终将变成一种无意识的行为习惯。遇到意外事件或反应时,人们会进行思考,这很可能导致自身的思考方式和行为习惯的改变。通过社会化过程,个人适应自然社会环境

---

[1] Alexander Thomas (Hrsg.), *Handbuch Interkulturelle Kommunikation und Kooperation*:Band 1: *Grundlagen und Praxisfelder*, Vanenhoeck & Ruprecht, 2003, S. 22.
[2] Hans-Jürgen Lüsebrink (Hrsg.), *Konzepte der interkulturellen Kommunikation*, Röhrig Universitätsverlag, 2004, S. 148.

状况或者改变现状,由此他便获得了两种能力:一方面是适应,另一方面是创新。①

文化取向体系具有意义建构功能,个体在社会化过程中获得适应能力和创新能力。如果交际伙伴来自于不同文化的民族、组织或群体,其遵照不同的文化取向体系,遵循不同的标准、价值和行为规则,那么交际双方在大多数情况下会遇到意料之外的行为或反应,这就会导致交际问题的产生,因为交际者无法从习惯的文化取向体系中推断出这些行为或反应的意义。

三 文化标准:一种取向帮助

确定和描写文化标准(Kulturstandard)依赖于对文化进行简化、选择和标准化。"文化标准是被某一种文化的大部分成员本人或他人认为是正常的、理所当然的、典型和有约束力的所有感知、思考、价值判断和行为形式。人们在这些标准的基础上判断和调节自己和他人的行为。"②标准就如同一个普遍的或者通过协商得出的尺度。"对于群体、组织和民族而言,文化标准是典型的感知、思考和行为取向标准。一种标准可以说明某一对象的通常状况如何,以及某一经常发生的事件如何进行,而文化标准就是以类似的方式确定了这样的尺度,其规定了文化成员的行为以及人们观察、评价和处理事物、人和事件的过程。"③通过这样的描述,我们可以确定文化标准的五个特征④:

(1) 文化标准是被某一特定文化中的多数成员视为是正常、典型和有约束力的感知、思考、评价和行为方式;

(2) 基于这一文化标准控制、规约和评判自己和他人的行为;

(3) 在人际交往中,文化标准很大程度上起到调节作用;

(4) 在文化标准调节行为时,个体与群体的交际方式可在允许的范围内发生一定改变;

(5) 超越特定界限的行为方式会受到社会环境的拒绝和惩罚。

---

① Alexander Thomas (Hrsg.), *Handbuch Interkulturelle Kommunikation und Kooperation: Band 1: Grundlagen und Praxisfelder*, a.a.O., S.22.
② Heringer, *Interkulturelle Kommunikation*, Tübingen: A. Francke Verlag, 2014, S.202.
③ Ebenda, S.202.
④ Thomas, *Handbuch Interkulturelle Kommunikation und Kooperation: Band 1: Grundlagen und Praxisfelder*, a.a.O., S.25.

托马斯将"那些对文化成员的感知、思考、判断和行为产生广泛影响的价值、标准、规则和观点称为'核心文化标准'(zentrale Kulturstandards)"[1]。

在研究项目中，人们通过"关键事件法"(Critical Incidents)来查明和确定文化标准，即对跨文化交际场景中产生的交际问题和困难进行归纳，从而分析哪些文化差异和特征在跨文化困境中起作用。在实际研究中，我们要尽可能多地在不同场景中取样，并对有跨文化经验的群体（如留学生、企业外派员工等）进行采访，借此调查他们在与异文化成员交往时经常遇到哪些特别的困难，碰到哪些不同的、意想不到的或无法解释的典型行为，以及被调查者如何理解这些困难和陌生的行为。

例如，研究人员请在德国工作的中国人描述，在什么样的交际场景中他感觉德国人的哪些行为令他感到出乎意料或使他无法理解。在采访中，研究人员需要记录如下事项：交际情景；中国受访者的观察、思考、意图和行为；中国受访者对德国人的期待；中国受访者对德国人反应的描述以及对反应原因的猜测。交际情景的选择不是任意的，而是要呈现中国人眼中的德国人的典型交际行为。在大量调查的基础上，研究人员再总结典型的关键交际情景。精通中德文化的专家科学地分析这些情景中的文化差异，从而确定其中产生作用的德国文化标准。如果这些在社会实证研究和分析基础上得出的结论能在比较文化研究和其他学科（如文学、哲学、社会学、民族学、人种学、宗教学等）中得到印证，那么这些文化标准就是德国的核心文化标准。因为这些核心文化标准不仅在特定的问题或场合中有效，而且其还体现了特定民族和文化行为的典型特征。

需要注意的是，通过上述方法获得的若干核心文化标准不可能描述一种文化的全部，也不能使人们形成对该文化的完整认识。但是，人们可以将这些文化标准视为一种取向帮助，从而在此基础上解释陌生的异文化行为，并同时反思自身的文化取向体系。

在跨文化训练中，人们可以将核心文化标准与关键交际情景的描写结合起来，并且分析各核心文化标准间的关联以及它们的历史文化成因。通过这样的方式，受训人员可以掌握有关其他文化的核心文化标准之知识、提高跨文化敏感性以及认识到"不同的文化有不同的文化取向体系，不同文化间应该互相尊重"，这也为跨文化交际能力的形成奠定了基础。

---

[1] Heringer, *Interkulturelle Kommunikation*, a. a. O., S. 190.

四 中德核心文化标准比较

在跨文化研究中,托马斯总结归纳了中德两国的核心文化标准,这些标准简单概括了中德文化如何影响人们的工作和日常生活,其对比如下:

中德核心文化标准对比	
中国核心文化标准	德国核心文化标准
维护面子、人事不分	就事论事、注重事实
社会和谐、规则相对主义	规则导向
交际的间接性	交际的直接性
等级取向	平等取向
集体取向	个体取向

"面子观"扎根于中国文化的深处,并影响着中国人的思维和行为方式。汉语中有很多与"面子"相关的表达,如"有面子""没面子""要面子""给面子""留面子""丢面子"等。在和中国人打交道时,如果自己让对方感到尴尬,那么不仅对方感觉丢面子,自己也会觉得没面子,这就会损害双方关系。在中国,人们一般会避免在公共场合直接批评别人,因为要给别人留面子。中国人的面子如同德国的宪法所规定的人的尊严一样不可侵犯。在处理事情时,中国人更倾向于就事论人,人们首先以面向人的方式确定事和人的关系,并以此决定处理事情的尺度,从而在处事中维护双方的面子。在中国,直言不讳的批评往往被理解为对人本身的批评,这会让人觉得丢面子。但是,在德国,事情本身才是行为的关键,事情本身决定着交际方式。[①] 在德国人眼中,务实的行为才是专业的行为,事情本身才应该被作为衡量能力的标准。在工作中,德国人认为要控制个人情感,减少人为因素和人的情绪对事情的影响,他们主张以理性方式处理事情。这种以理性为基础的处事方式也决定了德国人对争论和批评的反应方式,即对于德国人而言,争论一般不涉及人而

[①] Sylvia Schroll-Machl, *Die Deutschen-Wir Deutsche*:*Fremdwahrnehmung und Selbstsicht im Berufsleben*, Vanenhoeck & Ruprecht, 2003, S. 47-49.

只针对事由,"批评"和"争论"更多被看成是审视和审核事情之过程。[1]

"和谐"代表着一种传统的价值观,其是人际关系中的最高原则。和谐意味着社会秩序以及个人完全融入社会结构中。为了维护和谐关系,个体行为应与其社会角色相符。[2] 在中国的课堂上,如果老师问学生是否有问题,学生一般会保持沉默或表示没有问题,即使有问题,他们也很少在课上提出来。这样的反应方式可以避免冲突,从而维护课堂的和谐气氛。因为学生一方面不愿意承认自己没有理解老师所讲的内容,另一方面也是为了避免让老师觉得是因为他教得不好所以学生才不能理解。在中国,规则不是绝对的,而是相对的,其要灵活适应变化的情景。在中德企业合作中,当涉及合同条款时,规则的灵活性常常引起双方的摩擦。中国企业更重视人际关系,关系是信任的基础,过多的合同条款反而让人觉得碍事。因此,中国人常会觉得德国人固执、死板、不灵活,而德国人有时会觉得中国人狡猾、不可靠。在德国,人们依靠规则来调节社会生活。德国规则种类很多,如内隐规则(如准时赴约)、仅在某一范围内起作用的规则(如住房注意事项、使用规则)、城市和国家公共生活中的规定(从垃圾分类到街道交通管理条例)、职业生活中的标准(如工作规定、标准化)等。德国人理所当然地遵守这些规则,他们很少探究规则背后的原因。在德国,破坏规则就要受到惩罚。[3]

在交际中,中国人倾向于使用间接话语。中国人一般不直接拒绝别人,而是委婉地表达自己的意思,听人讲话要听"话外音"。德国人则喜欢直接、明确的交流方式,对于他们而言,"说什么"最为重要,而"怎么说"是次要的。德国人通常会清楚地表达自己的意思,听者通常只需要理解字面意思即可,不需要去猜测他们的言外之意。

在中国,等级取向涉及生活的各个层面。在工作中,领导和下属的地位是不同的,下级要服从上级的命令;在家庭中,子女不能违背父母的意愿,尊重老年人及地位高的人被认为是美德,这也是儒家修身的要求;此外,师生关系也是等级关系的一种。与中国相反,在德国,人们以平等取向为主。德国人认同个性平等和法律平等,他们在决策时不分上下级,而是所有人均积极参与。德国人以争取获得每个人

---

[1] 王志强:《文化价值取向与文化行为方式——中西文化价值和文化行为不同性探析》,载《德国研究》,2009年第1期,第47页。
[2] Thomas, *Handbuch Interkulturelle Kommunikation und Kooperation*: *Band 1*: *Grundlagen und Praxisfelder*, a. a. O., S. 173.
[3] Ebenda, S. 75.

的平等而自豪,在社会机构或组织之中,甚至是在家庭之中,人与人的关系都表现出较高的民主性。①

托马斯认为,单位是中国最重要的组织形式。个体融入工作单位也表现出了基于集体主义取向的哲学理念。在中国,单位承担调解纠纷、执行国家规定、为职工提供住房和医疗保障、组织娱乐活动、安排丧葬等职能②,个人的一切都跟单位息息相关,因此中国的单位不仅仅是工作组织,同时也是生活组织。在中国,人们习惯于做出内外群体的划分,个人被看作是群体的一份子,群体利益高于个人利益。集体取向强调家庭观念、情感依赖以及成员对组织中其他成员的责任感。在德国社会中,"我"的意识居于主导地位,个人对组织不存在情感依赖,个体被认为是独立于周围人际环境的自给自足的统一体,个人目标优先于群体目标。

基于文化标准理论的中德文化差异研究有助于界定文化的不同特征和确定中德文化各自的特点,从而避免和减少因文化不同性而导致的跨文化困境。了解中德双方的文化标准是增进中德互相理解的一个重要前提,它使双方能够在跨文化交际中做出适当的反应。

在中德跨文化交际中,德国文化标准的知识能够影响和引导我们的行为。我们学习与储备这些知识是为了更好地理解对方和调整自身以适应对方,从而使交际问题和困难能够迎刃而解。"为了避免不适宜的文化行为和由此产生的行为障碍,针对他我文化取向体系来改变和扩展本我文化取向体系是必要的。[……]这就要求人们掌握他我文化标准的知识。[……]通过跨文化学习过程,人们可以掌握跨文化理解的能力。"③

五 对文化标准理论的批判

托马斯通过"关键事件法"来确定文化标准,即从个体观察得出一般化结论。但是,每个关键交际情景及交际问题都是个体事件,我们很难清楚地说明在什么程度上对其进行一般化概括才是合理的。另外,这种一般化结论通常被建立在同质思维方式的基础之上,这就容易忽视和抹杀个体间的差异,同时也妨碍了人们的差异化理解。在与德国人的交往中,我们很有可能遇到讲话委婉的德国人,也有可能

---

① 陈雪飞:《跨文化交流论》,北京:时事出版社,2010年,第77页。
② Heringer, *Interkulturelle Kommunikation*, a. a. O., S. 184.
③ Ebenda, S. 185.

遇到不太守时的德国人,这就要求我们在具体交际情境中有区别地理解交际伙伴的言语行为,避免以偏概全。

在研究中,托马斯等人对他们列出的文化标准进行了历史文化方面的归因。以德国人交际的直接性(也就是弱语境交际)为例,从历史角度进行考察,我们可以对其形成做出这样的解释:德国曾经历过较长时间的四分五裂、小邦林立的混乱状况。在德国的领土内出现过上百个邦国。为了能够互相理解,到了边境的人们必须要明确、清楚地进行表达。[1] 这种历史解释方式颇为大胆,尤其是"原因-作用"的解释模式的信度如何有待证实,同时这种解释方式也存在着为了解释文化标准而任意选择历史事实的嫌疑。这样的解释因具有倾向性而容易产生矛盾,其会令人产生这样的印象:"德国人试图将一切都归入到一个逻辑规则中,以期用思想的力量理解世界"[2]。这些解释通常听起来很客观、很直白,但很多内容是相当笼统且过于简单的。

文化标准到底有多接近文化定势?文化定势是个体的知识结构,这些知识结构通常对本我和他我文化进行选择、概括和对比;而文化标准也是在某种视角下通过比较的方法被确定下来的。从这个角度来看,文化标准是文化定势的集合。一种文化标准最终是以复杂交际场景的简化为基础的。在有目的地通过简化方式被构建起来之后,文化标准才能起到取向帮助作用。但是,文化标准应该是经验性的科学研究之结果;作为反思和分析之结果,文化标准应该超越文化定势。其实,文化标准距离纯粹的文化定势并不远。为了避免与某种文化相关的文化标准知识变成文化定势,人们需要在学习中反思,并且需要在具体交际情境中形成差异化的理解和处理方式。

六 小结

托马斯的文化标准理论不仅留下了足够的建立新文化标准的空间,而且具有分析其他文化的灵活性。此外,托马斯还着重分析了包括文化参与者遇到的困难和偏离他人预期的行为在内的一些关键问题。尽管存在不足,但文化标准理论为人们进行跨文化交际理论探讨提供了一个有益视角,其能够启发人们思考和进行新的探索与发现。

---

[1] Thomas, *Handbuch Interkulturelle Kommunikation und Kooperation: Band 1: Grundlagen und Praxisfelder*, a. a. O., S. 85.
[2] Heringer, *Interkulturelle Kommunikation*, a. a. O., S. 193.

跨文化关系性作为跨文化性

王志强

摘 要 跨文化性是跨文化关系的建构过程。基于这一跨文化认知假设，跨文化理解和跨文化交际问题由本我和他我的认知互动关系所致，并出现于他我和本我的互动过程、互动对比与互动感知之中。文化关系性和文化互动认知性构成了跨文化理解和跨文化交际的认知基础。基于这一跨文化关系观假设，本文将跨文化关系性作为研究对象，在跨文化认知层面奠定了由跨文化关系建构路径、跨文化关系类型和跨文化关系导致的跨文化理解问题，并提出一些应对跨文化问题的建议。

关键词 跨文化性 文化关系性 跨文化互动认知

跨文化性是跨文化关系的建构过程。作为跨文化理解的认知基础，跨文化关系性和文化互动认知性在很大程度上奠定了特定时空下的不同文化载体在双重维度层面进行的人际交流。跨文化关系性同时具有文化"物自体属性"和文化"物他体属性"。文化"物自体属性"是指各民族在特定文化时空条件下形成的自我特性文化；文化的"物他体属性"形成于本我文化和他我文化的互动过程之中。跨文化理解问题由本我和他我认知关系所致，形成于他我和本我互动对比、互动感知和互动关系的建构过程之中。基于这一跨文化认知假设，本文对跨文化关系性、跨文化理解路径、跨文化理解方式及其相关问题进行阐述，并在此基础上对跨文化理解提出一些建设性建议。

一 文化关系性作为跨文化性的基本特性

文化关系性和跨文化关系性是跨文化性的基本特性。作为"哲学和文化学关于文化关系的概念"①,跨文化性"立足于文化间的动态互动关系"②。如同"跨文化"(interkulturell③)的前缀"inter"所奠定的那样,跨文化性是指多层次的本我和他我文化关系以及由此奠定的跨文化(文化互动)认知形式,其涵盖了多维度与多层次的文化关系。

从词义角度看,跨文化由"跨"和"文化"两部分构成。跨文化性概念中的"跨"(inter)有四层含义:"之间"(zwischen)、"共同/共处"(miteinander)、"互动/相互"(reziprok/wechselseitig)和"对立和对峙"(gegeneinander)。"跨"确定了文化关系的定位、类型和取向。基于"跨文化"的词义界定,"跨文化"一词中的"文化"(kulturell)不是指单维度文化,而是指多维度文化、多元文化和多种文化。就跨文化关系建构而言,词义"跨"的第一层概念含义"之间"是指文化"之间性",其奠定的跨文化性属于文化关系维系范畴,即"文化之间的关系性"。词义"跨"的第二层含义"共同/共处"是指"共同、共处性关系",其奠定的跨文化性也被看成是共同行动要求。"共同/共处"包括两层含义:一是指文化间存在的相同性和共通性;二是指不同文化人员拥有共同的文化行动意识。基于这种特性,跨文化性的这一语义层面具有积极正面的意义和作用。词义"跨"的第三层含义"互动/相互"是指"互动性/相互性关系",其奠定的跨文化性既属于互动范畴,也属于本我和他我文化理解的认知范畴。作为互动范畴,"跨文化性"旨在建构本我文化和他我文化之间的互动关系。作为认知范畴,跨文化性则更加关注人们对他我文化的互动理解。词义"跨"的第四层含义"对立/对峙"是指"文化对峙性关系",其奠定的跨文化关系具有负面性,其语义也涵盖了两个层面:一是涉及宏观层面上的某一文化与另一文化之间存在着的对峙性内容;二是指不同文化人员持有的对峙性关系和对立性文化态度。

作为文化互动关系范畴,"跨文化性"影响本我和他我之间关系的建构④。在他我同本我进行互动时,"他我性"不再是客观的存在,而是经本我反观后才形成的事

---

① Roy Sommer, *Interkulturalität*, in Ansgar Nünning (Hg.), *Grundbegriffe der Kulturtheorie und Kulturwissenschaft*, Stuttgart/Weimar, 2005, S. 81.
② *Interkulturalität*, in Ralf Schnell(Hg.), *Metzler-Lexikon Kultur der Gegenwart*, Stuttgart/Weimar, 2000, S. 231 – 232, hier S. 231.
③ 本文正文括号内的外文为德语。
④ Alois Wierlacher, *Interkulturalität. Zur Konzeptualisierung eines Rhmenbegriffs interkultureller Kommuni — kation aus Sicht interkultureller Germanistik*, in *Jahrbuch Deutsch als Fremdsprache*, 26, S. 263 – 287.

物,其是本我对他我文化进行审视和解读的结果,因而具有"主观本我性"。"他我文化的理解是基于对本我文化的理解。如果说本我理解是人际和集体沟通的结果,那么反向的假设也是成立的,即本我理解基于他我理解。"① 也就是说,"主观他我性"不等于客观层面的"他我性"。"客观他我性"与"本我性"之间存在的差异性之大小以及两者的"远"与"近"之距离,取决于本我与他我关系的建构程度和互动界定。

通过此种方式奠定的本我和他我认知关系受到跨文化性之影响。从这个角度来看,本我和他我的关系不是单向的,而是双向互动的,它涵盖跨文化性概念中的"跨"的四层含义,即"之间""共同/共处""互动/相互"和"对立/对峙"。基于这一认知,文化互动理解不仅指他我文化理解,也指本我文化理解,即通过他我文化理解来反射或反思本我文化,并带来自我变化。在自我变化下,文化互动关系重新被奠定。基于本我与他我的这一互动性特点,"在进行跨文化沟通时,人们对他我文化的理解会受到本我文化的影响和制约"②。在这种互动理解中,他我文化性不再为本我文化所吸收,而是成为审视本我文化的媒介。因此,"人们需要他我文化知识,并通过与本我文化和他我文化保持距离,以实现他我文化与本我文化的相互渗透和互相丰富"③。在这一跨文化互动关系假设的前提下,跨文化性具有以下五个认知特点:"一是文化概念不是二元的,而是互动的;二是他我文化理解也兼融本我立场和视角;三是任何一种跨文化关系都会因跨文化认知互动性而转向自我反思与自我启蒙;四是这种自我反思也包括自我改变;五是这种自我改变最终将导致文化间的新型关系之形成。"④

二 跨文化认知双重属性及其认知特性

就跨文化性而言,跨文化认知性具有双重属性,即"文化物自体"属性(Kultur an sich)和"文化物他体"属性(Kultur für sich)。在跨文化关系建构中,这一双

---

① Alois Wierlacher, *Interkulturalität*, in Alois Wierlacher/Andrea Bogner (Hg.), *Handbuch interkultureller Germanistik*, Stuttgart/Weimar, 2003, S. 257-264, hier S. 259.
② *Interkulturalität*, in Ralf Schnell (Hg.), *Metzler-Lexikon Kultur der Gegenwart*, Stuttgart/Weimar, 2000, S. 231-232, hier S. 231.
③ Horst Steinmetz, *Das Problem der Aneignung*, in Alois Wierlacher/Andreas Bogner (Hg.), *Handbuch interkulturelle Germanistik*, Stuttgart/Weimar, 2003, S. 559-561, hier S. 560.
④ *Interkuluraität*, in Ralf Schnell (Hg.), *MetzlerLexikon Kultur der Gegenwart*, Stuttgart/Weimar, 2000, S. 231-232, hier S. 231.

重文化性构成了本我和他我之间的互动之基本要素。

"文化物自体"属性是文化的客观存在,是构成文化自身的基本要素,它是本我文化的认知特性,是每一种文化自身特有的、相对稳定的属性。"文化物自体"属性独立于他我文化,它是某一民族文化特有的属性,是由特定文化时空下的民族文化载体所奠定并反映这一民族特有的价值体系、思维方式、生活方式和行为方式的属性。每个国家的主流文化都有其特有的文化价值核心标准[1]。文化价值核心标准由这一民族及其文化成员普遍接受的行为规范所构成,其决定了相关文化成员的感知、思维、判断、行为以及情感流露和表达之方式。文化价值核心标准源于民族国家的历史、哲学、宗教传统,并在漫长的历史形成过程中随着社会、政治和经济环境的变化而变化,由此奠定的"文化物自体"属性也反映了一国的文化特性。在跨文化接触中,这种基于本我文化的思维习惯、感情习惯和行为习惯常常成为个人审视他我文化的认知出发点。从跨文化诠释学视角来看[2],基于文化时空和文化载体之不同,除文化共性以外,不同文化也具有不同的特点。这不仅涉及文化形态,也涉及文化价值、文化行为期待、文化思维模式以及思维习惯和文化行为方面的要求。在此基础上形成的文化特殊性影响着人们的行为习惯和行为取向,并成为人们理解他我文化的认知出发点。

不同于"文化物自体"属性,"文化物他体"属性形成于本我和他我的互动过程之中,其具有文化互动关系属性,并可被理解为"互动、交际或话语交换过程,因而其对文化(或文化特性以及特定文化行为)的界定不可避免地具有互动特性。[……]即便是对某一文化因素进行的最随意的界定和描写也是以互动性和互动过程为前提的"[3]。如同奥克沙所指出的[4],"跨文化理解是关系建构的过程",也是

---

[1] Alexander Thomas, *Kultur und Kulturstandards*, in Alexander Thomas (Hg.), *Handbuch Interkulturelle Kommunikation und Kooperation Band I: Grundlagen und Praxisfelder*, 2, überarbeitete Auflage, Göttingen, 2006, S. 19 – 31; P. Kühnel, *Kulturstandards als konzeptuelles System*, in QianMinru/Weiyueqing (Hg.), *Interlingualität, Interkulturalität, Interdisziplinarität*, 北京:外语教学与研究出版社,2015, S. 756 – 804。

[2] Wang Zhiqiang, *Das Fremdaufnehmen: epistemische Formen und epistemische Hypothese*, in Zhujian Hua/Rudolf Hoberg (Hg.), *Germanistische Sprachwissenschaft und Deutschunterricht in chinesisch-deutscher Perspektive*, Frankfurt am Main et, 2010, S. 320 – 331.

[3] Jürgen Straub, *Kultur*, in Jürgen Straub/Arne Weidemann und Doris Weidemann (Hg.), *Handbuch interkulturelle Kommunikation und Kompetenz Grundbegriffe-Theorien-Anwendungsfelder*, Stuttgart/Weimar, 2007, S. 7 – 24, hier S. 17 – 18.

[4] Els Oksaar, *Problematik im interkulturellen Verstehen*, in Bern Dietrich Müller (Hg.), *Interkulturelle Wirtschaftskommunikation*, München, 1991, S. 13 – 26, hier S. 13.

本我和他我的互动认知过程。① 在这一文化互动过程中,某一文化只有与他我文化(另一文化)产生关联时,其特点、共同点和不同性才得以被界定和确定。作为交流的主体,人与(本我)文化之间存在着互动辩证关系。通过社会化过程,个人将文化价值和文化行为模式内化为其社会行为方式之出发点,并在此过程中与文化建立互动关系。人的文化整体性由此被奠定,它涉及文化认同、阶层认同和个人社会化(包括个人教育社会化过程)三个层面。从宏观层面看,文化认同是指人的文化归属,而文化是群体、个人、机构和民族的主要取向体系,其决定和影响着人们的感知、思维、评价和行为,并且塑造着个人习惯、集体习惯和群体习惯。从微观层面看,个人特有的社会化过程和人生经历决定着个人对宏观文化的接受程度和接受维度。个人归属于主流文化价值与恪守主导文化取向体系的程度,取决于个人的阶层认同和个人的社会化过程。②

在这一认知前提下,当感知文化现象符合本我文化标准时,这一文化现象会被视为是"正常";反之,其将被界定为"不正常"。鉴于文化认知互动性,"正常"和"不正常"具有相对性,"正常"或"不正常"都是本我文化取向体系对他我文化现象进行感知之结果。这种以本我文化认知方式为出发点的文化行为反应方式也使跨文化理解和交际陷入了困境③,由此导致的跨文化交际问题是文化互动理解缺失之结果④。

三 跨文化互动关系下的理解形式和跨文化冲突

纵观跨文化实践,我们不难发现,源于文化互动认知的跨文化理解主要有五种类型。第一种类型是指客观理解。这种跨文化理解方式以客观假设为出发点,并

---

① 王志强:《跨文化诠释学视角下的跨文化接受：文化认知形式和认知假设》,载《德国研究》,2008 年第 1 期,第 52 页。

② Siegfried J. Schmidt, *Kultur als Programm und Modi von Kulturalität*, in Siefried J. Schmidt (Hg.), *Interkulturalität Theorie und Praxis Deutschland und Korea*, Münster, 2004, S. 3 – 17, hier S. 10;王志强:《本我和他我——跨文化日耳曼学视角下文化异同认知互动性》,载《德国研究》,2006 年第 2 期,第 64—70 页。

③ Wang Zhiqiang, *Interkulturelle Epistemik und interkulturelle Dilemmas*, in Hans-R. Fluck/Jinhua Zhu (Hg.), *Vielfalt und Interkulturalität der internationalen Germanistik*, Tübingen, 2014, S. 291 – 301.

④ Jürgen Straub, *Kultur*, in Jürgen Straub/Arne Weidemann und Doris Weidemann (Hg.), *Handbuch interkulturelle Kommunikation und Kompetenz Grundbegriffe-Theorien-Anwendungsfelder*, Stuttgart/Weimar, 2007, S. 7 – 24, hier S. 18.

在他我文化的背景下,对他我文化现象进行本意理解。为能客观地理解他我文化,人们不仅要拥有本我文化知识,而且也要了解他我文化和本我文化标准。因此,如果人们想通过这一认知途径来确定文化间的不同性和差异性,那么他们既要兼顾文化现象和其特有的文化背景互动关系,又要界定文化的显性和隐性之互动性。第二种类型是指回避理解和不理解。这一跨文化理解方式以主观假设为出发点,其对他我文化的特殊性以及相对于本我文化的他我文化的独特性故意采取视而不见或拒绝之态度,并做出负面评论甚至横加指责。在这种情况下,回避理解或不理解会转向恶意理解与负面理解。第三种类型就是恶意理解。这是一种对文化的负面理解方式,其表达方式主要包括有意曲解、故意误导、误释、歧视和贬低。在无视文化差异性时,人们会有意识地将本我文化方式强加于他我文化,并对他我文化现象恶意或负面地进行解读和曲解。这种他我文化理解方式在宏观文化层面受到集体因素(如文化优越感和强势文化态度)之影响,在微观文化层面则受到个人因素之影响。第四种类型是指误读误解。在不知情的情况下,人们会无意识地根据本我文化逻辑去感知、体验和理解他我文化现象与他我文化观,并将之视为是不正常的。这种对待他我文化的态度之根源是他我文化敏感性之缺失。在这种认知情况下,跨文化理解易出现文化误读和文化误解,如同 Bolten 在其《跨文化能力》一书中所指出的,"许多跨文化误解和跨文化问题源于人们对交流伙伴的文化归属性与本我文化归属性缺失应有的认识"[1]。面对此种情况下出现的跨文化误读和跨文化误解,人们会将他我文化纳入本我文化理解模式,并对其进行本我解读。第五种类型是指互动理解。就跨文化互动认知而言,他我文化理解具有文化互动理解之特点,即他我文化理解会导致本我文化理解,而本我文化理解又会成为他我文化理解的出发点。在这一跨文化互动过程中,他我文化现象成为反观本我文化的一面镜子。

在上文所述的跨文化理解形式中,回避理解、恶意理解和误读误解所带来的跨文化冲突有以下三种类型:一是故意的跨文化冲突,即在跨文化交往中,一方文化成员故意不理睬或不尊重他我文化价值、文化特殊性、文化准则和特殊文化宗教性,或一方文化成员因固守本我文化观念而将本我文化观套用到他我文化现象上,并对他我文化进行负面理解;二是无意识的跨文化冲突,即人们因缺少他我文化知识和文化敏感性,而在理解他我文化时产生了误读和误释之现象;三是个人因素所

---

[1] Jürgen Bolten, *Interkulturelle Kompetenz*, Thüringen, 2012, hier S. 50.

致的跨文化冲突,即作为文化载体的个人的文化观和文化行为方式受到文化时空和文化载体之制约,而个人的社会化过程(包括个人的受教育过程和个人的社会化过程)决定了人们对他我文化的态度和接受跨文化的程度,由此导致的跨文化冲突虽然涉及个人,但这种个体化行为常被普遍化和扩大化,其易被看成是集体文化行为。因此,对个人文化整体性的不了解也将阻碍跨文化理解和跨文化沟通。

四 跨文化互动性所导致的跨文化问题

如上文所述,跨文化关系性建构是跨文化性的核心属性,而关系建构过程又具有互动性,因此跨文化互动认知特点也影响着跨文化沟通和跨文化交际方式,并会带来以下跨文化问题:

(一) 他我文化理解作为本我文化理解

当出现不同的、有差异的文化期待时,不知情和不了解他我文化情况的人们会自觉或不自觉地跨越"本我文化有效区",并在超现实意念层面上将"本我文化有效区"同现实的"他我文化有效区"进行互换。针对在此层面上进行的跨文化理解,与其说它是对他我文化之理解,不如说它是用本我的眼睛在他我文化的镜像中进行的对本我之理解,即从本我文化和文化价值视角审视、感知、体验和理解他我文化,或拒绝和排斥他我文化背景与他我文化语境。在缺乏对他我文化的了解之情况下,人们容易将本我文化模式和本我文化期待套用到他我文化上,以进行注入式的解读和理解。[1] 当不同文化间出现文化期待时,人们通常习惯用本我文化的眼睛(本我文化视角)去感知、体验和理解他我文化现象,并在本我文化框架内解读来自另一文化的反应。在差异性特别大的情况下,人们会拒绝和排斥他我文化。当因面对跨文化现象而出现不舒服的感觉时,人们会自觉或不自觉地从本我的文化行为习惯和文化行为期待出发去要求对方。在这种情况下,人们会有意无意地进行反向文化解读(即从本我文化视角去解读他我文化),或有意识地进行文化比较,或无意识地用自己的思维方式去解读对方。在跨文化交际中,当出现不能为人所感知的深层次隐性文化问题时,跨文化理解也将成为真正的冒险行为,因为不同

---

[1] Florence Gaub, *Die Südente will sich hinlegen. Wie interkulturelle Kommunikation Strategievermittlung behindern kann*, in *Internationale Politik*, September/Oktober, 2010, S. 30 – 36.

的文化人员都会以本我的解码方式和编码方式传达和理解各自放出的信息。在跨文化接触中,我们见到的是有形的文化行为,而它们只涉及文化的表层层面。在不能理解深层次的文化层面的情况下,人们会无法接受某一文化成员的行为和文化表现方式,这种"无知"也被视为"潜在性无能力"①。

(二) 文化行为错位所导致的反向文化行为

文化错位理解带来反向文化行为。在这种情况下,反向文化行为是指某一文化成员接受另一文化成员的行为方式,并且在同其他文化成员交往时,以对方的方式对待对方。如中德跨文化实践所示,德国人在一些场合会以中国人的方式对待中国人,或者中国人在一些场合会以德国人的方式对待德国人。当参与跨文化交际的双方都用彼此的文化行为期待对待对方或用本我文化行为期待去看他我文化的不同性时,跨文化交际困境也会出现。这一文化期待的反向实施方式是在特定认知前提下出现的错位文化行为期待方式。在这种情况下,跨文化交际的双方都按对方的文化行为期待做出相应的反应,并且以对方的行为方式和文化期待来对待对方,从而会带来文化行为他者化或本土化问题。

(三) 触犯禁区忌讳领域

跨文化互动的认知特点也影响着人们对文化禁忌的感知。基于文化特有的时空与载体之制约性,人们对禁忌有着不同的感知和反馈方式②,并且对禁忌和忌讳话题的界定也具有相对性。在某一文化中被看成是禁忌的话题,或者在某一场合和某一时间被认为是大不敬的话题,在另一文化中未必就受到同样的限制。对于德国人而言,一些中国式的交流话题在他们眼里因涉及个人隐私而被视为是禁忌话题,如年龄、党派、家庭状况、个人兴趣爱好、宗教信仰、生活习惯、个人健康状况等。一些话题的禁忌性要视彼此关系的深度而定。人际关系越密切,关系越深,那么彼此之间的禁忌范围就越小,彼此之间的禁忌话题就越少,彼此会更加开放各自的行为领域并更多地打开各自的心灵之窗。鉴于文化禁忌和人际关系之互动性,

---

① Florence Gaub, *Die Südente will sich hinlegen. Wie interkulturelle Kommunikation Strategievermittlung behindern kann*, in *Internationale Politik*, September/Oktober, 2010, S. 30 – 36.
② Hartmut Schröder, *Tabu*, In Alois Wierlacher und Andrea Bogner (Hg.) *Handbuch interkultureller Germanistik*, Stuttgart/Weimar, 2003, S. 307 – 315.

人们要有区别地对待文化禁忌,也要尊重某一文化的文化禁忌。但是,在跨文化交往中,文化间存在的禁忌时常会有意无意地被触犯,人们会在本我文化禁忌观的基础上对待他我文化的话语方式。

(四) 静态地理解他我文化

在跨文化接触中,人们经常以静态的文化理解方式或历史文化视角审视当代文化,如一些现代德语版本的中国文化旅游指南就过多地忽略了中国的变化[1],其将视角放在传统中国,放在改革开放前的中国,或仅仅是在当代中国寻找中国的历史踪迹。这种现象的产生有文化认知方面的原因,有个人文化态度和文化立场方面的原因,也有意识形态方面的原因。文化是有历史传承性的,是动态的,不是一成不变的,它随着时代的变化而变化。文化的这种动态性常常在跨文化传播中被忽略,人们总是以静态的文化理解方式感知已变化的他我文化,这在很大程度上会阻碍跨文化理解。

五　关于提升跨文化理解能力的若干思考

面对因跨文化互动认知性而导致的跨文化问题,我们不禁要问:若想合适地进行跨文化理解,我们需要哪些跨文化理解的前提和跨文化能力呢?

(一) 文化时空和载体之制约性作为跨文化理解意识

从跨文化认知角度看,文化时空和载体之制约性构成了跨文化认知的出发点,其决定了文化认知特性在跨文化交际层面具有双重认知维度(即本我文化认知与他我文化认知)之特点。因此,人们应提高双重文化底蕴,并了解深层次的文化背景。为了界定文化间的差异层面、差异范围和个人因素,人们应从他我文化的自身特性出发,对他我文化进行理解和审视。只有避免主观假设和防止仅用本我视角进行评价和审视,人们才能更好地深入了解"文化物自体"属性。人们应从对方立场出发感受他我文化,并且客观地感知、理解和评论他我文化,如此便能避免因主观认知性而导致的跨文化理解问题。在跨文化交际策略上,除考虑文化自身因素

---

[1] Wang Zhiqiang, *Fremdheitsprofile moderner deutscher China-Reiseführer*, Frankfurt am Main, 2000;王志强:《德语版中国旅游指南视角下的中国形象》,载戴启秀、王志强主编:《文化视角下的欧盟成员国研究:德国》,上海:上海外语教育出版社,2010 年,第 244—259 页。

外,人们要尊重各民族文化特有的文化习惯(如宗教禁忌和文化行为禁忌),以避免由此带来的跨文化争端。

(二) 要尊重他我文化和文化的不对称性

从跨文化交际角度看,交际以理解为前提,文化理解又以文化认可为前提。在这一前提下,每一种文化都有保持其特殊性的权利,文化成员有权选择自己的行为方式。不同文化间存在着的不对称性都有其合理性,这一合理性是相对于本我文化而言的。接受因文化风俗、社会制度、历史发展以及国家制度的差异而导致的不同文化间和国家间的不对称性,就是要求人们在客观对待文化本原性和尊重文化存在的合理性的基础上,以多维文化认知视角和文化认知态度对待文化的不对称性,并且尽力避免排他性的跨文化审视方式和理解方式。当然,文化之间也要彼此了解与接受,并通过这一互动认知方式确定不同文化间存在着的不同性和差异性,以减少因文化差异而导致的跨文化误解。

(三) 了解他我文化,更新文化知识

跨文化理解不仅要求人们拥有本我文化知识,也要求人们了解他我文化和掌握他我文化知识。正是由于文化具有动态性这一认知特性,所以人们不能停留在已拥有的他我文化的知识基础之上。虽然他人传授的他我文化知识和媒体的他我文化介绍[1]在很多方面引导着人们对他我文化的理解,但我们不能将其当成是审视他我文化的唯一出发点。在跨文化理解中,人们要避免静态的他我文化审视方式,因为静态的他我文化审视方式会使已有的他我文化知识和他我文化经历成为文化定势,并阻碍个性化和差异化的他我文化感知。因此,人们要不断地更新已有的他我文化知识和他我文化经历,并通过个体文化经历和文化体验,对已有的他我文化知识进行更正和补充,以使其反映出已变化了的他我文化现象,从而加强自身的文化审视能力和客观地理解他我文化。

---

[1] Wang Zhiqiang, *Reiseführer und Reiseführerforschung*, in Alois Wierlacher u. Andrea Bogner (Hg.), *Handbuch interkulturelle Germanistik*, Stuttgart/Weimar, 2003, S. 581 – 587; Wang Zhiqiang, *Fremdheitsprofile moderner deutscher China-Reiseführer*, Frankfurt am Main, 2000;王志强:《德语版中国旅游指南视角下的中国形象》,载戴启秀、王志强主编:《文化视角下的欧盟成员国研究:德国》,上海:上海外语教育出版社,2010年,第244—259页。

（四）强化跨文化意识，提升跨文化能力

基于文化载体性这一特性，在进行跨文化理解时，人们一方面要格外关注人和文化互动性之关系，并不断强化人与文化的互动性意识，另一方面要加强跨文化实践，提升跨文化能力[1]。通过跨文化实践，人们要不断培养文化理解意识，了解不同文化下的思维、行为、交际方式和话语模式，学会有区别地感知他我文化现象，并通过他我文化理解途径来强化本我文化认知，从而加深自己对本我文化的了解。

另外，人们在正视和接受文化多元性的同时，也要尊重文化的"同值性""共通性"和表达方式的差异性[2]。因为人是文化的载体，所以本我文化(生活方式)和他我文化(生活方式)间既有互通性，也有差异性。在跨文化沟通中，人们通过对本我文化性进行陌生化处理来提高本我文化的敏锐性，以此减少或弱化文化归属性对他我文化理解的制约。因此，人们要强化跨文化意识。从这一点上来看，"跨文化性也是一种立场和观念，其目的是克服民族中心主义，是文化多元化以及在文化立场不同时的妥协方式，在其背后是在相互融合的世界里寻找文化对话"[3]。在此基础上建立起来的民族中心主义互动超越方式要求人们从他我文化思维方式和与之相关的历史、政治及文化因素角度来审视他我文化，并意识到他我文化和本我文化之间存在着的相互依存关系是不同文化中的成员相互认识和彼此了解的必备要件。在掌握他我文化知识并兼顾不同文化的观点之前提下，人们可以进行跨文化对话，从而实现文化共处。

（五）重视跨文化实践

跨文化能力的培养和提高主要依赖于实践中的经验积累。通过跨文化实践，人们能够提高跨文化能力和跨文化交际能力。因此，人们要更加重视对目的国语言的掌握，不断加强对目的国的语言、文化、政治、经济、地理、历史等方面的研究。在把握目的国国情和面向跨文化实践中的问题之基础上，人们应当通过个性化跨文化体验和经历来深度了解与接触目的国民众的行为方式。在这种情况下，掌握

---

[1] Alexander Thomas, *Interkulturelle Handlungskompetenz*, Wiesbaden, 2011.
[2] Alois Wierlacher, *Interkulturalität*, in Alois Wierlacher/Andrea Bogner (Hg.), *Handbuch interkultureller Germanistik* Stuttgart/Weimar, 2003, S. 257 – 264; Hans Jürgen Heringer, *Interkulturelle Kommunikation*, 2, Auflage, Tübingen und Basel, 2007, S. 40 – 41.
[3] *Interkulturaität*, In Ralf Schnell (Hg.), *MetzlerLexikon Kultur der Gegenwart*, Stuttgart/Weimar, 2000, S. 231 – 232, hier S. 231.

目的国语言成为有效地进行跨文化交流以达到跨文化理解的重要前提,"只有这样,语言才能成为文化间真实的、稳定的桥梁"①。因此,人们要"更多地考虑个体不同的前提条件、不同的语言经历"②和差异化文化行为,以避免同质化文化的行为反应方式,并在此基础上进一步提升个人的跨文化行动能力和跨文化实践能力。

---

① H. Caspar-Hehne:《中德文化学术交流——研究和教学的基础与前景》,载《语言文化之桥》,北京:外语教学与研究出版社,2015年,12—24页。
② 同上。

KMU in China-Quo Vadis?

周 方

摘 要 如今,中国的中小企业在经济发展中发挥着越来越重要的作用,但是全球化和经济结构调整给它们带来了重大挑战。特别是在法律框架条件、运营成本、融资、创新等方面,中国的中小企业存在不少制度缺陷。相比之下,德国拥有一个相对完整的中小企业支持系统,其对融资、创新、法律等方面的支持以及对企业家精神和企业文化的培育,可以为我国提供诸多思路与想法。此外,中国政府还应该在提升信息透明度、减少官僚作风等方面为中小企业创造必要条件,以培养其创新能力和核心竞争力。

关键词 中小企业 德国 中国 支持系统 创新能力

1 Einführung

Heutzutage spielen kleine und mittlere Unternehmen (KMU) eine immer größere Rolle in der Wirtschaft. In China machen KMU über 99 Prozent aller Betriebe aus, erwirtschaften über 60 Prozent des Bruttoinlandsprodukts und beschäftigen fast 80 Prozent der Erwerbstätigen. Es ist deutlich zu erkennen, dass KMU der Motor des Wirtschaftswachstums geworden sind. Jedoch stellen sich die chinesischen KMU großen Herausforderungen im Hinblick auf Strukturwandel und Globalisierung. Daher besteht die Notwendigkeit, den Status Quo der KMU zu analysieren, indem Auswege für die KMU Chinas gefunden werden können.

2 Definition

Was ist KMU? Im internationalen Sprachgebrauch spricht man in der Regel von "Small and Medium-Sized Enterprises" (SME) oder "Small Businesses" (SB). Laut Institut für Mittelstands — forschung (IfM) werden KMU wie gefolgt definiert: ①

Unternehmens-größe	Zahl der Beschäftigten	und	Umsatz € /Jahr
kleinst	bis 9		bis 2 Millionen
Klein	bis 49		bis 10 Millionen
Mittel	bis 499		bis 50 Millionen
(KMU) zusammen	unter 500		bis 50 Millionen

Somit ist ersichtlich, dass sich KMU aus allen unabhängigen Unternehmen mit weniger als 500 Beschäftigten und weniger als 50 Millionen Euro Jahresumsatz zusammensetzen. KMU können vor allem in qualitativer Hinsicht tendenziell wie gefolgt charakterisiert werden: ②

— Einheiten von Eigentum und Haftung

— geringe Arbeitsteilung

— direkter Informationsfluss an die Unternehmensleitung

— Markt-und Kundennähe

— eingeschränkt Finanzierungsmöglichkeiten

Neben diesen Eigenschaften haben KMU vor allem den Vorteil der Flexibilität. KMU sind Kunden nah und passen sich schnell an strukturelle Veränderungen und konjunkturelle Schwankungen an. Nachteilig ist hingegen die Unsicherheit, die Fluktuationen bei Arbeitnehmern. Viele Hoch — qualifizierte finden die Arbeitsplätze bei kleinen Unternehmen weniger

---

① http://www.ifm-bonn.org/definitionen/kmu-definition-des-ifm-bonn/(abgerufen am 19.09.2016).
② Vgl. Berndt/Ralph, *Management-Konzepte für kleine und mittlere Unternehmen*, S. 200.

attraktiv. ①

3 Status Quo der KMU in China

Die KMU sind in China führende Antriebskraft für das Wachstum der Wirtschaft, weil sie folgende Merkmale aufweisen:

1. Die KMU sind tragende Säule der Wirtschaft. Am Ende des Jahres 2015 sind mehr als 20 Millionen KMU und mehr als 54 Millionen Einzelgewerbetreibende registriert. ②Laut „Development Research Center of the State Council" machten chinesische KMU 2015 über 99,7 Prozent aller Unternehmen aus, erwirtschafteten 60 Prozent des Bruttoinlandsprodukts, trugen zum 50 Prozent der Steuereinnahme bei. ③

2. Die KMU sind Pioniere der Innovation. Chinas KMU stehen derzeit für 65 Prozent aller nationalen Patente, für 75 Prozent unternehmerischer Innovationen und für 80 Prozent der Entwicklung neuer Produkte. ④Sie tragen zum technischen Fortschritt und strukturellen Wandel der chinesischen Wirtschaft bei.

3. Die KMU werden der Titel des Jobmotors der Wirtschaft verliehen. Einer Statistik zufolge werden 80 Prozent der Erwerbstätigen bei KMU beschäftigt. ⑤

4. Die KMU verbessern die Angebotsstruktur und sind die unentbehrlichen Elemente der Marktwirtschaft. Vom Tante-Emma-Laden bis zum Internetunternehmen, KMU bieten eine große Vielfalt von Produkten, die die großen Unternehmen nicht produzieren können oder wollen. Unser Alltagsleben wird ohne KMU nicht vorstellbar.

---

① Vgl. KMU, *Vielfalt als Chance*, Deutsche Bank Research, 2009.
② http://news.cctv.com/2016/08/30/ARTIOOBarV3xF0X4wM2SuLAM160830.shtml (abgerufen am 08.09.2016).
③ http://www.drc.gov.cn/xslw/20150206/182-473-2886403.htm (abgerufen am 08.09.2016).
④ Ebenda.
⑤ China Economic Census Yearbook 2008 http://www.stats.gov.cn/tjsj/pcsj/jjpc/2jp/indexch.htm (abgerufen am 08.09.2016).

Die Wichtigkeiten der KMU haben die meisten Länder schon erkannt. Auf dem G20-Gipfel 2016 wurde die Förderung der KMU auch thematisiert. Die chinesische Regierung hat sich seit langem bemüht, die KMU durch Gesetze und Sondermaßnahmen zu unterstützen. Bereits im Jahr 2002 wurde „ Law of the People's Republic of China on Promotion of Small and Medium-sized Enterprises " verabschiedet, um die Rahmenbedingungen für KMU zu verbessern und die Entwicklung der KMU zu fördern. Jedoch gibt es viele Probleme in der Durchsetzung insbesondere hinsichtlich der Finanzierung und der bürokratischen Verwaltung. Seit 2014 wurde eine Steuerreform eingeleitet. Die Umwandlung der Gewerbesteuer zur Mehrwertsteuer soll viele KMU entlasten und somit bessere Erfolgschancen versprechen.

Gleichzeitig hat die Förderung von Innovation und Unternehmertum sowie der Umstellung auf eine unternehmensfreundliche Politik zu einem Boom der Neugründung der KMU geführt. Allein im Jahr 2015 gab es über 15 Mio. Neugründungen, 3400 Investitionsprojekte. Die Beteiligungen des Wagniskapitals beliefen sich auf ca. 200 Mrd. ①Darüber hinaus wurden staatliche KMU-Entwicklungsfonds im Umfang von insgesamt 60 Mrd. RMB eingerichtet, die aus Mutterfonds, direkte Investmentfonds bestehen und sind speziell auf die KMU in der Anlauf — bzw. Gründungsphase zugeschnitten. Im Januar 2015 wurde der erste staatliche Sonderfonds für die Entwicklung der KMU eingerichtet werden, der bereits in mehrere Projekte einsetzt wurde. ②

4 Problematik der KMU in China

Trotz umfangreichen Unterstützungen konfrontieren sich die meisten chinesischen KMU auch mit einigen großen Problemen, die ihre Entwicklung stark beeinträchtigen und sogar das Erleben bedrohen. Chinas Wirtschaft

---

① *Bericht über die Förderung von Innovation und Unternehmertum in China* 2015. (《2015 年中国大众创业万众创新发展报告》)
② http：//news. cctv. com/2016/08/30/ARTIOOBarV3xF0X4wM2SuLAM160830. shtml（abgerufen am 08. 09. 2016）.

wächst seit drei Jahren immer langsamer und nach einer offiziellen Prognose solle die Wachstumsrate bis 2020 zwischen 6,5 und 7 Prozent liegen. Dieser Zustand wird als „die neue Normalität" bezeichnet und viele Unternehmen insbesondere KMU stoßen dabei auf große Schwierigkeiten. Die Anzahl der Aufträge sinken stark in den meisten Branchen. Außer der Immobilienbranche gehen die Investitionswillen der Unternehmen zurück. Rückgang der Nachfrage, Anstieg der Miete, Personalkostenerhöhung und Kapitalmangel führen dazu, dass immer mehr Unternehmen Gewinneinbußen hinnehmen müssen. Einige davon sind gezwungen, ihren Standort zu wechseln. Eine Insolvenzwelle der KMU ist auch zu beobachten. Laut einer Umfrage lebt ein KMU durchschnittlich nur 2,5 Jahre. [1]Im zweiten Quartal 2016 beträgt der *Index für die KMU Chinas* (*SMEDI*) 92 und weist eine leicht sinkende Tendenz unterhalb des normalen Bereichs. [2]

Der größte Engpass befindet sich im Kaptalmarkt, wo die KMU einen relativen kleinen Anteil besitzen. Der Zugang zu Finanzierungsquellen ist entscheidend für das Erleben der KMU. Viele KMU beklagen, dass die Kreditaufnahme durch Banken äußerst schwierig ist. Niedriger Kapitalisierungsgrad und relativ kleine Größe der KMU führen dazu, dass die Banken nicht gern auf das Risiko einer Kreditvergabe eingehen. Die meisten KMU besitzen keine eigenen Büroräume und mangeln an Sachkapital. Banken haben infolge zahlreicher Insolvenzen eine für KMU sehr restriktive Kreditvergabepolitik betrieben, welche eine Kreditfinanzierung für KMU schwerer und teuer macht. Viele Investitionsprojekte der innovatorischen KMU sind durch hohe Einführungskosten und lange Amortisationsdauer gekennzeichnet. Daher sind effektive Finanzierungsquellen für die KMU von besonderer Bedeutung.

Das zweite Problem liegt in der Innovation. Innovation erfordert normalerweise eine große Investition, die auch viel Zeit beansprucht und wird nicht so schnell belohnt. Daher sind viele KMU eher bereit, Geld in kurzen Zyklus zu

---

[1] http://www.prnasia.com/pr/2012/09/05/120783821.shtml (am 19.09.2016).
[2] China Association of Small and Medium Enterprises http://www.ca-sme.org/content/Content/index/id/12334 (abgerufen am 19.09.2016).

setzen, um in kurzer Zeit hohe Rendite und damit verbundene wirtschaftliche Vorteile zu erzielen. Heutzutage ist die Marktexpansion durch Kommunikation — und Preispolitik wesentlich schneller und leichter als die Phase der Innovation. Dadurch lässt sich der Mangel an Innovationsmotivation begründen.

Außerdem ist das Innovationsdilemma auf den Mangel des qualifizierten Personals insbesondere im Bereich der der Forschung und Entwicklung (FuE) zurückzuführen. Die Mehrheit des FuE-Personals sind in den großen Unternehmen oder Forschungsinstituten konzentriert, während die meisten KMU in China erheblich an Forschungspersonal mangeln. Dies wird die Wettbewerbsfähigkeit der KMU langfristig schwächen.

Die ständig wachsende Immobilienblase ist auch ein großes Hemmnis für die KMU geworden. In einigen chinesischen Großstädten ist der durchschnittliche Preis von Eigentumswohnungen innerhalb von einem Jahr um mehr als 30 Prozent gestiegen. Die Preise vieler Wohnungen haben sich im selben Zeitraum verdoppelt. Der Anstieg der Immobilienpreise führt einerseits zur Kostenerhöhung der Unternehmen, weil sie erhöhte Mieten zahlen müssen und deren Mitarbeiter auch höhere Einkommen verlangen. Andererseits beschneiden die Immobilieninvestitionen auch den Kapitalzufluss für innovatorische Unternehmen. Indirekt werden die unternehmerischen Tätigkeiten dadurch beeinträchtigt, weil die Unternehmer hohen Opportunitätskosten ausgesetzt sind. Sowohl die Eigentümer als auch die Mitarbeiter vieler KMU sind frustriert und demotiviert, weil ihre Arbeit im Vergleich zur Immobilienpreiserhöhung nichts wert ist.

Mit einem Verdrängungseffekt der Staatsunternehmen ist trotz vieler Förderungsmaßnahmen für KMU zu rechnen. Chinas Wirtschaftswachstum steht zur Zeit unter starkem Abwärtsdruck. Obwohl einige Staatsunternehmen auch von Schwierigkeiten betroffen sind, ist es nicht zu übersehen, dass viele Ressourcen wieder zu Gunsten von Staatsunternehmen konzentriert worden sind. Obwohl die Anzahl der zentralen und lokalen Staatsunternehmen im Jahr 2014 insgesamt nur ca. 150000 betrug, erwirtschafteten sie knapp 40 Prozent des Bruttoinlandsprodukts. Nach der *Kommission zur Kontrolle und Verwaltung von*

Staatsvermögen (*SASAC*) soll die Gesamtzahl der zentralen Staatsunternehmen innerhalb 2016 von 105 auf 100 reduzieren. Gegenwärtig befinden sich zehn Staatsunternehmen in einer Fusion.① Es ist zu bedenken, dass Staatsunternehmen zunehmend monopolistische Spielräume haben und damit verbundene verheerende Fehlallokation verursachen, welche den Wandel der Wirtschaftsstruktur Chinas gefährden könnten.

5 Was können wir von Deutschland lernen?

Die Wirtschaft Deutschland ist auch stark von KMU geprägt. In Deutschland zählen 2013 rund 99,6 Prozent der Unternehmen zu KMU, die insgesamt 35,5 Prozent aller Umsätze tätigten. Die deutschen KMU hatten 59,2 Prozent aller sozialversicherungspflichtigen Beschäftigte. 81,8 Prozent der beruflichen Ausbildung fand in den KMU statt. Der Exportumsatz der deutschen KMU lag 2013 bei rund 198,6 Milliarden Euro, welche 18,0% aller Unternehmen ausmachte. Der Mittelstand erwirtschaftete 55,5 Prozent der Nettowertschöpfung aller Unternehmen.②

Ähnlich wie ihre chinesischen Kollegen sind die deutschen KMU auch mit dem Finanzierungsengpass konfrontiert. Um das Problem zu lösen, bietet die deutsche Regierung die finanzielle Unterstützung für KMU, vor allem durch politische Kreditinstitute wie z. B. KfW (Kreditanstalt für Wiederaufbau). Die Banken, die Kredit an die KMU vergeben, werden durch Zuschüsse, Kredit — und Bürgschaftshilfe ausgeglichen.

Darüber hinaus schaffen die Bundesregierung und die Europäische Union günstige Rahmenbedingungen und bieten vielfältige Förderprogramme zur Finanzierung von KMU. Ganz wichtig ist die Transparenz der Förderungen über eine Internetdatenbank, die eine gezielte Suche nach den passenden Fördermitteln ermöglicht. Die Förderungen umfassen Gründungsfinanzierung, Un-

---

① http://finance.ifeng.com/a/20160719/14615416_0.shtml (abgerufen am 15.09.2016).
② http://www.ifm-bonn.org/statistiken/mittelstand-im-ueberblick (abgerufen am 19.09.2016).

ternehmensfinanzierung, Finanzierung von Energie — und Umweltinvestitionen sowie Innovationsfinanzierung. Als Finanzierungshilfe stehen folgende Programme zur Verfügung①:

1. ERP (European Recovery Program)/EIF (European Investment Fund) - Dachfonds, European Angels Fonds, ERP/EIF-Mezzanin-Dachfonds für Deuts-chland und ERP/EIF-Wachstums — fazilität
2. Zentrales Innovationsprogramm Mittelstand (ZIM)
3. ERP-Innovationsprogramm
4. Coparion
5. INVEST — Zuschuss für Wagniskapital
6. Existenzgründungen aus der Wissenschaft (EXIST)
7. High-Tech Gründerfonds
8. KfW-Unternehmerkredit Plus

Die KMU sind in Deutschland der wichtigste Innovationsmotor. Viele kleine Unternehmen sind „Hidden Champions", die mit Hightech-Produkten bestimmte Marktnischen beliefern oder Zulieferer für große Unternehmen sind. Die deutsche Regierung unterstützt ihre Innovations — und FuE-Tätigkeit mit vielfältigen Projekten. Das Zentrale Innovationsprogramm Mittelstand (ZIM) ist z. B. ein nationales Förderprogramm für KMU. Das ZIM gewährt Unternehmen Zuschüsse für anspruchsvolle technologische Forschungs — und Entwicklungsprojekte, die zu neuen Produkten, Verfahren oder technischen Dienstleistungen führen. INVEST ist der Investitionszuschuss für Wagniskapital, der im Mai 2013 eingeführt ist. Mit INVEST erhalten die Investoren 20% ihrer Investition steuerfrei erstattet, wenn sie sich mit mindestens 10.000 Euro an Start-ups beteiligen.②

Während der Immobilienpreis in den Shanghai innerhalb von den letzten zehn Jahren mehr als verfünffacht hat, stiegen die Preise der Wohnungen in Deutschland durchschnittlich nur um ca. 26 %. Die Miete in Deutschland

---

① http://www.bmwi.de/DE/Themen/Mittelstand/mittelstandsfinanzierung.html (abgerufen am 19.09.2016).
② Ebenda.

erhöhte sich im gleichen Zeitraum nur um 1,4 Prozent pro Jahr. ①Nicht weniger deutsche KMU haben seit der Gründung ihre Standorte nicht mehr gewechselt. Der stabile Immobilienmarkt ermöglichte Unternehmern, langfristig ihre strategischen Pläne durchzuführen. Die Immobilienblase in China ist auf vielen Gründen zurückzuführen. Das Angebotsmonopol des Bodens und eine sehr expansive Geldpolitik zählen dazu. In Deutschland herrscht hingegen eine vielfältige Angebotsstruktur. Die Gewährleistung der Preisniveaustabilität ist das vorrangige Ziel der Wirtschaftspolitik. Außerdem gibt es noch ein umfassendes Rechtssystem zum Schutz der Mieter.

Als das staatliche Projekt „Förderung von Innovation und Unternehmertum" angekündigt wurde, waren viele Existenzgründer und die Leute mit Vorhaben der Unternehmensgründung ganz begeistert. Aber dann folgten der Rückgang des Wirtschaftswachstums und „die neue Normalität". Die Staatsunternehmen sind beauftragt, Wettbewerbsfähigkeit in der internationalen Konkurrenz zu stärken, um Chinas Wirtschaftswachstum anzukurbeln. So werden Staatsunternehmen de facto während Krisenzeiten gegenüber KMU immer besser gestellt. Ihre ständige Expansion hat den „Lebensraum" der KMU deutlich verkleinert. Hinsichtlich Kredite, Rohstoffe, Energien und Personal werden KMU verdrängt. In Deutschland existierten für eine lange Zeit auch viele Staatsunternehmen. Die Privatisierung hat sich seit 1960er Jahren eingeleitet und wird bis heute noch weiter fortgesetzt. Viele große Unternehmen wie Volkswagen, Lufthansa, Deutsche Telekom haben sich zu wettbewerbsfähigen modernen Weltfirmen entwickelt, während noch mehr KMU in der internationalen Wirtschaft erfolgreich etabliert sind. Dies ist vor allem den minimalen Eingriffen der deutschen Regierung zu verdanken.

Dazu sind transparente und faire Rahmenbedingungen notwendig. Das *Grundgesetz* (*GG*), das *Bürgerliche Gesetzbuch* (*BGB*) und das *Handelsgesetzbuch* (*HGB*) liefern die rechtlichen Grundlagen für die KMU, indem

---

① http://www.welt.de/finanzen/.../Deutschland-vor-der-Immobilienkrise.html (abgerufen am 10.09.2016).

Gewerbefreiheit, Freizügigkeit und Vertragsfreiheit und die Grundsätze des Wettbewerbs gewährleistet sind. Darüber hinaus wurde eine Reihe von Gesetze verabschiedet, um den Wettbewerb zu fördern. Darunter finden vor allem das *Gesetz gegen den unlauteren Wettbewerb (UWG)* und das *Gesetz gegen Wettbewerbsbeschränkungen (GWB)* die für einen funktionierenden, ungehinderten und vielgestaltigen Wettbewerb sorgen, bereite Anwendung, Die Unternehmenskultur und das Unternehmertum sind auch wesentliche Aspekte für den Erfolg der deutschen KMU. Die Geschäftsführung der KMU hat oft enge persönliche Bindung an das Unternehmen. Damit verbunden ist die Bemühung, das eigene Unternehmen langfristig zu führen und ständig für dessen Wachstum zu sorgen. In diesem Gedanken spiegelt sich insbesondere die Verantwortung des Unternehmers für Betrieb und Belegschaft. Viele deutsche KMU sind von deren Unternehmertum geprägt. Die Mitarbeiter verfügen über hohe Einsatzbereitschaft und Identifikation mit dem Unternehmen. Sie fühlen sich mit dem Unternehmer dem gleichen Ziel verpflichtet und es gibt häufig eine freundliche Beziehung zwischen Arbeitsgebern und Arbeitsnehmern. Eine hohes Engagement der Mitarbeiter wird zu einer hohen Arbeitsleistung führen.

6 Fazit und Ausblick

KMU sind Motoren und Zukunft einer Volkswirtschaft. Obwohl die chinesische Regierung in den letzten Jahren mehr Wert auf Unterstützung von KMU gelegt hat, sind sie nach wie vor mit vielen Schwierigkeiten konfrontiert, die mit dem Rückgang des Wirtschaftswachstums und dem „Vormarsch" der Staatsunternehmen immer wachsen. Vor allem in Bezug auf rechtliche Rahmenbedingungen, Betriebskosten, Finanzierung und Innovation herrschen erhebliche institutionelle Lücken und Unzulänglichkeiten. Im Vergleich dazu verfügt Deutschland über ein relativ vollständiges System der Förderungen für KMU. Vor allem im Hinblick auf Finanzierungshilfe, Innovationsförderung, rechtliche Unterstützung, Unternehmertum und Unternehmenskultur kann China viele Anregungen aufgreifen. Im Weiteren sind transparenter und effizienter

Informationsfluss, Bürokratieabbau, Verbesserung der Förderberatung für KMU sowie die Ausbildung des Personals von großer Bedeutung. Die chinesischen KMU sollen sich auf Innovationen und Kernkompetenz fokussieren und langfristige Strategien entwickeln, damit sie mit der in vollem Gang gesetzten Globalisierung Schritt halten können. Der Staat ist verpflichtet, die nötige Voraussetzungen dafür schaffen. Nur so kann man die Falle der mittleren Einkommen vermeiden und die Strategie „Made in China 2025" erfolgreich vorantreiben.

学生管理问题研究

外语类院校社会实践育人工作创新路径探索与研究
——以上海外国语大学德语系暑期社会实践活动为例

刘 健

摘 要 社会实践育人是高校思想政治工作的重要组成部分,是全员育人的延伸、课堂教学的延续,是专业教育与思政教育相互联系、相互作用的复合型教育手段。经过多年的探索,各高校在社会实践育人方面取得了较好的成绩。但是,外语类院校社会实践育人工作缺乏创新思路、专业结合度较低,其质量有待提高。因此,外语类院校需要创新工作机制和优化工作路径,以提升社会实践育人的针对性和有效性。

关键词 外语类院校 社会实践 实践育人

近年来,大学生社会实践受到了广泛关注,也取得了一定成效,有关社会实践育人和大学生社会实践方面的研究也不断深入,从而为我们积累了宝贵的经验和成果。与此同时,作为以文科专业为主的高校,外语类院校开展的社会实践活动的方式和内容具有一定的局限性和固化性。结合外语类院校的专业特点,在社会实践活动中注重学生的理想信念教育、爱国主义教育和传统文化教育,培养学生的道路自信、理论自信、制度自信和文化自信显得尤为重要。因此,学者需要进一步展开深入研究,从而为高校社会实践育人工作的创新发展提供理论支持与实践指导。

一 社会实践育人工作的重要意义

马克思主义认为,实践是认识的源泉和基础,实践的发展又为认识的发展提供动力。要想成为对社会有用的人才,我们就需要在社会实践中不断认识自己和锻炼自己,以此完善自我。广泛倡导和开展面向大学生的社会实践活动,通过社会实践进行育人工作,是全面落实党的教育方针,大力提升高等教育质量、加强和改进新形势下的高校思想政治教育工作的具体要求。

首先,社会实践育人工作是培养新时代青年人才的有效途径。在社会实践活动的过程中,学生能够培养自己的独立思考能力、磨练自我的意志和品格以及丰富自身的实践经历,进而实现综合素养的全面提高。在服务与奉献的过程中,学生用自身的努力为国家的发展和社会的进步做出了贡献。其次,社会实践育人工作是落实第二课堂的重要载体。社会实践活动能够为高校学生提供目睹现实社会的机会,能够使他们亲自了解国家发展的悠久历史,体验中国传统文化的博大精深,感受改革开放以来的中国特色社会主义建设的伟大成就,从而使他们在思想深处坚定中国特色社会主义的道路自信、理论自信、制度自信和文化自信,并激发出自身的社会责任感和学习积极性。最后,社会实践育人工作是学生走向社会的必经阶段。许多内容丰富、形式多样的社会实践活动使学生能够将课本上的知识应用到社会服务和实践中,学生的学习热情得到提高,他们会不断思考如何用自己所学的内容来促进社会的发展与进步。

二 社会实践育人工作的现状

经过多年的实施与研究,社会实践育人工作已经逐渐趋于完善。社会实践育人工作已提出并开展了三十余年,高校学生中的参与人数不断扩大,实践的内容和形式不断丰富。作为尤其受到高校学生珍视的长假,寒暑假已经成为高校学生体验社会和服务社会的重要时段。自国家于1996年提出"三下乡"社会实践活动以来,团中央和各院校每年暑假都会开展丰富多样的"三下乡"暑期社会实践活动,其参与人数逐年上升,项目质量也逐年提高,对社会起到了积极的影响和作用。

据了解,仅2018年暑假期间,全国"三下乡"团队的数量就达到70524个,累计人数达701982人。[1] 大学生们前往全国各地开展以教育扶贫、国情调查、政策宣传、民生调研、医疗科普等形式为主的社会实践活动,许多社会实践育人项目在促进大学生了解社会、感知国情、增长才干、培养品格、增强社会责任感、提升创新创业能力等方面都做出了突出贡献。

---

[1] http://sxx.youth.cn/zytz/hdgg/201806/t20180627_11653993.htm,2018年"三下乡"团队网上报备数据统计。

三 外语类院校社会实践育人工作的优势与要求

作为国际交流与合作的必备工具,外语是高等院校教学任务的重要组成部分。社会所需要的外语人才不但要掌握扎实的专业理论知识,还要具有相应的实践能力。[1] 不同于综合性院校或者理工科、医学类、艺术类等专业院校,外语类院校学生的专业优势明显,社会服务需求较高,以外语见长的外语类院校大学生在社会实践过程中能够更好地与服务对象进行交流,从而方便社会实践工作的开展。但是,外语类院校在社会实践育人方面也存在着问题和局限性。

(一) 专业优势明显,社会需求较高

随着全球化水平的逐步提高,以及"一带一路""全球命运共同体"等倡议的提出,我国逐渐提升开放程度,持续加强与世界各国的往来和交流。在此背景下,外语类人才的需求不断提高。以外语见长的外语类院校学生的英语水平普遍较好,小语种专业的学生在国际会议、国际赛事以及相关活动中充当着重要的角色,并且他们在许多特殊情况下成为炙手可热的香饽饽。大学生渴望实现志愿服务与个人价值之结合,他们利用课余时间和寒暑假进行社会实践,并积极参加涉外志愿者活动,这对他们了解职场、看清现实和融入社会大有裨益,在提高他们的组织管理能力、人际交往能力、团队合作能力、心理承受能力等就业能力方面也起到至关重要的作用。[2]

(二) 学生能力突出,实践途径丰富

外语类院校学生具有明显的外语专业优势,他们的实践能力、沟通能力和协调能力普遍较强,服务社会与奉献社会的热情也较为高涨。经过多年的实践和探索,外语类院校社会实践育人途径也从原有的支教服务这一种形式发展为外语外贸、社会调研、普法教育、环保宣传等多种形式并存的社会实践育人体系。在这种情况下,实践活动的参与人数逐年上升,校园实践氛围更加浓厚,越来越多的学生利用

---

[1] 王玉文:《论课外活动环境下外语学生运用知识能力培养与实践》,载《辽宁工业大学学报(社会科学版)》,2013年第61期,第104—106页。
[2] 彭林权:《试论外语专业毕业生就业竞争力的提升》,载《黑龙江高教研究》,2011年第3期,第102—104页。

课余时间参与到社会实践活动中,以期锻炼自己和开拓视野。与此同时,凭借语言优势,外语类院校学生的社会实践范围也不仅局限于国内,越来越多的学生和团队前往海外开展社会实践活动。2018年暑假期间,上海外国语大学学生赴海外13个国家和地区开展文化宣传、志愿服务、职业体验、社会调研等社会实践活动。

(三)活动主题鲜明,组织过程规范

多年来,外语类院校的社会实践育人工作取得了良好的社会效应和社会成果,受到社会各界的好评和欢迎。外语类院校的学生人数普遍较少,专业类别较为单一、集中,学生开展的各类社会实践活动的选题和内容主题鲜明,与社会发展和社会需求的结合度较高,通常具有固定的合作对象和实践地点。与此同时,多年的实践也使外语类院校积累了丰富的经验和方法,形成了较为完善的评价体系和监督机制,很多实施多年的社会实践育人项目体系较为完整,组织过程规范,质量有保证。

(四)育人效果显著,专业指导加强

外语类院校的社会实践活动多以教育扶贫、社会调研和文化宣传为主,由于学生是直接参与到社会群体中的,所以这些实践活动能够直接服务于社会,并产生较为显著的社会效益。参与到社会实践活动中的学生也在活动过程中拓宽了视野,锻炼了能力,他们的社会责任感和国家认同感也得到了提升。随着团学工作的不断推进,社会实践育人工作现在也由院系分团委直接管理和指导,有的院校会组织开展较为完整的选拔和指导,重点团队甚至由指导教师随队一起活动并全程给予指导,从而使育人工作的效果得到了加强。

四 外语类院校社会实践育人工作的问题与不足

(一)内容形式较为单一,活动创新程度较低

外语类院校以其专业特色形成了独特的社会实践育人方式,但是以支教、文宣、调研、后勤等形式为主的固有模式较为单一,以问卷为主的成果展现手段较为简单。此外,社会实践与学生联系不紧密,实践形式缺乏创新与活力,实践报告对实际问题的分析和研究之深度不够。上述这些原因导致社会实践成果覆盖面难以

实现进一步扩大,影响力不够明显。

(二) 专业结合程度不高,专业教师指导有限

外语类院校的英语专业学生与复合型专业学生的实践活动多以支教、普法、调研等形式为主,其与学生的专业有一定的结合度,学生能够将学到的知识应用到社会实践之中,并服务于国家社会发展和人民群众的生产生活。然而,对于小语种专业以及非通用语种专业的学生而言,国内的社会实践活动与他们专业的结合度较低,许多专业教师因科研任务较重或外事活动较多而无法参与到学生的社会实践活动中,更无法亲自带队进行指导。

(三) 过程管理不够严格,实践活动不够深入

因为外语类院校的多数项目与专业的结合程度不高,所以其实践活动多以志愿服务形式为主。外语类院校的社会实践活动的专业性和科学性程度不高,其仅被看成是学生体验社会与奉献社会的一种方式和经历,所以学生团队的衔接作用不强。每年暑假,面对数量较多的实践团队,院系没有足够的教师和时间对学生的实践项目进行培训和指导,实践过程缺乏较为严格的管理和科学的监督,有些预想的内容和目标也出现省略化、走形式等问题,因此实践活动往往不够深入和系统,从而失去了其原有的意义和应有的效果。

(四) 后期宣传不够理想,成果转化能力欠缺

外语类院校的一些社会实践育人项目参与人数较少、活动影响力较低、质量不高,因此这些实践活动也缺乏后期的资料整理和延伸工作,并且忽视了活动的后续宣传和经验分享,从而导致社会实践的成果无法转化成社会效益和育人效果。部分院校的社会实践育人工作的监督机制、评价机制和奖励机制缺失,从而导致个别学生和团队积极性减弱,甚至出现中途放弃的情况。以上这些都不利于高校社会实践育人工作的整体部署和持续开展。

五 外语类院校社会实践育人工作的创新路径

上海外国语大学德语系近几年开展了"重走抗战路""重走长征路""重走改革开放路"等一系列暑期社会实践活动,旨在鼓励学生更多地去实地了解中国发生的

翻天覆地的巨变,感受中国大地的蓬勃生机,学习中国人民的勤劳智慧,记录中国故事的来龙去脉,传播中国青年的所见所闻。在实践活动中,学生们利用所学专业传播中国文化,讲述中国故事。这些实践活动有助于学生了解中国的传统文化、历史故事与创新发展,也有助于培养学生的文化自信、制度自信和理论自信,从而引导他们形成新时代青年的使命感与责任感。

(一)围绕院校育人目标,培育特色育人项目

社会实践育人工作应以大学精神和价值标准为依据,重点培育具有专业特色的育人项目,以培养学生的家国情怀、创新精神和实践能力为出发点,不断拓展学生的国际视野和树立正确的价值理念。上海外国语大学秉承"格高志远、学贯中外"的校训精神和"诠释世界、成就未来"的办学理念,为社会实践育人工作确立了准确的方向。上海外国语大学德语系的社会实践项目充分贯彻学校的办学理念和培养目标,旨在通过暑期社会实践活动来培养学生的爱国情怀和人文底蕴,提高学生的跨文化沟通能力和专业能力,从而实现"多语种+"卓越国际化人才的培养目标。

(二)坚持思想理念创新,结合多种学科体系

为深入贯彻落实习近平新时代中国特色社会主义思想,进一步加强社会实践育人工作,外语类院校教育工作者应不断开拓思路、追求创新,通过社会实践活动来实现育人工作新目标。习近平总书记在2018年全国教育大会中强调,要在坚定理想信念上下功夫,教育引导学生树立共产主义远大理想和中国特色社会主义共同理想,增强学生的中国特色社会主义道路自信、理论自信、制度自信、文化自信,立志肩负起民族复兴的时代重任。[1] 当前,为适应新的社会发展,各高校提出全员育人理念,注重培养学生多学科、多视角地分析问题的能力。在社会实践育人工作中,各高校应鼓励学生开展跨学科研究,引导学生充分利用互联网+、新媒体等形式,开展不同层次、不同领域的实践活动。

---

[1] 习近平:《坚持中国特色社会主义教育发展道路,培养德智体美劳全面发展的社会主义建设者和接班人》[EB/OL] http://www.moe.gov.cn/jyb_xwfb/s6052/moe_838/201809/t20180910_348145.html(日期:2018年09月11日)。

（三）结合专业优势特长，深化专业教师指导

结合小语种以及非通用语种在专业方面的优势，外语类院校应鼓励学生利用视频、直播、语音等技术形式，借助网络与新媒体平台，对社会实践过程中的所见、所想、所感进行记录和传播，这样做能够锻炼学生的专业能力，增强学生的学习积极性，也能培养学生对国家和社会发展的认同感和归属感。各高校应鼓励硕士研究生甚至博士研究生共同参与社会实践活动，并且让专业教师利用网络和即时通讯手段参与到活动中进行指导，这样能够提高社会实践的质量和育人效果。例如，德语系学生将社会实践过程拍成多语种纪录片，并通过网络进行宣传，取得了良好的效果。

（四）完善全员育人体系，优化育人工作路径

社会实践活动为大学生提供了接触社会、了解社会的机会，使学生在亲自参与实践的过程中切身感受到了中国传统文化的博大精深和改革开放的辉煌成果，以此培养出了学生对党和国家的道路自信、理论自信、制度自信和文化自信。社会实践指导教师应具有全员育人、立德树人的理念，善于敏感地捕捉教育契机，并适时地在社会实践过程中采用引导的方式开展育人工作。在"重走抗战路""重走长征路""重走改革开放路"等一系列暑期社会实践活动中，上海外国语大学德语系面向党员学生、入党积极分子和青年团员开展了生动活泼的理想信念教育、爱国主义教育和革命传统教育，这一举措汇聚了育人合力，发挥了协同效应，产生了积极的作用和影响。

（五）引导实践成果转化，细化评价激励机制

社会实践成果除了以论文形式被呈现出来外，各高校还可以利用网络媒体、报纸媒体、校园网络等媒体对社会实践成果进行传播，或者利用视频资料、在线直播、图片展、网络文章、经验分享会、宣讲会等多种形式对社会实践成果进行宣传，以使更多的学生能够了解社会实践活动，并间接参与到活动之中，从而使他们感同身受。各高校及各院系应细化社会实践育人工作的评判标准、监督举措和激励机制，组织与聘请专业评委对社会实践育人项目进行评比，并且制定与落实学分、经费、荣誉等方面的奖励制度，以调动学生的参与积极性。

五　结论

社会实践育人工作是高校思想政治教育工作的重要组成部分,而外语类院校在社会实践育人工作中具有明显的优势和特色。与此同时,外语类院校也应不断探索社会实践育人工作的长效机制,优化社会实践育人工作的创新路径。在以培养目标为中心的前提下,外语类院校应发挥专业优势,坚持思想创新,加强教师指导,从而促进社会实践育人工作的制度化、精细化、常态化和科学化发展。

"95后"大学生的职业价值观及就业指导对策
——以上海外国语大学为例

田力娜

摘　要　本文从"95后"大学生的特点出发,以上海外国语大学为例,对学生的毕业去向选择、就业行业、薪酬期望等方面进行了调查分析,总结出"95后"大学生的职业价值观的新特征与新变化,并提出针对"95后"大学生的就业指导对策。

关键词　"95后"大学生　职业价值观　就业指导

大学生的职业价值观已成为影响大学生就业的重要因素。随着经济社会的发展、社会思潮的变化以及特别是互联网的传播,大学生的职业价值观也发生了变化。2017年,第一批"95后"大学生开始踏入职场。"95后"成长于改革开放后的经济飞速发展的年代,相比于70后和80后,他们的成长环境有了很大的改变,良好的家庭条件满足了他们基本的生理需求,也带给了他们物质安全感,于是工作对于他们来说从"雪中之碳"变成了"锦上之花"。总体上看,"95后"大学生自我意识强、善于表现、思维活跃、处事现实、创新意识强、价值观多元,他们的职业价值观表现出注重个人兴趣、个人发展和个人利益的倾向,甚至有时会带有包括急功近利在内的诸多新特征,这些因素对他们的就业去向选择产生了重要影响。

2017年,全国普通高校毕业生人数高达795万,"95后"成为绝对的求职主力。针对"95后"大学生在价值取向上表现出来的新特征与新变化,如何引导和帮助他们树立正确的职业价值观就成为我们必须认真思考和深入探讨的重要问题。

一 "95后"大学生的职业价值观概述

《辞海》将"价值观"解释为"人们对人生价值的认识和根本态度,人生观的组成部分,具有行为取向的功能"。职业价值观是人生目标和人生态度在职业选择方面的具体表现,即一个人对职业的认识和态度以及他对职业目标的追求和向往。

西方学者早在二十世纪二三十年代就已开始对职业价值观进行研究,至今已取得了较为丰硕的研究成果。美国心理学家罗森帕格、日本大阪大学教授中田信男等很多著名学者通过编制职业价值观量表来对大学生的职业价值观进行定量研究,而著名学者霍兰德的职业偏好问卷以及他在此问卷基础上修订形成的职业兴趣量表和自我导向搜索表则可以对个体职业兴趣的差异进行有效评估。

我国的职业价值观研究始于二十世纪八十年代。1979年,韩进之等人对中国青少年的职业理想进行了调查。1982年,天津市劳动局技工培训处和天津市技工师范学院调查组联合发表的《天津市技工学校学生的价值观、学习动机和学习兴趣的调查分析》一文正式拉开了我国职业价值观研究的序幕。自此,有关职业价值观——特别是大学生职业价值观——的研究才引起了国内专家学者的关注,各地相继展开了对大学生职业价值观的实证调查和研究分析。近年来,我国很多学者就大学生就业意向和职业价值观进行了调查与研究,并就研究工具的开发和应用进行了诸多尝试,如方俐洛、凌文辁等人就在中国职业兴趣量表的建构方面做出了很大的贡献。梁龙娟和佘贤君对当代大学生择业标准进行了研究,他们发现大学生的择业标准主要涉及工作发展前景、工资收入、个人潜能的发挥、住房、工作单位所在地、工作与所学专业的相关性、工作量、个体兴趣等。在郑伦仁和窦继平的研究中,职业价值观被概括为进取心、自主性、经济价值、声望和工作安定性五种尺度,而进取心是其中最大的影响因素。

在本文中,笔者采用了问卷调查法和访谈法。以上海外国语大学为例,笔者对学生的毕业去向选择、就业地域、就业行业、薪酬期望等方面进行了调查分析。调查对象涉及全校四个年级共三十个专业的"95后"本科生。笔者通过"问卷星"发起调查,最终收回912份有效问卷。其中,男女比例、专业类型、年级分布和生源所在地情况分别如图1、图2、图3和图4所示。在所有的调查对象中,78%为独生子女,22%为非独生子女。

"95后"大学生的职业价值观及就业指导对策——以上海外国语大学为例

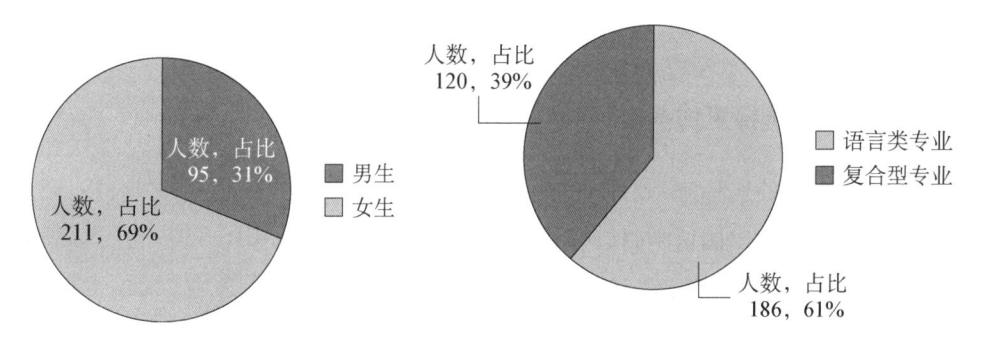

图1 受调查学生的性别比例

图2 受调查学生的专业类型

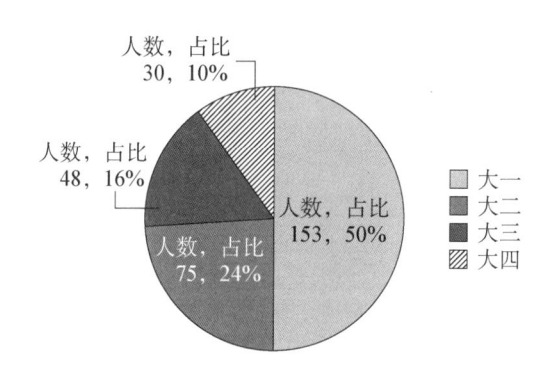

图3 受调查学生的年级分布

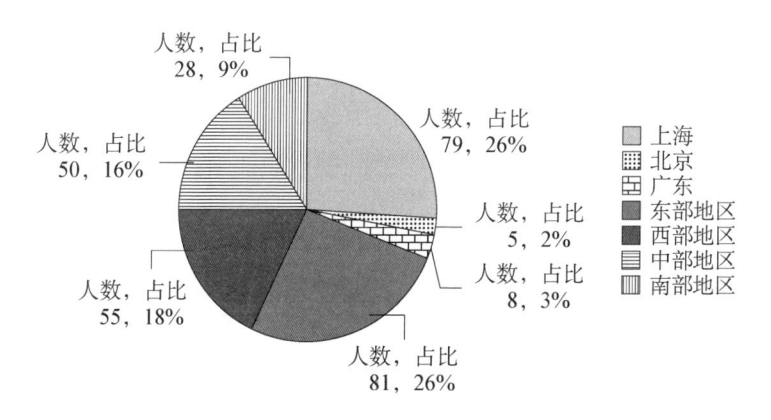

图4 受调查学生的生源地分布

二 "95后"大学生的职业价值观之特点

(一) 职业选择更加务实

从毕业去向的选择来看,调查显示,48.69%的同学选择毕业后就业,19.93%的同学选择毕业后出国留学,12.42%的同学选择在国内读研,16.99%的同学表示还没想好,只有极少数的学生选择了自主创业、自由职业和基层就业(大学生村官、西部计划、应征入伍等)。(见图5)

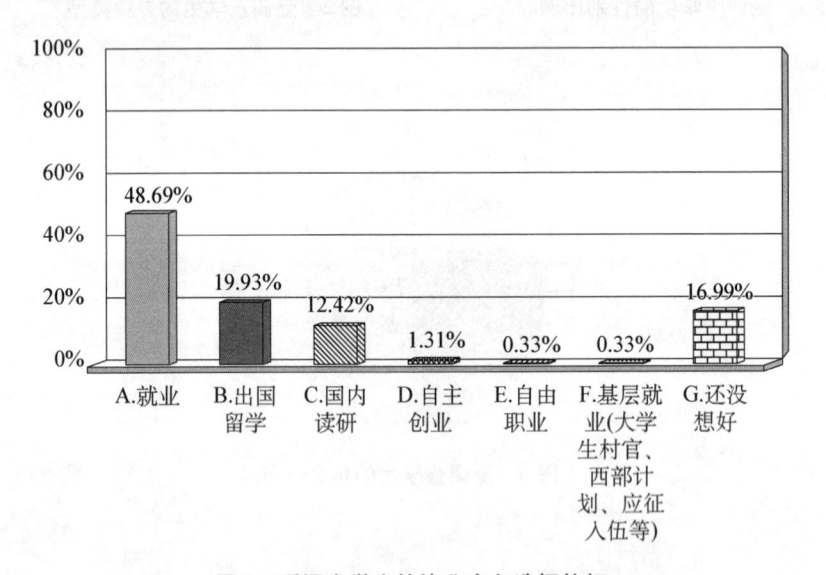

图5 受调查学生的毕业去向选择偏好

据统计,在上海外国语大学的2017届毕业生中,就业的学生占47.27%,出国(境)留学的占29.73%,考研学生占10.2%,自由职业、自主创业和基层就业的学生占6.07%。(见表1)

表1 上海外国语大学2017届毕业生流向简表(截至2017年11月30日)

毕业去向	总人数	比例
	1 500	占总人数比例
考研	153	10.2%
出国	446	29.73%

(续表)

毕业去向	总人数 1500	比例 占总人数比例
签约	616	41.07%
合同就业	93	6.2%
灵活就业（自由职业、自主创业等）	87	5.8%
定向委培	60	4%
国家与地方项目（基层就业）	4	0.27%
落实毕业去向总数	1459	97.27%

综上可见，在当前全球经济复苏缓慢、行业风险不断加大、就业结构性矛盾更加突出、就业人数持续增加等不利因素之影响下，"95后"大学生更趋向于务实。在笔者对部分毕业生所做的访谈中，很多毕业生普遍接受了"不唯学历，在工作中学习"的理念，并开始从盲目的"考研热"中悄然转变。从这个角度看，"95后"大学毕业生的思想观念有了进步。"通过考研来逃避暂时的就业压力"已经不再是很多学生的选择，而"先就业再深造"是学生更为务实的选择。

（二）创新创业意识增强

近年来，国家和各地区出台了很多鼓励和扶持大学生创业的政策，但从笔者的调查结果和近年来的实际情况看，毕业后选择自主创业的学生还很少，但这一群体正呈逐年扩大的趋势。在调查中，45.75%的学生表示，如果求职遇到困难，那么创业不失为一个备选项；39.87%的学生认为，创业太难、太累、风险太大，自己不适合走创业这条路程，14.05%的学生表示，自己有极高的自主创业热情，毕业时会优先考虑自主创业。可见，有超过50%的学生将创业当成是毕业后的一种选择。（见图6）

从上海外国语大学近年的情况来看，2013年有3名同学申请自主创业，2014年有9名学生申请自主创业，2015年至2017年每年有2名学生申请自主创业。"95后"大学生是伴随着网络成长起来的，他们获取信息快捷、知识面广，信息量的扩大和创造力的提高使他们思维灵活、敢于创新。"95后"大学生的创业领域也不仅限于传统的食品、销售等行业，电子商务、摄影工作室、手机游戏体验公司、围棋培训等已经受到了许多"95后"创业者的青睐。在这些新兴的领域里，"95后"创业者也开始逐渐展示出了不同于前辈们的"独特风格"。

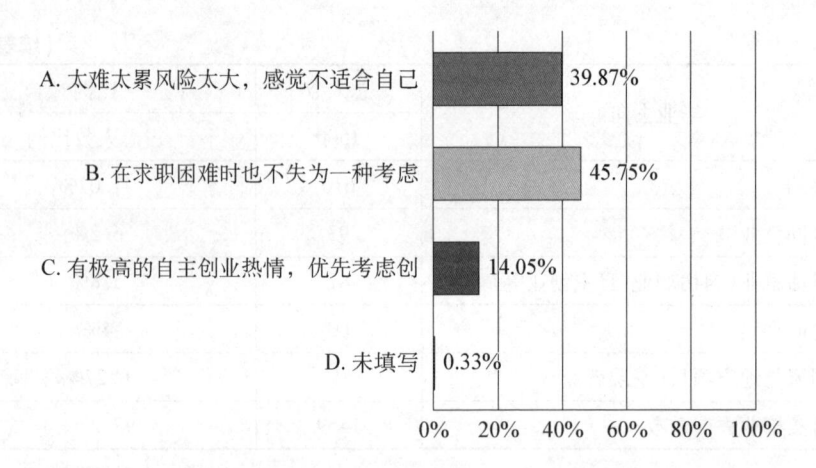

图 6 受调查学生对毕业后自主创业的认识

（三）职业选择更注重个人利益

从就业价值目标来看，调查显示，"95 后"大学生在选择职业时看重的因素依次是薪酬和福利待遇、与性格兴趣相符、发展前景、单位文化和工作氛围、工作地点、社会地位、家庭期望、专业对口、其他。（见图7）

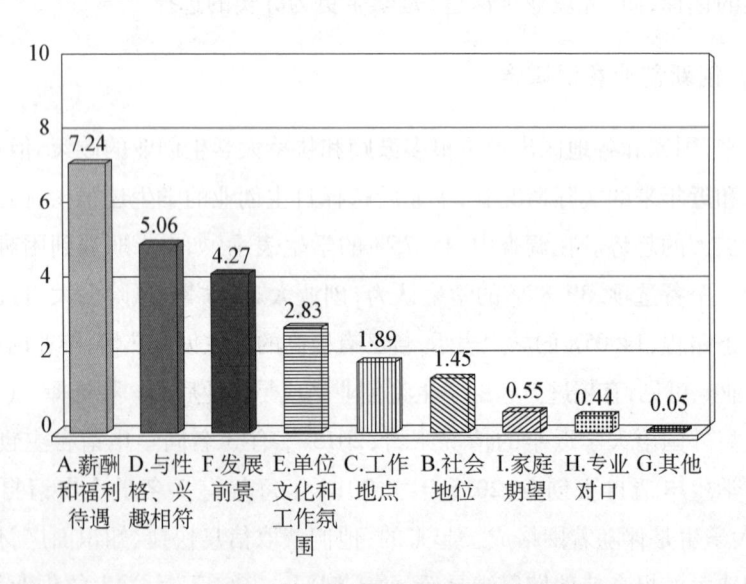

图 7 受调查学生选择职业时看重的因素排序

美国心理学家马斯洛提出的需求层次理论将人的需求分成生理需求、安全需求、社交需求、尊重和自我实现五个层次。从吃喝住行等基本生存需要到安全感、归属感、尊重感、价值感等高级需要,这种层次的划分反映了个体的不同追求。需求层次理论也同样能被应用在求职问题上,求职者选择职业时的考虑因素有待遇(包括工资、福利等)、工作环境、企业文化、个性特点、发展空间……而这些因素就在不同程度上展现了上述五种需求。

"95后"成长于改革开放后的经济飞速发展的年代,良好的家庭条件满足了他们的基本生理需求,也带给了他们物质安全感,于是"兴趣第一""工作要幸福""企业要尊重个人价值"等多元就业观逐渐在他们心中生根发芽,他们不愿委曲求全,也不再将报酬视为最重要的砝码。对于"95后"大学生来说,好工作的标准也从能提供丰厚的待遇逐步转向"工作是否幸福、生活是否快乐、能否相互尊重"等。

这说明"95后"毕业生的择业观念更加实际化,他们在目标追求上过分强调个人价值而忽视社会需求;"95后"毕业生开始更多地考虑自身的兴趣与特长的发挥,而很少考虑个人利益和国家利益的结合。这也跟"95后"的特点有关,他们大部分都是独生子女,自我意识强,家庭经济条件较好,经济压力小,所以他们在择业时会越来越注重个人爱好和兴趣,而薪水并不是他们首要看重的因素。

然而,从另一个角度来看,兴趣是最好的老师,这是一条放诸四海皆准的道理。如果说薪酬待遇是职业规划中最重要的外因,那么兴趣爱好则是首要内因,而推动个人主观创造力发挥的终究是内因。兴趣可以增强个体的职业适应性、能动性和创造性,并能影响个体的工作水平。凡是对自己所从事的工作富有兴趣的人都能积极愉快地完成各项工作任务,进而影响整个社会的生产力和推动社会发展。

近年来,国家和地方出台了多项引导与鼓励大学生参加国家项目、地方项目和入伍预征的政策。2016年,上海外国语大学有12人选择基层就业。其中,10人参加"研究生支教团"项目,1人参加"大学生到村任职计划",1人参加"三支一扶计划"。2017年,上海外国语大学共有18人选择基层就业。其中,2人参加"大学生志愿服务西部计划",10人参加"研究生支教团"项目,2人参加"大学生到村任职计划",4人参加入伍预征。

在调查中,31.05%的学生表示不愿意参加国家项目和地方项目,33.66%的学生表示自己实在无法就业时再考虑国家项目和地方项目,14.38%的学生表示愿意参加国家项目和地方项目且愿意参加"研究生支教团"(支教结束后直升研究生)。可见,在就业过程中,"95后"大学生更注重个人利益和自己幸福的最大化,他们认为付出和收获一定要对等。笔者在调查访问中也发现,以往大学生的立志成才、报效祖国、追求事业前途、实现人生远大志向等精神状态和行为取向在"95后"大学生身上逐渐消退。所以,"95后"学生的职业价值观需要被引导。

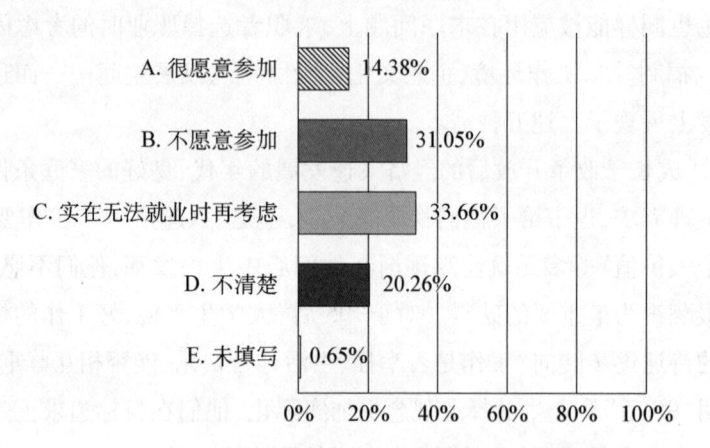

图8　受调查学生对参加国家项目和地方项目的态度

(四) 注重自我价值的实现

从就业单位性质的选择来看,调查显示,超过50%的学生选择将来去外资企业就业,22.22%的学生选择了政府机关或行政事业单位,仅有20%左右的学生选择去国有企业、民营企业或其他类型企业。(见图9)

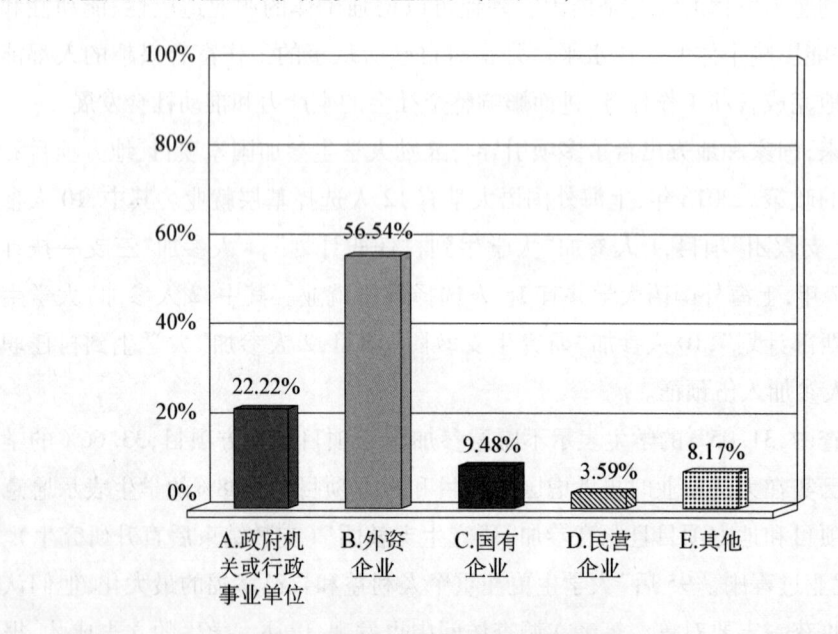

图9　受调查学生选择就业单位性质的偏好

在上海外国语大学 2017 届的签约学生中,去往三资企业的学生人数比例为 30.18%,去往政府机关和行政事业单位的学生人数比例为 10.73%,去往国有企业的学生人数比例为 11.14%,去往其他企业的学生人数比例为 47.95%。(见表2)

表2　上海外国语大学 2017 届毕业生任职单位性质情况(截至 2017 年 11 月 30 日)

单位性质	占签约学生人数比例
党政机关、部队	4.24%
事业单位	3.53%
科研院所、中高等教育单位	2.96%
国有企业	11.14%
三资企业	30.18%
其他企业	47.95%

综上可见,外资企业成为学生最心仪的就业选择。在访谈中,学生表示,"求稳妥、保安定"已经不再是他们的择业观念,"外企的高薪和自由发挥的空间"对他们更有吸引力。工作对于"95 后"大学生来说不再仅仅是"饭碗",而是实现他们个人价值的路径。

(五)职业选择更具自主性

调查显示,在选择职业时,57.52% 的学生由自己做决定,25.16% 的学生倾向于听父母的意见,还有不到 20% 的学生倾向于听老师、亲朋好友、新闻媒体等的意见。由此可见,"95 后"大学生在职业选择上更具自主性,他们对自己的职业生涯有规划,对自己的发展有要求。

在日常的就业指导过程中,我们发现"有岗不就"的比例逐年攀升,即如果企业提供的岗位学生不满意,那么学生愿意继续找下去而不愿将就。随着经济的发展和人民生活水平的提高,越来越多的学生不急于求职。在没有明确的职业规划的情况下,"95 后"大学生宁可在家休息一年或是去各地旅游,并在想清楚自己的规划之后再去求职。

(六)职业选择中的诚信问题凸显

近年来,学生在就业过程中的违约率颇高,甚至出现频繁违约现象。据统计,

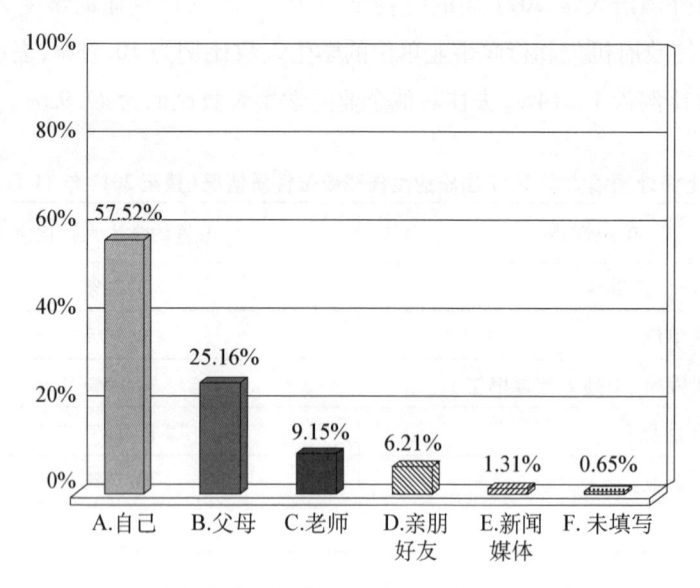

```
                  100%

                   80%

                   60%  57.52%

                   40%
                             25.16%
                   20%
                                       9.15%  6.21%
                                                       1.31%   0.65%
                    0%
                        A.自己  B.父母  C.老师  D.亲朋   E.新闻   F.未填写
                                              好友    媒体
```

图 10　受调查学生在选择职业时听取意见的渠道偏好

在上海外国语大学 2016 届的 1465 名毕业生中,98 人违约,违约率达 6.68%;在上海外国语大学 2017 届的 1500 名毕业生中,93 人违约,违约率 6.2%,这一数字较 2016 年略有下降。但是,上海外国语大学 2017 届的毕业生中出现了频繁违约的现象,有人曾违约 3 次。在访谈中,有的学生表示签约只是为了保底,在找到最心仪的工作或者拿到国外大学的录取通知书之后,他们会选择违约;有的学生则是在保送研究生之后违约去和单位签约或出国;甚至有的学生为了逃避缴纳违约金而不与原单位解约,他们以协议书丢失为由,企图向学校申领新的协议书,并与新单位签约。

在调查中,88.24% 的学生表示不会轻易违约,因为违约有损诚信;11.76% 的学生认为违约无所谓,缴纳违约金就行。在对违约原因的调查中,57.52% 的学生表示当初签约只是为了保底,47.39% 的学生表示工作太辛苦会考虑违约,40.2% 的学生表示工作地点不满意会考虑违约,22.22% 的学生表示待遇不如别的同学好会考虑违约。

(七) 职业选择很迷茫

在针对学生就业意向的调查中,17% 的学生表示还没想好。针对未来的职业规划,29.4% 的学生表示有十分明确的职业发展方向,并在为之努力;18.3% 的学

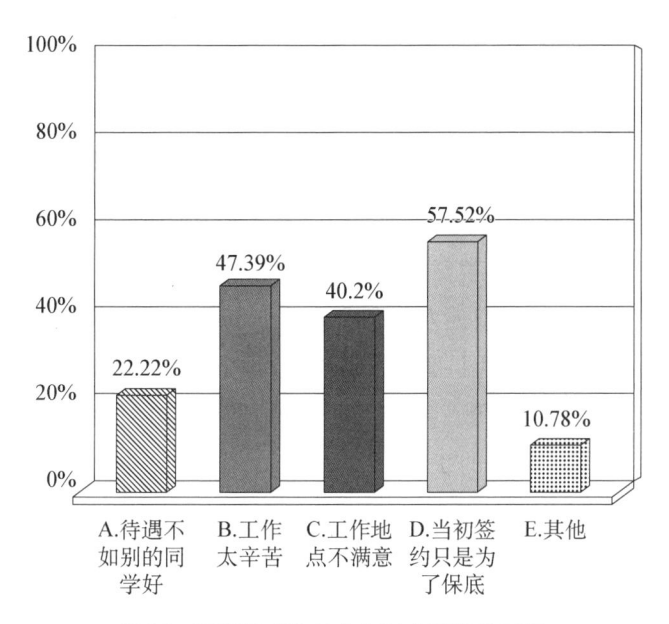

图 11　受调查学生认为自己会违约的原因

生对未来职业有规划,但尚未付出任何行动上的努力;有高达52.3%的学生表示尚未确定明确的职业发展方向,只能走一步看一步,随遇而安。

"95后"大学生个性鲜明、追求自由,他们有自己的行为准则且不屈从已有的规矩。在这个信息大爆炸的时代,"95后"大学生的选择更为多元,他们在面对职业选择时往往会失去方向。如果经多次找寻仍未发现合适工作的话,"95后"大学生会选择远离社会,并以找到更好的机会再出去工作为借口,逃避少则半年长则一两年时间。

三　针对"95后"大学生的就业指导对策

(一)建构系统的职业价值观教育内容

学校应注重职业认知、职业理想、职业道德、创新创业及心理素质教育,引导大学生做出正确的职业选择,帮助大学生确定恰当的职业期望,增强大学生社会主义荣辱意识,培养大学生的创新意识,提高大学生应对挫折的承受力。

1. 注重职业认知教育。学校应引导大学生做出正确的职业选择。职业认知教育可以帮助大学生了解特定岗位所需的特殊能力及其在社会中的现实情况,并引导大学生做出客观的职业评价和正确的职业选择,从而为职业价值观教育的顺利开展奠定基础。

2. 注重职业理想教育。"95后"大学生的职业理想带有较强的务实性和功利性,他们的社会价值观较为淡薄。这种短期行为不利于大学生的可持续发展,也不利于大学生有效应对未来的职业发展需求。学校应在当前大学生的自主择业和双向选择过程中对其进行理想教育。

首先,学校要引导学生增强人与职业合理匹配的意识。霍兰德的人职匹配理论认为,人的人格类型及兴趣与职业密切相关,每个人都有自己独特的能力模式和人格特征,每个人都可以找到适合自己的职业。当个人的人格特征兴趣与职业相符时,企业就可以调动员工的工作热情和激发其潜力,并能提高员工的工作满意度。

其次,学校要引导学生在深刻了解社会变化规律和发展趋势的基础上,找准个人就业与社会需求的契合点,以实现个人职业与国家事业的良性互动。学校应引导学生在实践中妥善规划自己的职业生涯,多参与职业教育和社会实践活动,不断增强对社会和职业的了解,从而认识自我、认识职业。学生应充分考虑自己的专业范围、职业兴趣、实际能力、综合素质等情况,找到个人与职业、个人与社会的结合点,以使自己逐步实现职业化。

3. 注重职业道德教育。首先,学校要加强道德观念的引导。学校要引导"95后"大学生正确把握多元文化环境中的人生价值目标,教育学生自觉抵制各种不正确的价值观之冲击,指导学生将自我价值和社会价值有机统一起来,从而形成高尚的道德规范,并使健康、合理、积极向上的价值观始终处于主导地位。其次,学校要强化大学生的责任意识。全球化时代在赋予大学生选择权利的同时,也赋予了大学生选择的责任。"双向选择、自主择业"的就业制度让每个高校毕业生拥有了依据自身条件和自我意志去进行自由选择职业的权利,但同时个人也必须对其自行选择的结果承担责任。由于责任意识淡薄,有些大学生签约后随意毁约或频繁"跳槽",这种对职业选择的随意和浮躁态度,给用人单位、高校乃至社会都带来了负面的影响。强化大学生责任意识,使他们通过就业选择认识到自己在社会中应担负的职责和义务,如此才能使他们更加深刻地理解人生的意义,进而去追求有价值的人生。

4. 注重创新创业教育。一是要增强大学生的创新创业意识,学校要通过自主创业的成功典型来引导大学生正确客观地理解创业的深刻含义,以增强他们自主创业的信心和勇气;二是要培养大学生的创业能力,学校应在学科教育中渗透创业内容,通过开设创业实践活动课程来提高其在创业中应对挫折的能力;三是要促进大学生形成良好的创业品质,学校应营造一种提倡创业的校园氛围,通过帮助学生克服担忧和畏惧心理来培养其坚韧不拔、谦虚、豁达的创业心理与勇敢拼搏的意志品质,并且学校应深层次地开发学生的创业潜质和提高学生的心理应对能力;四是要从教学层面不断完善大学生的创业知识结构,学校应开设诸如管理、经济、法律、财务等综合性选修课或对有创业意向的学生进行多学科的集中培养,从而完善学生的知识结构,以便解决学生在创业中遇到的实际困难。

5. 注重心理健康教育。大学生在求职过程中主要会面临以下心理问题:理想与现实的巨大落差造成的情绪低落;渴望成功与缺乏艰苦奋斗的心理准备之间的矛盾所造成的焦虑与自卑心理;因承受挫折能力过低或不恰当的职业期望而造成的心理脆弱,等等。这就要求学校要注重职业心理教育,做到关爱与体谅学生。一是学校要有针对性地引导学生正确认识、客观评价自己和社会,正确地对待机遇与挑战、成功与失败,辩证地分析专业冷热、社会供求关系以及就业竞争中的不公平现象,从而使学生学会自我调适和自我控制,并增强自身的耐挫能力。二是学校要加强情绪调节、压力应对、人际互动方面的教育,通过团队训练、工作坊等方式教会大学生如何对待压力,增强大学生的情绪调节意识和压力管理能力,培养和锻炼大学生的心理承受能力。同时,学校应教会学生如何更好地展示自己,并通过团体心理互动的方式让大学生习得合理的行为模式,进而将此模式迁移到就业中,以引导大学生正确把握择业期望值,扬长避短地选择适合发挥自己才能和施展自己抱负的职业。三是学校要特别关注就业弱势群体,如女生、经济困难学生、残疾学生等。针对因面临就业压力而出现心理问题的学生,学校要及时对其进行心理咨询和治疗,从而使他们尽快摆脱心理问题,并实现正确择业、顺利就业、成功立业。

(二)探索丰富的职业价值观教育形式

学校应建立完善的职业生涯教育体系,有效利用专业课程教学的强化作用,深度挖掘实践活动的指导作用,高度重视网络平台的宣传作用。

1. 建立完善的职业生涯教育体系。一是加强职业生涯规划指导,学校可以利用霍兰德职业兴趣量表来定位学生的性格,以便有针对性地对学生进行指导。学生也可以更好地针对自己的人格特质进行职业定位培养,或者针对自己的人格特质进行第二技能的选修和培训。二是开设职业生涯规划课、就业政策解读课、就业心理教育课、创业教育课等旨在提升就业能力的综合素质课程,以提高学生的就业素质教育能力。三是通过校企合作,聘请企业相关人士来校做讲座,直接为大学生就业提供咨询;或者直接为学生提供一些就业平台,使得理论与实际岗位、理论与实践相结合。四是做好毕业生离校后的就业服务指导,学校应当为毕业后频繁跳槽或跳槽后失业的学生提供多方位的就业信息推送、就业心理辅导和就业信息跟踪服务。

2. 有效利用专业课教学的强化作用。学校应将职业价值观教育渗透于专业课程中,此举的主要目的在于加深不同专业的大学生对将来可能从事行业的职业精神、行为准则、道德规范等的理解和认知。在专业课教学中,除了要完成知识技能的传授外,学校还要根据社会经济的发展、专业结构的调整、社会对本专业人才的实际需要及就业市场对学生综合素质的要求,有针对性地调整专业教育的知识结构,不断实现知识、素质和职业教育的紧密结合,尤其是要引导本专业学生了解与专业相关的职业背景、职业特点、从业要求、职业道德等内容,从而使学生在校园内就能为将来的职业生涯做好知识水平、价值观念、实践能力等方面的准备和规划,以此引导学生树立合理的职业价值观并做出合理的职业选择。

3. 深度挖掘实践活动的指导作用。一是学校要合理组织校内外的各种实践活动,以此引导学生加深对正确的职业价值观的生活体验。比如,学校可以组织大学生到艰苦落后的地区开展社会实践活动,让学生在真实的生活中感受职业价值观教育"润物细无声"的魅力,使大学生真正体会到职业的价值不仅是获得个人利益。二是学校从大一到大四应逐年按比例增加专业实习等针对性较强的实践活动。在校大学生一般都是出了校门直接走入社会,他们之前很难有连续深入的社会实践经验,所以他们对本专业将来的就业情况缺少直观认识,对各职业情况的了解也十分肤浅,社会知识和从业经验更是十分缺乏,从而导致大学生的职业价值观容易走向极端。因此,系统的专业实践除了能培养学生的实际动手能力和处事能力外,还能让学生在专业实习中了解职业的发展状况、工作环境、素质要求等内容,以使学生明确自己适合或擅长什么职业,并真正认识到某个职业的真正意义。在专业实践中,学生能逐渐树立正确的职业价值观和培养务实的工作态度。

4. 高度重视网络平台的宣传作用。在互联网时代,微博和微信成为了重要的宣传阵地,学校可以通过微博和微信这种"95后"喜闻乐见的形式推送做好职业选择、提升就业力等内容的文章,以引导他们树立正确的职业价值观。

（三）完善就业指导工作

学校应建设一支齐抓共管、专兼结合的就业指导队伍，不断提高职业发展教育师资队伍的综合素质，力求使学生的职业发展教育贯穿在校教育的全过程。

《国务院关于进一步做好普通高等学校毕业生就业工作的通知》指出，"各高校要将就业指导课程纳入教学计划，建立贯穿整个大学教育期间的职业发展和就业指导课程体系，帮助大学生树立正确的成才和就业观念"。在本科四年中，大学生不同时期的心理特点及学习重点都不尽相同。因此，就业指导工作也必须被当成是一项系统工程来抓，学校应使就业指导工作贯穿大学人才培养的全过程。学校应抓住不同年级学生的不同特点，有所侧重地采取不同的方法，帮助大学生不断完善职业生涯规划观念。

初入大学的大一新生正处于从中学环境向大学氛围转变的过渡期，他们对未来生活暂时缺乏一个整体性规划，对所学专业缺乏深刻的认识，他们的思维和择业观念都较为狭窄。这一阶段，学校主要任务是引导学生初步了解职业的意义、专业与职业间的关系、职业对人才各方面的要求等，以开阔新生的眼界和思路。一方面，学校要以全校范围内的价值观教育为基础，不断加强人生理想、职业道德、职业法规、职业发展等方面的教育，力图为学生的职业生涯规划打好基础；另一方面，学校应开展专业院系内的思想教育，通过新生入学教育、校友访谈等形式，向新生介绍本专业的发展现状、人才要求、未来趋势，并引导新生初步拟定职业生涯规划，以明确他们将来的努力方向。

对于大二学生和大三学生来说，学习专业知识、培养专业能力和塑造专业素养已成为他们生活的重点。这一时期，职业价值观教育可以着重借助霍兰德职业倾向测验量表、卡特尔16项人格测试及其他各种职业性格、职业兴趣、职业能力倾向的自我测定，帮助学生了解自己的性格和心理特征，指导学生全面客观分析自身的优缺点，再带领学生根据个人教育、实践经历及社会环境来分析与调整自己的职业生涯规划，从而使学生找准适当的职业范围，确定合理的职业发展方向，制定准确的行动计划。尤其是对那些心存疑惑、目标不明的大二学生和大三学生，学校要及时开展职业生涯规划指导服务，尽快安排专业的教师为其答疑解惑、介绍职业知识和提供职业选择意见，从而引导其确定一个既能发挥个人特长，又能符合社会需要的择业目标。除此之外，学校可以通过参观、调查、实习等社会实践活动，逐步引导大三学生接触社会、找出差距，使他们不断培养与自己理想职业相适应的综合能力，并形成社会要求与自我目标的协调互动。在此过程中，大学生的决策意识、吃苦意识、基层意识、耐挫能力及就业自主性也将得到强化。

大四阶段最重要的问题就是就业，此阶段也是职业价值观教育的巩固期和成效期。学校不仅要强化就业政策、就业信息与就业程序的介绍以及就业技巧的传授，而且要组织举办各种类型的招聘会，并结合本校的专业特色，为学生提供积极有益的指导意见，从而引导学生找到适合自己且有发展前景的工作。学校应杜绝唯就业率至上的错误观点，并及时为毕业生提供心理咨询服务。学校应建设一支齐抓共管、专兼结合的就业指导队伍。高校的就业指导工作应是一项与思想政治教育手段相结合的综合性工作，其集政策性、思想性、理论性与实践性于一体。所以，在开展就业指导的过程中，学校既要有负责就业信息发布、就业流程介绍、就业技巧传授等具体就业工作的常规指导人员，也要有重点负责职业价值观教育的心理、社会、市场等不同专业领域的专家，这样才能全方位地开阔教育对象的职业规划视野。为此，各高校必须积极整合各方面的人力资源，成立一支专兼结合、人员跨度广、业务水平精湛的全员化就业指导队伍，其中负责思想指导的基本成员可由院系分管书记、辅导员、班导师等组成，并辅以各领域的专业教师、校外导师、校友等，以此达到各个指导领域都有专人负责的标准。这支就业指导队伍的任务就是帮助大学生及时调整就业期望，并使队伍中的成员充分发挥各自在就业指导管理服务中的优势。学校应推动就业指导发展成一门综合性工作，以使其真正进化为贯穿整个在校教育全过程的系统指导模式。

参考文献

常素枝：《"90后"大学生就业价值取向变化分析及对策》，载《高校辅导员学刊》，2013年第4期。

常青：《全球化背景下大学生就业价值取向论析》，载《就业指导》，2012年第4期。

刘海艳、李跃鹏：《"90后"大学生就业观特点分析》，载《科教导刊》，2012年第2期。

滕秋玲、盛芳：《"90后"大学生就业力培养初探研究》，载《高等教育与专家论坛》，2012年第7期。

丁静、刘宁：《"90后"大学生职业价值观调查及对策分析》，载《教育与职业》，2010年第11期。

王康：《大学生职业价值观教育存在的主要问题及对策研究》，华中师范大学硕士论文,2013年。

何子明、向凌云:《引导大学生树立正确的职业价值观》,http://news.hexun.com/2014-05-05/164487350.html。

杜方云:《"90后""兴趣第一"择业观引深思》,http://focus.cnhubei.com/original/201405/t2922670.shtml。

大数据时代毕业生就业跟踪调查工作长效机制的构建

田力娜

摘 要 毕业生就业跟踪调查工作是一项涉及范围广、现实意义大的工作。在大数据时代,构建毕业生就业跟踪调查工作长效机制,就是要协调好学校与社会、企业、校友之间的关系,并且利用网络等现代技术,组织相关团队完成该项工作,以提升学校的办学服务水平和毕业生的综合素质及就业质量。

关键词 大数据时代 高校毕业生 就业跟踪调查

大数据时代,信息化技术迅速发展,人们的生活、工作和思维都在发生着深刻的变革。高校迫切希望从毕业生的就业统计和校友的跟踪调查中获取有关人才培养的信息,包括高校培养的人才是否适应社会的需求、毕业生能否在竞争中脱颖而出、学校应该在人才培养中如何与社会对接等。教育部办公厅早在2004年就下发了《关于进一步加强和完善高校毕业生就业状况统计报告工作的通知》(教学厅[2004]7号),其中明确要求学校要准确统计毕业生的就业信息。2013年,教育部又下发了《关于编制发布高校毕业生就业质量年度报告的通知》(教学厅函[2013]25号),其中要求各高校自2013年起应编制发布高校毕业生就业质量年度报告。事实上,多年来,大部分学校都停留在对毕业生初次就业率的统计和分析上,而忽略了对毕业几年后的校友的跟踪调查。我们知道学生毕业时的毕业去向,却忽略了他们工作多年后的发展,而毕业生就业跟踪调查工作恰恰是检验高校人才培养工作水平的重要途径,是高校人才培养模式改革的重要依据。因此,毕业生就业跟踪调查工作长效机制的建立,既有利于提高学校在就业、教学、管理等方面的综合水平,也有利于人才培养方案的调整和学校整体的良性发展。

当前,国内外学者和专家对毕业生就业跟踪调查的研究大多集中在毕业生跟踪调查方式的选择、毕业生跟踪调查数据的分析、毕业生跟踪调查评价体系的构建等方面。在毕业生就业方面,受到关注最多的仍然是毕业生自身的特征,而以高校和就业单位为中心的研究并不多。在大数据时代,毕业生就业跟踪调查工作长效机制之建立,应该重视用人单位、毕业生与学校的三位一体联动,以促进高校人才培养质量的提升。

一 构建毕业生就业跟踪调查工作长效机制的意义

构建毕业生就业跟踪调查工作长效机制,有利于深化校企合作,提升毕业生就业质量,促进人才培养与市场需求的有效接轨,强化学校办学能力。

1. 大数据时代,我们要充分利用数据分析进行科学决策。通过对毕业生的跟踪调查,我们能够不断获取最新的行业和职业信息,有效反馈学校的教学质量,以及准确发现教学与实践相脱节之处,从而为学校制订教学计划提供科学参考,以实现教学改革的目标。

2. 通过毕业生就业跟踪调查,我们可以实时关注用人单位对学生综合能力的全面评价,包括毕业生的工作情况、综合素养、职业能力、职业生涯发展等情况,这对于学校的专业设置和课程设置之调整来说有重要的参考作用,也对学校有针对性地改进教育教学工作大有裨益。

3. 通过毕业生就业跟踪调查,我们可以很直接地分析出每年毕业生的实践情况及其与企业用人制度和评价标准的契合度。通过比对,我们可以找出人才培养过程中需要被调整的部分。实现学校与毕业生、用人单位的长期联系,并建立长期的校企合作关系,这将有助于提升高校综合实力和扩大学校的社会影响力。

4. 通过毕业生就业跟踪调查,我们可以保持与校友的联系,并不断完善学校的就业工作。校友是学校最宝贵的财富之一。在离开学校踏入社会之后,这些毕业生就成为了母校的校友。分布在全国各地乃至世界各地的校友就职于各行各业,他们熟悉本行业的管理技术要求和发展状况,而且他们在母校学习和生活多年,对母校的师资、科研水平、办学特色以及特别是所学专业都非常了解,对自己的师弟师妹也有一定的了解,这使得校友在学校和其所从事的行业内进行交流与沟通时具有其他人员无法比拟的优势。可以说,校友是学校与社会建立联系和更好地为社会经济、文化事业的发展服务的桥梁和纽带。

二 毕业生就业跟踪调查工作现状及问题

毕业生就业跟踪调查对于学校的就业工作和学校的长期发展来说都有重要意义，因此各高校都在以不同的形式开展着就业跟踪调查工作。但是，毕业生就业跟踪调查工作目前还存在着或多或少的问题，主要表现在以下几个方面：

（一）高校对毕业生就业跟踪调查工作不够重视

虽然高校都已经认识到毕业生就业跟踪调查工作的重要作用，但很多高校还没有正式开展此项工作。就业工作本身非常繁杂，就业指导、企业对接、就业服务、数据上报等已经几乎占用了老师的全部时间，再加上就业工作机构和人员配备不够，系统的毕业生就业跟踪调查工作根本无法完成。大部分高校只是对毕业生毕业当年的数据和毕业情况进行分析，而忽略了他们将来的发展。

（二）跟踪调查形式单一，效果不佳

目前，大部分高校的毕业生就业跟踪调查基本采用以下两类形式。第一类是调查问卷和电话调查。这种方式操作简单，人力、物力和财力要求都比较低，但是这种方式存在问卷回收率低的问题，而且这种方式也无法实现学校与用人单位的直接接触。第二类是走访用人单位。这种方式可以实现学校与用人单位的面对面交流，有利于建立长期合作关系，但其缺点是需要投入巨大的人力、财力和时间。因此，简单高效的跟踪调研方式之缺失是各高校急需解决的问题。以上两类调查形式可以被搭配使用以实现优势互补。当然，探索更加务实高效的调查新途径是提高毕业生就业跟踪调查工作质量的关键。

（三）毕业生就业跟踪调查结果得不到应用

对毕业生进行就业跟踪调查的目的是掌握毕业生的就业状况，从而为学校的教育教学改革和招生工作提供科学依据，并为学校的人才培养提供参考。但是，部分高校的毕业生就业跟踪调查流于形式，调查结果因未被相关部门采纳而没有起到实质性作用，这是对学校教育资源的浪费。改变这一现状的根本还是要建立一个长效机制，通过协调学校各部门，尤其是招生、教学、就业等部门，将就业跟踪调研成果应用到教育教学、人才培养、学生管理等具体工作之中，以形成良性循环。

三 构建毕业生就业跟踪调查工作长效机制的措施

在大数据时代,构建毕业生就业跟踪调查工作长效机制,就是要协调好学校与社会、企业、校友之间的关系,并且利用网络等现代技术,组织相关团队完成该项工作。各高校主要可以采取以下措施:

(一)提高重视程度,完善制度建设

各高校要加大毕业生就业跟踪调查工作的人员和资金投入,建立完整的毕业生就业跟踪调查工作团队,协调招办、教务、院系、就业办等各部门人员集体参与到此项工作之中,并且组建完善的工作机构。各高校应加大工作人员业务培训力度,确保工作队伍人员稳定,专业性强。各高校应发挥院系辅导员的作用,实现就业指导、就业跟踪、就业帮扶一体化,以提高就业工作效率。

另外,各高校要建立相应的工作制度和考核机制,做到各相关部门通力合作,实现就业指导全程化、就业工作全员化,实现教育教学、学生管理、就业跟踪一体化发展,以形成让人才培养促进就业质量和就业跟踪指导的教学改革之良性循环。

(二)在就业系统中增加毕业生跟踪调查板块,建立将企业、应届毕业生和校友整合为一体的就业网络系统

在就业系统中增加毕业生跟踪调查板块,建立将企业、应届毕业生和校友整合为一体的就业网络系统,这样做能够提高就业跟踪调查工作效率,并能实现快捷的网上就业调查,从而弥补传统调查形式空间跨度大、时间消耗多的缺点。此外,一体化的就业网络系统可以让相关工作人员很方便地建立毕业生就业数据库,还可以使他们高效地统计与分析调查结果,从而实现就业工作效率的极大提升。

首先,扩大就业系统中的校企合作功能。一方面,学校可以随时为企业服务,学校可以为企业快速发布用人需求信息;另一方面,学校可以让毕业生进行网上应聘,企业可以直接在网上进行招聘,省时省力。通过使用数据库来建立信息发布的数据统计、网上应聘人数统计等模块,学校可以直接利用这些数字分析当年毕业生的就业需求,包括哪些专业需求量大、哪些专业比较冷门等。当然,此系统更主要的功能是对校企合作企业中的毕业生进行跟踪反馈,网络使学校与企业的联系更加紧密。在企业登录系统并发布招聘信息前,学校可以让系统弹出调查问卷,从而

获取企业对毕业生工作情况的反馈。学校可以每年进行两次数字统计,数据直接通过网络生成,科学可信。学校还可以在网页中建立各企业网站的链接,从而使毕业生更加方便地了解企业的相关情况。

其次,完善以学校毕业生就业情况为主体内容的版块。按照各级教育部门的要求,应届毕业生都需要做好相关信息的上报。针对这些信息,学校可以要求毕业生自行登录就业系统进行查询和修改。

最后,建立以校友为主体内容的版块。校友以身份证号注册账号,从而保障数据调查的权威性和有效性。校友可登陆系统了解母校的信息和关注母校的发展。系统每年进行一次跟踪反馈,通过在校友登陆时弹出毕业生信息更新表格的方式收集校友的信息。另外,各院系可以在班级的微信群或 QQ 群中提醒校友们上网更新信息。根据实际情况,学校可以设定校友与企业更新信息和填写调查问卷的时间,每年一次或每年两次对有用的信息及时进行分析并将结果提供给学校相关部门,从而为学校的招生、教育教学以及人才培养的发展奠定真实可靠的数据基础。

就业跟踪调查系统的建立和完善,可以大大扩充就业统计的指标和丰富就业统计的内容。通过了解不同专业毕业生的流动、发展、薪金和待遇、社会反应等信息,并将统计情况及时反馈给学校的招生部门和培养部门之做法,各高校既能够形成招生、培养与就业的良性循环,也能够最大限度地发挥毕业生就业中心的就业指导功能和信息服务功能。

(三) 每年设立固定的毕业生返校日

在毕业离校后,学生与学校之间的联系会逐渐减弱,但是班级同学之间会相互联系和经常聚会,而且一般每 5 年或 10 年还会举行大型的聚会,并会邀请辅导员、专业老师等参加。各高校可以设立固定的毕业生返校日,邀请校友在那天返校来探望老师,并与学弟学妹以座谈会形式进行交流,让他们看看母校的发展,增进他们与母校的感情。在此期间,就业部门或校友会可以发放调查问卷,而此问卷应注重指标的内涵和质量,如更多地关注毕业生工作的稳定性、工作收益、工作满意度、工作领域等,以期全方面地了解毕业生的真实就业情况和长期职业发展趋势,进而引导学校的专业发展和教学改革。同时,各高校应挖掘优秀毕业生的事迹,并邀请他们为在校生做职场演讲,然后学校可以就优秀毕业生对在校生的影响进行一些数据分析,还可以联系教务部门调出优秀毕业生在校的学业成绩等数据进行分析,并充分利用分析结果为学校服务。

（四）引入第三方专业数据机构

大数据时代涌现出了很多专业的数据研究机构。为了使毕业生跟踪数据更加真实可信，各高校还可以借鉴国外的成功经验，即邀请专业的数据研究机构帮助学校一起完成跟踪数据。引进第三方数据机构做专业的数据分析也是大势所趋，因为随着时间的推移，数据的分析量会越来越大，在保证跟踪数据的公信力和权威性方面，专业公司会做得更好。繁琐而庞大的统计可能需要专业的统计软件，这会耗费学校大量的人力和物力，而学校自己统计毕业生就业情况也存在缺乏监督系统的情况，所以逐步将数据统计推向市场也顺应了时代的发展。而且，各高校还能通过前三项措施来监督专业数据公司的信息是否准确，从而保证毕业生跟踪信息的科学和严谨。

（五）强化调查结果应用

如果毕业生就业跟踪调查工作要想形成常态化发展，那么强化调查结果的应用是根本途径。一方面，各高校要结合社会发展实际，不断调整和充实就业跟踪调研的内容，以适应新形势下的学校发展的现实需要，就业跟踪调研的内容应尽量满足学校教育教学改革和人才培养的要求，以使其服务于教改的作用能够得到发挥。另一方面，各高校要依据毕业生的就业情况和社会需求情况，适时地调整专业设置和招生比例，即扩大社会需求量大的专业的招生比例，缩减就业困难、供大于求的专业的培养规模。同时，各高校应调整相关专业的课程设置，以提高学生的实践能力和理论水平，力求做到学以致用，从而实现培养适应社会需求的专业技术人才和促进毕业生高质量就业之目标。

毕业生就业跟踪调查工作是一项涉及范围广、现实意义大的工作，做好这项工作不仅仅是为了追求毕业生就业率的日益提高，更是学校、企业、毕业生和社会各方面进行积极互动和实现有效回应的必然要求。在大数据时代，毕业生就业跟踪调查工作的长效机制之建立，既能够有效调动学校、企业、毕业生和社会的主动性与自觉性，也能够提升学校的办学服务水平和毕业生的综合素质及就业质量。

参考文献

臧其林：《大数据时代毕业生就业跟踪反馈机制构建》，载《教育与职业》，2015年第 24 期。

庄琪、李海榕:《完善高校毕业生就业跟踪体系的思考》,载《创新与创业教育》,2014 年第 2 期。

刘畅、余超:《大学毕业生就业跟踪调查工作长效机制构建》,载《中国教育技术装备》,2015 年第 2 期。

陈亚芹、王云峰、张婷、何慧:《关于高校毕业生就业跟踪调查研究综述》,载《才智》,2015 年第 8 期。

陆勇:《供给侧改革视角下的高校毕业生就业跟踪反馈机制研究》,载《扬州大学学报》,2016 年第 4 期。

图书在版编目(CIP)数据

德音不忘:西索德语研究七十掠影/谢建文,陈壮鹰主编. —
上海:上海三联书店,2020.7
ISBN 978-7-5426-6890-5

Ⅰ.①德… Ⅱ.①谢…②陈… Ⅲ.①德语—教学研究—文集
Ⅳ.①H339.3-53

中国版本图书馆 CIP 数据核字(2019)第 262413 号

德音不忘
——西索德语研究七十掠影

主　　编 / 谢建文　陈壮鹰

责任编辑 / 职　烨　宋寅悦
装帧设计 / 一本好书
监　　制 / 姚　军
责任校对 / 张大伟

出版发行 / 上海三联书店
　　　　　(200030)中国上海市漕溪北路 331 号 A 座 6 楼
邮购电话 / 021-22895540
印　　刷 / 上海展强印刷有限公司

版　　次 / 2020 年 7 月第 1 版
印　　次 / 2020 年 7 月第 1 次印刷
开　　本 / 710×1000　1/16
字　　数 / 550 千字
印　　张 / 32.75
书　　号 / ISBN 978-7-5426-6890-5/H·85
定　　价 / 108.00 元

敬启读者,如发现本书有印装质量问题,请与印刷厂联系 021-66366565